国家级精品课程主干教材

普通高等教育电气自动化类国家级特色专业系列规划教材

模拟电子技术基础教程

王友仁　李东新　姚　睿　编著

科学出版社

北　京

内 容 简 介

本书根据模拟电子技术课程的教学基本要求与学习特点，适应近几年模拟电子技术的发展，主要讨论模拟电子电路的基本概念、基本原理、基本电路和分析方法。全书共分为8章，内容包括半导体器件、放大电路基础、模拟集成运算放大器、模拟信号运算与处理电路、反馈放大电路、信号产生电路、功率放大电路和直流稳压电源。

本书可作为高等学校电气信息类专业（包括电气工程及其自动化、自动化、测控技术与仪器、探测制导与控制技术、生物医学工程等）模拟电子技术课程的教材，也可供其他专业选用，并可供有关工程技术人员阅读。

图书在版编目(CIP)数据

模拟电子技术基础教程/王友仁，李东新，姚睿编著. —北京：科学出版社，2011.2

（国家级精品课程主干教材·普通高等教育电气自动化类国家级特色专业系列规划教材）

ISBN 978-7-03-024715-5

Ⅰ.①模… Ⅱ.①王…②李…③姚… Ⅲ.①模拟电路-电子技术-高等学校-教材 Ⅳ.①TN710

中国版本图书馆CIP数据核字(2011)第004438号

责任编辑：匡　敏　余　江/责任校对：张小霞

责任印制：徐晓晨/封面设计：耕者设计工作室

科学出版社出版

北京东黄城根北街16号

邮政编码：100717

http://www.sciencep.com

北京盛通商印快线网络科技有限公司 印刷

科学出版社发行　各地新华书店经销

*

2011年2月第　一　版　开本：787×1092 1/16

2021年1月第七次印刷　印张：20 1/2

字数：470 000

定价：65.00元

（如有印装质量问题，我社负责调换）

前　　言

为了适应电子技术发展和当前高等教育人才培养的需要，根据模拟电子技术课程教学基本要求，针对模拟电子技术课程教学中内容多、学生掌握知识比较困难、课程学时数不足等问题，结合“电子线路”国家精品课程建设和多年教学实践，编写了这本《模拟电子技术基础教程》。本书编写思路为：立足于模拟信号放大与处理这一条主线，保证模拟电子技术基础内容，强调理论联系实际，适应现代电子技术的发展。对传统教学内容进行了适当更新，主要体现在：适度删减分立元器件电路，突出集成电路原理与应用，重视实际应用电路与设计案例，引入现代模拟集成电路新技术、新知识、新器件及新方法，如光电子器件、开关电容滤波器、模拟乘法器、丁类功率放大器。

本书共8章，内容包括半导体器件、放大电路基础、模拟集成运算放大器、模拟信号运算与处理电路、反馈放大电路、信号产生电路、功率放大电路和直流稳压电源。基础教学内容包括半导体器件、放大器基础、模拟集成运算放大器、模拟信号运算与处理电路、反馈放大电路、正弦波振荡电路、功率放大电路和线性直流稳压电源；可选教学内容有非理想集成运算电路的误差分析、开关电容滤波器、模拟乘法器、非正弦信号发生电路、集成多功能信号发生器、变压器耦合推挽功率放大电路、丁类功率放大器、功率器件、开关型直流稳压电源等。每章中配备了精选的例题和足够数量的习题，并给出了内容提要、本章小结及一定数量的思考题。为便于教师教学与学生自学，同时编写了配套教辅《模拟电子技术基础教程学习指导与习题解析》。

王友仁为本书主编，负责全书的策划组织、大纲制定和统稿。第3、4、5、8章由南京航空航天大学王友仁执笔，第1、2章由河海大学李东新执笔，第6、7章和4.4节由南京航空航天大学姚睿执笔。南京航空航天大学林华负责第3、4、5、8章的习题编写和文稿排版。

承蒙首届全国高校教学名师中国矿业大学于洪珍教授审阅本书，并提出了宝贵的修改意见，在此深表谢意。南京航空航天大学陈鸿茂教授仔细审阅了书稿，并提出了详细的修改意见与建议，特此感谢。研究生杨玲、陈好、任晋华、吴祎、袁鹏、王晓艳、刘斐文、罗慧等参与了书中插图绘制和文稿录入工作，在此一并致谢。

由于编者的能力和水平所限，书中可能存在疏漏和不当之处。恳请各位读者批评指正。

编　者

2010年11月于南京

本书主要符号说明

一、符号表示的原则

1. 电压和电流的符号

U_C, I_C	大写字母,大写下标,表示直流量
u_c, i_c	小写字母,小写下标,表示交流量瞬时值
u_C, i_C	小写字母,大写下标,表示总瞬时值
U_c, I_c	大写字母,小写下标,表示交流量有效值
$\dot{U}_c, \dot{I}_c$	大写字母上面加点,小写下标表示正弦相量
$\Delta U_C, \Delta I_C$	直流电压和电流的变化量
$\Delta u_C, \Delta i_C$	总瞬时值电压和电流的变化量

2. 电阻

R	电路中的电阻或等效电阻
r	器件内部的等效电阻

3. 角标含义

i	表示输入量(如 u_i)或电流量(如电流放大倍数 A_i)
o	输出量,如输出电压 u_o
u	电压量,如电压放大倍数 A_u
L	负载量,如负载电阻 R_L
f	反馈量,如反馈电压放大倍数 A_{uf}
s	信号源量,如信号源电压 u_s

二、基本符号

1. 放大倍数

A_i, A_u	电流、电压放大倍数
A_{us}	源电压放大倍数
$\dot{A}_{usl}$	低频源电压放大倍数复数量
$\dot{A}_{usm}$	中频源电压放大倍数复数量
$\dot{A}_{ush}$	高频源电压放大倍数的复数量
A_r, A_g	互阻、互导增益
A_{ud}	差模电压增益(或电压放大倍数)
A_{uc}	共模电压增益(或电压放大倍数)
$A_{if}, A_{uf}, A_{rf}, A_{gf}$	分别表示反馈放大器的电流、电压、互阻、互导增益

2. 电压

$U_{BQ}, U_{CQ}, U_{EQ}, U_{GQ}, U_{DQ}, U_{SQ}$	分别指晶体管相应电极的直流工作点电位

$U_{BEQ}, U_{CEQ}, U_{DSQ}, U_{GSQ}$	分别指晶体管相应电极间的直流工作点电压
$u_{BE}, u_{CE}, u_{DS}, u_{GS}$	分别指晶体管相应电极间的总瞬时值电压
$u_i, u_o, u_{be}, u_{ce}, u_{ds}, u_{gs}$	分别指输入、输出和晶体管相应电极间的交流电压分量
u_s, U_s	信号源电压及其有效值
$\dot{U}_s, \dot{U}_i, \dot{U}_o, \dot{U}_{be}, \dot{U}_{ce}, \dot{U}_{ds}, \dot{U}_{gs}$	分别指对应交流分量的复数值
u_{id}	差模输入电压
u_{ic}	共模输入电压
U_T	温度电压当量(热力学电压),门电路的阈值电压
$U_{GS(th)}$	增强型 MOSFET 开启(阈值)电压
U_{REF}	参考(基准)电压
U_{IO}	输入失调电压
U_{OO}	输出失调电压
$U_{(BR)}$	晶体管的击穿电压
$U_{GS(off)}$	结型 FET 的夹断电压,耗尽型 MOSFET 的阈值(或夹断)电压
$U_{CE(sat)}$	BJT 的饱和电压
U_φ	接触电位差
$V_{CC}, V_{DD}, +V_S$	正电源电压
$V_{EE}, V_{SS}, -V_S$	负电源电压

3. 电流

I, i	电流通用符号
$I_{EQ}, I_{BQ}, I_{CQ}, I_{DQ}$	分别指射、基、集、漏极直流工作点电流
i_C, i_B, i_E, i_D	分别指集、基、射、漏极总瞬时值电流
i_s	信号源电流
I_{IO}	输入失调电流
I_{IB}	输入偏置电流
I_S	PN 结反向饱和电流
I_{DSS}	结型、耗尽型 FET 在 $u_{GS}=0$ 时 I_D 值
I_D	二极管电流,FET 的漏极电流
I_F, I_R	分别表示正向电流、反向电流
I_{ES}	晶体管发射结反向饱和电流
I_{CBO}	发射极开路时的集电结反向饱和电流
I_{CEO}	基极开路时的穿透电流
I_{CM}	集电极最大允许电流

4. 电阻

R_B	基极直流偏置电阻
R_C	集电极直流偏置电阻
R_D	漏极直流偏置电阻
$R_F(R_f)$	反馈电阻
R_{ic}, R_{id}	差模、共模输入电阻
R_i, R_o	放大器的交流输入和输出电阻
R_E	发射极直流偏置电阻
R_G	栅极直流偏置电阻

R_s	信号源内阻
R_L	负载电阻
R_{oc},R_{od}	差模、共模输出电阻
R_{if},R_{of}	反馈放大器的交流输入和输出电阻
$r_{bb'}$	基区体电阻
$r_{b'c}$	集电结电阻
r_e	发射结电阻
r_Z	稳压管的动态电阻
$r_{b'e}$	发射结微变等效电阻
r_{ce}	集电结输出电阻
r_{gs},c_{ds}	FET 的动态电阻

5.电容与电感

C_B,C_D,C_J	分别指势垒电容、扩散电容和结电容
C_π,C_μ	分别指 BJT 的发射结和集电结电容
L	电感通用符号
C_{dg},C_{gs},C_{ds}	分别指 FET 的分布电容
C_φ	相位补偿电容

6.频率

f	频率
f_L	下限(−3dB)频率,$\omega_L = 2\pi f_L$
f_α , f_β	分别指共基 BJT 和共射 BJT 的截止频率
f_0	振荡频率、谐振频率
f_H	上限(−3dB)频率,$\omega_H = 2\pi f_H$
f_T	特征频率

7.功率

P_C	集电极耗散功率
P_T	BJT 的管耗
P_V	直流电源供给功率
P_{CM}	集电极最大允许功耗

8.载流子浓度

n_i	本征半导体中电子浓度
n	杂质半导体中电子浓度
p_i	本征半导体中空穴浓度
p	杂质半导体中空穴浓度

9.稳压电路参数

S_r	稳压系数
S_i	电流调整率
S_T	输出电压的温度系数
S_u	电压调整率

S_{rin}	纹波抑制比

三、元器件及引脚名称

P	空穴型半导体
N	电子型半导体
E,e	双极型三极管的发射极
B,b	双极型三极管的基极
C,c	双极型三极管的集电极
D	二极管
D_Z	稳压管
S,s	场效应管的源极
G,g	场效应管的栅极
D,d	场效应管的漏极
T	双极型三极管,场效应管
T_r	变压器

四、其他符号

$\alpha,\bar{\alpha}$	共基极交、直流电流传输系数(增益)
$\beta,\bar{\beta}$	共射极交、直流电流放大系数(增益)
W/L	MOS 管的宽长比
C_{ox}	MOS 管单位面积的栅极电容
μ_n	电子运动的迁移率
η	效率
φ	相位角
φ_m	相位裕量
G_m	增益裕量
ω, Ω	角频率
Q	静态工作点
F	反馈系数
S_R	运算放大器的转换速率
g_m	低频跨导
K_{CMR}	共模抑制比
$BW_{0.7}$	3dB 带宽
D	非线性失真系数
T	温度,周期
t	时间
E,ε	能量、电场强度
E_{go}	半导体的禁带宽度
k	玻尔兹曼常数
Q	品质因数
X,x	电抗
Y,y	导纳
Z,z	阻抗

目　　录

第 1 章　半导体器件

【内容提要】

首先介绍半导体的基础知识，如半导体特性、本征与杂质半导体、PN 结的形成、PN 结的单向导电性等。接着讨论半导体二极管的结构、特性曲线、主要参数与电路模型，重点阐述双极型三极管和场效应晶体管的结构、工作原理、特性曲线、主要参数与电路模型。最后分析典型光电子器件原理及应用。

1.1　半导体基础知识

1.1.1　半导体的特性

半导体器件是构成各种电子电路和集成电路的基础，半导体器件又由半导体材料组成。半导体材料的导电性能介于导体与绝缘体之间，常用的半导体材料有硅(Si)、锗(Ge)及化合物半导体，如砷化镓(GaAs)等，其中硅材料是目前最常用的半导体材料。当半导体材料受到外部光和热的激发时，其导电能力将发生显著变化。如果在纯净的半导体中加入少量的杂质元素，其导电能力也会显著增加。

半导体的导电性能是由其原子结构决定的。硅的原子序数是 14，在硅原子中共有 14 个电子围绕原子核旋转，最外层的轨道上有 4 个电子，称为价电子。锗的原子序数是 32，原子最外层的轨迹上也有 4 个价电子，所以硅和锗都是 4 价元素。用带有＋4 电荷的正离子以及它周围的 4 个价电子来表示一个 4 价元素的原子，如图 1.1.1 所示。

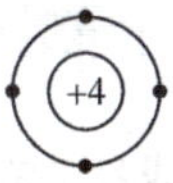

图 1.1.1　4 价元素原子简化结构模型

在硅或锗的晶体中，原子在空间排列成有规则的晶格。其中每个原子最外层的价电子，不仅受到自身原子核的束缚，同时也受到相邻原子核的吸引。因此，每个价电子不仅围绕自身的原子核，同时也围绕相邻的原子核运动。也就是说，两个相邻的原子共有一对价电子，这一对价电子组成共价键，如图 1.1.2 所示。在硅或锗的晶体中，每个原子都与周围的 4 个原子以共价键的形式紧密地结合在一起，组成整齐的晶格结构。

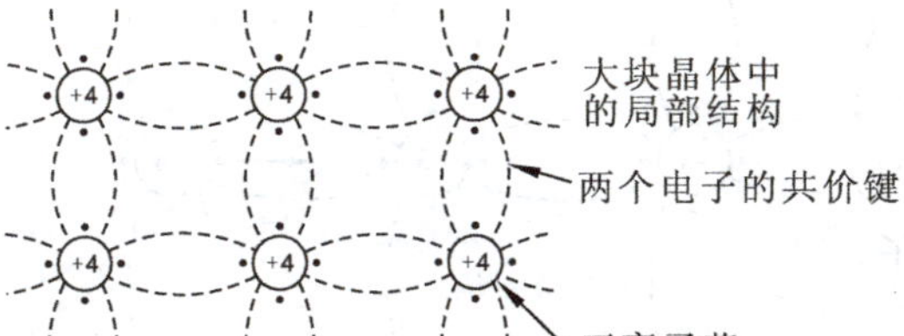

图 1.1.2　晶体中的价电子与共价键

1.1.2　本征半导体

不含杂质的纯净半导体称为本征半导体。在本征半导体中，由于晶体中共价键的结合力很强，在热力学温度为零度时，价电子的能量不足以挣脱共价键的束缚，因此在 $T = 0\text{K}$ 时晶体中不存在能够导电的载流子。在常温下，受本征激发仅有少数价电子获得足够的能量，克服共价键的束缚而成为自由电子。但因为自由电子的数量很少，所以本征半导体的导电能力非常弱。

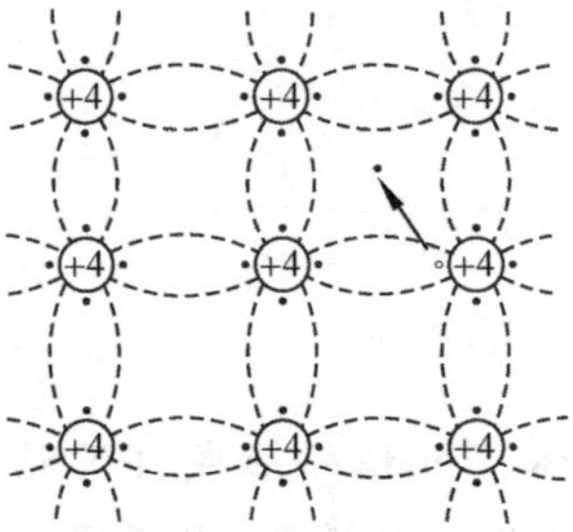

图 1.1.3　本征半导体中的自由电子与空穴

当本征半导体中的某些价电子挣脱共价键的束缚成为自由电子时，在原来的共价键中留下一个空位，这种空位称为空穴，如图 1.1.3 所示。在空穴附近共价键中的电子受本征激发形成自由电子，比较容易填补该空穴，而在附近的共价键中又留下一个新的空位，同样，其他地方的电子又有可能来填补后一个空位。从效果上看，这种共有电子的填补运动，相当于带正电荷的空穴在运动，这种运动称为空穴运动，并将空穴视为带正电的载流子。由此可见，半导体中存在两种载流子：带负电的自由电子和带正电的空穴。本征激发中，自由电子和空穴相遇而释放能量，电子和空穴将成对消失，即自由电子和空穴的复合。

在本征半导体中，自由电子和空穴总是成对出现的，称其为自由电子-空穴对，因此两种载流子的浓度是相等的。本征半导体中载流子的浓度，除了与半导体材料本身的性质有关外，还与温度密切相关，随着温度的升高，浓度将按指数规律增加。因此，其导电率将随温度的增加而增加。另一方面，空穴和自由电子的本征激发和复合是时刻存在的，当它们的浓度相等时，本征激发和复合达到了一种动态平衡。

1.1.3　杂质半导体

在本征半导体中掺入微量的杂质就会使半导体的导电性能发生显著的变化。根据掺入杂质的性质不同，杂质半导体可分为 P 型半导体和 N 型半导体两大类。

1. P 型半导体

在硅（或锗）晶体内掺入少量的 3 价的杂质元素（如硼），因硼原子只有 3 个价电子，它与周围硅原子形成共价键时，缺少一个电子，在晶体中便产生一个空位，当相邻共价键上的电子受到热激发或在其他激发条件下获得能量，就有可能填补这个空位，使硼原子成为不能移动的负离子，并带有一个单位的负电荷，而原来硅原子共价键则因缺少一个电子形成了空穴，但整个半导体仍呈中性而不带电，如图 1.1.4 所示。

在加入受主杂质产生空穴时，并不产生新的自由电子。但原来的本征晶体中由于本征激发仍会产生少量的自由电子-空穴对。控制掺入杂质的浓度，便可控制空穴数量。在这种半导体中空穴数量远大于自由电子的数量，以空穴导电为主，因而空穴为多数载流子，自由电子为少数载流子，故称为 P（空穴）型半导体。其中 3 价硼原子在硅晶体中能接受电子，故称硼为受主杂质。

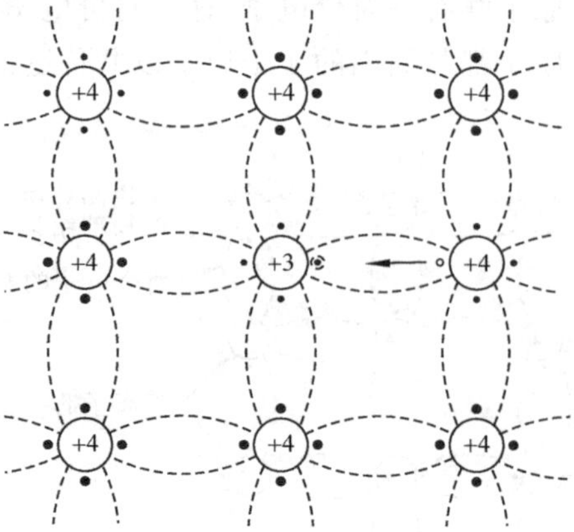

图 1.1.4　P 型半导体的结构模型

2. N 型半导体

与 P 型半导体类似，在 4 价的硅（或锗）晶体中掺入少量的 5 价杂质元素（如磷），则原来晶体中的一些硅原子将被杂质原子代替。而杂质原子的最外层有5个价电子,它与周围4个硅原子组成共价键时将多余一个电子,这个电子不受共价键的束缚,只受自身原子核的吸引,这种束缚力比较微弱,在室温下即可成为自由电子,如图1.1.5所示。失去自由电子的杂质原子固定在晶体上不能移动,并带有一个单位的正电荷,称为正离子。在这种杂质半导体中,电子的浓度远远大于空穴的浓度,以电子导电为主,因而电子为多数载流子,空穴为少数载流子,故称为N(电子)型半导体。其中5价的杂质原子提供电子,称为施主杂质。

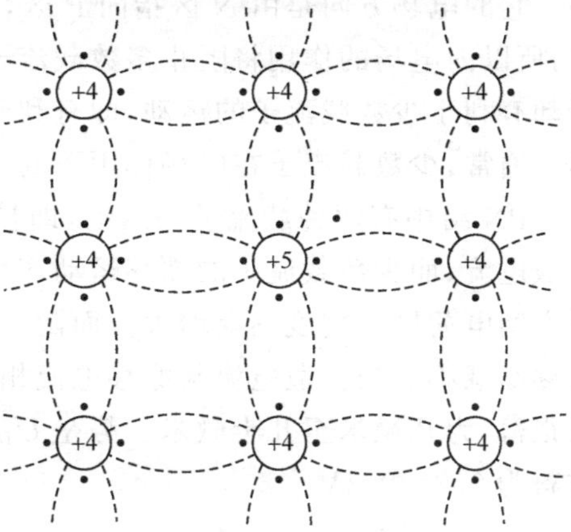

图1.1.5 N型半导体的结构模型

综上所述,半导体掺入杂质后,载流子的数目都有相当程度的增加。若每个受主杂质都能产生一个空穴,或者每个施主杂质都能产生一个自由电子,尽管杂质含量很少,但它们对半导体的导电能力却有很大的影响。因而在半导体中掺杂是提高半导体导电能力的有效方法。

1.1.4 PN结的形成

如果将一块半导体的一侧掺杂成P型半导体而另一侧掺杂成N型半导体,则在两者的交界处将形成PN结。

在P型和N型半导体的交界面两侧,由于多数载流子的电子和空穴的浓度相差悬殊,所以N区中的多数载流子电子要向P区扩散;同时,P区的多数载流子空穴也要向N区扩散,如图1.1.6(a)所示,当电子和空穴相遇时将发生复合而消失,于是在交界面两侧分别形成由不能移动的正负离子组成的空间电荷区,如图1.1.6(b)所示。由于空间电荷区内缺少可以自由运动的载流子,所以又称为耗尽层。在扩散之前,无论P区还是N区,从整体来说各自都保持着电中性。但是,由于多数载流子的扩散运动,电子和空穴因复合而消失,空间电荷区中只剩下不能参加导电的正负离子,因而破坏了P区和N区原来的电中性。在图1.1.6(b)中,空间电

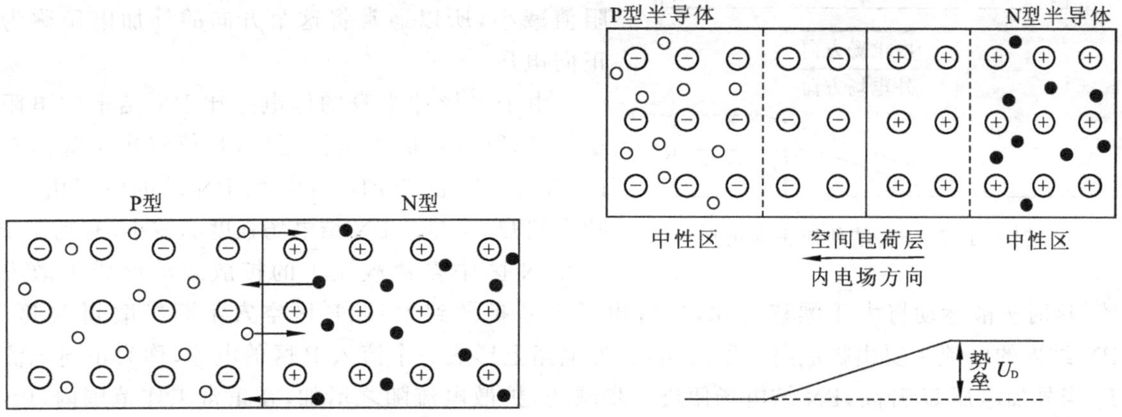

(a) PN结中载流子的扩散运动

(b) PN结中空间电荷区形成

图1.1.6 PN结的形成

荷区的左侧(P 区)带负电,右侧(N 区)带正电,因此在两者之间产生了一个电位差U_D,称为势垒。它的电场方向是由 N 区指向 P 区,这个电场称为内电场。因为空穴带正电,而电子带负电,所以内电场的作用将阻止多数载流子继续进行扩散,所以又称为阻挡层。但是,这个内电场却有利于少数载流子的运动,即有利于 P 区中的电子向 N 区运动,N 区中的空穴向 P 区运动。通常,少数载流子在电场作用下的定向运动称为漂移运动。

PN 结中有两种载流子的运动,即扩散运动和漂移运动。多数载流子的扩散运动产生了扩散电流,而少数载流子的漂移运动产生了漂移电流。随着多数载流子扩散运动的进行,PN 结空间电荷区的宽度逐渐增大。而随着少数载流子漂移运动的进行,PN 结空间电荷区的宽度逐渐减小。当扩散电流与漂移电流相等时,空间电荷区的宽度不再加大。一般地,空间电荷区很薄,为几微米至几十微米。势垒U_D的大小与半导体材料有关,硅材料为 0.6～0.8V,锗材料为 0.2～0.3V。

1.1.5　PN 结的单向导电性

当 PN 结中载流子运动处于平衡状态时,称为平衡 PN 结。在施加外加电压时,PN 结具有单向导电性。

1. 外加正向电压

在图 1.1.7 中,当 PN 结外加正向电压U,即U的正端接 P 区,负端接 N 区时,外加电场与 PN 结内电场方向相反。在这个外加电场作用下,PN 结的平衡状态被打破,P 区中的多数载流子空穴和 N 区中的多数载流子电子都要向 PN 结移动,即 P 区空穴进入 PN 结后,就要和原来的一部分负离子中和,使 P 区的空间电荷量减少。同样,当 N 区电子进入 PN 结时,中和了部分正离子,使 N 区的空间电荷量减少,结果 PN 结变窄,这时耗尽区厚度变薄,因而电阻的阻值减小,所以通常将这个方向的外加电压称为正向电压。

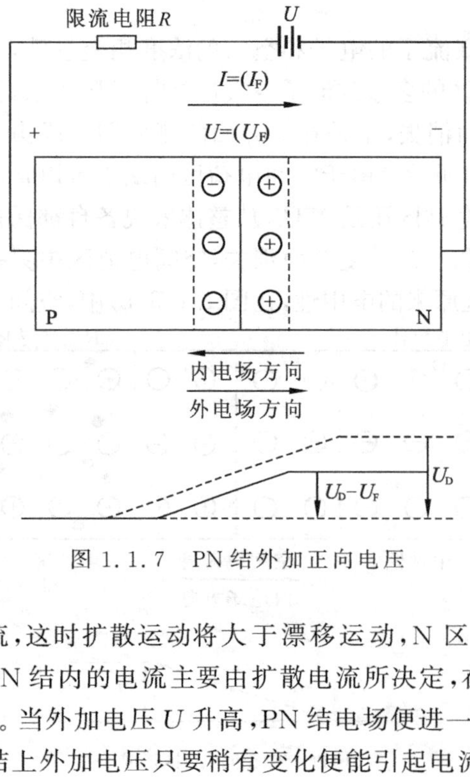

图 1.1.7　PN 结外加正向电压

由于半导体本身的体电阻比 PN 结上的电阻小很多,所以外加电压作用后,其值将集中降落在 PN 结上,因此,外加电压将使 PN 结的电场由U_D减小到U_D-U_F。PN 结电场强度的减小,有利于 P 区和 N 区中多数载流了的扩散运动形成扩散电流,这时扩散运动将大于漂移运动,N 区电子不断扩散到 P 区,P 区空穴不断扩散到 N 区。PN 结内的电流主要由扩散电流所决定,在外电路上形成一个流入 P 区的电流,称为正向电流I。当外加电压U升高,PN 结电场便进一步减弱,扩散电流随之增加,在正常工作范围内,PN 结上外加电压只要稍有变化便能引起电流的显著变化,因此电流I是随外加电压迅速上升的。这样正向的 PN 结表现为一个阻值很小的电阻,此时也称 PN 结导通。同时,由少数载流子形成的漂移电流,其方向与扩散电流相反,与正向电流比较,其数值很小可忽略不计。

1.2 半导体二极管

1.2.1 二极管的结构

半导体二极管是以PN结为核心,在PN结的两端各引出一个电极,并加管壳封装而成。PN结的P型半导体一端引出的电极为阳极(或称正极),PN结的N型半导体一端引出的电极为阴极(或称负极)。普通二极管按使用的半导体材料不同分为硅管和锗管,按其结构的不同可分为点接触型和平面型两类。

点接触型二极管的结构如图1.2.1(a)所示,其PN结面积很小,所以极间电容很小,适用于高频电路和数字电路。例如,2AP1是点接触型锗二极管,最大整流电流为16mA,最高工作频率为150MHz。但是这种类型的二极管不能承受高的反向电压和大的导通电流。

平面型二极管的PN结是用合金法或扩散法做成的,其结构如图1.2.1(b)所示。由于这种二极管的PN结面积大,可承受较大的电流,但极间电容也大。这类器件适用于整流,不宜用于高频电路中。例如,2CP1为面接触型硅二极管,最大整流电流为400mA,最高工作频率只有3kHz。

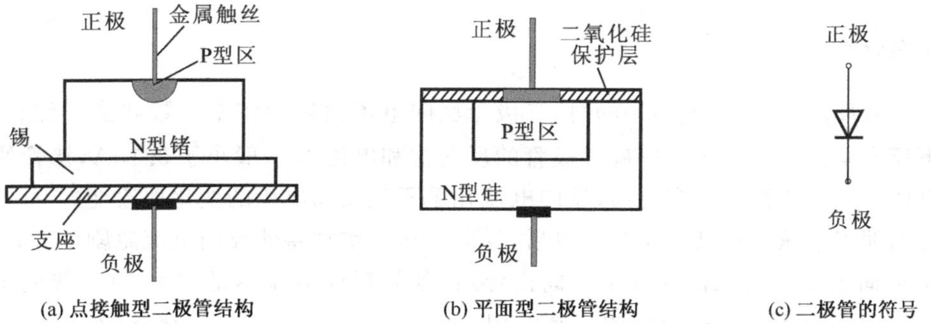

图1.2.1 半导体二极管的结构及符号

1.2.2 二极管的特性曲线

半导体二极管两端电压 u_D 与流过的电流 i_D 之间的关系称为伏安特性,伏安特性曲线如图1.2.2所示,其中实线为硅二极管,虚线为锗二极管。

1. 正向特性

当二极管正向偏置(即 $u_D > 0$)时,$i_D \sim u_D$ 正向伏安特性曲线近似地呈现为指数曲线。由于二极管的引线电阻、体电阻都很小,电极间的漏电阻又很大,对二极管的伏安特性的影响均不大,故可用式(1.2.1)近似地表示二极管的伏安特性。

$$i_D = I_S\left[\exp\left(\frac{u_D}{U_T}\right) - 1\right] \tag{1.2.1}$$

式中,U_T 为温度的电压当量,常温下为26mV。

不论是硅管还是锗管,当正向偏置电压较小时,i_D 近似为零,二极管仍未完全导通,这一

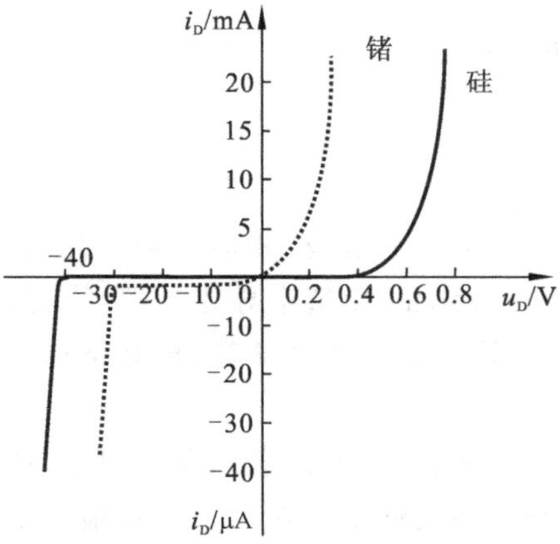

图 1.2.2　二极管的伏安特性曲线

电压称为门坎电压(又称死区电压)。硅管的门坎电压约为0.5V,锗管约为 0.1V;二极管的工作电压 u_D 大于门坎电压后,电流 i_D 迅速增加,二极管开始导通。硅管的正向导通电压约 0.7V,锗管约为 0.2V。当 $u_D \gg U_T$ 时,则有 $\exp\left(\frac{u_D}{U_T}\right) \gg 1$,故有

$$i_D = I_S \exp\left(\frac{u_D}{U_T}\right) \tag{1.2.2}$$

上式表明二极管具有近似于指数特征的正向伏安特性。因此,$u_D \gg U_T$ 后,电流 i_D 上升极快,其上升斜率可通过对式(1.2.2)求导获得,有

$$\frac{di_D}{du_D} = I_S \exp\left(\frac{u_D}{U_T}\right)\frac{1}{U_T} \approx \frac{i_D}{U_T} \tag{1.2.3}$$

$\frac{du_D}{di_D}$ 称为二极管的动态电阻或交流电阻,记作 r_d,则有

$$r_d \approx \frac{U_T}{i_D} \tag{1.2.4}$$

2. 反向特性

当二极管反向偏置(即 $u_D < 0$)时,二极管反向电流由半导体中少数载流子漂移形成,故在室温下反向电流很小。小功率硅二极管的反向饱和电流 I_S 一般小于 0.1μA,锗管的 I_S 为几十到几百微安。在二极管击穿之前,反向电流几乎不随反向电压的变化而改变。

当反向偏置电压超过某一定数值以后,反向电压的增加将使反向电流急剧增大,由此二极管就发生反向击穿。当二极管发生反向击穿后,如果反向电流不是太大,则二极管的功耗不大,PN 结的温度也不会超过允许的最高结温(如硅管为 150～200℃,锗管为 75～100℃),二极管也不会损坏,此时若降低反向电压到击穿电压以下,则二极管仍能继续工作(即具有正常的伏安特性),因而这种击穿是可逆的,称为电击穿;但是,当二极管发生电击穿后,若仍继续增大反向电压,反向电流也随之增大,则管子会因功耗过大导致 PN 结的温度超过最高允许温度而烧坏,造成二极管的永久性损坏,故这种击穿是不可逆的,称为热击穿。产生热击穿的机理通常分为齐纳击穿和雪崩击穿。

(1) 齐纳击穿:对于掺杂浓度高的 PN 结,空间电荷区的宽度很薄,所以在较低的反向电压下,空间电荷区中就有较强的电场,足以把空间电荷区里的半导体原子的价电子从共价键中激发出来,形成载流子,使反向电流突然增大,出现击穿,这种击穿称为齐纳击穿。当二极管击穿电压低于 4V 时,击穿主要是由齐纳击穿所致。击穿电压还受温度的影响,发生齐纳击穿的二极管,当温度上升时,价电子的能量增加,使价电子激发需要的电压变小,所以齐纳击穿电压具有负的温度系数。

(2) 雪崩击穿:对于掺杂浓度低的 PN 结,空间电荷区的宽度很宽,需要更高的电压才能在空间电荷区中有较强的电场,使少数载流子的漂移运动加速,当它们与共价键中的价电子发生"碰撞"时,会产生新的载流子,这一现象称为"碰撞电离"。碰撞电离产生的新的载流子又被加速,又会与共价键中的价电子发生"碰撞",产生越来越多新的载流子,出现雪崩似的连锁反

应，引起反向电流剧增，导致二极管被击穿。这种击穿称为雪崩击穿，其击穿电压一般大于 6V。由于温度上升时，晶体中的原子热运动加剧，被加速的少子在产生碰撞电离前与原子发生"摩擦"的机会增加，损耗部分能量，所以要有更高的反向电压才能使二极管击穿，也就是说雪崩击穿具有正的温度系数。

击穿电压介于 4～6V 之间时，两种击穿都可能发生，也可能同时发生，这时击穿电压的温度系数较小。用于整流的二极管，其击穿电压一般大于 6V，故其击穿属雪崩击穿，只有硅稳压二极管的反向击穿电压有小于或等于 4V 的可能，才会出现齐纳击穿。

1.2.3　二极管的主要参数

1. 最大整流电流 I_F

最大整流电流是指二极管长期运行时，允许通过的最大正向平均电流。因为电流通过 PN 结要引起管子发热，电流太大，则引起发热量超过限度，就会使 PN 结烧坏。

2. 反向击穿电压 U_{BR}

反向击穿电压是指二极管反向击穿时的电压值。当发生反向击穿时，反向电流剧增，二极管的单向导电性被破坏，甚至因过热而烧坏。一般手册上给出的最高反向工作电压约为击穿电压的一半，以确保二极管能安全运行。例如，2AP1 最高反向工作电压规定为 20V，而反向击穿电压实际上大于 40V。

3. 反向电流 I_R

反向电流是指管子未击穿时的反向电流。I_R 值越小，表明二极管的单向导电性越好。随着温度增加，反向电流会明显增加，所以在使用二极管时要注意温度的影响。

4. 极间电容 C_J

极间电容是反映二极管中 PN 结电容效应的参数，因 PN 结中存在扩散电容 C_D 和势垒电容 C_B，则有 $C_J = C_D + C_B$。二极管结电容的值通常为几皮法至几十皮法，有些结面积大的二极管结电容可达几百皮法。在高频运用时，必须考虑极间电容的影响。

5. 最高工作频率 f_M

f_M 数值主要决定于 PN 结电容的大小。结电容越大，则二极管允许的最高工作频率越低。当工作频率大于 f_M 时，将使二极管单向导电性变差。

1.2.4　二极管的电路模型

1. 理想模型

图 1.2.3(a)中虚线表示实际二极管的伏安特性，粗实线表示理想二极管的伏安特性。图 1.2.3(b)为理想二极管的符号。由图可见在正向偏置时，其管压降为 0V，而当二极管处于反向偏置时，认为它的电阻为无穷大，电流为零。在实际的电路中，当电压源电压远比二极管的管压降大时，利用此模型来近似分析是可行的。

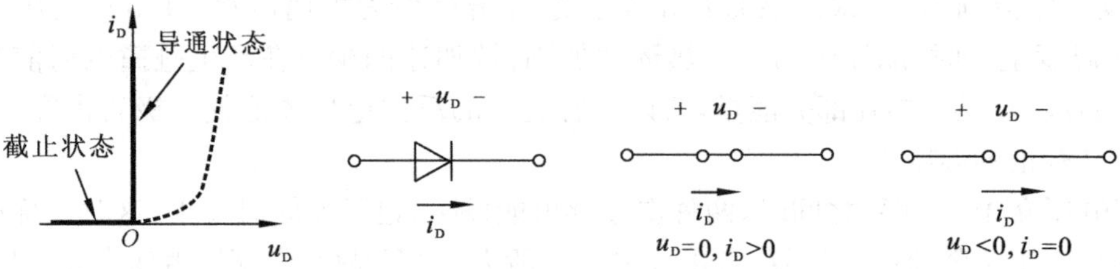

(a) 伏安特性　(b) 理想二极管符号　(c) 正向偏置等效　(d) 反向偏置等效

图 1.2.3　二极管的理想电路模型

2. 恒压降模型

如图 1.2.4 所示，当二极管导通后其管压降 U_{ON} 近似为恒定的，典型值为 0.7V(硅管)、0.2V(锗管)。在不考虑二极管的正向导通电阻时，该模型提供了合理的近似，应用较为广泛。

(a) 伏安特性垂直线模型　(b) 二极管恒压降等效电路

图 1.2.4　二极管的恒压降模型

例 1.2.1　二极管电路如图 1.2.5 所示。已知直流电源电压为 6V，二极管直流管压降为 0.7V，二极管的封装引线体电阻为 10Ω。求：

(1) 流过二极管的直流电流；

(2) 二极管的直流电阻 R_D 和交流电阻 r_d 各为多少？

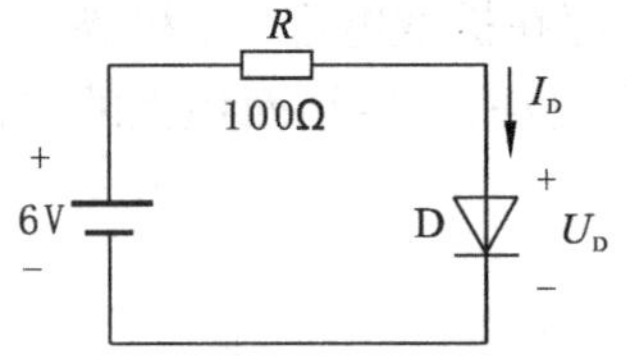

图 1.2.5　例 1.2.1 电路

解：(1) 流过二极管的直流电流也就是电路回路电流，即

$$I_D = \frac{6V - 0.7V}{100\Omega} = 53(mA)$$

(2)

$$R_D = \frac{0.7V}{53mA} = 13.2(\Omega)$$

$$r_d = \frac{U_T}{I_D} + \text{体电阻} = \frac{26 \times 10^{-3}}{53 \times 10^{-3}} + 10 = 10.49(\Omega)$$

3. 折线模型

为了更加准确地描述二极管的伏安特性，用两条直线构成折线，如图 1.2.6(a)所示。在恒压降模型的基础上，除考虑二极管的导通压降 U_{ON} 外，还考虑了二极管的动态导通电阻，即

$$r_d = \frac{\Delta u_D}{\Delta i_D}$$

在二极管模型中用一个电动势 U_{ON} 和一个电阻 r_d 的串联来近似表示，如图 1.2.6(b)所示。

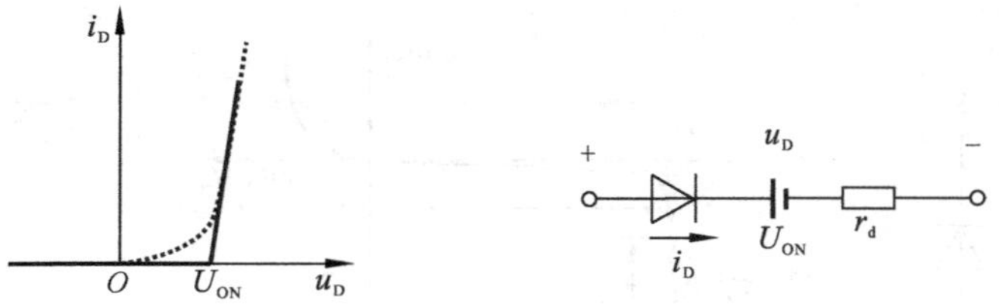

(a) 伏安特性折线模型　　(b) 二极管折线等效电路

图 1.2.6　二极管的折线模型

4. 小信号模型

当二极管处于正向偏置时，如果在较大的直流偏置电压 U_D 基础上再加上一个微小的交流信号 Δu_D（即电压 u_D 发生微小变化），则二极管电流 i_D 将在伏安特性曲线的静态工作点 Q（对应直流偏置电压 U_D）附近的小范围内变化。为了便于分析小信号情况下 $\Delta i_D \sim \Delta u_D$ 之间的关系，此时可把二极管伏安特性近似为以 Q 点为切点的一条直线，其斜率的倒数就是小信号模型的微变等效电阻或交流电阻 r_d，由此得到二极管的小信号模型如图 1.2.7 所示。该模型主要用于二极管处于正向偏置的交流分析中。

在常温 $T = 300\text{K}$ 时，取 $U_T = 26\text{mV}$。对应静态工作点 Q，有 $U_D \gg U_T$，$I_D \approx I_S \exp\left(\frac{U_D}{U_T}\right)$。由式(1.2.4)可得

$$r_d = \frac{U_T}{I_D} = \frac{26(\text{mV})}{I_D(\text{mV})} \tag{1.2.5}$$

在二极管小信号模型中，微变等效电阻 r_d 与静态工作点 Q 有关。

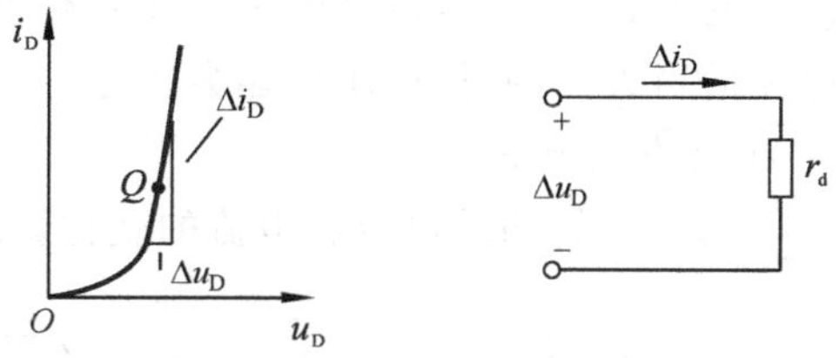

(a) 正向伏安特性　　(b) 小信号等效电路

图 1.2.7　二极管的小信号电路模型

1.2.5　特殊二极管

1. 稳压二极管

稳压二极管是一种用特殊工艺制造的半导体二极管，其符号如图 1.2.8(a)所示。稳压二极管的杂质浓度比较高，空间电荷区的电荷密度也大，因而 PN 结很窄，容易形成强电场。当稳压二极管反向电压加到某一定值时，反向电流急增产生反向击穿，如图 1.2.8(b)所示，图中的 U_Z 表示反向击穿电压，即稳压管的稳定电压。稳压管的稳压作用在于电流变化量 ΔI_Z 可以较大，但只引起很小的电压变化量 ΔU_Z。特性曲线越陡，表明稳压管的稳压性能越好。$I_{Z\min}$ 和 $I_{Z\max}$ 为稳压管工作在正常稳压状态的最小和最大工作电流。当反向电流小于 $I_{Z\min}$ 时，稳压管进入反向截止状态，则稳压特性消失；如果反向电流大于 $I_{Z\max}$，则稳压管可能被烧毁。根据稳压管的反向击穿特性，得到如图 1.2.8(c)所示的稳压管等效模型。

稳压管的主要参数如下。

1) 稳定电压 U_Z

U_Z 是稳压管工作在反向击穿区时的工作电压。稳定电压 U_Z 是稳压管的重要参数。由于稳定电压 U_Z 随着工作电流的不同而略有变化，所以测试 U_Z 时应使稳压管的电流为规定值。

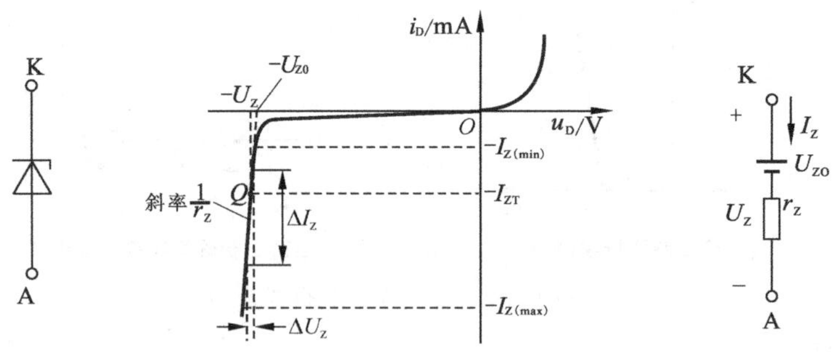

(a) 稳压二极管符号　　(b) 伏安特性　　(c) 等效电路

图 1.2.8　稳压二极管的符号、伏安特性与等效电路

不同型号稳压管的稳定电压值 U_Z 往往是不同的。即使是同一型号的稳压管，由于制造工艺的分散性，各个不同管子的 U_Z 值也会有些差别。

2）稳定电流 I_Z

I_Z 是使得稳压管保持正常稳压作用时的参考工作电流。若工作电流低于 I_Z，管子的稳压性能将变差；若工作电流高于 I_Z，只要不超过额定功耗，稳压管可以正常工作。一般来说，工作电流适当大一些时，稳压性能会较好。

3）动态电阻 r_Z

r_Z 为稳压管两端电压和电流的变化量之比，即

$$r_Z = \frac{\Delta u_D}{\Delta i_D} = \frac{\Delta U_Z}{\Delta I_Z} \tag{1.2.6}$$

显然，稳压管的 r_Z 值越小，则稳压性能越好。对于同一个稳压管，一般工作电流越大，其 r_Z 值也越小。通常产品手册上给出的 r_Z 值是稳压管在规定的工作电流下测量得到的。

4）额定功耗 P_Z

P_Z 为稳压管两端的稳定电压 U_Z 和流过的最大额定工作电流 I_{ZM} 的乘积。由于稳压管功耗将转化为热能，使稳压管发热，所以额定功耗 P_Z 决定于稳压管允许的温升。在工程设计中一般用以下表达式进行计算

$$P_Z = I_{ZM}U_Z \tag{1.2.7}$$

5）稳定电压的温度系数 α_u

α_u 表示当稳压管的电流保持不变时，环境温度每变化 1℃所引起的稳定电压 U_Z 变化的百分比。一般来说，稳定电压大于 7V 的稳压管，其 α_u 为正值，即当温度升高时，稳定电压值将增大；稳定电压小于 4V 的稳压管，其 α_u 为负值，即温度升高时，稳定电压值将减小。而稳定电压在 4～7V 之间的稳压管，α_u 的值比较小，表示其稳定电压 U_Z 受温度的影响较小，性能比较稳定。

使用稳压管组成稳压电路时，需要注意几个问题：①应使外加电压源的正极接管子的阴极，电压源的负极接阳极，以保证稳压管工作在反向击穿区，如图 1.2.9 所示；②稳压管应与负载电阻 R_L 并联，由于稳压管两端电压的变化量很小，因而使输出电压比较稳定；③必须限制流过稳压管的电流 I_Z，使其不超过规定值，以免因过热而烧毁管子。但 I_Z 的值也不能太小，若小于临界值 I_{Zmin} 则稳压管将失去稳压作用。因此，稳压管电路中必须接入一个限流电阻 R，其

作用就是调节稳压管电流 I_Z 的大小，同时起到调节电压的作用，当电压 U_I 或负载电流 I_O 变化时，通过电阻 R 上电压降的变化来保持输出 U_O 的稳定。

例 1.2.2　稳压二极管应用电路如图 1.2.9 所示。求：

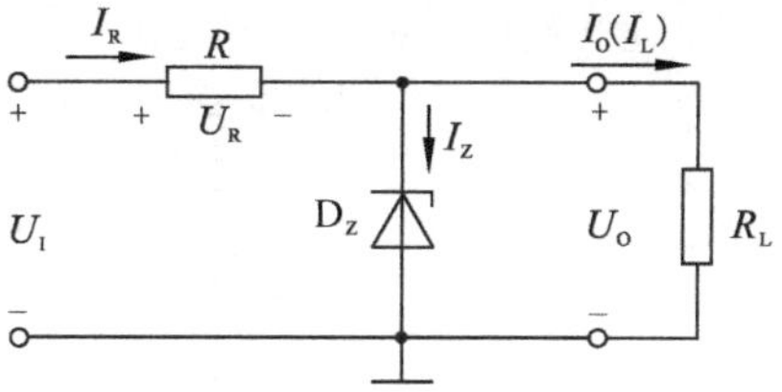

图 1.2.9　稳压二极管应用电路

(1) 设 $U_I=20V$，其波动范围为±10%，稳压管 D_Z 的稳定电压 $U_Z=10V$，稳定电流 $I_{zmax}=30mA$，$I_{zmin}=5mA$，负载电阻 $R_{Lmin}=800\Omega$，$R_{Lmax}=\infty$。计算限流电阻 R 的值；

(2) 稳压二极管的参数如(1)中所示，$R=100\Omega$，$R_L=250\Omega$，试求 U_I 允许的变化范围；

(3) 当 $U_Z=10V$ 时，稳压管工作电流 $I_Z=20mA$，$r_Z=10\Omega$。如果 $U_I=20V$ 不变，试求 R_L 从无穷大变化到 $1k\Omega$ 时，输出电压变化值 ΔU_O 为多少？

解：(1) 因为 $R_{Lmax}\rightarrow\infty$，$I_{Lmin}=0$，且 $U_{Imax}=20+20\times0.1=22(V)$，则

$$R_{min}=\frac{U_{Imax}-U_Z}{I_{Zmax}+I_{Lmin}}=\frac{(22-10)V}{30mA+0}=400\Omega$$

由于

$$I_{Lmax}=\frac{U_Z}{R_{Lmin}}=\frac{10V}{800\Omega}=12.5mA$$

且 $U_{Imin}=20-20\times0.1=18(V)$，则

$$R_{max}=\frac{U_{Imin}-U_Z}{I_{Zmin}+I_{Lmax}}=\frac{(18-10)V}{(5+12.5)mA}=457\Omega$$

所以，选择 R 应满足：$400\Omega<R<457\Omega$

(2) 当 $R_L=250\Omega$ 时，$I_L=\dfrac{10V}{250\Omega}=40mA$

当 I_Z 达到最大时，有 $U_{Imax}=(I_{Zmax}+I_L)R+U_Z=(30+40)\times0.1+10=17(V)$

当 I_Z 为 I_{Zmin} 时，有 $U_{Imin}=(I_{Zmin}+I_L)R+U_Z=(5+40)\times0.1+10=14.5(V)$

即 U_I 的变化范围为 14.5～17V。

(3) 当 $R_L=\infty$ 时，$U_O=10V$。

当 $R_L=1k\Omega$ 时，有

$$U_O=10V\times\frac{R_L}{r_Z+R_L}=10\times\frac{1000}{10+1000}=9.8814(V)$$

$$|\Delta U_O|=10-9.8814=118.6(mV)$$

2. 变容二极管

二极管结电容的大小除了与本身结构尺寸和工艺有关外，还与外加电压有关。结电容随反向电压的增加而减小，这种效应显著的二极管称为变容二极管。对于一般的半导体二极管，希望尽量减小结电容。而对于变容二极管，却是要利用结电容。图 1.2.10 所示为变容二极管的符号及电容变化情况。不同型号的变容二极管电容最大值不同，一般在 5～300pF 之间。目前，变容二极管的电容最大值与最小值之比(变容比)可达 20 以上。变容二极管的应用已相

当广泛，特别在高频技术中。例如，彩色电视机普遍采用的电子调谐器，就是通过控制直流电压来改变二极管的结电容的容量，从而改变谐振频率，实现频道选择。

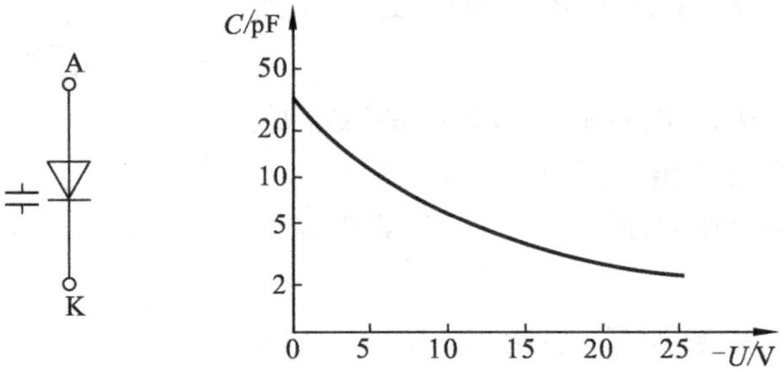

(a) 符号　　　(b) 电容变化曲线

图 1.2.10　变容二极管的符号及电容变化曲线

3. 肖特基二极管

肖特基二极管是一种利用金属（如金属铝、金和钼等）与 N 型半导体接触界面形成势垒的二极管，肖特基二极管也称为金属-半导体结二极管。图 1.2.11 是肖特基二极管的符号及伏安特性，阳极连接金属，阴极连接 N 型半导体。肖特基二极管的伏安特性和普通二极管非常类似，但与一般二极管相比肖特基二极管有两个重要特点：

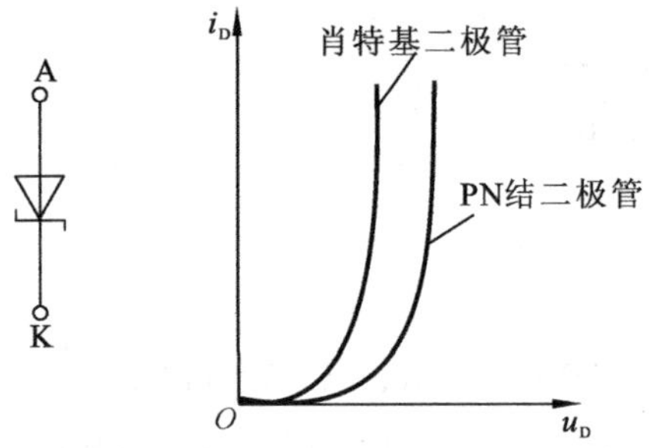

(a) 符号　　　(b) 伏安特性

图 1.2.11　肖特基二极管

(1) 由于制作原理不同，肖特基二管是一种多数载流子导电器件。不存在少数载流子在 PN 结附近积累和消散的过程，所以电容效应很小，工作速度高，适用于高频电路和开关电路。

(2) 由于肖特基二极管的耗尽区只存在于 N 型半导体一侧，相对较薄，其正向导通电压较一般二极管要小（约 0.2V），故作为开关管要优于一般二极管。但是，由于肖特基二极管的耗尽区较薄，所以反向击穿电压较低，一般不超过 60V，且反向漏电流也比一般二极管要大。

思　考　题

1.2.1　在使用二极管时，为什么应特别注意不要超过最大整流电流和最高反向击穿电压？

1.2.2　如何用万用表的"Ω"挡来辨别一只二极管的阳、阴两极？

1.2.3　比较硅、锗两种二极管的性能。在工程实践中，为什么硅二极管应用得较多？

1.2.4　设二极管的其他条件不变，当温度升高时，其反向电流将会如何变化？硅二极管和锗二极管哪种变化显著？

1.2.5　在什么工作情况下应考虑二极管极间电容的影响？

1.2.6　变容二极管可以应用在哪些方面？

1.3　半导体三极管

双极型三极管是一种三端器件，内部含有两个离得很近的背靠背排列的PN结（发射结和集电结）。当两个PN结上加不同极性、不同大小的偏置电压时，三极管呈现不同的特性。双极型三极管是组成放大电路的核心元器件。

双极型三极管因其有自由电子和空穴两种极性的载流子参与导电而得名。它的种类很多，按照所用的半导体材料分有硅管和锗管等，按照工作频率分有低频管和高频管，按照功率分有小、中、大功率管等。

下面介绍双极型三极管的结构、工作原理、伏安特性和主要参数。

1.3.1　三极管的结构

双极型三极管的结构示意图如图1.3.1(a)、(b)所示。在一个硅（或锗）片上生成三个杂质半导体区域，一个P区（或N区）夹在两个N区（或P区）中间。由此，双极型三极管分为两种类型：NPN型和PNP型。从三个杂质半导体区域各自引出一个极，分别称为发射极E、集电极C、基极B，它们对应的杂质区域分别称为发射区、集电区和基区。双极型三极管结构上的特点是：基区很薄（微米数量级）而且掺杂浓度很低；发射区和集电区是同类型的杂质半导体，但发射区比集电区的掺杂浓度高很多，而集电区的面积比发射区面积大，因此它们不是对称的。三个杂质半导体区域之间形成两个PN结，发射区与基区间的结称为发射结，集电区与基区间的PN结称为集电结。图1.3.1中(c)、(d)分别是NPN型和PNP型双极型三极管的符号，其中发射极上的箭头表示发射结加正向偏置电压时电流的方向。

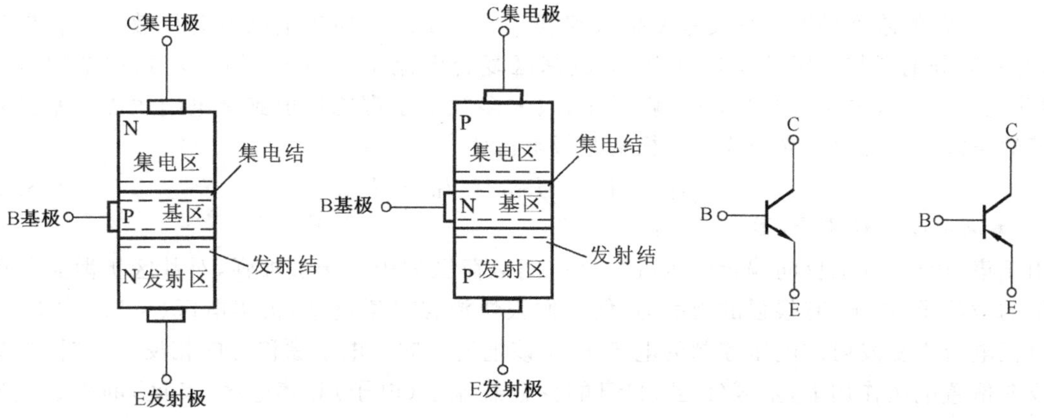

(a) NPN型三极管结构　　(b) PNP型三极管结构　　(c) NPN型三极管符号　　(d) PNP型三极管符号

图1.3.1　双极型三极管的结构示意图及符号

1.3.2　三极管的工作原理

1. 三极管内部载流子的传输过程

现以NPN管为例，分析双极型三极管内部载流子的传输过程与电流分配关系。

双极型三极管有三个电极，通常一个电极作为输入端，另一个电极作为输出端，剩余的那个电极为输入与输出回路的公共端。根据公共端的不同，双极型三极管有共发射极、共基极与共集电极三种组态。要使得双极型三极管有放大作用，则外加偏置电压时应保证发射结正向偏置、集电结反向偏置。NPN 型三极管共基极接法电路如图 1.3.2(a)所示，图 1.3.2(b)所示为 NPN 型三极管的内部载流子传输过程示意图。

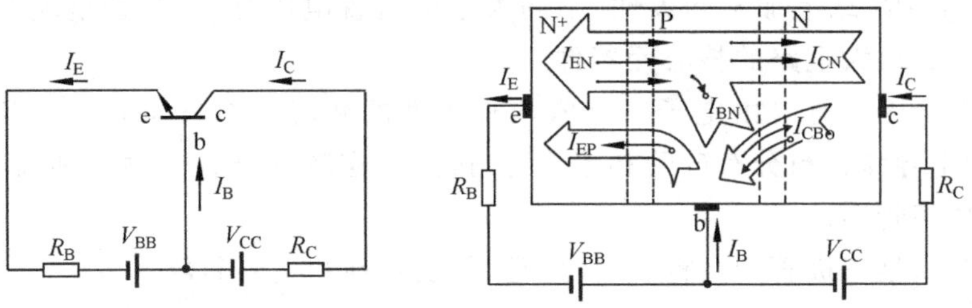

(a) 共基极接法三极管电路　　(b) NPN型三极管载流子传输示意图

图 1.3.2　NPN 型三极管共基极电路及载流子传输示意图

1) 发射区向基区发射载流子，形成发射极电流 I_E

在发射结外加正向偏置电压时，因发射区杂质浓度高，发射区（用 N^+ 表示高掺杂浓度 N 区）的多数载流子电子将不断通过发射结扩散到基区（P 区），形成发射结电子扩散电流 I_{EN}，其方向与电子扩散方向相反。同时，基区的多数载流子空穴也要扩散到发射区，形成空穴扩散电流 I_{EP}，其方向与电子扩散电流 I_{EN} 相同。由此，I_{EP} 与 I_{EN} 一起构成受发射结正向电压控制的发射结电流 I_E（也是发射极电流），即

$$I_E = I_{EN} + I_{EP} \approx I_{EN} \tag{1.3.1}$$

2) 载流子在基区扩散与复合，形成基极电流 I_B

由发射区扩散到基区的载流子（电子），在发射结边界附近浓度最高，离发射结越远浓度越低，形成了一定的浓度梯度。浓度差使扩散到基区的电子继续向集电结方向扩散。在扩散过程中，有一部分电子与基区的空穴复合，形成基区复合电流 I_{BN}。由于基区很薄，掺杂浓度又低，因此电子与空穴复合机会少，I_{BN} 就很小，故大多数电子都能扩散到集电结边界。基区被复合掉的空穴由电源 V_{BB} 来补充。三极管基极电流为

$$I_B = I_{EP} + I_{BN} - I_{CBO} \approx I_{BN} - I_{CBO} \tag{1.3.2}$$

3) 集电区收集载流子，形成集电极电流 I_C

由于集电结上外加反向偏置电压，PN 结空间电荷区的内电场被加强，对基区扩散到集电结边沿的载流子（电子）有很强的吸引力，使它们很快漂移过集电结，被集电区（N 区）收集，形成集电极电流中受发射结电压控制的电流 I_{CN}，该电流方向与电子漂移方向相反。同时，在集电结反向偏置电压作用下，基区（P 区）自身的少数载流子（电子）和集电区（N 区）的少数载流子（空穴）也产生漂移运动，形成集电结反向饱和电流 I_{CBO}，其方向与 I_{CN} 一致。由此，I_{CN} 和 I_{CBO} 一起构成集电极电流 I_C，即

$$I_C = I_{CN} + I_{CBO} \tag{1.3.3}$$

I_{CBO} 是不受发射结偏置电压控制的，其大小取决于基区和集电区的少子浓度，一般数值很小，但它受温度影响较大。

2. 电流分配关系

从载流子的运动过程可知，在发射结正向偏置、集电结反向偏置电压的作用下，由于双极

型三极管的基区很薄，由发射区扩散到基区的载流子绝大部分被集电区收集(形成电流 I_{CN})，而只有一小部分在基区被复合(形成电流 I_{BN})。这个载流子电流传输比例用 $\bar{\alpha}$ 表示，通常称为共基极直流电流传输系数 $\bar{\alpha}$，即

$$\bar{\alpha}=\frac{I_{CN}}{I_{EN}}\approx\frac{I_{CN}}{I_E} \tag{1.3.4}$$

$\bar{\alpha}$ 的大小范围一般为 $0.98<\bar{\alpha}<1$。三极管制造以后，$\bar{\alpha}$ 基本保持不变。

将式(1.3.4)代入式(1.3.3)，得

$$I_C=\bar{\alpha}I_E+I_{CBO} \tag{1.3.5}$$

当 I_{CBO} 很小时，则

$$I_C\approx\bar{\alpha}I_E$$

根据广义节点电流理论，可得三极管的各电极电流关系为

$$I_E=I_C+I_B \tag{1.3.6}$$

把式(1.3.6)中 I_E 代入式(1.3.5)，可得

$$I_C=\frac{\bar{\alpha}}{1-\bar{\alpha}}I_B+\frac{1}{1-\bar{\alpha}}I_{CBO}=\bar{\beta}I_B+I_{CEO} \tag{1.3.7}$$

式中，$\bar{\beta}$ 称为共发射极直流电流放大系数，I_{CEO} 为集电极与发射极之间的反向饱和电流(也称为穿透电流)。$\bar{\beta}$ 和 I_{CEO} 的定义为

$$\bar{\beta}=\frac{\bar{\alpha}}{1-\bar{\alpha}} \tag{1.3.8}$$

$$I_{CEO}=\frac{1}{1-\bar{\alpha}}I_{CBO}=(1+\bar{\beta})I_{CBO} \tag{1.3.9}$$

I_{CEO} 的数值一般是很小的，当它可忽略不计时，有

$$I_C\approx\bar{\beta}I_B \tag{1.3.10}$$

双极型三极管电流分配关系说明，只要三极管处于放大状态($\bar{\alpha}$ 或 $\bar{\beta}$ 是基本保持不变的)，输出电流 I_C 就正比于输入电流 I_E (或 I_B)，有 $I_C\approx\bar{\beta}I_B$ 成立，且无论采用哪种连接方式，双极型三极管的各电极电流分配关系不变。由于通过改变输入电流就能控制输出电流的大小，所以常将双极型三极管称为电流控制型器件。

上述分析过程与结论对 PNP 型三极管是同样适用的，只是 PNP 型与 NPN 型三极管的外加偏置电压极性、各电极电流方向都相反。

1.3.3　三极管的特性曲线

为了直观地描述三极管各极间电压与电流之间的关系，把双极型三极管视为一个二端口网络，如图 1.3.3 所示。其中一个端口是输入回路，另一个端口是输出回路。

1. 输入特性

输入特性描述了当输出电压 u_{CE} 为常数(即 u_{CE} 为参变量)时，输入电流 i_B 与输入电压 u_{BE} 之间的关系，即

$$i_B=f(u_{BE})\big|_{u_{CE}=\text{常数}}$$

图 1.3.4 所示为典型硅材料 NPN 型三极管的输入伏安特性曲线，图中示出 u_{CE} 分别为 0V、

1V、10V 三种情况下的输入伏安特性曲线，随着 u_{CE} 的增加 i_B 会减小(同样 u_{BE} 情况下)。因为发射结正偏，所以双极型三极管的输入伏安特性曲线与半导体二极管的正向特性曲线相似。

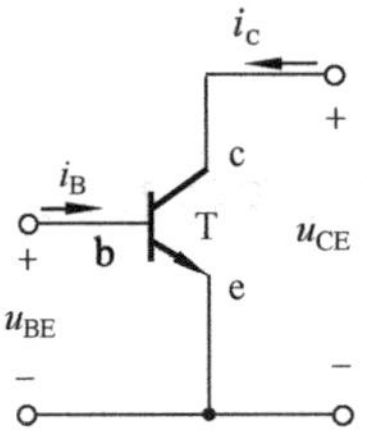

图 1.3.3　双极型三极管的共射极连接

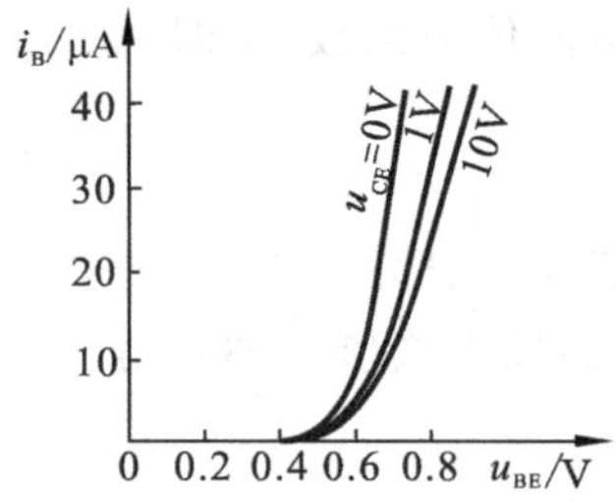

图 1.3.4　典型硅材料三极管输入特性曲线

当 $0 < u_{CE} < 1V$ 时，集电结处于正偏或反偏电压较小的状态，此时集电区收集电子的能力相对较弱，基区复合电流就比较大，故 i_B 也较大。随着 u_{CE} 的增加，集电结上反偏电压加大，PN 结内电场增强，集电区收集电子的能力也增强，与此同时，集电结空间电荷区也在变宽，从而使基区的有效宽度减小，因而载流子在基区的复合机会减少(即复合电流 I_{BN} 减小)，由此引起 i_B 减小(对应 u_{BE} 保持不变)；因 u_{BE} 不变，加在发射结上的偏置电压不变，发射区发射到基区的电子数量就不变。当 $u_{CE} \geqslant 1V$ 以后，集电结的电场已足够强，能把发射到基区电子中的绝大部分收集到集电区。此时随着 u_{CE} 继续增加，i_B 不再明显减小。因此，可近似认为双极型三极管在 $u_{CE} \geqslant 1V$ 后的所有输入特性曲线基本上是近似重合的。

2. 输出特性

输出特性描述了当输入电流 i_B 为某一数值(即以 i_B 为参变量)时，集电极电流 i_C 与电压 u_{CE} 间的关系，即

$$i_C = f(u_{CE})\Big|_{i_B=\text{常数}}$$

图 1.3.5 所示为典型硅材料 NPN 型三极管共发射极接法时的输出伏安特性曲线，该曲线图可以分为三个工作区城：放大区、饱和区和截止区。

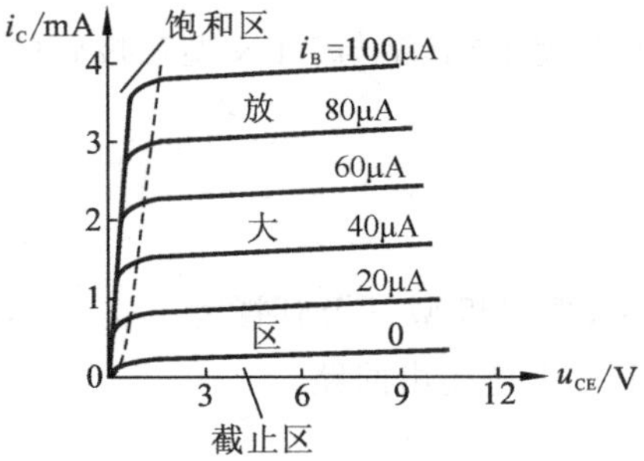

图 1.3.5　典型硅材料 NPN 型三极管的输出特性曲线

1) 放大区

当发射结为正向偏置、集电结为反向偏置情况时，双极型三极管将工作在放大区。在放大区内，三极管输出伏安特性曲线的特点是各条曲线几乎与横坐标轴平行，但随着 u_{CE} 的增加，各条曲线略向上倾斜。在放大区内，i_C 主要受 i_B 控制，且满足 $i_C \approx \beta i_B$。

2) 饱和区

当发射结和集电结均处于正向偏置时，双极型三极管将工作在饱和区。在饱和区内，有 $u_{CE} \leqslant u_{BE}$，因而集电结内电场被削弱，集电结收集载流子的能力减弱，这时即使 i_B 增加，i_C 也增加不多，此时有 $i_C < \beta i_B$。由于饱和区内的 u_{CE} 很小，一般近似为三极管的饱和压降 $u_{CE(sat)}$，其大小约为 0.3V(硅管)、0.1V(锗管)。图 1.3.5 中虚线是饱和区与放大区的分界线，称为临界饱和线(对应集电结零偏置，即 $u_{CB}=0$)。

3) 截止区

当发射结和集电结均为反向偏置时，双极型三极管工作在截止区，此时发射区不再向基区发射电子，三极管没有放大作用。在截止区，三极管各极电流 $i_B \approx i_C \approx i_E \approx 0$。实际上，当 $i_B = 0$ 时集电极电流 $i_C = I_{CEO}$，一般硅三极管的 I_{CEO} 小于 $1\mu A$，锗三极管的 I_{CEO} 为几十至几百微安。

例 1.3.1　已知三极管工作在线性放大区，并测得其各极电压如图 1.3.6(a)、(b)所示。试画出三极管的电路符号，并分别说明是硅管还是锗管。

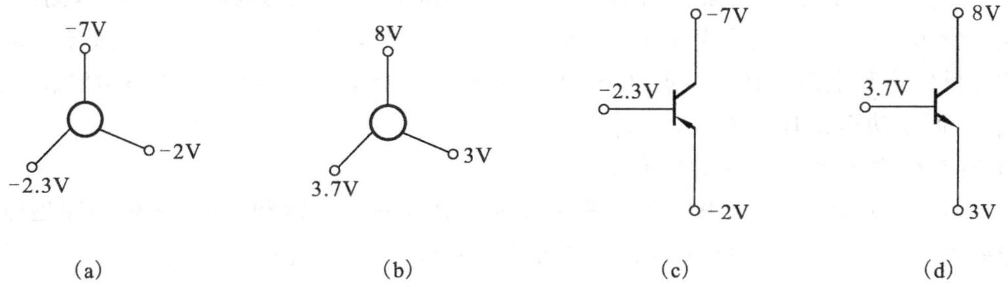

图 1.3.6　例 1.3.1 图

解：因器件工作在放大区，则必须有发射结正偏、集电结反偏。对于硅管，发射结正偏电压应为 0.6～0.8V。对于锗管，发射结正偏电压应为 0.2～0.3V；对于 PNP 管，集电极电位最低，发射极电位最高。对于 NPN 管，集电极电位最高，发射极电位最低。

由此，可判别：图 1.3.6(a)是 PNP 锗管，电路符号如图 1.3.6(c)所示；图 1.3.6(b)是 NPN 硅管，电路符号如图 1.3.6(d)所示。

1.3.4　三极管的主要参数

1. 电流放大系数

1) 直流电流放大系数

(1)共发射极直流电流放大系数 $\bar{\beta}$

$$\bar{\beta} \approx \frac{I_C}{I_B}$$

$\bar{\beta}$ 近似为常数，$\bar{\beta}$ 值可在共射极输出伏安特性曲线上求得。当 $\bar{\beta}$ 减小时，输出特性曲线变密，间距变小。

(2)共基极直流电流放大系数 $\bar{\alpha}$

$$\bar{\alpha} \approx \frac{I_C}{I_E} = \frac{\bar{\beta}}{1+\bar{\beta}} \tag{1.3.11}$$

2) 交流电流放大系数

(1)共发射极交流电流放大系数 β。β 定义为集电极电流变化量与基极电流变化量之比，即

$$\beta = \left.\frac{\Delta i_C}{\Delta i_B}\right|_{u_{CE}=\text{常数}}$$

β 反映交流工作状态时三极管的电流放大特性，而 $\bar{\beta}$ 表示直流工作状态时三极管的电流放大特性。当三极管的输出伏安特性较平坦，且曲线间距均相同时，一般可认为 $\beta \approx \bar{\beta}$。

(2)共基极交流电流放大系数 α。α 定义为集电极电流变化量与发射极电流变化量之比,即

$$\alpha = \left.\frac{\Delta i_{C}}{\Delta i_{E}}\right|_{u_{CE}=\text{常数}}$$

在实际工程中,一般取 $\alpha \approx \bar{\alpha}$。

2. 极间反向电流

1) 集电极-基极反向饱和电流 I_{CBO}

I_{CBO} 是发射极开路时,在集电结加上一定的反偏电压所形成的极间反向电流,测量电路如图 1.3.7 所示。I_{CBO} 实际上和单个 PN 结的反向电流一样,取决于温度和少数载流子的浓度,所以称为反向饱和电流。在一定温度下,I_{CBO} 基本上是个很小的常数,一般小功率硅管的 I_{CBO} 小于 1μA,而小功率锗管的 I_{CBO} 约 10μA。

2) 集电极-发射极反向饱和电流 I_{CEO}

I_{CEO} 是基极开路时,由集电区穿过基区流向发射区的反向饱和电流,又称为穿透电流,测量电路如图 1.3.8 所示。极间反向电流之间满足关系:$I_{CEO} = (1+\beta)I_{CBO}$。

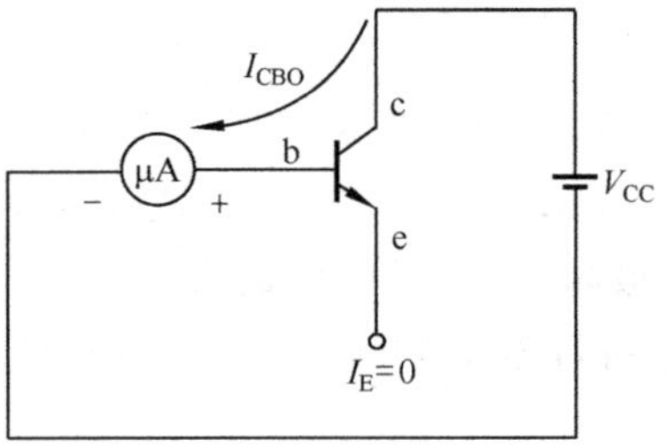

图 1.3.7 I_{CBO}测量电路

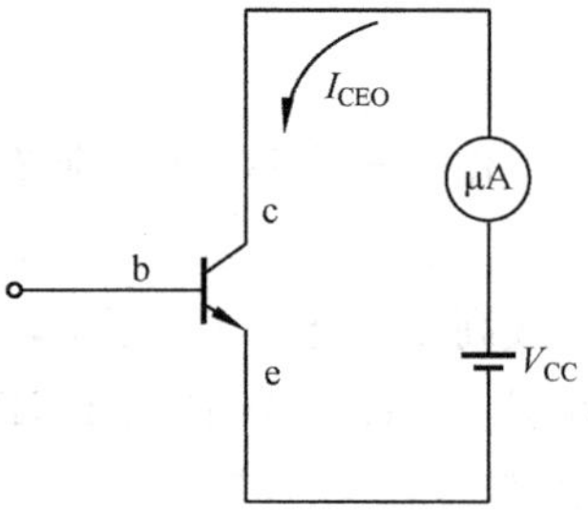

图 1.3.8 I_{CEO}测量电路

选用双极型三极管时,一般希望极间反向饱和电流尽量小些,以减小温度对三极管性能的影响。小功率硅管的 I_{CEO} 约为几微安,小功率锗管的 I_{CEO} 约为几十微安。

3. 极限参数

1) 集电极最大允许电流 I_{CM}

当 i_C 过大时,β 值将下降。β 值下降到额定值的 2/3 时的 i_C 定义为 I_{CM}。当集电极电流 i_C 大于 I_{CM} 时,会引起放大性能下降,但不一定会烧坏三极管。

2) 集电极最大允许耗散功率 P_{CM}

双极型三极管内的两个 PN 结上都会消耗功率。一般情况下,集电结上的电压降远大于发射结上的电压降,与发射结相比,集电结上耗散的功率 P_C 要大得多,它将使集电结发热,结温上升,当结温超过最高工作温度(硅管为 150℃,锗管为 70℃)时,三极管性能下降,甚至会烧坏。为此,P_C 值将受到限制,不得超过最大允许耗散功率 P_{CM} 值。

3) 反向击穿电压

当双极型三极管两个 PN 结上承受的反向电压超过规定值时会发生击穿,反向击穿电压不仅与三极管自身的特性有关,而且还取决于外部电路的接法。

(1) $U_{(BR)EBO}$。$U_{(BR)EBO}$ 是指集电极开路时,发射极-基极间的反向击穿电压。在正常放大时发射结是正偏的,而在某些场合,如工作在大信号或者开关状态,发射结上就有可能出现较

大的反向电压，当反向电压大于 $U_{(BR)EBO}$ 时，三极管就会被击穿而损坏。一般小功率管的 $U_{(BR)EBO}$ 为几伏。

(2) $U_{(BR)CBO}$。$U_{(BR)CBO}$ 是指发射极开路时集电极-基极间的反向击穿电压，它决定于集电结的雪崩击穿电压，其数值较高，通常为几十伏到几百伏。

(3) $U_{(BR)CEO}$。$U_{(BR)CEO}$ 指基极开路时集电极-发射极反向击穿电压，其大小与穿透电流 I_{CEO} 有关。当三极管的 u_{CE} 增加到一定值时，I_{CEO} 会明显增大，将导致集电结的雪崩击穿。

三极管各反向击穿电压之间的大小关系为

$$U_{(BR)CBO} > U_{(BR)EBO} > U_{(BR)CEO}$$

考虑 I_{CM}、P_{CM}、$U_{(BR)CEO}$ 等极限参数，可构成三极管的安全工作区，如图 1.3.9 所示。

4. 温度对三极管参数的影响

由于半导体的导电性能与温度有关，所以温度对双极型三极管的性能参数有影响。

1) 温度对 β 的影响

双极型三极管的 β 值随温度升高而增大，其温度系数常用温度每增加 1℃时 β 值的相对变化量来表示，即

$$\frac{\Delta\beta}{\beta}/\Delta T = (0.5 \sim 1)\%$$

例如，温度每增加 1℃，β 增加(0.5～1)%。

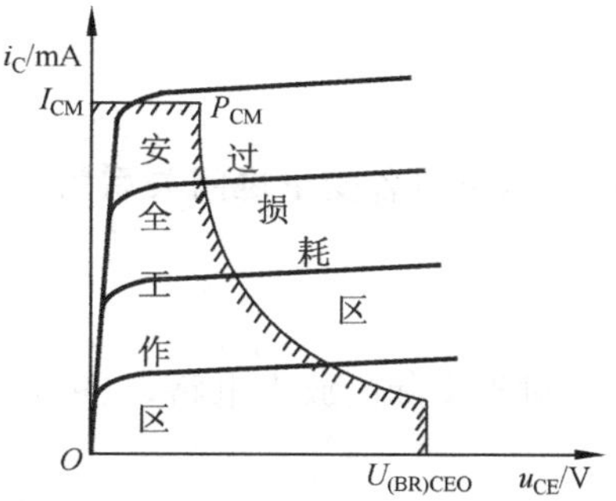

图 1.3.9　双极型三极管的安全工作区

2) 温度对 I_{CBO} 的影响

温度升高使本征激发产生的少数载流子数量增加，由少子漂移形成的反向饱和电流随之增大。通常，温度每增加 10℃，硅管和锗管的 I_{CBO} 增加一倍。这一关系可以用下式表示为

$$I_{CBO(Ta)} = I_{CBO(T)} \cdot 2^{\frac{T_a - T}{10}} \tag{1.3.12}$$

式中，$I_{CBO(Ta)}$ 是温度为 T_a 时的 I_{CBO}，$I_{CBO(T)}$ 是温度为 T 时的 I_{CBO}。

由于 $I_{CEO} = (1+\bar{\beta})I_{CBO}$，所以 I_{CEO} 受温度的影响更大一些。与锗管相比，硅管的 I_{CEO} 要小得多，则 I_{CEO} 受温度变化而改变时，对硅管工作的影响比锗管要小。

3) 温度对 U_{BE} 的影响

三极管工作于放大区时，硅管的 U_{BE} 约为 0.7V，锗管的 U_{BE} 约为 0.3V。无论硅管还是锗管，当温度上升时，U_{BE} 将减小，其温度系数为 2～2.5mV/℃，即温度每升高 1℃，U_{BE} 下降2～2.5mV。

1.3.5　三极管的电路模型

三极管的特性是非线性的，不能直接采用线性电路原理来分析计算。但在输入信号电压幅值比较小的条件下，可以把三极管在静态工作点附近小范围内的特性曲线近似地用直线代替，建立三极管的小信号线性模型，从而将由三极管组成的放大电路当成线性电路来处理。

当三极管工作于小信号时，工作点只在 Q 点附近的很小范围内移动，即 u_{BE}、i_B、i_C、u_{CE} 在 U_{BEQ}、I_{BQ}、I_{CQ}、U_{CEQ} 基础上作变化时，其变化量(即交流分量)很小，在这小范围里，可以用线性方程来近似描述各变化量之间的关系。例如，当三极管的输入信号很小时，在其工作点移动

的范围内，Δi_B 与 Δu_{BE} 之间具有线性关系，β 值也恒定。因此，可以找到一个线性的二端口网络来等效非线性的三极管，如图 1.3.10 所示。

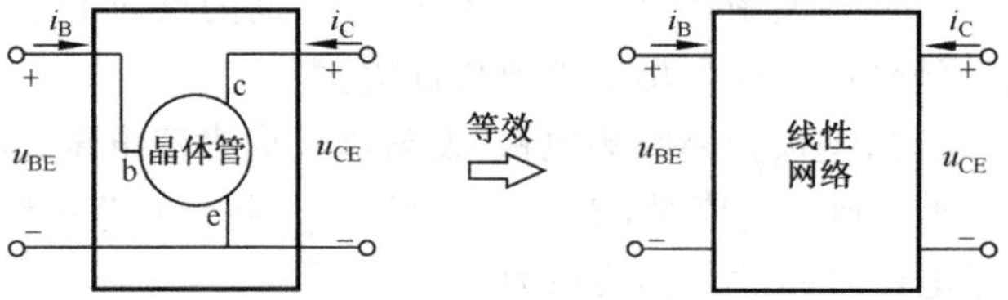

图 1.3.10 用线性的两端口网络等效三极管

对于共射极接法的三极管，其输入回路和输出回路的电流、电压有以下关系

$$\begin{cases} u_{BE} = f(i_B, u_{CE}) \\ i_C = f(i_B, u_{CE}) \end{cases}$$

进一步，可得各变量之间关系为

$$\begin{cases} du_{BE} = h_{ie} di_B + h_{re} du_{CE} \\ di_C = h_{fe} di_B + h_{oe} du_{CE} \end{cases}$$

对于实际的放大电路，三极管电流与电压的微变量就是微小的交流信号，则有

$$\begin{cases} u_{be} = h_{ie} i_b + h_{re} u_{ce} \\ i_c = h_{fe} i_b + h_{oe} u_{ce} \end{cases} \tag{1.3.13}$$

式中

$$h_{ie} = \left.\frac{\partial u_{BE}}{\partial i_B}\right|_{u_{CE}} \approx \left.\frac{\Delta u_{BE}}{\Delta i_B}\right|_{\Delta u_{CE}=0} \tag{1.3.14}$$

$$h_{re} = \left.\frac{\partial u_{BE}}{\partial u_{CE}}\right|_{i_B} \approx \left.\frac{\Delta u_{BE}}{\Delta u_{CE}}\right|_{\Delta i_B=0} \tag{1.3.15}$$

$$h_{fe} = \left.\frac{\partial i_C}{\partial i_B}\right|_{u_{CE}} \approx \left.\frac{\Delta i_C}{\Delta i_B}\right|_{\Delta u_{CE}=0} \tag{1.3.16}$$

$$h_{oe} = \left.\frac{\partial i_C}{\partial u_{CE}}\right|_{i_B} \approx \left.\frac{\Delta i_C}{\Delta u_{CE}}\right|_{\Delta i_B=0} \tag{1.3.17}$$

上述四个参数的下标中均有“e”，表示是将三极管接成共射极接法时的测量参数。由于四个参数量纲不同，称为混合参数，简称为 H 参数。其中：

h_{ie} 为三极管的共射极输入电阻，常用 r_{be} 表示(单位为 Ω)。

h_{re} 称为电压反馈系数，它反映三极管输出电压 u_{ce} 对输入电压 u_{be} 的影响。

h_{fe} 是 u_{CE} 为恒值时的正向电流放大系数，表示 i_b 对 i_c 的控制能力，也就是电流放大系数 β。

h_{oe} 称为三极管共射极输出电导，其单位为西门子(S)。它反映三极管当 i_b 一定时 u_{ce} 对 i_c 的影响。

三极管的四个 H 参数可由其输入特性曲线与输出特性曲线求得。而 r_{be} 还可以用下式求得

$$r_{be} = r_{bb'} + (1+\beta)\frac{U_T}{I_{EQ}} \tag{1.3.18}$$

式中，$r_{bb'}$ 为三极管的基区体电阻，低频小功率管的 $r_{bb'}$ 约为几百欧姆，一般可取 $r_{bb'} \approx 300\Omega$。$U_T$ 为温度的电压当量，在室温下有 $U_T \approx 26\text{mV}$。I_{EQ} 为静态发射极电流(单位为 mA)。

三极管的 H 参数微变等效电路如图 1.3.11(a)所示。当放大电路工作在低频小信号情况时，因 h_{re} 和 h_{oe} 均很小可以忽略不计，则得到图 1.3.11(b)所示的简化 H 参数微变等效电路。

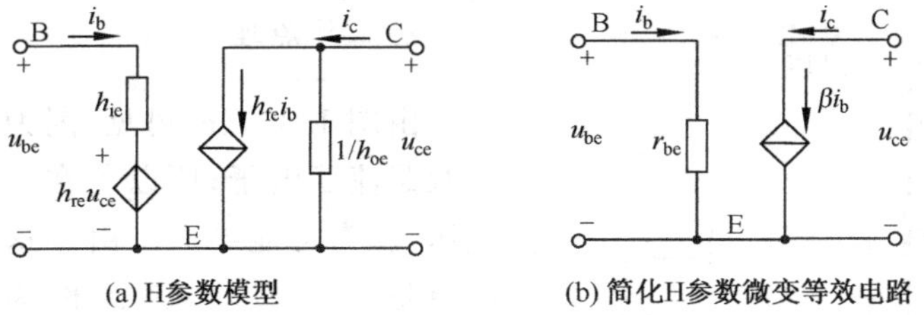

图 1.3.11　三极管 H 参数微变等效电路

思　考　题

1.3.1　既然三极管具有两个 PN 结，可否用两只二极管背靠背地相连以构成一只三极管？试说明其理由。

1.3.2　当温度变化时，会引起三极管的哪些参数变化？如何变化？

1.3.3　要使 PNP 型三极管具有线性放大作用，其发射结和集电结的偏置电压如何连接？并说明其处于截止及饱和状态时的条件。

1.3.4　三极管是通过什么方式来控制集电极电流的？

1.3.5　三极管的电流放大系数 α、β 是如何定义的，能否根据共射极输出特性曲线来求 β 值，并计算出 α 值？

1.3.6　如何用一台万用表判别一只三极管的三个电极 E、B、C？

1.3.7　由哪几个参数来确定三极管的安全工作区？

1.4　场效应晶体管

由于场效应晶体管(Field Effect Transistor，FET)只有一种极性的载流子(多数载流子)参与导电，所以又称为单极型三极管，这种管子是利用电场效应来控制电流的，简称场效应管。

场效应管又分为两大类：一类是结型场效应管，另一类是绝缘栅场效应管。

1.4.1　结型场效应管

对于结型场效应管(Junction Field Effect Transistor，JFET)，根据其导电沟道的不同又分为两种类型：N 沟道结型场效应管和 P 沟道结型场效应管，它们的工作原理是类似的。本节以 N 沟道结型场效应管为例，介绍它们的结构、工作原理和特性曲线。

1. 结构

N 沟道结型场效应管的结构示意图和符号分别如图 1.4.1(a)、(b)所示，在一块 N 型半导体的两侧利用合金法、扩散法或其他工艺做成两个掺杂浓度比较高的 P 型区，此时在 P 型区和 N 型区的交界处将形成一个 PN 结，即耗尽层。将两侧的 P 型区连接起来引出一个电极称为栅极 G，再在 N 型半导体的一端引出源极 S，另一端引出漏极 D，如图 1.4.1(a)所示。

N 沟道结型场效应管的电路符号如图 1.4.1(b)所示，注意栅极上的箭头方向指向内部，即由 P 区指向 N 区。

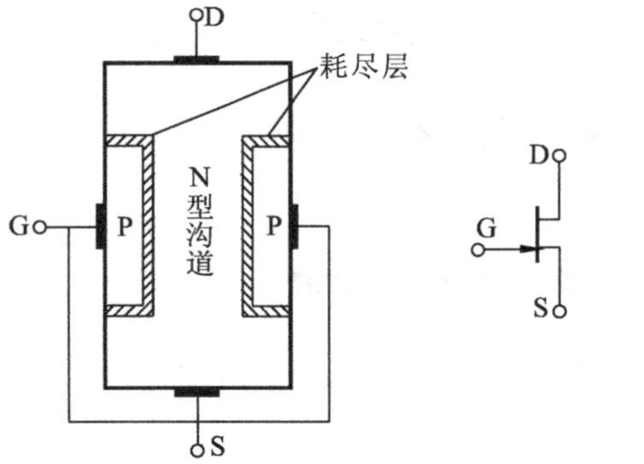

(a) N沟道结型场效应管的结构示意图　(b) N沟道结型场效应管的电路符号

图 1.4.1　N 沟道结型场效应管的结构和符号

2. 工作原理

由图 1.4.1(a)可见，因为 N 型半导体中存在多数载流子电子，所以若在漏极与源极之间加上电压，就有可能导电。由于这种场效应管的导电沟道是电子型的，因此称为 N 沟道结型场效应管。

下面分别讨论当这种场效应管的栅极与源极之间的电压 u_{GS}，以及漏极与源极之间的电压 u_{DS} 变化时，导电沟道和漏极电流 i_D 将如何变化。

(1) 假设 $u_{DS}=0$，在栅源之间加上负电压，即 $u_{GS}\leqslant 0$。观察 u_{GS} 变化对导电沟道的影响。

由图 1.4.2(a)可见，当 $u_{GS}=0$ 时，耗尽层比较窄，导电沟道比较宽。当 $u_{GS}<0$ 时，栅源之间加上一个反向偏置电压，使得耗尽层的宽度增大，导电沟道相应地变窄，如图 1.4.2(b)所示。但是，如果满足 $U_{GS(off)}<u_{GS}<0$，则仍然存在导电沟道。

当 $u_{GS}=U_{GS(off)}$ 时，两侧的耗尽层合拢在一起，导电沟道被夹断，如图 1.4.2(c)所示。$U_{GS(off)}$ 称为夹断电压。N 沟道结型场效应管的夹断电压 $U_{GS(off)}$ 是负值。当 u_{GS} 变化时，导电沟道宽度会随之发生变化，使得导电沟道的等效电阻改变。此时，$u_{DS}=0$，故漏极电流 $i_D=0$。

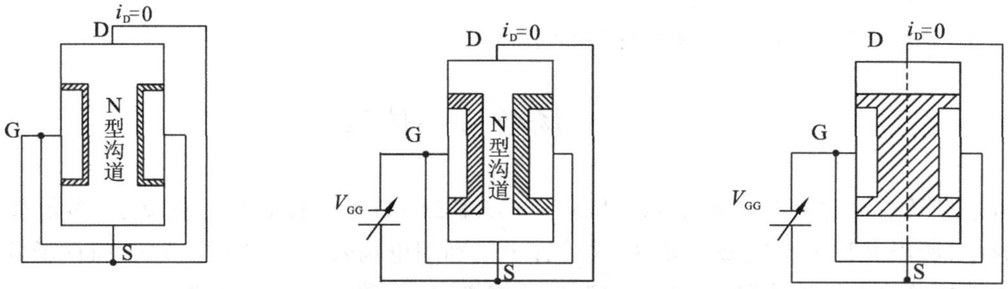

(a) 当u_{GS}=0时　(b) 当$U_{GS(off)}<u_{GS}<0$时　(c) 当$u_{GS}=U_{GS(off)}$时

图 1.4.2　$u_{DS}=0$，u_{GS} 变化对导电沟道的影响

(2) 假设 u_{GS} 固定不变(且 u_{GS} 值满足 $U_{GS(off)}<u_{GS}<0$)，在漏源之间加正电压(即 $u_{DS}>0$)，观察 u_{DS} 变化对导电沟道及 i_D 的影响。

u_{DS} 对导电沟道的影响如图 1.4.3 所示。

当 $u_{DS}=0$ 时，虽然存在导电沟道，但漏极电流 $i_D=0$。

当 $u_{DS}>0$ 时，将产生一个漏极电流 i_D。i_D 流过导电沟道时，沿着沟道的方向从漏极到源极产生一个电压降，使沟道上不同位置的电位各不相等，漏极处的电位最高，源极处的电位最低。因此，沟道上各点与栅极之间的电位差也不相等。由于沟道的不同位置上加在 PN 结上的反向偏置电压($u_{GD}=u_{GS}-u_{DS}$)不等，致使导电沟道上各处耗尽层的宽度也不相同。漏极处反向偏置电压最大，耗尽层最宽；源极处反向偏置电压最小，耗尽层最窄，如图 1.4.3(a)所示。

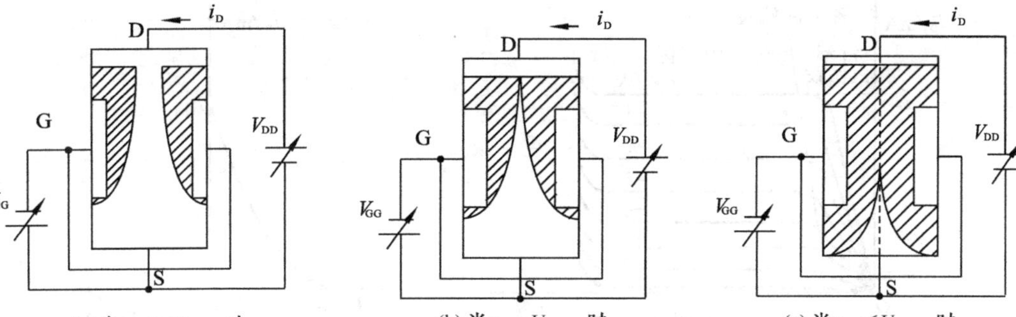

图 1.4.3　u_{DS}对导电沟道和i_D的影响

随着u_{DS}的升高，i_D将逐渐增大。同时，沟道上不同位置的耗尽层不等宽的情况逐渐加剧。当$u_{GD}=U_{GS(off)}$时，漏极处的耗尽层开始合拢在一起，如图 1.4.3(b)所示，这种情况称为"预夹断"。

如果u_{DS}继续升高，耗尽层合拢的部分将延长，如图 1.4.3(c)所示。但是，预夹断并不表示导电沟道完全被夹断，使i_D为零。实际上，在u_{DS}产生的电场的作用下，电子可以在夹断区的窄缝中高速通过。u_{DS}升高时，夹断部分延长，导电沟道的电阻增大，限制了i_D的增大。也就是说，达到预夹断后，导电沟道等效电阻的增大抵消了u_{DS}的升高作用，使i_D几乎不再随着u_{DS}升高而增大，从而i_D基本维持恒定。

如果u_{DS}的值过高，会使 PN 结反向偏置电压过高而被击穿，可能导致场效应管损坏。

(3) 假设u_{DS}固定不变($u_{DS}>0$)，在栅源之间加上负电压，$u_{GS}\leqslant 0$，观察u_{GS}变化对导电沟道和漏极电流i_D的影响。

当$u_{GS}=0$时，耗尽层比较窄，导电沟道比较宽，因此i_D比较大。i_D流过导电沟道时产生电压降，故沟道上不同位置的耗尽层存在不等宽的现象。

当$u_{GS}<0$时，耗尽层变宽，导电沟道变窄，i_D将减小。耗尽层和导电沟道的情况相当于图 1.4.3(a)，如果u_{GS}更负，则耗尽层更宽，导电沟道更窄，i_D相应地减小。当$u_{GS}\leqslant U_{GS(off)}$时，导电沟道完全被夹断，$i_D$为零。

由以上分析可知，改变栅极与源极之间的电压u_{GS}，即可控制漏极电流i_D。这种器件利用栅源之间的电压u_{GS}来改变 PN 结中的电场和漏源导电沟道宽度，从而控制漏极电流i_D，故称为结型场效应管。

3. 输出特性与转移特性

通常利用输出特性和转移特性曲线来描述场效应管的电流和电压之间的关系。

1) 输出特性

场效应管输出特性表示当栅源之间的电压u_{GS}不变时，漏极电流i_D与漏源电压u_{DS}的关系，即

$$i_D=f(u_{DS})\big|_{u_{GS}=\text{常数}}$$

N 沟道结型场效应管的输出特性曲线如图 1.4.4(a)所示。可以看出，它们与双极型三极管的共射输出特性曲线很相似。但二者之间有一个重要区别，即场效应管的输出特性以栅源之间的电压u_{GS}作为参变量，而双极型三极管输出特性曲线的参变量是基极电流i_B。

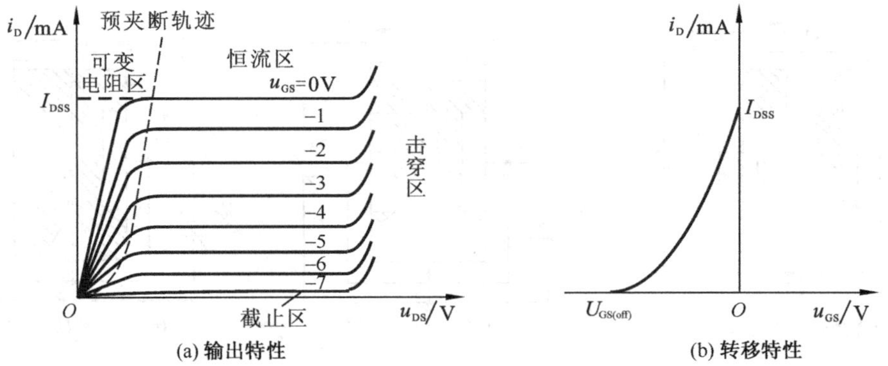

图 1.4.4　N 沟道结型场效应管的特性曲线

图 1.4.4(a)中场效应管的输出特性可以划分为可变电阻区、恒流区、截止区和击穿区。

输出特性中最左侧的部分，表示当 u_{DS} 比较小时，i_D 随着 u_{DS} 的增加而上升，二者之间基本上呈线性关系，此时场效应管似乎成为一个线性电阻。不过，当 u_{GS} 的值不同时，直线的斜率不同，即相当于电阻的阻值不同。u_{GS} 值越负，则相应的电阻值越大。因此，在该区，场效应管的特性呈现为一个由 u_{GS} 控制的可变电阻，所以称为**可变电阻区**。

在输出特性的中间部分，各条输出特性曲线近似为水平的直线，表示漏极电流 i_D 基本上不随 u_{DS} 变化，i_D 的值主要决定于 u_{GS}，因此称为**恒流区**，也称为**饱和区**。在场效应管放大电路中，应使场效应管工作在此区域内，以避免放大信号出现严重的非线性失真。

可变电阻区与恒流区之间的虚线表示预夹断轨迹。每条输出特性曲线与此虚线相交的各个点上，u_{DS} 与 u_{GS} 的关系均满足：$u_{GD} = u_{GS} - u_{DS} = U_{GS(off)}$，此时场效应管将出现预夹断现象。

在输出特性的最下面靠近横坐标的部分，表示 $u_{GS} \leqslant U_{GS(off)}$，则导电沟道完全被夹断，场效应管不能导电，这个区域称为**截止区**。

在输出特性的最右侧部分为**击穿区**，当 u_{DS} 升高到某数值时，场效应管中 PN 结因反向偏置电压过高而击穿，i_D 将突然增大。为了保证器件的安全，场效应管的 u_{DS} 不能超过规定的极限值。

2）转移特性

当场效应管漏源之间的电压 u_{DS} 保持不变时，漏极电流 i_D 与栅源之间电压 u_{GS} 的关系称为转移特性，即

$$i_D = f(u_{GS})\big|_{u_{DS}=\text{常数}}$$

转移特性描述栅源之间电压 u_{GS} 对漏极电流 i_D 的控制作用。N 沟道结型场效应管的转移特性曲线如图 1.4.4(b)所示。由图可见，当 $u_{GS}=0$ 时，i_D 达到最大，u_{GS} 越负，则 i_D 越小。当 u_{GS} 等于夹断电压 $U_{GS(off)}$ 时，$i_D \approx 0$。

从转移特性上还可以得到场效应管的两个重要参数。转移特性与横坐标轴交点处的电压，表示 $i_D = 0$ 时的 u_{GS}，即夹断电压 $U_{GS(off)}$。此外，转移特性与纵坐标轴交点处的电流，表示 $u_{GS}=0$ 时的漏极电流，称为饱和漏极电流 I_{DSS}。

图 1.4.4(b)中结型场效应管的转移特性曲线，可近似用以下公式表示

$$i_D = I_{DSS}\left(1 - \frac{u_{GS}}{U_{GS(off)}}\right)^2 \quad (当 U_{GS(off)} \leqslant u_{GS} \leqslant 0 时) \qquad (1.4.1)$$

场效应管的上述两组特性曲线之间是有联系的，可以根据输出特性，利用作图的方法得到相应的转移特性。因为转移特性表示 u_{DS} 保持不变时，i_D 与 u_{GS} 之间的关系，所以只要在输出特性上，对应于 u_{DS} 等于某固定电压处作一条垂直的直线，如图 1.4.5 所示，该直线与 u_{GS} 为不同值的各条输出特性有一系列的交点，根据这些交点可以得到不同 u_{GS} 时的 i_D 值，由此即可画出相应的转移特性曲线。

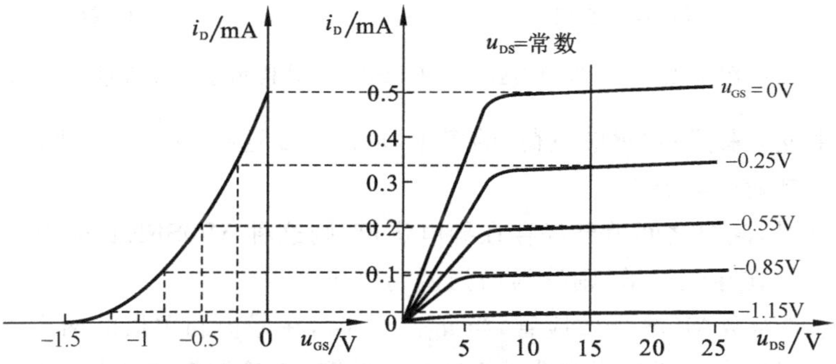

图 1.4.5　根据 FET 输出特性作相应的转移特性

在结型场效应管中，由于栅极与导电沟道之间的 PN 结是反向偏置，所以栅极电流近似为零，其输入电阻可达 $10^7\Omega$ 以上。

1.4.2　绝缘栅场效应管

绝缘栅型场效应管由金属、氧化物和半导体制成，所以称为金属-氧化物-半导体场效应管，或简称为 MOS 场效应管（Metal-Oxide-Semiconductor Field Effect Transistor，MOSFET）。由于这种场效应管的栅极被绝缘层隔离，因此其输入电阻更高，可达 $10^9\Omega$ 以上。从导电沟道来分，绝缘栅型场效应管有 N 沟道和 P 沟道两种类型。无论是 N 沟道还是 P 沟道，又都可以分为增强型和耗尽型两种。本节以 N 沟道增强型 MOS 场效应管为主介绍它们的结构、工作原理和特性曲线。

1. N 沟道增强型 MOS 场效应管

1）结构

N 沟道增强型 MOS 场效应管的结构示意图如图 1.4.6(a)所示。它以一块掺杂浓度较低、电阻率较高的 P 型硅半导体薄片作为衬底，利用扩散的方法在 P 型硅中形成两个高掺杂的 N 区，然后在 P 型硅表面生长一层很薄的二氧化硅绝缘层，并在二氧化硅的表面及 N 型区的表面分别安置三个铝电极：栅极 G、源极 S 和漏极 D，构成了 N 沟道增强型场效应管。MOSFET 的三个电极 G、S、D，分别对应双极型三极管的 B、E、C。N 沟道增强型 MOS 场效应管的电路符号如图 1.4.6(b)所示。

2）工作原理

绝缘栅场效应管的工作原理与结型 FET 有所不同。结型场效应管是利用 u_{GS} 控制 PN 结耗尽层的宽窄，从而改变导电沟道的宽度，以控制漏极电流 i_D。而绝缘栅型场效应管则是利用

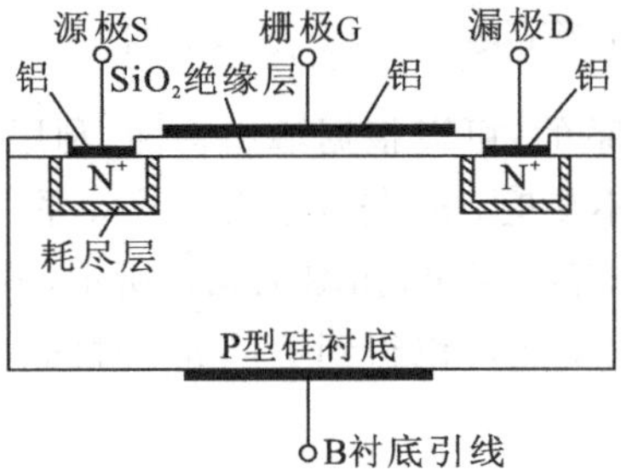

(a) 结构示意图

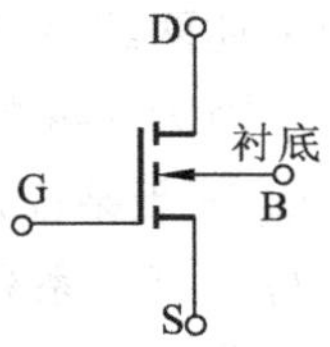

(b) 符号

图 1.4.6　N 沟道增强型 MOSFET 的结构示意图和特号

表面电场效应，由 u_{GS} 来控制“感应电荷”的多少，从而改变这些感应电荷所形成的导电沟道的状况，以此实现控制漏极电流 i_D。

如果 $u_{GS}=0$ 时，漏源之间就已经存在导电沟道，则这种 MOSFET 称为耗尽型场效应管。如果 $u_{GS}=0$ 时不存在导电沟道，则称为增强型场效应管。

对于 N 沟道增强型 MOS 场效应管，当 $u_{GS}=0$ 时，在漏极和源极的两个 N 区之间是 P 型衬底，因此漏源之间相当于两个背靠背的 PN 结。此时，无论漏源之间加上何种极性的电压总是不能导电，则有 $i_D=0$，如图 1.4.7(a)所示。

当 $u_{GS}>0$、$u_{DS}=0$ 时，如图 1.4.7(b)所示，此时栅极的金属极板(铝)与 P 型衬底之间构成一个平板电容，中间为二氧化硅绝缘层作为介质。由于栅极的电压为正，它所产生的电场对 P 型衬底中的空穴(多子)起排斥作用，而把 P 型半导体中的电子(少子)吸引到衬底靠近二氧化硅的一侧，于是产生了由电子组成的导电载流子(或感应电荷)，因为是在 P 型半导体中感应产生的 N 型电荷层，所以称为反型层。若增大 u_{GS}，则反型层中电子数量增多。当 u_{GS} 增大到一定值时，由于感应了足够多的电子，于是由反型层在漏极和源极之间形成了 N 型导电沟道。把形成漏源之间导电沟道所需的最小 u_{GS} 称为开启电压，用符号 $U_{GS(th)}$ 表示。当 $u_{GS}>U_{GS(th)}$ 后，随着 u_{GS} 的升高，感应电荷增多，导电沟道变宽，漏源之间等效电阻减小。因 $u_{DS}=0$，此时 $i_D=0$。

假设 $u_{GS}>U_{GS(th)}$，并在漏极和源极之间加上正电压 u_{DS}，此时由于漏源之间存在导电沟道，所以将有电流 i_D。然而，当 i_D 流过导电沟道时，由于沟道电阻产生电压降，使沟道上各点电位不同。沟道上靠近漏极处电位最高，故该处栅漏之间的电位差 u_{GD} 最小，因而感应电荷产生的导电沟道最窄；而沟道上靠近源极处电位最低，栅漏之间的电位差 u_{GD} 最大，所以导电沟道最宽。结果导电沟道呈现个楔形，如图 1.4.7(c)所示。

当 u_{DS} 进一步增大时，i_D 也随之增大，而导电沟道宽度的不均匀性也更加显著。当 u_{DS} 增大到使 $u_{GD}=u_{GS}-u_{DS}=U_{GS(th)}$ 时，靠近漏极处的沟道达到临界开启的程度出现了预夹断情况，如图 1.4.7(d)所示。

在出现导电沟道预夹断后，如果继续增大 u_{DS}，则导电沟道的夹断区继续加长。由于夹断区的沟道电阻很大，当 u_{DS} 继续增大时，增加的 u_{DS} 几乎全部降落在夹断区上，从而在夹断区形成了一个从漏极连接的 N 区指向源极连接的 N 区的“横向电场”，反型层电子在横向电场作用下运动而维持漏极电流 i_D 基本不变。

3) 特性曲线

N 沟道增强型 MOS 场效应管的输出特性和转移特性分别如图 1.4.8(a)、(b)所示。N 沟

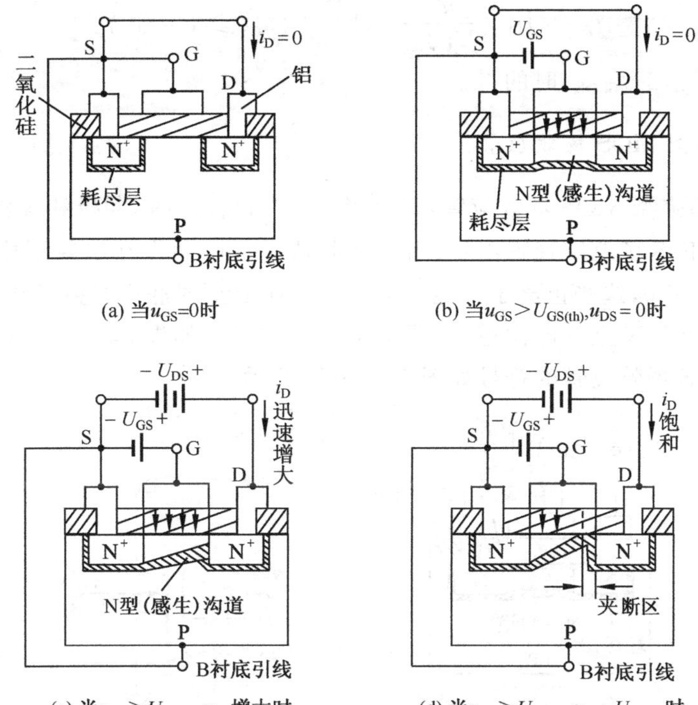

(a) 当$u_{GS}=0$时　(b) 当$u_{GS}>U_{GS(th)}$,$u_{DS}=0$时

(c) 当$u_{GS}>U_{GS(th)}$,u_{DS}增大时　(d) 当$u_{GS}>U_{GS(th)}$,$u_{GD}=U_{GS(th)}$时

图 1.4.7　N 沟道增强型 MOSFET 的基本工作原理示意图

道增强型 MOS 场效应管的输出特性可以分为三个区域：可变电阻区、恒流区和截止区，可变电阻区与恒流区之间的虚线表示预夹断轨迹，该虚线与各条输出特性曲线的交点满足关系：$u_{GD}=U_{GS(th)}$。

图 1.4.8(b)为 N 沟道增强型 MOS 场效应管的转移特性。由图可见，当 $u_{GS}<U_{GS(th)}$ 时，由于尚未形成导电沟道，i_D 近似为零。当 $u_{GS}=U_{GS(th)}$ 时，开始形成导电沟道 i_D。当 $u_{GS}>U_{GS(th)}$ 后，随着 u_{GS} 的增加，导电沟道变宽，沟道电阻减小，i_D 增大。

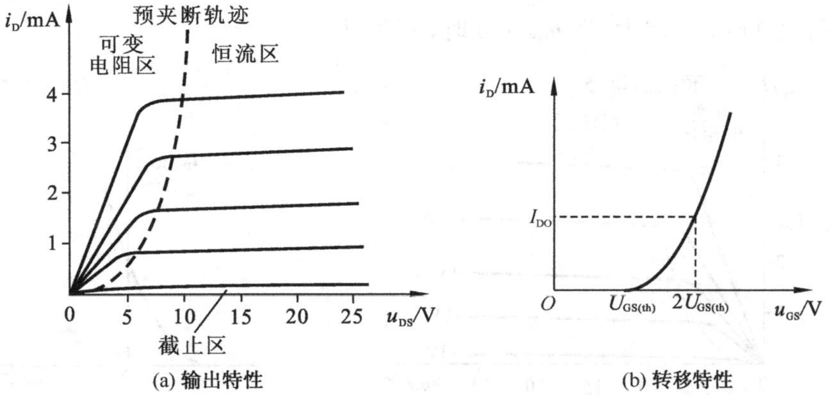

(a) 输出特性　(b) 转移特性

图 1.4.8　N 沟道增强型 MOSFET 的特性曲线

图 1.4.8(b)所示的转移特性可近似用以下公式表示

$$i_D = I_{DO}\left(\frac{u_{GS}}{U_{GS(th)}} - 1\right)^2 \quad (u_{GS} \geqslant U_{GS(th)}) \tag{1.4.2}$$

式中，I_{DO} 为当 $u_{GS}=2U_{GS(th)}$ 时的 i_D。

2. N 沟道耗尽型 MOS 场效应管

对于 N 沟道增强型 MOS 场效应管，只有当 $u_{GS}>U_{GS(th)}$ 时，漏极和源极之间才存在导电沟道。而耗尽型 MOS 场效应管则不然，由于在制造过程中预先在绝缘层中掺入了大量的正离子，因此即使 $u_{GS}=0$，这些正离子产生的电场也能在 P 型衬底中“感应”出足够的负电荷，形成“反型层”，从而产生 N 型导电沟道，如图 1.4.9(a)所示。如果 $u_{DS}>0$，则就有漏极电流 i_D。N 沟道耗尽型 MOS 场效应管的符号如图 1.4.9(b)所示。

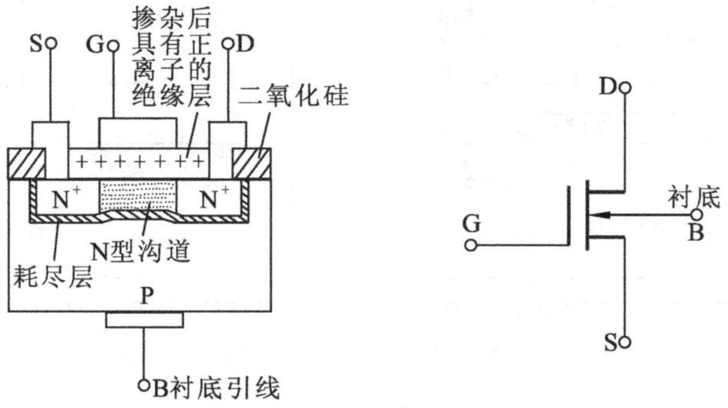

(a) 结构示意图　　(b) 符号

图 1.4.9　N 沟道耗尽型 MOS 场效应管的结构示意图和符号

对于耗尽型场效应管，如果 $u_{GS}<0$，则由于栅极接到电源的负端，其电场将削弱原来绝缘层中预先注入的正离子的电场，使感应电荷减少，于是 N 型沟道变窄，将会使 i_D 减小。当 u_{GS} 进一步减小达到某一值时，感应电荷被耗尽，导电沟道消失，则使 $i_D=0$。对于这种耗尽型 MOS 场效应管，把使 i_D 减为零(或导电沟道消失)时的 u_{GS} 称为夹断电压，用符号 $U_{GS(off)}$ 表示。

N 沟道耗尽型 MOS 场效应管的输出特性和转移特性分别如图 1.4.10(a)、(b)所示。由图可见，当 $u_{GS}>0$ 时，i_D 增大；当 $u_{GS}<0$ 时，i_D 减小。

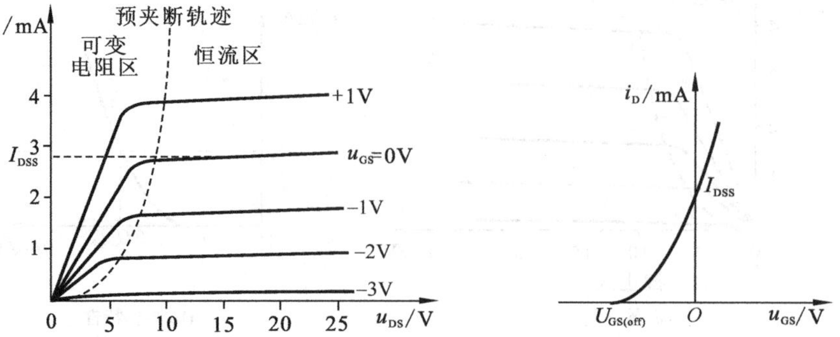

(a) 输出特性　　(b) 转移特性

图 1.4.10　N 沟道耗尽型 MOS 场效应管的特性曲线

图 1.4.10(b)所示的转移特性可近似用以下公式表示为

$$i_D = I_{DSS}\left(\frac{u_{GS}}{U_{GS(off)}} - 1\right)^2 \quad (u_{GS} \geqslant U_{GS(off)}) \tag{1.4.3}$$

式中，当 $u_{GS}=0$ 时的 i_D 称为饱和漏极电流 I_{DSS}。

P 沟道 MOS 场效应管的工作原理与 N 沟道的类似，其导电载流子为空穴，且 u_{DS} 和 i_D 极性相反，此处不再赘述。它们的符号也与 N 沟道 MOS 管相似，但衬底 B 上箭头的方向相反。各种场效应管的符号和特性曲线列于表 1.4.1 中。

表 1.4.1　各种场效应管的符号和特性曲线

种类		符号	输出特性	转移特性
结型 N 沟道	耗尽型	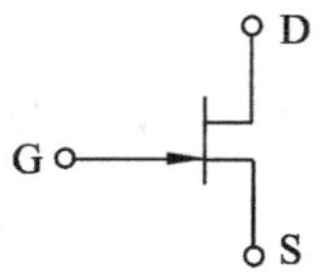	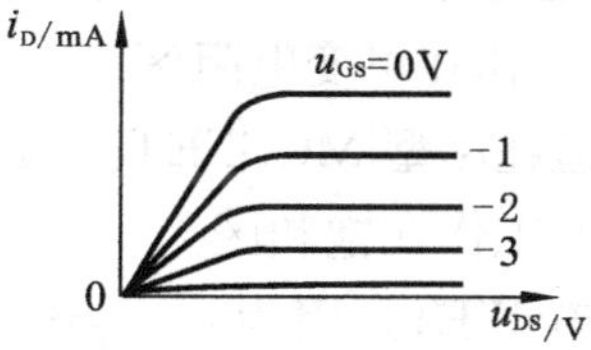	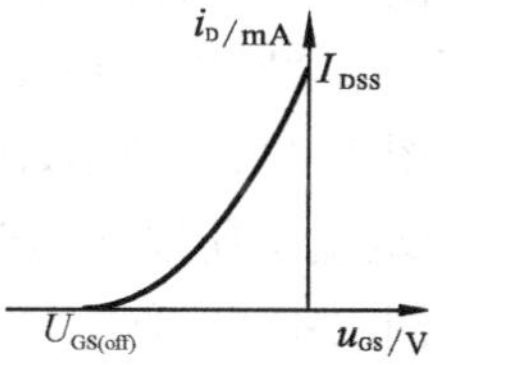
结型 P 沟道	耗尽型	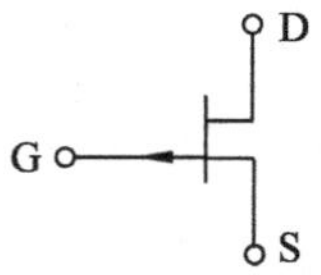	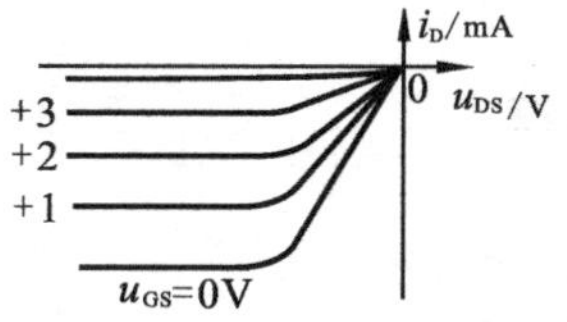	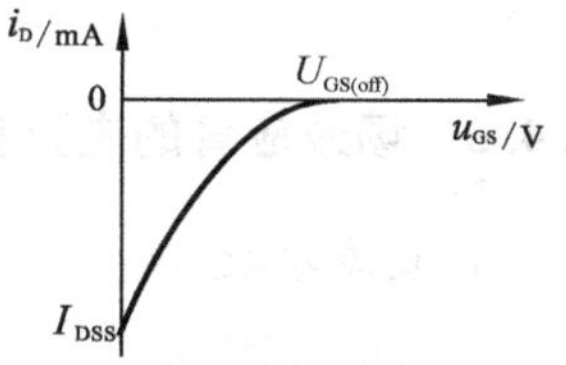
绝缘栅型 N 沟道	增强型	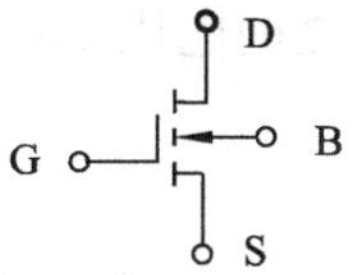	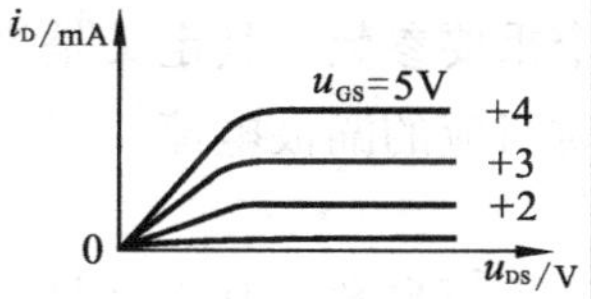	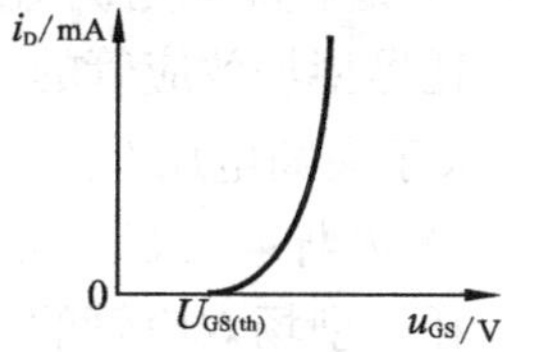
	耗尽型	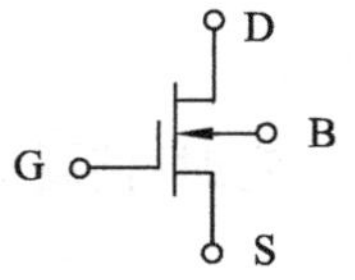	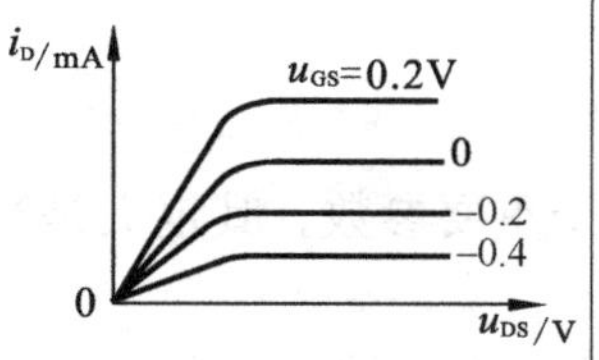	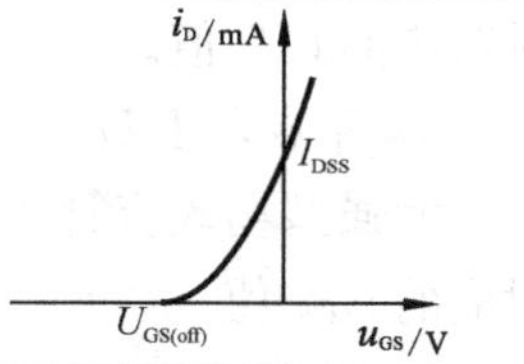
绝缘栅型 P 沟道	增强型	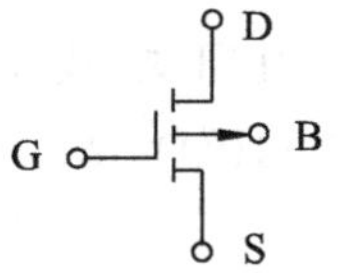	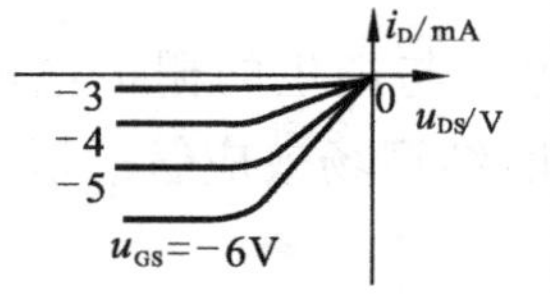	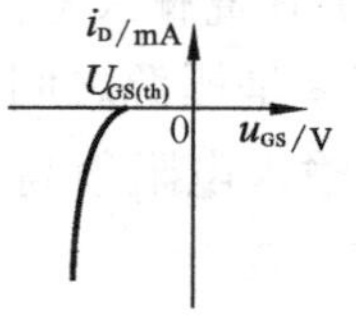
	耗尽型	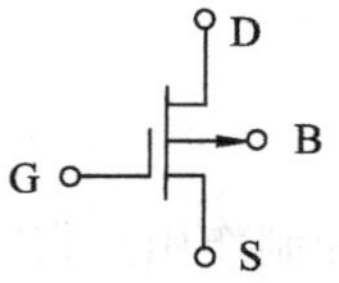	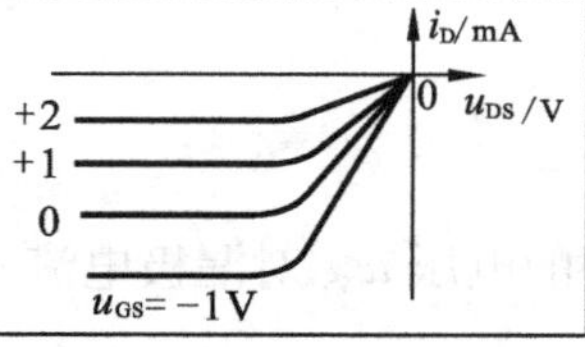	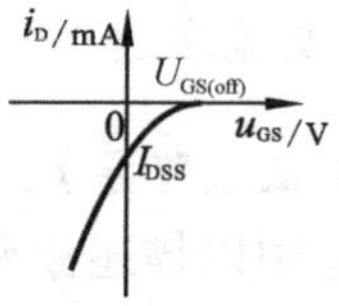

例 1.4.1　已知各 FET 各极电压如图 1.4.11 所示，设各管的 $|U_{GS(th)}|$ 或 $|U_{GS(off)}|$ 为 2V。试分别判别其工作状态（可变电阻区、饱和区、截止区或不能正常工作）。

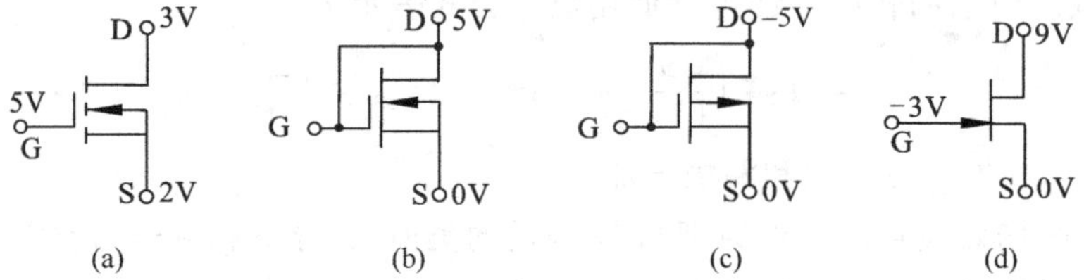

图 1.4.11　例 1.4.1 图

解:图 1.4.11(a)中,N 沟道增强型 MOSFET。因为 $U_{GS}=3V>U_{GS(th)}=2V$,且 $U_{GD}=2V=U_{GS(th)}$,所以 MOSFET 工作在临界饱和状态。

图 1.4.11(b)中,N 沟道耗尽型 MOSFET。因为 $U_{GS}=5V>U_{GS(off)}=-2V$,且 $U_{GD}=0>U_{GS(off)}$,所以 MOSFET 工作在可变电阻区。

图 1.4.11(c)中,P 沟道耗尽型 MOSFET。因为 $U_{GS}=-5V<U_{GS(th)}=-2V$,且 $U_{GD}=0>U_{GS(th)}$,所以 MOSFET 工作在饱和区。

图 1.4.11(d)中,N 沟道 JFET。因为 $U_{GS}=-3V<U_{GS(off)}=-2V$,所以 FET 工作在截止区。

1.4.3　场效应管的主要参数

1. 直流参数

1) 饱和漏极电流 I_{DSS}

耗尽型场效应管的一个重要参数。其定义是当栅源之间电压 $U_{GS}=0$,且漏源之间电压 U_{DS} 大于夹断电压 $U_{GS(off)}$ 时对应的漏极电流。

2) 夹断电压 $U_{GS(off)}$

耗尽型场效应管的一个重要参数。其定义是当 u_{DS} 一定时,使 i_D 减小到某一个微小电流时对应的 U_{GS} 值。

3) 开启电压 $U_{GS(th)}$

增强型场效应管的一个重要参数。其定义是当 U_{DS} 一定时,使漏极电流达到某一数值时对应的 U_{GS} 值。

4) 直流输入电阻 R_{GS}

R_{GS} 是栅源之间所加电压与产生的栅极电流之比。由于场效应管的栅极几乎不取电流,其输入电阻很高。例如,结型场效应管一般有 $R_{GS}\geqslant 10^7\Omega$,MOSFET 的输入电阻一般大于 $10^9\Omega$。

2. 交流参数

1) 低频跨导 g_m

g_m 用以描述栅源之间的电压 u_{GS} 对漏极电流 i_D 的控制作用。它的定义是当 u_{DS} 一定时,i_D 与 u_{GS} 的变化量之比。

$$g_m=\left.\frac{\Delta i_D}{\Delta u_{GS}}\right|_{u_{DS}=\text{常数}} \tag{1.4.4}$$

式中，若 i_D 单位是 mA，u_{GS} 单位是 V，则 g_m 的单位是 mS。

2）极间电容

场效应管三个电极之间的等效电容，包括 C_{GS}、C_{GD} 和 C_{DS}。极间电容越小则管子的高频性能越好，一般为几皮法。

3. 极限参数

1）漏极最大允许耗散功率 P_{DM}

场效应管的漏极耗散功率等于漏极电流与漏源之间电压的乘积，即 $P_D = i_D u_{DS}$。这部分功率将转化为热能，使管子的温度升高。漏极最大允许耗散功率决定于场效应管允许的温升。

2）漏源击穿电压 $U_{(BR)DS}$

在场效应管的漏极特性曲线上，当漏极电流 i_D 急剧上升(因漏极与衬底之间的反偏 PN 结出现雪崩击穿)时的 u_{DS}。

3）栅源击穿电压 $U_{(BR)GS}$

对于结型场效应管，正常工作时栅源之间的 PN 结处于反向偏置状态，若 U_{GS} 过高，PN 结将被击穿；对于 MOS 场效应管，栅极与沟道之间有一层很薄的二氧化硅绝缘层，当 U_{GS} 过高时，可能将二氧化硅绝缘层击穿，使栅极与衬底发生短路。这种击穿不同于一般的 PN 结击穿，而与电容器击穿的情况类似，属于破坏性击穿。栅源间发生击穿，MOS 场效应管即损坏。

1.4.4　场效应管的小信号模型

场效应管与双极型三极管一样均属非线性器件，但在小信号条件（即信号幅值 $U_{gsm} \leqslant 0.1|U_{GS(off)}|$ 或 $U_{gsm} \leqslant 0.1|U_{GS(th)}|$）下，可以把场效应管近似为线性电路，即用小信号模型来等效场效应管。

场效应管的输入电阻极高，输入电流几乎为零，它是通过改变栅源之间的电压来控制漏极电流。它与双极型三极管不一样，其伏安特性只用一簇输出特性(或转移特性)曲线来表示输入电压与输出电流之间的关系。场效应管的微变等效电路要比双极型三极管的微变等效电路简单，FET 小信号等效模型如图 1.4.12 所示。

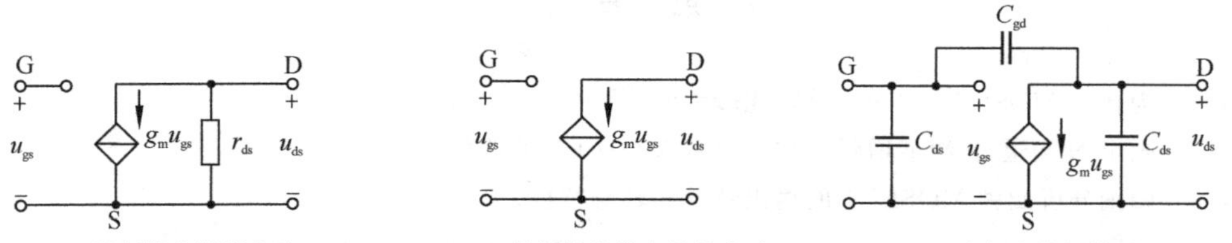

(a) FET低频微变等效电路　　(b) FET低频简化微变等效电路　　(c) 高频小信号模型

图 1.4.12　FET 小信号模型

通常，FET 的交流输入电阻 r_{gs} 数值很大，可忽略。而极间电容 C_{gd} 数值较小，当工作信号频率较低时，它的影响很小可忽略不计，FET 低频微变等效电路如图 1.4.12(a)所示；FET 的共源极输出电阻 r_{ds}，也就是漏极与源极之间的动态电阻，通常为几十千欧到几百千欧。在放大电路

中 r_{ds} 的数值往往远大于等效负载电阻 R_L，常可将其视作开路。此时可以使用如图 1.4.12(b)所示的场效应管简化微变等效电路来分析电路；高频时考虑到场效应管极间电容 C_{gd}、C_{gs} 与 C_{ds} 的影响，场效应管高频时微变等效模型如图 1.4.12(c)所示。

1.4.5　场效应管与晶体三极管的比较

1. 场效应管与双极型三极管的比较

(1) 场效应管 FET 是电压控制型器件，其输入电阻很高。双极型三极管是电流控制型器件，其输入电阻较低。

(2) FET 的 S、G、D 电极功能分别与双极型三极管的 E、B、C 电极功能相对应。

(3) FET 仅有多数载流子导电，而双极型三极管既有多数载流子，又有少数载流子。由于少数载流子的浓度易受温度与辐射等外界条件影响，故 FET 的热稳定性和抗辐射能力均优于双极型三极管。

(4) FET 的噪声系数比双极型三极管小，尤其是 JFET，噪声系数极低。

(5) FET 不仅可以像双极型三极管一样用作放大或可控开关，而且当工作于可变电阻区时还可作为压控电阻。

(6) FET 可以在低电压和小电流下工作，且制造工艺简单，易用于制作大规模集成电路。

2. 场效应管使用注意事项

(1) MOSFET 的衬底 B 极，一般应与源极相连接。在某些特殊应用中，P 型衬底 B 极可接低电位，N 型衬底 B 极可接高电位。

(2) FET 的管芯结构对称，如果产品出厂时源极与衬底没有连接在一起，则漏极与源极可以互换。

(3) MOSFET 的 C_{gs} 很小，SiO_2 绝缘层又极薄，如果栅极上感应少量电荷，就会在绝缘层中产生极强的电场而击穿绝缘层。因此，任何时候都应避免栅极悬空，存放时管子的各极应短接。使用时，栅极与源极间应有直流通路，用于泄放栅极的感应电荷，或栅极与源极间并接击穿电压较低的反向串接的保护二极管(或稳压管)。

(4) FET 焊接时，电烙铁的外壳应良好接地，且电烙铁断电后再焊接。

思　考　题

1.4.1　为什么 MOSFET 的输入电阻比较大？

1.4.2　画出 N 沟道、P 沟道增强型和耗尽型 MOSEFT 的符号。

1.4.3　归纳分析四种 MOSEFT 的输出特性和转移特性。

1.5　光电子器件

1. 发光二极管

发光二极管(LED)是具有一个 PN 结的半导体器件，通常由砷化镓、磷化镓等化合物半导体材料制成。发光二极管的截面图和外形结构示意图分别如图 1.5.1(a)、(b)所示。

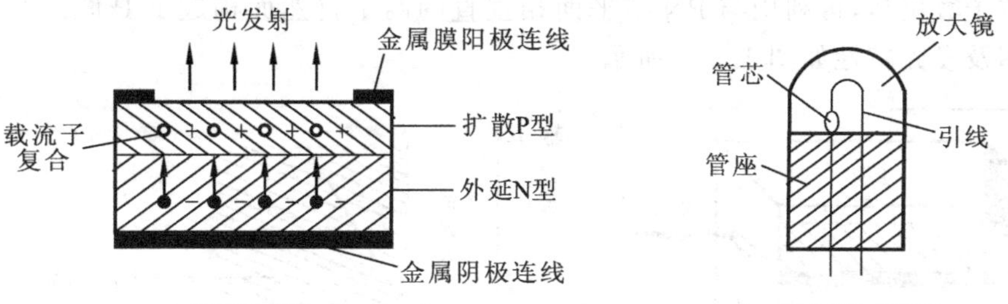

(a) 截面示意图 (b) 外形结构示意图

图 1.5.1 发光二极管结构

当给发光二极管外加正向电压时，P 区的空穴扩散到 N 区与 N 区的电子复合，N 区的电子扩散到 P 区和 P 区的空穴复合，在电子和空穴复合过程中，有一部分能量以光子的形式放出，使二极管发光。光谱范围是比较窄的，其波长由所使用的材料而定，如砷化镓发出红色光，磷化镓发出绿色光等。图 1.5.2 所示为发光二极管的伏安特性及图形符号。发光二极管常用来作为显示器件，除单个使用外，也常被做成七段式或矩阵式。其正向电压较普通二极管高，一般为 1.2～2.2V。而工作电流一般为几毫安至十几毫安，电流太大会烧坏二极管，所以电路中必须串接限流电阻。

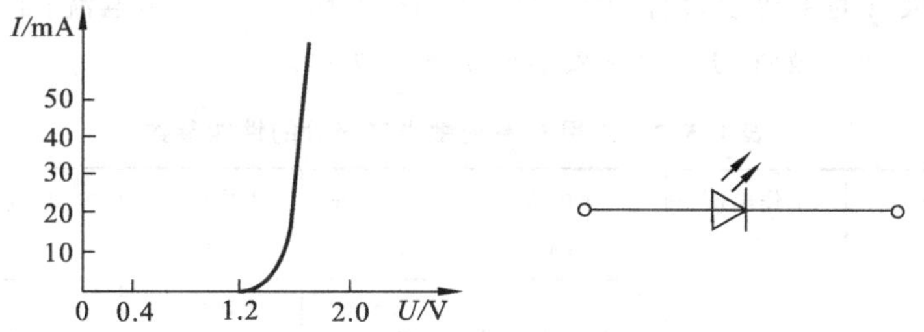

(a) 伏安特性 (b) 符号

图 1.5.2 发光二极管的伏安特性和图形符号

发光二极管的主要参数有最大耗散功率、最大正向电流、发光强度、峰值波长和半强度角等，典型的红色、黄色、绿色发光二极管主要参数如表 1.5.1 所示。

表 1.5.1 发光二极管的主要参数

型号	颜色	最大耗散功率/mW	最大正向电流/mA	发光强度/m Cd	峰值波长/nm	半强度角/°	工作温度范围/℃	
							−	+
BT202	红	30	20	2	655	15	20	75
BT102	黄	50	20	1	500	15	25	70
BT203	绿	75	35	0.5	586	20	25	70

2. 激光二极管

半导体激光二极管是应用广泛的一种激光器，其发光原理与上述发光二极管的原理没有太大的差别，只是输出光为相干光，而不是非相干光。半导体激光二极管作为激光器的一种，同样也必须满足有粒子数反转和光反馈两大功能。使费米能级间隔在 PN 结正向偏置下通过带隙实现粒子数反转，再利用与PN结平面相垂直的两个自然面构成F-P腔。半导体激光器结构原理图及发光特性如图1.5.3所示。

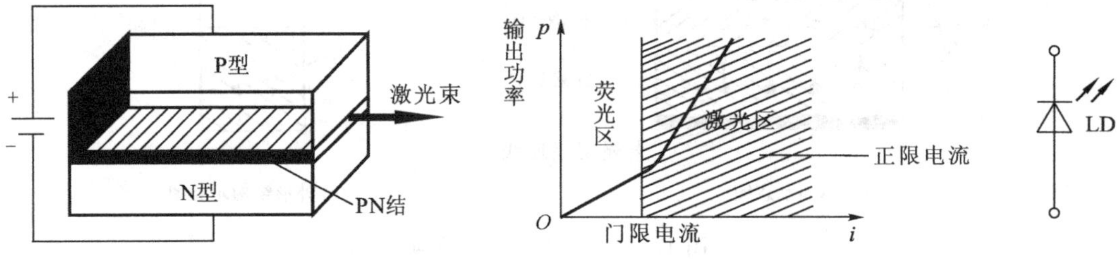

(a) 结构原理图　(b) 发光特性(p-i曲线)　(c) 符号

图1.5.3　半导体激光器结构原理图、发光特性及符号

半导体激光器的特点：①波长范围较宽，价格低，应用广泛；②效率高、体积小，使用非常方便；③可通过光电转换的方式提高激光功率。

对于半导体激光器来说，在实际应用中必须提出两个要求：一是具有较低的门限电流值；二是具有稳定的 p-i 曲线。用异质结来代替同质结，就可以将门限电流降低两个数量级，而对于特性稳定性问题目前只有通过外加恒温和光反馈等来加以改善。

常用激光二极管的主要参数有峰值波长、功率、工作电压、工作电流、工作温度、工作寿命等。常用C系列激光二极管的性能参数如表1.5.2所示。

表1.5.2　常用C系列激光二极管的性能参数

型号	峰值波长 /nm	工作电压 /V	工作电流 /mA	光束分散度 /mrad	工作温度 /℃	功耗 /mW	平面尺寸 /mm
CB型	638	3.5	50	0.3	−10～40	3.0	12×34
CC型	650	3.5	50	0.4	−10～40	3.5	14×6
CD型	670	3.5	50	0.5	−10～40	2.2	20×80

3. 光敏二极管

光敏二极管的结构和符号如图1.5.4所示。其结构与二极管类似，但在它的PN结处，通过管壳上的一个玻璃窗口能接受外部的光照。这种器件的PN结工作在反向偏置，其反向电流随光照强度的增加而上升，并与光照度成正比，从而实现光电转换。可以通过接在回路中的电阻 R_L 获得对应的电压信号。

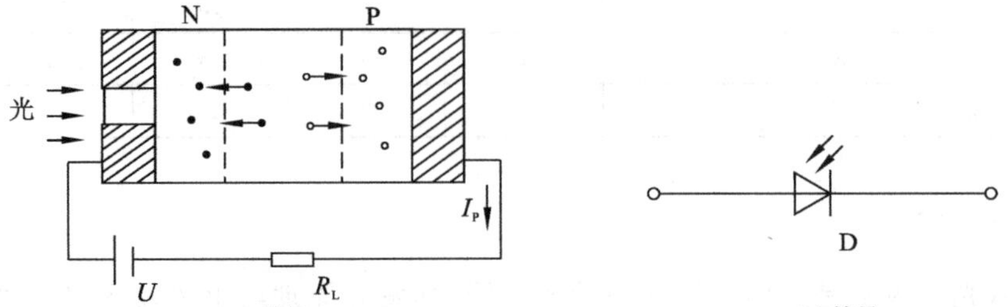

(a) 结构　(b) 符号

图1.5.4　光敏二极管的结构和符号

光敏二极管的光照特性曲线如图1.5.5所示。

从图1.5.5可以看出，当光敏二极管在反向电压作用下时，随着光照度的增加，其反向电流(称作光电流)呈线性增大的关系。在光照度≤1200lx(勒克斯)的情况下，其光照灵敏度近似线性。

无论是哪一种颜色的可见光还是红外光，由于它们的波长都不相同，所以就有对不同波长响应敏感的光敏二极管。这些光敏二极管的光谱响应曲线，即光电转换的相对灵敏度 S 与入射光波长 λ 的关系曲线如图1.5.6所示。从它们的 λ-S 特性曲线可见，在绿色光峰值波长580nm、红色光峰值波长760nm、红外光峰值波长950nm处均有最高的灵敏度。

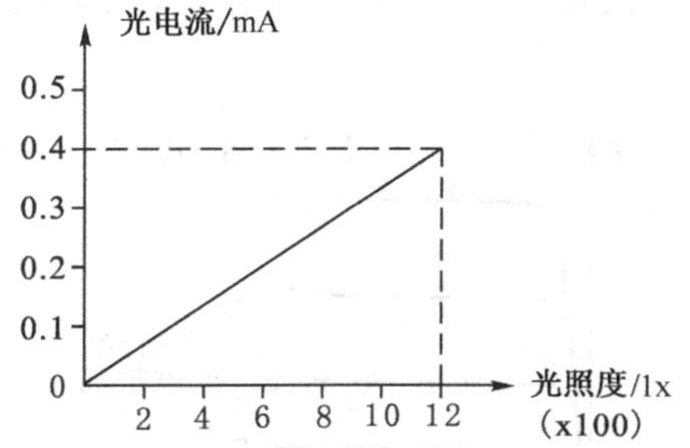

图1.5.5 光敏二极管的光照特性

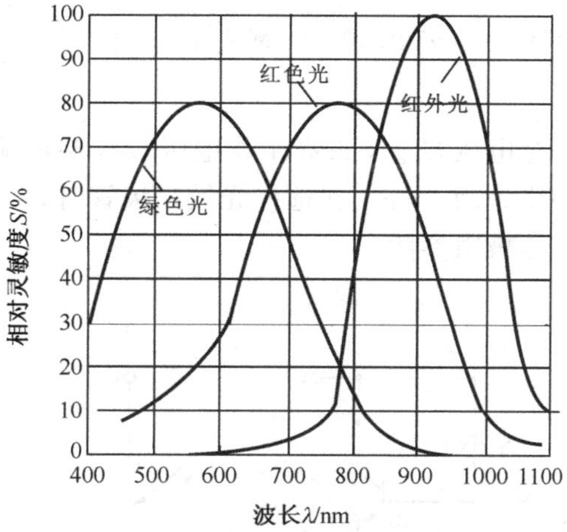

图1.5.6 光敏二极管的 λ-S 特性曲线

光敏二极管的主要性能参数有最高反向电压、最大反向电流、最佳响应波长、响应时间等。常用NDL系列光敏二极管的性能参数如表1.5.3所示。

表1.5.3 常用NDL系列光敏二极管的性能参数

型号	最高反压/V	最大反向电流/mA	最佳响应波长/nm	响应时间/ns	最高结温/℃
NDL3200	2	35	670	<10	125
NDL3210	2	50	675	<10	125
NDL5603	2	15	1310	<5	125

光敏二极管广泛应用于光的测量和光电自动控制系统中，如光纤通信中的光接收机、电视机和家庭音响的遥控接收等。另外，大面积的光敏二极管可用来作为能源，即光电池，光能源是最有发展前途的绿色能源。

4. 光敏三极管

光敏三极管内部结构如图1.5.7所示。它们都是三层结构，具有两个PN结，类似于PNP型或NPN型三极管。光敏三极管同样也有锗、硅之分。光敏三极管一般仅有两个引脚：集电极C和发射极E。

光敏三极管由光照强度控制集电极电流的大小。其功能可等效为一只光电二极管与一只晶体管相连，但只引出集电极和发射极。等效电路及符号如图1.5.8所示。

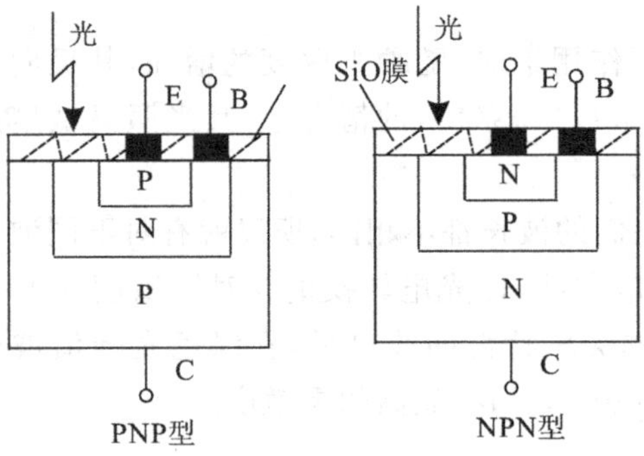

图 1.5.7　光敏三极管内部结构示意图

光敏三极管的输出特性曲线与普通晶体管相似，只是用参变量入射光照度 E 代替了基极电流 i_B，如图 1.5.9 所示。图中 I_{CEO} 称为暗电流，是无光照射的电流值，它比光电二极管的暗电流约大两倍，而且受温度影响很大。温度每上升 25℃，暗电流上升约 10 倍。有光照时的电流称为光电流。当管压降 u_{CE} 足够大时，集电极电流 i_C 仅由入射光照度 E 来决定。对于不同型号的光敏三极管，入射光照度为 1000lx 时，光电流从小于 1mA 到几毫安不等。

光敏三极管主要性能参数有集电极-发射极反向击穿电压 U_{CEO}，最高工作电压 U_F，暗电流 I_{CEO}，光电流 I_C，最大功耗 P_M，峰值波长 λ_P，动态响应时间 t_f 等。在选择光敏三极管时，要注意其反向击穿电压、最大工作电流、集电极最大功耗等极限参数。

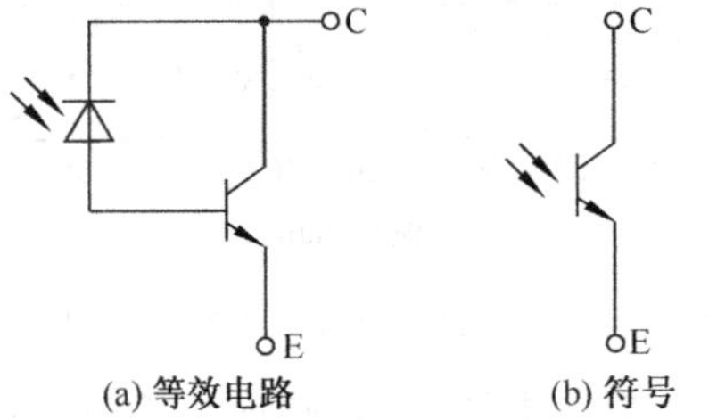

图 1.5.8　光敏三极管的等效电路及符号

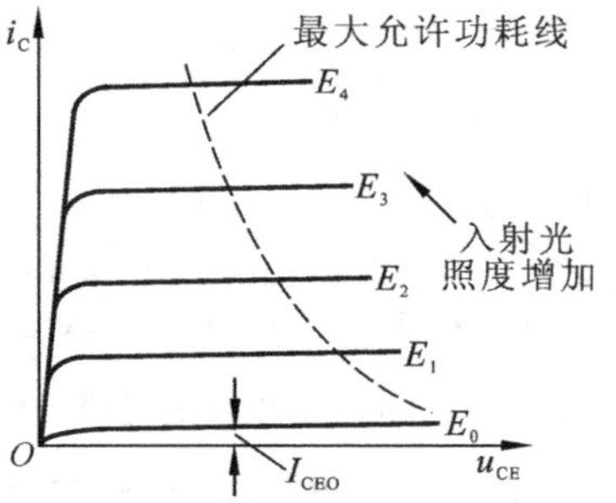

图 1.5.9　光敏三极管的输出特性曲线

光敏三极管的主要用途有：①用于光电耦合器；②用于 VCD、DVD、计算机光驱等的激光检测；③用于可见光、红外光的光检测与光监测；④用于光强度自动控制；⑤用于红外遥控接收；⑥用于红外、激光光纤传输系统的光信号接收放大。

5. 光电耦合器件

半导体光电耦合器是半导体光敏器件和发光二极管或其他发光器件组成的一种器件。原理电路如图 1.5.10 所示，它的主要功能是用光来实现电信号的传递。在电子技术应用中，则用光来实现级间耦合。工作时，把电信号加到输入端，使发光器件发光，光电耦合器中的光敏器件在此光辐射的作用下输出光电流，从而实现电-光-电两次转换，通过光实现了输入端和输出端之间的信号耦合。

光电耦合器的基本特性有以下几个方面。

1）共模抑制比

在光电耦合器内部，由于发光管和光电管之间的耦合电容很小（2pF 以内），所以共模输入电压通过级间耦合电容对输出电流的影响很小，因此共模抑制比很高。

2）输出特性

光电耦合器的输出特性是指在一定发光电流 I_F 下，光电管所加偏压与输出电流之间的关

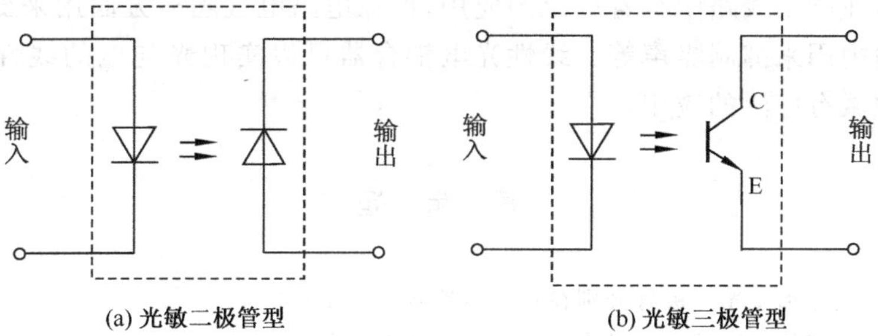

图 1.5.10 光电耦合器件

系曲线。图 1.5.11 所示为常用光电耦合器的输出特性曲线，图中 I_C 为集电极电流，U_C 是光电晶体管集-射极间电压。

当 $I_F=0$ 时，发光二极管不发光，此时对应的光电三极管集电极输出电流为暗电流，它很小，一般可以忽略；当 $I_F>0$ 时，发光二极管开始发光，在一定的 I_F 下，所对应的 I_C 基本与 U_C 大小无关，而 I_F 和 I_C 之间的变化呈线性关系。当集电极串接一个负载电阻 R_C 后，即可得输出电压。R_C 的选择应使负载线在 P_{CM} 曲线之内。

3）电流传输比

光电耦合器光电管的集电极电流 I_C 与发光二极管的注入电流 I_F 之比称为电流的传输比。对于微小变量输出电流 ΔI_C 与注入电流 ΔI_F 之比叫微变电流传输比。对于线性度比较好的光电耦合器，以上二者近似相等。电流传输比用 CTR 表示。CTR 的大小与光电耦合器的类型有关。例如，二极管输出光电耦合器的 CTR 较小，在 3%以内。三极管输出光电耦合器的 CTR 可达 150%，而光电开关的 CTR 最大可达 500%。

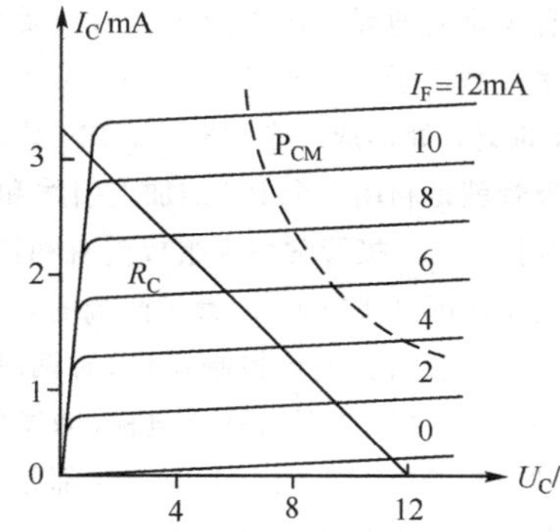

图 1.5.11 典型光电耦合器件的输出特性

4）隔离性能

光电耦合器的发光二极管和光敏管之间的隔离电阻（绝缘电阻）在$10^{10}\sim10^{11}\,\Omega$，隔离电压（耐压值）在 500～1000V，有的可达 10kV。隔离电容小于 2pF。

典型三极管输出光电耦合器主要参数如表 1.5.4 所示。

表 1.5.4 典型三极管输出光电耦合器的主要参数

型号	输出特性				输入特性			传输特性	隔离特性		
	最大功耗散率/mW	暗电流/μA	反向击穿电压/V	饱和电压/V	最大正向电流/mA	正向电压/V	反向电压/V	电流传输比 CTR/%	隔离电压/V	隔离电阻/Ω	隔离电容/pF
GDs11	150	0.1	40	0.3	50	1.3	5	10～20	500	10^{11}	2
GDs12	150	0.1	40	0.3	50	1.3	5	20～40	500	10^{11}	2
GDs13	150	0.1	40	0.3	50	1.3	5	40～60	500	10^{11}	2

光电耦合器在电子线路中有着广泛的应用，如在电路电气隔离方面用来提高抗干扰能力，在信号长线传输中用来抑制噪声等。线性光电耦合器可以实现光与电的线性转换，在信号传送和图像处理领域有广泛的应用。

思 考 题

1.5.1 稳压二极管和发光二极管分别在什么偏置状态下工作？

1.5.2 发光二极管的电流过大和过小分别会出现什么现象？

1.5.3 光敏二极管的作用是什么？

1.5.4 光敏二极管和光敏三极管有什么不同？

1.5.5 光电耦合器的原理和作用是什么？

本章小结

1. 电子电路中常用的元器件有二极管、双极型三极管和场效应管等，制造这些元器件的主要材料是半导体，如硅和锗等。半导体中存在两种载流子，即电子和空穴。纯净的半导体称为本征半导体，它的导电能力很差。掺有少量其他元素的半导体称为杂质半导体。杂质半导体分为两种：N 型半导体和 P 型半导体，N 型半导体中多数载流子是电子，P 型半导体中多数载流子是空穴。当把 P 型半导体和 N 型半导体结合在一起时，在二者的交界处形成一个 PN 结。PN 结具有单向导电性。

2. 二极管就是利用一个 PN 结加上引线和外壳，引出两个电极而制成的。二极管的伏安特性类似于 PN 结的单向导电特性。二极管常用来组成整流和检波电路。稳压管是一种特殊二极管，其工作在反向击穿区，流过管子的电流变化可以比较大，而管子两端的电压变化则很小。

3. 双极型三极管为电流控制器件，有两种类型：NPN 型和 PNP 型。双极型三极管内部包含两个 PN 结（即发射结和集电结），并引出三个电极（即发射极、基极和集电极）。

双极型三极管能实现放大作用的内部结构条件是：发射区掺杂浓度最高，而基区做得很薄，且掺杂浓度也最低。双极型三极管实现放大作用的外部条件是：外加电压源的极性应保证发射结正向偏置，且集电结反向偏置。

描述双极型三极管放大作用的重要参数为共射电流放大系数 β 和共基电流放大系数 α。一般用输入、输出特性曲线来描述双极型三极管的特性，双极型三极管的输出特性曲线可以划分为三个区：截止区、放大区和饱和区。为了对输入信号进行线性放大，避免产生严重的非线性失真，应使双极型三极管工作在放大区内。

4. 场效应管是一种电压控制器件，利用栅源之间电压的电场效应来控制漏极电流。场效应管分为结型和绝缘栅型两大类。无论结型或绝缘栅型场效应管，都有 N 沟道和 P 沟道之分。对于绝缘栅型场效应管（也称为 MOS 场效应管）有增强型和耗尽型两种类型，而结型场效应管只有耗尽型。

表征场效应管放大作用的重要参数是跨导 g_m，而场效应管的另一重要参数是耗尽型的夹断电压 $U_{GS(off)}$ 和增强型的开启电压 $U_{GS(th)}$。一般用输出特性和转移特性来描述场效应管各极电流与电压之间的关系。

5. 发光二极管、激光二极管、光敏二极管、光敏三极管、光电耦合器是常用的光电子器件，它们属于一类特殊二极管或三极管。

习 题

1.1 在常温下，已知 PN 结反向饱和电流为 1mA，如要求 PN 结电流 $i=1A$，求所需外加电压 u 值。若外加正向电压分别为 $u_1=0.2V$，$u_2=0.4V$，求相应的 PN 结电流 i_1 和 i_2 值。

1.2　当 $T=290\text{K}$ 时，锗(Ge)和硅(Si)二极管的反向饱和电流分别为 $I_{\text{SGe}}=1\text{mA}$ 和 $I_{\text{SSi}}=0.5\text{pA}$，在锗和硅二极管各一个构成的正向串接电路中，通过正向电流 $i_{\text{D}}=1\text{mA}$，试分别求各二极管的电压降。

1.3　一个锗二极管，在 $T=35℃$ 时，$I_{\text{S}}=10\mu\text{A}$，当施加正向电压 $U_{\text{D}}=0.25\text{V}$ 时，试计算正向电流 I_{D}、直流电阻 R_{D} 和交流电阻 r_{d}。

1.4　题图 1.4 所示电路中，硅二极管的伏安特性如图 1.2.2 所示。试求二极管上的电流 I_{D}、电压降 U_{D} 和直流电阻 R_{D}。

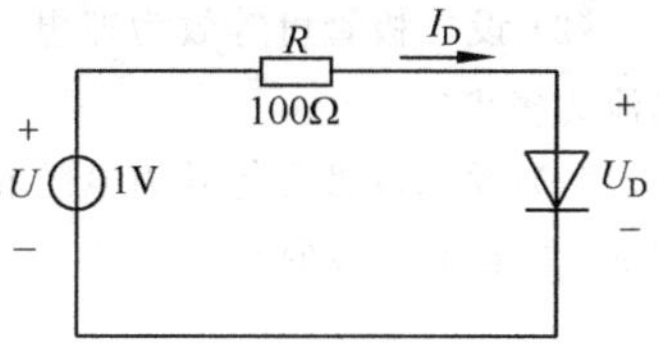

题图 1.4

1.5　设题图 1.5 所示电路中所有二极管均为理想器件，试判断图中各二极管是否导通，并求各输出电压。

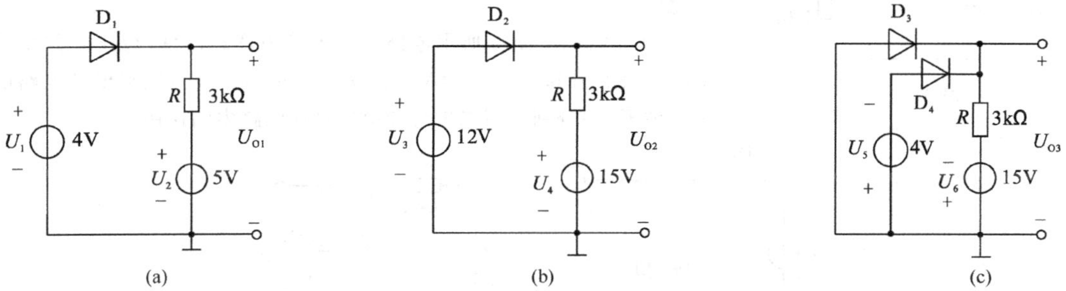

题图 1.5

1.6　设题图 1.6 所示电路中二极管的压降 $U_{\text{D}}=0.7\text{V}$，求二极管电流 I_{D}。

1.7　有两个相同的硅二极管反向串联与 5V 直流电源相连接，如题图 1.7(a)所示。设室温时二极管的反向饱和电流为 $2\times10^{-12}\text{A}$。要求：

(1) 设二极管的击穿电压大于 5V，试求室温时每个二极管两端的电压；

(2) 如二极管的击穿电压为 4.9V，求电路中的电流；

(3) 设二极管的击穿电压为 5V，并已知两管反向连接后通过它们的电流为 3.2mA，如题图 1.7(b)所示。试求室温时每个二极管两端的电压(此时，外加电压≠5V)。

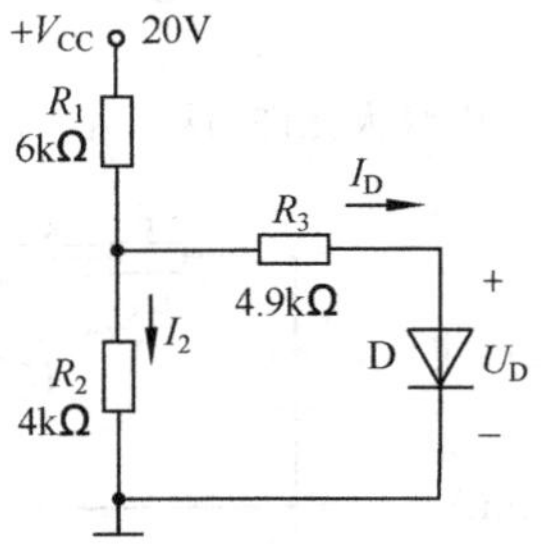

题图 1.6

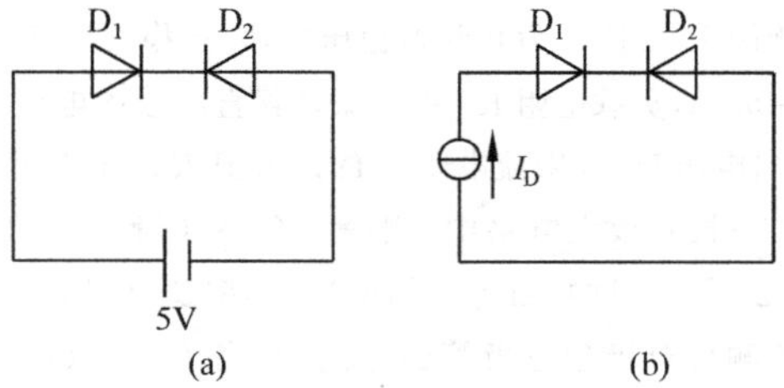

题图 1.7

1.8　在如题图 1.8(a)所示限幅电路中，设二极管是理想的。试画出当输入信号为正弦波时，对应输出电压 u_{o} 的波形。

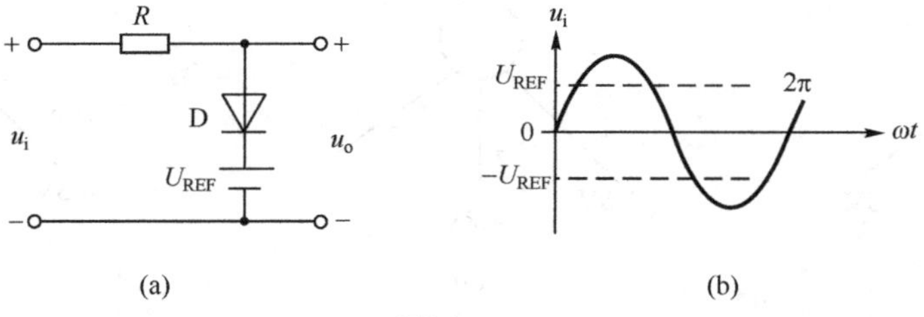

题图 1.8

1.9　二极管电路如题图 1.9 所示。要求：

(1) 设二极管为理想二极管，试问流过负载 R_L 的电流为多少？

(2) 设二极管可等效为理想二极管和电压源串联，且二极管门限电压 $U_{ON}=0.6V$，试问流过负载 R_L 的电流为多少？

(3) 设二极管可等效为电阻和电压源串联，且设二极管的门限电压 $U_{ON}=0.6V$，$R_D=20\Omega$，试问流过负载 R_L 的电流为多少？

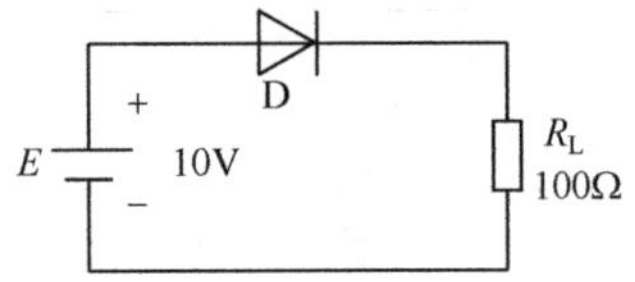

题图 1.9

(4) 如果将电源电压 E 反接时，则流过负载 R_L 的电流又是多少？

(5) 若增加电源电压 E，且其他参数保持不变，则二极管的交流电阻怎样变化？

1.10　设题图 1.10 所示电路中二极管为理想器件，稳压管的稳压值 $U_Z=6V$，正向压降 $U_D=0.6V$。若 $u_i=10\sin\omega t$ (V)，试画出各电路的输出电压波形，并分别说明二极管和稳压管在电路中的作用。

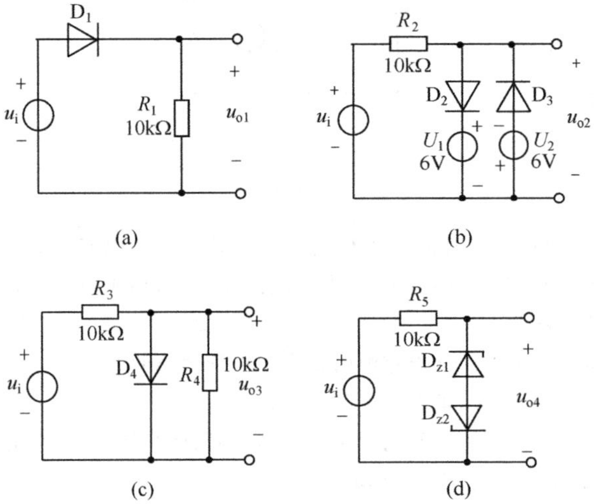

题图 1.10

1.11　题图 1.11 所示为并联型稳压电路，设稳压管的稳压值 $U_Z=6V$，最大允许功耗 $P_M=360mW$，最小稳定电流 $I_{Zmin}=5mA$，负载电阻 $R_L=300\Omega$。若直流输入电压 U_I 在 11～15V 之间波动，求输出电压 U_o 及限流电阻 R 的最大值 R_{max} 和最小值 R_{min}。

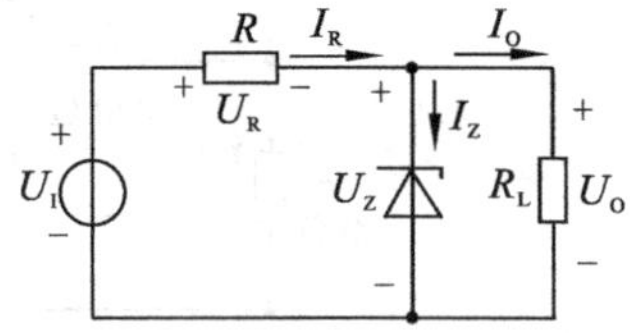

题图 1.11

1.12　在三极管放大电路中，测得三个晶体管 T_1～T_3 的各个极的电位如题图 1.12 所示。试判断各管的电极、类型及材料。

1.13　若测得双极型三极管的电流为：当 $I_B=20\mu A$ 时，$I_C=2mA$；当 $I_B=60\mu A$ 时，$I_C=5.4mA$；$I_{CBO}=10pA$。试求该三极管的 β、α 和 I_{CEO} 的数值。

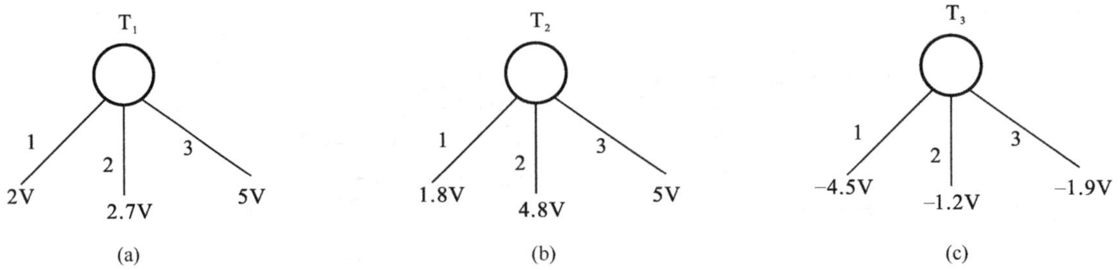

题图 1.12

1.14 硅三极管电路如题图1.14所示。用万用表测得以下几种电压值，试问该三极管分别工作在何种状态(放大、饱和、截止或损坏)?

(1) $U_B = 0.2V$；

(2) $U_C = 0.3V, U_B = 0.72V$；

(3) $U_B = 12V$；

(4) $U_C \approx 12V$；

(5) $U_C = 5V, U_B = 0.7V$。

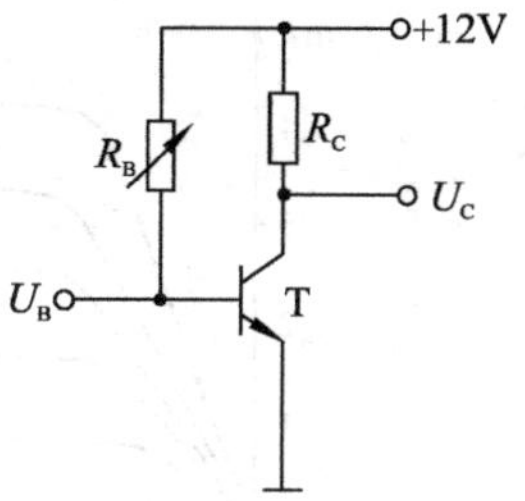

题图1.14

1.15 三极管电路如题图1.15所示。设三极管的$U_{BE}=0.7V$，$\beta=100$。试分别判断各电路中三极管的工作状态。

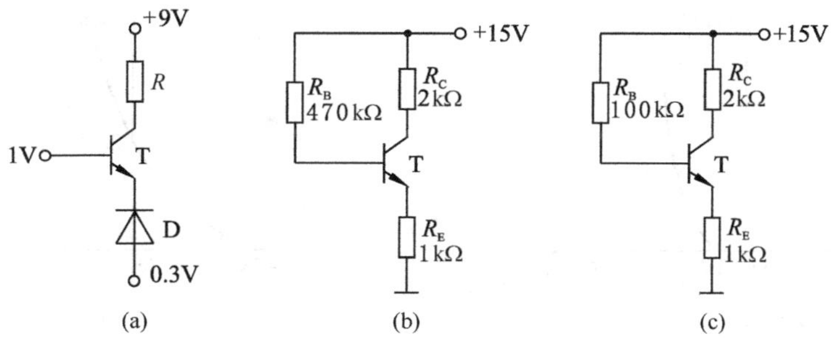

题图1.15

1.16 题图1.16所示电路，设三极管的$\beta=100$，$I_{CEO}=1nA$，$U_{BE}=0.7V$，三极管饱和时有$U_{CES}=0.2V$。要求：

(1) 当$R_B=200k\Omega$，$R_C=1k\Omega$时，求I_B、I_C和U_{CE}值，并指出三极管工作于哪个工作区?

(2) 当$R_B=20k\Omega$，$R_C=1k\Omega$时，重复问题(1)；

(3) 当$R_B=200k\Omega$，$R_C=10k\Omega$时，重复问题(1)；

(4) 当$R_B\to\infty$，$R_C=10k\Omega$时，重复问题(1)。

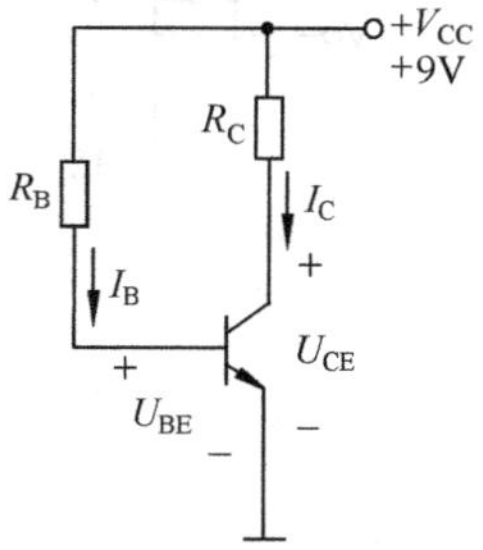

题图1.16

1.17 已知双极型三极管的电流放大系数$\alpha=0.98$，$I_C=1mA$，求I_B。忽略I_{CEO}。

1.18 场效应管的特性曲线(输出特性或转移特性)如题图1.18所示。试判断每种特性曲线所对应的场效应管的类型，并求出$|U_{DS}|=10V$时的饱和漏电流和夹断电压(或开启电压)的数值。

1.19 场效应管的各电极电压如图1.19所示。设场效应管的开启电压$|U_{GS(th)}|$或夹断电压$|U_{GS(off)}|$都是2V，试说明场效应管为何种类型，并判别各场效应管的工作状态(饱和区、可变电阻区、截止区)。

1.20 场效应管电路如题图1.20所示。已知$V_{DD}=12V$，$V_{GG}=-5V$，$R_1=300k\Omega$，$R_2=200k\Omega$，$R_D=10k\Omega$，JFET的$I_{DSS}=2mA$，$U_{GS(off)}=-3V$。要求：

(1) 试求栅源电压U_{GS}和漏极电流I_D；

(2) 求漏源电压U_{DS}和跨导g_m；

(3) 画出场效应管的低频微变等效电路。

1.21 已知某结型场效应管的$I_{DSS}=5mA$，$U_{GS(off)}=-4V$，求当$U_{GS}=-2V$时的跨导g_m。

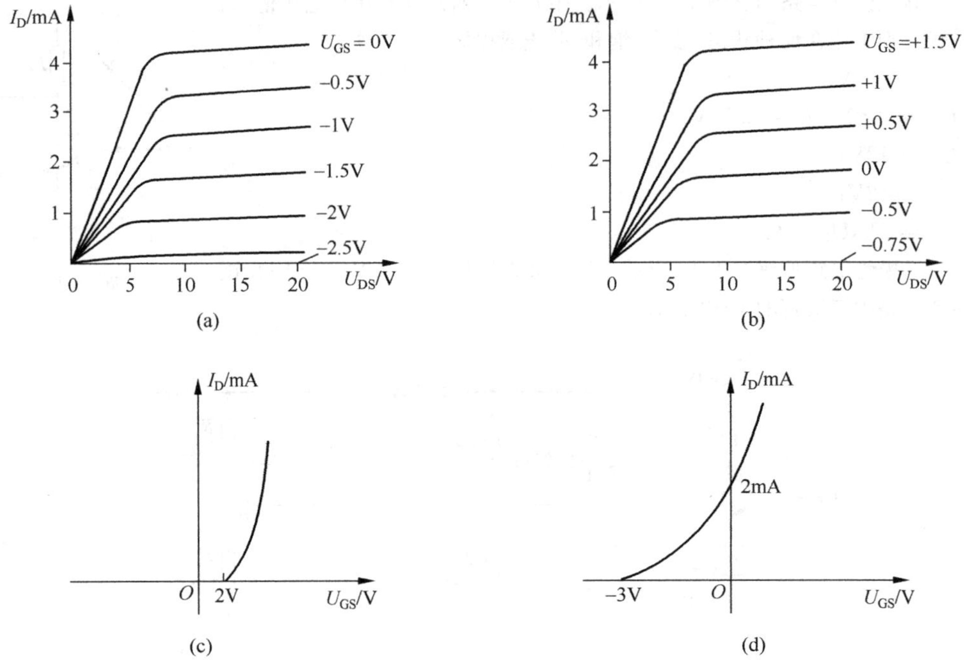

题图 1.18

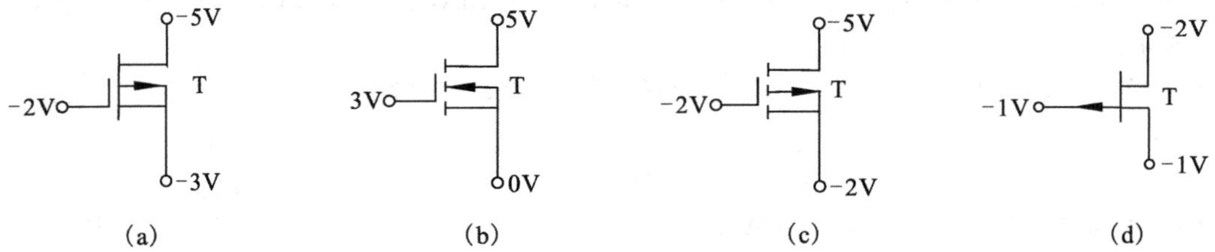

题图 1.19

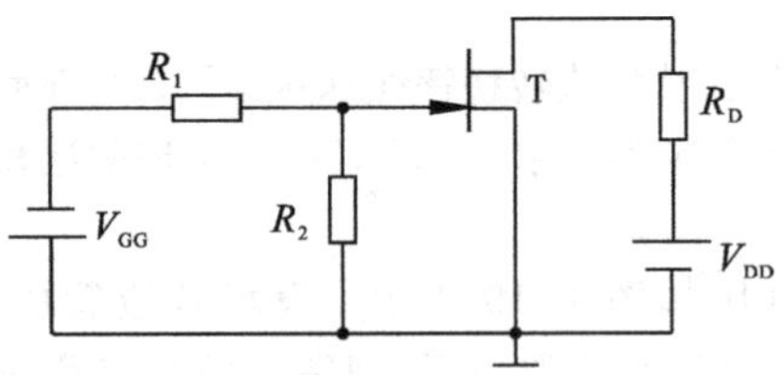

题图 1.20

第2章 放大电路基础

【内容提要】

首先介绍放大电路的组成与基本原理，阐述放大电路的两种基本分析方法：图解法和微变等效电路法，分析放大电路的三种基本组态：共发射极组态、共集电极组态和共基极组态。接着介绍场效应管放大电路的特性和分析方法。讨论多级放大电路三种常用的耦合方式，给出多级放大电路的电压放大倍数、输入电阻与输出电阻计算方法。最后，以单管共射放大电路为例分析放大电路的频率特性，并讨论共集电极和共基极放大电路的高频特性，以及多级放大电路的频率特性。

2.1 放大器的概念与技术指标

2.1.1 放大器的概念

模拟信号放大电路是一种最常用、最基本的模拟电子电路。模拟信号放大电路应用十分广泛，无论日常使用的收音机、电视机，还是精密的测量仪器和复杂的智能系统，其中一般都有不同类型的放大电路。并且在模拟信号放大电路的基础上可以发展演变得到其他的模拟电子电路，如模拟信号运算电路、信号处理电路及波形发生电路等。

模拟信号放大电路中放大的概念就是将信号的幅度由小放大。在电子技术中，放大的本质是实现能量的转换控制，即用能量比较小的输入信号来控制电源能量转换，使输出端的负载上得到能量比较大的信号，且负载上信号的变化规律和输入信号相同。例如，从收音机天线上接收到的信号能量非常微弱，需要经过放大和处理，才能驱动扬声器发出声音。从扬声器听到什么样的声音，决定于从天线上接收到的信号，而功率很大的音量，其能量来源于向放大器供电的直流电源。这种小能量对大能量的控制就是放大的实质。一般来说，放大电路在小输入信号作用下能在输出端的负载上得到一个大的输出信号，且负载功率也远大于输入信号功率。

为了实现模拟信号放大作用，必须采用具有放大作用的核心电子器件（如双极型三极管和场效应管）。双极型三极管利用基极电流 i_B 对集电极电流 i_C 的控制作用来实现信号放大，而场效应管是利用栅源之间电压 u_{GS} 对漏极电流 i_D 的控制作用来实现信号放大。

2.1.2 放大器的主要技术指标

模拟信号放大电路的技术指标是对电路有关技术性能的定量描述。测试时通常在放大电路的输入端施加一个正弦测试电压，然后测量电路中有关电参量。放大电路结构框图如图 2.1.1 所示。

1. 放大倍数

放大倍数是描述放大电路的模拟信号放大能力的指标。例如，常用的电压放大倍数定义

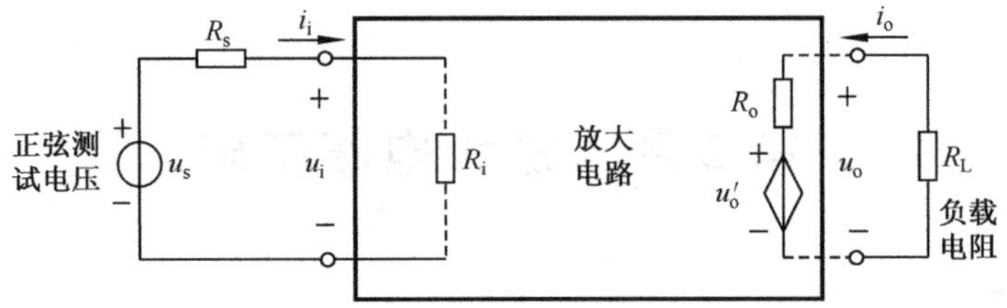

图 2.1.1　放大电路结构框图

为输出电压变化量与输入电压变化量之比。当输入信号为交流电压时，也可用输出电压与输入电压的正弦有效值之比来表示，即

$$A_u = \frac{u_o}{u_i} \tag{2.1.1}$$

类似地，电流放大倍数定义为输出电流与输入电流的变化量之比，即

$$A_i = \frac{i_o}{i_i} \tag{2.1.2}$$

特别注意，放大倍数表达式只有在输出电压和输出电流基本上没有明显失真的情况下才有意义。

2. 最大输出幅度

在输出信号波形没有明显失真的情况下，放大电路能够提供给负载的最大输出电压(或最大输出电流)。

3. 非线性失真系数

由于晶体管输入、输出特性的非线性，放大电路的输出波形不可避免地有一定的非线性失真。当输入单一频率的正弦波信号时，输出信号中除基波成分外，还将含有一定数量的谐波成分。所有的谐波总和与基波成分之比定义为非线性失真系数 D，即

$$D = \frac{\sqrt{U_2^2 + U_3^2 + \cdots}}{U_1} \tag{2.1.3}$$

式中，U_1、U_2、U_3 等分别表示输出信号中基波、二次谐波、三次谐波等的有效值。

4. 输入电阻

从放大电路的输入端看进去的等效电阻称为放大电路的输入电阻。在中频段的情况下，从放大电路输入端看，等效为一个纯电阻 R_i，输入电阻 R_i 的大小等于外加正弦输入电压与相应的输入电流之比，即

$$R_i = \frac{u_i}{i_i} \tag{2.1.4}$$

输入电阻可反映放大电路对信号源索取电流大小程度。通常放大电路输入电阻越大越好。

5. 输出电阻

输出电阻是从放大电路的输出端看进去的交流等效电阻。在中频段，保留信号源内阻，从

放大电路的输出端看，同样等效为一个纯电阻 R_o。输出电阻 R_o 的定义为：当输入端信号源短路(即 $u_S=0$)，且输出端负载开路(即 $R_L=\infty$)时，输出端加一个测试电压 u_o，得到相应的测试电流 i_o，二者之比即为输出电阻 R_o，即

$$R_o=\left.\frac{u_o}{i_o}\right|_{\substack{u_s=0\\R_L=\infty}} \tag{2.1.5}$$

输出电阻是描述放大电路带负载能力的一项技术指标。通常放大电路的输出电阻越小越好。R_o 越小，说明放大电路的带负载能力越强。

6. 通频带

由于放大器件本身存在极间电容，以及一些放大电路中接有电抗性元件，故放大电路放大倍数将随着信号频率的变化而变化。一般情况下，当频率升高或降低时，放大倍数都将减小，而在中间一段频率范围内，因各种电抗性元件的作用可以忽略，故放大倍数基本不变，如图 2.1.2 所示。通常将放大倍数在高频和低频段分别下降至中频段放大倍数的 $1/\sqrt{2}$ 时所包括的频率范围，定义为放大电路的通频带 BW。

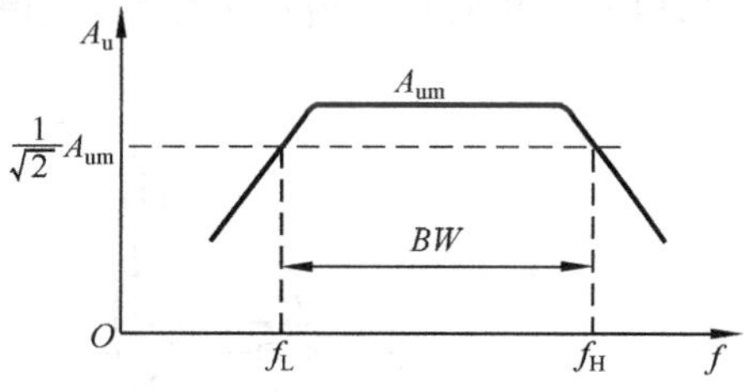

图 2.1.2　放大电路的通频带

显然，通频带越宽，表明放大电路对信号频率的变化具有的适应能力越好。

思　考　题

2.1.1　放大电路中放大的实质是什么？

2.1.2　放大电路的主要技术指标有哪些？

2.1.3　负载电阻变化是否会影响放大器输出电阻的大小？

2.1.4　放大电路负载上获得的电压能量来自何处？

2.2　共射放大电路

单管基本放大电路是构成各种复杂放大电路的基础。这里以共发射极放大电路为例，介绍放大电路的组成及工作原理。

2.2.1　共射放大电路的组成及工作原理

由 NPN 三极管组成的共发射极放大电路如图 2.2.1(a)所示。由图可见，电路中只有一个三极管作为放大元件，且输入回路和输出回路的公共端是三极管的发射极，故称为单管共射放大电路。

放大电路中各元件的作用是：三极管 T 是放大电路的核心；直流电源 V_{CC} 向放大电路供电，保证三极管正常工作，并向输出端负载提供能量；集电极负载电阻 R_C 将集电极电流 i_C 的变化转换为集电极电压 u_{CE} 的变化，由放大电路的输出端输出；由于三极管输入特性为非线

性，且有死区电压，故必须设置由 V_{BB} 与 R_B 组成的偏置电路。基极电源 V_{BB} 使三极管的发射结正向偏置，当输入信号等于零时基极直流电流 I_B 称为基极偏置电流。I_B 大小对三极管能否工作在不失真放大状态，以及对放大电路的其他性能具有重要的影响。

在图 2.2.1(a)所示共射放大电路的输入端加上一个微小的交流电压 u_i，则放大电路中的电压和电流既有直流成分，也含有交流成分，而交流信号是叠加在直流成分上。在 u_i 作用下，三极管的 u_{BE} 电压将随之发生变化，则 i_B 就产生相应的变化。输入回路中 $i_B \sim u_{BE}$ 工作波形如图 2.2.1(b)所示。当三极管工作在放大状态时，i_B 的变化将引起 i_C 产生更大的变化。而 i_C 电流流过集电极负载电阻 R_C，使集电极电压 u_{CE} 也发生相应的变化。当输入电压 u_i 后，电路各参数的变化过程如下：

$$u_i \rightarrow \Delta u_{BE} \rightarrow \Delta i_B \rightarrow \Delta i_C = \beta \Delta i_B \rightarrow \Delta u_{CE} = -\Delta i_C R_C = u_o$$

可见，由于三极管的电流放大作用，使得 u_o 比 u_i 大得多，且极性相反。

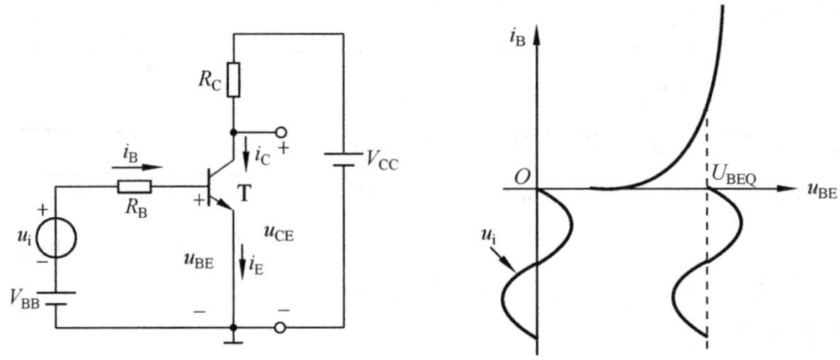

(a) 电路图　　　(b)$i_B \sim u_{BE}$变化情况

图 2.2.1　单管共射放大电路及工作波形

综上所述，组成放大电路的原则：

(1) 外加直流电源的极性必须使三极管的发射结正向偏置，而集电结反向偏置，以保证三极管工作在放大状态。此时，基极电流与集电极电流满足放大关系，即 $i_C = \beta i_B$。

(2) 输入回路的接法应使输入电压的变化能够传送到三极管的基极回路，并使基极电流产生相应的变化。

(3) 输出回路的接法应使集电极电流的变化能够转化为集电极电压变化，并传送到放大电路的输出端。

图 2.2.1(a)所示的共射放大电路需要两个电源 V_{CC} 和 V_{BB}，既不经济又不方便，而且输入电压 u_i 与输出电压 u_o 不共地，在实际应用时很少使用，故常用的共射放大电路如图 2.2.2(a)所示。V_{CC} 使得发射结正偏、集电极反偏，并通过 R_B 形成偏置电流 I_B。C_1 和 C_2 为耦合电容，其作用是“隔直流，通交流”，C_1 用于输入信号与放大电路之间的耦合，又使 I_B 不能通过 C_1 流向信号源，C_2 用于放大电路与负载 R_L 之间的耦合，又使 I_C 不能通过 C_2 流向负载。低频放大电路中 C_1 和 C_2 通常为几十微法。

当输入电压 $u_i = 20\sin\omega t$(mV) 时，放大电路中 i_B、i_C、u_{CE} 与输出电压 u_o 的波形如图 2.2.2(b)所示。由图可见，放大电路中 i_B、i_C、u_{CE} 的波形中为直流与交流的叠加，而输出电压 u_o 只有交流分量，即 $u_o = 1.5\sin\omega t$(V)。由此可得，该共射放大电路的电压放大倍数为 75，而且输入电压 u_i 与输出电压 u_o 相位相反。

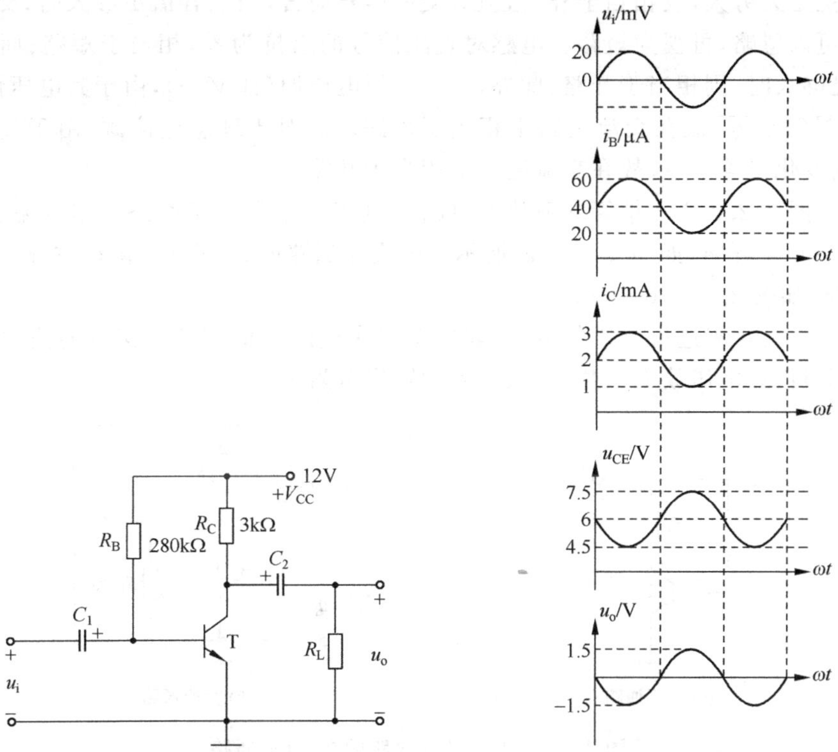

(a)电路图　　　　(b)工作波形

图 2.2.2　阻容耦合共发射极放大电路及工作波形

2.2.2　放大电路的分析方法

双极型三极管或场效应管是组成放大电路的核心器件，它们的特性曲线实际上都是非线性的。因此，对放大电路进行定量分析时，主要矛盾在于如何处理放大器件的非线性问题。常用的解决办法有两个：第一是图解法，在三极管特性曲线上用作图的方法求解；第二是微变等效电路法，其实质是在一个比较小的信号变化范围内，近似认为双极型三极管或场效应管的特性曲线是线性的，由此导出放大器件的小信号等效电路，从而在一定条件下将非线性问题转化为线性问题来求解，然后再用线性电路的各种定律、定理等来对放大电路求解。

放大电路定量分析包括静态与动态分析。首先要进行静态分析，即分析未加输入信号时的放大电路工作状态，估算电路中各处的直流电压和直流电流。然后再进行动态分析，即分析加上交流输入信号时的放大电路工作状态，估算放大电路的各项动态技术指标，如电压放大倍数、输入电阻、输出电阻、通频带、最大输出功率等。

静态分析讨论的对象是直流成分，动态分析讨论的对象则是交流成分。由于放大电路中存在着电抗性元件，所以直流成分的通路和交流成分的通路是不同的。为了分别进行静态分析和动态分析，首先来分析放大电路的直流通路和交流通路。

1. 直流通路与交流通路

放大电路中的电抗性元件对直流信号和交流信号呈现的阻抗是不同的。例如，电容对直流信号的阻抗是无穷大，故相当于开路，但对交流信号而言，当电容值足够大时，交流信号在电容上的压降可以忽略，可视为短路。电感对直流信号的阻抗为零，相当于短路；而对交流信号而言，感抗足够大时，则相当于开路；此外，对于理想电压源（如 V_{CC}），由于其电压恒定不变，即电压的变化量等于零，故在交流通路中相当于短路。而对于理想电流源，由于其电流恒定不交，即电流的变化量等于零，故在交流通路中相当于开路。

现在分析图 2.2.2 所示单管共射放大电路的直流通路和交流通路。作直流通路时，应将隔直电容 C_1 和 C_2 开路，如图 2.2.3(a)所示。画交流通路时，应将 C_1 和 C_2 短路，且直流电源 V_{CC} 也应短路，如图 2.2.3(b)所示。

直流通路主要用来进行静态的分析，如静态工作点的近似估算。交流通路主要用来进行电路的动态分析，如电压放大倍数、输入电阻和输出电阻等。

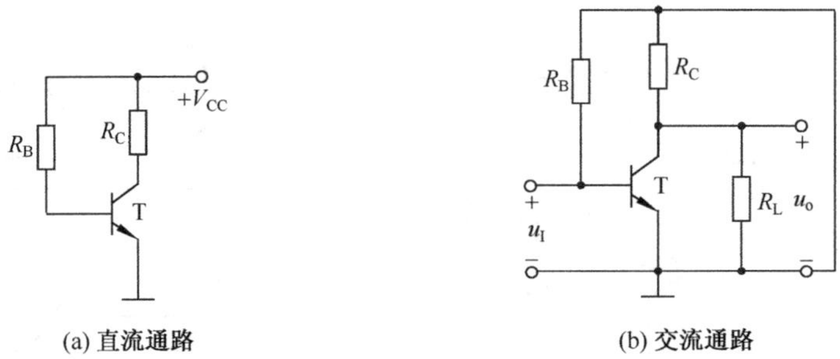

图 2.2.3　共射放大电路的交、直流通路

2. 静态工作点的计算

当输入信号为零时，在直流电源 V_{CC} 的作用下，三极管的基极回路和集电极回路均存在着直流电流和直流电压，这些直流电流和电压在三极管的输入、输出特性上各自对应一个点，称为静态工作点。静态工作点处的基极电流、基极与发射极之间的电压分别用符号 I_{BQ}、U_{BEQ} 表示，集电极电流、集电极与发射极之间的电压分别用 I_{CQ}、U_{CEQ} 表示。由图 2.2.3(a)中的直流通路可求得单管共射放大电路的静态基极电流为

$$I_{BQ} = \frac{V_{CC} - U_{BEQ}}{R_B} \tag{2.2.1}$$

由三极管的输入特性可知，U_{BEQ} 可近似为：硅管 0.6～0.8V，锗管 0.1～0.3V。

静态集电极电流为

$$I_{CQ} \approx \beta I_{BQ}$$

由直流通路可得

$$U_{CEQ} = V_{CC} - I_{CQ}R_C \tag{2.2.2}$$

3. 图解法

图解法就是在三极管的输入和输出特性曲线上，直接用作图的方法求解放大电路的工作情况。图解法可用于放大电路的静态和动态分析。

1) 用图解法分析静态工作点

利用图解法分析确定放大电路的静态工作点，求出 I_{BQ}、U_{BEQ}、I_{CQ} 和 U_{CEQ} 的值。

由于器件手册通常不给出三极管的输入特性曲线，且输入特性也不易准确地测出，故

一般不在输入特性曲线上用图解法求 I_{BQ}。而是利用前面介绍的近似估算法，根据式(2.2.1)估算 I_{BQ}。

为了用图解法分析 I_{CQ} 和 U_{CEQ}，将图 2.2.3(a)所示单管共射放大电路的直流通路的输出回路画在图 2.2.4(a)中。图中有一条虚线 MN 将输出回路分为两部分：左边是三极管的集电极回路，其中 i_C 和 u_{CE} 的关系是非线性的，可用三极管的输出特性曲线表示，如图 2.2.4(b)所示；右边是放大电路的外电路部分，由集电极电阻 R_C 和集电极直流电源 V_{CC} 串联而成，i_C 和 u_{CE} 之间关系可用以下线性方程表示

$$u_{CE} = V_{CC} - i_C R_C$$

以上线性方程对应一条直线，画于图 2.2.4(c)中。这条直线是根据放大电路的直流通路得到的，表示外电路的伏安特性，所以称为**直流负载线**。该直线与横坐标的交点为 $i_C = 0$、$u_{CE} = V_{CC}$，直线与纵坐标的交点为 $u_{CE} = 0$、$i_C = V_{CC}/R_C$。直流负载线的斜率为 $-1/R_C$，集电极负载电阻 R_C 越大，直流负载线越平坦。反之，R_C 越小，直流负载线越陡。

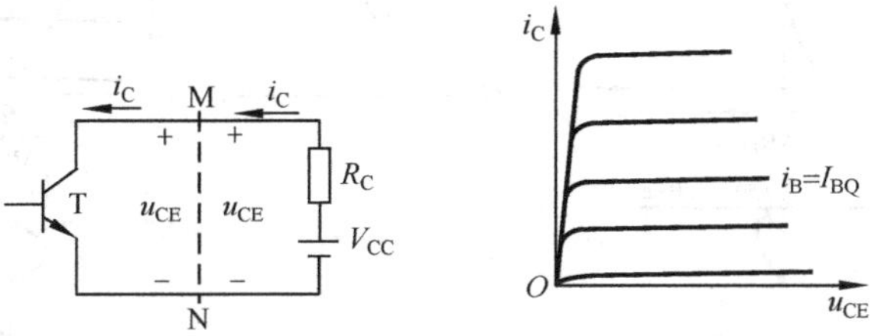

(a)直流通路的输出回路　(b)输出特性曲线

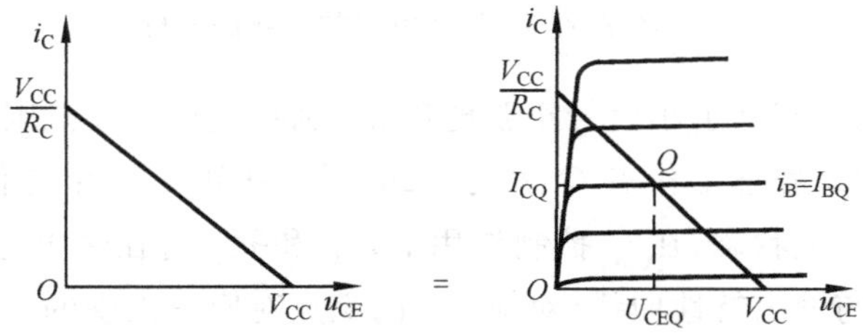

(c)直流负载线　(d)静态工作点

图 2.2.4　静态工作点的求法

由于输出回路的左右两部分实际上是连在一起的，则 i_C 与 u_{CE} 之间关系既要符合三极管输出特性曲线，又要符合直流负载线方程。因此，三极管输出特性曲线(对应 $i_B = I_{BQ}$)与直流负载线的交点就确定了放大电路的静态工作点 Q，可求得静态集电极电流 I_{CQ} 和 U_{CEQ}，如图 2.2.4(d)所示。

2) 用图解法进行动态分析

需要根据交流通路来分析放大电路的动态工作情况，将图 2.2.3(b)中单管共射放大电路的交流通路画在图 2.2.5 中。集电极电流和集电极电压分别用变化量 Δi_C 和 Δu_{CE} 表示。

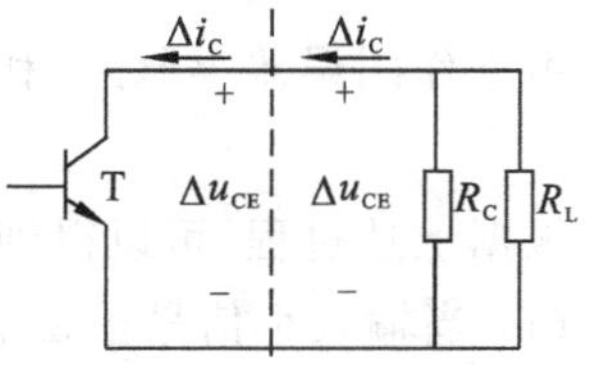

图 2.2.5　输出回路的交流通路

交流通路中外电路的 $\Delta i_C \sim \Delta u_{CE}$ 关系曲线称为**交流负**

载线。由图 2.2.5 可见,交流通路的负载电阻为 $R'_L = R_C // R_L$,则有 $\Delta u_{CE} = -\Delta i_C R'_L$。因此,交流负载线的斜率为 $-1/R'_L$,通常比直流负载线更陡。交流负载线必须通过静态工作点 Q,原因在于:当外加输入电压的瞬时值等于零时,如果不考虑电容 C_1 和 C_2 的作用,可认为放大电路相当于静态时的情况,此时放大电路的工作点既在交流负载线上,又在静态工作点 Q 上。因此,通过 Q 点作一条斜率为 $-1/R'_L$ 的直线,即得到交流负载线,如图 2.2.6(b)所示。

当外加正弦输入电压 u_i 时,放大电路的工作点将沿着交流负载线运动。只有交流负载线才能描述动态时 i_C 与 u_{CE} 的关系,而直流负载线只能用以确定静态工作点,不能表示放大电路的动态工作情况。

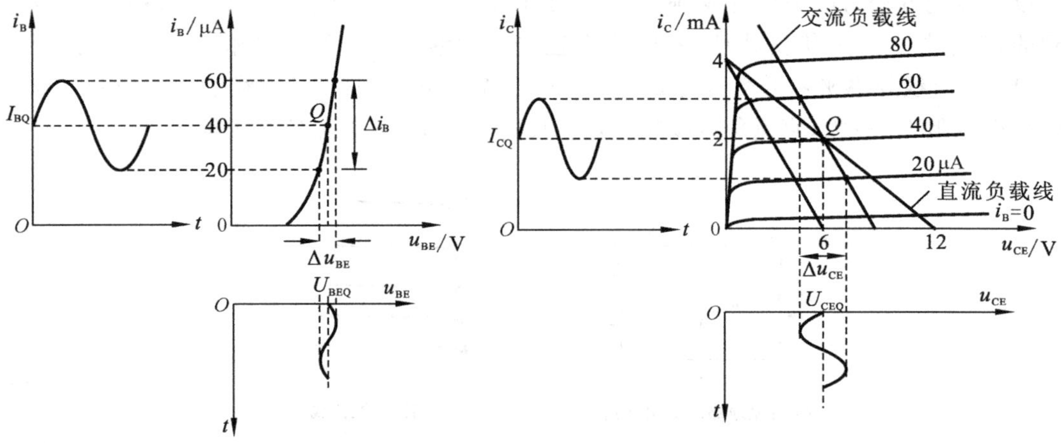

(a) 输入回路情况　　(b) 输出回路情况

图 2.2.6　放大电路的图解法分析

在放大电路的输入端加上小信号正弦电压 u_i,则在近似线性范围内,三极管的 u_{BE} 和 i_B 将在输入特性曲线上围绕静态工作点 Q 运动, Δi_B 近似按正弦规律变化,如图 2.2.6(a)所示。此时,三极管工作在放大状态,在 i_B 控制作用下, i_C 和 u_{CE} 将在输出特性曲线上沿着交流负载线变化,交流负载线与输出特性曲线(对应 i_B)的交点对应三极管的 i_C 和 u_{CE},Δi_C 和 Δu_{CE} 近似为正弦波信号,如图 2.2.6(b)所示。

利用图解法也能求放大电路的电压放大倍数。假设小信号交流输入信号 u_i 全部加在三极管的输入端(即 $\Delta u_{BE} = u_i$),基极电流 i_B 在 I_{BQ} 附近有一个变化量 Δi_B,在输入特性上可找到相应的 Δi_B。然后,再根据 Δi_B ,找到输出特性曲线(对应 $I_{BQ} + \Delta i_B$)与交流负载线的交点(对应 i_C 和 u_{CE}),可得到 Δi_C 和 Δu_{CE}, 如图 2.2.6(b)所示,则电压放大倍数为

$$A_u = \frac{u_o}{u_i} = \frac{\Delta u_{CE}}{\Delta u_{BE}}$$

由于作图误差等原因,利用图解法定量计算放大电路的电压放大倍数时,只能求得大致的结果。

根据上述过程,可以得到以下几点重要结论:

(1) 当输入小信号正弦电压时,放大电路三极管的各极电压和电流均围绕各自的静态值近似按正弦规律变化,即 u_{BE}、i_B、i_C 和 u_{CE} 的波形都是在原来静态 Q 基础上,再叠加一个正弦交流成分,成为交直流并存的状态。

(2) 当输入电压有一个微小的变化量时，在放大电路的输出端可得到一个比较大的电压变化量。可见共射放大电路能够实现电压放大作用。

(3) 当 u_i 的瞬时值增大时，u_{BE}、i_B 和 i_C 的瞬时值也随之增大，而 u_{CE} 和 u_o 的瞬时值将减小，即当输入正弦电压 u_i 时，输出端的正弦电压信号 u_o 的相位与 u_i 相反，可见共射放大电路具有反相作用。

综上所述，将用图解法分析放大电路的基本方法归纳如下：

(1) 根据放大电路的直流通路画出输出回路的直流负载线。

(2) 根据式(2.2.1)估算静态基极电流 I_{BQ}，在输出特性上作直流负载线与求得交点(即静态工作点 Q)，由图得到 I_{CQ} 和 U_{CEQ} 值。

(3) 根据放大电路的交流通路计算等效交流负载电阻 $R'_L = R_C \mathbin{/\!/} R_L$。在三极管的输出特性曲线上，通过 Q 点画出斜率为 $-1/R'_L$ 的直线，即是交流负载线。

(4) 在求电压放大倍数时，由 $\Delta u_{BE} = u_i$ 可在输入伏安特性上找到 Δi_B 值，再在输出伏安特性曲线上找到相应的 Δu_{CE}、Δu_{CE} 和 Δu_{BE} 的比值就是放大电路的电压放大倍数。

3) 图解法的其他应用

通过在三极管的特性曲线上作图，可以直观地看到三极管与放大电路的动态工作情况。因此，常常利用图解法来分析放大电路输出波形的非线性失真，估算最大不失真输出幅度，以及分析电路参数变化对静态工作点的影响等。

(1) 图解法分析非线性失真。

如果放大电路静态工作点设置不当，则输出波形容易产生明显的非线性失真。利用图解法可以在三极管输出特性上形象地观察到波形失真的情况。例如，在图 2.2.7 中，静态工作点 Q 设置过低，在输入信号正弦波的负半周，工作点进入截止区，从而引起 i_B、i_C 和 u_{CE} 的波形发生失真，这种失真称为**截止失真**。由图可见，对于 NPN 三极管，当三极管发生截止失真时，输出电压 u_{CE} 的波形出现顶部失真。

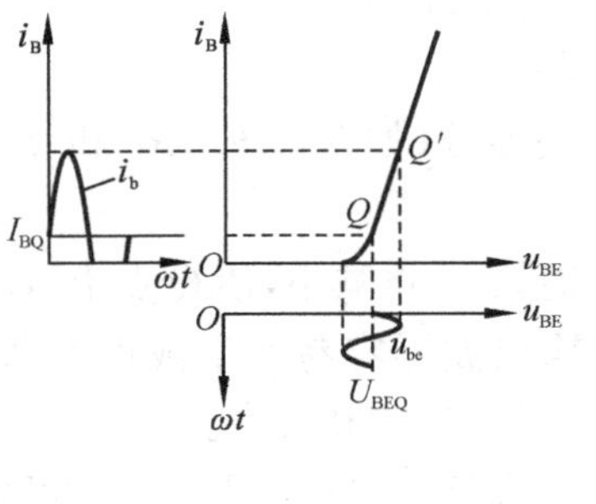

(a) 输入波形

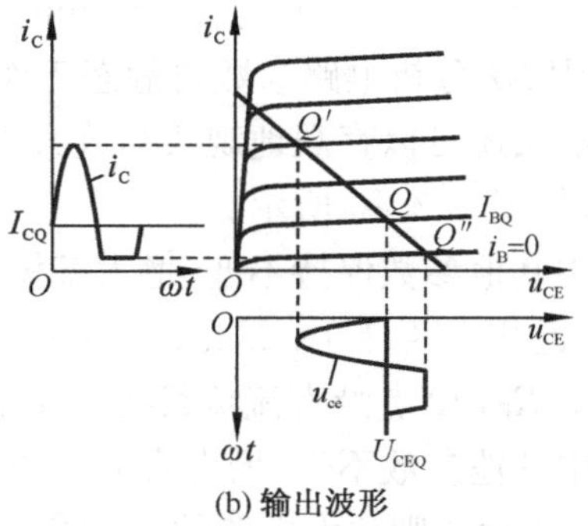

(b) 输出波形

图 2.2.7　三极管发生截止失真情况

如果静态工作点设置过高，如图 2.2.8 所示，则在输入信号的正半周三极管工作点进入饱和区。此时当 i_B 增大时，i_C 不再随之增大，因此将引起 i_C 和 u_{CE} 波形失真，这种失真称为**饱和失真**。由图可见，对于 NPN 三极管当放大电路产生饱和失真时，输出电压 u_{CE} 的波形产生底部失真。

(2) 用图解法估算最大输出幅度。

最大输出幅度是指输出波形在没有明显失真的清况下，放大电路能够输出最大电压的有效值。利用图解法可以估算出最大不失真输出电压的范围，如在放大电路的输入端施加正弦电压信号，则工作点将围绕 Q 点在交流负载线上移动。由图 2.2.9 可见，当工作点向上移动超过 A 点时，将进入饱和区。当工作点向下移动超过 B 点时，将进入截止区。可见，输出波形不产生明显失真的动态工作范围，由交流负载线上 A、B 两点所限定的范围决定。

一般来说，集电极直流电源 V_{CC} 越大，则工作点的动态范围也越大。在 V_{CC} 值一定的情况下，应将静态工作点 Q 尽可能设置在交流负载线上线段 AB 的中点，此时当输入为正弦信号时对应的放大电路的最大不失真输出电压幅度为

$$U_{om(max)} = u_{CD} = u_{DE}$$

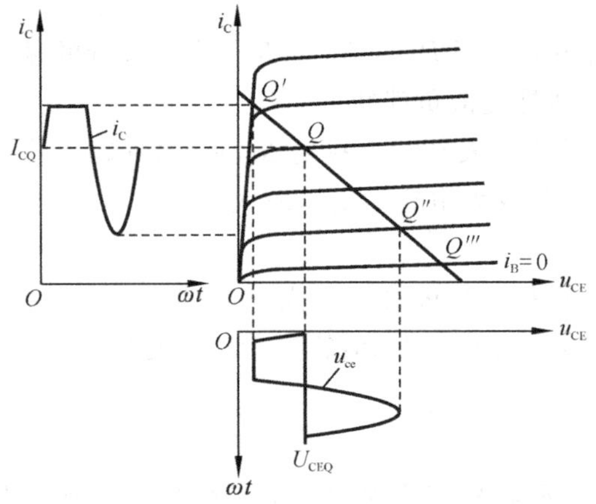

图 2.2.8　三极管发生饱和失真情况

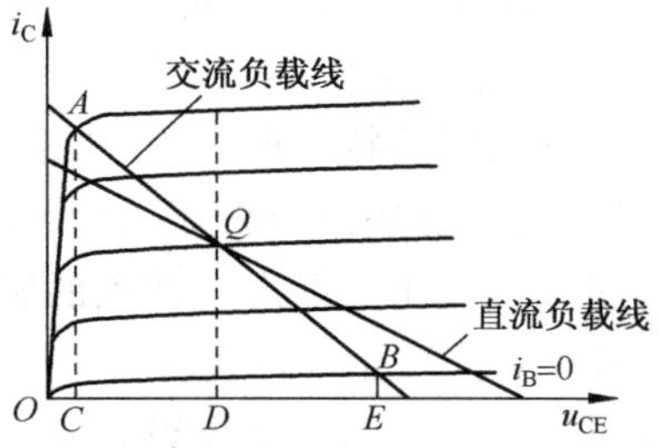

图 2.2.9　最大不失真输出幅度的估算

若静态工作点设置过高或过低，则交流负载线上 AB 之间的动态工作范围不能充分利用，使最大输出电压幅度减小。此时 $u_{CD} \neq u_{DE}$，则 $U_{om(max)}$ 将由 $u_{CD} = U_{CEQ} - U_{CE(sat)}$ 和 $u_{DE} \approx I_{CQ}R'_L$ 中较小者决定，即

$$U_{om(max)} = \min\{U_{CEQ} - U_{CE(sat)}, I_{CQ}R'_L\} \tag{2.2.3}$$

(3) 用图解法分析电路参数对静态工作点的影响。

利用图解法还可以直观地观察当放大电路的有关参数(如 V_{CC}、R_C、R_b 和 β)改变时，Q 点的变化情况，如图 2.2.10 所示。

当电路中其他参数保持不变，增大基极电阻 R_B 时，I_{BQ} 将减小，使 Q 点沿直流负载线向右下方移动，靠近截止区，如图 2.2.10(a)所示。此时输出波形容易产生截止失真。反之，如果减小基极电阻 R_B，Q 点沿直流负载线向左上方移动，易产生饱和失真。

当电路中其他参数不变，增大直流电源 V_{CC} 时，直流负载线将右平移，Q 点移向右上方，如图 2.2.10(b)所示。则放大电路的工作范围增大，不容易产生非线性失真，但此时三极管的静态功耗将增大。

当其他参数保持不变，增大集电极电阻 R_C 时，直流负载线的斜率将减小，而 I_{BQ} 不变，故 Q 点向右侧移动，靠近饱和区，如图 2.2.10(c)所示。

若其他参数不变，增大三极管的电流放大系数 β(如由于更换三极管)，此时三极管的特性曲线如图 2.2.10(d)中的虚线所示。如果 I_{BQ} 不变，但由于此时 I_{BQ} 值所对应的输出特性曲线上移，使 I_{CQ} 增大，则 Q 点沿直流负载线向左上方移动，接近饱和区。

由上可知，图解法不仅能够形象地显示静态工作点的位置与非线性失真的关系，方便地估

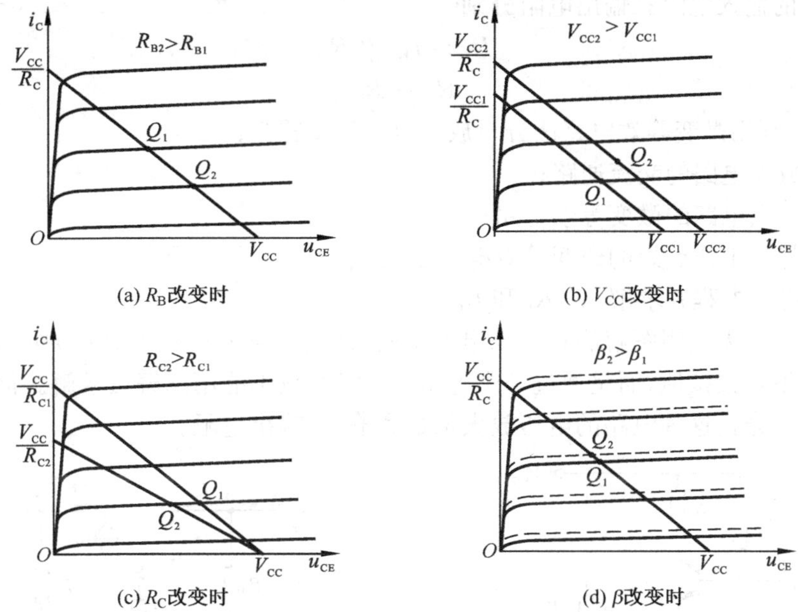

(a) R_B改变时　　(b) V_{CC}改变时

(c) R_C改变时　　(d) β改变时

图 2.2.10　电路参数对静态工作点的影响

算最大输出电压幅值，且可以直观地表示出电路各种参数对静态工作点的影响。在实际放大电路调试工作中，图解法便于分析静态工作点设置是否合适，以及如何调整电路参数等。

4. 微变等效电路法

微变等效电路法是分析放大电路的主要方法。这种方法的实质是在信号变化幅度很小（微变）的情况下，认为非线性特性的三极管电压和电流之间近似为线性关系。此时，可以用一个线性的微变等效电路模型来等效非线性三极管。

单管共射放大电路如图 2.2.11(a)所示，其交流通路如图 2.2.11(b)所示。设 C_1、C_2 容量很大，电压源 V_{CC} 均为交流短路，将三极管用低频小信号条件下的微变等效电路来代替，可得图 2.2.11(c)所示的共射放大电路的微变等效电路。

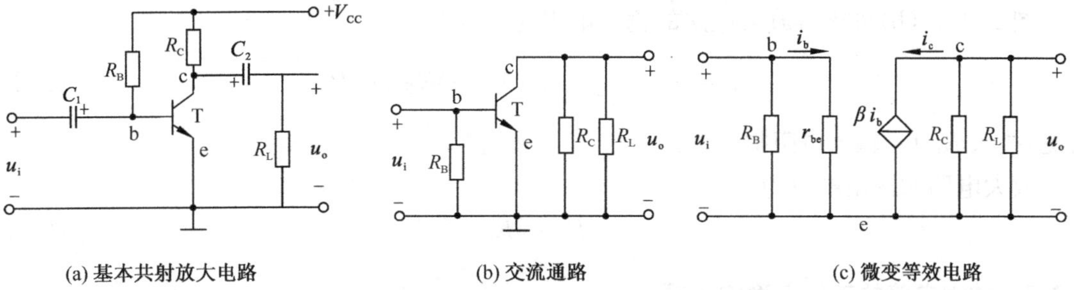

(a) 基本共射放大电路　　(b) 交流通路　　(c) 微变等效电路

图 2.2.11　基本共射放大电路及微变等效电路

假设在放大电路的输入端加上一个小信号的正弦电压 u_i，由图 2.2.11(c)可得：$u_i = i_b r_{be}$，$u_o = -i_c R'_L$，由此可求得基本共射放大电路的电压放大倍数为

$$A_u = \frac{u_o}{u_i} = -\frac{\beta R'_L}{r_{be}}，其中 R'_L = R_C \mathbin{/\!/} R_L \qquad (2.2.4)$$

放大电路的输入电阻和输出电阻分别

$$R_i = r_{be} // R_B \tag{2.2.5}$$

$$R_o \approx R_C \tag{2.2.6}$$

综上所述，利用微变等效电路法分析放大电路的步骤为：

(1) 画出放大电路的交流通路；

(2) 画出放大电路的微变等效电路；

(3) 求出静态工作点处的微变等效电路参数 r_{be}；

(4) 列出电路方程并求解 A_u、R_i 和 R_o。

有些放大电路无法用图解法直接求出电压放大倍数，例如图 2.2.12(a)所示的电路中，三极管的发射极不直接接地，而是通过一个电阻 R_E 接地，故不能用图解法求解。但是，可以利用微变等效电路法分析这种电路的电压放大倍数和输入、输出电阻。

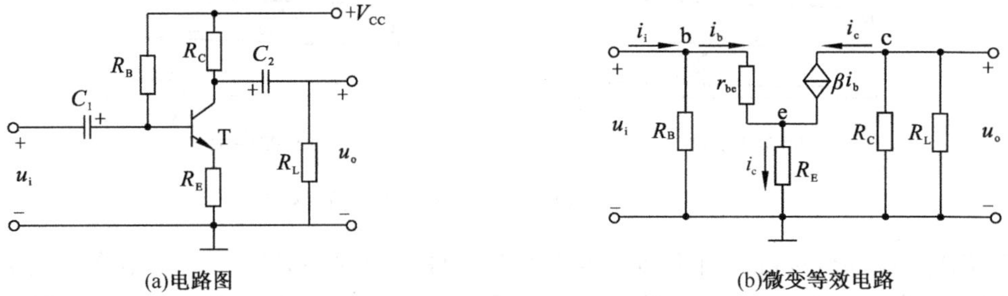

图 2.2.12　接有发射极电阻的共射放大电路

根据图 2.2.12(b)可得

$$u_i = i_b r_{be} + i_e R_E = [r_{be} + (1+\beta)R_E]i_b$$

$$u_o = -i_c R'_L = -\beta i_b R'_L$$

则电压放大倍数为

$$A_u = \frac{u_o}{u_i} = -\frac{\beta R'_L}{r_{be} + (1+\beta)R_E} \tag{2.2.7}$$

由上式可知，与图 2.2.11 基本共射放大电路相比较，该放大电路的电压放大倍数减小了。

图 2.2.12(b)可求得放大电路的输入电阻为

$$R_i = \frac{u_i}{i_i} = [r_{be} + (1+\beta)R_E] // R_B \tag{2.2.8}$$

可见，接入 R_E 后，输入电阻提高了。

放大电路的输出电阻为

$$R_o \approx R_C \tag{2.2.9}$$

2.2.3　放大电路的工作点稳定问题

放大电路的多项技术指标均与静态工作点密切相关。如果静态工作点不稳定，则放大电路的性能也将发生变化。例如，一些电子设备在常温下能够正常工作，但当温度升高时性能就可能不稳定，甚至不能正常工作。产生这种现象的主要原因是电子器件的参数受温度影响而发生变化。

三极管是一种温度敏感性电子元件，温度的变化对三极管的参数有以下影响。

首先，从三极管输入特性看，当温度升高时相同 I_B 值所需的 U_{BE} 值将减小。三极管 U_{BE} 的温度系数约为 $-2mV/^\circ C$，即温度每升高 $1^\circ C$，U_{BE} 约下降 2mV。

其次，温度升高时三极管的 β 值也将增大，使三极管输出特性之间的间距增大。温度每升高 $1^\circ C$，β 值增大 0.5%～1%，但对不同三极管 β 的温度系数分散性也是比较大的。

最后，当温度升高时，三极管的反向饱和电流 I_{CBO} 将急剧增加。这是由于反向电流是由少数载流子形成的，因此受温度影响比较严重。温度每升高 $10^\circ C$，I_{CBO} 大致将增加一倍。

综上所述，温度升高对三极管各种参数的影响，最终将导致集电极电流 I_C 增大。静态工作点将向左上方移动而靠近饱和区。对于图 2.2.11 所示基本共射放大电路，当温度升高时，静态工作点移近饱和区，使输出电压波形产生严重的饱和失真。为了抑制共射放大电路静态工作点变化，以保持放大电路性能的稳定，需要从电路结构上采取适当的措施，使其在环境温度变化时，尽量减小静态工作点的波动。例如，分压式静态工作点稳定电路就是一种结构简单、能比较有效地保持静态工作点稳定的电路。

1. 电路组成及工作原理

图 2.2.13 所示为能够稳定静态工作点的共射放大电路。不难看出，此电路与基本共射放大电路的差别在于发射极接有电阻 R_E 和电容 C_E，并且直流电源 V_{CC} 经电阻 R_{B1}、R_{B2} 分压后接到三极管的基极，故通常称为分压式工作点稳定电路。为了使 U_{BQ} 稳定，要求 $I_1 \gg I_B$，故 $I_2 \approx I_1$，基极静态工作点电位近似为

$$U_{BQ} \approx \frac{R_{B1}}{R_{B1}+R_{B2}}V_{CC} \tag{2.2.10}$$

而且，使 $I_1 \approx (5\sim10)I_{BQ}$，$U_{BQ} \approx (5\sim10)U_{BEQ}$。可见基极电位 U_{BQ} 基本上与三极管的参数无关，所以可以认为 U_{BQ} 基本不受温度变化的影响，比较稳定。静态工作点稳定的过程为

$$T\uparrow \to I_{CQ}\uparrow \to I_{EQ}\uparrow \to U_{EQ}\uparrow \to U_{BEQ}\downarrow \to I_{BQ}\downarrow$$
$$I_{CQ}\downarrow \leftarrow \cdots\cdots\cdots\cdots\cdots\cdots\cdots\cdots\cdots\cdots\cdots\cdots\lrcorner$$

图 2.2.13 共射放大电路实际上是通过发射极电流的负反馈作用来抵消集电极电流的变化，使 Q 点保持稳定，所以也称为电流负反馈式工作点稳定电路。

前面已经看到，如果在图 2.2.13 电路中仅接入发射极电阻 R_E，则电压放大倍数将降低很多。为此，在 R_E 两端并联一个电容 C_E，如果 C_E 的容量足够大，则可以认为近似交流短路，此时 R_E 和 C_E 对电压放大倍数基本没有影响，通常称 C_E 为旁路电容。

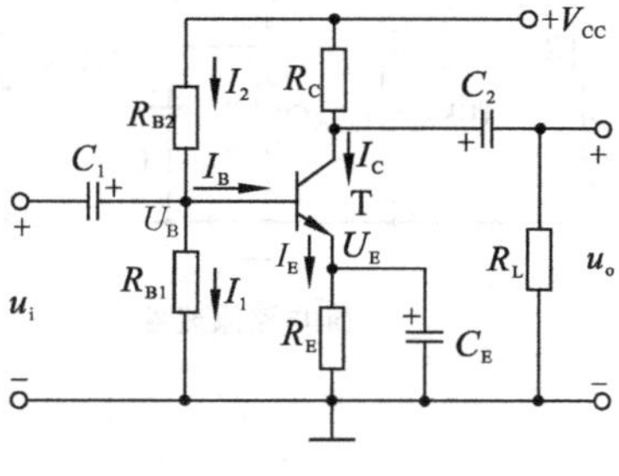

图 2.2.13　分压式偏置的共发射极放大电路

2. 静态与动态分析

1）静态分析

分析分压式偏置的共射放大电路的静态工作点，可先从估算 U_{BQ} 入手。由于 $I_1 \gg I_B$，可得

$$U_{BQ} \approx \frac{R_{B1}}{R_{B1}+R_{B2}}V_{CC}$$

然后可得到静态发射极电流为

$$I_{EQ}=\frac{U_{EQ}}{R_E}=\frac{U_{BQ}-U_{BEQ}}{R_E}\approx I_{CQ}$$

则三极管的静态电压为

$$U_{CEQ}=V_{CC}-I_{CQ}R_C-I_{EQ}R_E\approx V_{CC}-I_{CQ}(R_C+R_E)$$

最后可得到静态基极电流为

$$I_{BQ}\approx\frac{I_{CQ}}{\beta}$$

2）动态分析

当旁路电容 C_E 足够大时，在交流通路中可视为短路，则分压式偏置共射放大电路的交流通路与基本共射放大电路的交流通路类似。利用三极管微变等效电路，可知分压式偏置共射放大电路的电压放大倍数与基本共射放大电路相同，即

$$A_u=-\frac{\beta R'_L}{r_{be}}，其中 R'_L=R_C\ /\!/\ R_L$$

输入电阻为

$$R_i=r_{be}\ /\!/\ R_{B1}\ /\!/\ R_{B2}$$

输出电阻为

$$R_o\approx R_C$$

例 2.2.1 电路如图 2.2.14(a)所示，设 $U_{BE}=0.6\text{V}$，要求：

(1) 计算静态工作点；

(2) 画出微变等效电路，计算输入电阻 R_i 和输出电阻 R_o；

(3) 若 $u_s=15\text{mV}$，$R_S=600\Omega$，求 u_o。

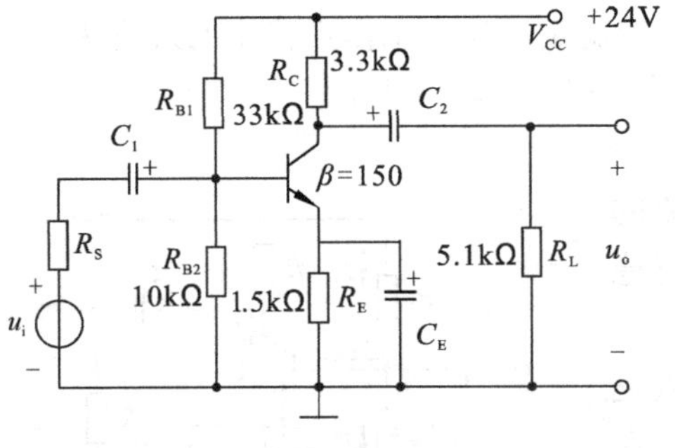

(a)电路原理图

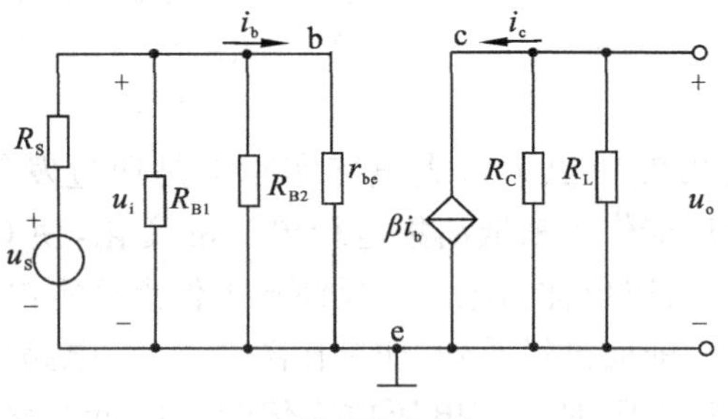

(b)微变等效电路

图 2.2.14 分压式偏置共射放大电路及其微变等效电路

解：(1) 根据直流通路，可得

$$U_{BQ}=24\times\frac{10}{33+10}=5.6(\text{V})$$

$$I_{CQ}\approx I_{EQ}=\frac{U_{BQ}-U_{BEQ}}{R_E}=\frac{5.6-0.6}{1.5}=3.3(\text{mA})$$

$$I_{BQ}=\frac{I_{CQ}}{\beta}=\frac{3.3}{150}\approx 0.02(\text{mA})$$

$$U_{CEQ}\approx V_{CC}-I_{CQ}(R_C+R_E)=24-3.3\times(3.3+1.5)=8.16(\text{V})$$

(2) 画出共射放大电路的微变等效电路如图 2.2.14(b)所示。

$$r_{be} = 300 + (1+\beta) \times 26/I_{EQ} = 1.48\text{k}\Omega$$

$$R_i = R_{B1} \mathbin{/\!/} R_{B2} \mathbin{/\!/} r_{be} = 1.24\text{k}\Omega$$

$$R_o \approx R_C = 3.3\text{k}\Omega$$

(3)
$$A_{us} = \frac{u_o}{u_s} = \frac{u_i}{u_s}\frac{u_o}{u_i} = -\frac{R_i}{R_i + R_s} \times \frac{\beta(R_C \mathbin{/\!/} R_L)}{r_{be}} = -136.85$$

$$u_o = u_s A_{us} = 15 \times (-136.85) = -2052(\text{mV})$$

思 考 题

2.2.1　在共射极放大电路中,小信号输入交流电压是如何被放大的?

2.2.2　如何画放大电路的直流通路和交流通路?

2.2.3　为什么要设置 Q 点? 当温度变化时,放大电路的 Q 点能否稳定不变?

2.2.4　放大电路的直流负载线和交流负载线的概念有何不同? 什么情况下这两条负载线是重合的?

2.2.5　如果静态工作点设置太低,当输入信号幅度较大时,输出信号容易产生什么失真? 如何采取措施?

2.2.6　三极管的小信号模型是在什么条件下建立的? 如何画放大电路的微变等效电路?

2.2.7　试比较图解分析法和微变等效电路法的特点及应用范围。

2.2.8　引起放大电路静态工作点不稳定的主要因素是什么?

2.3　共基和共集放大电路

根据输入信号与输出信号公共端的不同,双极型三极管放大电路有三种基本接法,也称三种基本组态,即共射组态、共集组态和共基组态。本节将分别介绍共基和共集放大电路,并对三种组态放大电路的特点进行比较。

2.3.1　共基放大电路

图 2.3.1 所示为共基极放大电路。由图可见,输入信号与输出信号的公共端是三极管的基极,即共基组态。将 V_{CC} 通过电阻 R_{B1}、R_{B2} 分压得到基极电压,以保证发射结正偏,同时 V_{CC} 和 R_C 保证了集电结反偏,可使得三极管工作在放大区。

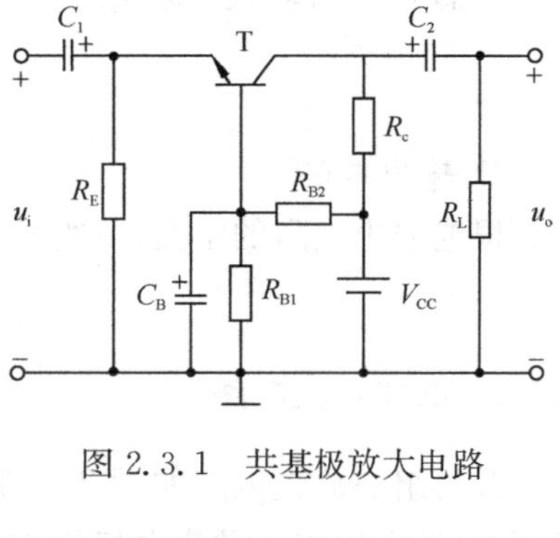

图 2.3.1　共基极放大电路

1. 静态分析

如果静态基极电流很小,相对于 R_{B1}、R_{B2} 回路中的电流可以忽略不计,则静态工作点参数为

$$I_{EQ} = \frac{U_{BQ} - U_{BEQ}}{R_E} \approx \frac{1}{R_E}\left(\frac{R_{B1}}{R_{B1}+R_{B2}}V_{CC} - U_{BEQ}\right) \approx I_{CQ} \tag{2.3.1}$$

$$I_{BQ} = \frac{I_{EQ}}{1+\beta} \tag{2.3.2}$$

$$U_{CEQ}=V_{CC}-I_{CQ}R_C-I_{EQ}R_E\approx V_{CC}-I_{CQ}(R_C+R_E) \tag{2.3.3}$$

2. 动态分析

共基极放大电路的微变等效电路如图 2.3.2 所示。下面分别估算共基极放大电路的电流放大倍数、电压放大倍数、输入电阻和输出电阻。

1) 电流放大倍数

在图 2.3.2 所示的微变等效电路中，若忽略 R_E 和 R_C 的影响，有 $i_i=-i_e$，$i_o=i_c$，则

$$A_i=\frac{i_o}{i_i}=-\frac{i_c}{i_e}=-\alpha \tag{2.3.4}$$

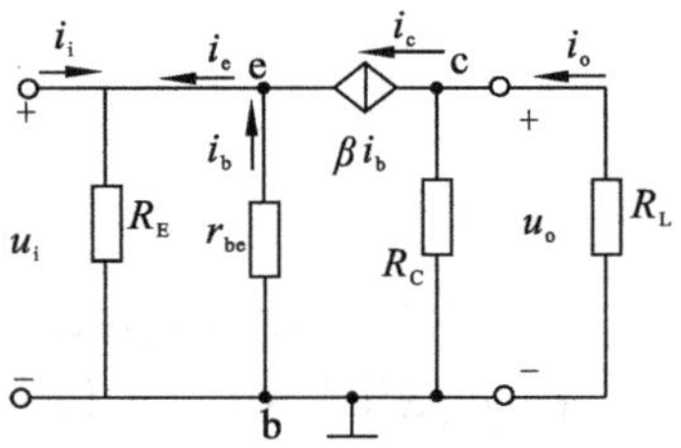

图 2.3.2　共基极放大电路的微变等效电路

式中，α 是三极管的共基电流放大系数，由于 $\alpha\leqslant 1$，可见共基极放大电路没有电流放大作用。

2) 电压放大倍数

由图 2.3.2 可知，$u_i=-i_b r_{be}$，$u_o=-\beta i_b(R_C\,/\!/\,R_L)$，则

$$A_u=\frac{u_o}{u_i}=\frac{\beta(R_C\,/\!/\,R_L)}{r_{be}} \tag{2.3.5}$$

由式(2.3.4)和式(2.3.5)可知，共基极放大电路虽然没有电流放大作用，但是具有电压放大作用。其电压放大倍数与共射放大电路的电压放大倍数大小相等、符号相反，表示共基极放大电路的输出电压与输入电压相位相同。

3) 输入电阻

若暂不考虑电阻 R_E 的作用，由图 2.3.2 可得

$$R'_i=\frac{u_i}{i_i}=\frac{-i_b r_{be}}{-(1+\beta)i_b}=\frac{r_{be}}{1+\beta}$$

可见，共基放大电路的输入电阻比共射放大电路低$(1+\beta)$倍。

考虑 R_E 后，输入电阻为

$$R_i=\frac{r_{be}}{(1+\beta)}\,/\!/\,R_E \tag{2.3.6}$$

4) 输出电阻

根据输出电阻的定义，可得共基放大电路的输出电阻为

$$R_o\approx R_C \tag{2.3.7}$$

2.3.2　共集放大电路

共集组态放大电路如图 2.3.3 所示。由于输入信号与输出信号的公共端是三极管的集电极，所以该电路属于共集电极组态。

1. 静态分析

根据图 2.3.3(a)电路的直流通路，可求得

$$I_{BQ}=\frac{V_{CC}-U_{BEQ}}{R_B+(1+\beta)R_E},\ I_{CQ}\approx\beta I_{BQ}\qquad U_{CEQ}=V_{CC}-I_{EQ}R_E\approx V_{CC}-I_{CQ}R_E$$

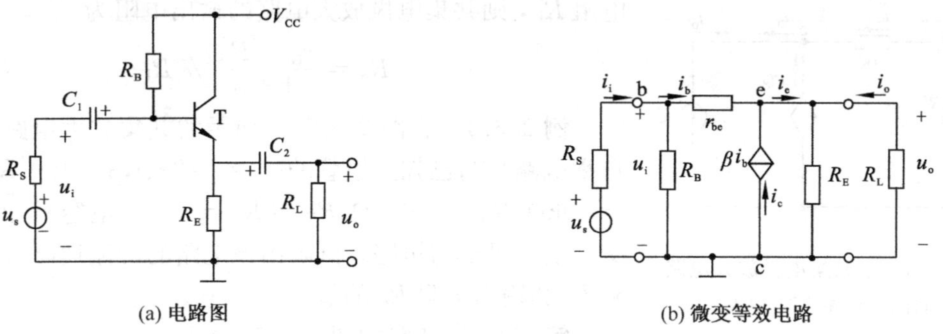

图 2.3.3　共集放大电路

2. 动态分析

1) 电流放大倍数

在图 2.3.3(b)所示微变等效电路中,若忽略 R_B 和 R_E 的影响,有 $i_i = i_b, i_o = -i_e$,则

$$A_i = \frac{i_o}{i_i} = -\frac{i_e}{i_b} = -(1+\beta) \tag{2.3.8}$$

2) 电压放大倍数

由图 2.3.3(b)电路可得

$$u_o = i_e(R_E \mathbin{/\!/} R_L) = (1+\beta)i_b(R_E \mathbin{/\!/} R_L)$$

$$u_i = i_b r_{be} + i_e(R_E \mathbin{/\!/} R_L) = i_b r_{be} + (1+\beta)i_b(R_E \mathbin{/\!/} R_L)$$

$$A_u = \frac{u_o}{u_i} = \frac{(1+\beta)(R_E \mathbin{/\!/} R_L)}{r_{be} + (1+\beta)(R_E \mathbin{/\!/} R_L)} \tag{2.3.9}$$

由式(2.3.8)和式(2.3.9)可知,共集电极放大电路的电流放大倍数大于1,但电压放大倍数恒小于1而接近于1(即 $A_u \leqslant 1$),说明输出电压 u_o 与输入电压 u_i 同相,且 $u_o = u_i$,故常称为射极跟随器。

3) 输入电阻

由图 2.3.3(b)电路可得,$u_i = i_b r_{be} + i_e(R_E \mathbin{/\!/} R_L)$,如不考虑 R_B 的作用,则输入电阻为

$$R'_i = \frac{u_i}{i_i} = r_{be} + (1+\beta)(R_E \mathbin{/\!/} R_L) \tag{2.3.10}$$

由上式可见,发射极回路中的电阻 $R'_e(1+\beta)$折合到基极回路,使得射极跟随器的输入电阻大大提高了。

考虑 R_B 后,则射极输出器的输入电阻为

$$R_i = R_B \mathbin{/\!/} [r_{be} + (1+\beta)(R_E \mathbin{/\!/} R_L)] \tag{2.3.11}$$

4) 输出电阻

根据求输出电阻的定义,令 $u_s = 0$,输出端外加电压 u_o,暂不考虑 R_E 的作用,可得如图 2.3.4所示等效电路。

由图 2.3.4 可得 $u_o = -i_b(r_{be} + R'_s), R'_s = R_s \mathbin{/\!/} R_B, i_o = -i_e = -(1+\beta)i_b$,则

$$R'_o = \frac{u_o}{i_o} = \frac{r_{be} + R'_s}{1+\beta} \tag{2.3.12}$$

由上式可知,共集电极放大电路的输出电阻很低,故带负载能力比较强。如果考虑发射极

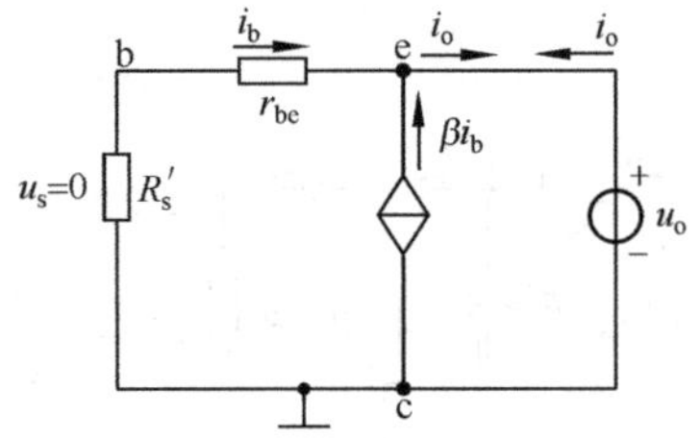

图 2.3.4　求共集电极放大电路输出电阻的等效电路

电阻 R_E，则共集电极放大电路的输出电阻为

$$R_o = \frac{r_{be} + R'_s}{1+\beta} \mathbin{/\!/} R_E \tag{2.3.13}$$

例 2.3.1　在图 2.3.5(a)所示的共集放大电路(为基极自举电路)中，已知三极管的 $r_{be}=1.3\text{k}\Omega$，$\beta=100$，$R_{B1}=R_{B2}=20\text{k}\Omega$，$R_{B3}=100\text{k}\Omega$，$R_E=R_L=1\text{k}\Omega$，电容 C_1、C_2、C_3 对交流信号可视为短路。试画出该电路的交流通路，求输入电阻 R_i 和输出电阻 R_o 的值。

解：其交流通路如图 2.3.5(b)所示。可得

$$R_i \approx r_{be} + (1+\beta)(R_{B1} \mathbin{/\!/} R_{B2} \mathbin{/\!/} R_E \mathbin{/\!/} R_L)$$
$$= 1.3 + (1+100) \times (20 \mathbin{/\!/} 20 \mathbin{/\!/} 1 \mathbin{/\!/} 1) = 49.4(\text{k}\Omega)$$

$$R_o \approx \frac{r_{be}}{1+\beta} \mathbin{/\!/} R_{B1} \mathbin{/\!/} R_{B2} \mathbin{/\!/} R_E$$
$$= \frac{1.3}{101} \mathbin{/\!/} 20 \mathbin{/\!/} 20 \mathbin{/\!/} 1 \approx 1.27(\text{k}\Omega)$$

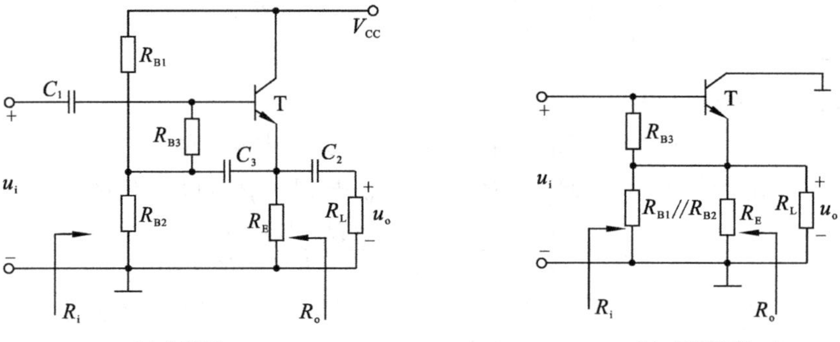

(a) 电路图　　(b) 交流通路

图 2.3.5　例 2.3.1 电路

2.3.3　三种组态三极管放大电路的比较

共射、共集和共基组态的三种放大电路的主要性能指标比较，如表 2.3.1 所示。

表 2.3.1　共射、共集和共基三种放大电路的主要性能比较

	共射组态	共基组态	共集组态
电路	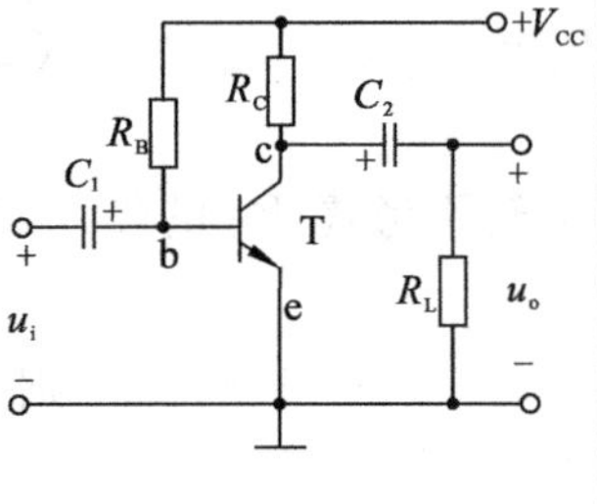	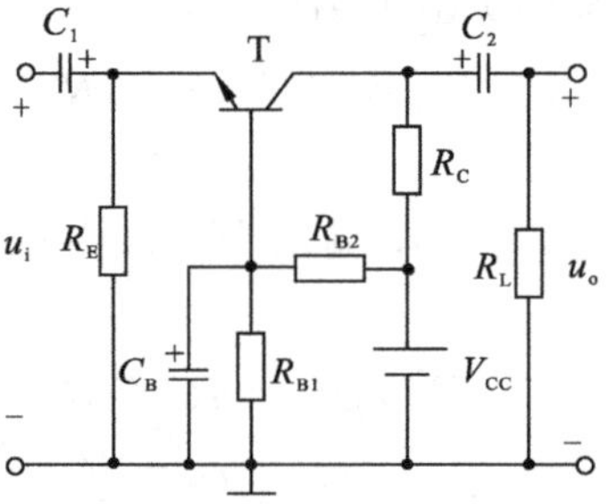	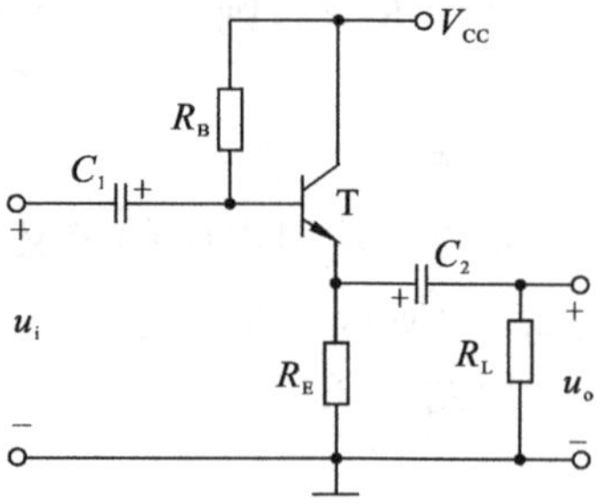
A_i	β，几十到一百以上	α，小于且近似于 1	$(1+\beta)$，几十到一百以上

续表

	共射组态	共基组态	共集组态
A_u	$-\dfrac{\beta(R_C \mathbin{/\!/} R_L)}{r_{be}}$ 十几到几百	$\dfrac{\beta(R_C \mathbin{/\!/} R_L)}{r_{be}}$ 同共射电路 A_u 数值相同、符号相反	$\dfrac{(1+\beta)(R_E \mathbin{/\!/} R_L)}{r_{be}+(1+\beta)(R_E \mathbin{/\!/} R_L)}$ 小于且近似为 1
R_i	$R_B \mathbin{/\!/} r_{be}$，几百欧到几千欧	$R_E \mathbin{/\!/} \dfrac{r_{be}}{1+\beta}$，几欧到几十欧	$R_B \mathbin{/\!/} [r_{be}+(1+\beta)(R_E \mathbin{/\!/} R_L)]$， 几十千欧以上
R_o	R_c，几千欧到几十千欧	R_c，几千欧到几十千欧	$R_E \mathbin{/\!/} \dfrac{r_{be}}{1+\beta}$，几欧到几十欧

对于三种基本放大电路的主要特点分析如下：

(1) 共发射极放大电路同时具有较大的电压放大倍数和电流放大倍数，输入电阻和输出电阻值比较适中，所以常用在对输入电阻和输出电阻没有特殊要求的地方，如低频电压放大电路的输入级、中间级和输出级。

(2) 共基极组态电路的特点在于它具有很低的输入电阻，使三极管结电容对高频放大电路的影响不显著，因而频率响应得到很大改善，所以这种接法常常用于宽频带放大器中。

(3) 共集电极组态电路的特点是电压跟随，一般有 $A_u \approx 1$，而且输入电阻很高、输出电阻很低，所以常被用作多级放大电路的输入级、输出级或作为隔离用的中间级。

思 考 题

2.3.1　三极管基本放大电路有哪几种组态？判断组态的基本方法是什么？

2.3.2　三种组态的放大电路在电压放大倍数、电流放大倍数、输入电阻和输出电阻方面各有什么特点？

2.3.3　为什么称共集放大电路为电压跟随器？

2.4　场效应管放大电路

场效应管(FET)和双极型三极管(BJT)都是组成模拟电子电路常用的核心元件，它们都具有放大作用。FET 和 BJT 都有三个电极，且两种放大元件的电极之间具有明确的对应关系，即 FET 的栅极 G、源极 S 和漏极 D 分别对应 BJT 的基极 B、发射极 E 和集电极 C。FET 与 BJT 的不同之处有：

(1) 通常认为 BJT 是一种电流控制器件，利用基极电流 i_B 的变化控制集电极电流 i_C，常用共射电流放大系数 β 来描述其放大作用。在 BJT 放大电路中为了防止输出波形产生明显的非线性失真，必须设置合适的偏置电流 I_{BQ} 和 I_{CQ}；而 FET 则是一种电压控制器件，利用栅源电压 u_{GS} 的变化控制漏极电流 i_D，常用跨导 g_m 来描述其放大作用。在 FET 放大电路中，要求设置合适的偏置电压 u_{GSQ}。

(2) BJT 的共射输入电阻比较低，约为 1kΩ 的数量级。FET 的共源输入电阻很高，结型场效应管一般大于$10^7\,\Omega$，MOS 场效应管则高达$10^{10}\,\Omega$ 以上。

(3) FET 的跨导 g_m 相对比较小。在组成放大电路时，在相同 R_L 下，电压放大倍数一般比较小(低于 BJT 放大电路)。

(4) 由于 FET 利用一种极性的多数载流子导电，是单极型器件。与双极型三极管相比较，FET 具有噪声小、受外界温度及辐射的影响小等特点。

与双极型三极管相似，场效应管也可接成三种基本组态放大电路，它们是共源极、共漏极和共栅极放大电路，分别与双极型三极管的共发射极、共集电极和共基极放大电路相对应。为了使场效应管能线性地放大信号，必须设置合适的静态工作点。此外，FET 是非线性元件，也采用图解法和微变等效电路法来分析 FET 放大电路。

下面讨论场效应管的偏置电路与静态直流分析、场效应管三种组态放大电路的动态交流分析。

2.4.1　场效应管放大电路的偏置电路与直流分析

在场效应管放大电路中，自给偏压和分压式偏置是两种常用的偏置电路。

1. 自给偏压

场效应管自给偏压电路如图 2.4.1(a)所示。自偏压偏置电路只适用于结型场效应管或耗尽型 MOS 管组成的放大电路，由于这两种管子均为耗尽型场效应管，即使 $U_{GS}=0$ 时，也有漏极电流 I_D 流过管子，所以电路中 FET 的源极接入一只源极电阻 R_S，则 I_{DQ} 流过 R_S 时将产生大小为 $I_{DQ}R_S$ 的电压降 U_{SQ}。由于 FET 的栅极电流 $I_{GQ}\approx 0$，R_G 上电压降为零，则栅极直流电位 $U_{GQ}=0$，$U_{GSQ}=U_{GQ}-U_{SQ}=-I_{DQ}R_S$。由此，电路能自行产生负的偏置电压 U_{GSQ}，以满足 N 沟道耗尽型场效应管工作于放大状态时对 U_{GS} 的要求。

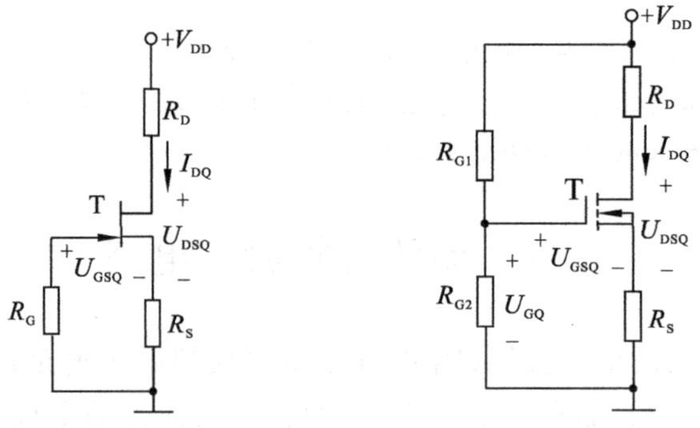

图 2.4.1　FET 直流偏置电路

由于增强型 MOS 场效应管在 $u_{GS}=0$ 时 $i_D=0$。只有当栅极与源极之间的电压 u_{GS} 达到开启电压 $U_{GS(th)}$ 时，才有漏极电流，而漏极电流 i_D 在 R_S 上产生的电压降极性又刚好与管子的 $U_{GS(th)}$ 极性相反，故图 2.4.1(a)所示的偏置方式不适用于增强型 FET 组成的放大电路，只能用图 2.4.1(b)所示的分压式偏置电路。

场效应管放大电路的静态分析方法也有图解法和估算法两种。图解法作图过程较为复杂，很少使用。下面对图 2.4.1(a)所示电路用估算法求解自给偏压电路中 FET 的静态工作点。当 FET 工作于放大状态时，耗尽型 FET 的 I_{DQ} 和 U_{GSQ} 的关系为

$$I_{DQ}=I_{DSS}\left(1-\frac{U_{GSQ}}{U_{GS(off)}}\right)^2 \tag{2.4.1}$$

由图 2.4.1(a)可得

$$U_{GSQ}=-I_{DQ}R_S \tag{2.4.2}$$

$$U_{DSQ}=V_{DD}-I_{DQ}(R_S+R_D) \tag{2.4.3}$$

通过求解式(2.4.1)～式(2.4.3)，就可求得 I_{DQ}、U_{GSQ} 和 U_{DSQ}。且求得的 Q 点应满足 $|U_{GSQ}|<|U_{GS(off)}|$、$I_{DQ}<I_{DSS}$，否则求得的 Q 点没有实际意义。

2. 分压式偏置

分压式偏置电路如图 2.4.1(b)所示。分压式偏置电路既适用于增强型 FET，也适用于耗尽型 FET。以 N 沟道 FET 为例，这种偏置电路由于有 R_{G1} 和 R_{G2} 分压，提高了栅极电位，使 $U_{GQ}>0$。从而既有可能使 $I_{DQ}R_S<U_{GQ}$，满足 N 沟道 JFET 对 U_{GSQ} 的要求（$U_{GSQ}<0$）；也有可能使 $I_{DQ}R_S<U_{GD}$，能满足 N 沟道增强型 FET 对 $U_{GSQ}>U_{GS(th)}>0$ 的要求。而对于耗尽型 MOS 管，因 U_{GSQ} 可“正”可“负”，故这种偏置电路总是适用的。

当 FET 工作于放大状态时，增强型 FET 静态时的 I_{DQ} 与 U_{GSQ} 之间的近似关系表达式为

$$I_{DQ}=I_{DO}\left(\frac{U_{GSQ}}{U_{GS(th)}}-1\right)^2 \tag{2.4.4}$$

若为耗尽型 MOS 管，则 I_{DQ} 与 U_{GSQ} 之间的近似关系表达式如式(2.4.1)。

由图 2.4.1(b)所示电路有

$$U_{GSQ}=V_{DD}\frac{R_{G2}}{R_{G1}+R_{G2}}-I_{DQ}R_S \tag{2.4.5}$$

对于增强型 FET，通过解方程式(2.4.4)和式(2.4.5)，而对于耗尽型 FET 是求解方程式(2.4.1)和式(2.4.5)求得 I_{DQ} 和 U_{GSQ}。

例 2.4.1　如图 2.4.1(a)所示的自偏压电路，设晶体管为 N 沟道耗尽型 MOS 管，其参数为：$I_{DSS}=100\mu A$，$U_{GS(off)}=-2V$，$R_D=40k\Omega$，$R_S=5k\Omega$，$V_{DD}=12V$。试计算该电路的静态工作点。

解：在饱和区的漏极电流 I_{DQ} 与栅源电压 U_{GSQ} 应满足关系式

$$I_{DQ}=I_{DSS}\left(1-\frac{U_{GSQ}}{U_{GS(off)}}\right)^2=0.1\times\left(1-\frac{U_{GSQ}}{-2}\right)^2$$

由图 2.4.1(a)可得

$$U_{GSQ}=U_G-U_S=-I_{DQ}R_S=-5I_{DQ}$$

解上述方程组，可得两组解：（$I_{DQ}=69\mu A$，$U_{GSQ}=-345mV$），（$I_{DQ}=2.23mA$，$U_{GSQ}=-11.65V$）

显然，第一组解 FET 处在饱和区，有放大功能，是合理的。而第二组解中 $U_{GSQ}=-11.65V<U_{GS(off)}$，FET 截止，是不合理的。

由此，可得

$$U_{DSQ}=V_{DD}-I_{DQ}(R_D+R_S)=12-0.069\times(40+5)\approx 8.9(V)$$

2.4.2　场效应管组成的三种基本放大电路交流分析

1. 共源放大电路

图 2.4.2 所示为共源放大电路，C_1 和 C_2 用来进行信号与放大电路、放大电路与负载之间的耦合，C_S 为源极旁路电容器。

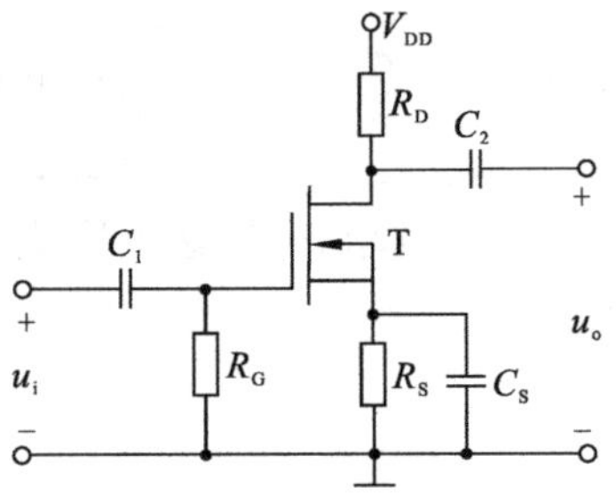

图 2.4.2　共源放大电路

图 2.4.3(a)所示为共源放大电路的微变等效电路，其中跨导 g_m 可根据 Q 点来估算，计算公式为

$$g_m = -\frac{2I_{DSS}}{U_{GS(off)}}\left(1-\frac{U_{GSQ}}{U_{GS(off)}}\right) = -\frac{2}{U_{GS(off)}}\sqrt{I_{DS}I_{DQ}}$$

由图 2.4.3(a)可求得电路的电压放大倍数

$$A_u = \frac{u_o}{u_i} = \frac{-g_m u_{gs}(R_D \mathbin{/\!/} R_L)}{u_{gs}} = -g_m R'_L \quad (2.4.6)$$

输入电阻为

$$R_i = \frac{u_i}{i_i} = R_G \quad (2.4.7)$$

根据放大电路输出电阻的定义，画出输出电阻等效电路如图 2.4.3(b)所示。可得

$$R_o = \frac{u}{i}\bigg|_{\substack{u_s=0\\ R_L=\infty}} = R_D \quad (2.4.8)$$

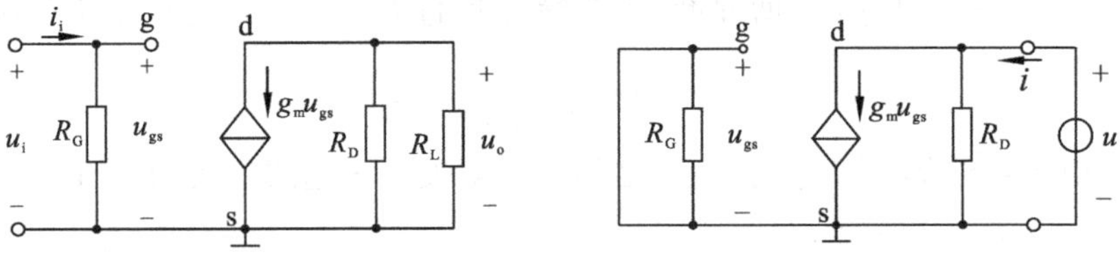

(a) 微变等效电路　　(b) 求R_o的等效电路

图 2.4.3　共源放大电路的微变等效电路

2. 共漏放大电路

共漏放大电路如图 2.4.4(a)所示，该电路的微变等效电路如图 2.4.4(b)所示。

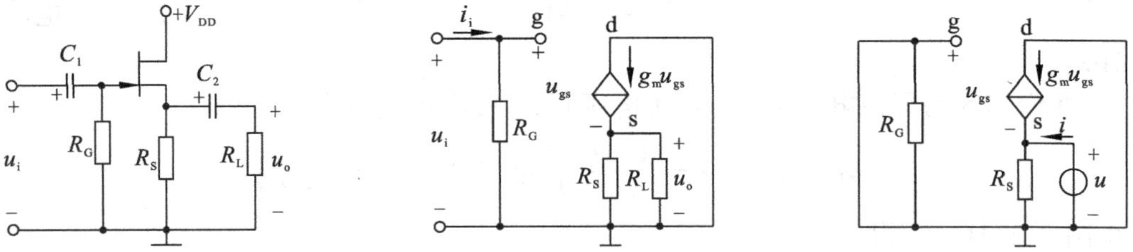

(a) 共漏放大电路　　(b) 微变等效电路　　(c) 求R_o的等效电路

图 2.4.4　共漏放大电路及微变等效电路

由图 2.4.4 可得电压放大倍数为

$$A_u = \frac{u_o}{u_i} = \frac{g_m u_{gs}(R_S \mathbin{/\!/} R_L)}{u_{gs} + g_m u_{gs}(R_S \mathbin{/\!/} R_L)} = \frac{g_m(R_S \mathbin{/\!/} R_L)}{1+g_m(R_S \mathbin{/\!/} R_L)} \quad (2.4.9)$$

输入电阻为

$$R_i = \frac{u_i}{i_i} = R_G \quad (2.4.10)$$

再根据 R_o 的定义，画出求 R_o 的等效电路如图 2.4.4(c)所示。因 $u=-u_{gs}$，可得

$$R_o = \frac{u}{i} = \frac{u}{\dfrac{u}{R_S} - g_m u_{gs}} = \frac{1}{\dfrac{1}{R_S + g_m}} = R_S \mathbin{/\!/} \frac{1}{g_m} \quad (2.4.11)$$

由上可知，共漏极放大电路 $A_u < 1$，没有电压放大能力，u_o 与 u_i 的相位相同，输入电阻很高，输出电阻低。共漏极放大电路常用于多级放大电路的输入级或输出级。

3. 共栅放大电路

共栅放大电路如图 2.4.5(a)所示，其微变等效电路和求 R_o 的等效电路分别如图 2.4.5(b)、(c)所示。

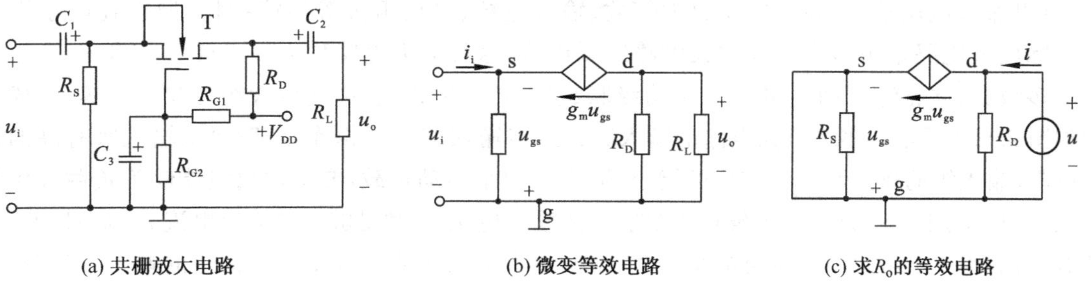

图 2.4.5　共栅放大电路及其微变等效电路

由图 2.4.5(b)所示的微变等效电路，可求得电压放大倍数和输入电阻为

$$A_u = \frac{u_o}{u_i} = g_m(R_D \,/\!/\, R_L) \tag{2.4.12}$$

$$R_i = \frac{u_i}{i_i} = R_S \,/\!/\, \frac{1}{g_m} \tag{2.4.13}$$

由图 2.4.5(c)所示求 R_o 的等效电路，可求得

$$R_o = \frac{u}{i}\bigg|_{\substack{u_i=0\\R_L=\infty}} = R_D \tag{2.4.14}$$

由上可见，共栅极放大电路具有电压放大能力，u_o 与 u_i 相位相同，输入电阻低，输出电阻高。

4. 各种基本放大电路比较

双极型三极管有三个电极，它在放大电路中可有三种组态，即共射极(CE)、共集电极(CC)和共基极(CB)。与之对应的 FET 也有三种组态，即共源极(CS)、共漏极(CD)和共栅极(CG)。

依据放大电路输出量与输入量关系的特征，这两种器件的六种组态放大电路可归纳为三种通用类型，即反相电压放大器(含 CE、CS)、电压跟随器(含 CC、CD)和电流跟随器(含 CB、CG)。在 CE、CS 组态放大电路中，电压放大倍数高，输入电阻和输入电容都较大，适用于多级放大电路的中间级；在 CC、CD 组态放大电路中，输入电阻高，输出电阻低，可作阻抗变换，适用于作为多级放大电路的输入级和输出级；在 CB、CG 组态放大电路中，输入电阻和输入电容都较小，适用于高频、宽带放大电路。

思　考　题

2.4.1　为什么 MOSFET 的输入电阻比双极型三极管高？

2.4.2　MOSFET 的四种类型的输出特性和转移特性有什么不同？

2.4.3　MOSFET 的偏置电路和双极型三极管的偏置电路有什么不同？

2.4.4　试比较 MOSFET 放大电路的三种组态和双极型三极管放大电路的三种组态的异同。

2.4.5　为什么 JFET 的输入电阻比 MOSFET 的输入电阻低？

2.4.6　在低噪声放大电路的设计中，选择双极型三极管还是 JFET？为什么？

2.5　多级放大电路

由单个双极型三极管与场效应管组成的基本放大电路往往不能满足实际应用需要。例如，难以兼顾电压放大倍数、电流放大倍数、输入阻抗、输出阻抗等性能指标，所以在电子设备中实际放大电路常由多个基本放大电路级联组成，这种放大电路称为多级放大电路。

多级放大电路由多个基本放大电路级联组成，包括输入级、中间放大级和输出级等，组成框图如图 2.5.1 所示。多级放大电路的输入级直接与输入信号源相连，一般要求输入级有高的输入电阻，输入级的噪声和漂移应尽可能小；输出级用来驱动负载，要求输出级能够为负载提供足够大的输出功率 P_o，这包括能够输出足够大的输出电压 u_o 和足够大的输出电流 i_o，而且能适应负载变化，也要求输出电阻尽可能小一些；中间放大级的主要任务是放大信号的幅度，应该有足够大的电压放大倍数。实际的多级放大电路除这三部分电路外，还有其他的一些辅助电路。

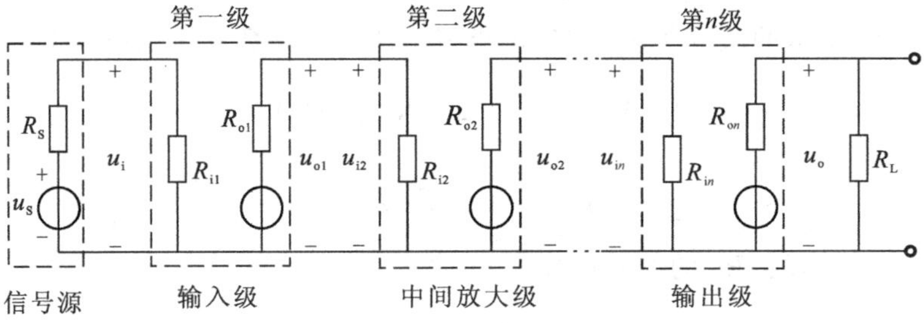

图 2.5.1　多级放大电路的组成

2.5.1　级间耦合方式

在多级放大电路中，基本放大电路的级与级之间、放大电路与信号源之间、负载与放大电路之间的连接统称为信号的耦合，常用的耦合方式有阻容耦合、变压器耦合和直接耦合。下面对这三种耦合方式的多级放大电路进行分析。

1. 阻容耦合

图 2.5.2 所示为一个由两级共射极放大电路组成的阻容耦合多级放大电路。输入信号经过电容器 C_1 耦合到第一级，两级基本放大电路之间由电容器 C_2 耦合，第二级基本放大电路与负载之间经 C_3 耦合，这种耦合方式称为**阻容耦合**。

阻容耦合的各级放大电路的静态工作点相互独立，这给估算和调整各级放大电路的静态工作点带来了方便。并且由于电容的"隔直"作用，可以抑制零点漂移，也正因为耦合电容的存在，所以无法有效放大频率很低的信号和直流信号。

2. 变压器耦合

前级基本放大电路输出信号经过变压器耦合到后一级输入端的耦合方式称为**变压器耦合**。图 2.5.3 所示为典型的变压器耦合多级放大电路。

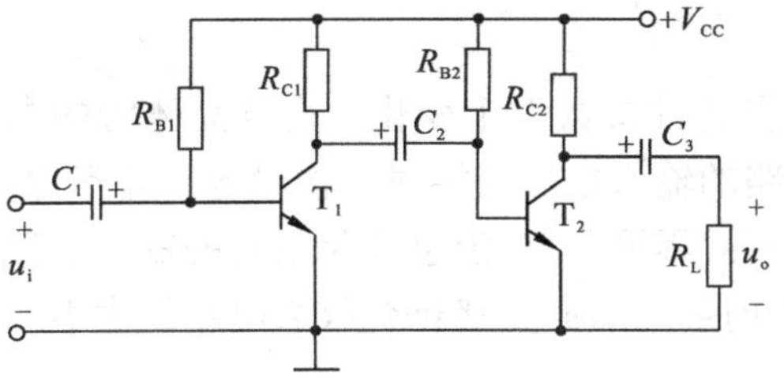

图 2.5.2　阻容耦合多级放大电路

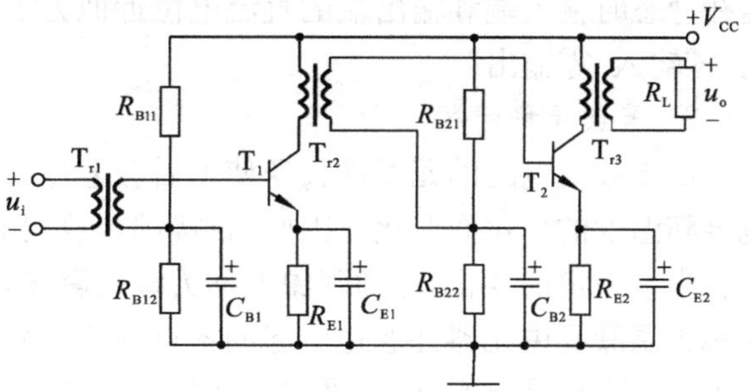

图 2.5.3　变压器耦合多级放大电路

该电路的特点是通过改变变压器的"变比",能实现阻抗变换。并且,变压器耦合的放大电路既能放大交流信号,又能因为各级静态工作点相互独立,对直流信号起到隔离作用,可以消除零点漂移。但是,这种电路对直流信号没有放大能力,对低频信号的放大能力也随信号频率的降低而降低。另外,所采用的变压器还有体积大、重量重、费用高、不宜集成化等缺点。

3. 直接耦合

前级基本放大电路的输出信号直接连接到后一级放大电路输入端的耦合方式称为**直接耦合**。直接耦合放大电路既能放大交流信号,又能放大直流信号,所以又称为直流放大电路。由于无耦合电容和变压器,便于集成,故广泛应用于集成电路中。但是,直接耦合放大电路有两个特殊的问题。

1) 级间耦合问题

由于直接耦合放大电路的各级之间无耦合电容或耦合变压器来隔离直流,故各级电路静态工作点互相牵连。为了使直接耦合多级放大电路各级的三极管能工作在放大区,并有合适的静态工作点,常用的耦合方式如图 2.5.4 所示。

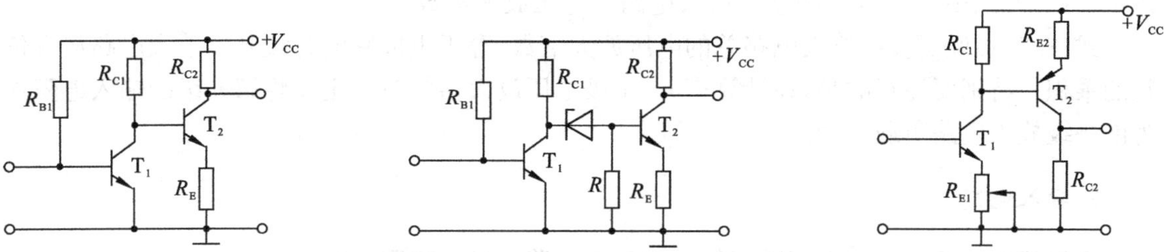

(a)方式一　(b)方式二　(c)方式三

图 2.5.4　常用的直接耦合方式

在图 2.5.4(a)所示的电路中,通过在后一级的发射极接入发射极电阻 R_E,用 R_E 上产生的电压降提高 T_2 管发射极的电位,使前一级电路中 T_1 管的 U_{CE} 足够大,不会使 T_1 工作到饱和区。

在图 2.5.4(b)所示的电路中,通过在 T_1 的集电极和 T_2 的基极间加入稳压二极管(或者把稳压二极管代替电阻 R_E),使得 T_1 管的 U_{CE} 足够大,同样使 T_1 不会工作到饱和区。

在图 2.5.4(c)所示的电路中,通过 NPN 与 PNP 型三极管互补,避免了使用同一种类型三极管组成的多级放大电路集电极电位逐级抬高的问题。另外,如果采用双电源供电,可使电路在静态时输入端和输出端的直流电位近似为零，实现直接耦合放大电路与信号源及负载间的“零输入-零输出”。

2）零点漂移问题

由于放大电路的元器件长期使用后会老化，使得元件参数发生变化。而且晶体管的参数也会随温度的变化而变化。因此，直接耦合放大电路的输入电压为零时的输出电压并不为零，且会出现一定的变化，这种现象就称为**零点漂移**，简称“**零漂**”。由温度变化引起的零点漂移一般称为**温漂**。由元器件老化引起的零点漂移常称为**时漂**。引起直接耦合放大电路发生零点漂移现象的主要是温漂，所以平时往往把温漂说成零漂。

零漂的大小用折合到输入端的零点漂移电压的大小来衡量。具体定义为，当 $u_i=0$ 时，温度每变化 1℃引起的输出电压变化为 Δu_o，其电压放大倍数为 A_u，则该放大电路的零点漂移为 $\Delta u_o/A_u$ (μV/℃)。

抑制零点漂移的方法与稳定静态工作点的方法相似。在直接耦合放大电路中，经常采用在后面章节要讨论的差动放大电路和直流负反馈电路来有效地抑制零点漂移。

2.5.2　多级放大电路的分析

在图 2.5.1 所示的多级放大电路中，后一级电路的输入电阻作为前一级电路的负载，而前一级电路的开路输出电压和输出电阻又可等效为后一级电路的信号源。由图 2.5.1 可求得多级放大电路的性能指标。

1. 电压放大倍数

$$A_u=\frac{u_o}{u_i}=\frac{u_{o1}}{u_i}\cdot\frac{u_{o2}}{u_{o1}}\cdot\frac{u_{o3}}{u_{o2}}\cdot\cdots\cdot\frac{u_{on}}{u_{o(n-1)}}=A_{u1}\cdot A_{u2}\cdot A_{u3}\cdot\cdots\cdot A_{un}\tag{2.5.1}$$

式中，A_{u1}、A_{u2}、…、A_{un} 为各级基本放大电路的电压放大倍数。

式(2.5.1)说明多级放大电路总的电压放大倍数，等于组成它的各级基本放大电路放大倍数的乘积。特别要注意的是，在计算第 $n-1$ 级电压放大倍数时一定要将第 n 级的输入电阻作为前一级放大电路负载处理。

2. 输入电阻

多级放大电路的输入电阻等于第一级放大电路的输入电阻，即

$$R_i=\frac{u_i}{i_i}=\frac{u_{i1}}{i_{i1}}=R_{i1}\tag{2.5.2}$$

尤其当第一级放大电路为共集电极放大电路时，由于后一级放大电路的输入电阻作为第一级放大电路的负载，故在计算 R_i 时应该予以考虑。

3. 输出电阻

多级放大电路的输出电阻等于输出级的输出电阻，即

$$R_o=\frac{u_o}{i_o}\bigg|_{\substack{u_s=0\\R_L=\infty}}=R_{on}\tag{2.5.3}$$

当输出级放大电路为共集电极放大电路时，由于其输出电阻与前一级的放大电路的输出电阻有关，在计算 R_o 时应该予以考虑。

例 2.5.1　多级放大电路如图 2.5.5 所示，已知三极管的参数为 $\beta_1 = \beta_2 = \beta = 100$，$U_{BE1} = U_{BE2} = 0.7V$。试计算总电压放大倍数。

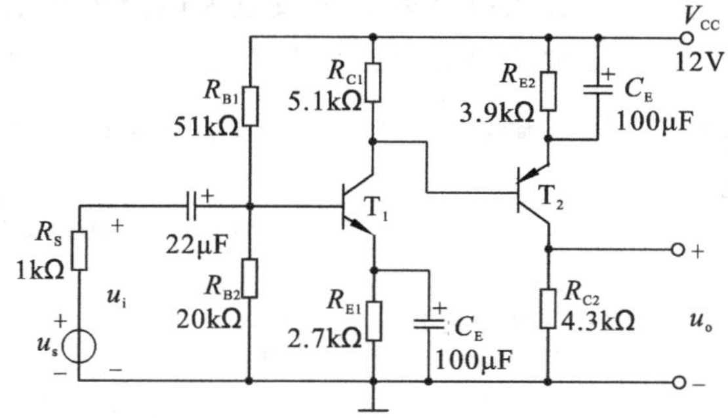

图 2.5.5　多级放大电路

解：(1) 求静态工作点。

第一级放大电路：

$$U_{BQ1} \approx \frac{R_{B2}}{R_{B1} + R_{B2}} V_{CC} = 3.38V$$

$$I_{BQ1} = \frac{U_{BQ1} - U_{BE}}{(1+\beta)R_{E1}} = \frac{3.38 - 0.7}{101 \times 2.7} = 0.0098(mA) = 9.8(\mu A)$$

$$I_{CQ1} = \beta I_{BQ1} = 0.98mA$$

$$U_{C1} = U_{B2} = V_{CC} - I_{CQ1}R_{C1} = 12 - 0.98 \times 5.1 = 7(V)$$

$$U_{CEQ1} = V_{CC} - I_{CQ1}R_{C1} - (I_{CQ1} + I_{BQ1})R_{E1} \approx V_{CC} - I_{CQ1}(R_{C1} + R_{E1})$$
$$= 12 - 0.98 \times 7.8 = 4.36(V)$$

第二级放大电路：

$$I_{CQ2} \approx I_{EQ2} = (V_{CC} - U_{E2})/R_{E2} = (12 - 7.7)/3.9 = 4.3/3.9 = 1.1(mA)$$

$$U_{C2} = I_{CQ2}R_{C2} = 1.1 \times 4.3 = 4.73(V), U_{CEQ2} = U_{C2} - U_{E2} = 4.73 - 7.7 = -2.97(V)$$

(2) 求电压放大倍数。

先计算三极管的输入电阻：

$$r_{be1} = r_{bb'} + (1+\beta)\frac{26(mV)}{I_{E1}(mV)} = 300 + 101 \times \frac{26}{0.98} = 2.98(k\Omega)$$

$$r_{be2} = r_{bb'} + (1+\beta)\frac{26(mV)}{I_{E2}(mV)} = 300 + 101 \times \frac{26}{1.1} = 2.69(k\Omega)$$

电压放大倍数为

$$A_{u1} = -\frac{\beta(R_{C1} /\!/ R_{i2})}{r_{be1}} = -\frac{100 \times (5.1 /\!/ 2.69)}{2.98} = -59.1$$

式中，$R_{i2} = r_{be2}$。

$$A_{u2} = -\frac{\beta R_{C2}}{r_{be2}} = -\frac{100 \times 4.3}{2.69} = -159.9$$

$$A_u = A_{u1}A_{u2} = -59.1 \times (-159.9) = 9450.1$$

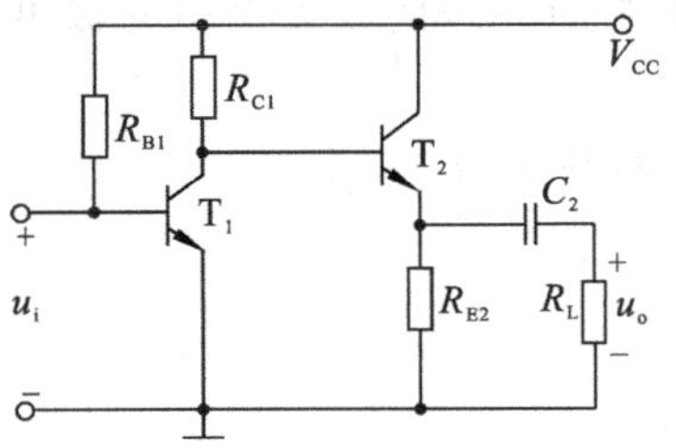

图 2.5.6　用射级跟随器组成的多级放大电路

例 2.5.2　电路如图 2.5.6 所示。已知 $\beta_1=\beta_2=100$，$I_{EQ1}=1\text{mA}$，$I_{EQ2}=10\text{mA}$，$R_{E2}=500\Omega$，$R_{C1}=5.1\text{k}\Omega$，$R_L=500\Omega$。试计算该电路接入与不接入由 T_2 组成的共集放大电路两种情况下的电压放大倍数（都接入负载 R_L），并说明接入共集放大电路后对多级放大电路的影响。设 T_2 共集电路的电压放大倍数 $A_{u2}\approx 1$。

解：

$$r_{be1}=300+(1+\beta_1)\frac{26}{I_{EQ1}}=300+101\times\frac{26}{1}=2.93(\text{k}\Omega)$$

$$r_{be2}=300+(1+\beta_2)\frac{26}{I_{EQ2}}=300+101\times\frac{26}{10}=0.563(\text{k}\Omega)$$

不接入 T_2 电路时，有

$$A_u=A_{u1}=-\beta_1\frac{R_{C1}\ /\!/\ R_L}{r_{be1}}=-100\times\frac{0.5\ /\!/\ 5.1}{2.93}=-15.5$$

接入 T_2 电路时，有

$$\begin{aligned}A_u&=A_{u1}A_{u2}\approx A_{u1}\\&=-\beta_1\frac{R_{C1}\ /\!/\ [r_{be2}+(1+\beta_2)(R_{E2}\ /\!/\ R_L)]}{r_{be1}}\\&=-100\times\frac{5.1\ /\!/\ [0.563+101\times(0.5\ /\!/\ 0.5)]}{2.93}=-145\end{aligned}$$

从计算结果看，接入 T_2 共集组态电路后，由于其输入电阻较高，作为 T_1 的交流负载，可以提高 T_1 电路的电压放大倍数，从而提高了整个放大电路的电压放大倍数。同时，T_2 共集组态放大电路有较低的输出电阻，也大大提高了电路带负载能力。

思　考　题

2.5.1　在多级放大电路中主要有哪些耦合方式？各有什么特点？

2.5.2　在直接耦合电路中零点漂移小的三极管应该放在哪一级？为什么？

2.5.3　为什么共集电极电路总是放在输入级或输出级？

2.5.4　多级放大电路的输入和输出电阻主要有哪一级电路决定？

2.6　放大电路的频率响应

在前面放大电路的分析过程中，三极管工作在放大区，处于线性状态，当放大电路输入足够小的单一频率正弦信号时，放大电路输出波形没有失真。但是，当输入信号的频率增加或减小时，放大电路输出波形会有失真。是什么原因造成放大电路的这种特性呢？这是本节所要讨论的主要问题。

下面将介绍频率响应的概念、三极管频率参数，单管共射放大电路的频率响应，利用混合 π 型等效电路分析计算 A_{um}、f_H 和 f_L，以及多级放大电路的频率响应分析。

2.6.1　频率响应概述

由于三极管放大器件本身具有极间电容，以及放大电路中有时存在电抗性元件，所以当放大电路输入不同频率的正弦波信号时，电路的放大倍数将随着频率改变而变化，这种函数关系称为放大电路的频率响应。

1. 幅频特性和相频特性

由于电抗性元件的作用，正弦波信号通过放大电路时，不仅信号的幅度得到放大，输出信号和输入信号间还将产生一个附加相位移。放大电路电压放大倍数 $\dot{A}_u$ 可表示为

$$\dot{A}_u = |\dot{A}_u(f)| \angle \varphi(f) \tag{2.6.1}$$

上式表示，电压放大倍数的幅值 $|\dot{A}_u|$ 和相角 φ 都是频率 f 的函数。其中 $|\dot{A}_u|(f)$ 为幅频特性，$\varphi(f)$ 称为相频特性。

2. 上限频率、下限频率和通频带

典型共射放大电路的幅频特性和相频特性如图 2.6.1 所示。该放大电路在中频段的电压放大倍数通常称为中频电压放大倍数 A_{um}，而将电压放大倍数下降为 $(1/\sqrt{2})A_{um}$ 时相应的低频频率和高频频率分别称为放大电路的下限频率 f_L 和上限频率 f_H，二者之间的频率范围称为通频带 BW，即

$$BW = f_H - f_L \tag{2.6.2}$$

通频带表征放大电路对不同频率输入信号的响应能力，是放大电路的重要技术指标之一。

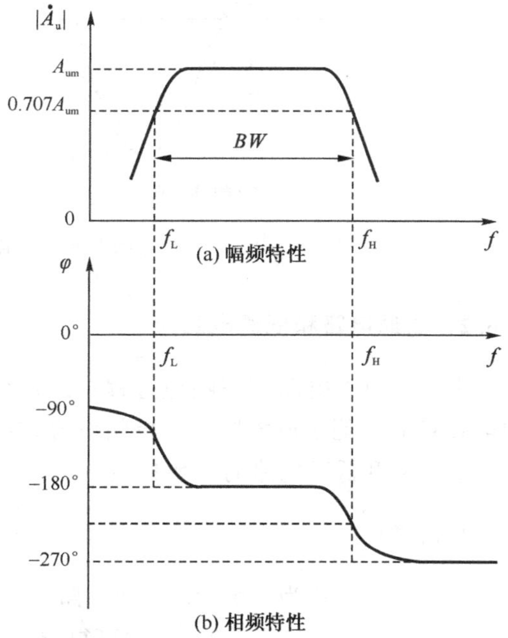

图 2.6.1　典型共射放大电路的幅频特性和相频特性

3. 频率失真

由于放大电路通频带的宽度有一定限制，当输入信号的频率过高或过低时，电压放大倍数的幅值将会减小，同时，还将产生滞后或超前的相位移。所以，当输入信号包含多次谐波成分时，经过放大电路以后，输出波形可能产生频率失真，如图 2.6.2 所示。

图 2.6.2(a)、(b)中的输入电压 u_i 均只包含基波和二次谐波。在图 2.6.2(a)中，由于放大电路对基波和二次谐波成分的放大倍数的幅值不同，导致 u_o 波形产生失真，这种失真称为**幅频失真**。在图 2.6.2(b)中，由于基波和二次谐波通过放大电路后产生的相位移不同，造成 u_o 波形失真，这种失真称为**相频失真**。

频率失真属于**线性失真**，与前面放大电路的非线性失真相比，虽然从现象来看，同样表现为输出信号不能如实反映输入信号的波形，但是这两种失真产生的根本原因不同。频率失真是由于放大电路的通频带不够宽，对不同频率的信号响应不同而产生的；而非线性失真是由放大器件的非线性特性产生的。

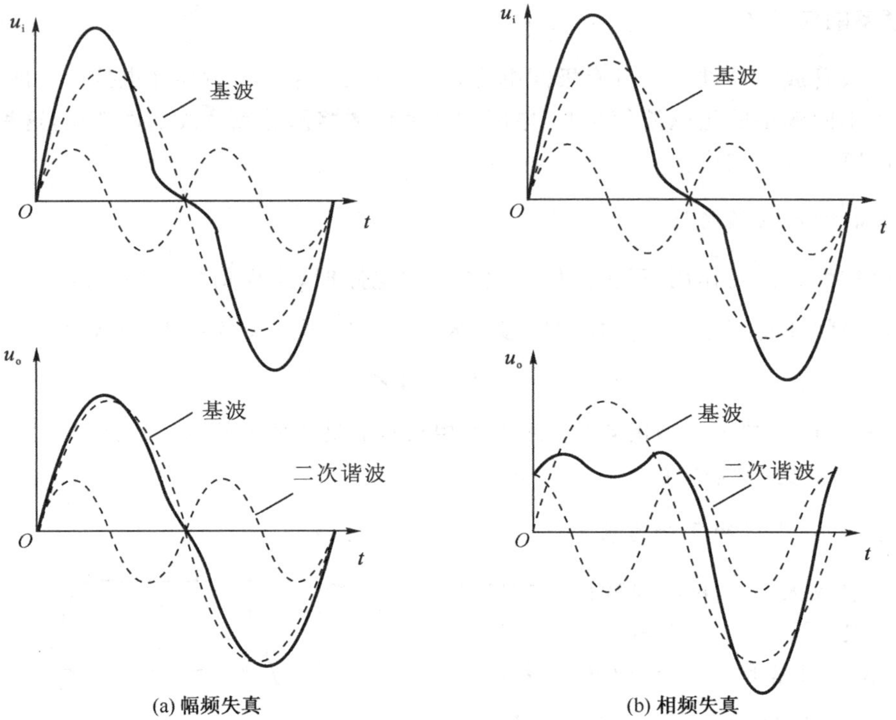

图 2.6.2　幅频失真和相频失真

2.6.2　高通电路和低通电路

在分析放大电路频率响应过程中经常会遇到由 RC 元件构成的高通电路或低通电路，其中电容 C 有可能是放大器件的极间电容，或者电路中的耦合电容、旁路电容等。下面分别讨论高通电路和低通电路的频率特性。

1. 高通电路

图 2.6.3 所示为一个 RC 高通电路。

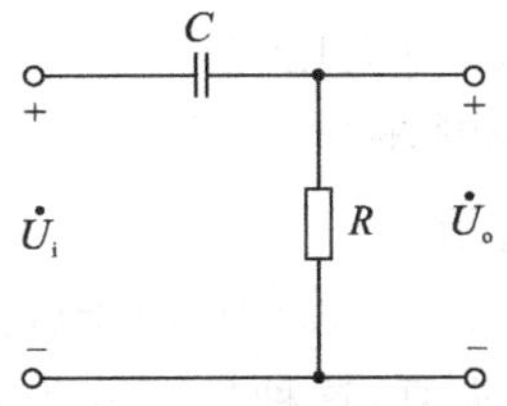

图 2.6.3　RC 高通电路

由图可得 RC 高通电路的电压传输函数为

$$\dot{A}_u = \frac{\dot{U}_o}{\dot{U}_i} = \frac{R}{R + \frac{1}{j\omega C}} = \frac{1}{1 + \frac{1}{j\omega RC}} \tag{2.6.3}$$

令

$$f_L = \frac{1}{2\pi\tau_L} = \frac{1}{2\pi RC} \tag{2.6.4}$$

式中，高通电路的时间常数 $\tau_L = RC$。可得

$$\dot{A}_u = \frac{1}{1 + \frac{1}{j\omega\tau_L}} = \frac{1}{1 - j\frac{f_L}{f}} \tag{2.6.5}$$

可得电压传递函数的模和相角分别为

$$|\dot{A}_u| = \frac{1}{\sqrt{1+\left(\frac{f_L}{f}\right)^2}} \tag{2.6.6}$$

$$\varphi = \arctan(\frac{f_L}{f}) \tag{2.6.7}$$

式(2.6.6)和式(2.6.7)就是 RC 高通电路幅频特性和相频特性的表达式。为了画幅频特性的波特图,将式(2.6.6)取对数,可得

$$20\lg|\dot{A}_u| = -20\lg\sqrt{1+\left(\frac{f_L}{f}\right)^2} \tag{2.6.8}$$

分析式(2.6.8),可知:

(1) 当 $f \gg f_L$ 时,$20\lg|\dot{A}_u| \approx 0\text{dB}$;

(2) 当 $f \ll f_L$ 时,$20\lg|\dot{A}_u| \approx -20\lg\frac{f_L}{f} = 20\lg\frac{f}{f_L}$;

(3) 当 $f = f_L$ 时,$20\lg|\dot{A}_u| = -20\lg\sqrt{2} = -3\text{dB}$。

由此,RC 高通电路的对数幅频特性,可以近似用两条直线构成的折线表示:当 $f > f_L$ 时,曲线在横坐标上;当 $f < f_L$ 时,用一条斜率等于 20dB/十倍频的直线表示,即每当频率增加十倍,幅度增加 20dB。上述两条直线交于一点,该点上的 f_L 称为下限截止频率,如图 2.6.4(a)中的折线所示。

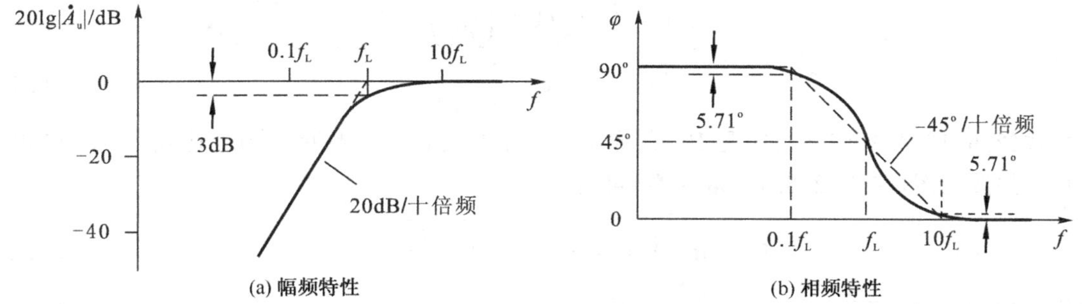

图 2.6.4　高通电路频率响应波特图

根据式(2.6.8)画出的 RC 高通电路的对数幅频特性的实际曲线如图 2.6.4(a)中实线所示。由图可见,折线与实线十分接近。可以证明,二者之间的最大误差为−3dB,发生在 $f = f_L$ 时。

分析式(2.6.7)可知:

(1) 当 $f \gg f_L$ 时,$\varphi \approx 0°$;

(2) 当 $f \ll f_L$ 时,$\varphi \approx 90°$;

(3) 当 $f = f_L$ 时,$\varphi \approx 45°$。

由上可知,RC 高通电路的相频特性可用三条直线构成的折线来近似:当 $f > 10f_L$ 时,用 $\varphi = 0°$ 的直线即横坐标轴表示;当 $f < 0.1f_L$ 时,用 $\varphi = 90°$ 的水平线表示;当 $10f_L > f > 0.1f_L$ 时,用一条斜率等于 $-45°$/十倍频的直线表示;当 $f = f_L$ 时,$\varphi = 45°$。相频特性波特图如图 2.6.4(b)中的虚线所示。

根据式(2.6.7)画出的 RC 高通电路的相频特性曲线如图 2.6.4(b)中的实线所示。由图

可见，虚线与实线也很接近。可以证明，二者之间的最大误差为 $\pm 5.71°$，分别发生在 $f = 10f_L$ 和 $f = 0.1f_L$ 处。

由图 2.6.4 所示高通电路的波特图可以看出，电路确实具有通高频、阻低频的特性，而且在低频段高通电路将产生一个 0°～90°之间的超前相位移。

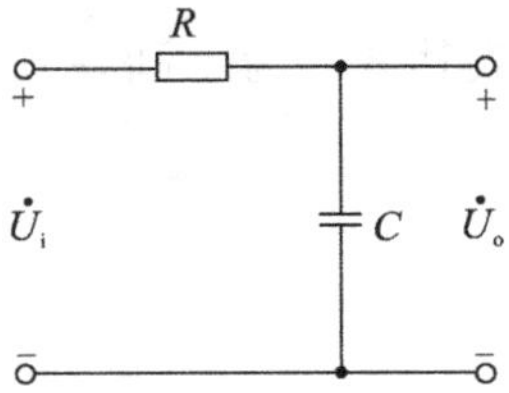

图 2.6.5　低通电路

2. 低通电路

将 RC 高通电路中 R 与 C 的位置互换即可得到低通电路，如图 2.6.5所示。由图可得

$$\dot{A}_u = \frac{\frac{1}{j\omega C}}{R + \frac{1}{j\omega C}} = \frac{1}{1 + j\omega RC} \tag{2.6.9}$$

令

$$f_H = \frac{1}{2\pi\tau_H} = \frac{1}{2\pi RC} \tag{2.6.10}$$

式中，低通电路的时间常数 $\tau_H = RC$。可得

$$\dot{A}_u = \frac{1}{1 + j\omega\tau_H} = \frac{1}{1 + j\frac{f}{f_H}} \tag{2.6.11}$$

上式的模和相角分别为

$$|\dot{A}_u| = \frac{1}{\sqrt{1 + \left(\frac{f}{f_H}\right)^2}} \tag{2.6.12}$$

$$\varphi = -\arctan\left(\frac{f}{f_H}\right) \tag{2.6.13}$$

式(2.6.12)和式(2.6.13)是 RC 低通电路的幅频特性和相频特性的表达式。为了画出幅频特性的波特图，将式(2.6.12)取对数，可得

$$20\lg|\dot{A}_u| = -20\lg\sqrt{1 + \left(\frac{f}{f_H}\right)^2} \tag{2.6.14}$$

分析式(2.6.14)可知：

(1) 当 $f \ll f_H$ 时，$20\lg|\dot{A}_u| \approx 0\text{dB}$；

(2) 当 $f \gg f_H$ 时，$20\lg|\dot{A}_u| \approx -20\lg\frac{f}{f_H} = 20\lg\frac{f_H}{f}$；

(3) 当 $f = f_H$ 时，$20\lg|\dot{A}_u| = -20\lg\sqrt{2} = -3\text{dB}$。

根据上述分析，可得 RC 低通电路的对数幅频特性和相频特性，如图 2.6.6 所示。

根据式(2.6.14)画出的 RC 低通电路的对数幅频特性的实际曲线如图 2.6.6(a)中实线所示。由图可见，虚线与实线十分接近。可以证明，二者之间的最大误差－3dB，发生在 $f = f_H$ 处，f_H 称为上限截止频率。

与高通电路类似，RC 低通电路的相频特性也可用三条直线构成的折线来近似：当 $f < 0.1f_H$ 时，用 $\varphi = 0°$ 的直线即横坐标轴表示；当 $f > 10f_H$ 时，用 $\varphi = -90°$ 的水平线表示；当 $10f_H > f > 0.1f_H$ 时，用一条斜率等于 $-45°$/十倍频的直线表示；当 $f = f_H$ 时，$\varphi = -45°$。相频特性波特图如图 2.6.6(b)中的虚线所示。

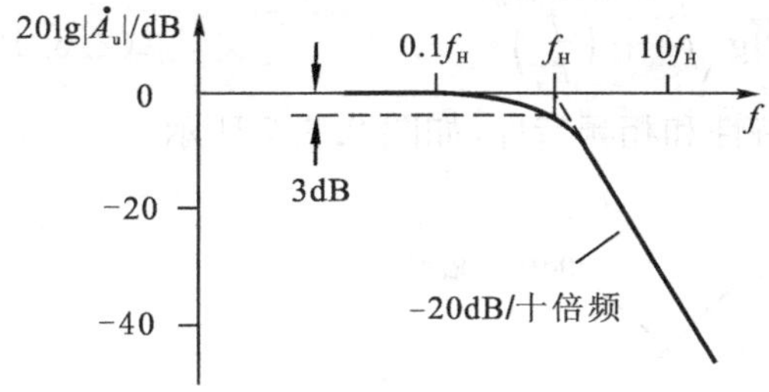

(a) 幅频特性

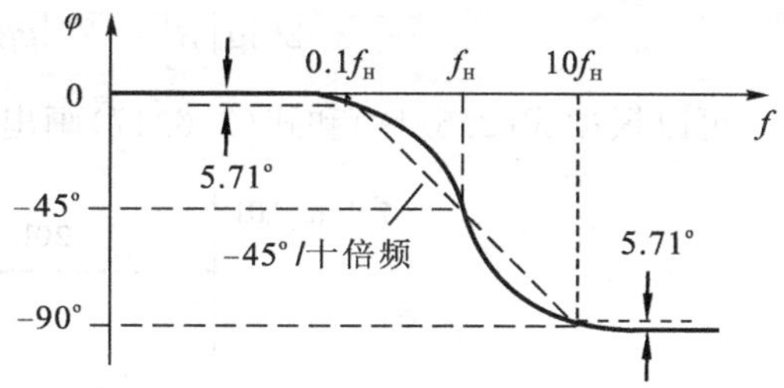

(b) 相频特性

图 2.6.6 低通电路频率响应波特图

根据式(2.6.14)画出的 RC 低通电路相频特性曲线如图 2.6.6(b)中的实线所示。由图可见虚线与实线也很接近。可以证明，二者之间的最大误差为±5.71°，分别发生在 $f=10f_H$ 和 $f=0.1f_H$ 处。

由图 2.6.6 所示低通电路频率响应波特图可以看出，电路具有通低频、阻高频的特性，且在高频段低通电路将产生一个 0°～－90°之间的滞后相位移。

必须指出，以上对于 RC 高通电路和低通电路频率响应波特图的分析结论具有普遍意义。对于其他含有一个时间常数的高通或低通电路，只需根据电路参数计算出中频电压放大倍数以及下限频率 f_L 或上限频率 f_H，即可方便地画出其折线化的对数幅频特性和相频特性的波特图。在本节后面分析三极管电流放大系数 β 和共射放大电路频率响应时，常运用这种方法来画出它们的波特图。

2.6.3 三极管的频率参数及高频小信号模型

1. 三极管的频率参数

三极管的频率参数可以描述三极管的电流放大系数 α 和 β 对高频信号的响应能力，是三极管的重要参数。

在中频时，一般认为三极管的共射电流放大系数 β 基本上是一个常数，不随频率而变化。但当频率升高时，由于极间电容的影响，三极管的电流放大作用将被削弱，电流放大系数 β 将减小，可以表示为

$$\dot{\beta}=\frac{\beta_0}{1+\mathrm{j}\dfrac{f}{f_\beta}} \tag{2.6.15}$$

式中，β_0 是三极管在低频时的共射电流放大系数，f_β 是三极管 $|\dot{\beta}|$ 下降到 $(1/\sqrt{2})\beta_0$ 时的频率，称为共射截止频率。$\dot{\beta}$ 的模和相角分别表示为

$$|\dot{\beta}|=\frac{\beta_0}{\sqrt{1+\left(\dfrac{f}{f_\beta}\right)^2}} \tag{2.6.16}$$

$$\varphi_\beta=-\arctan\left(\frac{f}{f_\beta}\right) \tag{2.6.17}$$

对式(2.6.16)取对数，可得

$$20\lg|\dot{\beta}| = 20\lg\beta_0 - 20\lg\sqrt{1+\left(\frac{f}{f_\beta}\right)^2} \tag{2.6.18}$$

可以根据式(2.6.18)和式(2.6.17)画出幅频特性和相频特性，如图 2.6.7 所示。

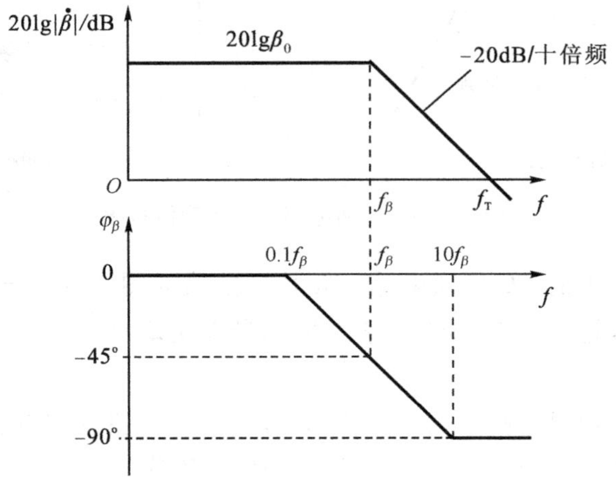

图 2.6.7　β的波特图

由式(2.6.18)可知，当 $f = f_\beta$ 时，有

$$20\lg|\dot{\beta}| = 20\lg\beta_0 - 20\lg\sqrt{2} = 20\lg\beta_0 - 3(\text{dB})$$

上式说明，当三极管工作在共射截止频率 f_β 时，三极管的放大能力已下降到中频时的 70%左右，或β的对数幅频特性下降了−3dB。

通常将 $|\dot{\beta}|$ 值下降到 1 时的频率定义为三极管的特征频率，用符号 f_T 表示，**特征频率**是三极管的一个重要参数。当 $f = f_T$ 时，$|\dot{\beta}| = 1$，则 $20\lg|\dot{\beta}| = 0\text{dB}$。在图 2.6.7 中对数幅频特性与横坐标交点处的频率即是 f_T。当 $f > f_T$ 时，$|\dot{\beta}|$ 值将小于 1，表示此时三极管已失去放大作用，所以不允许三极管工作在如此高的频率范围。

将 $f = f_T$ 及 $|\dot{\beta}| = 1$ 代入式(2.6.16)，可得

$$1 = \frac{\beta_0}{\sqrt{1+\left(\frac{f_T}{f_\beta}\right)^2}}$$

由于 $f_T \gg f_\beta$，故 f_T 和 f_β 的关系为

$$f_T \approx \beta_0 f_\beta \tag{2.6.19}$$

上式表明，三极管的特征频率 f_T 与其共射截止频率 f_β 是相关的，而且 f_T 比 f_β 大得多。

类似地，在考虑了三极管极间电容后，其共基电流放大系数 α 也是频率的函数，可以表示为

$$\dot{\alpha} = \frac{\alpha_0}{1+\mathrm{j}\frac{f}{f_\alpha}} \tag{2.6.20}$$

将 $|\dot{\alpha}|$ 值下降到 $\frac{\alpha_0}{\sqrt{2}}$ 时的频率 f_α 定义为共基截止频率。

由于共基电流放大系 α 与β之间存在以下关系

$$\alpha = \frac{\beta}{1+\beta}$$

可得，三极管在低频时的共基电流放大系数 α_0、共基截止频率 f_α 分别为

$$\alpha_0 = \frac{\beta_0}{1+\beta_0}$$

$$f_\alpha = (1+\beta_0)f_\beta$$

可见，f_α 比 f_β 高得多。由此，共基组态放大电路的频率响应比共射组态放大电路的要好。

综上所述，可知三极管的三个频率参数不是独立的，而是相互关联的，三者符合以下关系

$$f_\beta < f_T < f_\alpha$$

三极管频率参数是选用三极管的重要依据之一。通常，在要求通频带宽的放大电路中，应该选用频率参数值较高的三极管。如果对通频带没有特殊要求，则可选用低频管。

2. 三极管的高频小信号模型

由于三极管极间电容的作用，微变等效电路中的参数将成为随频率而变化的复数。为便于对放大电路频率响应进行定量分析，需要引入一种考虑三极管极间电容的等效电路。

三极管的结构示意图如图 2.6.8(a)所示，其中 $C_{b'e}$ 为发射结等效电容，$C_{b'c}$ 为集电结等效电容。根据三极管的结构模型示意图，可以得到三极管的混合 π 型等效电路如图 2.6.8(b)所示。

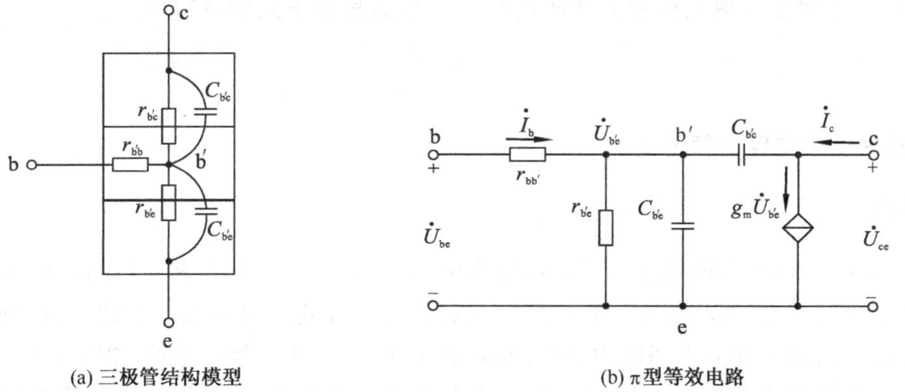

图 2.6.8　三极管的混合 π 型等效电路

在图 2.6.8(b)所示的等效电路中，$\dot{U}_{b'e}$ 代表加在发射结上的电压，受控电流源 $g_m\dot{U}_{b'e}$ 体现了发射结电压对集电极电流的控制作用，g_m 称为跨导。因为集电结反向偏置，所以 $r_{b'c}$ 很大，可视为开路，又由于 r_{ce} 也很大，因此在图 2.6.8(b)的等效电路中可将 $r_{b'c}$ 和 r_{ce} 两个电阻忽略。

当三极管工作在中低频率时，混合 π 型等效电路与 H 参数等效电路是等价的，可以不考虑极间电容的作用。此时，混合 π 型等效电路的形式如图 2.6.9(a)所示。分析图 2.6.9(a)、(b)两个等效电路，可找到混合 π 型等效电路参数与 H 参数等效参数之间的关系。可有

$$r_{bb'} + r_{b'e} = r_{be} = r_{bb'} + (1+\beta_0)\frac{26(\text{mV})}{I_{EQ}}$$

$$g_m\dot{U}_{b'e} = g_m\dot{I}_b r_{b'e} = \beta_0\dot{I}_b$$

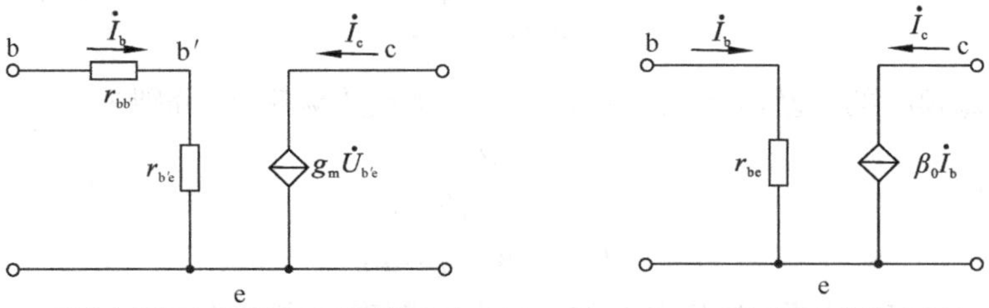

(a) 不考虑极间电容的混合π型等效电路　　(b) 简化H参数等效电路

图 2.6.9　混合 π 参数与 H 参数之间的关系

可得，混合 π 型等效电路的参数为

$$r_{b'e}=r_{be}-r_{bb'}=(1+\beta_0)\frac{26(\text{mV})}{I_{EQ}(\text{mA})}\tag{2.6.21}$$

$$g_m=\frac{\beta_0}{r_{b'e}}=\frac{\beta_0}{(1+\beta_0)\dfrac{26(\text{mV})}{I_{EQ}}}\approx\frac{I_{EQ}(\text{mA})}{26(\text{mV})}\tag{2.6.22}$$

还可看出，混合 π 型等效电路参数 $r_{b'e}$、g_m 的值与静态电流 I_{EQ} 有关，I_{EQ} 越大，则 $r_{b'e}$ 越小，而 g_m 越大。$r_{bb'}$ 为基区体电阻，与静态工作点无关，对于一般小功率三极管，$r_{bb'}$ 约为几十至几百欧。

在混合 π 型等效电路中，一般 $C_{b'e}$ 比 $C_{b'c}$ 大得多。通常 $C_{b'e}$ 的值可从器件手册上查到，而 $C_{b'c}$ 的值可由手册上查得三极管的特征频率 f_T，然后根据下式估算得到

$$C_{b'e}\approx\frac{g_m}{2\pi f_T}\tag{2.6.23}$$

2.6.4　共射放大电路的频率响应

1. 混合 π 型等效电路单向化

在图 2.6.8(b)所示的混合 π 型等效电路中，电容 $C_{b'c}$ 跨接在 b′和 c 之间将输入回路与输出回路直接联系起来，互相影响。致使求解电路的过程变得十分麻烦。为此，可以利用密勒定理将 $C_{b'c}$ 等效到输入和输出回路中，即分别接在 b′和 e 之间、c 和 e 之间，如图 2.6.10 所示。

利用密勒定理将图 2.6.8(b)电路作单向化的等效即可得到混合 π 型等效电路的单向化电路，如图 2.6.11 所示。在单向化的等效以后，输入回路与输出回路不再在电路上直接发生联系。

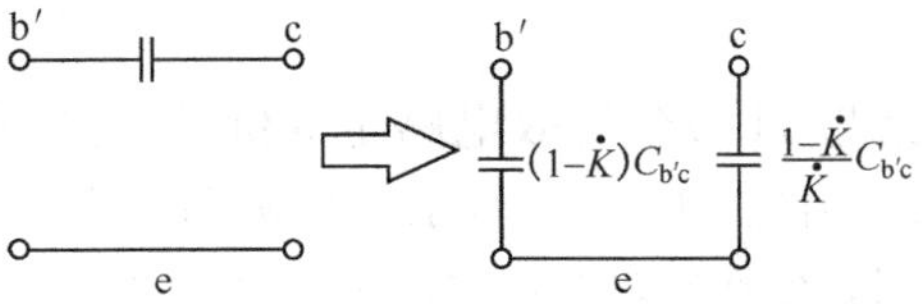

图 2.6.10　$C_{b'c}$ 的密勒定理等效

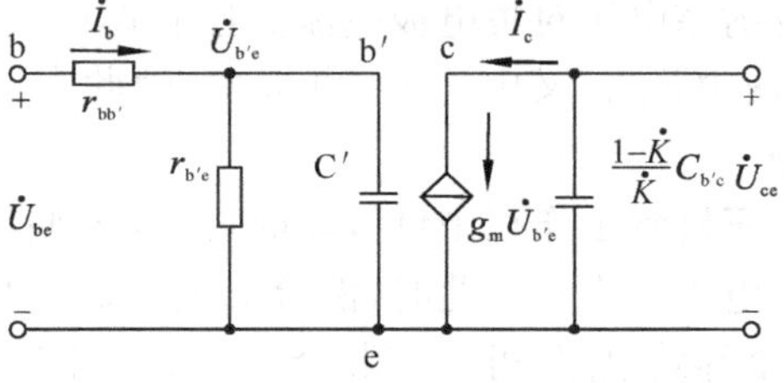

图 2.6.11　混合 π 型等效电路的单向化模型

2. 共射放大电路频率响应

阻容耦合单管共射放大电路如图 2.6.12(a)所示。在分析过程中，有时可将 C_2 和 R_L 看成是下一级的输入端耦合电容和输入电阻，在本级的频率响应分析时可以不予考虑。在此情况下，可得到放大电路的混合 π 型等效电路，如图 2.6.12(b)所示。

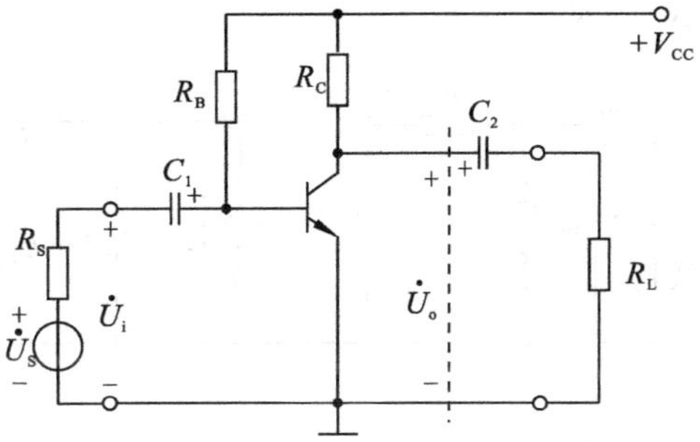
(a) 放大电路图

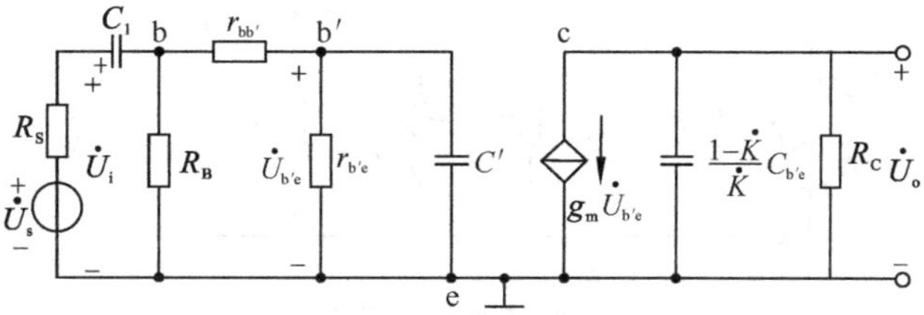
(b) 混合π型等效电路

图 2.6.12　阻容耦合单管共射放大电路

下面先分别讨论中频、低频和高频时的放大电路频率响应，再合并得到放大电路的全频段频率响应。

1）中频段

在中频段内，耦合电容 C_1 的容抗很小，可以近似为交流短路，而极间电容的容抗很大，可以近似为交流开路。在中频段混合 π 型等效电路中的各种容抗对电路的影响可以忽略不计，因此，阻容耦合单管共射放大电路的中频等效电路如图 2.6.13 所示。

由图可得

$$R_i = R_B // (r_{bb'} + r_{b'e})$$

$$\dot{U}_{b'e} = \frac{R_i}{R_s + R_i}\frac{r_{b'e}}{r_{be}}\dot{U}_s$$

而

$$\dot{U}_o = -g_m\dot{U}_{b'e}R_C = -\frac{R_i}{R_s + R_i}\frac{r_{b'e}}{r_{be}}g_m R_C\dot{U}_s$$

则中频电压放大倍数为

$$\dot{A}_{usm} = \frac{\dot{U}_o}{\dot{U}_s} = -\frac{R_i}{R_s + R_i}\frac{r_{b'e}}{r_{be}}g_m R_C$$

2）低频段

当输入信号频率下降时，由于隔直流耦合电容的容抗增大，将使放大电路的电压放大倍数降低。所以在低频段必须考虑耦合电容 C_1 的作用。而三极管的极间电容并联在电路中，由于容抗很大，可认为交流开路。因此，低频等效电路如图 2.6.14 所示。

由图 2.6.14 可见，电容 C_1 与输入电阻构成一个 RC 高通电路。可得

$$\dot{U}_{b'e} = \frac{R_i}{R_s + R_i + \frac{1}{j\omega C_1}}\frac{r_{b'e}}{r_{be}}\dot{U}_s$$

$$\dot{U}_o = -g_m \dot{U}_{b'e} R_C = -\frac{R_i}{R_s + R_i} \frac{r_{b'e}}{r_{be}} g_m R_C \frac{1}{1 + \frac{1}{j\omega(R_s + R_i)C_1}} \dot{U}_s$$

则低频电压放大倍数为

$$\dot{A}_{usl} = \frac{\dot{U}_o}{\dot{U}_s} = \dot{A}_{usm} \frac{1}{1 + \frac{1}{j\omega(R_s + R_i)C_1}} \tag{2.6.24}$$

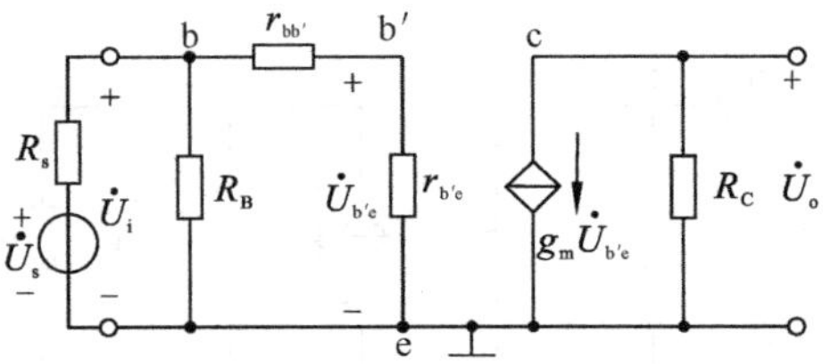

图 2.6.13 阻容耦合单管共射放大电路的中频等效电路

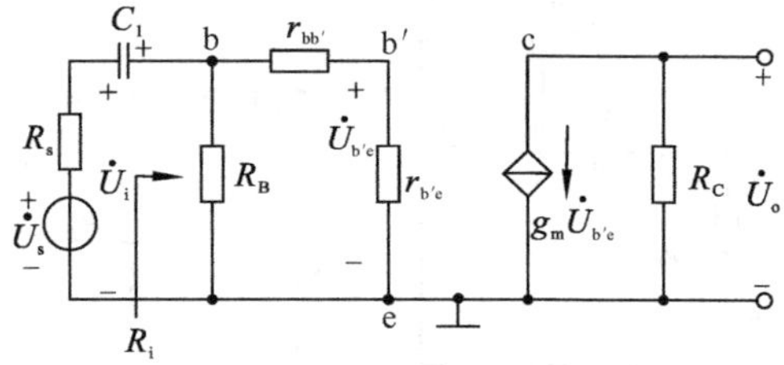

图 2.6.14 阻容耦合单管共射放大电路的低频等效电路

设低频等效电路的时间常数为

$$\tau_L = (R_s + R_i)C_1$$

低频段的下限频率为

$$f_L = \frac{1}{2\pi\tau_L} = \frac{1}{2\pi(R_s + R_i)C_1} \tag{2.6.25}$$

将 f_L 代入式(2.6.24)，则低频电压放大倍数为

$$\dot{A}_{usl} = \dot{A}_{usm} \frac{1}{1 - j\frac{f_L}{f}} \tag{2.6.26}$$

由此可知，阻容耦合单管共射放大电路的下限频率 f_L 主要决定于时间常数 $(R_s + R_i)C_1$，时间常数越大，则 f_L 越小，即放大电路的低频响应就越好。

3）高频段

当输入信号频率升高时，隔直流耦合电容 C_1 的容抗变小，可以忽略不计。此时，只需要考虑三极管极间电容的影响。因此，可以得到高频等效电路如图 2.6.15 所示。

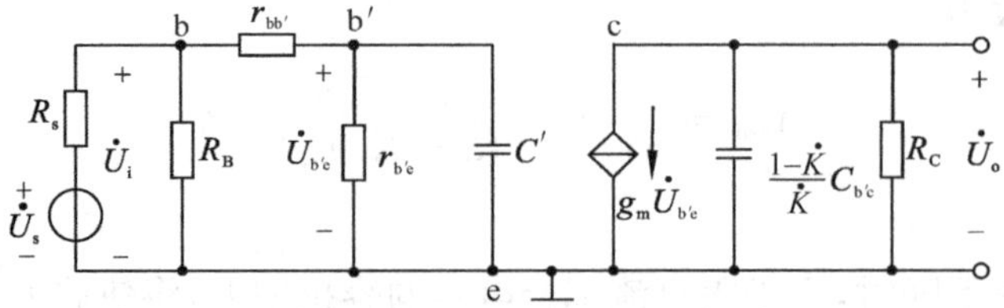

图 2.6.15 阻容耦合单管共射放大电路的高频等效电路

由于输出回路的时间常数要比输入回路的时间常数小得多，在分析放大电路高频段频率响应时可以只考虑输入回路的影响。因此，高频等效电路的简化电路如图 2.6.16 所示。

由图可得

$$\dot{U}'_s = \frac{R_i}{R_s + R_i}\frac{r_{b'e}}{r_{be}}\dot{U}_s$$

$$R' = r_{b'e} \,/\!/\, [r_{bb'} + (R_s \,/\!/\, R_B)]$$

$$C' = C_{b'e} + (1 - \dot{K})C_{b'c} = C_{b'e} + (1 + g_m R_c)C_{b'c}$$

因电容 C' 与电阻 R' 构成一个 RC 低通电路，则可得

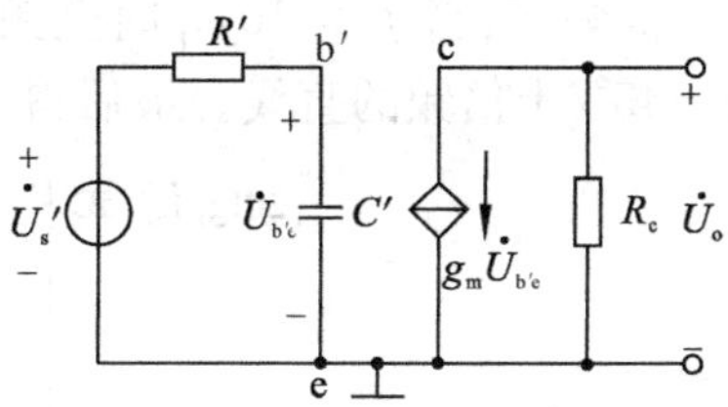

图 2.6.16　高频等效电路的简化电路

$$\dot{U}_{b'e} = \frac{\frac{1}{j\omega C'}}{R' + \frac{1}{j\omega C'}}\dot{U}'_s = \frac{1}{1 + j\omega R'C'}\dot{U}'_s$$

$$\dot{U}_o = -g_m\dot{U}_{b'e}R_c = -\frac{R_i}{R_s + R_i}\frac{r_{b'e}}{r_{be}}g_m R_c\frac{1}{1 + j\omega R'C'}\dot{U}_s$$

则高频电压放大倍数为

$$\dot{A}_{ush} = \frac{\dot{U}_o}{\dot{U}_s} = \dot{A}_{usm}\frac{1}{1 + j\omega R'C'} \tag{2.6.27}$$

设高频等效电路的时间常数为 $\tau_H = R'C'$，则高频段的上限频率为

$$f_H = \frac{1}{2\pi\tau_H} = \frac{1}{2\pi R'C'} \tag{2.6.28}$$

则高频电压放大倍数可表示为

$$\dot{A}_{ush} = \dot{A}_{usm}\frac{1}{1 + j\frac{f}{f_H}} \tag{2.6.29}$$

可见，单管共射放大电路的上限频率 f_H 主要决定于高频时间常数 $R'C'$，时间常数越小，则 f_H 越大，即放大电路的高频响应越好。由于 C' 与三极管的极间电容有关，因此，为了得到良好的高频响应，应该选用极间电容比较小的三极管。

4）频率响应完整波特图

对以上在中频、低频和高频时分别得到的放大电路电压放大倍数的表达式进行综合，可得阻容耦合单管共射放大电路在全频率段的电压放大倍数的表达式为

$$\dot{A}_{us} \approx \frac{\dot{A}_{usm}}{\left(1 - j\frac{f_L}{f}\right)\left(1 + j\frac{f}{f_H}\right)} \tag{2.6.30}$$

根据以上在中频、低频和高频时的分析结果，可画出阻容耦合单管共射放大电路频率响应的完整波特图。具体做法如下：

(1) 对数幅频特性。

中频区：从 f_L 至 f_H 作一条高度为 $20\lg|\dot{A}_{usm}|$ 的水平直线。

低频区：从 f_L 开始，向左下方作一条斜率为 20dB/十倍频的直线。

高频区：从 f_H 开始，向右下方作一条斜率为－20dB/十倍频的直线。

(2)对数相频特性。

中频区：从 $10f_L$ 至 $0.1f_H$ 作一条 $\varphi = -180°$ 的水平直线。

低频区：当 $f < 0.1f_L$ 时，$\varphi = -180° + 90° = -90°$；在 $0.1f_L \sim 10f_L$ 之间，作一条斜率为 $-45°$/十倍频的直线。

高频区：当 $f > 10f_H$ 时全频段 $\varphi = -180° - 90° = -270°$；在 $0.1f_H \sim 10f_H$ 作一条斜率为 $-45°$/十倍频的直线。最后得到的波特图如图 2.6.17 所示。

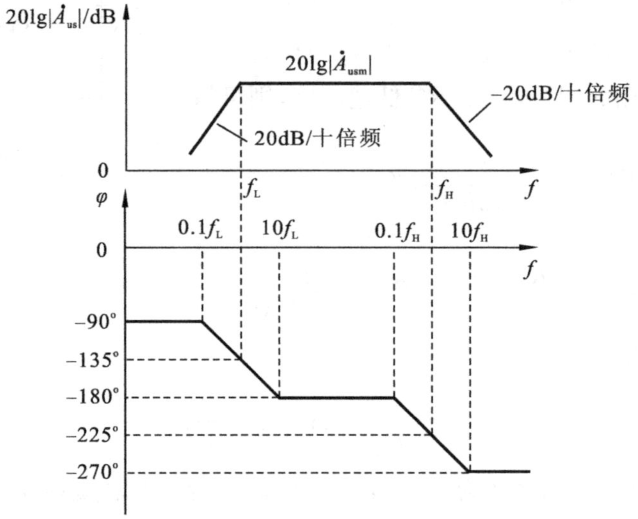

图 2.6.17　阻容耦合单管共射放大电路频率特性的全频率段波特图

5）增益-带宽积

对于电压放大电路，一般希望既有较高的中频电压放大倍数，同时又有较宽的通频带，因此，常用**增益-带宽积**作为放大电路的一个综合性能指标。所谓增益-带宽积是指中频电压放大倍数与通频带的乘积。由于 $f_H \gg f_L$，可认为 $BW = f_H - f_L \approx f_H$，故增益-带宽积可表示为

$$|\dot{A}_{usm}BW| \approx |\dot{A}_{usm}f_H| \qquad (2.6.31)$$

一般地，当选定放大电路中的三极管以后，$r_{bb'}$ 和 $C_{b'c}$ 值即被确定，于是**增益-带宽**积也就确定了。此时，若将电压放大倍数提高若干倍，则通频带也将相应地变窄差不多同样的倍数。

例 2.6.1　共发射极放大电路如图 2.6.18(a)所示，已知三极管的 $r_e = 10\Omega$，$r_{bb'} = 100\Omega$，$r_{ce} = \infty$，$\beta = 100$，$C_{b'e} = 100\text{pF}$，$C_{b'c} = 3\text{pF}$。要求：

(1) 试画出电路的高频等效电路；

(2) 求上限频率 f_H。

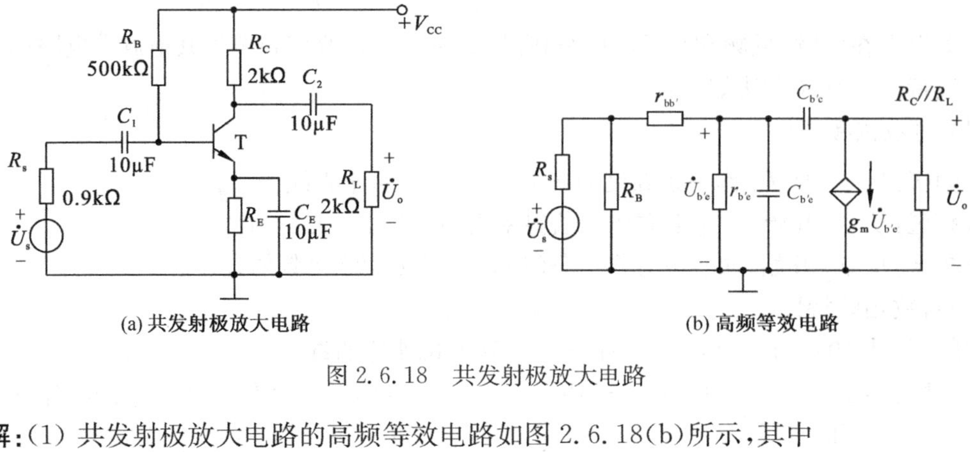

(a) 共发射极放大电路　　(b) 高频等效电路

图 2.6.18　共发射极放大电路

解：(1) 共发射极放大电路的高频等效电路如图 2.6.18(b)所示，其中

$$r_{b'e}=(1+\beta)r_e\approx 1(\text{k}\Omega),g_m=\frac{1}{r_e}=100(\text{mS})$$

(2) 利用密勒定理将极间电容 $C_{b'c}$ 折算到输入端，即

$$C_m=[1+g_m(R_C\ /\!/\ R_L)]C_{b'c}=303(\text{pF}),C_t=C_m+C_{b'e}=403(\text{pF})$$

$$R_t=r_{b'e}\ /\!/\ (r_{bb'}+R_B\ /\!/\ R_s)=0.5(\text{k}\Omega)$$

$$f_H=\frac{1}{2\pi R_tC_t}=\frac{1}{6.28\times 0.5\times 10^3\times 403\times 10^{-12}}\approx 0.79(\text{MHz})$$

2.6.5 共基和共集放大电路的高频响应

由以上分析可知，共射极放大电路的带宽较窄，要增加带宽，就必须减小或消除密勒定理引起的等效电容影响。共基极和共集电极放大电路可以满足这样的要求，可以得到相对较高的上限频率。

1. 共基放大电路的高频响应

共基极放大电路具有低输入阻抗、较高输出阻抗和接近于 1 的电流放大倍数。由于放大电路的通频带主要由上限频率决定，所以重点分析它的高频响应。共基极放大电路的交流通路如图 2.6.19(a)所示，图 2.6.19(b)所示为相应的高频小信号等效电路。由于在很宽的频率范围内 i_b 比 i_e 和 i_c 小得多，而且 $r_{bb'}$ 的数值也很小，因此 b′点的交流电位可以近似为零。这样简化后的等效电路如图 2.6.19(c)所示。

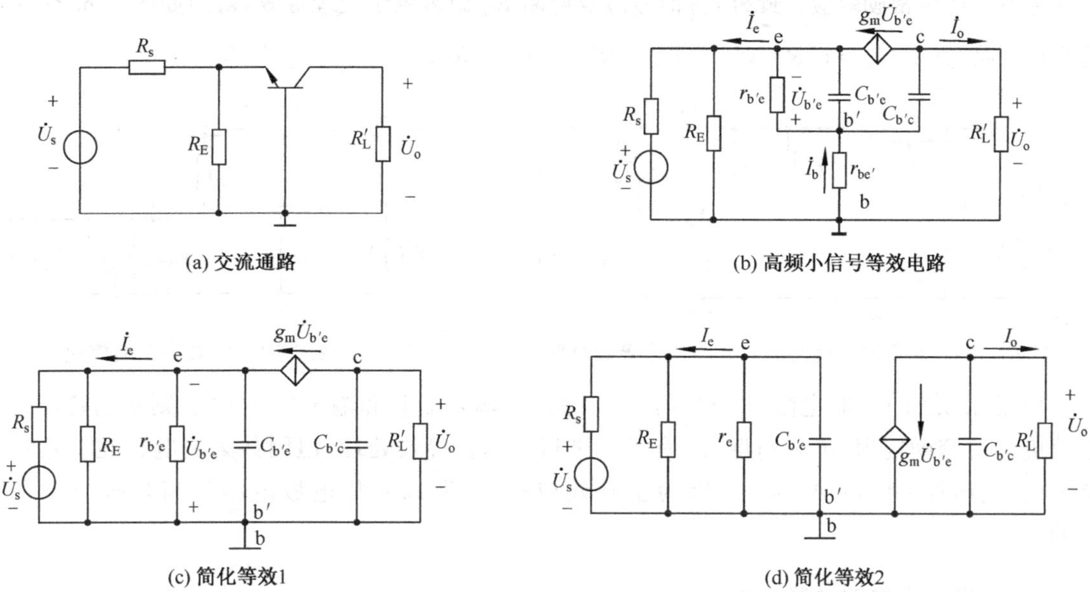

图 2.6.19　共基极放大电路及等效电路

由图可见，集电结电容 $C_{b'c}$ 接在输出端口因而不产生密勒效应，由图 2.6.19(c)可得

$$\dot{I}_e=\dot{U}_{b'e}\left(\frac{1}{r_{b'e}}+g_m+j\omega C_{b'e}\right)$$

$$= \dot{U}_{b'e}\left[\frac{1}{(1+\beta)r_e}+\frac{1}{r_e}+j\omega C_{b'e}\right]$$

$$\approx \dot{U}_{b'e}\left(\frac{1}{r_e}+j\omega C_{b'e}\right) \tag{2.6.32}$$

可得,从三极管发射极看进去的输入导纳为

$$\frac{\dot{I}_e}{\dot{U}_{b'e}}=\frac{1}{r_e}+j\omega C_{b'e} \tag{2.6.33}$$

于是,可得到图 2.6.19(d)所示的等效电路,则共基极放大电路的高频电压放大倍数为

$$\dot{A}_{ush}=\frac{\dot{A}_{usm}}{\left(1+j\dfrac{f}{f_{H1}}\right)\left(1+j\dfrac{f}{f_{H2}}\right)} \tag{2.6.34}$$

式中,$f_{H1}=\dfrac{1}{2\pi(R_s /\!/ R_E /\!/ r_e)C_{b'e}}$,$f_{H2}=\dfrac{1}{2\pi R'_L C_{b'c}}$,$A_{usm}=g_m R'_L\dfrac{r_e /\!/ R_E}{R_s+r_e /\!/ R_E}$。

综上所述,由于共基极放大电路中不存在密勒效应引起的等效电容,而且三极管的输入电阻 r_e(即发射结的正向电阻)很小,故 f_{H1} 很高。又由于 $C_{b'c}$ 很小,所以 f_{H2} 也很高。因此,共基极放大电路具有较好的高频响应特性。

2. 共集放大电路的高频响应

图 2.6.20 所示为共集放大电路的高频小信号等效电路。因为电容 $C_{b'c}$ 只接在输入回路中,所以它不会产生密勒效应。此外,将信号源及电阻 R_B 做戴维宁定理等效,得到如图 2.6.21 所示的简化电路,其中 $\dot{U}'_s=\dot{U}_s R_B/(R_s+R_B)$,$R'_s=R_s /\!/ R_B$。

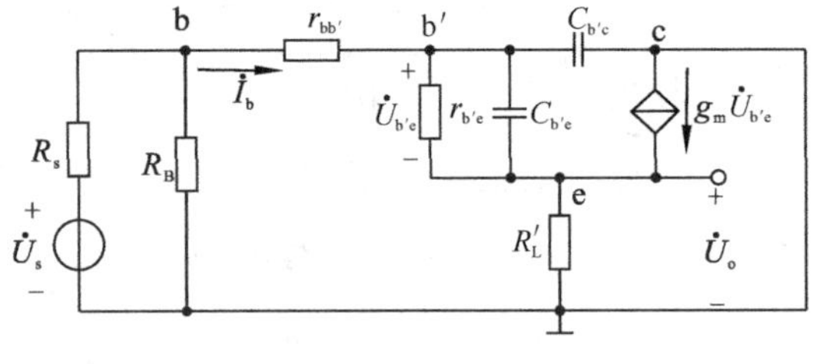

图 2.6.20　共集放大电路的高频小信号等效电路

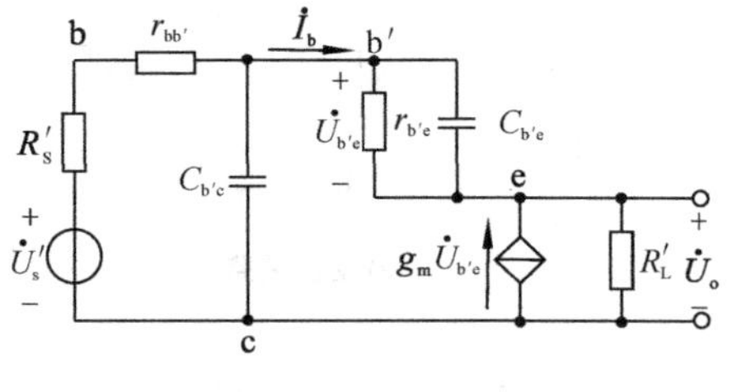

图 2.6.21　等效电路的简化

由图 2.6.21 可知,电阻 $r_{b'e}$ 和电容 $C_{b'e}$ 跨接在输入端 b′和输出端 e 之间,则它们将产生密勒效应。由密勒定理,可分别将 $r_{b'e}$ 和 $C_{b'e}$ 进行单向化等效处理,但因共集极电路在一定频率范围内,电压放大倍数 $A_u\approx 1$,因为密勒效应很小,所以共集电极电路的高频响应也是很好的。

2.6.6　多级放大电路的频率响应

1. 多级放大电路的幅频特性和相频特性

多级放大电路总的电压放大倍数是各级基本放大电路的电压放大倍数之积。对于 n 级放大电路,总的电压放大倍数为

$$\dot{A}_u=\dot{A}_{u1}\dot{A}_{u2}\cdots\dot{A}_{un}$$

则多级放大电路的对数幅频特性为

$$20\lg|\dot{A}_u| = 20\lg|\dot{A}_{u1}| + 20\lg|\dot{A}_{u2}| + \cdots + 20\lg|\dot{A}_{un}| \tag{2.6.35}$$

多级放大电路频率响应总的相位移为

$$\varphi = \varphi_1 + \varphi_2 + \cdots + \varphi_n \tag{2.6.36}$$

式(2.6.35)和式(2.6.36)说明，多级放大电路的对数增益(电压放大倍数)等于其各级电路对数增益的代数和，而多级放大电路增益总的相位移也等于其各级增益相位移的代数和。因此，绘制多级放大电路总的对数幅频特性和相频特性时，只要把各放大电路在同一横坐标下的对数增益和相位移分别叠加起来就可以了。

若有两个幅频特性和相频特性完全相同的单级放大电路串联组成一个两级放大电路，则只需分别将原来单级放大电路的对数幅频特性和相频特性上每一点的纵坐标增大一倍，即可得到放大电路总的对数幅频特性和相频特性，如图 2.6.22 所示。

2. 多级放大电路的上限频率和下限频率

由图 2.6.22 可见，对应于单级放大电路的下限频率 f_{L1} 和上限频率 f_{H1} 处，原来单级放大电路的对数幅频特性将下降 3dB，但经过叠加以后，两级放大电路的对数幅频响应在该频率处将下降 6dB。因此，两级放大电路的下限频率 $f_L > f_{L1}$，上限频率 $f_H < f_{H1}$。由此可见，多级放大电路的通频带，总是比组成它的每一级的通频带更窄。

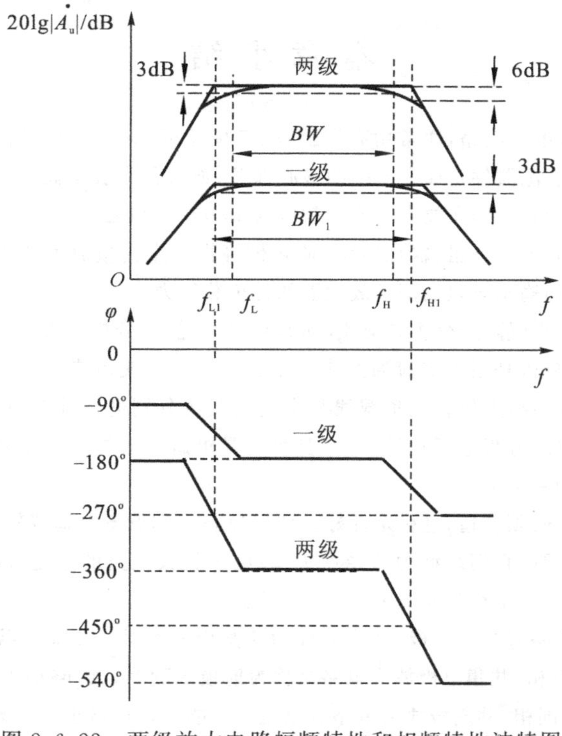

图 2.6.22　两级放大电路幅频特性和相频特性波特图

可以证明，多级放大电路的上限、下限频率与组成它的 n 个放大级的上、下限频率之间有以下近似关系

$$\frac{1}{f_H} \approx 1.1\sqrt{\frac{1}{f_{H1}^2}+\frac{1}{f_{H2}^2}+\cdots+\frac{1}{f_{Hn}^2}} \tag{2.6.37}$$

$$f_L \approx 1.1\sqrt{f_{L1}^2+f_{L2}^2+\cdots+f_{Ln}^2} \tag{2.6.38}$$

当然，实际工作中很少用完全相同的基本放大级组成多级放大电路。当多级放大电路中各级的上限频率或下限频率相差很多时，可取起主要作用的某级基本放大电路的下限频率与上限频率来估算多级放大电路的 f_L 或 f_H。例如，若其中第 m 级基本放大电路的上限频率 f_{Hm} 比其他各级电路的上限频率小很多时，可近似认为 $f_H \approx f_{Hm}$。同理，若其中第 k 级基本放大电路的下限频率 f_{Lk} 比其他各级电路的下限频率大很多时，可近似认为 $f_L \approx f_{Lk}$。

思 考 题

2.6.1 阻容耦合放大电路的幅频响应在低频区和高频区将有一定的衰减，这是由哪些因素引起的？

2.6.2 放大电路的频带宽度是怎样定义的？

2.6.3 双极型三极管放大电路中哪种组态(共射、共基、共集)的高频响应好？为什么？

2.6.4 对于一个三极管参数确定的放大电路，其增益-带宽积是常数。以共射放大电路为例，牺牲电压放大倍数，为什么能换取带宽增加的好处？

2.6.5 阻容耦合放大电路的上限频率和下限频率主要有哪些元件参数决定？

2.6.6 多级放大电路的频带宽度为什么比其中的任一单级放大电路的频带要窄？

本 章 小 结

1. 放大器是基本的模拟电子电路，通常由有源器件(三极管或场效应管)、偏置电路、输入与输出信号耦合元件、直流电源等组成。有源器件是放大电路的核心部分，放大器偏置电路为三极管(或场效应管)提供合适的静态工作点，以保证三极管工作在放大区或场效应管工作在饱和区。

通常用放大倍数(增益)、输入电阻、输出电阻、通频带等指标来衡量放大器的性能。输入电阻表征了放大器对信号源的负载特性，而输出电阻表征了放大器的带负载能力。

2. 放大电路分析包括直流(静态)分析和交流(动态)分析。静态分析是根据直流通路来确定放大电路的静态直流工作点，交流动态分析是根据交流通路来确定放大电路的交流指标。分析方法有图解法和微变等效电路法。图解法是在特性曲线上作直流负载线与交流负载线分别进行静态与动态的分析；微变等效电路法通过微变等效电路列出电路方程进行计算分析，其目的是求解放大电路的主要性能指标(如放大倍数、输入电阻、输出电阻、动态范围和带宽)。

放大电路的静态工作点必须合适，且稳定性好。如果静态工作点不合适或输入信号过大，放大电路的输出将产生饱和失真或截止失真，它们统称为非线性失真；由于放大电路的带宽有限，将引起放大电路的输出产生幅频失真和相频失真，它们统称为频率失真。

3. 双极型三极管放大电路有共发射极、共集电极和共基极三种基本组态。共射极放大电路有电压和电流放大能力，并且 u_o 与 u_i 反相；共集电极放大电路又称为射极跟随器，A_u 略小于 1，有电流放大能力，输入电阻大，输出电阻小，u_o 与 u_i 同相；共基极放大电路有电压放大能力，A_i 略小于 1，输入电阻小，u_o 与 u_i 同相。

4. FET 放大电路常用的直流偏置方式有：自给偏压电路和分压式自给偏压电路，前者只适用于耗尽型 FET。FET 放大电路的静态工作点分析可用图解法或估算法计算，FET 放大电路的动态分析一般用微变等效电路法。

FET 也有三种基本组态。共源极放大电路有电压放大能力，输入电阻大，u_o 与 u_i 反相；共漏极放大电路无电压放大能力，输入电阻大，输出电阻小，u_o 与 u_i 同相；共栅极放大电路有电压放大能力，输入电阻小，u_o 与 u_i 同相。

5. 利用双极型三极管和场效应管能组成基本放大器，将基本放大器级联可构成多级放大电路。在多级放大电路中，需要解决级与级之间、放大电路与信号源之间、负载与放大电路之间的耦合问题，常用的耦合方式有：阻容耦合、变压器耦合和直接耦合。阻容耦合和变压器耦合放大电路的各级静态工作点相互独立，不能放大直流和频率很低的信号；直接耦合放大电路有零点漂移问题和各级静态工作点相互牵连问题，但它能够放大直流信号，也能放大交流信号。

多级放大器的电压放大倍数为每一级放大倍数的乘积，但在计算每一级电压放大倍数时应将后级的输入电阻作为前级的负载。

6. 由于放大电路中存在耦合电容和旁路电容，以及晶体管器件有极间电容效应，放大电路的电压放大倍数是输入信号频率的函数，这种函数关系称为放大电路的频率特性。影响放大电路低频响应的是耦合电容和发射极旁路电容，影响放大电路高频响应的是三极管的结电容与分布电容。

对放大电路频率响应进行分析时，一般采用“分频段”分析方法，即分别对低频段、高频段和中频段进行分析计算来获得完整的频率响应表达式或波特图。用晶体管的混合 π 型等效电路来分析放大电路的高频响应。放大电路的上限频率 f_L 和下限频率 f_H 决定于电容所在回路的时间常数 τ。

对于三种双极型三极管放大电路，共射放大电路输入电容大，密勒倍增效应影响严重，输出电阻也比较大，所以上限频率比较低；共集放大电路不存在密勒倍增效应，其输入电容极小，输出电阻也小，故上限频率远高于共射放大电路；共基放大电路也不存在密勒效应，输入电阻小，故上限频率也远高于共射放大电路；对于共射、共基、共集三种基本组态放大器来说，当晶体管选定后，增益-带宽积基本上为常数。

实际放大电路中，对多频输入信号可能会引起频率失真（又称线性失真），它分为幅度失真和相位失真。为将频率失真控制在允许范围内，要求放大电路的通频带略宽于待放大信号所占据的频带；多级放大电路的上限频率比其中任何一级基本放大器的上限频率都低，且总的上限频率主要取决于其中最低的一级。而下限频率比其中任何一级基本放大器的下限频率都高，且总的下限频率主要取决于其中最高一级。

习　题

2.1　放大电路如题图 2.1 所示。当出现下列情况时，该电路能否正常放大？设图中各电容对信号可视为短路。

(1) R_C 短路；(2) R_C 开路；(3) R_{B1} 开路；(4) C_E 开路；(5) C_E 短路；(6) V_{CC} 极性相反。

2.2　试用图解法确定题图 2.2(a)所示电路的静态工作点 I_{CQ} 和 U_{CEQ}。题图 2.2(b)为三极管的输出特性曲线，三极管的 $U_{BE}=0.6\text{V}$。

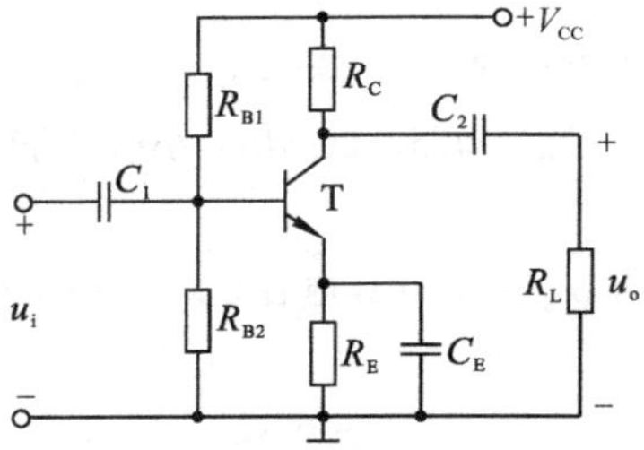

题图 2.1

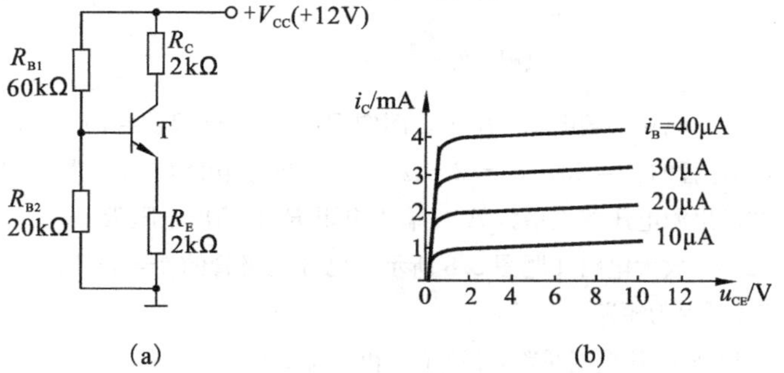

题图 2.2

2.3　共发射极放大电路如题图 2.3 所示，已知三极管 $\beta = 70$，I_{CEO} 可忽略，$U_{BE} = 0.7V$，$V_{CC} = 12V$，$R_C = 3k\Omega$。试问：

(1) 如将静态集电极电流 I_{CQ} 调至 1.5mA，R_B 应取何值？

(2) 如将静态集射电压 U_{CEQ} 调至 3.3V，R_B 应取何值？

(3) 在(2) 问的条件下，求放大电路的电压放大倍数 A_u、输入电阻 R_i 和输出电阻 R_o。

2.4　放大电路如题图 2.4 所示。三极管的 $\beta = 100$，$U_{BE} = 0.6V$，$R_C = 2k\Omega$，$R_E = 2k\Omega$，$R_{B1} = 50k\Omega$，$R_{B2} = 33k\Omega$，$R_L = 5k\Omega$。试计算该电路的直流工作点 I_{CQ} 和 U_{CEQ}。若 $R_S = 1k\Omega$，求 A_{us}、R_i 和 R_o。

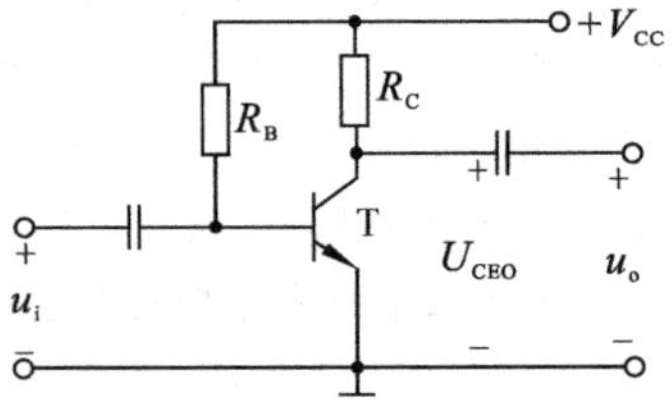

题图 2.3

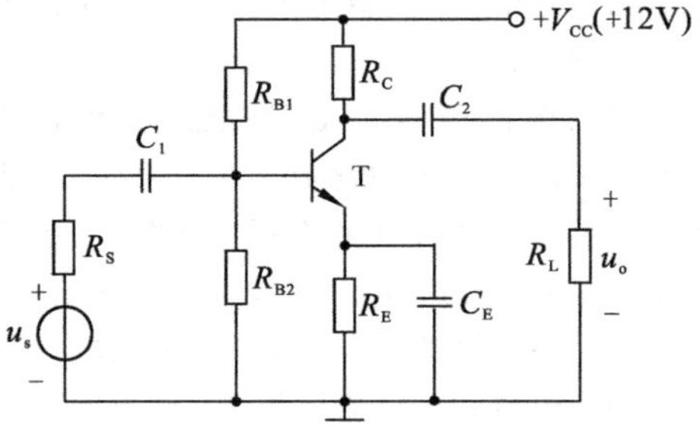

题图 2.4

2.5　放大电路如题图 2.5 所示。已知三极管的 $\beta = 50$，$U_{BE} = 0.6V$。要求：

(1) 试画出该电路的直流通路，计算工作点 I_{CQ}、U_{CEQ}；

(2) 如取 $R_3 = 40k\Omega$，$R_2 = 10k\Omega$，$\beta = 100$，其他参数不变，重新计算 I_{CQ}、U_{CEQ}；

(3) 若 $R_s = 1k\Omega$，其他参数如图，求 A_{us}、R_i 和 R_o。

2.6　已知某放大电路如题图 2.6 所示，晶体管的 $\beta = 100$，$r_{b'e} = 1.5k\Omega$，$r_{bb'} = 0$，$R_C = R_L = 4k\Omega$，$R_{B3} = 0.5k\Omega$，$R_S = 1k\Omega$，偏置元件 R_{B1}、R_{B2} 对交流的影响可以忽略，电容对信号可视为短路。试求：

(1) 输入电阻 R_i；

(2) 源电压放大倍数 A_{us}。

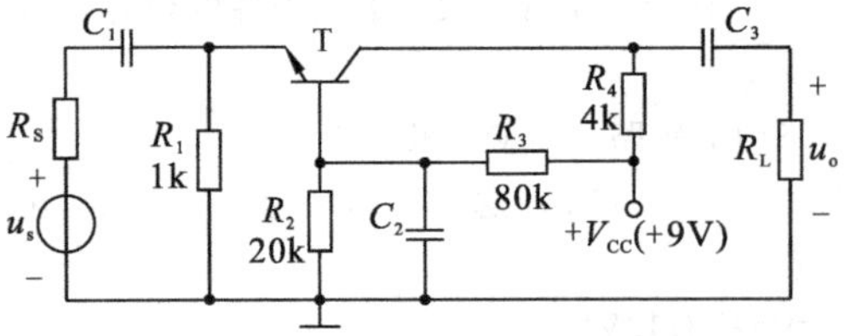

题图 2.5

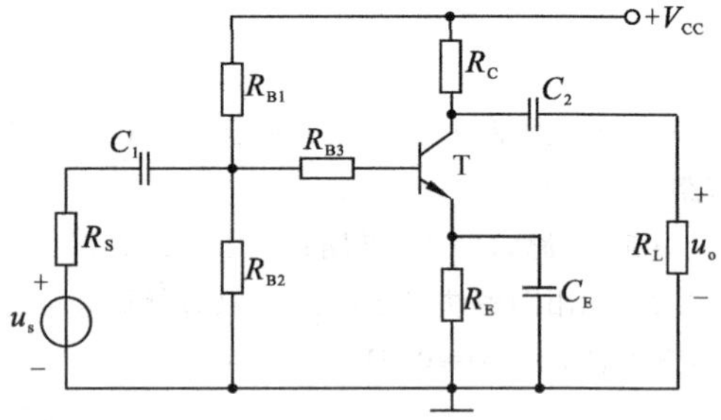

题图 2.6

2.7　电路如题图 2.7 所示。图中 $R_{B1} = 90k\Omega$，$R_{B2} = 10k\Omega$，$R_C = 6.8k\Omega$，$R_E = 1.2k\Omega$，$R_S = 600\Omega$，$R_L = 5k\Omega$ 晶体管的 $\beta = 60$，$r_{bb'} = 200\Omega$，$r_{b'e} = 1k\Omega$。电容 C_1、C_2 对交流信号可视为短路。试画出其小信号等效电路，并求出源电压放大倍数 A_{us}、输入电阻 R_i 和输出电阻 R_o。

2.8　放大电路如题图 2.8 所示。已知三极管的 $\beta = 30$，$U_{BE} = 0.7V$，$r_{bb'} = 300\Omega$，电容 C_1、C_2 和 C_E 对交流信号可视为短路。要求：

(1) 画出其直流通路，计算 I_{CQ} 和 U_{CEQ}；

(2) 画出其交流通路，计算 R_i、R_o 和 $A_u = \dfrac{u_o}{u_i}$。

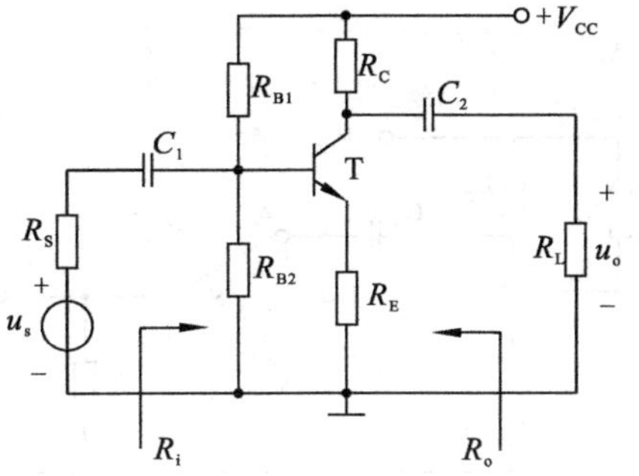

题图 2.7

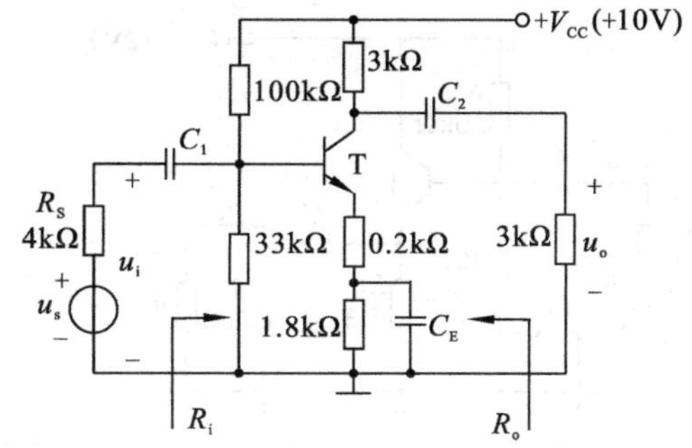

题图 2.8

2.9　电路如题图 2.9 所示。已知晶体管的 $\beta = 49$，$r_{bb'} = 0$，$r_{b'e} = 1k\Omega$。当开关 S 开启时，电路的输出电压 $u'_o = 5V$。若开关 S 闭合，问输出电压 u_o 为多少？$\frac{u_o}{u'_o}$ 为何值？

2.10　射极输出器如题图 2.10 所示。设 $V_{CC} = 12V$，$R_B = 510k\Omega$，$R_E = 3k\Omega$，$R_L = 3k\Omega$，$R_s = 0$。晶体管的 $\beta = 50$，$r_{bb'} = 0.3k\Omega$，$U_{BE} = 0.7V$，各电容对交流信号可视为短路。试求：

(1) 静态集电极电流 I_{CQ} 和电压 U_{CEQ}；

(2) 输入电阻 R_i 和输出电阻 R_o；

(3) 电压放大倍数 $A_u = \frac{u_o}{u_i}$。

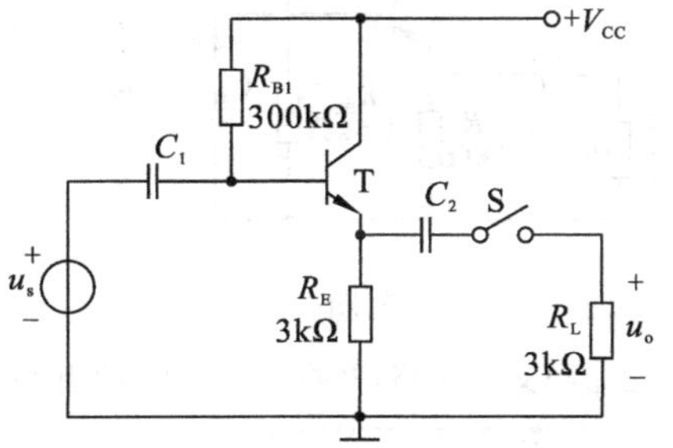

题图 2.9

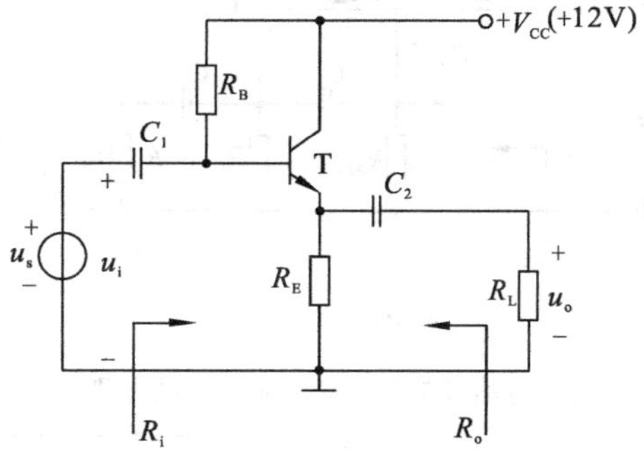

题图 2.10

2.11　题图 2.11 为共集放大电路。设晶体管的 $\beta = 100$，$U_{BE} = 0.7V$，$r_{bb'} = 300\Omega$，其他电路参数如图中所示。试求：

(1) 输入电阻 R_i、输出电阻 R_o；

(2) 电流放大倍数 $A_i = \frac{i_o}{i_i}$ 和电压益 $A_u = \frac{u_o}{u_i}$。

2.12　电路如题图 2.12 所示。所有电容对交流信号视为短路，$R_C = R_E = R_L = R$，S 为开关。试回答以下问题：

(1) S 接 B 点，u_{o1}、u_{o2} 和 u_i 三者在相位、幅值上是什么关系？

(2) S 接 A 点，u_{o1}、u_{o2} 的幅值有何变化，为什么？

(3) S 接 C 点，u_{o1}、u_{o2} 的幅值有何变化，为什么？

2.13　放大电路如题图 2.13 所示。各电容对交流信号可视为短路，$r_{bb'} = 0$。要求：

(1) 写出静态电流 I_{CQ} 的表达式；

(2) 写出电压放大倍数 $A_u = \frac{u_o}{u_i}$ 和输入电阻 R_i 的表达式；

(3) 若 C_3 开路，对静态工作点 Q 和 R_i 有何影响？

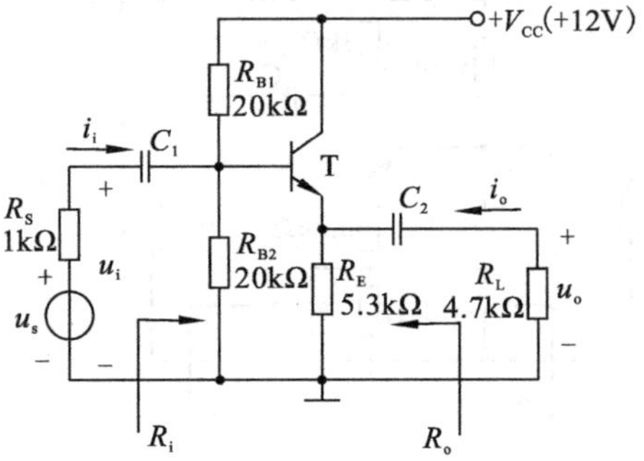

题图 2.11

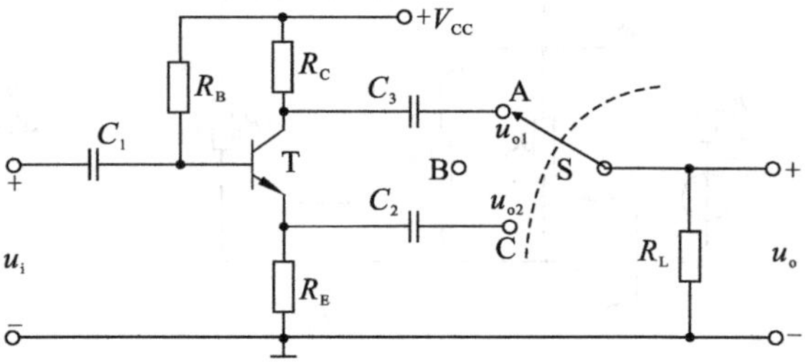

题图 2.12

2.14　把喇叭当成拾音器时,可以采用题图 2.14 所示放大电路。设三极管的 $\beta = 100$,$U_{BE} = 0.7V$。试问:

(1) 放大电路的组态和偏置方式是什么?

(2) 放大电路的输入电阻 R_i =?

(3) 电压放大倍数 $A_u = \dfrac{u_o}{u_i}$ =?

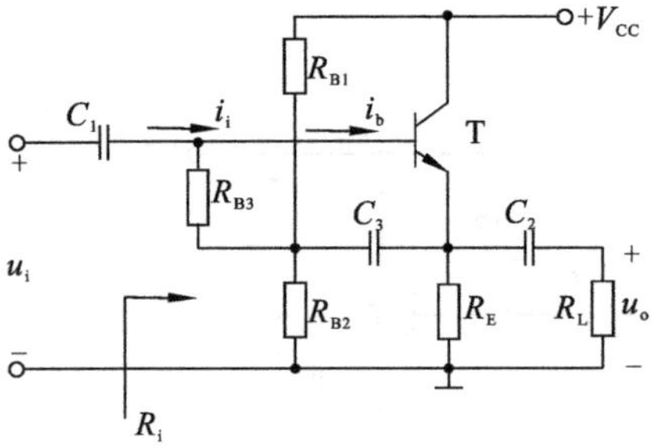

题图 2.13

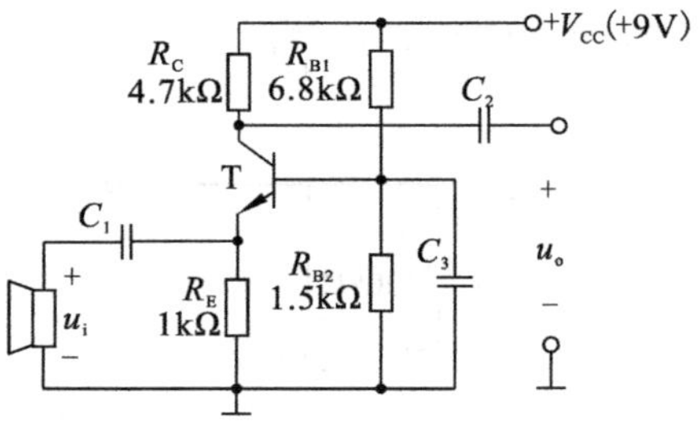

题图 2.14

2.15　放大电路如题图 2.15 所示。试分别画出其直流通路和交流通路,并指出 T_1、T_2 的组态。

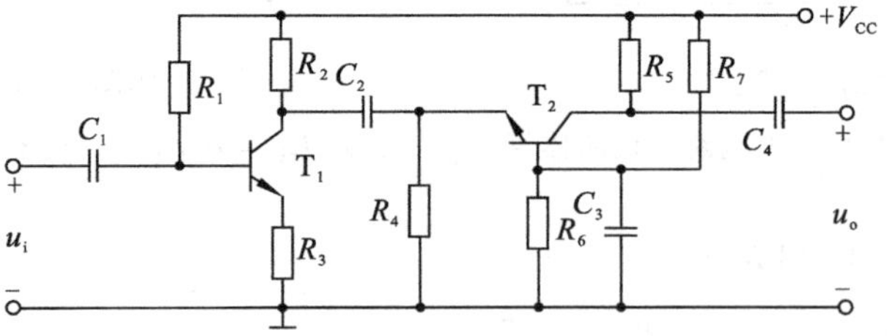

题图 2.15

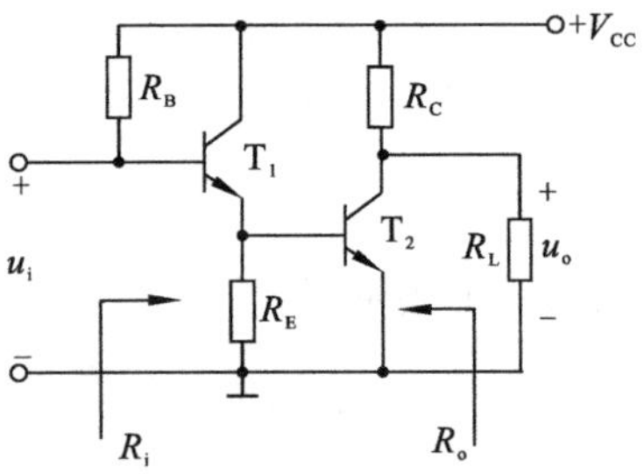

题图 2.16

2.16　多级放大电路如题图 2.16 所示。已知两个晶体管的参数相同:$r_{bb'} = 0$,$r_{b'e} = 1k\Omega$,$\beta = 50$;$R_C = R_L = 5k\Omega$,$R_E = 1k\Omega$,$R_B = 150k\Omega$。要求:

(1) 画出该电路的交流通路;

(2) 求该电路的输入电阻 R_i、输出电阻 R_o 和电压放大倍数 $A_u = \dfrac{u_o}{u_i}$。

2.17　题图 2.17 所示电路能否实现正常的放大功能?为什么?如有错误,试改正之。

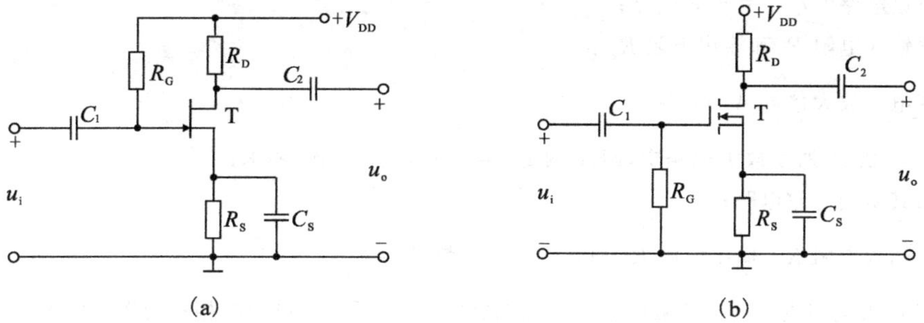

题图 2.17

2.18　在题图 2.18 所示电路中，$I_{DQ}=4\text{mA}$，$U_{GS(off)1}=U_{GS(off)2}=-4\text{V}$，试求 I_{DSS1} 和 I_{DSS2}。

2.19　放大电路如题图 2.19(a)所示，图 2.19(b)为 FET 饱和时的转移特性曲线，设 $r_{ds}=\infty$。试计算电压放大倍数 $A_u=\dfrac{u_o}{u_i}$、R_i 和 R_o。

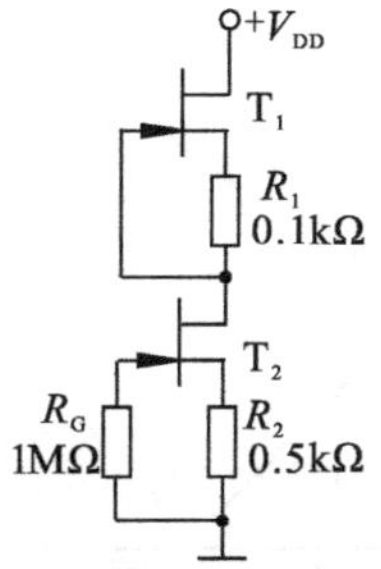

题图 2.18

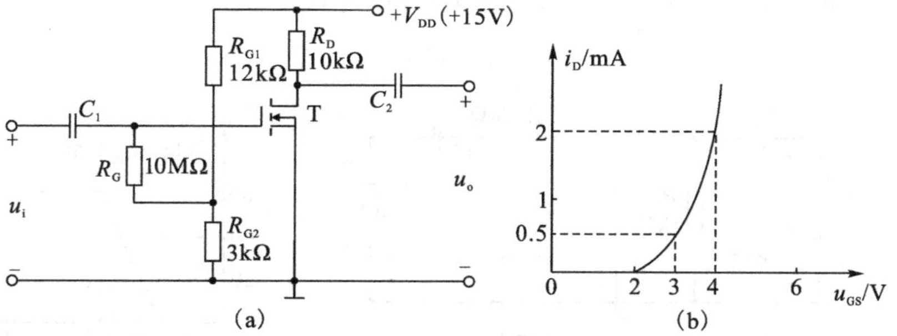

题图 2.19

2.20　由耗尽型 MOS 管组成的放大电路如题图 2.20 所示，各电容对交流信号可视为短路，静态工作点上的 $g_m=2\text{mS}$，$r_{ds}=\infty$。试计算：

(1) 输入电阻 R_i 和输出电阻 R_o；

(2) 电压放大倍数 $A_u=\dfrac{u_o}{u_i}$；

(3) 当输入信号的幅值 $U_{sm}=300\text{mV}$ 时，求输出电压的幅值 U_{om}；

(4) 如 $r_{ds}=50\text{k}\Omega$，重新计算 R_i、R_o、A_u 和 U_{om}。

2.21　题图 2.21 所示为 MOS 管源极输出器电路。已知 FET 的 $g_m=1\text{mS}$，$r_{ds}\to\infty$。要求：

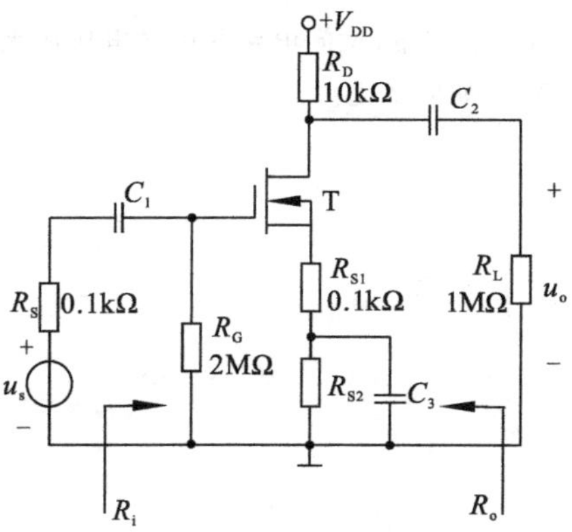

题图 2.20

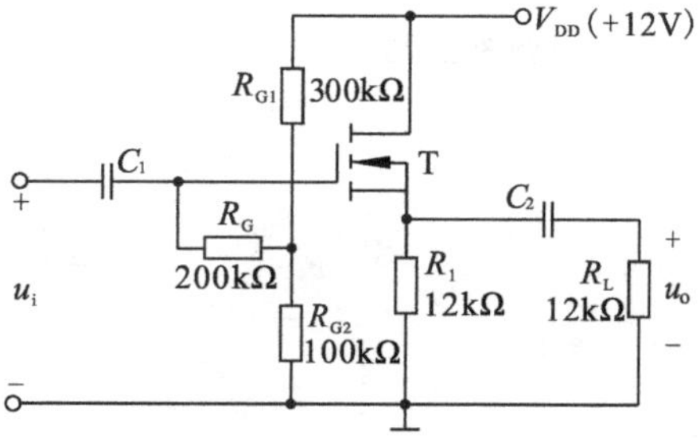

题图 2.21

(1) 画出该电路的小信号等效电路；

(2) 计算输入电阻 R_i 和输出电阻 R_o；

(3) 计算电压放大倍数 $A_u = \frac{u_o}{u_i}$。

2.22 题图 2.22 所示放大电路中，FET 的 $g_m = 2mS$，$r_{ds} = \infty$。要求：

(1) 画出其微变等效电路；

(2) 计算输入电阻 R_i、输出电阻 R_o 和电压放大倍数 $A_u = \frac{u_o}{u_i}$。

2.23 某放大电路电压放大倍数的幅频响应如题图 2.23 所示。设中频相移为零。要求：

(1) 写出 $\dot{A}_u(f)$ 频率特性的表达式；

(2) 求 $f = 10^7$ Hz 处的频率特性相移值；

(3) 求下限频率 f_L 的值；

(4) 求 $f = 100$Hz 处 $|\dot{A}_u|$ 值；

(5) 求 $f = 10$Hz 和 $f = 10^5$ Hz 处的频率特性相移值。

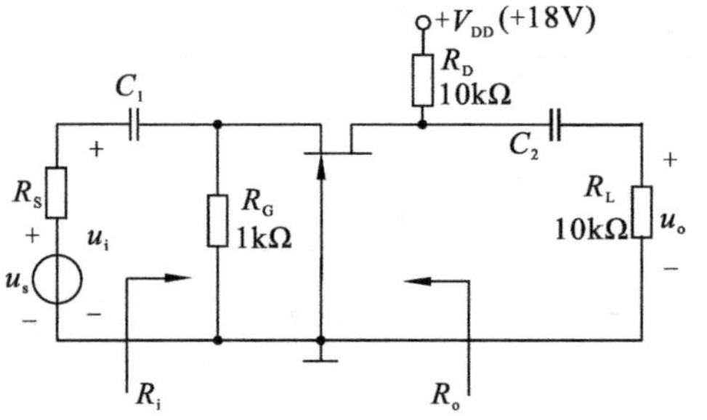

题图 2.22

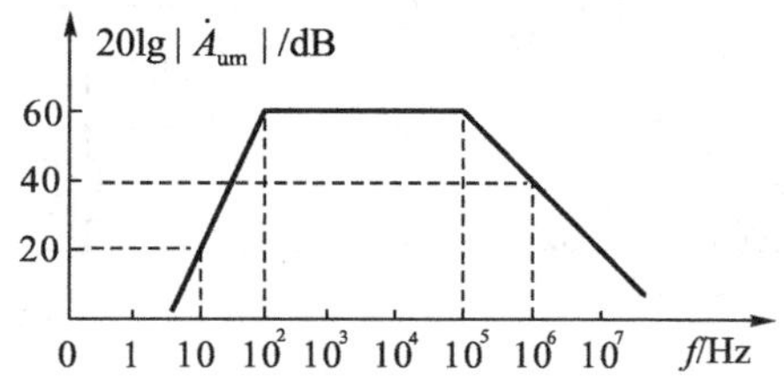

题图 2.23

2.24 在某两级放大电路中，已知 $A_{u1} = 40$dB，$f_{L1} = 4$Hz，$f_{H1} = 20$kHz；$A_{u2} = 30$dB，$f_{L2} = 300$Hz，$f_{H2} = 180$kHz。试问两级放大电路的电压放大倍数、上限频率 f_H 和下限频率 f_L 各为多少？

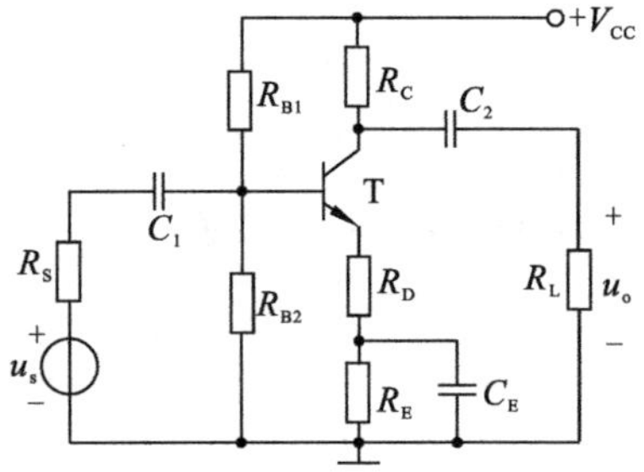

题图 2.25

2.25 单级阻容耦合放大电路如题图 2.25 所示。要求：

(1) 画出该电路的低频等效电路和高频等效电路(设三极管的 $r_{ce} = \infty$)；

(2) 忽略 C_1 和 C_2 对下限截止频率 f_L 的影响，试写出该电路下限频率 f_L 表达式；

(3) 如减小电容 C_E 的容量，试问电路的中频电压放大倍数、上限频率 f_H、下限频率 f_L 如何变化？

第3章　模拟集成运算放大器

【内容提要】

集成运算放大器一般由偏置电路、输入级、中间级和输出级组成。首先介绍镜像电流源、微电流源和比例电流源等常见电流源偏置电路。接着阐述构成输入级的双极型与场效应管型差动放大电路原理及其特性。然后分析典型的双极型集成运算放大器和场效应管集成运算放大器。最后介绍集成运算放大器的主要技术参数，以及理想集成运算放大器工作在线性区和非线性区的特点。

集成电路是把许多晶体管、各种元件和连接导线制造在一小块半导体基片上，并能实现一定电路功能的器件。与分立元件电路相比，集成电路具有功能强、体积小、重量轻、工作可靠、安装与调试方便等优点。由于制造工艺的原因，集成电路还具有以下特点：

(1) 电路中各元件在同一个硅基片上，同一芯片内的元件参数绝对值有相同的偏差，温度均匀性好，容易制成两个特性相同的晶体管或阻值相同的电阻(即元件参数之间的相对误差小)。但是，实际元件参数与其标称值之间的绝对误差较大。

(2) 电路中的电阻元件由硅半导体的体电阻构成，电阻值范围一般为 30Ω～10kΩ。在集成电路中不宜制造高阻值的电阻，高阻值电阻都用电流源电路来代替。

(3) 集成电路工艺制造电感困难，也不宜制造容量大的电容(一般只能制作 200pF 以下的小电容)，故集成电路中大多采用直接耦合电路。

按照分类标准的不同，集成电路可有多种类型。根据在一块芯片上集成的晶体管或元件数量的多少，可分为小规模集成电路(100 个以下)、中规模集成电路(100～1000 个)、大规模集成电路(1000～100000 个)、超大规模集成电路(100000 个以上)；根据器件中晶体管的类型，可分为由双极型器件(NPN 管或 PNP 管)组成的双极型集成电路，由场效应器件(MOS 管或 JFET 管)组成的单极型集成电路，以及由双极型三极管和场效应管组成的混合型集成电路；根据集成电路中元器件的工作状态可分为线性集成电路、非线性集成电路；根据集成电路的功能来分类，如电压比较器、模拟乘法器，等。众多集成电路的出现，促进了电子技术的迅猛发展。

集成运算放大器是一种直接耦合的高放大倍数多级放大电路，简称**集成运放**或**运放**。由于发展初期主要用于模拟计算机的数学运算，所以至今仍保留着**运算放大器**的名称，目前的应用实际上已远远超出数学运算的范围。集成运算放大器也有很多种类，根据供电方式可分为双电源供电和单电源供电；根据一个芯片中运放个数可分为单运放、双运放和四运放；根据制造工艺可分为双极型、CMOS 型和 BiMOS 型；根据工作原理可分为电压放大型、电流放大型、跨导型和互阻型；根据可控性可分为可变增益运放和选通控制运放；根据性能指标可分为高阻型、高速型、高精度型、低功耗型、高电压型和大功率型等；根据应用范围可分为通用型和特殊型运放(如仪表放大器、缓冲放大器、隔离放大器、对数/反对数放大器等)。

本章主要介绍通用型集成运算放大器组成与原理。首先分析电流源与差动放大器单元电路，然后介绍集成运算放大器的组成及特性。

3.1　电流源电路

电流源电路是提供恒定输出电流的电路，具有输出电流恒定、温度稳定性好、直流电阻小、等效交流输出电阻大等特点。电流源电路在集成电路中一般用于直流偏置和有源负载。

1. 镜像电流源电路

电路如图 3.1.1 所示，设 $\beta_1=\beta_2$，电路中 T_1 和 T_2 两管的结构相同，特性基本一致。T_1 接成二极管。当满足 $U_{BE1}=U_{BE2}$ 条件时，两管的集电极电流 I_C 相等。设 $U_{BE1}=U_{BE2}=U_{BE}$，$I_{B1}=I_{B2}=I_B$，$\beta_1=\beta_2=\beta$，则有

$$I_R=\frac{V_{CC}-U_{BE}}{R} \tag{3.1.1}$$

和

$$I_{C2}=I_{C1}=I_R-2I_B=I_R-\frac{2I_{C2}}{\beta}$$

故

$$I_{C2}=I_{C1}=I_R\frac{\beta}{\beta+2} \tag{3.1.2}$$

当 $\beta\gg2$ 时，有

$$I_O=I_{C2}\approx I_R=\frac{V_{CC}-U_{BE}}{R} \tag{3.1.3}$$

式(3.1.3)表明，只要基准电流 I_R 确定，则输出电流 I_o 也随之确定。若调节 I_R，则 I_o 随之改变，可以把 I_o 看做是 I_R 的**镜像**。此电路称为**镜像电流源**。

分析式(3.1.2)与式(3.1.3)，可知：

(1) β 越大，I_o 与 I_R 之间的匹配精度就越高；

(2)因 β、U_{BE} 是温度敏感的参数，I_R、I_o 易受温度的影响；

(3)当电源电压 V_{CC} 变化时，I_R、I_o 会随之改变，故要求 V_{CC} 的稳定性高。

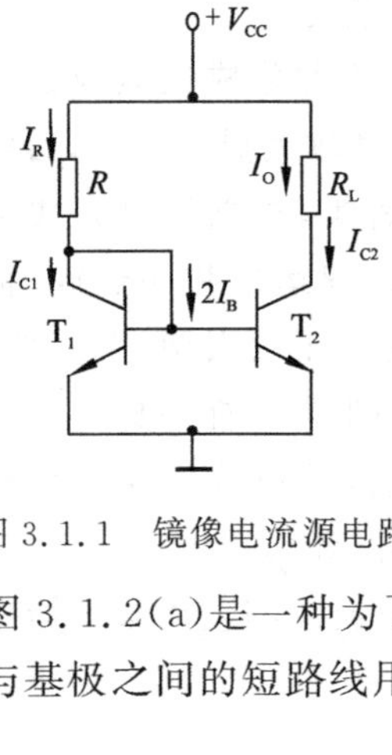

图 3.1.1　镜像电流源电路

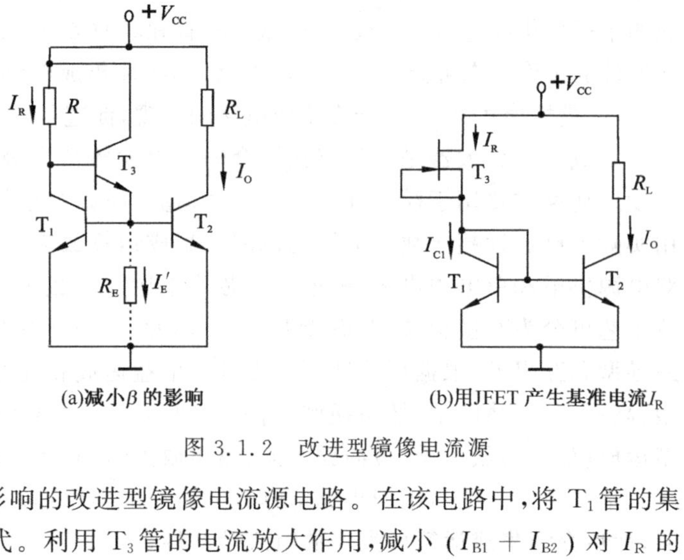

(a)减小β的影响　　(b)用JFET 产生基准电流I_R

图 3.1.2　改进型镜像电流源

图 3.1.2(a)是一种为了减小 β 影响的改进型镜像电流源电路。在该电路中，将 T_1 管的集电极与基极之间的短路线用 T_3 管取代。利用 T_3 管的电流放大作用，减小 $(I_{B1}+I_{B2})$ 对 I_R 的

分流，使 I_{C1} 更接近 I_R，从而有效地减小了 I_R 转换为 I_{C2} 过程中由有限 β 值引入的误差。由图可知，$I_R = I_{C1} + I_{B3}$，式中 $I_{B3} = I_{E3}/(1+\beta_3)$、$I_{E3} = I_{B1} + I_{B2}$，若 $\beta_1 = \beta_2 = \beta_3 = \beta$，则可得

$$I_O = \frac{\beta^2 + \beta}{\beta^2 + \beta + 2} I_R \approx I_R \tag{3.1.4}$$

式中，$I_R = \dfrac{V_{CC} - 2U_{BE}}{R}$。

实际电路中，为了避免 T_3 管因工作电流过小而引起 β 的减小，从而使 I_{B3} 增大，常在 T_3 管发射极上接合适的电阻 R_E（如图 3.1.2(a)中虚线所示），产生电流 $I'_E = U_{BE}/R_E$，使 I_{E3} 适当增大。

图 3.1.2(b)电路中用 N 沟道结型场效应管代替电阻 R，以产生基准电流 I_R。此时，$U_{GS} = 0$。当 $U_{DS} = V_{CC} - U_{BE} > |U_{GS(off)}|$ 时，则场效应管 T_3 工作在恒流区。所以

$$I_R = I_D \approx I_{DSS} \tag{3.1.5}$$

由式(3.1.5)可知，只要场效应管处于恒流区，当电源 V_{CC} 在一定范围内变化时，基准电流 I_R 就保持恒定，输出电流 I_O 也不变。当然，选定场效应管后，I_{DSS} 即确定，I_R 也就无法再改变。

2. 微电流源电路

微电流源电路如图 3.1.3 所示，与镜像电流源电路相比，在 T_2 管发射极串有电阻 R_E，显然有 $U_{BE2} < U_{BE1}$，则 $I_o < I_R$。根据电路有 $U_{BE1} = U_{BE2} + I_{E2}R_E$，则有

$$I_O \approx I_{E2} = \frac{U_{BE1} - U_{BE2}}{R_E} = \frac{\Delta U_{BE}}{R_E} \tag{3.1.6}$$

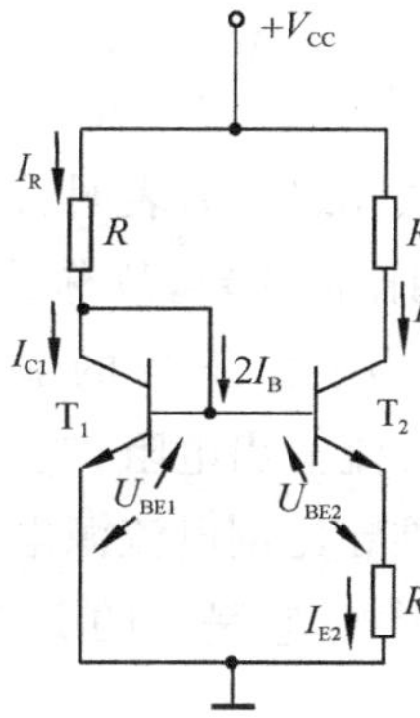

图 3.1.3　微电流源电路

上式中 ΔU_{BE} 值比较小，R_E 的阻值不用太大就可以获得微小的电流 I_O（μA 级），故称为**微电流源**。此外，R_E 具有电流负反馈作用，可提高 T_2 的输出电阻，使其恒流效果更好。

I_O 与 I_R 的关系可根据式(3.1.6)和二极管电流方程求出。

根据　$I_R \approx I_{E1} \approx I_{S1}\exp\left(\dfrac{U_{BE1}}{U_T}\right)$，$I_O \approx I_{E2} \approx I_{S2}\exp\left(\dfrac{U_{BE2}}{U_T}\right)$

可得

$$\Delta U_{BE} = U_{BE1} - U_{BE2} = U_T\left(\ln\frac{I_R}{I_{S1}} - \ln\frac{I_O}{I_{S2}}\right)$$

设 $I_{S1} = I_{S2}$，则有

$$I_O = \frac{\Delta U_{BE}}{R_E} = \frac{U_T}{R_E}\ln\left(\frac{I_R}{I_O}\right) \tag{3.1.7}$$

由式(3.1.7)可见，当电源电压波动引起 I_R 变化时，由于对数函数的缓慢变化特性，其输出电流 I_O 的变化是很小的，即 I_O 的稳定性比较好。

3. 比例电流源电路

如图 3.1.4 所示，在镜像电流源电路的基础上增加两个发射极电阻 R_{E1} 和 R_{E2}，就可使输出电流 I_o 与基准电流 I_R 成一定的比例关系。

由图 3.1.4 可知

$$U_{BE1} + I_{E1}R_{E1} = U_{BE2} + I_{E2}R_{E2}$$

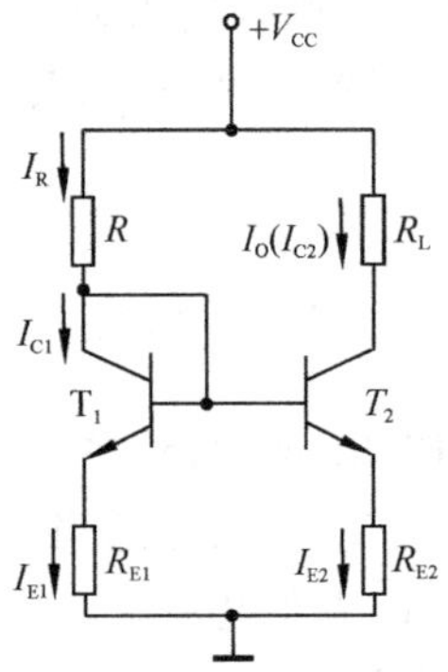

图 3.1.4　比例电流源电路

又由 $I_{E1} \approx I_{S1}\exp\left(\frac{U_{BE1}}{U_T}\right)$ 和 $I_{E2} \approx I_{S2}\exp\left(\frac{U_{BE2}}{U_T}\right)$，且设 $I_{S1} = I_{S2}$，有

$$U_{BE1} - U_{BE2} = U_T \ln\left(\frac{I_{E1}}{I_{E2}}\right) \tag{3.1.8}$$

则

$$I_{E2}R_{E2} = I_{E1}R_{E1} + U_T \ln\left(\frac{I_{E1}}{I_{E2}}\right)$$

在常温下，当满足 $I_{E1} < 10I_{E2}$，且有

$$I_{E1}R_{E1} \gg U_T \ln\left(\frac{I_{E1}}{I_{E2}}\right) \tag{3.1.9}$$

则

$$I_{E2}R_{E2} \approx I_{E1}R_{E1}$$

由于 $I_R \approx I_{C1} \approx I_{E1}$，$I_O = I_{C2} \approx I_{E2}$，则有

$$\frac{I_O}{I_R} \approx \frac{I_{C2}}{I_{C1}} = \frac{R_{E1}}{R_{E2}} \tag{3.1.10}$$

式中，$I_R = \dfrac{V_{CC} - U_{BE1}}{R + R_{E1}}$。

式(3.1.10)表明，该电路中输出电流 I_O 和基准电流 I_R 的比例关系由两管射极电阻 R_{E1} 和 R_{E2} 的比值决定，故称其为**比例电流源**。只要调节电阻 R_{E2}（改变比值），就可得到不同的 I_O。不过，为了保证 I_O 的精度，除了增大 β 外，还应满足式(3.1.9)的条件。此外，接入 R_{E2} 后，还可增大交流输出电阻，改进恒流特性。

推导比例电流源电路交流输出电阻 R_o 的交流等效电路如图 3.1.5 所示。其中，T_1 接成二极管形式，它呈现的交流电阻为 r_{e1}，设 $R_s = R \,/\!/\, (r_{e1} + R_{E1}) \approx R \,/\!/\, R_{E1}$，由图 3.1.5 可得

$$\left.\begin{aligned} i_c &= \beta i_b + \frac{u - u_e}{r_{ce2}} \\ i_e &= i_c + i_b \\ u_e &= i_e R_{E2} \\ i_e R_{E2} &= -i_b(r_{be2} + R_s) \end{aligned}\right\} \tag{3.1.11}$$

经整理，可求得

$$\begin{aligned} R_o = \frac{u}{i_c} &= r_{ce2}\left(1 + \frac{\beta R_{E2}}{R_{E2} + r_{be2} + R_s}\right) + R_{E2} \,/\!/\, (r_{be2} + R_s) \\ &\approx r_{ce2}\left(1 + \frac{\beta R_{E2}}{R_{E2} + r_{be2} + R_s}\right) \end{aligned} \tag{3.1.12}$$

显然，T_2 管发射极上接电阻 R_{E2} 后，R_o 将远大于基本镜像电流源电路的交流输出电阻，表明它具有更优良的恒流特性。

若令式(3.1.12)中的 $R_{E1} = 0$，则可得到微电流源电路的交流输出电阻计算公式。

4. 多路电流源电路

图 3.1.6 所示为多路电流源电路。这是用一个基准电流 I_R 获得多个恒定电流 I_{O1}，I_{O2}，…，$I_{O(n-1)}$ 的电路，其原理同比例电流源电路。

设 T_1、T_2、T_3…T_n 特性相同，则各路输出电流为

$$I_{O1} \approx I_{C1}\frac{R_{E1}}{R_{E2}}, I_{O2} \approx I_{C1}\frac{R_{E1}}{R_{E3}}, \cdots, I_{O(n-1)} \approx I_{C1}\frac{R_{E1}}{R_{En}}$$

但随着多路电流源路数增加，各晶体管的基极电流之和 $\sum I_B$ 增加，因而 I_{C1} 与 I_R 之间差值增大（$I_{C1}=I_R-\sum I_B$）。这样各路输出电流 $I_{Oi}(i=1\sim n-1)$ 与基准电流 I_R 的传输比将出现较大误差。为了减少这种偏差，可增加一级射极跟随器作为缓冲级，如图 3.1.7 所示，使各三极管基极电流总和折算到射极跟随器基极上的电流分量减小 $(1+\beta)$ 倍，则 T_1 管的集电极电流为

$$I_{C1} = I_R - \frac{\sum I_B}{1+\beta} \tag{3.1.13}$$

使各路电流 I_{oi} 与 I_R 之间的比例关系更为精确。

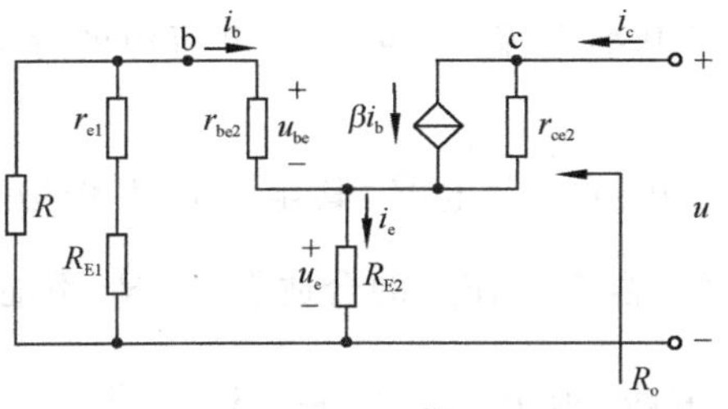

图 3.1.5　求输出电阻的交流等效电路

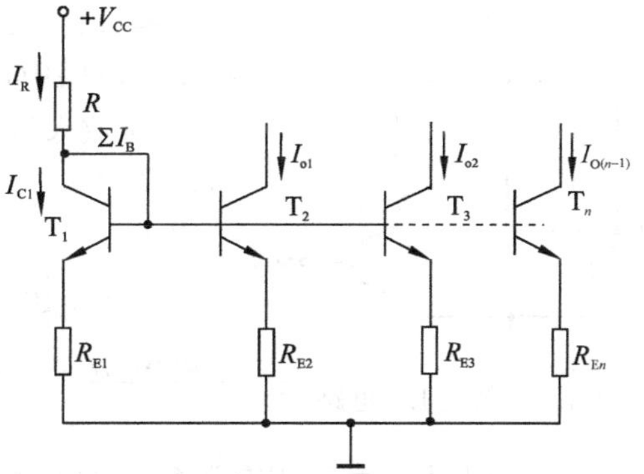

图 3.1.6　多路电流源电路

例 3.1.1　图 3.1.8 是集成运放 F007 偏置电路的一部分，假设 $V_{CC}=V_{EE}=15V$，所有三极管的 $|U_{BE}|=0.7V$，其中 NPN 三极管的 $\beta \gg 2$，横向 PNP 三极管的 $\beta=2$，电阻 $R_5=39k\Omega$。要求：

(1) 分析电路中各三极管组成何种电流源；

(2) 估算基准电流 I_{REF}；

(3) 估算 T_{13} 的集电极电流；

(4) 若要求 $I_{C10}=28\mu A$，试估算电阻 R_4 的阻值。

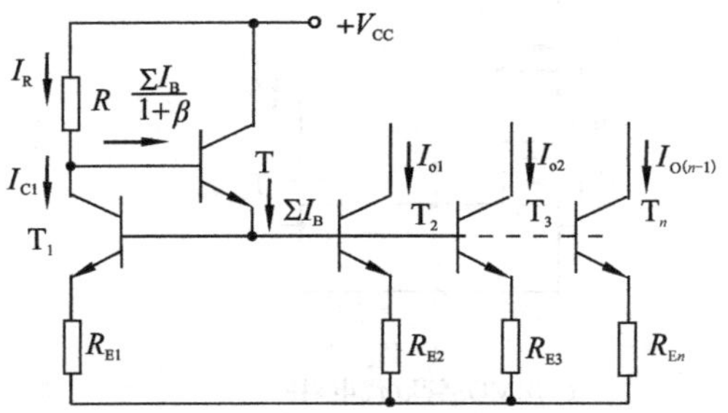

图 3.1.7　多路电流源电路的改进电路

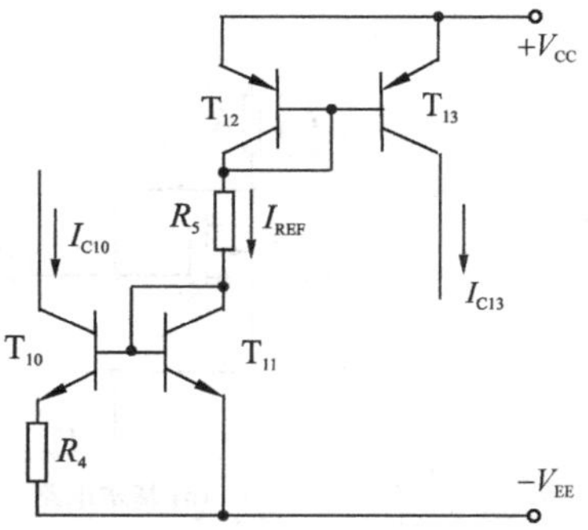

图 3.1.8　例 3.1.1 电路

解：(1) 由 T_{11}、T_{12} 和 R_5 确定基准电流 I_{REF}，T_{12} 与 T_{13} 组成镜像电流源（输出电流 I_{C13}），T_{10}、T_{11} 与 R_4 组成微电流源（输出电流 I_{C10}）。

(2) 由图可知

$$I_{REF}=\frac{V_{CC}+V_{EE}-2U_{BE}}{R_5}=\frac{15+15-2\times 0.7}{39}=0.73(\text{mA})$$

(3) 因横向 PNP 三极管 T_{12}、T_{13}不满足$\beta\gg 2$，故不能认为$I_{C13}\approx I_{REF}$。由式(3.1.2)可得

$$I_{C13}=I_{REF}\left(\frac{\beta}{\beta+2}\right)=0.73\times\frac{2}{2+2}=0.365(\text{mA})$$

(4) 因 NPN 三极管 T_{10}、T_{11}的$\beta\gg 2$，故可认为$I_{C11}\approx I_{REF}$，由式(3.1.7)可知

$$R_4\approx\frac{U_T}{I_{C10}}\ln\left(\frac{I_{C11}}{I_{C10}}\right)=\frac{26\times 10^{-3}}{28\times 10^{-6}}\times\ln\left(\frac{0.73\times 10^{-3}}{28\times 10^{-6}}\right)=3(\text{k}\Omega)$$

例 3.1.2 分析图 3.1.9 所示电路的组成与特点。

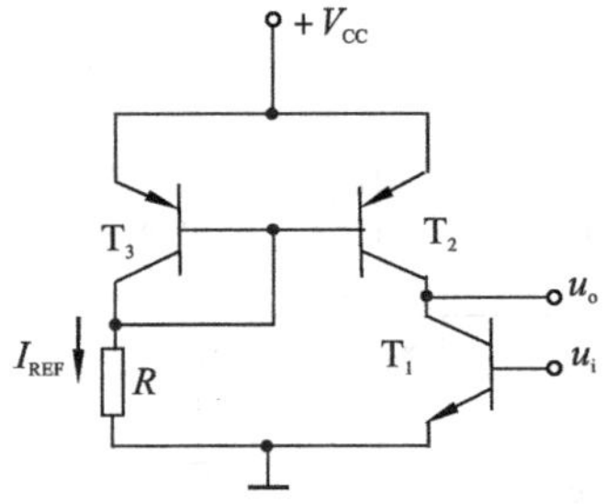

图 3.1.9 例 3.1.2 电路

解：由于电流源具有直流电阻小、交流电阻大的特点，在模拟集成电路中，广泛地把它作为负载使用，称为**有源负载**。图中 T_1是放大管，T_2、T_3组成电流源作为 T_1的集电极有源负载。电流 $I_{C2}(=I_{C1})$ 等于基准电流 $I_{C3}(I_{REF})$。电流源的等效交流电阻 $R_{o2}=r_{ce2}$ 较大。

对于电阻负载的共射放大电路，其电压放大倍数 $\dot{A}_u=\dfrac{-\beta(R_C\,/\!/\,R_L)}{r_{be}}$，考虑到静态工作点的合适设置，$R_C$不能太大，相应 $\dot{A}_u$ 也不会太大。而采用有源负载的共发放大电路，当 $R_L=\infty$ 时，$\dot{A}_u=\dfrac{u_o}{u_i}=-\dfrac{\beta R_{o2}}{r_{be1}}\approx-\dfrac{\beta r_{ce2}}{r_{be1}}$，由于 r_{ce2} 较大，则电压放大倍数可达 1000(甚至更高)。因此，在集成运算放大器中，为了提高单级放大电路的电压放大倍数，放大器多以电流源作有源负载。

5. MOS 管镜像电流源电路

在 MOS 管集成电路中，需要用到 MOS 管镜像电流源电路。在图 3.1.1 所示镜像电流源中，用 N 沟道增强型 MOS 管替换双极型三极管，就构成了 MOS 管镜像电流源电路，如图 3.1.10(a)所示。

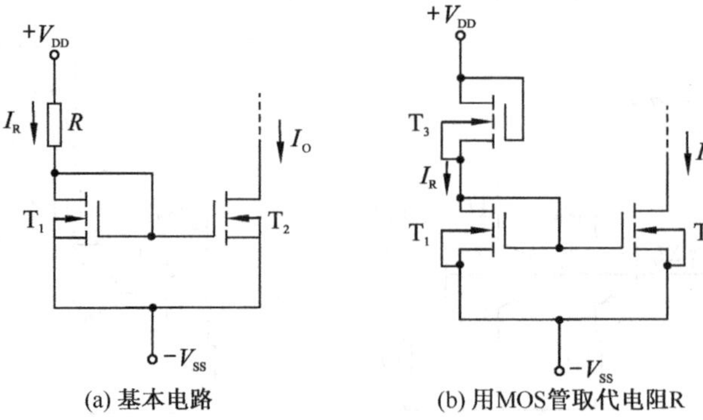

图 3.1.10 MOS 管镜像电流源电路

对于增强型 MOS 场效应管，在忽略沟道长度调制效应时，其漏极电流为

$$I_D=\frac{W\mu_n C_{ox}}{2L}(U_{GS}-U_{GS(th)})^2 \tag{3.1.14}$$

若 T_1、T_2 管性能匹配，且工作在饱和区，宽长比分别为 $(W/L)_1$、$(W/L)_2$，忽略沟道长度调制效应时，则可得

$$\frac{I_{D2}}{I_{D1}} \approx \frac{(W/L)_2}{(W/L)_1} \tag{3.1.15}$$

由于 MOS 管没有栅极电流，有 $I_{D1} = I_R$，则

$$I_O = I_{D2} = \frac{(W/L)_2}{(W/L)_1} I_R \tag{3.1.16}$$

式中，$I_R = I_{D1} = \dfrac{V_{DD} + V_{SS} - U_{GS1}}{R}$。再利用 $U_{DS1} = U_{GS1}$，并由式(3.1.14)即可确定 I_R。

当 T_1、T_2 管的宽长比相同时，有 $I_O = I_R$，即维持了严格的镜像关系，又没有双极型电路中由 β 引入的误差。

在 MOS 集成电路中，为了节省芯片面积，改进电路性能，电阻几乎都用 MOS 管有源电阻取代，如图 3.1.10(b)所示。由图可见，$U_{DS1} = U_{GS1}$，$U_{DS3} = U_{GS3}$，$I_{D3} = I_{D1}$，$V_{DD} + V_{SS} = U_{DS3} + U_{DS1}$。由式(3.1.14)，可得

$$I_R = I_{D1} = \frac{\mu_n C_{ox}}{2}\left(\frac{W}{L}\right)_1 (U_{GS1} - U_{GS(th)})^2 \tag{3.1.17}$$

由 $I_{D1} = I_{D3}$，则有

$$\frac{\mu_n C_{ox}}{2}\left(\frac{W}{L}\right)_1 (U_{GS1} - U_{GS(th)})^2 = \frac{\mu_n C_{ox}}{2}\left(\frac{W}{L}\right)_3 (V_{DD} + V_{SS} - U_{GS1} - U_{GS(th)})^2$$

因而有

$$\frac{(W/L)_3}{(W/L)_1} = \left(\frac{U_{GS1} - U_{GS(th)}}{V_{DD} + V_{SS} - U_{GS1} - U_{GS(th)}}\right)^2 \tag{3.1.18}$$

根据式(3.1.17)，由需要的 T_R 来求出 U_{GS1}，再根据式(3.1.18)，由 U_{GS1} 确定 T_1、T_2 两管所需宽长比的比值。

在基本的 MOS 管镜像电流源基础上，将其结构扩展，可得 MOS 管比例电流源、MOS 管多路电流源等，它们的构成方式与双极型电流源电路相类似。

6. 其他改进型电流源电路

由以上讨论可知，各种改进型电流源电路设计的主要目标为：一是提高 $I_o \sim I_R$ 之间的匹配精度，二是提高基准电流或输出电流稳定性，三是增大电流源交流输出电阻 R_o，以改进电流源的恒流特性。

1) 级联型电流源电路

将两个基本镜像电流源相级联而构成的电路称为级联型电流源电路，如图 3.1.11 所示。在 T_1、T_2、T_3、T_4 四管构成的回路中，有 $U_{BE3} + U_{BE1} = U_{BE4} + U_{CE2}$。若 β 足够大，可近似有 $I_{C1} \approx I_{C3}$、$I_{C2} \approx I_{C4}$，且 $I_{C1} \approx I_{C2}$，则相应地有 $U_{BE1} \approx U_{BE3}$、$U_{BE2} \approx U_{BE4}$，且 $U_{BE1} \approx U_{BE2}$，因此

$$U_{CE2} \approx U_{BE3} - U_{BE4} + U_{BE1} \approx U_{BE1} = U_{CE1}$$

上式表明，无论外电路(如负载)加在电流源上的电压 u_{C4} 如何变化，T_2 管的 U_{CE2} 总是保持接近于 T_1 管的 U_{CE1}。这样，不仅减小了 I_{C1} 转移到 I_{C2} 时因基区宽度调制效应而引入的误差，而且还使 I_O (其值取决于 I_{C2})几乎与电压 u_{C4} 的变化无关，改进了电流源的恒流特性(即增大了 R_o)。不过，该电路并没有提高 I_O 与 I_R 之间的匹配精度。可以证明，当各管的 β 值相同

时，可导出 I_O 与 I_R 之间的关系为

$$I_O = \frac{\beta^2}{\beta^2 + 4\beta + 2} I_R \approx \frac{1}{1 + 4/\beta} I_R \approx \left(1 - \frac{4}{\beta}\right) I_R \tag{3.1.19}$$

式中，$I_R = \frac{V_{CC} - U_{BE1} - U_{BE3}}{R} \approx \frac{V_{CC} - 2U_{BE}}{R}$。

2）反馈型电流源电路

图 3.1.12 所示为利用反馈来改进性能的电流源电路。由图可见，因外电路电压 u_{C3} 变化而引起 I_O 变化时（如 I_O 增大），$I_{C1} = I_{C2}$ 将相应改变（如 I_{C1} 增大），因而使加到 T_3 管的基极电流 I_{B3}（$= I_R - I_{C1}$）朝相反方向变化（如 I_{B3} 减小），这样将部分抵消了 I_O 的变化，使 I_O 的恒流特性得以改进。

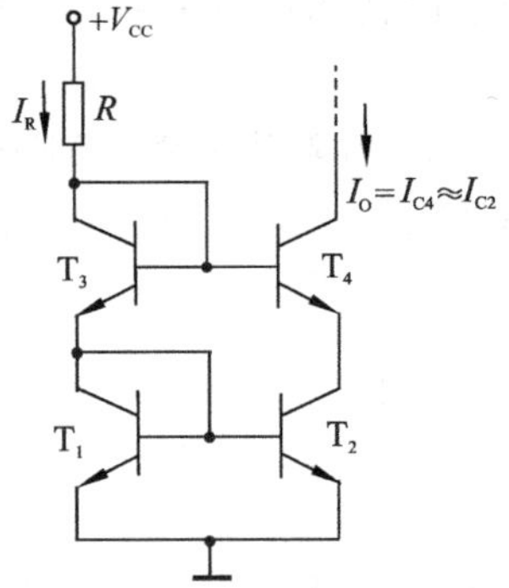

图 3.1.11 级联型电流源电路

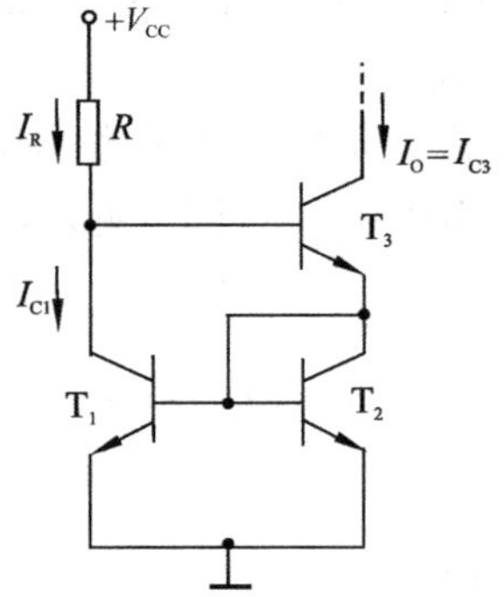

图 3.1.12 反馈型电流源电路

当各三极管的特性匹配、β 值相同时，可导出 I_O 与 I_R 之间关系为

$$I_o = \frac{\beta^2 + 2\beta}{\beta^2 + 2\beta + 2} I_R = \left(1 - \frac{2}{\beta^2 + 2\beta + 2}\right) I_R \tag{3.1.20}$$

式中，$I_R = \frac{V_{CC} - 2U_{BE}}{R}$。显然，因 β 为有限值而引入的匹配误差是可忽略的。

思 考 题

3.1.1 电流源电路的特点是什么？

3.1.2 镜像电流源的精度和稳定性主要受哪些因素影响？

3.1.3 分析电流源电路在集成运放中的主要用途。

3.2 差动放大电路

差动放大电路简称为**差放**，具有放大差模信号、抑制共模信号（如温度引起的工作点漂移）的能力。在电子测量技术中，常在电子仪器、医用仪器电路中用做信号放大电路。差动放大电路也是集成运算放大器中重要的基本单元电路。

3.2.1 双极型三极管差动放大电路

1. 电路组成与工作原理

1）电路组成

差动放大电路如图 3.2.1 所示，由两个对称的放大电路组合而成，其中 R_E 为两管发射极

的耦合电阻。采用 $+V_{CC}$、$-V_{EE}$ 双电源供电，可扩大电路的线性放大范围。理想差动放大电路的要求为：T_1 与 T_2 特性相同(如 $\beta_1=\beta_2$、$r_{be1}=r_{be2}$)，$R_{C1}=R_{C2}=R_C$，$R_{B1}=R_{B2}=R_B$，这里 R_B 常为输入信号源的等效阻抗。R_E 的作用为 T_1、T_2 管确定合适的静态工作点电流 I_E，并抑制温漂。带 R_E 的差放也称**长尾电路**，该差动放大电路有两个输入端、两个输出端。

2）工作原理

(1) 放大差模信号。

施加在差放两个输入端的信号为大小(幅值)相同、极性相反的一对输入信号(即 $u_{i2}=-u_{i1}$)，这种输入形式的信号称为**差模信号**。图 3.2.2 所示为加入差模信号的一种方式，此时图中差模输入电压信号为 $u_{id}=u_{i1}-u_{i2}=2u_{i1}=-2u_{i2}$。

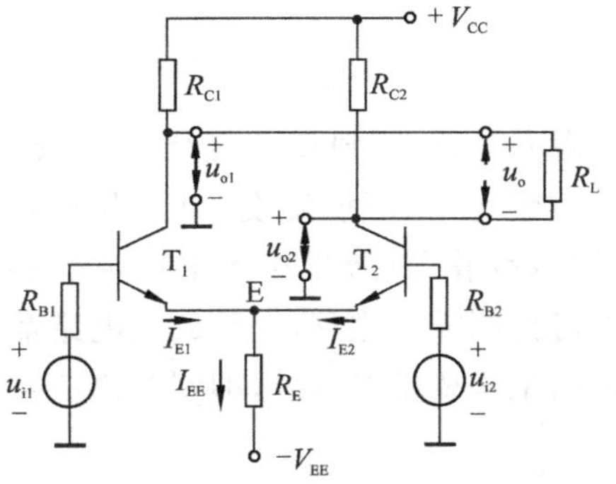

图 3.2.1　典型差动放大电路

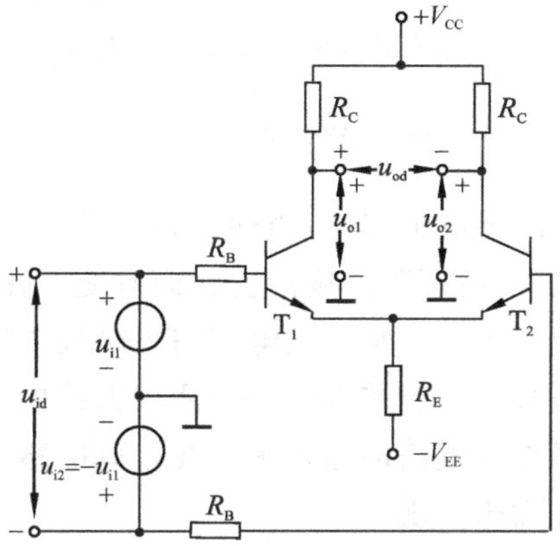

图 3.2.2　输入差模信号情况

在输入差模信号时，一个三极管的集电极电流增加，而另一个三极管的集电极电流将减小。相应地，两个三极管的集电极电压将一个降低、一个增加，则输出端电压信号变化量 $\Delta u_o=\Delta u_{o1}-\Delta u_{o2}\neq 0$。因此，差动放大电路能够放大差模输入信号。

在输入差模信号时，差动放大电路的输出电压为 $u_{od}(=u_{o1}-u_{o2})$，此时电压放大倍数称为差模电压放大倍数(用 A_{ud} 表示)，即

$$A_{ud}=\frac{u_{od}}{u_{id}}=\frac{u_{od}}{u_{i1}-u_{i2}} \tag{3.2.1}$$

(2)抑制共模信号。

如图 3.2.3 所示，在差动放大电路的两个输入端施加大小(幅值)相等、极性相同的一对输入信号，即 $u_{i1}=u_{i2}=u_{ic}$。这种输入形式的信号 u_{ic} 称为**共模信号**。

在输入共模信号时，两个三极管的集电极电流同时增加或减小，相应地集电极电压会同时减小或增大。若图 3.2.3 中电路对称，有 $u_{o1}=u_{o2}$，则 $u_o=u_{o1}-u_{o2}=0$。因此，差动放大电路不能放大共模信号，换句话说，差动放大电路抑制共模信号。

在输入共模信号 u_{ic} 时，差动放大电路的输出电压为 u_{oc}，此时电压放大倍数常称为共模电压放大倍数(用 A_{uc} 表示)，即

$$A_{uc}=\frac{u_{oc}}{u_{ic}} \tag{3.2.2}$$

在图 3.2.3 中电路对称双端输出情况下，有 $A_{uc}=0$。而对于实际差动放大电路，一般 A_{uc} 较小。

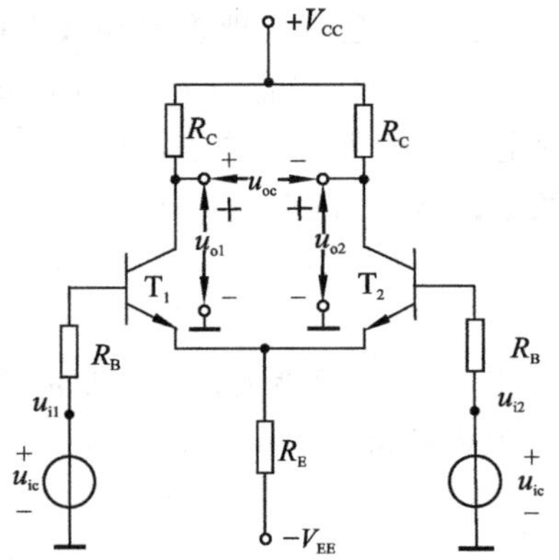

图 3.2.3　输入共模信号情况

3）共模抑制比 K_{CMR}

在实际工程应用中，常用技术指标共模抑制比来衡量差动放大电路放大差模信号、抑制共模信号的能力，共模抑制比用 K_{CMR} 表示，它被定义为差模电压放大倍数 A_{ud} 与共模电压放大倍数 A_{uc} 之比，即

$$K_{CMR} = \left|\frac{A_{ud}}{A_{uc}}\right| \tag{3.2.3}$$

K_{CMR} 越大，说明差放大差模信号、抑制共模信号能力越强。工程上也常用 $20\lg|A_{ud}/A_{uc}|$ dB 来表示共模抑制比。通常要求差放的 A_{ud} 越大越好、A_{uc} 越小越好，则相应 K_{CMR} 就大。

2. 抑制零点漂移的原理

在实际差放电路中，当输入信号为零时，因电路不对称、随温度的变化、工作点漂移等原因，使得输出电压随温度的变化而改变。在电路对称情况下，环境温度变化、电源电压的波动引起两个三极管的集电极电流与集电极电压有相同的变化，其效果相当于在两个输入端加入了共模信号。由于差放电路不能放大共模信号，即可抑制零点漂移，差动放大电路常用作直接耦合多级放大电路的输入级。在差放电路中，除电路结构要求对称外，抑制共模信号尚需从以下两个方面来实现。

1）发射极电阻 R_E 的作用

在图 3.2.3 中共模信号 u_{ic} 作用下，通过 R_E 引入很强的负反馈作用，能自动控制 i_E 基本不变，其稳定过程为

$$\text{温度 } T\uparrow \text{ 或 } u_{ic}\uparrow \rightarrow i_{E1}(i_{E2})\uparrow \rightarrow 2i_E R_E\uparrow \xrightarrow{\text{因 } V_{EE} \text{ 不变}} U_{BE1}(U_{BE2})\downarrow \rightarrow i_{B1}(i_{B2})\downarrow \rightarrow i_{E1}(i_{E2})\downarrow$$

由于 R_E 对共模信号具有很强的抑制作用，故 R_E 又称**共模抑制电阻**。

2）输出端取电压差抑制法

当差放电路输入端施加共模信号时，两个输出端对地电压 u_{o1} 与 u_{o2} 大小相等、极性相同。当输出端取电压差 $u_{oc} = u_{o1} - u_{o2}$ 时，u_{oc} 为零，其共模电压放大倍数为 $A_{uc} = 0$。由此说明，在理想的电路对称情况下，差放对共模信号没有放大能力，完全被抑制到最小限度。采用差放输出端取电压差方式，理论上能完全消除零点漂移的影响。这就是理想对称差动放大电路抑制零点漂移的工作原理。

在差动放大电路中，要保持电路完全对称很困难，则仍存在较小的输出漂移电压。此时，又因为 R_E 的作用，输出漂移电压虽然不能被完全抵消，但已经大大减小了。

3. 对一般输入信号的放大特性

在一般输入信号情况下，差动放大电路的两个输入信号分别为 u_{i1}、u_{i2}。此时，输入信号既不完全是差模信号，也不完全是共模信号。通常把差动放大电路两个输入端信号之差 u_{id} 定义为输入信号的差模分量（即差模信号），即

$$u_{id} = u_{i1} - u_{i2} \tag{3.2.4}$$

对应图 3.2.2 中差模信号输入情况，可有

$$\left.\begin{aligned} u_{i1} &= 0.5u_{id} \\ u_{i2} &= -0.5u_{id} \end{aligned}\right\} \tag{3.2.5}$$

通常把差动放大电路两个输入端信号的平均值定义为输入信号的共模分量(即共模信号)，有

$$u_{ic} = \frac{u_{i1} + u_{i2}}{2} \tag{3.2.6}$$

由式(3.2.4)和式(3.2.6)可得

$$\left.\begin{aligned} u_{i1} &= \frac{1}{2}(u_{i1} - u_{i2}) + \frac{1}{2}(u_{i1} + u_{i2}) = \frac{1}{2}u_{id} + u_{ic} \\ u_{i2} &= -\frac{1}{2}(u_{i1} - u_{i2}) + \frac{1}{2}(u_{i1} + u_{i2}) = -\frac{1}{2}u_{id} + u_{ic} \end{aligned}\right\} \tag{3.2.7}$$

因而，一般输入信号可分解为差模信号和共模信号。根据上式，可将一般输入信号等效为图 3.2.4 所示输入，图中表示电路中差模和共模信号是共存的。

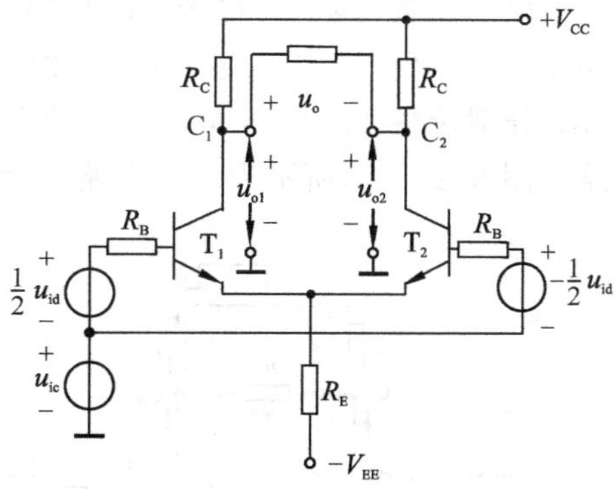

图 3.2.4　一般输入信号情况

由式(3.2.1)和式(3.2.2)，根据线性电路叠加定理，可得一般输入信号时差放电路输出电压的一般表达式为

$$u_o = A_{ud}u_{id} + A_{uc}u_{ic} \tag{3.2.8}$$

4. 差动放大电路的性能分析

在图 3.2.1 和图 3.2.4 所示的差放电路中，若 $u_{i1} \neq 0$、$u_{i2} \neq 0$，称为**双端输入**。若 u_{i1}、u_{i2} 中有一个信号为零，称为**单端输入**。单端输入情况为双端输入情况的特例。例如 $u_{i1} = u_i$、$u_{i2} = 0$ 时，$u_{id} = u_{i1} - u_{i2} = u_i$，$u_{ic} = \frac{u_{i1} + u_{i2}}{2} = \frac{u_i}{2}$。因此，对于单端输入和双端输入情况，差动放大电路的特性及其分析方法是相同的。

从差动放大电路输出端来看，有**双端输出方式**(如 $u_o = u_{o1} - u_{o2}$)和**单端输出方式**(输出电压为 u_{o1} 或 u_{o2})之分。在两种输出方式情况下，差动放大电路的差模和共模特性及其分析有明显区别。

1) 静态分析

电路如图 3.2.1 所示。在静态时，有 $u_{i1} = u_{i2} = 0$。设电路完全对称，即 $\beta_1 = \beta_2 = \beta$，$R_{C1} = R_{C2} = R_C$，$R_{B1} = R_{B2} = R_B$，则有 $U_{BE1Q} = U_{BE2Q} = U_{BEQ}$，$I_{E1Q} = I_{E2Q} = I_{EQ}$，$I_{C1Q} = I_{C2Q} = I_{CQ}$，$I_{B1Q} = I_{B2Q} = I_{BQ}$，$U_{CE1Q} = U_{CE2Q} = U_{CEQ}$。

由 $-V_{EE}$ 回路列方程可求 I_{EQ}，即

$$V_{EE} = I_{BQ}R_B + U_{BEQ} + 2I_{EQ}R_E \tag{3.2.9}$$

通常 $\beta \gg 1$，$U_{BEQ} \ll V_{EE}$，$I_{BQ}R_B \ll I_{EQ}R_E$，则

$$I_{EQ} \approx \frac{V_{EE}}{2R_E} \tag{3.2.10}$$

相应可有 $I_{EQ} \approx I_{CQ}$，$I_{BQ} = I_{CQ}/\beta$，$U_{CEQ} = V_{CC} - (-V_{EE}) - I_{CQ}R_C - 2I_{EQ}R_E$。

通常取 V_{EE} 幅值与 V_{CC} 相同，则

$$U_{CEQ} \approx 2V_{CC} - I_{EQ}(R_C + 2R_E) \tag{3.2.11}$$

R_E 越大，负反馈作用越大，I_{EQ} 越稳定，差放对共模信号抑制能力越强；但 R_E 过大时，由式(3.2.10)知静态电流 I_{CQ}（或 I_{EQ}）将很小，则导致 i_C 的动态范围很窄。因此 R_E 不宜过大。解决这个矛盾的最佳办法是采用电流源电路来取代 R_E，电流源电路的直流工作电压不大、交流输出电阻很大，因而在实际差放电路中一般都由电流源来提供静态偏置电流。

2）动态性能分析

（1）差模特性。

①双端输入-双端输出。

差动放大电路的交流通路如图 3.2.5(a)所示。这里只考虑差模特性，设输入端加入差模信号，即 $u_{i1} = -u_{i2} = 0.5u_{id}$。在电路完全对称情况下，$T_1$、$T_2$ 管的发射极电流交流分量 i_{e1}、i_{e2} 的数值相等、极性相反，则流过 R_E 的电流不变，即流过 R_E 的交流电流 i_{R_E} 等于零，则 E 点的电位等于零。R_E 对差模信号而言既可视为**短路**，也可看成**断路**，因而，E 点是**虚地**。

电路中负载电阻 R_L 接于 T_1、T_2 两管的集电极之间，集电极电压 u_{c1}、u_{c2} 的幅值相同、变化方向相反，则 R_L 的中点电压不变，相当于接地。故可将 R_L 分为相等的两个 $0.5R_L$，每个 $0.5R_L$ 分别接在 T_1、T_2 的集电极与地之间。这样，差动放大电路就等效为两个共发射极放大电路。图 3.2.5(b)所示为差放电路的微变等效电路。

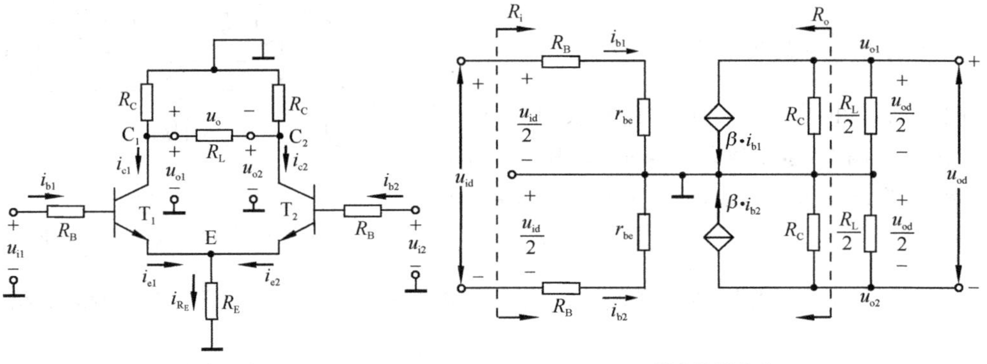

(a) 交流通路　　(b) 微变等效电路

图 3.2.5　交流通路和差模信号输入时微变等效电路

由图 3.2.5(b)可得

$$A_{ud} = \frac{u_{od}}{u_{id}} = \frac{u_{o1} - u_{o2}}{u_{id}} = \frac{0.5u_{id}A_{u1} - (-0.5u_{id})A_{u2}}{u_{id}}$$

$$= \frac{1}{2}(A_{u1} + A_{u2}) = A_{u1} = -\frac{\beta R'_L}{R_B + r_{be}} \tag{3.2.12}$$

式中，$R'_L = R_C \,/\!/ \left(\frac{R_L}{2}\right)$，$A_{u1} = A_{u2}$（当电路对称时）为单边共射放大电路的放大倍数。

由式(3.2.12)可知，在电路对称条件下，双端输入、双端输出时差放电路的差模电压放大倍数 A_{ud} 与单管共射电路的电压放大倍数 A_{u1} 相同。可见，该电路是以双倍的元器件代价来换取抑制零点漂移能力的提高。

差模输入电阻 R_{id} 为

$$R_{id} = \frac{u_{id}}{i_i} = 2(R_B + r_{be}) \tag{3.2.13}$$

差模输入情况下，差放输出端的输出电阻 R_{od} 为

$$R_{od} = 2R_C \tag{3.2.14}$$

②双端输入-单端输出。

在差动放大电路单端输出时，负载 R_L 单端接地。设 R_L 接在 T_1 集电极 C_1 与地之间，即 $u_{od} = u_{o1} = u_{c1}$。此时，因电路输入端满足对称条件，交流通路中 E 点是虚地。则差模电压放大倍数为

$$A_{ud} = \frac{u_{od}}{u_{id}} = \frac{u_{o1}}{2u_{i1}} = -\frac{\beta R'_L}{2(R_B + r_{be})} \tag{3.2.15}$$

式中，$R'_L = R_C // R_L$。

差模输入电阻 R_{id} 为

$$R_{id} = 2(R_B + r_{be}) \tag{3.2.16}$$

差模输出电阻 R_{od} 为

$$R_{od} \approx R_C \tag{3.2.17}$$

若 R_L 接在 T_2 的集电极与地之间，即 $u_{od} = u_{o2} = u_{c2}$，则 R_{id}、R_{od} 分别用式(3.2.16)、式(3.2.17)来计算，而 A_{ud} 为 $\frac{\beta R'_L}{2(R_B + r_{be})}$。

③单端输入。

当 $u_{i1} = u_i$、$u_{i2} = 0$ 或 $u_{i1} = 0$、$u_{i2} = u_i$ 时，为单端输入情形。单端输入是双端输入的一个特例，故分析单端输入的差模特性其结果与双端输入的差模特性相同。

(2) 共模特性。

图 3.2.6(a)为共模信号输入时差动放大电路的交流通路。图中，T_1、T_2 管的输入信号为 $u_{i1} = u_{i2} = u_{ic}$。此时，因电路对称，T_1、T_2 管的发射极电流同时增加或减少，其交流分量满足 $i_{e1} = i_{e2}$，故流过 R_E 上的共模信号电流为 ($i_{e1} + i_{e2} = 2i_e$)。在交流通路中，保持 E 点电位不变，把 R_E 折算到每个三极管的发射极，其等效电阻为 $2R_E$。在双端输出时，有 $u_{o1} = u_{o2}$，则 R_L 中共模信号电流为零，相当于 R_L 开路。图 3.2.6(b)为相应的微变等效电路。下面分析共模电路。

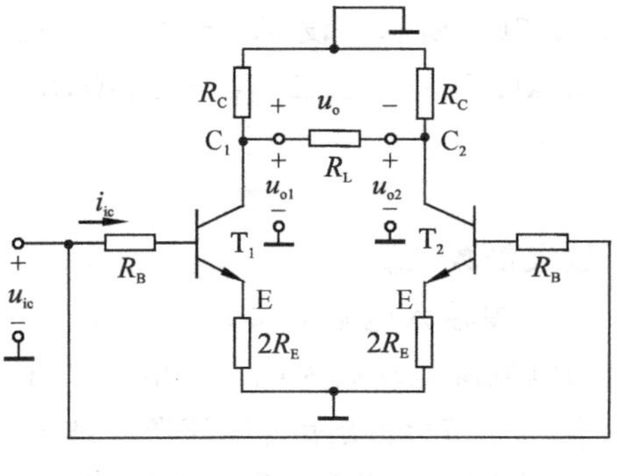

(a) 交流通路

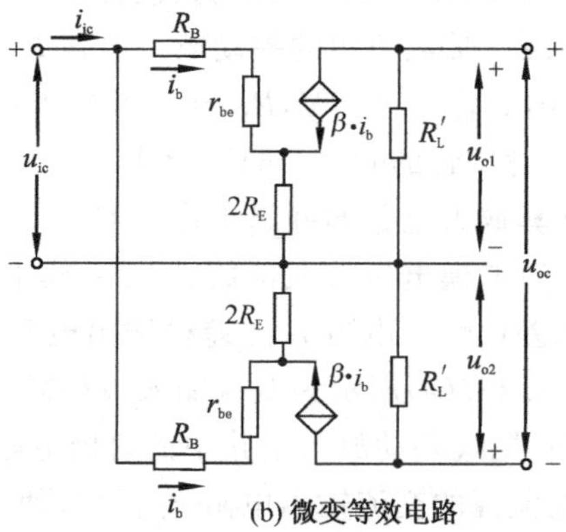

(b) 微变等效电路

图 3.2.6　共模信号输入时的交流通路与微变等效电路

①共模电压放大倍数 A_{uc}。

双端输出时，设 $u_{oc} = u_{o1} - u_{o2}$，则共模电压放大倍数 A_{uc} 为

$$A_{uc}=\frac{u_{oc}}{u_{ic}}=\frac{u_{o1}-u_{o2}}{u_{ic}}=0 \tag{3.2.18}$$

$A_{uc}=0$ 说明无共模信号放大能力。

单端输出时，设 $u_{oc}=u_{o1}$，即负载 R_L 接在 T_1 管的集电极对地之间，则共模电压放大倍数 A_{uc} 为

$$A_{uc}=\frac{u_{o1}}{u_{ic}}=-\frac{\beta R'_L}{R_B+r_{be}+2(1+\beta)R_E} \tag{3.2.19}$$

式中，$R'_L=R_C\ /\!/\ R_L$。当 $(R_B+r_{be})\ll 2(1+\beta)R_E$ 时，上式近似为

$$A_{uc}\approx-\frac{R'_L}{2R_E} \tag{3.2.20}$$

由上式可知，R_E 越大，A_{uc} 越小，抑制共模干扰能力就越强。当采用电流源偏置代替 R_E 时，因电流源的等效交流电阻很大，使得 $A_{uc}\approx 0$，可获得很大的共模信号抑制能力。

②共模输入电阻 R_{ic}。

在共模信号输入时，差放电路输入端的等效电阻为

$$R_{ic}=\frac{u_{ic}}{i_{ic}}=\frac{u_{ic}}{2i_b}=\frac{1}{2}[R_B+r_{be}+2(1+\beta)R_E] \tag{3.2.21}$$

共模输入电阻与双端输入、单端输入方式无关。共模信号输入时差放的输出电阻 R_{oc} 与差模信号输入时差放输出电阻 R_{od} 相同。

③共模抑制比 K_{CMR}。

双端输入-双端输出时，差放的 K_{CMR} 为

$$K_{CMR}=\left|\frac{A_{ud}}{A_{uc}}\right|=\infty \tag{3.2.22}$$

单端输入-单端输出时，差放的 K_{CMR} 为

$$K_{CMR}=\left|\frac{A_{ud}}{A_{uc}}\right|=\frac{\dfrac{\beta R'_L}{2(R_B+r_{be})}}{\left(\dfrac{R'_L}{2R_E}\right)}=\frac{\beta R_E}{R_B+r_{be}} \tag{3.2.23}$$

式中，R_E 越大，K_{CMR} 越大，说明共模抑制能力越强。

例 3.2.1　带电流源的差动放大电路如图 3.2.7(a)所示。设 $V_{CC}=V_{EE}=12V$，三极管的 β 都为 50，$U_{BEQ}=0.7V$，$R_C=100k\Omega$，$R_{E3}=33k\Omega$，$R_B=10k\Omega$，$R_W=200\Omega$，$R_L=200k\Omega$，$R_1=3k\Omega$，稳压管的 $U_Z=6V$。要求：

(1) 估算放大电路的静态工作点 Q；

(2) 计算差模电压放大倍数 A_{ud}、共模电压放大倍数 A_{uc}；

(3) 求差模输入电阻 R_{id}、差模输出电阻 R_{od}、共模输入电阻 R_{ic}。

解：图 3.2.7(a)所示为双端输入、双端输出的电流源差动放大电路。电路中 T_3 管构成电流源，代替长尾式差动放大电路中的射极电阻。图 3.2.7(b)所示为电流源差放的简化图，T_3 管构成的电流源的交流输出电阻 r_o 很大，使 A_{uc} 大大减小，而 A_{ud} 不受影响，从而提高差放电路抑制零点漂移的能力。

(1) 对于带电流源的差放电路，静态分析应先从电流源电路入手。由图可知

$$I_{C3Q}\approx I_{E3Q}=\frac{U_Z-U_{BE3Q}}{R_{E3}}=160\mu A$$

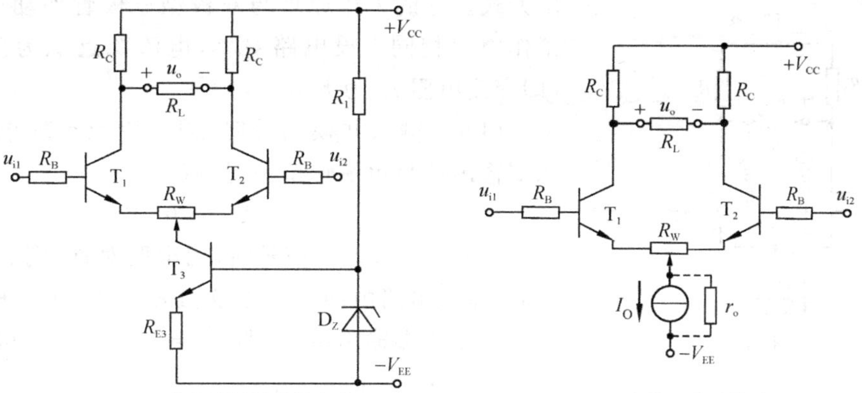

(a) 带电流源的差放电路　　(b) 电流源差放简化图

图 3.2.7 例 3.2.1 图

则有

$$I_{C1Q} = I_{C2Q} \approx 0.5 I_{C3Q} = 80(\mu A)$$

$$U_{C1Q} = U_{C2Q} = V_{CC} - I_{C1Q}R_C = 12 - 0.08 \times 100 = 4(V)$$

$$I_{B1Q} = I_{B2Q} \approx \frac{I_{C1Q}}{\beta} = \frac{80}{50} = 1.6(\mu A)$$

$$U_{B1Q} = U_{B2Q} = -I_{B1Q}R_B = -1.6 \times 10 = -16(mV)$$

$$r_{be} = r_{bb'} + (1+\beta)\frac{26}{I_{EQ}} \approx 300 + 51 \times \frac{26}{0.08} = 16875(\Omega)$$

(2) 差模电压放大倍数为

$$A_{ud} = \frac{u_{od}}{u_{id}} = \frac{-\beta\left(R_C \,/\!/\, \frac{R_L}{2}\right)}{R_B + r_{be} + (1+\beta)(0.5R_W)} = \frac{-50 \times (100 \,/\!/\, 100)}{10 + 16.875 + 51 \times 0.5 \times 0.2} \approx -78$$

由于电路对称，在共模信号输入时，有 $u_{oc} = u_{c1} - u_{c2} = 0$，则共模电压放大倍数为

$$A_{uc} = \frac{u_{oc}}{u_{ic}} = 0$$

(3) 差模输入电阻为

$$R_{id} = \frac{u_{i1} - u_{i2}}{i_b} = 2(R_B + r_{be}) + (1+\beta)R_W = 63.95\text{k}\Omega$$

差模输出电阻为

$$R_{od} = 2R_C = 200\text{k}\Omega$$

共模输入电阻为

$$R_{ic} = \frac{u_{ic}}{i_{ic}} = \frac{u_{ic}}{2i_b} = \frac{1}{2}[R_B + r_{be} + 0.5R_W(1+\beta) + 2(1+\beta)r_o]$$

因电流源的输出电阻 r_o 很大，则有 $R_{ic} \approx \infty$。

3.2.2 场效应管差动放大电路

在需要高输入电阻放大器的情况下，常用场效应管或 MOS 管来组成差动放大电路。

1. JFET *差动放大电路*

图 3.2.8 所示为带电流源的 N 沟道结型场效应管差动放大器电路，取双端输入、双端输

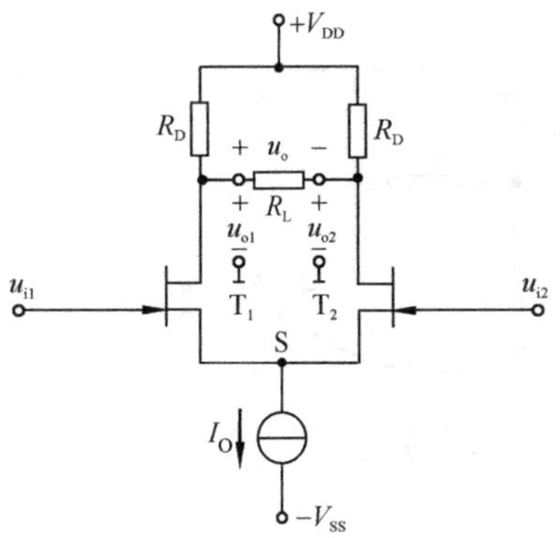

图 3.2.8　JFET 差动放大电路

出方式。它的工作原理与双极型三极管差动放大电路的工作原理相同。设电路对称，电流源近似为理想电流源(即交流电阻 r_o 为无穷大)。

(1) 当输入共模信号时，因电流源是理想的，无论是双端输出还是单端输出情况，有

$$A_{uc}=0$$

(2) 当输入差模信号时，因电路对称，则 S 点是**虚地**。此时，差放电路由两个共源极 JFET 放大电路构成。

对于双端输出情况(即 $u_o=u_{o1}-u_{o2}$)，可得

$$A_{ud}=\frac{u_{o1}-u_{o2}}{u_{id}}=A_{u1}$$
$$=-g_m(0.5R_L\ /\!/\ R_D\ /\!/\ r_{ds})$$
$$\approx -g_m(0.5R_L\ /\!/\ R_D) \tag{3.2.24}$$

式中，A_{u1} 为单管共源放大电路的电压放大倍数，r_{ds} 为场效应管的输出电阻。

对于单端输出情况(设 $u_o=u_{o1}$)，可得

$$A_{ud}=\frac{u_{o1}}{u_{id}}=-0.5g_m(R_L\ /\!/\ R_D\ /\!/\ r_{ds})$$
$$\approx -0.5g_m(R_L\ /\!/\ R_D) \tag{3.2.25}$$

(3) 由于场效应管的输入电流近似等于零，则 JFET 差放电路的差模输入电阻 R_{id}、共模输入电阻 R_{ic} 都可近似为无穷大。

差模信号输入时的输出电阻 R_{od} 与共模信号输入时的输出电阻 R_{oc} 相同。

在双端输出时，可得

$$R_{od}=2(r_{ds}\ /\!/\ R_D)\approx 2R_D \tag{3.2.26}$$

在单端输出时，可得

$$R_{od}=r_{ds}\ /\!/\ R_D\approx R_D \tag{3.2.27}$$

例 3.2.2　由 N 沟道结型场效应管组成的差动放大电路如图 3.2.9 所示。设 T_1、T_2 的特性相同，饱和电流 $I_{DSS}=1.2\text{mA}$，夹断电压 $U_{GS(off)}=-2.4\text{V}$，$r_{ds}=\infty$。稳压管 D_Z 的 $U_Z=6\text{V}$，三极管 T_3 的 $U_{BE3}=0.6\text{V}$，$R_{E3}=54\text{k}\Omega$，$R_D=82\text{k}\Omega$，$R_L=240\text{k}\Omega$。要求：

(1) 估算静态时 T_1 管的工作电流 I_{D1}、栅源极之间电压 U_{GS1Q} 和 T_2 管的漏极电压 U_{D2Q}；

(2) 求差模电压放大倍数 $A_{ud}=\dfrac{u_o}{u_i}$。

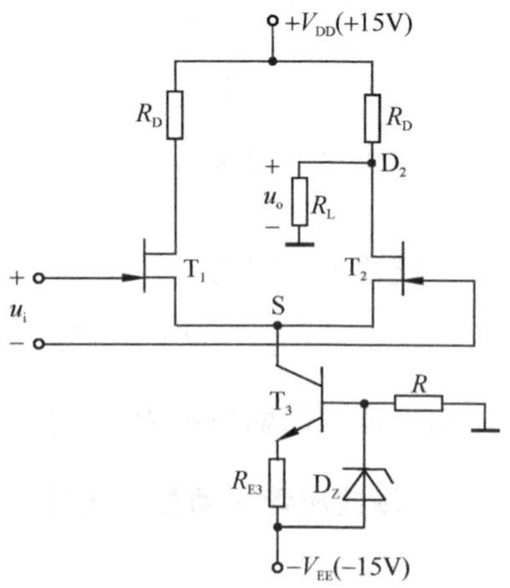

图 3.2.9　例 3.2.2 电路

解：(1) 计算 I_{D1Q}、U_{GS1Q} 和 U_{D2Q}。

对于带电流源的场效应管差放电路，静态分析应从电流源管 T_3 开始。由图可知

$$I_{E3Q}=\frac{U_Z-U_{BE3Q}}{R_{E3}}=\frac{6-0.6}{54}=0.1(\text{mA})$$

因为 T_1 和 T_2 的特性相同，可得

$$I_{D1Q}=I_{D2Q}\approx\frac{I_{E3Q}}{2}=0.05(\mathrm{mA})$$

根据 N 沟道 JFET 的转移特性 $i_D=I_{DSS}\left(1-\frac{u_{GS}}{U_{GS(off)}}\right)^2$，可得

$$U_{GS1Q}=U_{GS(off)}\left(1-\sqrt{\frac{I_{D1Q}}{I_{DSS}}}\right)=-2.4\times\left(1-\sqrt{\frac{0.05}{1.2}}\right)=-1.91(\mathrm{V})$$

T_2 管的漏极电压 U_{D2} 为

$$U_{D2Q}=V_{DD}\frac{R_L}{R_L+R_D}-I_{D2Q}(R_L\mathbin{/\!/}R_D)=15\times\frac{240}{82+240}-0.05\times\frac{82\times240}{82+240}=8.12(\mathrm{V})$$

(2) 计算 $A_{ud}=\frac{u_o}{u_i}$。

对于单端输出的 JFET 差放电路，其差模电压放大倍数为

$$A_{ud}=\frac{u_o}{u_i}=0.5g_m(R_L\mathbin{/\!/}R_D\mathbin{/\!/}r_{ds})\approx0.5g_m(R_L\mathbin{/\!/}R_D)$$

式中

$$g_m=-\frac{2I_{DSS}}{U_{GS(off)}}\left(1-\frac{U_{GSQ}}{U_{GS(off)}}\right)=-\frac{2\times1.2}{-2.4}\times\left(1-\frac{-1.91}{-2.4}\right)=0.2(\mathrm{mS})$$

所以可得

$$A_{ud}=0.5\times0.2\times(82\mathbin{/\!/}240)=6.11$$

2. MOS 管差动放大电路

带电流源的 MOS 管差动放大电路如图 3.2.10 所示，图中 T_1、T_2 是 N 沟道 MOS 场效应管，取双端输入、双端输出方式。它的工作原理与双极型三极管差动放大电路的工作原理相同。MOS 管差动放大电路技术指标的计算与结型 JFET 差放电路技术指标的计算表达式相同。

实际的 MOS 管差放电路还有 PMOS 型、CMOS 型差放电路，其中漏极电阻 R_D 常用 MOS 管来替代，组成全 MOS 电路。

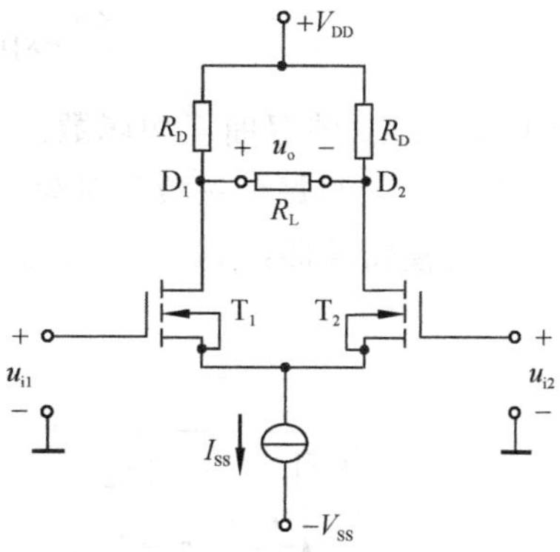

图 3.2.10　MOS 管差动放大电路

3.2.3　差动放大电路的传输特性

前面讨论了差动放大电路的工作原理和小信号性能，即 u_{id} 很小时差放的性能指标。现在进一步分析 u_{id} 为任意值时差放电路的传输性能。传输特性用于描述差放电路的输出量与输入量之间的函数关系，对了解差动放大电路的小信号线性工作范围、大输入信号时输出特性是非常重要的。

1. 双极型三极管差动放大电路的传输特性

双极型差动放大电路如图 3.2.11 所示。设 T_1 与 T_2 特性匹配，且 β 足够大，则

$$i_{C1}\approx i_{E1}=I_S\exp\left(\frac{u_{BE1}}{U_T}\right)$$

$$i_{C2}\approx i_{E2}=I_S\exp\left(\frac{u_{BE2}}{U_T}\right)$$

上两式相除，得

$$\frac{i_{C1}}{i_{C2}}=\exp\left(\frac{u_{BE1}-u_{BE2}}{U_T}\right) \tag{3.2.28}$$

而

$$i_{C1}+i_{C2}=I_{EE} \tag{3.2.29}$$

$$u_{id}=u_{BE1}-u_{BE2} \tag{3.2.30}$$

由式(3.2.28)～式(3.3.30)联立求解，得

$$i_{C1}=\frac{I_{EE}}{1+\exp\left(-\frac{u_{id}}{U_T}\right)}=\frac{I_{EE}\exp\left(\frac{u_{id}}{2U_T}\right)}{\exp\left(\frac{u_{id}}{2U_T}\right)+\exp\left(-\frac{u_{id}}{2U_T}\right)}$$

$$=\frac{I_{EE}}{2}+\frac{I_{EE}}{2}\,\frac{\exp\left(\frac{u_{id}}{2U_T}\right)-\exp\left(-\frac{u_{id}}{2U_T}\right)}{\exp\left(\frac{u_{id}}{2U_T}\right)+\exp\left(-\frac{u_{id}}{2U_T}\right)}=\frac{I_{EE}}{2}+\frac{I_{EE}}{2}\mathrm{th}\left(\frac{u_{id}}{2U_T}\right) \tag{3.2.31}$$

$$i_{C2}=\frac{I_{EE}}{1+\exp\left(\frac{u_{id}}{U_T}\right)}=\frac{I_{EE}\exp\left(-\frac{u_{id}}{2U_T}\right)}{\exp\left(\frac{u_{id}}{2U_T}\right)+\exp\left(-\frac{u_{id}}{2U_T}\right)}$$

$$=\frac{I_{EE}}{2}+\frac{I_{EE}}{2}\,\frac{\exp\left(-\frac{u_{id}}{2U_T}\right)-\exp\left(\frac{u_{id}}{2U_T}\right)}{\exp\left(\frac{u_{id}}{2U_T}\right)+\exp\left(-\frac{u_{id}}{2U_T}\right)}=\frac{I_{EE}}{2}-\frac{I_{EE}}{2}\mathrm{th}\left(\frac{u_{id}}{2U_T}\right) \tag{3.2.32}$$

式中，$\mathrm{th}x$ 为 x 的双曲正切函数。

上两式表明每个三极管的输出电流与差模输入电压 u_{id} 的传输特性方程，相应画出大信号输入时差模特性曲线，如图 3.2.12 所示。

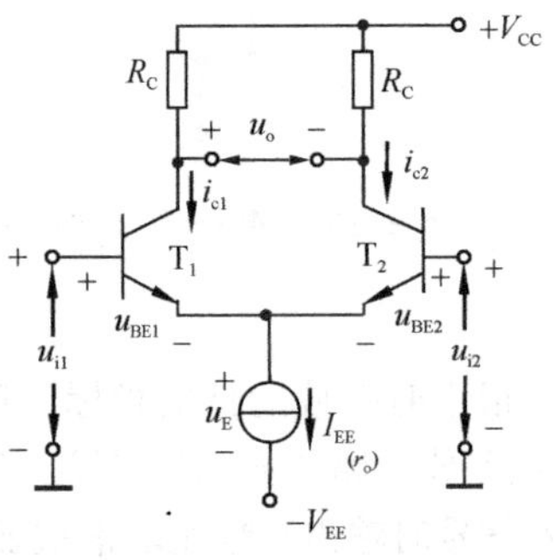

图 3.2.11　基本双极型差动放大电路

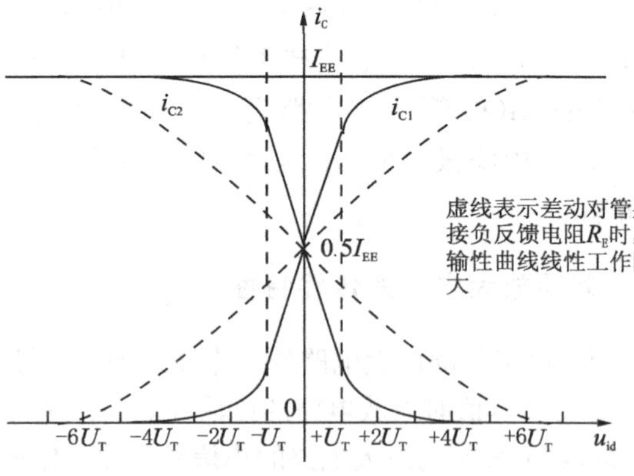

图 3.2.12　双极型差放电路的大信号差模特性

分析式(3.2.31)、式(3.2.32)和图 3.2.12 中曲线，可得出以下结论：

(1) 当 $u_{id}=0$ 时，$i_{C1}=I_{C1}$，$i_{C2}=I_{C2}$，$I_{C1}=I_{C2}=0.5I_{EE}$。当输入差模信号 u_{id} 时，一个三极管的电流增大，另一个三极管的电流减小，且增大量等于减小量，两管电流之和不变，即 $i_{C1}+i_{C2}\equiv I_{EE}$。

(2) 差模输入电压的线性工作范围为 $-U_T\sim U_T$（$-26\sim26$mV）。此时，i_c 与 u_{id} 近似呈

线性关系。当输入差模电压超过±26mV时，i_c 的非线性失真会逐步加大。当输入差模电压超过 $\pm 4U_T \approx \pm 104$mV时，i_c 基本不变，这表明差放电路在大信号输入时有很好的限幅特性。

(3) 由图可知，在小信号工作时，在静态工作点附近，i_c 受 u_{id} 的线性控制，其控制作用的大小常用**传输跨导** g_m 来衡量。g_m 的定义为

$$g_m = \left.\frac{di_C}{du_{id}}\right|_{u_{id}=0} \tag{3.2.33}$$

上式定义的传输跨导即是传输特性在静态工作点 Q 处(即 $u_{id}=0$)的曲线斜率。

单端输出时的传输跨导为

$$g_m = \left.\frac{di_{C1}}{du_{id}}\right|_Q = \frac{i_{c1}}{u_{id}} = \left.\frac{I_{EE}\exp\left(\dfrac{-u_{id}}{U_T}\right)}{U_T\left[1+\exp\left(-\dfrac{u_{id}}{U_T}\right)\right]^2}\right|_{u_{id}=0} = \frac{1}{4}\frac{I_{EE}}{U_T} = \frac{1}{2r_e} \tag{3.2.34}$$

双端输出时的传输跨导为

$$g_m = \frac{I_{EE}}{2U_T} = \frac{1}{r_e} \tag{3.2.35}$$

上式说明，差放电路双端输出时的传输跨导等于单端输出时的传输跨导的两倍。

差动放大电路的传输跨导 g_m、差模电压放大倍数 A_{ud} 都与电流源电流 I_{EE} 成正比。I_{EE} 越大，g_m、A_{ud} 就越大。

通过调节电流源电流可实现对差放电路电压放大倍数的控制，达到实现自动增益控制的目的。

2. 场效应管差动放大电路的传输特性

与双极型差动放大电路传输特性分析过程相似，可导出场效应管差动放大器的传输特性。这里以JFET型差放电路为例进行分析。

电路如图3.2.8所示，由图可有 $u_{id} = u_{GS1} - u_{GS2}$。

对于N沟道JFET，可有

$$u_{GS} = U_{GS(off)}\left(1-\sqrt{\frac{i_D}{I_{DSS}}}\right) \tag{3.2.36}$$

因而，可得

$$\frac{u_{id}}{U_{GS(off)}} = -\sqrt{\frac{i_{D1}}{I_{DSS}}} + \sqrt{\frac{i_{D2}}{I_{DSS}}} \tag{3.2.37}$$

由 $i_{D1} + i_{D2} = I_o$ 与(3.2.37)式，可求得

$$i_{D1} = \frac{I_o}{2}\left[1+\frac{u_{id}}{U_{GS(off)}}\sqrt{2\frac{I_{DSS}}{I_o} - \left(\frac{u_{id}}{U_{GS(off)}}\right)^2\left(\frac{I_{DSS}}{I_o}\right)^2}\right] \tag{3.2.38}$$

$$i_{D2} = \frac{I_o}{2}\left[1-\frac{u_{id}}{U_{GS(off)}}\sqrt{2\frac{I_{DSS}}{I_o} - \left(\frac{u_{id}}{U_{GS(off)}}\right)^2\left(\frac{I_{DSS}}{I_o}\right)^2}\right] \tag{3.2.39}$$

需要指出，当大信号加到差动放大器输入端时，必将有一只管子的电流等于 I_o(而另一只管子的电流为零)。因为N沟道JFET在正常工作时，栅极-源极之间电压必须保证反向偏置，则每个管子的漏极电流满足：$i_D \leqslant I_o$。由式(3.2.37)可得

$$\left|\frac{u_{id}}{U_{GS(off)}}\right| \leqslant \sqrt{\frac{I_o}{I_{DSS}}} \tag{3.2.40}$$

式中，典型夹断电压值 $|U_{GS(off)}|$ 为 2～5V。如果输入电压 u_{id} 超过式(3.2.40)的取值范围，则漏极电流 i_{D1}、i_{D2} 的值不是零就是 I_o。这里，应有 $I_o \leqslant I_{DSS}$。

图 3.2.13(a)画出了 3 种不同 I_o 值时，i_{D1}、i_{D2} 与 u_{id} 的关系曲线。从图中可看出，其线性工作范围限制在 $|U_{GS(off)}|$ 区间内。与双极型三极管差动放大电路相比，场效应管差动放大电路的输入差模电压范围要大得多。

在图 3.2.8 中，设 R_L 开路，则输出电压为

$$u_o = u_{o1} - u_{o2} = -i_{D1}R_D + i_{D2}R_D \tag{3.2.41}$$

由式(3.2.38)、式(3.2.39)，可得

$$\begin{aligned} u_o &= -\frac{I_o R_D}{U_{GS(off)}} u_{id} \sqrt{2\frac{I_{DSS}}{I_o} - \left(\frac{u_{id}}{U_{GS(off)}}\right)^2 \left(\frac{I_{DSS}}{I_o}\right)^2} \\ &= -U_{omm} K_u \sqrt{2 - K_u^{\ 2}} \end{aligned} \tag{3.2.42}$$

式中，$U_{omm} = I_o R_D$，$K_u = \dfrac{u_{id}}{U_{GS(off)}} \sqrt{\dfrac{I_{DSS}}{I_o}}$，由式(3.2.40)可知 $K_u < 1$。

当 $K_u \ll 1$ 时，式(3.2.42)可近似为

$$u_o \approx -U_{omm}\sqrt{2}K_u = -\frac{\sqrt{2I_o I_{DSS}}R_D}{U_{GS(off)}} u_{id} \tag{3.2.43}$$

式(3.2.43)说明，当输入信号 u_{id} 满足 $K_u \ll 1$ 时，u_o 与 u_{id} 呈线性关系。图 3.2.13(b)所示为 JFET 型差动放大电路的电压传输特性。

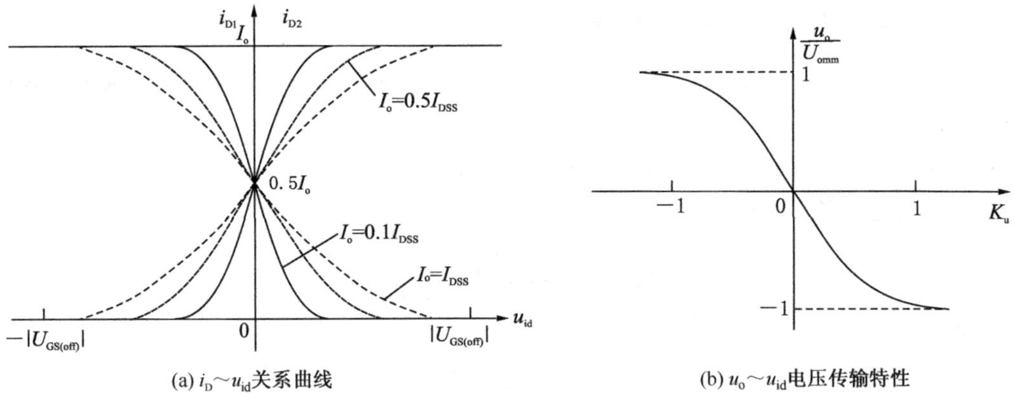

(a) $i_D \sim u_{id}$关系曲线　　(b) $u_o \sim u_{id}$电压传输特性

图 3.2.13　JFET 型差放电路的传输特性

思　考　题

3.2.1　直接耦合的多级放大电路产生零点漂移的主要原因是什么？差动放大电路为什么能够抑制零点漂移？

3.2.2　在电流源偏置的差动放大电路中，电流源起了什么作用？在什么情况下，可以应用“虚地”概念？

3.2.3　对于双端输入、单端输出的差动放大电路，设有 $A_{ud} = 100$，$A_{uc} = 0.1$。当输入信号 $u_{i1} = 55$mV、$u_{i2} = 53$mV 时，试分析此时差模输入电压 u_{id}、共模输入电压 u_{ic}、输出电压 u_o 各是多少？

3.3　双极型集成运算放大器

3.3.1　集成运算放大器的基本组成

现在有多种类型的集成运算放大器产品。按照集成运放的性能指标与用途来划分，可有通用型、宽带型、低漂移型、高速型、高输入阻抗型、高精度型、低功耗型、高压型、程控型、大功率型等。若按照集成运放的电路类型来划分，有 BJT 双极型、JFET 型、MOS 型和混合型。其中 MOS 型常有 NMOS、PMOS 和 CMOS，混合型如 BJT 与 JFET 管混合(BiFET)、BJT 与 MOS 管混合(BiCMOS)等。

虽然各种集成运放的具体电路与技术参数不同，但其电路结构却均有共同之处。图 3.3.1 表示集成运算放大器的组成框图及其电路符号，而实际运放有许多引脚，如外接的电源引脚 $+V_{CC}$、$-V_{EE}$，以及可能的频率补偿引脚等。集成运放的输入级一般是由半导体三极管、结型场效应管或绝缘栅型场效应管组成的差动式放大电路，利用差动放大电路可以提高整个电路的共模抑制比与其他性能，差动放大电路的两个输入端构成集成运放的反相输入端和同相输入端。中间放大级的主要作用是尽量提高电压放大倍数，它可由一级或多级放大电路组成。输出级一般由射极跟随器或互补射极跟随器组成，以降低输出阻抗(增加驱动负载能力)，提高输出电流的动态范围。图 3.3.1(b)所示为运算放大器的电路符号，其中反相输入端用“－”号表示，同相输入端用“＋”号表示。器件外端输入、输出相应地用 N、P 和 O 表示。

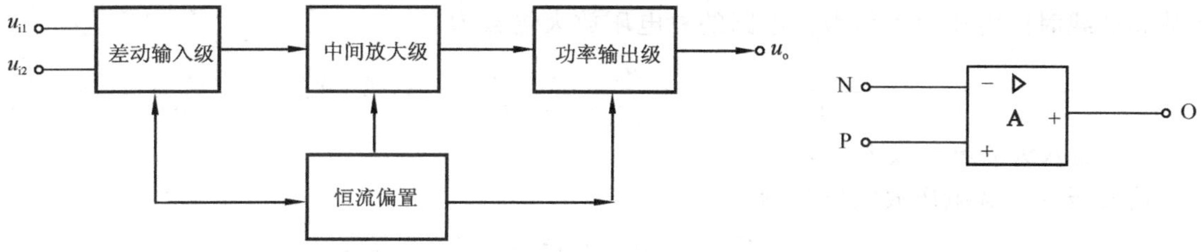

(a) 运算放大器内部组成原理框图　　(b) 电路符号

图 3.3.1　运算放大器组成原理与电路符号

简单的集成运算放大器的原理电路如图 3.3.2所示。输入级为 T_1、T_2 对管组成的双端输入-单端输出差动放大电路。中间电压放大级由 T_3、T_4 组成复合管共射极电路。T_5 为电平位移电路、T_6 为输出级(射极跟随器)。电平位移电路使得输入信号电压 $u_{i1}=u_{i2}=0$ 时，相应有输出电压 $u_o=0$。T_5 管的射极电阻 R_5 用于抬高静态时 T_5 管的基极直流电位，以保证 T_4 管的集电极电压有较大的动态变化范围。T_5 管的静态工作点由 1mA 电流源确定，同时电流源的动态电阻也很大。利用**瞬时极性法**分析图 3.3.2 可知：当输入信号 u_{i1} 从 1 端

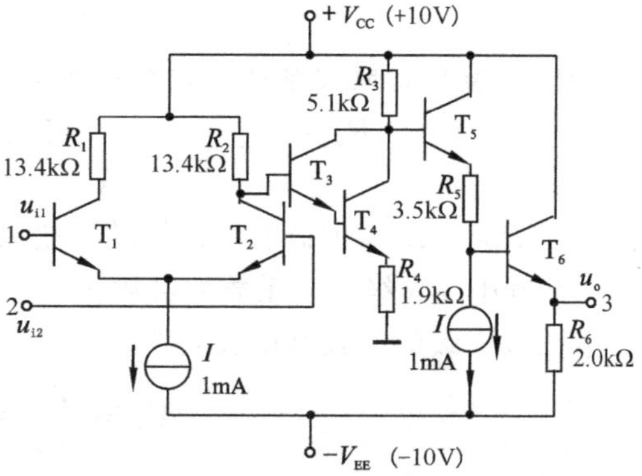

图 3.3.2　简单运算放大器

输入时(设 $u_{i2}=0$),输出信号 u_o 与 u_{i1} 反相,则1端为反相输入端;当输入信号 u_{i2} 从2端输入时(设 $u_{i1}=0$),输出信号 u_o 与 u_{i2} 同相,则2端为同相输入端。

例3.3.1　电路如图3.3.2所示,设所有三极管的 $\beta=100$,$r_{ce}=\infty$,$r_{be1}=r_{be2}=5.2\text{k}\Omega$,$r_{be3}=260\text{k}\Omega$,$r_{be4}=r_{be5}=2.6\text{k}\Omega$ 和 $r_{be6}=0.25\text{k}\Omega$,试计算放大器的总电压放大倍数。

解:(1) 把图3.3.2画成方框图和级联等效电路,如图3.3.3所示。

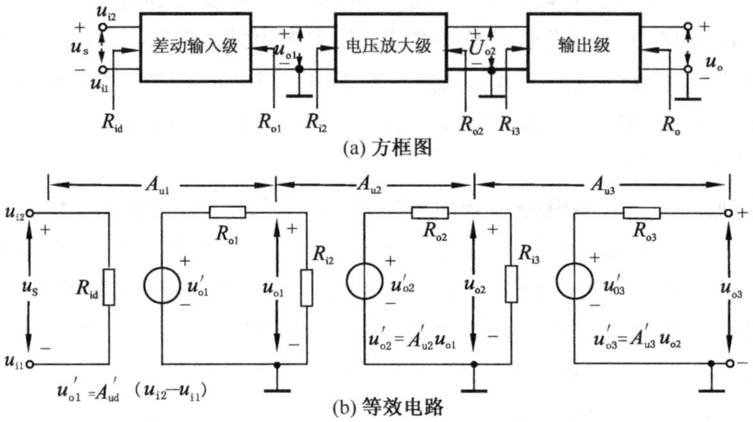

图3.3.3　简单运放的方框图与等效电路

在图3.3.3中,前级的开路电压是下级的信号源电压,前级的输出电阻是下级的信号源内阻;而下级的输入电阻就是前级的负载。A_{ud}、A_{u2}、A_{u3} 和 A'_{ud}、A'_{u2}、A'_{u3} 分别为各级的电压放大倍数和空载时的电压放大倍数。电路的总电压放大倍数为

$$A_u=\frac{u_o}{u_{i2}-u_{i1}}=\frac{u_{o1}}{u_{i2}-u_{i1}}\frac{u_{o2}}{u_{o1}}\frac{u_o}{u_{o2}}=A_{ud}A_{u2}A_{u3}$$

(2) 输入级的电压放大倍数。

输入级的空载电压放大倍数为

$$A'_{ud}=-\frac{\beta R_2}{2r_{be1}}=-\frac{100\times13.4\times10^3}{2\times5.2\times10^3}=-129$$

第一级的输出电压 u_{o1} 与开路电压 u'_{o1} 有如下关系:

$$u_{o1}=\frac{R_{i2}}{R_{i2}+R_{o1}}u'_{o1}$$

式中,R_{i2} 是复合管放大电路的输入电阻,R_{o1} 是输入级的输出电阻,其计算公式为

$$R_{i2}=r_{be3}+(1+\beta)[r_{be4}+(1+\beta)R_4]=19.9(\text{M}\Omega)$$

$$R_{o1}=R_2=13.4\text{k}\Omega$$

由于 $R_{i2}\gg R_{o1}$,因此有 $u_{o1}\approx u'_{o1}$,故 $A_{ud}\approx A'_{ud}=-129$。

(3) 电压放大级的电压放大倍数。

电压放大级的空载电压放大倍数为

$$A'_{u2}=\frac{u'_{o2}}{u_{o1}}\approx-\frac{\beta^2R_3}{R_{i2}}=-2.6$$

输出级的输入电阻为

$$R_{i3}=r_{be5}+(1+\beta)[R_5+r_{be6}+(1+\beta)R_6]=20.8(\text{M}\Omega)$$

电压放大级的输出电阻为 $R_{o2}=R_3=5.1\text{k}\Omega$

显然，可得 $u_{o2} \approx u'_{o2}$，故 $A_{u2} = A'_{u2} = -2.6$。

(4) 输出级是射极跟随器，其电压放大倍数为 $A_{u3} \approx 1$。

(5) 总电压放大倍数

$$A_u = A_{ud} \cdot A_{u2} \cdot A_{u3} = (-129) \times (-2.6) \times 1 = 335$$

3.3.2 典型 BJT 集成运算放大器

常用的双极型集成运放 F007 是一种通用型运算放大器，图 3.3.4 所示为 F007 的电路原理图，电路包括四个组成部分：偏置电路、差动输入级、中间级、输出级电路。

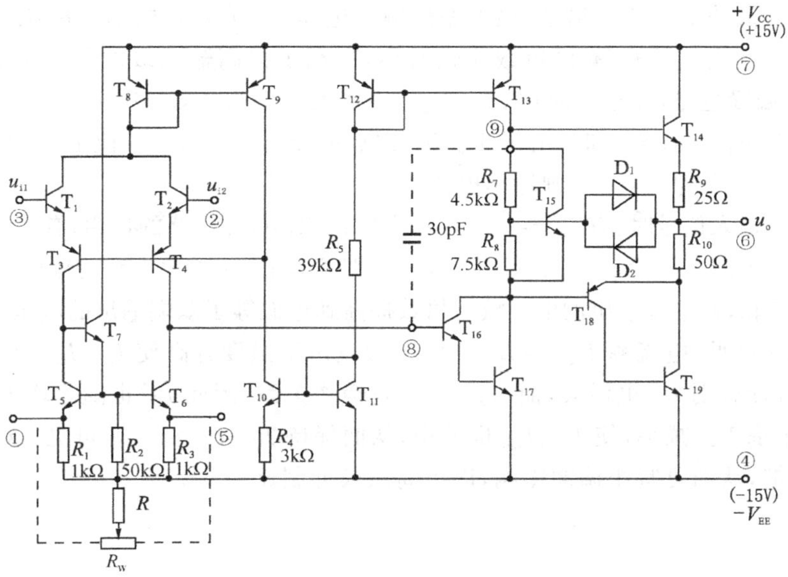

图 3.3.4　F007 电路原理图

1. 偏置电路

F007 的偏置电路由 $T_8 \sim T_{13}$ 和电阻 R_4、R_5 等元件组成，如图 3.3.5 所示。

由图可知，流过电阻 R_5 的基准电流 I_{REF} 值可用下式来估算

$$I_{REF} = \frac{V_{CC} + V_{EE} - U_{EB12} - U_{BE11}}{R_5}$$

有了基准电流 I_{REF}，再通过电流源电路来产生各放大级所需的偏置电流。其中，T_{10} 与 T_{11} 组成微电流源，故 I_{C10} 比 I_{C11} 小得多。由 I_{C10} 提供给 T_9 集电极电流 I_{C9}、T_3 和 T_4 的基流 $I_{3,4}$。横向 PNP 管 T_8、T_9 组成的镜像电流源产生 I_{C8}，作为输入级差放电路的偏置电流。

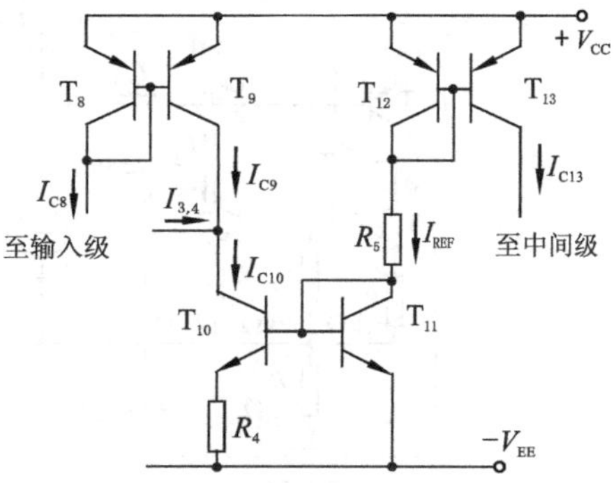

图 3.3.5　F007 的偏置电路

横向 PNP 管 T_{12}、T_{13} 组成另一组镜像电流源，产生 I_{C13}，向中间级放大管 T_{16}、T_{17} 提供静态电流，其中 T_{13} 又作为 T_{16}、T_{17} 的有源负载。F007 中各路偏置电流的关系可以表示为

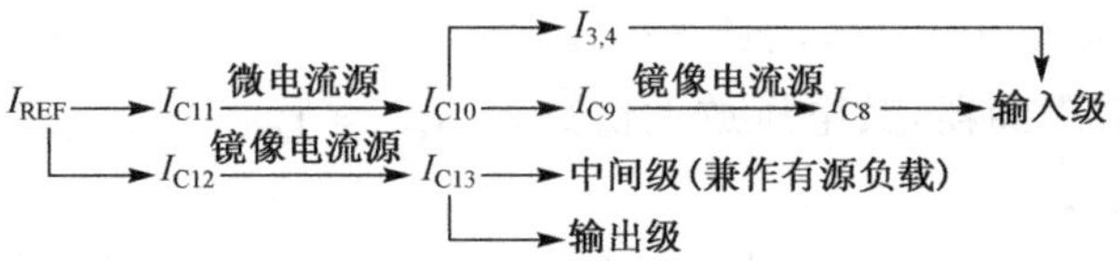

2. 输入级

F007 的输入级如图 3.3.6 所示。输入级是由 $T_1 \sim T_6$ 组成的差动放大电路，由 T_6 的集电极输出，T_1、T_3 和 T_2、T_4 组成共集—共基复合差放电路。纵向 NPN 管 T_1、T_2 组成共集电路可以提高输入阻抗，而横向 PNP 管 T_3、T_4 组成的共基电路和 T_5、T_6、T_7 组成的有源负载，有利于提高输入级的电压放大倍数、最大差模输入电压，并扩大共模输入电压范围，同时可以改善电路的频率响应。另外，有源负载比较对称，有利于提高输入级的共模抑制比。T_7 用来构成 T_5、T_6 的偏置电路，在这一级中，T_7 的 β_7 比较大，i_{B7} 很小，故 $i_{C3} = i_{C5} = i_{C6}$。

当输入信号 $u_{i1} = u_{i2} = 0$ 时，由于 T_{16}、T_{17} 组成的复合管的等效 β 值很大，故 I_{B16} 可忽略不计，此时，$i_{C3} = i_{C5} = i_{C4} = i_{C6}$，则输出电流 $i_{o1} = 0$。

当接入差模输入信号时，有 $i_{C4} = -i_{C3}$，又因为 T_5、T_6 对称电路的作用，有 $i_{C6} = i_{C5} \approx i_{C3}$。所以，输出电流 $i_{o1} = i_{C4} - i_{C6} \approx i_{C4} - i_{C3} = 2i_{C4}$，这就是说，输入级差放电路的输出电流为两边输出电流变化量的总和，使单端输出的电压放大倍数提高到近似等于双端输出的电压放大倍数。

由图 3.3.6 可见，电流源 $I_{C10} = I_{C9} + I_{3,4}$，假设由于温度升高使 I_{C1}、I_{C2} 增大，即可等效为共模输入信号情况，则 I_{C8} 也增大，而 I_{C8} 与 I_{C9} 是镜像关系，因此 I_{C9} 也随之增大。但 I_{C10} 是一个恒定电流，于是 $I_{3,4}$ 减小，使 I_{C3}、I_{C4} 也减小，从而保持 I_{C1}、I_{C2} 稳定。可见，这种接法组成了一个共模负反馈，从而可减小温漂影响，以提高共模抑制比。

3. 中间级

F007 中间级电路的示意图如图 3.3.7 所示。它的输入信号来自输入级 T_4、T_6 的集电极，输出端接到输出级两个互补对称放大管的基极。中间级是由 T_{16}、T_{17} 组成复合管共发射极放大电路，T_{13} 交流电阻很大且作为其有源负载。所以，中间级不仅能够提供很高的电压放大倍数，而且具有很高的输入电阻，从而避免降低前级的电压放大倍数。

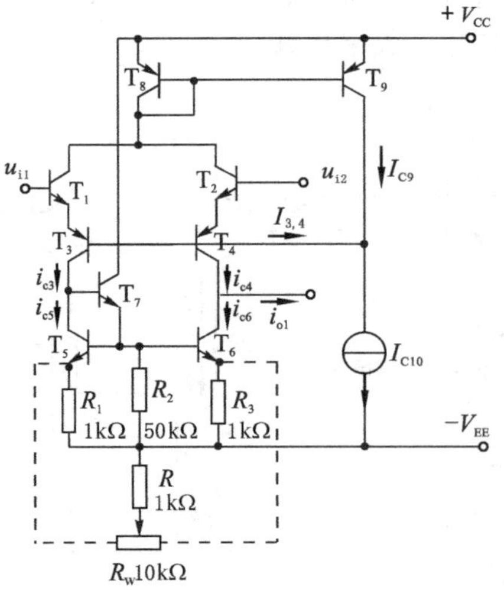

图 3.3.6　F007 输入级电路

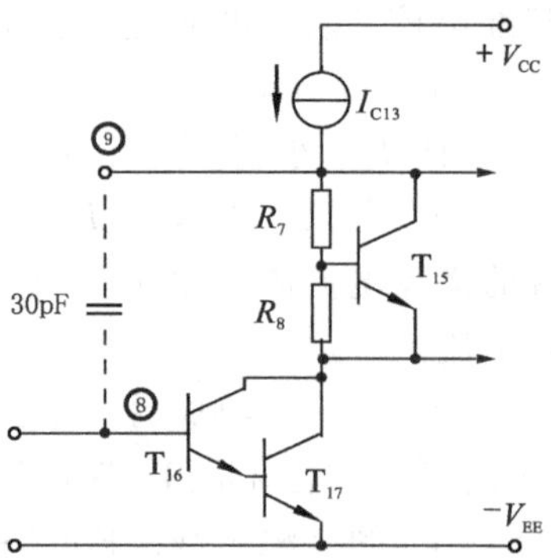

图 3.3.7　F007 中间级电路

为了防止产生自激振荡，在电路中 8、9 两端需外接一个 30pF 的校正电容。

4. 输出级

F007 输出级的原理电路如图 3.3.8 所示。NPN 型三极管 T_{14} 与由 T_{18}、T_{19} 组成的 PNP 型复合管构成了准互补对称电路(见第 7 章功率放大电路)。其中 T_{14} 与 T_{19} 同为 NPN 三极管，特性比较容易匹配。

二极管 D_1、D_2 和电阻 R_9、R_{10} 组成过载保护电路。

三极管 T_{15} 和电阻 R_7、R_8 的作用是为输出级提供静态基流，使电路工作在近似线性状态，以减小输出信号失真。

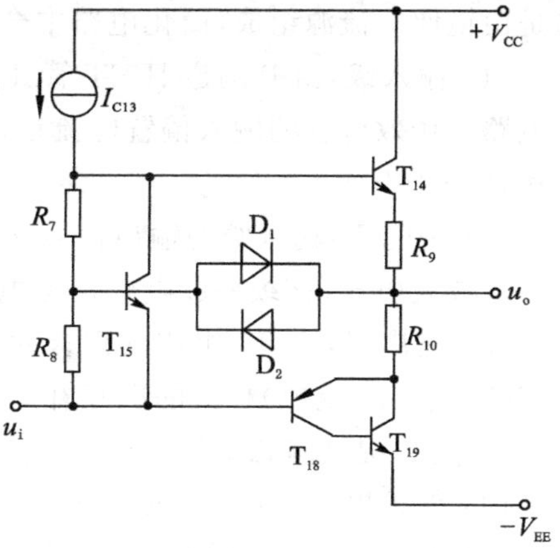

图 3.3.8　F007 输出级电路

思　考　题

3.3.1　分析集成运算放大器的一般组成、各级电路的电路结构形式与作用。

3.3.2　集成运算放大器的反相输入端和同相输入端是如何定义的？

3.4　场效应管型集成运算放大器

3.4.1　BiFET 集成运算放大器

由于场效应管的输入电流(指栅极电流)非常小，常用场效应管作为运放的输入级以构成**低输入偏置电流型运放**(也称为高输入阻抗型运放)。这类运放常用于构成要求运放有极小输入偏置电流的模拟电路，如精密积分运算电路、对数运算电路、采样-保持电路及微电流放大器等。

LF356 是以结型场效应管作为输入级的高输入阻抗型集成运放，其简化原理电路如图 3.4.1 所示。因这种集成运放是由双极型三极管、场效应管两种类型器件构成的，也常称为 BiFET 型

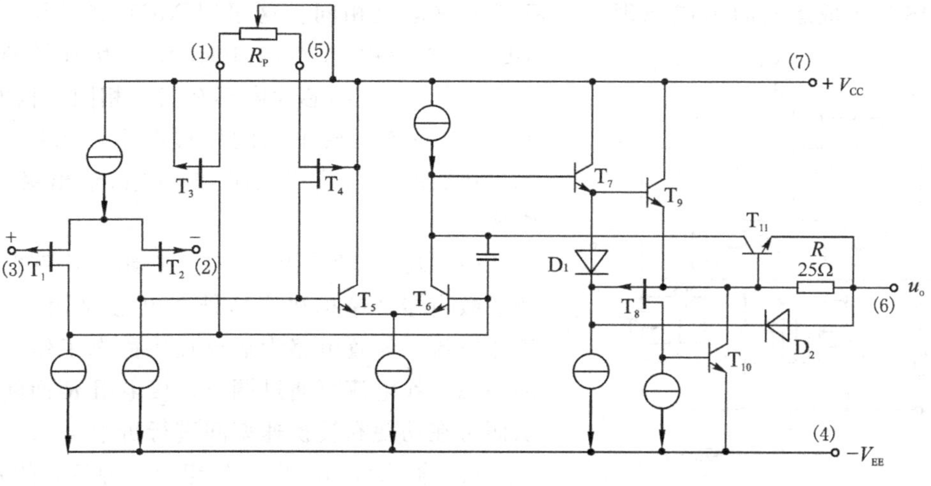

图 3.4.1　简化的 LF356 原理电路

集成运放。LF356 主要由输入级、中间电压放大级、输出级、保护电路和偏置电路组成，偏置电路是由镜像电流源组成(简化电路中全部用理想电流源代替)。

(1) 输入级：由 P 沟道 JFET 管 T_1、T_2 构成了电流源偏置的双端输入-双端输出式差动放大电路。场效应管的输入偏置电流很低(等效直流输入电阻很大)，约 30pA，其差模输入电阻可达10^9～$10^{12}\Omega$。

(2) 中间级：输入级的输出信号送入由 T_5、T_6 组成的双端输入-单端输出式差动放大电路进一步放大电压，该级差放电路也是电流源偏置的。

(3) 输出级：由 T_7 组成的射极跟随器来驱动 NPN 管 T_9 及 PNP 型复合管(由 JFET 管 T_8、NPN 管 T_{10} 组成)构成的准互补对称输出电路。二极管 D_1 接在 T_9 的基极和 T_8 的栅极之间，为 T_8、T_9 提供静态工作偏压。

(4) 保护电路：由 T_{11}、R 及 D_2 构成**输出电流保护环节**，可允许输出端长期处于对地短路状态，R 为短路电流采样电阻。当输出电流大于 20mA 时，T_{11} 导通，使 T_7 的基极电流减小，抑制了输出电流的增大；同样，当输出电流小于－20mA 时(即电流流进集成运放)，D_2 导通，使 T_8 的栅极电位上升，从而抑制了输出电流的增大。

P 沟道 JFET 管 T_3、T_4 与外接 25kΩ 电位器 R_P 构成两个电流源。调节 R_P 可改变两个电流源的相对比例，从而改变第二个差动放大器的静态输入电流，实现对失调电压的补偿。

LF356 运放采用内部**频率补偿**。因各级偏置电流都较大，故增益带宽积、转换速率都较大，适合作宽带和高速放大。但整个电路的电源电流较大，因此功耗也大。与 LF356 具有类似性能的有 LF353(双运放)和 LF347(四运放)。

3.4.2 CMOS 集成运算放大器

多年来，MOS 型集成运算放大器由于跨导小而增益较低、工艺匹配性较差而使失调电压较大、低频噪声较大等缺点，在模拟集成电路中采用较少。但是，随着微电子技术的迅速发展，目前 MOS 型集成运放取得了明显进展，其在高输入阻抗、低功耗、低价格等方面有明显优点。因而在模拟集成电路中，特别是在大规模、超大规模的模拟集成电路中，MOS 器件已经得到越来越广泛的应用。

MOS 型集成运放的组成原理与双极型集成运放相同。这里以 MC14573 为例来说明，MC14573 为由 NMOS、PMOS 型互补器件组成的 CMOS 集成运放，芯片内部有四个相同结构的运放单元，其中一个运放单元的原理图电路如图 3.4.2 所示。运放单元由偏置电路、输入级、输出级三个部分组成。

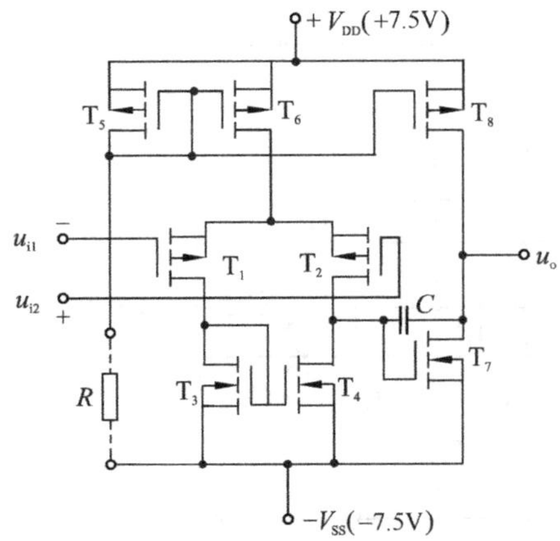

图 3.4.2 MC14573 原理电路

(1) 偏置电路：由 T_5、T_6、T_8 组成比例电流源(比例系数由器件结构决定)，外接电阻 R 用以设置参考工作电流。偏置电路为运放提供静态工作点，且各级的静态工作电流可通过调节外接电阻 R 而随意设定，从而可在功耗和转换速率间进行折中。

(2) 输入级：由 T_1～T_4 组成有源负载的差动输入级。其中增强型 PMOS 对管 T_1、T_2 构成共源极差动放大电路，增强型 NMOS 管 T_3、T_4 接成基本电流源电路，作为差动放大器的有源负载，使电压放大倍数提高，并完成双端输入-单端输出的转换。

(3) 输出级：由 NMOS 管 T_7 组成共源放大器，PMOS 管 T_8 又为它的有源负载。C 为密勒补偿电容，用以防止可能产生的自激振荡。

由于 MC14573 芯片内四个运放单元的结构相同、参数十分接近，每个运放单元的输入失调电压近似相等，故可把其运放单元两两配对使用，构成参数互相补偿的组合单元，获得超低漂移、超低失调的效果，如组成三运放测量放大器。

MC14573 具有电路结构简单、功耗低、输入阻抗高、温度特性好的优点。它通常由双电源供电(如电源电压为±7.5V)，最大输出电压可达 12V，输入电阻可达$10^{11}\sim10^{13}\,\Omega$，开环增益可达 90dB，转换速率为 2.5V/$\mu$S，静态功耗低约为 30mW。

思　考　题

3.4.1　MOS 型集成运放与双极型集成运放的主要差别在哪里?

3.5　集成运算放大器的主要技术参数

为了正确地选用集成运算放大器，必须掌握其有关技术参数的含义。通用型集成运放常用下述参数来描述。

1. 开环差模电压放大倍数(增益) A_{ud}

在标称电源电压及规定负载下，运放工作在线性区(在无反馈情况下)时，其输出电压变化量与输入差模电压变化量之比定义为 A_{ud}。它是影响运算精度的重要指标，通常用分贝表示，即 20 lgA_{ud} (dB)。运放的 A_{ud} 在 60～180dB 之间。

2. 共模抑制比 K_{CMR}

K_{CMR} 是指运放开环差模电压放大倍数 A_{ud} 与共模电压放大倍数 A_{uc} 的比值，常用表达式为

$$K_{CMR}=20\lg\left|\frac{A_{ud}}{A_{uc}}\right| \tag{3.5.1}$$

单位是分贝(dB)。K_{CMR} 综合反映了集成运放对差模信号的放大能力和对共模信号的抑制能力。例如，运放 F007 有 $K_{CMR}\geqslant 80$dB。

3. 差模输入电阻 R_{id}

R_{id} 是集成运放对差模输入信号的输入电阻，反映了运放输入端向差模输入信号源索取电流的大小。一般希望 R_{id} 越大越好。

4. 输入失调电压 U_{IO}

一个理想的集成运放，当输入电压为零时，输出电压也应为零(不加调零装置)。但实际上

它的差动输入级很难做到完全对称，通常在输入电压为零时，存在一定的输出电压。在室温（约 27℃）及标准电源电压下，输入电压为零时，为了使集成运放的输出电压为零，在输入端加的补偿电压称为**输入失调电压** U_{IO}。U_{IO} 值越大，说明电路的对称程度越差。普通集成运放的 U_{IO} 量级约为±1μV～20mV。超低失调和漂移型集成运放的 U_{IO} 在±0.1～20μV 之间。

5. 输入偏置电流 I_{IB} 和输入失调电流 I_{IO}

集成运放的两个输入端是差动对管的基极，因此两个输入端总需要一定的输入电流 I_{BN}（反相端的偏置电流）和 I_{BP}（同相端的偏置电流），如图 3.5.1 所示。若差动输入级完全对称，则 $I_{BN}=I_{BP}$。在实际情况下，$U_O=0$ 时，偏置电流 $I_{BN}\neq I_{BP}$，则输入偏置电流就是两个输入偏置电流的平均值，即 $I_{IB}=(I_{BN}+I_{BP})/2$。一般来说，双极型集成运放的 I_{IB} 在 10nA～1μA 量级，JFET 输入级集成运放的 I_{IB} 在 0.1nA～0.05pA 量级，MOS 输入级集成运放的 I_{IB} 在 pA 量级。从使用角度来看，偏置电流愈小，信号源内阻变化引起的输出电压变化也愈小，故它是重要的技术指标。

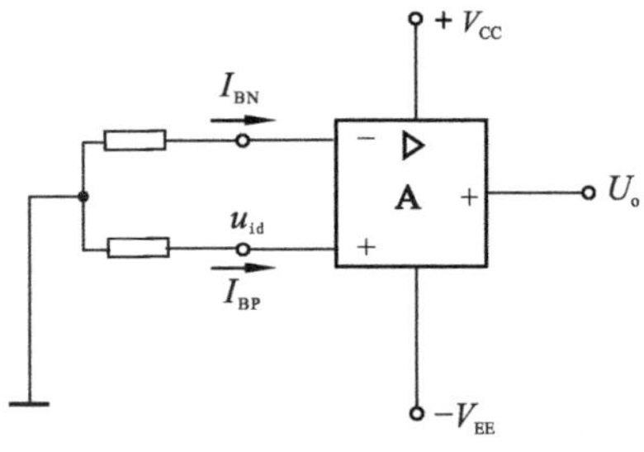

图 3.5.1 运放输入偏置电流

输入失调电流 I_{IO} 是指集成运放输出电压为零时，两个输入端静态电流之差，即 $I_{IO}=I_{BP}-I_{BN}$。由于存在信号源内阻（图 3.5.1），I_{IO} 会产生一个差模输入电压，破坏放大器平衡，使输出电压不为零。因而希望 I_{IO} 越小越好，普通集成运放为 1nA～0.1μA，低失调型运放可达 1pA 以下。

6. 温度漂移

放大器的温度漂移是指输入失调电压和输入失调电流随温度漂移的大小。

(1) 输入失调电压温漂 $\Delta U_{IO}/\Delta T$。这是指在规定温度范围内 U_{IO} 的温度系数，也是衡量电路温漂的重要指标。$\Delta U_{IO}/\Delta T$ 不能用外接调零装置的办法来补偿。低漂移运放的 $\Delta U_{IO}/\Delta T$ 小于 1μV/℃，超低温漂型集成运放 $\Delta U_{IO}/\Delta T$ 小于 0.15μV/℃，普通集成运放的 $\Delta U_{IO}/\Delta T$ 有时可达到±(10～20)μV/℃。

(2) 输入失调电流温漂 $\Delta I_{IO}/\Delta T$。这是指在规定温度范围内 I_{IO} 的温度系数，也是对放大器电流漂移的量度。同样不能用外接调零装置来补偿。超低漂移运放的 $\Delta I_{IO}/\Delta T$ 在 pA/℃量级。

7. 最大差模输入电压 U_{idmax}

U_{idmax} 指的是集成运放正常工作时，反相和同相输入端之间所能施加的最大差模电压值。超过这个电压值，运放输入级某一侧的三极管将出现发射结反向击穿，使运放的性能显著恶化，甚至可能造成永久性损坏。利用平面工艺制成的 NPN 管的发射极反向击穿电压约为±5V，而横向三极管可达±30V 以上。例如，F007 集成运放，它的差动输入级由 NPN(T_1、T_2)和 PNP(T_3、T_4)管组成，利用 PNP 管的高基射极反向击穿电压，大大扩展了最大差模输入电压。

8. 最大共模输入电压 U_{icmax}

U_{icmax} 指运放所能承受的最大共模输入电压。若超过 U_{icmax} 值，运放中放大管不能工作在放大区，运放的共模抑制比将显著下降。一般指运放在作电压跟随器时，使输出电压产生 1% 跟随误差的共模输入电压幅值。有时也定义为 K_{CMR} 下降 6dB 时所加的共模输入电压。高质量运放的 U_{icmax} 可达正、负电源电压值。

9. 转换速率 S_R

S_R 是指放大器在闭环状态下，输入信号为阶跃信号或突变信号时，放大器输出电压对时间的最大变化速率，即

$$S_R = \frac{du_o(t)}{dt} \tag{3.5.2}$$

转换速率的大小与许多因素有关，其中主要是与集成运放所加的补偿电容，集成运放本身各级三极管的极间电容、杂散电容，以及放大器提供的充电电流等因素有关。通常要求集成运放的 S_R 大于信号变化斜率的绝对值，如图 3.5.2 所示。

S_R 是在大信号工作时的一项重要指标，目前普通集成运放的 S_R 在 100V/μs 以下，高速型集成运放的 S_R 可达 1000V/μs 以上。

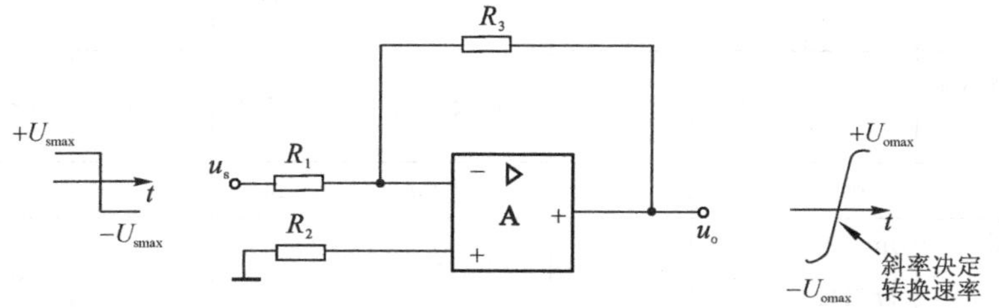

图 3.5.2　输出电压波形受转换速率限制的情况

10. 开环带宽 $BW_{0.7}$ 和单位增益带宽 BW_G

在正弦小信号激励下，集成运放的开环差模电压增益值从直流增益值下降 3dB 时所对应的输入信号频率定义为 $BW_{0.7}$。

BW_G 是指集成运放在开环差模电压增益下降到 0dB 时所对应的输入信号频率。

11. 电源电压抑制比 K_{SVR}

集成运放工作在线性区时，输入失调电压随电源电压的变化率定义为**电源电压抑制比** K_{SVR}，即

$$K_{SVR} = \left(\frac{\Delta U_O}{A_{ud}} \Delta U_S^{-1}\right)^{-1} = \left(\frac{\Delta U_O}{A_{ud} \Delta U_S}\right)^{-1} \tag{3.5.3}$$

式中，ΔU_O 是电源电压变化 ΔU_S 而引起的输出电压变化。不同的集成运放的 K_{SVR} 相差很大，在 60～150dB 之间。

集成运放的其他技术指标还有：电源电压范围 $(V_{CC} + V_{EE})$、电源电流 I_W、内部耗散功耗 P_{dmax}、输出电阻、输出电压峰-峰值 U_{OP-P}（或最大输出电压峰值 U_{omax}）、最大输出电流 I_{omax}、全功率带宽 BW_P、非线性失真、等效输入噪声电压 e_n 或等效输入噪声电流 i_n 等，此处不再详述。

典型集成运算放大器的主要技术参数列于表 3.5.1 中。

表 3.5.1　典型集成运算放大器的主要技术参数

	F007	LF356	MC14573	CA3140	OP-07A	F715	AD522	AD624
输入失调电压 U_{IO} /mV	1	3	0.16	8～15	0.01	2.0	6	0.025
输入失调电流 I_{IO} /nA	20	3	0.2	0.0005～0.03	0.3	70	20	
输入偏置电流 I_{IB} /nA	80		1.0	0.01～0.05	2	400		
失调电压温漂 $\Delta U_{IO}/\Delta T$ /(μV/℃)	3	5	1.0	10～30	0.2			最大 0.25
失调电流温漂 $\Delta I_{IO}/\Delta T$ /(nA/℃)	0.1							
最大差模输入电压 U_{idmax} /V	±30	±30			30			$\frac{V_{CC}+V_{EE}}{2}$
最大共模输入电压 U_{icmax} /V	±13	+15，−12	±12			±12		$\frac{V_{CC}+V_{EE}}{2}$
转换速率 S_R /(V/μs)	0.5	12	2.5	9	0.17	100 ($A_u=1$)	10	
开环差模电压增益 A_{ud} /dB	106	100	90	最大 100	112	90	0～60	57～60
共模抑制比 K_{CMR} /dB	90	100	95	70～90	120	92		最小 130
单位增益带宽 BW_G /MHz	$BW_{0.7}$ 为 7Hz	65	70	4.5			1000	25
电源抑制比 K_{SVR} /(μV/V)	20		97	80	105			
差模输入电阻 R_{id} /MΩ	2.0	10^3	10^6	1.5×10^6		1.0	10^6	
输出电阻 R_o /Ω	75	200	50	1		75	70～100	<1

思　考　题

3.5.1　分析集成运放的 U_{IO}、I_{IO} 和 $\frac{dU_{IO}}{dT}$、$\frac{dI_{IO}}{dT}$ 的定义？

3.5.2　设某集成运放的 $S_R=0.5\text{V}/\mu\text{s}$，当输入信号频率为 10kHz 时，其最大不失真输出电压幅度为多少？

3.6　理想集成运算放大器

在工程上为了简化分析过程，一般在分析集成运放的应用电路时，将实际集成运放视为理想的运放处理。除非特别说明，在后续章节的有关电路分析中，均将集成运放作为理想运放来考虑。

1. 理想集成运放的技术参数

在对各种集成运放应用电路进行分析时，常将集成运放看成为近似理想运算放大器（理想运放电路符号如图 3.6.1 所示）。所谓理想集成运放，是指具有理想技术参数指标的集成运算放大器，这些理想的技术参数包括：

(1) 开环差模电压放大倍数 $A_{ud} \to \infty$；

(2) 差模输入电阻 $R_{id} \to \infty$；

(3) 输出电阻 $R_o \to 0$；

(4) 共模抑制比 $K_{CMR} \to \infty$；

(5) 输入失调电压 U_{IO}、失调电流 I_{IO} 以及它们的温漂均为零；

(6) 输入偏置电流 $I_{IB} \to 0$。

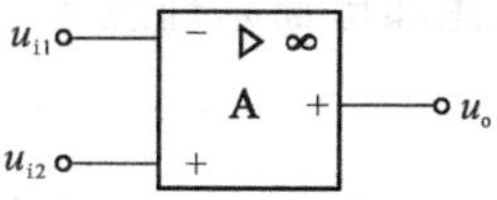

图 3.6.1　理想运放的符号

目前实际的集成运算放大器还无法达到上述理想化的技术指标。但是，由于集成运放制造工艺水平的不断改进，集成运放产品的各项性能指标越来越好，现代运放在低频工作时的性能已十分接近理想条件。因此，在工程上为了简化分析，一般在分析集成运放应用电路时，将实际运放视为理想运放进行近似估算。

2. 理想集成运放工作在线性区时的特点

在集成运放的应用电路中，集成运放的工作状态可分为两种情况：工作在**线性区**和工作在**非线性区**。当集成运放工作在线性区时，其输出电压与运放两个输入端的电压之间存在着线性运算关系，即

$$u_o = A_{ud}(u_+ - u_-) \tag{3.6.1}$$

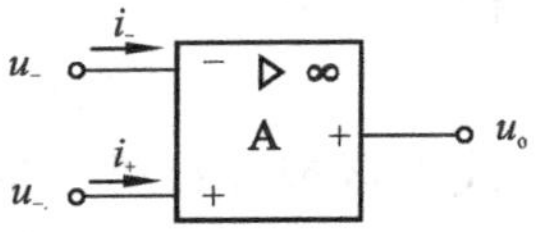

图 3.6.2　集成运放的电压与电流

式中，u_o 为集成运放的输出电压，u_+、u_- 分别是运放同相输入端、反相输入端电压，A_{ud} 是运放的开环差模电压增益，如图 3.6.2 所示。

理想集成运放工作在线性区时有两个重要的特点。

1) 理想集成运放的差模输入电压等于零

运放工作在线性区时，式(3.6.1)成立。利用理想集成运放的 $A_{ud} = \infty$，有 $u_+ - u_- = \dfrac{u_o}{A_{ud}} = 0$，可得

$$u_+ = u_- \tag{3.6.2}$$

上式说明，集成运放**同相输入端**与**反相输入端**两点间的电压差等于零，好像这两点是短路一样。但实际上这两点并未真正被短路，只是表面上其电性能等效为短路，故将这种现象称为**虚短**。

因实际集成运放的 $A_{ud} \neq \infty$，故 u_+ 与 u_- 不可能完全相等。然而，只要 A_{ud} 足够大，运放差模输入电压（$u_+ - u_-$）的值就很小，一般可以忽略不计。例如，若 $A_{ud} = 10^6$、$u_o = 1V$，有 $u_+ - u_- = 1\mu V$。在 u_o 值一定时，A_{ud} 越大，则 u_+ 与 u_- 的差值越小，将两点视为**虚短**所带来的误差也就越小。

2) 理想集成运放的输入电流等于零

因理想运放有 $R_{id} = \infty$，其输入端电压为有限值，故两个输入端电流均为零，即图 3.6.2 中有

$$i_+ = i_- = 0 \tag{3.6.3}$$

由于集成运放的同相和反相输入端的电流都等于零，好像这两点间被断开，故将这种现象称为**虚断**。

虚短和**虚断**是理想运放工作在线性区时的两个重要特点，对于分析集成运放应用电路十分有用。

3. 理想集成运放工作在非线性区时的特点

如果输入信号太大，使得集成运放超出了线性放大区的范围，则运放的输出电压就不再随着输入电压线性增长，此时运放达到饱和。集成运放的传输特性如图 3.6.3 所示。

理想集成运放工作在非线性区时，有以下两个重要的特点。

(1) 理想运放的输出电压 u_o 只有两种可能状态：集成运放的正向最大输出电压 U_{OH}（当 $u_+ > u_-$ 时）、运放的负向最大输出电压 $-U_{OL}$（当 $u_+ < u_-$ 时），如图 3.6.3 中的实线所示。

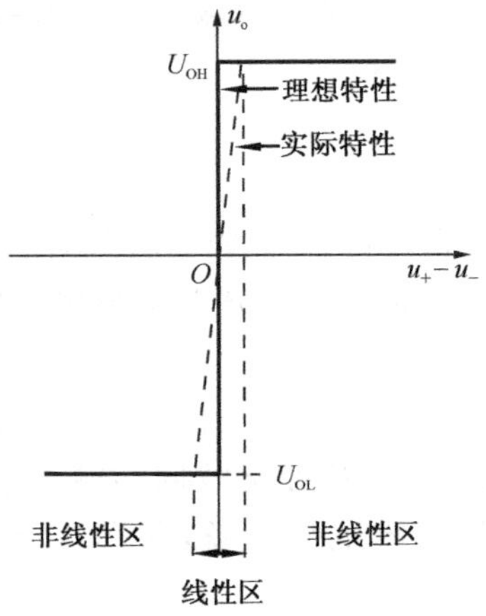

图 3.6.3　集成运放的传输特性

集成运放处于非线性工作区时，其差模输入电压（$u_+ - u_-$）可能很大，即 $u_+ \neq u_-$。

(2) 理想集成运放的输入电流等于零。

集成运放处于非线性区时，虽然其两个输入端的电压不等（即 $u_+ \neq u_-$），但由于理想运放的 $R_{id} = \infty$，故此时集成运放的输入端电流仍可认为等于零，即有

$$i_+ = i_- = 0 \tag{3.6.4}$$

综上所述，理想集成运放工作在线性区或非线性区时，各有不同的特点。在分析各种集成运放的应用电路时，首先应判断集成运放究竟工作在哪个区域。集成运放的开环差模电压增益 A_{ud} 通常很大，即使在其输入端加上很小的输入电压，仍有可能使集成运放超出线性工作范围。通常为了保证集成运放工作在线性区，必须在电路中引入深度负反馈（见第 5 章），以减小直接施加在集成运放两个输入端之间的差模电压值。

思考题

3.6.1　理想运算放大器的条件是什么？“虚短”和“虚断”为何都有一个“虚”字？

3.6.2　理想集成运放工作在线性区的特点是什么？工作在非线性区的特点又是什么？

本章小结

1. 集成运算放大器是高增益的直接耦合多级放大电路，它通常包括 4 个基本组成部分：输入级、中间级、输出级和电流源偏置电路。

(1) 集成运放的输入级对抑制零点漂移起着决定性作用，输入级一般采用差动放大电路的结构形式。差动放大器只放大两个输入端的差模信号，而抑制两输入端的共模信号。工作点漂移可等效为差动放大器的输入端共模信号。为提高共模抑制比，实际的差动放大电路一般采用电流源偏置。

(2) 集成运放的中间级主要提供足够大的电压放大倍数，常采用共发射极放大器。为提高放大倍数，通常在电路中采用电流源型有源负载和复合管结构。

(3) 集成运放的输出级应有较强的负载驱动能力(即输出电阻小)。输出级一般采用射级跟随器或互补对称电路。

(4) 电流源偏置电路的作用是向各级电路提供偏置电流,以保证集成运放有合适的静态工作点。电流源是根据三极管工作在放大状态下具有恒流特性来实现的,常用的电流源偏置电路有镜像电流源、微电流源、比例电流源等。

2. 场效应管集成运算放大器的组成及单元电路的形式与双极型集成运放相类似。由于 MOS 型集成运放有集成度高、功耗低、温度特性好等优点,在实际工程中已经得到了广泛应用。

3. 集成运放的外特性是由技术参数来表征的,其主要参数有:开环差模电压增益 A_{ud}、共模抑制比 K_{CMR}、转换速率 S_R、输入失调电压 U_{IO}、输入失调电流 I_{IO}、输入失调电压温漂 $\frac{dU_{IO}}{dT}$、输入失调电流温漂 $\frac{dI_{IO}}{dT}$ 等,这些参数对于选择和使用集成运放比较重要。

4. 在实际工程电路中,通常把集成运放当作理想集成运放来处理。理想集成运放工作在线性区时,有虚短、虚断的重要特性。理想集成运放工作在非线性区时,其输出电压只有两种可能状态:高电平、低电平。

习　题

3.1　在题图 3.1 所示的电路中,T_1、T_2、T_3 的特性都相同,且 $\beta_1=\beta_2=\beta_3$ 很大,$U_{BE1}=U_{BE2}=U_{BE3}=0.7V$。试计算 u_1-u_2。

3.2　由对称三极管组成题图 3.2 所示的微电流源电路。设三极管的 β 相等,$U_{BE}=0.6V$,$V_{CC}=+15V$。试求:

(1) 设反向饱和电流 $I_{S1}=I_{S2}$,根据三极管电流方程导出工作电流 I_{C1} 与 I_{C2} 之间的关系式;

(2) 若要求 $I_{C1}=0.5mA$,$I_{C2}=20\mu A$,则电阻 R、R_E 各为多大。

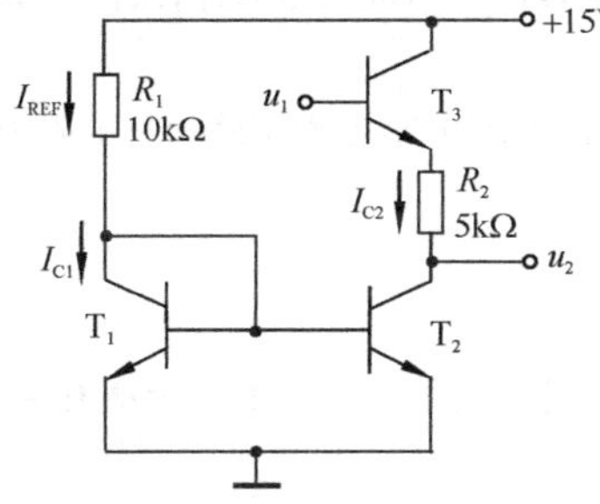

题图 3.1

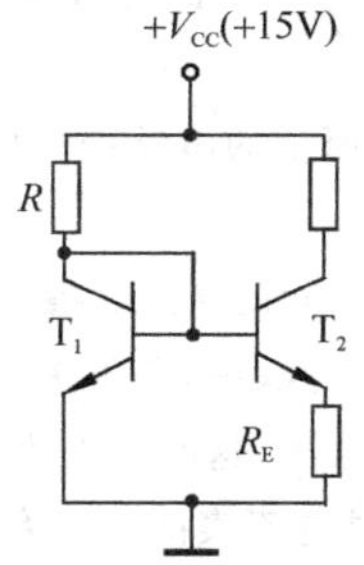

题图 3.2

3.3　题图 3.3 所示电路是某集成运放的一个多路输出电流源电路。图中所有三极管均为硅管,$U_{BE}=-0.7V$,$\beta\gg1$。计算 I_{O1}、I_{O2} 和 I_{O3} 各为多大?

3.4　在题图 3.4 所示的一种改进型镜像电流源中,设 $U_1=U_2=10V$,$R_1=8.6k\Omega$,$R_2=4.7k\Omega$,三个晶体管的特性均相同,且 $\beta=50$,$U_{BE}=0.7V$。求晶体管 T_2 的集电极电位(对地)U_{C2}?

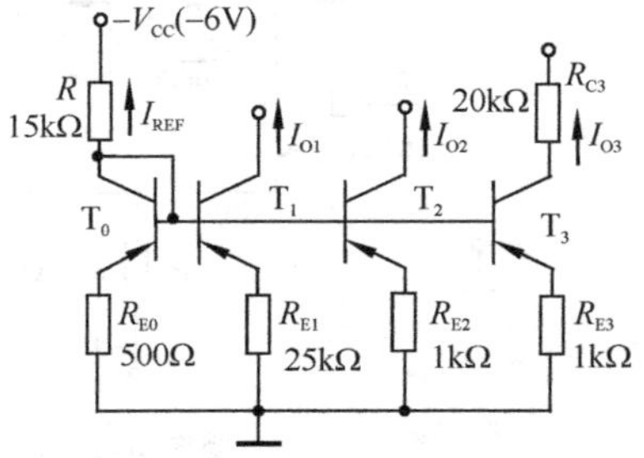

题图 3.3

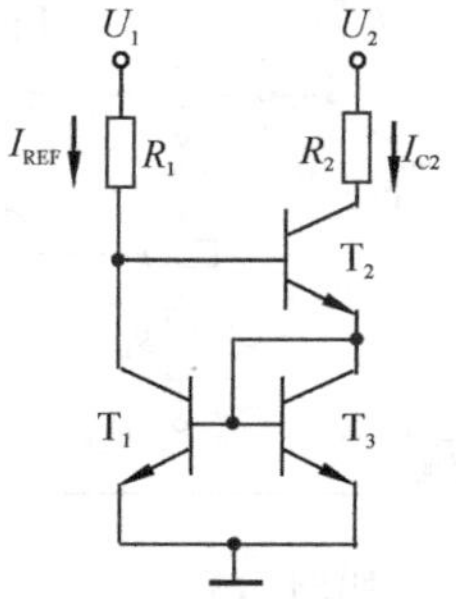

题图 3.4

3.5　MOS 管镜像电流源如题图 3.5(a)、(b)所示，试推导 $I_O \sim I_R$ 之间的关系表达式。

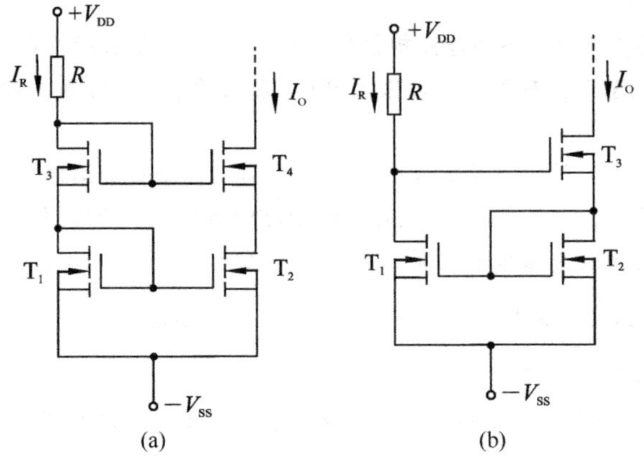

题图 3.5

3.6　一个双端输入-双端输出的差动放大电路，两个输入端的输入信号分别为 $u_{i1}=5.0005\text{V}$，$u_{i2}=4.9995\text{V}$。试求：

(1) 差模输入电压 u_{id} 和共模输入电压 u_{ic}；

(2) 设差放电路的差模电压增益为 80dB，求当共模抑制比 K_{CMR} 为无穷大和 100dB 时输出电压 u_o 各为多大？

3.7　在题图 3.7 的电路中，设 $+V_{CC}=+12\text{V}$，$-V_{EE}=-6\text{ V}$，$R_B=1\text{k}\Omega$，$R_C=15\text{k}\Omega$，$R_E=7.5\text{k}\Omega$，$R_W=200\Omega$ 且滑动端位于中点，$R_L=\infty$，晶体管 T_1、T_2 的特性相同，$\beta=100$，$\gamma_{bb'}=300\Omega$，$U_{BE}=0.7\text{V}$。试求：

(1) 计算静态电流 I_{C1Q}、I_{C2Q}，以及集电极静态电位(对地) U_{C1Q} 和 U_{C2Q}；

(2) 若 $u_{i1}=20\text{mV}$，$u_{i2}=15\text{mV}$，且共模电压放大倍数的影响可忽略不计，求两管集电极对地电压 u_{C1}(即 u_A)和 u_{C2}(即 u_B)。

3.8　在题图 3.8 所示的电路中，电流表的满偏电流为 $100\mu\text{A}$，电表支路的总电阻为 $2\text{k}\Omega$，两管的 $\beta=50$，$r_{bb'}=300\Omega$。试求：

(1) 当 $u_i=0$ 时，每管的 I_B、I_C 各是多少？

(2) 为使电流表指针满偏，需加多大的输入电压？

(3) 如果 $u_i=-0.7\text{V}$，这时会发生什么情况？试估计流过电流表的电流大概有多少？如果 $u_i=2\text{V}$，又会出现什么情况？流过电流表的电流有变化吗？

3.9　由两只特性一致的晶体管组成的组合放大电路如题图 3.9 所示，已知 $\beta_1=\beta_2=50$，$r_{bb'}=0$，$U_{BE1}=U_{BE2}=0.7\text{V}$。试求：

(1) T_1、T_2 各组成何种基本放大组态电路？

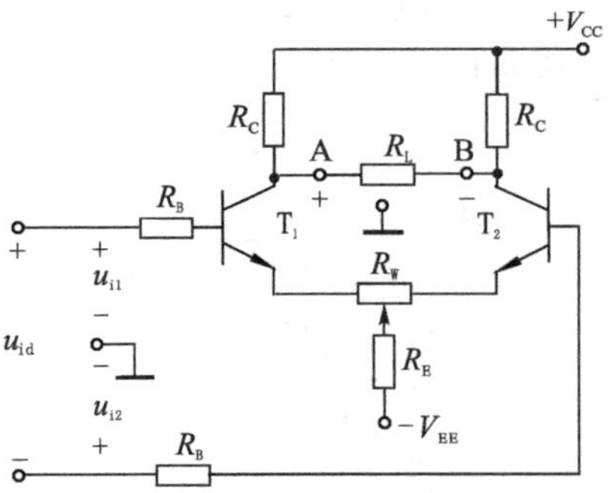

题图 3.7

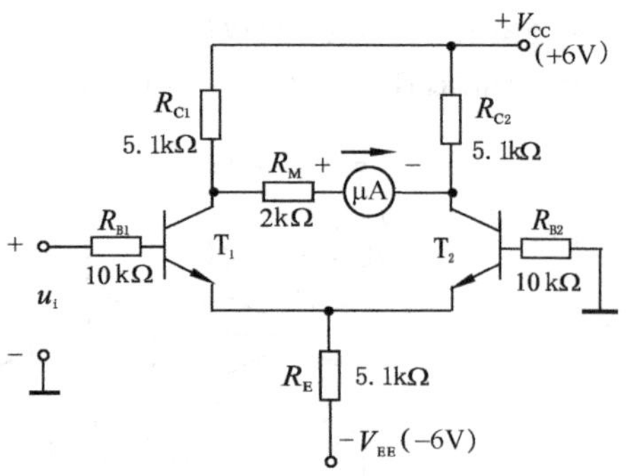

题图 3.8

（2）静态工作点 I_{C1Q}、I_{C2Q}、U_{CE1Q} 及 U_{CE2Q} 的大小是多少？

（3）画出放大器的微变等效电路，并求第一级与第二级的放大倍数 A_{u1}、A_{u2}，以及总的电压放大倍数 A_u、R_i 和 R_o 的大小。

3.10 电流源式差动放大电路如题图3.10所示。已知稳压管的 $U_Z=4V$，$V_{CC}=V_{EE}=9V$，$R_B=5k\Omega$，$R_C=10k\Omega$，$R_1=5k\Omega$，$R_2=1k\Omega$，$R_E=8.5k\Omega$，$R_L=30k\Omega$，三极管：$\beta=80$、$U_{BE}=0.6V$、$r_{bb'}=100\Omega$。试求：

（1）简述电流源结构的优点；

（2）各三极管的静态工作点 $Q_1\sim Q_3$；

（3）差模电压放大倍数 A_{ud}；

（4）当 $u_{i1}=28mV$、$u_{i2}=-20mV$ 时，$u_o=$？此时 u_{C1}、u_{C2} 各为多少？

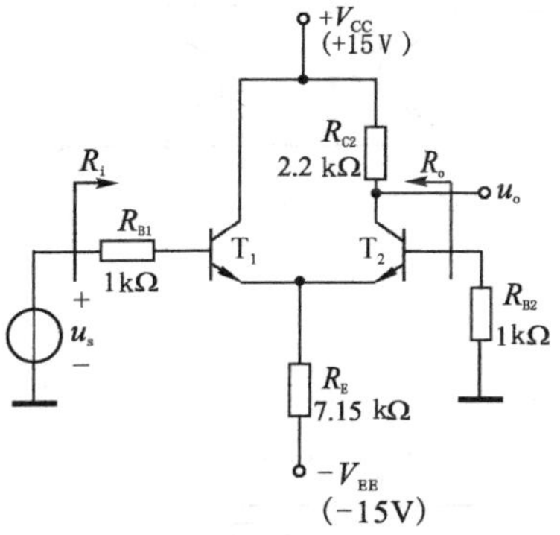

题图3.9

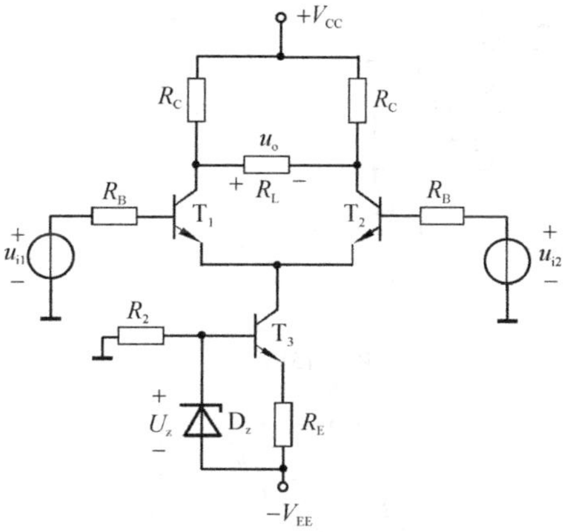

题图3.10

3.11 具有镜像电流源的差动放大电路如题图3.11所示，已知 $V_{CC}=V_{EE}=15V$，$R_B=10k\Omega$，$R_C=100k\Omega$，$R_L=150k\Omega$，$R_w=0.3k\Omega$，$R=144k\Omega$，三极管 $T_1\sim T_4$ 特性相同，$U_{BE}=0.6V$，$\beta=100$，$r_{bb'}=100\Omega$，T_3 管的 $r_{ce}=100k\Omega$。试求：

（1）I_{C1Q}、I_{C3Q}、U_{CE1Q}、U_{CE2Q}、U_{CE3Q}；

（2）差模输入电阻 R_{id}、输出电阻 R_{od}；

（3）差模电压放大倍数 A_{ud}；

（4）共模电压放大倍数 A_{uc}；

（5）当 $u_{i1}=50mV$、$u_{i2}=30mV$ 时，$u_o=$？$u_{C2}=$？

3.12 场效应管差动放大电路如题图3.12所示。已知 T_1、T_2 管的 $g_m=5mS$。试求：

（1）求差模电压放大倍数 A_{ud}；

（2）若要求 $I_{DQ}=0.5mA$，则 R_r 大小为多少？

3.13 场效应管差动放大电路如题图3.13所示。已知 T_1、T_2 管特性相同，夹断电压 $U_{GS(off)}=-3.0V$，$I_{DSS}=1.6mA$，稳压管 $U_Z=4V$，三极管的 $U_{BE}=0.6V$，$\beta=100$，$R_E=4.3k\Omega$，$R_D=20k\Omega$，$R_L=60k\Omega$，$V_{DD}=V_{EE}=15V$。试求：

（1）静态工作点 Q_1、Q_3；

（2）差模电压放大倍数 A_{ud}；

（3）当 $u_{i1}=20mV$、$u_{i2}=6mV$ 时，输出 $u_o=$？

3.14 差动放大电路如题图3.14所示。已知三极管的 $\beta_1=\beta_2=5$，$\beta_3=80$，$r_{bb'}=100\Omega$，$U_{BE1}=U_{BE2}=0.7V$，$U_{BE3}=-0.2V$，$-V_{EE}=-12V$，当输入信号 $u_i=0$ 时，测得输出端电压为零。试求：

（1）估算 T_1、T_2 管的工作点 I_{C1Q}、I_{C2Q} 和电阻 R_E 的大小；

（2）当 $u_i=10mV$ 时，估算输出电压 u_o 的值；

(3) 若要在T_2管的集电极得到最大不失真输出,对应的 u_i 有效值为多少?

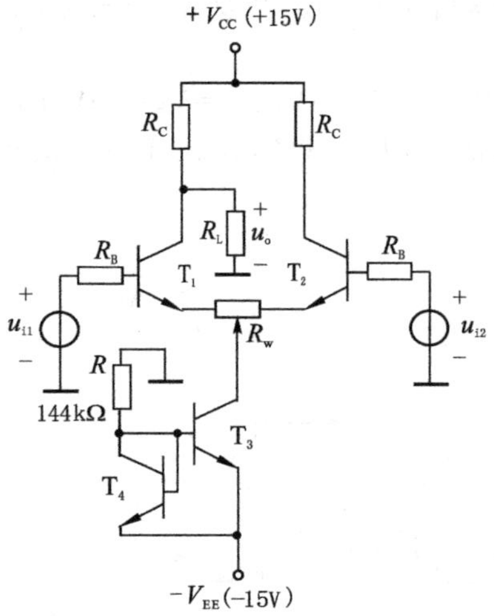

题图 3.11

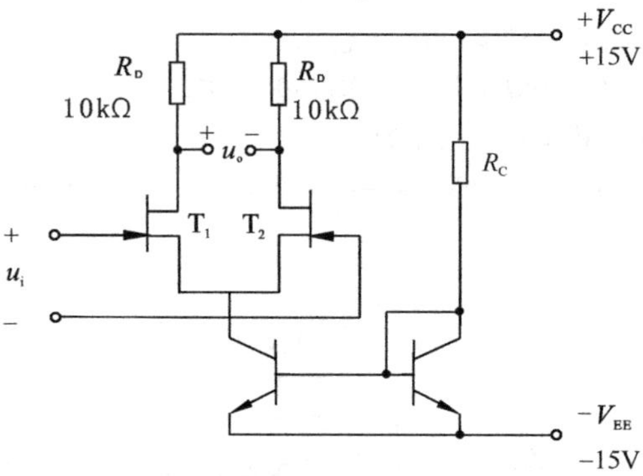

题图 3.12

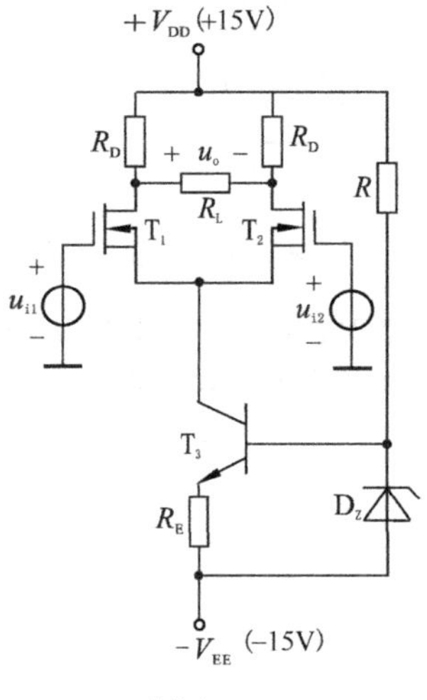

题图 3.13

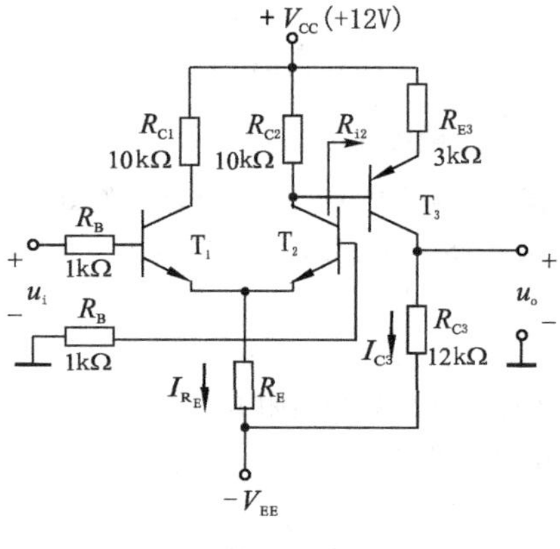

题图 3.14

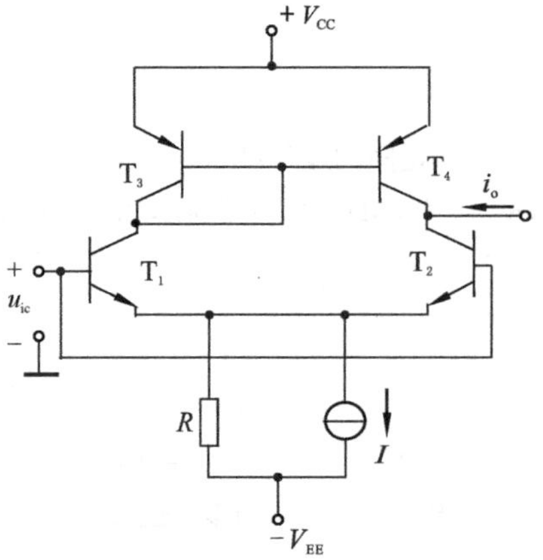

题图 3.15

3.15 差动放大电路如题图 3.15 所示。PNP 管的 β 为 β_P,NPN 管的 $\beta=\beta_N=\infty$。试求:

(1) 在图示输入共模信号 u_{ic} 时,由于 β_P 较低而产生的输出电流 $i_o=\dfrac{u_{ic}}{\beta_P R}$,试证明之;

(2) 若 $I=0.2\text{mA}, R=1\text{M}\Omega, \beta_P=25$,试求共模抑制比 K_{CMR} 的大小。

3.16 在题图 3.16 所示的差动放大器中,已知场效应管的 $\mu_n C_{ox} W/(2L)=1\text{mA/V}^2, U_{GS(off)}=-1\text{V}$。若电容 C_D 对交流呈短路,$u_i=10\text{mV}$。试求 I_{SS}、A_{ud}、A_{uc}、K_{CMR} 和 u_o 值。

3.17 在题图 3.17 所示电路中,设各三极管特性相同,已知 $|U_{BE}|=0.7\text{V}, \beta=200$。试求各三极管电流及各电阻上电压。

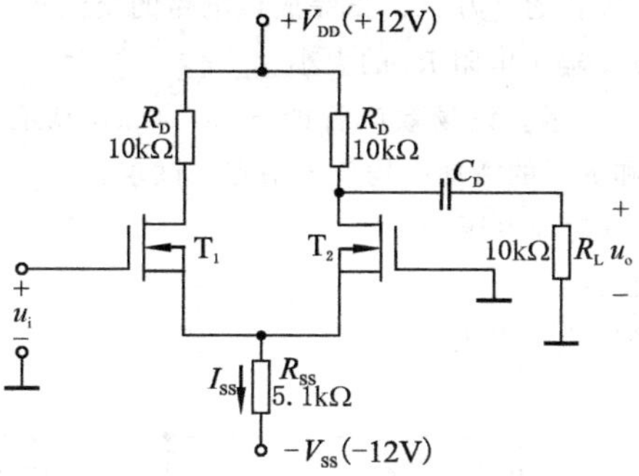

题图 3.16

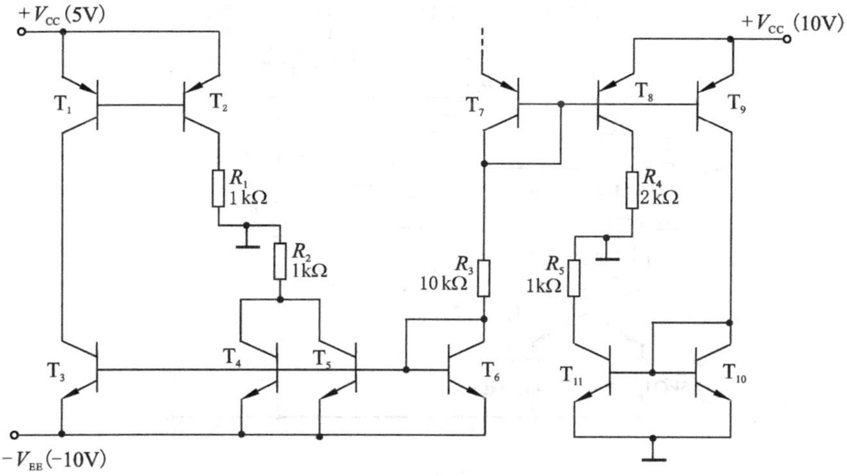

题图 3.17

3.18　由基本的单元放大电路组成的多级放大器如题图 3.18所示。试求：

(1) 设全部晶体管的 $\beta \gg 1$，$|U_{BE}| = 0.7\text{V}$，$\beta_6 = 4\beta_3 = 4\beta_9$。完成整个电路直流状态的近似分析，即求出电路中所标示的各个节点的直流电位与各个支路的直流电流大小。

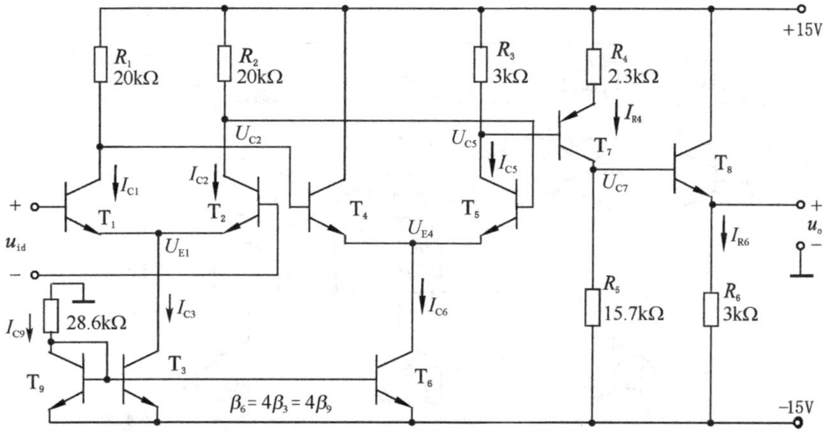

题图 3.18

(2) 设 T_1、T_2、T_4、T_5、T_7、T_8 各管的 β 为 100，试完成该电路的交流小信号分析，即求出多级放大器的电压增益 $A_{ud}=u_o/u_{id}$、输入电阻 R_{id}、输出电阻 R_o 的大小。

3.19　电路参数如题图 3.19 所示。设场效应管的 $g_m=4\text{mS}$，所有三极管的 $\beta=100$，$U_{BE}=0.6\text{V}$，$r_{be3}=r_{be4}=1.6\text{k}\Omega$。电位器 R_{w1} 和 R_{w2} 的滑动端均位于中点。试求：

(1) 估算静态时的 U_{D1} 和 U_{D2}（对地电压）；

(2) 求总的差模电压放大倍数 A_{ud}；

(3) 求电路的输入电阻 R_{id} 和输出电阻 R_o。

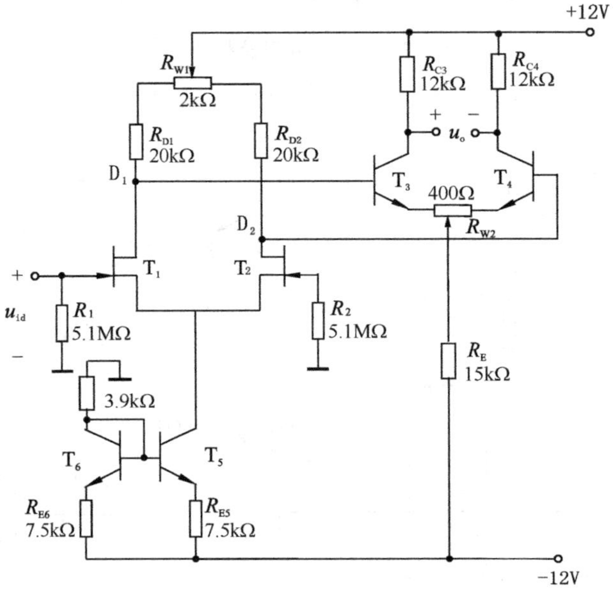

题图 3.19

3.20　某集成运放的原理电路如题图 3.20 所示，试分析：

(1) 偏置电路、输入级、中间级和输出级的组成和特点；

(2) 说明中间级具有移动电平功能的器件；

(3) 指出电路中组成电流源的三极管。

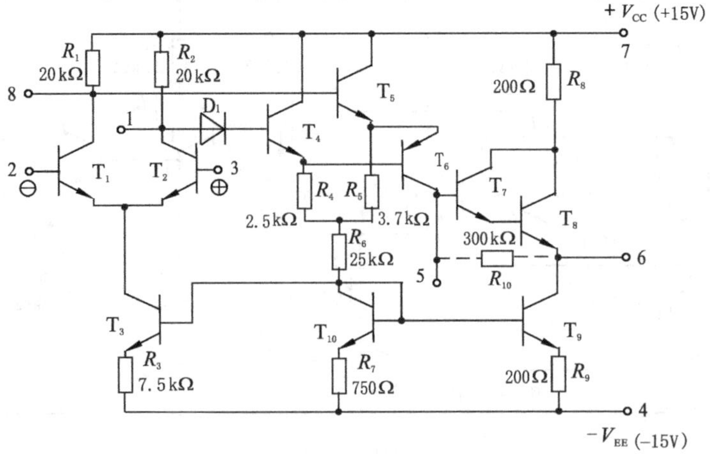

题图 3.20

第 4 章　模拟信号运算与处理电路

【内容提要】

首先阐述比例运算、求和运算、积分与微分运算、对数与反对数运算等模拟信号基本运算电路，给出非理想集成运放运算电路的误差分析。接着介绍有源滤波器、状态变量滤波器、开关电容滤波器的电路构成与频率响应特性。然后分析常见的电压比较器，包括单门限比较器、迟滞比较器、窗口比较器及集成电压比较器。最后讨论模拟乘法器的工作原理及其应用电路。

集成运算放大器应用电路，从功能上看，有模拟信号的运算、处理与产生电路等。本章主要讨论模拟信号运算电路与信号处理电路。模拟信号基本运算电路包括比例运算、求和运算、积分与微分运算、对数与反对数运算等，模拟乘法器实现两种模拟信号乘法运算。模拟信号处理电路包括各种模拟滤波器和电压比较器。

在本章集成运放应用电路中，所有集成运放都假定为理想运放(另有说明除外)。模拟信号运算电路和滤波器中的集成运放处于线性工作状态，而电压比较器中集成运放处于非线性工作状态。

4.1　基本运算电路

4.1.1　比例运算电路

比例运算电路的输出电压与输入电压之间存在比例关系。对比例运算电路加以扩展或演变，可以得到求和电路、积分和微分电路、对数和指数电路等。根据输入信号接法的不同，比例运算电路有三种基本形式：反相输入、同相输入及差动输入。

1. 反相比例运算电路

如图 4.1.1 所示，输入电压 u_i 经电阻 R_1 加到集成运放的反相输入端，其同相输入端经电阻 R_2 接地，输出电压 u_o 经 R_F 接回到反相输入端。为使集成运放反相输入端和同相输入端对地的直流电阻一致，R_2 阻值应为 $R_2 = R_1 \mathbin{/\mkern-6mu/} R_F$。

图 4.1.1 中理想集成运放工作在线性区，利用**虚断**特点，有 $i_+ = 0$，$u_+ = -i_+ R_2 = 0$。又因**虚短**，有 $u_- = u_+$，可得

$$u_- = u_+ = 0 \tag{4.1.1}$$

式(4.1.1)说明，在反相比例运算电路中，集成运放的反相输入端与同相输入端的电位不仅相等，且均等于零，等同为两输入端接地，这种现象称为**虚地**。**虚地**是反相比例运算电路的一个重要特点。

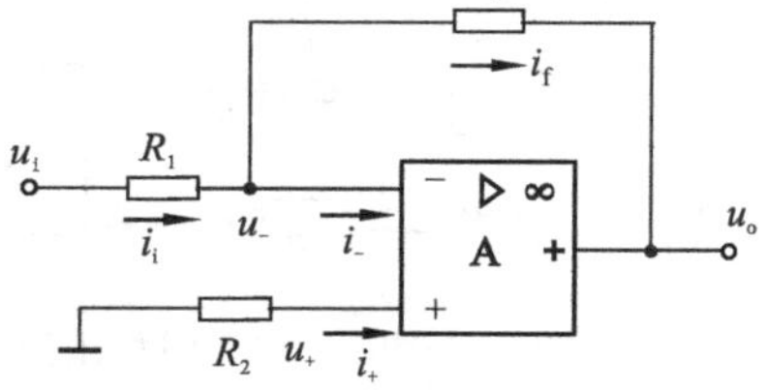

图 4.1.1　反相比例运算电路

因 $i_- = 0$，有 $i_i = i_f$，即 $\frac{u_i - u_-}{R_1} = \frac{u_- - u_o}{R_F}$，则可求得反相比例运算电路的电压放大倍数为

$$A_{uf} = \frac{u_o}{u_i} = -\frac{R_F}{R_1} \tag{4.1.2}$$

反相比例运算电路的输入电阻为

$$R_{if} = \frac{u_i}{i_i} = R_1 \tag{4.1.3}$$

反相比例运算电路的输出电阻为 $R_{of} = 0$。

综上所述，归纳出以下结论：

(1) 反相比例运算电路中集成运放的反相输入端电位等于零(称为**虚地**)，加在集成运放输入端的共模输入电压为零。

(2) 电压放大倍数为 $A_{uf} = -\frac{R_F}{R_1}$，说明输出电压与输入电压的相位相反(即电路实现了**反相比例运算**)，大小取决于两个电阻之比。当 $R_F = R_1$ 时，$A_{uf} = -1$，称为**反相跟随器**，或**单位增益倒相器**。

(3) 反相比例运算电路的输入电阻不大，输出电阻为零。

2. 同相比例运算电路

如图 4.1.2 所示，输入电压 u_i 接至集成运放的同相输入端，输出电压 u_o 通过电阻 R_F 仍接到反相输入端，反相输入端通过电阻 R_1 接地。

在图 4.1.2 中，根据集成运放处于线性工作区有**虚短**和**虚断**的特点，可知 $i_- = i_+ = 0$、$u_- = u_+$，且有 $u_+ = u_i$、$u_- = \frac{R_1}{R_1 + R_F} u_o$。则同相比例运算电路的电压放大倍数为

$$A_{uf} = \frac{u_o}{u_i} = 1 + \frac{R_F}{R_1} \tag{4.1.4}$$

同相比例运算电路的输入电阻为 $R_{if} = \frac{u_i}{i_i} = \infty$，输出电阻为 $R_{of} = 0$。

由式(4.1.4)可知，同相比例运算电路的电压放大倍数 $A_{uf} \geqslant 1$。当 $R_F = 0$ 或 $R_1 = \infty$ 时，$A_{uf} = 1$，电路如图 4.1.3 所示。由图可知 $u_+ = u_i$、$u_- = u_o$，由于**虚短**(即 $u_- = u_+$)，则有 $u_o = u_i$。由于这种电路的 u_o 与 u_i 幅值相等、相位相同，二者之间是一种**跟随**关系，故常称为**电压跟随器**。

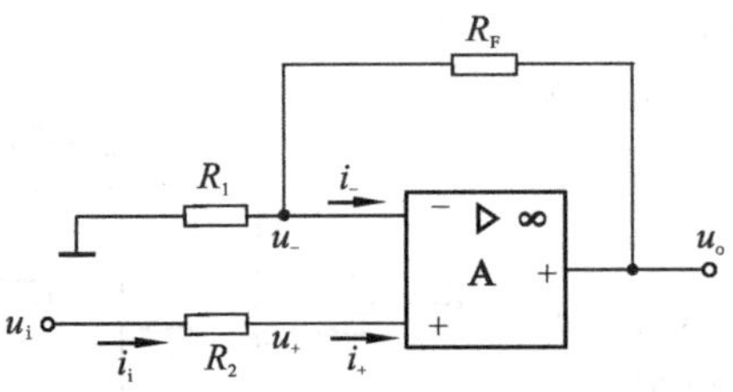

图 4.1.2　同相比例运算电路

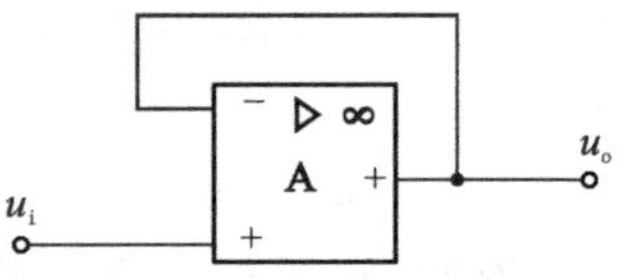

图 4.1.3　电压跟随器

综上所述，可得出以下结论：

(1) 在同相比例运算电路中，集成运放的输入端有共模信号 $u_- = u_+ = u_i$，不存在**虚地**现象。因此，在选用集成运放时要考虑其最大共模输入电压、共模抑制比以满足要求。

(2) 电压放大倍数 $A_{uf}=1+\dfrac{R_F}{R_1}$，说明输出电压与输入电压的相位相同，电路实现了**同相比例运算**。当 $R_F=0$ 或 $R_1=\infty$ 时，$A_{uf}=1$。

(3) 同相比例运算电路的输入电阻为无穷大、输出电阻为零。

3. 差动比例运算电路

如图 4.1.4 所示，输入电压 u_i、u'_i 分别加在集成运放的反相输入端与同相输入端，输出信号 u_o 通过电阻 R_F 接回到反相输入端。为了使集成运放两个输入端的对地直流电阻平衡，同时为了避免降低共模抑制比，通常电阻选择为 $R_1=R'_1$、$R_F=R'_F$。

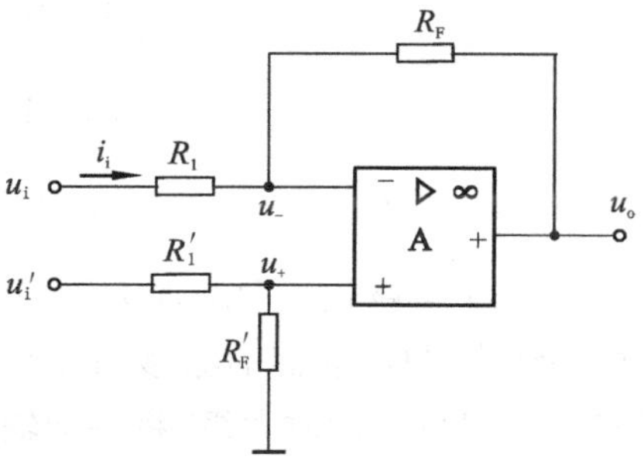

图 4.1.4　差动比例运算电路

由于集成运放工作在线性区，则差动比例运算电路为线性电路。既可以利用虚断、虚短的概念来直接分析计算，也可利用叠加原理来求解。这里，利用叠加原理分别计算 u_i、u'_i 对输出的贡献 u_{o1}、u'_{o1}，然后合成得到 u_o。

设 $u'_i=0$、$u_i\neq0$，图 4.1.4 所示为反相比例运算电路，可求得输出电压 u_{o1} 为

$$u_{o1}=-\frac{R_F}{R_1}u_i$$

当 $u'_i\neq0$、$u_i=0$ 时，图 4.1.4 所示为同相比例运算电路，运放同相输入端的电位为 $u_+=\dfrac{R'_F}{R'_1+R'_F}u'_i$，则可得 u'_{o1} 为

$$u'_{o1}=\frac{R_1+R_F}{R_1}u_+=\frac{R_1+R_F}{R_1}\frac{R'_F}{R'_1+R'_F}u'_i$$

当满足条件 $R_1=R'_1$、$R_F=R'_F$ 时，有 $u'_{o1}=\dfrac{R_F}{R_1}u'_i$。

在 u_i、u'_i 共同输入时，输出电压 u_o 为

$$u_o=u_{o1}+u'_{o1}=\frac{R_F}{R_1}u'_i-\frac{R_F}{R_1}u_i=-\frac{R_F}{R_1}(u_i-u'_i)$$

所以，差动比例运算电路的电压放大倍数为

$$A_{uf}=\frac{u_o}{u_i-u'_i}=-\frac{R_F}{R_1}\tag{4.1.5}$$

由上式可知，电路的输出电压与两个输入电压之差成正比，实现了**差动比例运算**。

在元件参数对称的条件下，利用**虚短**概念，不难求出这时差动比例运算电路的差模输入电阻为

$$R_{if}=\frac{u_i-u'_i}{i_i}=2R_1\tag{4.1.6}$$

差动比例运算电路除了可以进行减法运算外，还经常被用于组成测量放大器。差动比例运算电路的缺点是对元件的对称性要求比较高，如果元件失配，在应用中就会带来附加误差，且电路两个输入端的输入电阻可能不相同。

例 4.1.1　图 4.1.5 所示为由三个集成运放组成的测量放大器。要求：

(1) 分析该测量放大器的组成；

(2) 设 $R_1=2\text{k}\Omega, R_2=R_3=1\text{k}\Omega, R_4=R_5=2\text{k}\Omega, R_6=R_7=100\text{k}\Omega$，求电压放大倍数 $A_{ud}=\dfrac{u_o}{u_{i1}-u_{i2}}$ 的值。

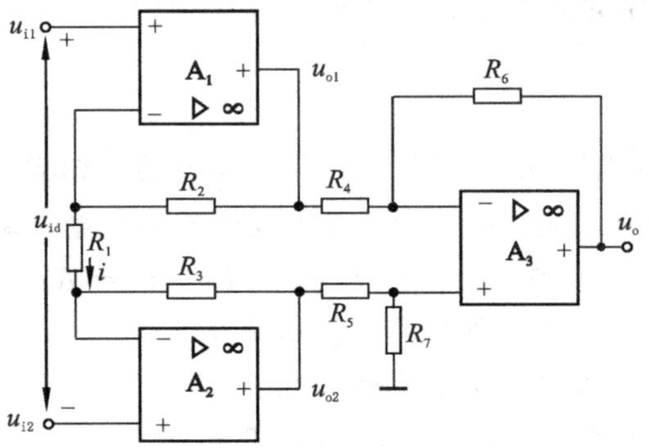

图 4.1.5　三运放测量放大器

解:(1) 电路包含两级放大器，其中 A_1、A_2 组成第一级放大器，均接成同相输入方式，且由于电路结构对称，它们的漂移和失调都有互相抵消的作用。第一级构成了双端输入、双端输出形式。A_3 组成差动放大级，将差动输入转换成为单端输出。

(2) 在图 4.1.5 中，根据理想集成运放 A_1、A_2 的**虚短**与**虚断**特点，有 $u_-=u_+$，因而加到 R_1 两端的电压为 $u_{i1}-u_{i2}$，通过 R_1 的电流为 $i=\dfrac{u_{i1}-u_{i2}}{R_1}$，可得

$$u_{o1}=iR_2+u_{i1}=\left(1+\frac{R_2}{R_1}\right)u_{i1}-\frac{R_2}{R_1}u_{i2}$$

$$u_{o2}=-iR_3+u_{i2}=\left(1+\frac{R_3}{R_1}\right)u_{i2}-\frac{R_3}{R_1}u_{i1}$$

当 $R_2=R_3$ 时，有 $u_{o1}-u_{o2}=\left(1+\dfrac{2R_2}{R_1}\right)(u_{i1}-u_{i2})=\left(1+\dfrac{2R_2}{R_1}\right)u_{id}$，其中 $u_{id}=u_{i1}-u_{i2}$。

因此，第一级放大器的电压放大倍数为

$$A_{ud1}=\frac{u_{o1}-u_{o2}}{u_{id}}=1+\frac{2R_2}{R_1}$$

由上式可知，只要改变电阻 R_1 就可调节电压放大倍数。当 R_1 开路时，$A_{ud1}=1$，即为**单位增益**。

A_3 为差动输入比例放大电路，因有 $R_4=R_5, R_6=R_7$，由式(4.1.5)可知

$$\frac{u_o}{u_{o1}-u_{o2}}=-\frac{R_6}{R_4}$$

所以，该测量放大器的总电压放大倍数为

$$A_{ud}=\frac{u_o}{u_{id}}=\frac{u_o}{u_{o1}-u_{o2}}\frac{u_{o1}-u_{o2}}{u_{id}}=-\frac{R_6}{R_4}\left(1+\frac{2R_2}{R_1}\right)$$

把各电阻的阻值代入上式，可求得：$A_{ud}=-100$。

有必要说明，R_4、R_5、R_6、R_7 四个电阻必须采用高精度电阻，且应精确匹配，否则不仅给放大倍数带来误差，而且将降低该电路的共模抑制比。

三运放测量放大器具有放大倍数调节方便、输入电阻大、共模抑制比高、输出漂移电压小

的特点，已经在精密测量和生物工程等领域得到了广泛应用。目前这种测量放大器已有多种单片集成电路，如 LH0036 芯片，使用时只需外接电阻 R_1 即可。其典型技术指标有：$A_{ud}=1\sim1000$（由 R_1 确定），$R_{if}=300\text{M}\Omega$，$K_{CMR}=100\text{dB}$ 和 $U_{IO}=0.5\text{mV}$。

4.1.2　求和运算电路

求和运算电路的输出量取决于多个模拟输入量的相加结果。用集成运放来组成求和运算电路，可采用反相输入方式和同相输入方式。

1. 反相输入求和电路

利用反相比例运算电路可以构成反相输入求和电路，图 4.1.6 所示为具有三个输入端的反相求和电路。为了保证集成运放两个输入端对地的电阻平衡以消除输入偏流产生的误差，同相输入端电阻 R' 应为 $R'=R_1 /\!/ R_2 /\!/ R_3 /\!/ R_F$。

因集成运放的反相输入端是**虚地**，故有

$$i_1=\frac{u_{i1}-u_-}{R_1}=\frac{u_{i1}}{R_1}$$

$$i_2=\frac{u_{i2}-u_-}{R_2}=\frac{u_{i2}}{R_2}$$

$$i_3=\frac{u_{i3}-u_-}{R_3}=\frac{u_{i3}}{R_3}$$

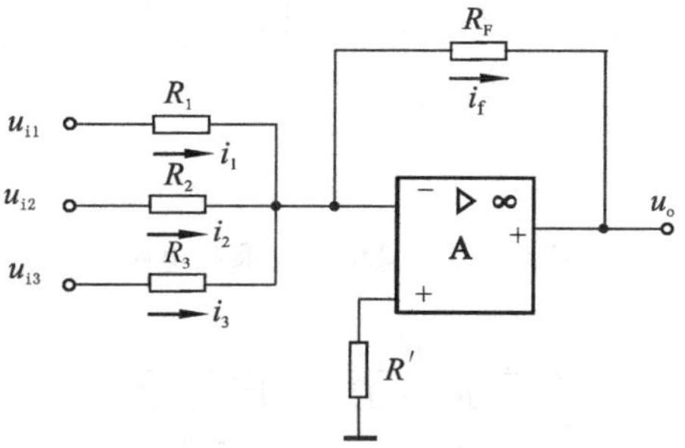

图 4.1.6　反相输入求和电路

A 为理想运算放大器，有 $i_-=i_+=0$，$i_1+i_2+i_3=i_f$，则有

$$\frac{u_{i1}}{R_1}+\frac{u_{i2}}{R_2}+\frac{u_{i3}}{R_3}=-\frac{u_o}{R_F}$$

因此，输出电压为

$$u_o=-\left(\frac{R_F}{R_1}u_{i1}+\frac{R_F}{R_2}u_{i2}+\frac{R_F}{R_3}u_{i3}\right) \tag{4.1.7}$$

由此可见，电路的输出电压 u_o 实现了输入信号 u_{i1}、u_{i2}、u_{i3} 相加的功能（即电路实现了**求和运算**）。若进一步设计各电阻值满足关系 $R_1=R_2=R_3=R$，则

$$u_o=-\frac{R_F}{R}(u_{i1}+u_{i2}+u_{i3}) \tag{4.1.8}$$

按照类似的方法，可以很容易将求和电路的输入端扩充到三个以上。

通过以上分析可知，反相输入求和电路的本质是利用集成运放在线性工作状态的**虚地**和**虚短**特性，通过各路输入电流相加的方法来实现输入电压信号的相加。反相输入求和电路的优点为：当改变某一输入端的电阻时，仅仅改变了 u_o 与该路输入电压信号之间的比例运算关系，对其他输入支路并没有影响，从而使得各输入信号源之间相互独立，故各个比例运算系数的电路调节十分灵活。另外，由于**虚地**，加在集成运放输入端的共模电压很小。故反相输入方式的求和电路应用比较广泛。

例 4.1.2　试设计一个如图 4.1.6 所示的求和电路，实现运算关系为 $u_o=-2u_{i1}-3u_{i2}-6u_{i3}$，并要求对 u_{i1}、u_{i2}、u_{i3} 的输入电阻均大于或等于 50kΩ。

解：将需要实现的运算关系式与式(4.1.8)相比较，可得

$$\frac{R_F}{R_1}=2, \frac{R_F}{R_2}=3, \frac{R_F}{R_3}=6$$

为了满足输入电阻均大于或等于 50kΩ，同时避免电路中的电阻值过大，选择 $R_3=50\text{k}\Omega$，相应可得到

$$R_F=6R_3=6\times 50=300\text{k}\Omega, R_1=\frac{R_F}{2}=150\text{k}\Omega$$

$$R_2=\frac{R_F}{3}=100\text{k}\Omega, R'=R_1 /\!/ R_2 /\!/ R_3 /\!/ R_4=25\text{k}\Omega$$

为了保证精度，各电阻一般应选用精密电阻。

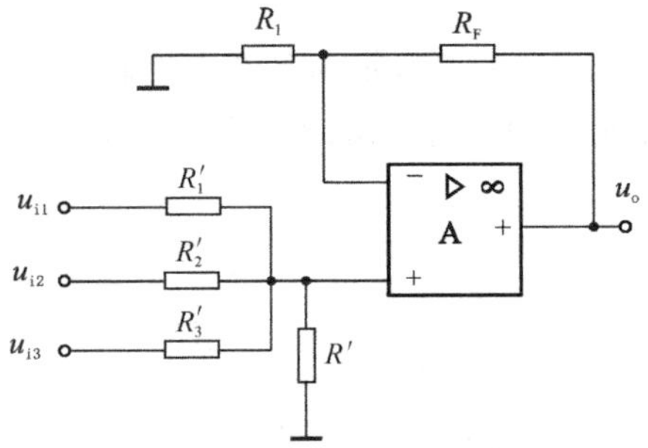

图 4.1.7　同相输入求和电路

2. 同相输入求和电路

所谓同相输入求和电路，是指其输出电压与多个输入电压信号之和成正比，且输出电压与输入电压相位相同。同相输入求和电路如图 4.1.7 所示，把各个输入电压加在集成运放的同相输入端。

由于集成运放的**虚断**特点，有 $i_+=0$，利用叠加定理，分别计算 u_{i1}、u_{i2}、u_{i3} 在集成运放同相输入端产生的电压值。可得集成运放同相输入端的电压为

$$u_+=\frac{R'_2 /\!/ R'_3 /\!/ R'}{R'_1+R'_2 /\!/ R'_3 /\!/ R'}u_{i1}+\frac{R'_1 /\!/ R'_3 /\!/ R'}{R'_2+R'_1 /\!/ R'_3 /\!/ R'}u_{i2}+\frac{R'_1 /\!/ R'_2 /\!/ R'}{R'_3+R'_1 /\!/ R'_2 /\!/ R'}u_{i3}$$
$$=\frac{R_+}{R'_1}u_{i1}+\frac{R_+}{R'_2}u_{i2}+\frac{R_+}{R'_3}u_{i3}$$

式中，$R_+=R'_1 /\!/ R'_2 /\!/ R'_3 /\!/ R'$。

又因集成运放**虚短**，有 $u_+=u_-$。根据同相比例运算电路原理，可得

$$u_o=\left(1+\frac{R_F}{R_1}\right)u_-=\left(1+\frac{R_F}{R_1}\right)u_+$$
$$=\left(1+\frac{R_F}{R_1}\right)\left(\frac{R_+}{R'_1}u_{i1}+\frac{R_+}{R'_2}u_{i2}+\frac{R_+}{R'_3}u_{i3}\right) \tag{4.1.9}$$

由式(4.1.9)可知，图 4.1.7 所示电路能够实现同相求和运算。但是，集成运放同相输入端电压 u_+ 与各个信号源的输入端串联电阻(可理解为信号源内阻)有关，各个信号源互不独立。因此，当调节某一支路的电阻以实现相应的比例关系时，其他各路输入电压与输出电压之间的比值也将随之变化，因而对电路参数值的估算和调试过程比较麻烦。此外，由于不存在**虚地**现象，集成运放将承受一定的共模输入电压。

3. 双端求和运算电路

从原理上说，求和电路也可采用双端输入方式，电路如图 4.1.8 所示。设 $R_p=R_n$，其中 $R_p=R_3 /\!/ R_4 /\!/ R'_F$、$R_n=R_1 /\!/ R_2 /\!/ R_F$。由**虚短**概念，用叠加原理可得 u_o 与 u_i 的函数关系。

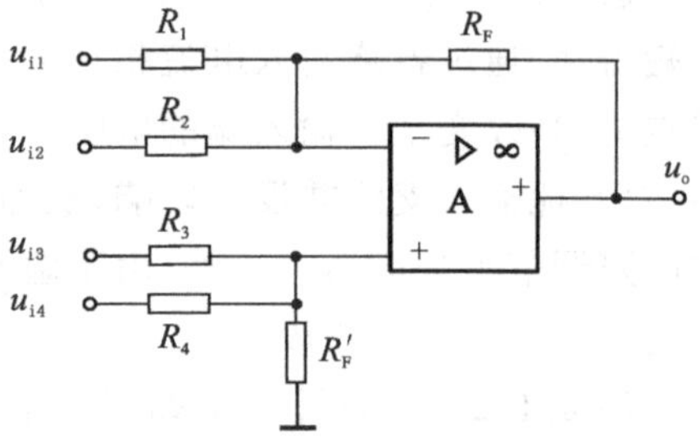

图 4.1.8　双端求和运算电路

令同相输入端信号 u_{i3}、u_{i4} 都为零，此时输出电

压为

$$u_{o1} = -R_F\left(\frac{u_{i1}}{R_1} + \frac{u_{i2}}{R_2}\right)$$

令反相输入端信号 u_{i1}、u_{i2} 都为零,此时输出电压为

$$u_{o2} = \left(1 + \frac{R_F}{R_1 // R_2}\right)\left(\frac{R_p}{R_3}u_{i3} + \frac{R_p}{R_4}u_{i4}\right)$$

由叠加原理,可得

$$\begin{aligned} u_o &= u_{o1} + u_{o2} \\ &= -R_F\left(\frac{u_{i1}}{R_1} + \frac{u_{i2}}{R_2}\right) + \left(1 + \frac{R_F}{R_1 // R_2}\right)\left(\frac{R_p}{R_3}u_{i3} + \frac{R_p}{R_4}u_{i4}\right) \end{aligned} \tag{4.1.10}$$

由上式可知,图 4.1.8 所示电路可同时实现加法和减法运算功能,但是这种电路参数的调整十分烦琐,因此实际上很少采用。如果需要同时实现加法和减法运算,可以考虑采用两级反相求和电路来实现。

例 4.1.3 试设计一个由集成运放组成的电路,以实现运算关系为

$$u_o = 0.2u_{i1} - 5u_{i2} + u_{i3}$$

解:给定的运算关系中有加法与减法,可以利用两级求和运算电路来实现。采用图 4.1.9 所示的电路,首先将 u_{i1}、u_{i3} 通过第一级反相求和电路(由集成运放 A_1 组成)进行求和运算,可得到

$$u_{o1} = -(0.2u_{i1} + u_{i3})$$

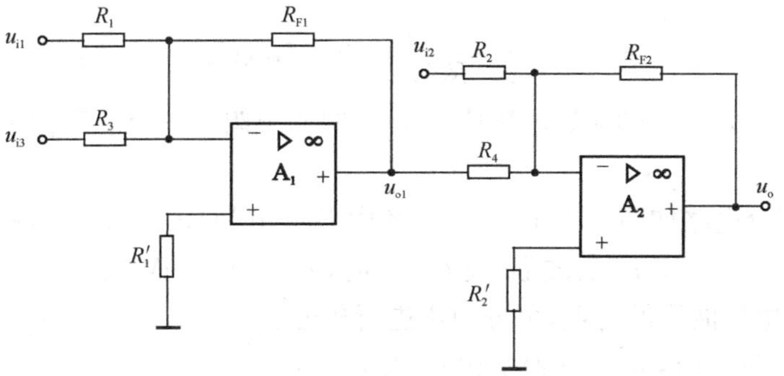

图 4.1.9 例 4.1.3 电路

然后,再将运放 A_1 的输出 u_{o1}、u_{i2} 通过第二级反相求和电路(由运放 A_2 构成)进行求和运算,可得到

$$u_o = -(u_{o1} + 5u_{i2}) = 0.2u_{i1} - 5u_{i2} + u_{i3}$$

将以上两个表达式分别与式(4.1.7)进行对比,则有

$$\frac{R_{F1}}{R_1} = 0.2, \frac{R_{F1}}{R_3} = 1, \frac{R_{F2}}{R_4} = 1, \frac{R_{F2}}{R_2} = 5$$

可选 $R_{F1} = 10\text{k}\Omega$, 则可求得

$$R_1 = \frac{R_{F1}}{0.2} = 50\text{k}\Omega, R_3 = \frac{R_{F1}}{1} = 10\text{k}\Omega$$

若选 $R_{F2} = 10\text{k}\Omega$, 则

$$R_4=\frac{R_{F2}}{1}=10k\Omega, R_2=\frac{R_{F2}}{5}=2k\Omega$$

进而可得

$$R'_1=R_1 // R_3 // R_{F1}=4.5k\Omega, R'_2=R_2 // R_4 // R_{F2}=1.4k\Omega$$

4.1.3 积分和微分运算电路

1. 积分电路

积分电路能够完成积分运算，即输出电压与输入电压的积分成正比。积分电路是控制和测量系统中常用的单元电路，也可用以实现延时、定时及各种波形的产生。

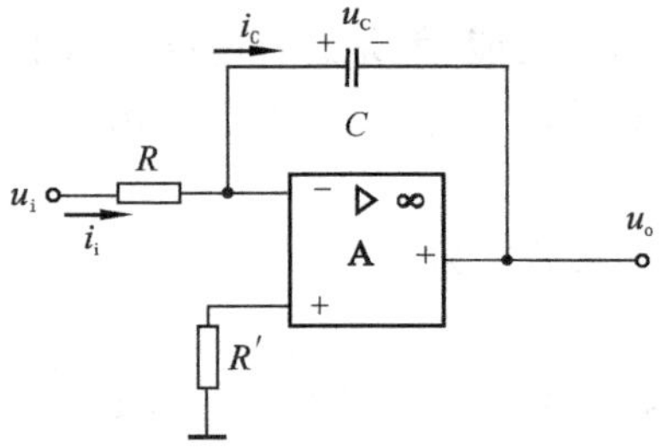

图 4.1.10 基本积分运算电路

1) 电路组成

基本积分电路如图 4.1.10 所示，输入电压 u_i 通过电阻 R 加在集成运放的反相输入端，并在输出端和集成运放的反相输入端之间接有电容 C。集成运放同相输入端的接入电阻选择为 $R'=R$。

由于集成运放的反相输入端为**虚地**，故有 $u_o=-u_C$。又由于集成运放**虚断**特点，使运放反相输入端的电流为零，则有 $i_i=i_C$，故有 $u_i=i_iR=i_CR$。因而，可得到

$$u_o=-u_C=-\frac{1}{C}\int_{-\infty}^{t} i_C dt$$

$$=-\frac{1}{RC}\int_0^t u_i dt-U_C(0) \tag{4.1.11}$$

式中，$U_C(0)$ 为积分电容 C 的初始电压值（$t=0$ 时），电阻与电容的乘积 $\tau=RC$ 称为**积分时间常数**。

例 4.1.4 积分电路如图 4.1.10 所示。图中 $R=10k\Omega, C=1\mu F$，输入信号 u_i 的波形如图 4.1.11(a)所示。试画出 u_o 的波形（设 $t=0$ 时，$U_C(0)=0V$）。

解：根据输入电压波形的特点，可分两步进行积分。

(1) $t=0\sim10ms$ 时，$u_i=+2V$。由式(4.1.11)，有

$$u_o(t)=-\frac{u_i t}{RC}-U_C(0)=-\frac{2t}{10\times10^3\times10^{-6}}-0=-200t$$

u_o 的变化规律为由零开始随时间直线下降，其斜率为$-0.2V/ms$。当 $t=t_1=10ms$ 时，$u_o=-2V$。画出的 u_o 波形如图 4.1.11(b)所示。

(2) $t=t_1\sim t_2=10\sim20ms$ 时，$u_i=-2V$。则有

$$u_o(t)=-\frac{u_i(t-t_1)}{RC}-u_C(t_1)=-\frac{-2(t-10\times10^{-3})}{10\times10^3\times10^{-6}}-2=200t-4$$

u_o 的变化规律为由$-2V$ 开始随时间直线上升，其斜率为$+0.2V/ms$。当 $t=t_2=20ms$ 时，$u_o=0$。画出的 u_o 波形图如图 4.1.11(b)所示。由图可看出，积分电路将矩形波变换成为三角波。

2) 积分电路的误差

前面所述积分电路的性能，都是指理想情况。实际的积分电路不可能是理想的，实际积分

电路的输出电压与输入电压的函数关系与理想情况相比存在误差，情况严重时甚至不能正常工作。在实际积分电路中，产生积分误差的原因主要有两个。

(1)由于集成运放不是理想特性。例如，理想时，当 $u_i = 0$ 时，u_o 也应为零。但是实际上由于运放的输入偏置电流、失调电流、输入失调电压等对积分电容的影响，将使 u_o 逐渐上升，形成输出误差电压，时间越长，误差越大。又如，由于集成运放的通频带不够宽，使积分电路对快速变化的输入信号反应迟钝，使输出波形出现滞后现象等。为此，应选用低漂移集成运放或者场效应管集成运放。

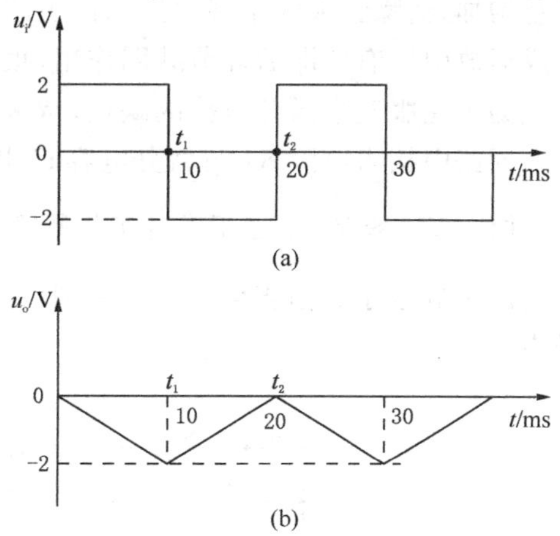

图 4.1.11　例 4.1.4 的波形图

(2)产生积分误差的另一原因是积分电容。例如，当 u_i 回到零以后，u_o 应该保持原来的数值不变。但是，由于电容存在泄漏电阻，使 u_o 的幅值逐渐下降。又如，由于电容存在**吸附效应**也将给积分电路带来误差等。选用泄漏电阻大的电容器(如薄膜电容、聚苯乙烯电容器等)可减小这种误差。

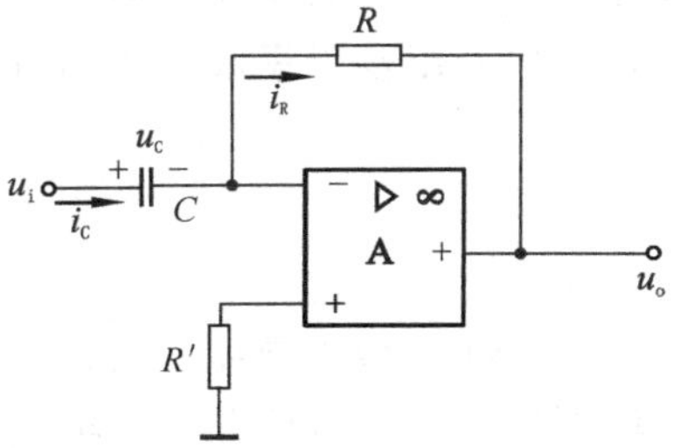

图 4.1.12　基本微分运算电路

2. 微分电路

将积分电路中 R 和 C 的位置互换，并选取比较小的时间常数 $\tau = RC$，即可组成基本微分电路，如图 4.1.12 所示。

由于集成运放**虚断**，流入运放反相输入端的电流为零，则 $i_R = i_C = C\dfrac{du_C(t)}{dt}$。

又因集成运放的反相输入端为**虚地**，有 $u_C(t) = u_i(t)$，可得

$$u_o = -i_R R = -i_C R = -RC\frac{du_C}{dt} = -RC\frac{du_i}{dt} \tag{4.1.12}$$

可见，输出电压与输入电压对时间的微分成正比。

如果输入信号为正弦波 $u_i = U_m \sin\omega t$，则经过微分电路后的输出电压为

$$u_o = -RC\frac{du_i}{dt} = -U_m RC\omega\cos\omega t$$

显然，其输出信号的幅度将随着频率的升高而线性增加，即在高频段微分电路可将放大器的高频噪声分量大大地放大，以致可能导致有用信号的完全淹没。

微分电路可以实现波形变换，如将矩形波变换为尖脉冲。此外，微分电路也可以实现移相作用，如当 U_i 输入电压为正弦波时，u_o 成为负的余弦波，它的波形将比 u_i 滞后 90°，此时微分电路实现了移相作用。

基本微分电路的主要缺点是：从频域的角度来看，微分电路也可看成一个反相输入放大器。当输入信号频率升高时，电容的容抗减小，则放大倍数增大，因而输出信号中的噪声成分

严重增加，信噪比大大下降；另外，由于微分电路中的 RC 元件形成一个滞后的移相环节，它和集成运放中原有的滞后环节共同作用，很容易产生自激振荡，使电路的稳定性变差。

为了克服基本微分电路的缺点，常采用图 4.1.13 所示的改进型微分电路。主要措施是在输入回路中接入电阻 R_1 与微分电容 C 串联，在反馈回路中接入一个电容 C_1 与微分电阻 R 并联，并使 $RC_1 \approx R_1C$。在正常的工作频率范围内，使 $R_1 \ll \frac{1}{\omega C}$、$\frac{1}{\omega C_1} \gg R$，此时 R_1 和 C_1 对微分电路的影响很小。但当信号频率高到一定程度时，R_1 和 C_1 使放大倍数降低，从而抑制了高频噪声。

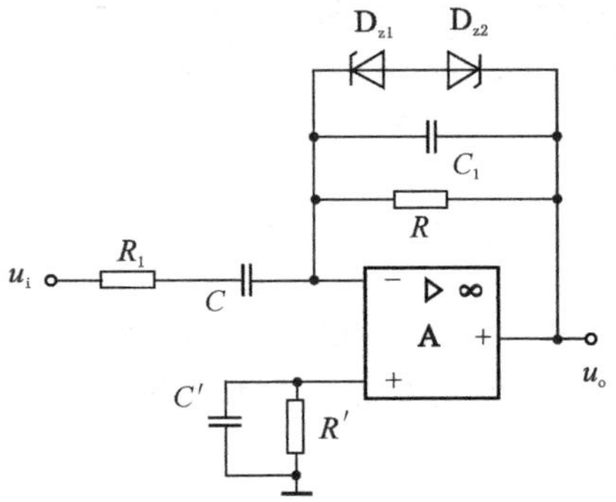

图 4.1.13　改进型微分电路

另外，因 RC_1 形成了一个超前环节，可对相位进行补偿，能提高电路的稳定性。此外，在 R'（取 $R' = R$）两端所并联的电容 C' 用于进行相位补偿，而在电路中的两个稳压管则用以限制输出幅度。

4.1.4　对数和反对数运算电路

对数运算电路能对输入信号进行对数运算，它是一种十分有用的非线性函数运算电路。把它与反对数运算电路适当组合，可以完成不同功能的非线性运算电路（如乘法、除法运算）。这里仅介绍基于集成运放的对数与反对数运算电路。

1. 对数运算电路

利用半导体 PN 结的指数型伏安特性，可以实现对数运算。若 NPN 型半导体三极管工作在放大区，则在一个比较宽的范围内，集电极电流 i_C 与基-射极电压 u_{BE} 之间具有较为精确的对数关系。

基本对数运算电路如图 4.1.14 所示，它是在反相输入比例运算电路基础上，把电阻 R_F 改成为 NPN 型半导体三极管。利用**虚地**的概念，有

$$i_C = i_R = \frac{u_i}{R}, u_o = -u_{BE}$$

根据 PN 结的理想伏安特性方程，半导体三极管的 $i_C \sim u_{BE}$ 关系为

$$i_C \approx i_E = I_{ES}(e^{u_{BE}/U_T} - 1) \approx I_{ES}e^{u_{BE}/U_T}$$

因而可得

$$u_{BE} = U_T \ln\left(\frac{i_C}{I_{ES}}\right)$$

进一步可得

$$u_o = -u_{BE} = -U_T \ln\left(\frac{i_C}{I_{ES}}\right) = -U_T \ln\left(\frac{u_i}{RI_{ES}}\right)$$
$$= -U_T \ln(u_i) + U_T \ln(RI_{ES}) \qquad (4.1.13)$$

由上式可知，输出电压 u_o 与输入电压 u_i 的对数成正比。

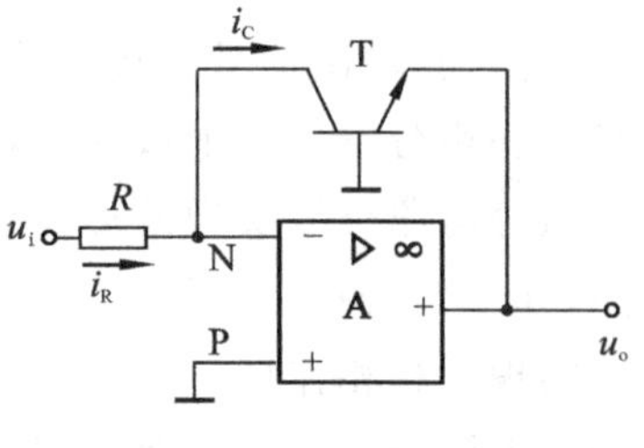

图 4.1.14　基本对数运算电路

图 4.1.14 所示的基本对数运算电路存在两个问题：一是为了使 NPN 型三极管工作在放大区，应保证 $u_i \geq 0$，且输

出电压的幅值不能超过 0.7V；二是 U_T、I_{ES} 都是温度的函数，故输出电压的温漂是十分严重的。如何改善电路的温度稳定性是一个重要问题，一般的解决办法为：利用对称三极管来消除 I_{ES} 的影响，用热敏电阻来补偿 U_T 的温度影响。

图 4.1.15 所示的电路能实现温度补偿。图中 T_1、T_2 为对管，运放 A_1、T_1 管组成基本对数运算电路，运放 A_2、T_2 管组成**温度补偿电路**。U_{REF} 为外加参考电压。对 T_1、T_2 管，有

$$u_{BE1}=U_T\ln\left(\frac{i_{C1}}{I_{ES1}}\right),u_{BE2}=U_T\ln\left(\frac{i_{C2}}{I_{ES2}}\right)$$

由于 T_1、T_2 为对称三极管，有 $I_{ES1}=I_{ES2}$，可得

$$u_{B2}=u_{BE2}-u_{BE1}=-U_T\ln\left(\frac{i_{C1}}{i_{C2}}\right) \tag{4.1.14}$$

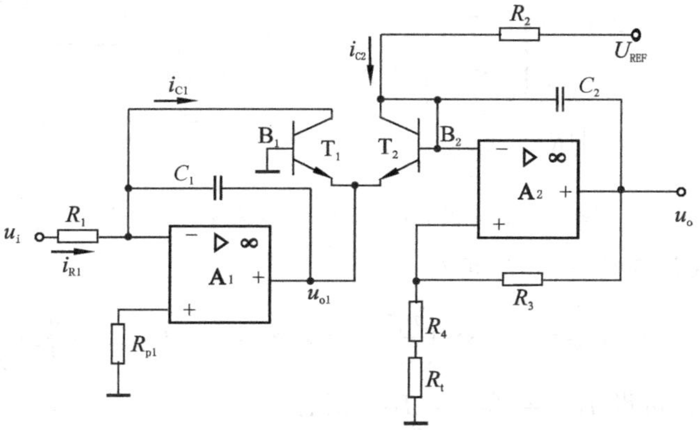

图 4.1.15　温度补偿的对数运算电路

因为　$$i_{C1}\approx\frac{u_i}{R_1},i_{C2}\approx\frac{(U_{REF}-u_{B2})}{R_2}\approx\frac{U_{REF}}{R_2}\text{（设 }U_{REF}\gg u_{B2}\text{）}$$

可得

$$u_{B2}=-U_T\ln\left(\frac{i_{C1}}{i_{C2}}\right)\approx-U_T\ln\left(\frac{u_iR_2}{U_{REF}R_1}\right) \tag{4.1.15}$$

由图 4.1.15，可得输出电压为

$$u_o=\frac{R_3+R_4+R_t}{R_4+R_t}u_{B2}=-\left(1+\frac{R_3}{R_4+R_t}\right)U_T\ln\left(\frac{u_iR_2}{U_{REF}R_1}\right) \tag{4.1.16}$$

上式表明，u_o 与 $\ln u_i$ 为线性关系。式中虽然消除了 I_{ES} 的影响，但 u_o 中还有因子 U_T（U_T 与温度有关）。若电路中的 R_t 具有正温度系数，在一定温度范围内可补偿 U_T 的温度影响。

此外，调节 R_3、R_4 的值可改变输出电压 u_o 的大小，使之超过 0.7V。电路中 C_1、C_2 用作频率补偿，以消除自激。

2. 反对数运算电路

将图 4.1.14 中的电阻 R 与三极管 T 的位置互换，可得图 4.1.16 所示的基本反对数运算电路。考虑到 $u_{BE}\approx u_i$，同样利用半导体三极管 $i_E\sim u_{BE}$ 的关系，可得

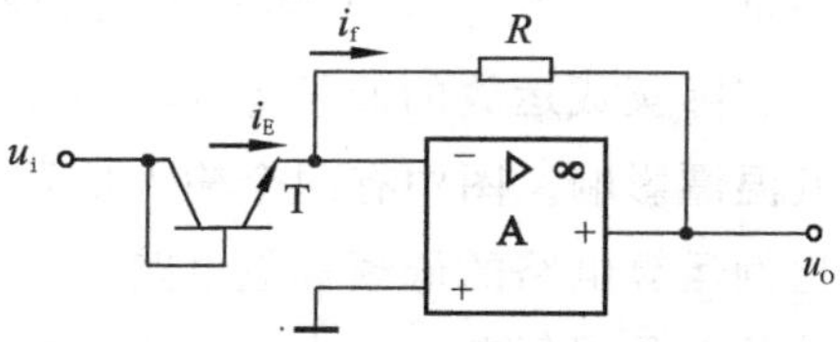

图 4.1.16　基本反对数运算电路

$$i_f \approx i_E = I_{ES}\exp\left(\frac{u_i}{U_T}\right)$$

所以

$$u_o = -i_f R = -I_{ES} R \exp\left(\frac{u_i}{U_T}\right) \tag{4.1.17}$$

由此可见，输出电压与输入电压成反对**数关系**（即指数关系），此时要求 $u_i \geqslant 0$。

为了克服温度变化对输出电压的影响，可采用图 4.1.17 所示电路用 T_1、T_2 对管来补偿 I_{ES} 的温漂。

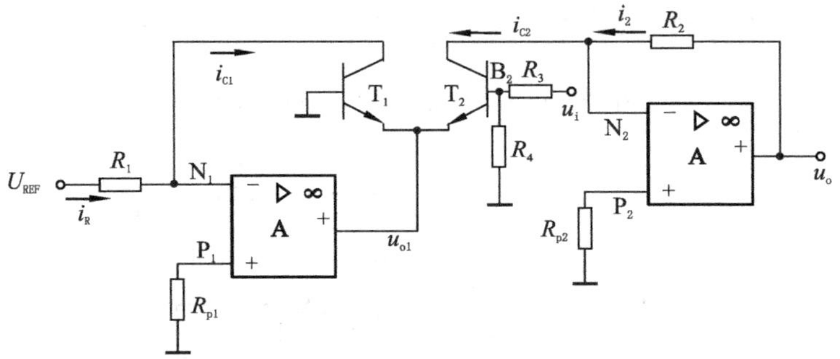

图 4.1.17　具有温度补偿的反对数运算电路

根据三极管输入伏安特性曲线，可有

$$i_{C1} \approx i_{E1} = I_{ES1}\exp\left(\frac{u_{BE1}}{U_T}\right), i_{C2} \approx i_{E2} = I_{ES2}\exp\left(\frac{u_{BE2}}{U_T}\right)$$

对于对称三极管，可设 $I_{ES1} = I_{ES2} = I_{ES}$，则有

$$u_{B2} = \frac{R_4}{R_3 + R_4}u_i = u_{BE2} - u_{BE1} = U_T\left(\ln\frac{i_{C2}}{I_{ES}} - \ln\frac{i_{C1}}{I_{ES}}\right) \tag{4.1.18}$$

考虑到：$i_{C2} \approx i_2 \approx u_o/R_2$，$i_{C1} \approx i_R \approx U_{REF}/R_1$。因而，式(4.1.18)可改写为

$$\frac{R_4}{R_3 + R_4}u_i = U_T\left(\ln\frac{u_o}{R_2 I_{ES}} - \ln\frac{U_{REF}}{R_1 I_{ES}}\right)$$

因此，得到

$$u_o = \frac{U_{REF}R_2}{R_1}\exp\left[\frac{u_i R_4}{U_T(R_3 + R_4)}\right] \tag{4.1.19}$$

由式(4.1.19)可知，u_o 与 U_T 有关，仍是温度 T 的函数。为了克服温度的影响，通常将 R_4 的一部分用具有负温度系数的热敏电阻代替，使其在一定的温度范围内补偿 U_T 的温度影响。

4.1.5　非理想集成运放运算电路的误差分析

上面讨论了理想集成运算放大器组成的基本运算电路，实际上，集成运放是非理想的，既不满足 $u_+ = u_-$、$i_{id} = 0$ 的条件，又存在各种误差源。这样必将引起运算误差。

实际集成运放的低频等效电路如图 4.1.18 所示，其中考虑了 A_{ud}、R_{id}、K_{CMR}、I_{IB}、U_{IO} 和 I_{IO} 及其温漂影响。图中有两个输入信号 u_i、u'_i，令其中一个为零，则可得反相比例运算电路或同相比例运算电路的低频等效电路。显然要导出 u_o 与输入信号及实际集成运放各参数之间的函数关系是很复杂的。为了简化分析，下面仅讨论某一个或某几个参数影响所产生的误差，其他参数按理想情况考虑。

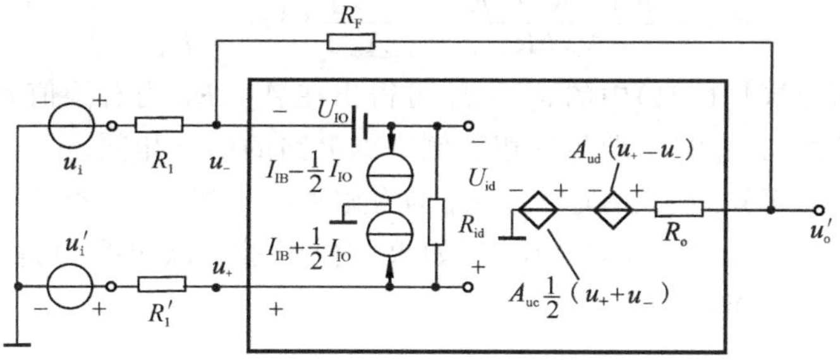

图 4.1.18　实际集成运放的低频等效电路(方框内)

1. A_{ud} 和 R_{id} 的影响

如果只考虑 A_{ud}、R_{id} 为有限值所造成的影响，其他参数按理想情况考虑，则图 4.1.18 可简化为图 4.1.19，其中输出电压为

$$u'_o = A_{ud}(u_+ - u_-) \quad (4.1.20)$$

由图 4.1.19，可列出以下方程组

$$\begin{cases} u_+ = u'_i + (i_1 - i_F)R'_1 \\ u_- = u_i - i_1 R_1 \\ u'_o = A_{ud}(u_+ - u_-) \\ u_- - u_+ = (i_1 - i_f)R_{id} \\ u_- - u'_o = i_f R_F \end{cases}$$

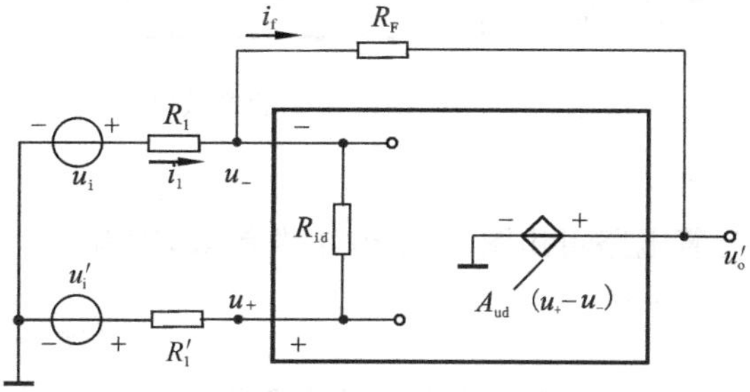

图 4.1.19　分析 A_{ud}、R_{id} 影响的等效电路

解之，可得

$$u'_o = \frac{R_F}{1 + \dfrac{R_F(R'_1 + R' + R_{id})}{A_{ud}R_{id}R'}}\left(\frac{u'_i}{R'_1} - \frac{u_i}{R_1}\right) \quad (4.1.21)$$

式中，$R' = R_1 /\!/ R_F$。

(1)对于反相比例运算电路(令图 4.1.19 中的 $u'_i = 0$)，按理想情况考虑，其输出电压为

$$u_o = -\frac{R_F}{R_1}u_i \quad (4.1.22)$$

若令式(4.1.21)中的 $u'_i = 0$，可得到实际输出电压 u'_o。由此，可得 A_{ud}、R_{id} 的影响所造成的相对误差为

$$\delta = \frac{u'_o - u_o}{u_o} = \frac{1}{1 + \dfrac{R_F(R'_1 + R' + R_{id})}{A_{ud}R_{id}R'}} - 1 \quad (4.1.23)$$

定义系数 $F = \dfrac{R_1}{R_1 + R_F}$，即有 $R' = R_1 /\!/ R_F = FR_F$。则相对误差表达式可化简为

$$\delta = \frac{1}{1 + \dfrac{R'_1 + R' + R_{id}}{A_{ud}FR_{id}}} - 1 \quad (4.1.24)$$

通常有 $A_{ud}FR_{id} \gg (R'_1 + R' + R_{id})$，再利用近似公式 $\dfrac{1}{1+x} \approx 1 - x$（当 $|x| \ll 1$ 时），则上式可化简为

$$\delta \approx -\frac{R'_1 + R' + R_{id}}{A_{ud} F R_{id}} \approx \frac{-1}{A_{ud} F}\left(1 + \frac{R'_1 + R'}{R_{id}}\right) \tag{4.1.25}$$

(2)同理,只要令式(4.1.21)中的 $u_i = 0$,可得出在 A_{ud}、R_{id} 为有限值条件下同相比例运算电路的误差,它也是式(4.1.25),即与反相比例运算电路的误差相同。

(3)由式(4.1.25)可知,在只考虑 A_{ud}、R_{id} 为有限值的情况下,如果 A_{ud}、R_{id} 和 F 越大,则比例运算电路的误差越小。此外,$\delta < 0$ 说明,如果其他因素可以忽略,则输出电压的实际值一定小于理想值(指绝对值而言)。

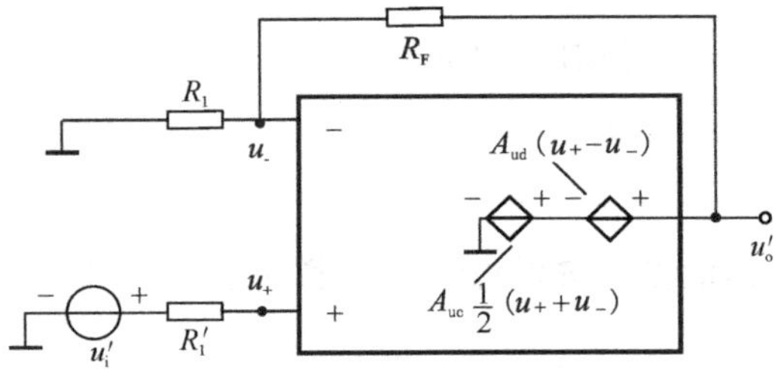

图 4.1.20　分析 K_{CMR} 影响的等效电路

2. 共模抑制比的影响

由于反相比例运算电路的共模输入电压几乎等于零,共模抑制比为有限值对反相比例运算电路误差的影响可以忽略,因此只需讨论它对同相比例运算电路误差的影响。

由于共模抑制比是 A_{ud} 与 A_{uc} 之比,故需同时考虑 A_{ud}、A_{uc} 为有限值,而其他参数按理想情况考虑。在此条件下,图 4.1.2 的同相比例运算电路可用图 4.1.20 电路等效,则有

$$A_{uc} = \frac{A_{ud}}{K_{CMR}} \tag{4.1.26}$$

由图 4.1.20,可列出下面的方程组

$$\begin{cases} u'_o = A_{ud}(u_+ - u_-) + A_{uc}\dfrac{1}{2}(u_+ + u_-) \\ u_- = \dfrac{R_1}{R_1 + R_F} u'_o = F u'_o \\ u_+ = u'_i \end{cases}$$

将式(4.1.26)代入上面的方程组,可解得

$$u'_o = \frac{1}{F}\frac{1 + \dfrac{1}{2K_{CMR}}}{1 + \dfrac{1}{A_{ud}F} - \dfrac{1}{2K_{CMR}}} u'_i$$

与理想运放情况下的 $u_o = \left(1 + \dfrac{R_F}{R_1}\right) u'_i = \dfrac{1}{F} u'_i$ 相比,相对误差为

$$\delta = \frac{1 + \dfrac{1}{2K_{CMR}}}{1 + \dfrac{1}{A_{ud}F} - \dfrac{1}{2K_{CMR}}} - 1 = \frac{\dfrac{1}{K_{CMR}} - \dfrac{1}{A_{ud}F}}{1 + \dfrac{1}{A_{ud}F} - \dfrac{1}{2K_{CMR}}} \tag{4.1.27}$$

通常有 $\dfrac{1}{A_{ud}F} \ll 1$、$\dfrac{1}{2K_{CMR}} \ll 1$,因此上式可化简为

$$\delta = \frac{1}{K_{CMR}} - \frac{1}{A_{ud}F} \tag{4.1.28}$$

可见,为了减小同相比例运算电路的误差,应采用共模抑制比大的集成运放。

3. I_{IB}、U_{IO} 与 I_{IO} 的影响

如果只考虑输入偏置电流 I_{IB}、失调电压 U_{IO}、失调电流 I_{IO} 的影响，其他参数按理想情况考虑，则图 4.1.18 可化简为图 4.1.21 所示。

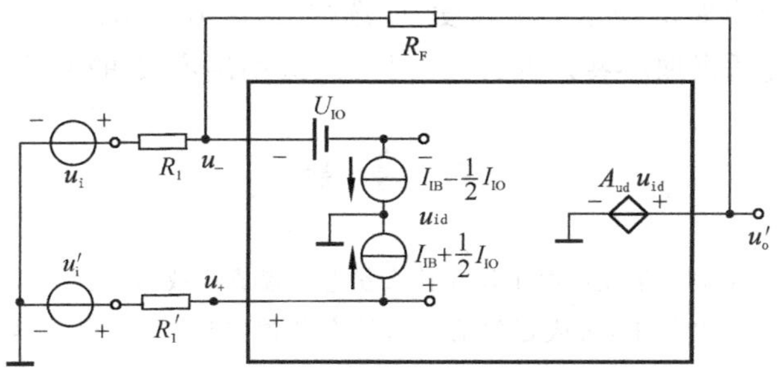

图 4.1.21　分析 I_{IB}、U_{IO} 和 I_{IO} 影响的等效电路

当 $u_i=0$、$u'_i=0$ 时，在 U_{IO}、$\left(I_{IB}+\dfrac{1}{2}I_{IO}\right)$ 和 $\left(I_{IB}-\dfrac{1}{2}I_{IO}\right)$ 共同作用下所产生的输出电压值就是实际值 u'_o 与理想值 u_o 之差 Δu_o。在 $A_{ud}=\infty$、$u_{id}=0$ 时，由图 4.1.21 可得方程组

$$\begin{cases} u_+=-\left(I_{IB}+\dfrac{1}{2}I_{IO}\right)R'_1 \\ u_-=u_++U_{IO} \\ \dfrac{u_-}{R_1}+I_{IB}-\dfrac{1}{2}I_{IO}=\dfrac{\Delta u_o-u_-}{R_F} \end{cases} \tag{4.1.29}$$

求解上述方程组，可得

$$\Delta u_o=\left(1+\frac{R_F}{R_1}\right)\left[(R'_1-R')I_{IB}-\frac{1}{2}(R'_1+R')I_{IO}+U_{IO}\right] \tag{4.1.30}$$

式中，$R'=R_1 /\!/ R_F$。

式(4.1.30)表明，$\left(1+\dfrac{R_F}{R_1}\right)$、$R'_1$ 越大，则输出误差电压就越大。只要 $R'=R'_1$，I_{IB} 的影响就可以不考虑。对于图 4.1.21，设 $R_1=10\text{k}\Omega$、$R_F=100\text{k}\Omega$、$R'_1=R_1 /\!/ R_F$，集成运放的 $I_{IB}=20\mu\text{A}$、$U_{IO}=2\text{mV}$、$I_{IO}=-0.5\mu\text{A}$，则可得 $\Delta u_o=-52\text{mV}$。

如果温度不变，则 U_{IO} 和 I_{IO} 的影响可通过**调零**消除。但温度变化所引起的 ΔU_{IO} 和 ΔI_{IO} 的影响难以通过调零消除，因此应当着重考虑 ΔU_{IO} 和 ΔI_{IO} 与误差的关系。

在 $R'=R'_1$ 和只考虑失调温度漂移的情况下，式(4.1.30)可以改写为

$$\Delta u_o=\left(1+\frac{R_F}{R_1}\right)(\Delta U_{IO}-R'_1\Delta I_{IO}) \tag{4.1.31}$$

式中，$\Delta I_{IO}=\dfrac{dI_{IO}}{dT}\Delta T$，$\Delta U_{IO}=\dfrac{dU_{IO}}{dT}\Delta T$。这里，$\Delta T$ 是温度变化量，$\dfrac{dU_{IO}}{dT}$、$\dfrac{dI_{IO}}{dT}$ 分别是集成运放失调电压、失调电流的温漂系数。

由式(4.1.31)，可求出比例运算电路因失调温度漂移所产生的相对误差为

$$\delta=\left|\frac{\Delta u_o}{A_u u_i}\right|=\left|\frac{\Delta U_{IO}-R'_1\Delta I_{IO}}{A_u F u_i}\right| \tag{4.1.32}$$

式中，A_u 是反相或同相比例运算电路在理想情况下的电压放大倍数，系数 $F=R_1/(R_1+R_F)$。

综上所述，可以得出以下结论：

(1) 应当取 $R'_1=R_1 /\!/ R_F$，即集成运放两输入端对地的直流电阻相等。

(2) 输入信号 u_i 的幅值越大，相对误差 δ 的值越小。

(3) 为了提高运算电路的稳定度和精度，应选择 dU_{IO}/dT、dI_{IO}/dT 小的集成运放，且电阻 R_1、R_F 和 R'_1 的阻值应适当取小些。此外，应尽可能减小温度 T 的变化值。

思　考　题

4.1.1　在比例运算电路中的集成运放工作在什么状态？集成运放起着什么作用？

4.1.2　在双端求和运算电路中，集成运放的输入端有共模电压，为了提高运算精度，应如何选用集成运放？

4.1.3　为了减少共模输入信号对模拟运算电路精度的影响，通常应选用什么类型的运算电路？

4.1.4　温度漂移产生的输出误差电压能否用人工调零的方法来完全抵消？一般应采用何种措施？

4.1.5　如何减小积分电路的积分误差？

4.2　有源滤波器

4.2.1　滤波电路的作用与分类

1. 滤波电路的作用

滤波器是一种具有信号频率选择功能的电路，它能使有用频率的模拟信号通过同时抑制(或衰减)不需要传送的频率范围内的信号。实际工程上常用它来进行信号处理、数据传送和抑制干扰等，目前在通信、声呐、测控、仪器仪表等领域中有着广泛的应用。

早期滤波器主要采用无源元件 R、L 和 C 组成，而现在一般采用集成运放、R 和 C 组成，也常称为**有源滤波器**。有源滤波器具有输出阻抗 $R_o\approx 0$、电压放大倍数 $A_u>1$、体积小与重量轻等优点。但因集成运放的带宽有限，有源滤波器的工作频率目前最大约 1MHz。

常用的有源滤波器除了由单个集成运放组成的 RC 滤波器之外，还有状态变量滤波器、开关电容滤波器、开关电流滤波器等。

2. 有源滤波器的分类

通常用频率响应来描述滤波器的特性。对于滤波器的幅频响应，常把能够通过信号的频率范围定义为**通带**，而把受阻或衰减信号的频率范围称为**阻带**，通带和阻带的界限频率称为**截止频率**。

滤波器在通带内应具有零衰减的幅频响应和线性的相位响应，而在阻带内应具有无限大的幅度衰减。按照通带和阻带的位置分布，滤波器常分为以下几类。

(1) **低通滤波器**：其理想幅频响应如图 4.2.1(a)所示，图中 A_0 表示低频增益。由图可知，它的功能是通过 $0\sim\omega_n$ (角频率)的低频信号，而对大于 ω_n 的所有频率信号则完全衰减，故其带宽 $BW_{0.7}=\omega_n$。

(2) **高通滤波器**:其幅频响应如图 4.2.1(b)所示。由图可知,在 $\omega < \omega_n$ 范围内的频率为阻带,高于 ω_n 的频率为通带。理论上它的带宽 $BW_{0.7} = \infty$,但实际上由于受有源器件带宽的限制,高通滤波器的带宽也是有限的。

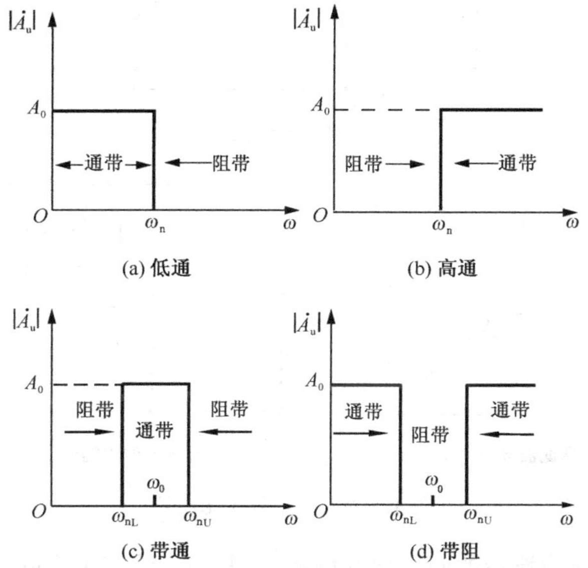

图 4.2.1　各种滤波器的理想幅频响应

(3) **带通滤波器**:其理想幅频响应如图 4.2.1(c)所示。图中 ω_{nL} 为低边(或下限)截止角频率,ω_{nU} 为高边(或上限)截止角频率,ω_0 为中心角频率。由图可知,它有两个阻带:$\omega < \omega_{nL}$ 和 $\omega > \omega_{nU}$,故其带宽 $BW_{0.7} = \omega_{nU} - \omega_{nL}$。

(4) **带阻滤波器**:其理想幅频响应如图 4.2.1(d)所示。它有两个通带:$\omega < \omega_{nL}$ 及 $\omega > \omega_{nU}$,和一个阻带:$\omega_{nL} < \omega < \omega_{nU}$。它的功能是衰减 $\omega_{nL} \sim \omega_{nU}$ 之间的信号。同高通滤波器相似,其通带 $\omega > \omega_{nU}$ 也是有限的。带阻滤波器阻带中心点所在角频率 ω_0 也称为**中心角频率**。

各种滤波器的实际频响特性与理想频响特性有一定的差别,滤波器设计的任务就是力求向理想特性逼近。

4.2.2　一阶有源滤波器

图 4.2.2(a)为由 R、C 和电压跟随器组成的**一阶有源低通滤波器**。利用理想运放特性,可得

$$U_o(s) = \frac{(sC)^{-1}}{R + (sC)^{-1}} U_i(s) = \frac{1}{1 + sRC} U_i(s) \tag{4.2.1}$$

因而,电路的传递函数可表示为

$$A(s) = \frac{U_o(s)}{U_i(s)} = \frac{1}{1 + (s/\omega_n)} \tag{4.2.2}$$

式中,$\omega_n = 1/RC$ 就是 3dB **截止角频率**。

式(4.2.2)中用 $s = j\omega$ 代入,可得滤波器频率响应为

$$\dot{A}_u(j\omega) = \frac{\dot{U}_o(j\omega)}{\dot{U}_i(j\omega)} = \frac{1}{1 + j(\omega/\omega_n)} \tag{4.2.3}$$

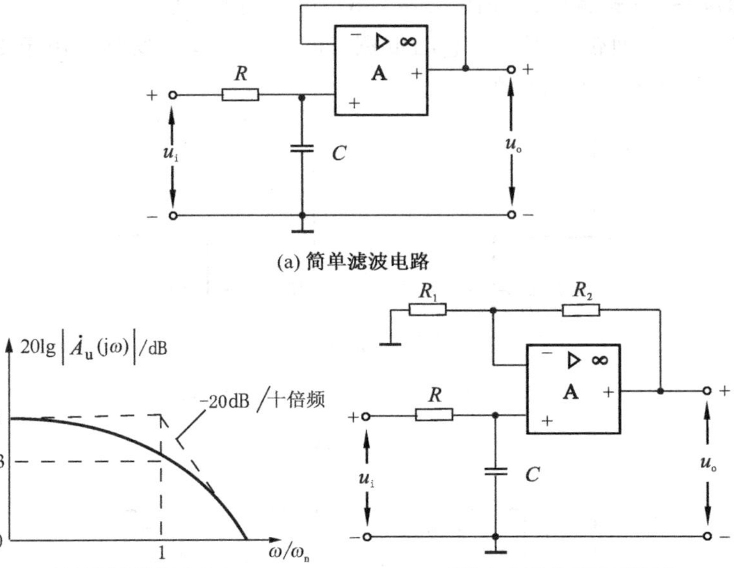

(a) 简单滤波电路

(b) 低通滤波器频率响应

(c) 有放大作用的低通滤波器

图 4.2.2　一阶低通滤波器

图 4.2.2(b)为低通滤波器的归一化幅频响应(其中实线表示实际的幅频响应)。

如将一阶 RC 低通电路与一同相放大器串联,将构成另一种一阶有源低通滤波器,如图 4.2.2(c)所示。该滤波器的频率响应为

$$\dot{A}_u(j\omega)=\frac{\dot{U}_o(j\omega)}{\dot{U}_i(j\omega)}=\frac{A_0}{1+j\omega/\omega_n} \tag{4.2.4}$$

式中,$A_0=1+R_2/R_1$ 为同相放大器的**通带电压放大倍数**或**电压增益**,$\omega_n=1/RC$。

上述低通滤波器电路传递函数的分母均为 s 的一次幂,故称为**一阶有源低通滤波器**。一阶有源高通滤波器电路可由图 4.2.2(a)、(c)中 R 和 C 交换位置来组成,这里不再赘述。

一阶滤波器的滤波效果不够好,在 $\omega>\omega_n$ 范围内,频率每增加十倍,其幅频响应近似减小 20dB,即幅频响应的衰减率为 −20dB/十倍频。若要求响应曲线以 −40dB 或 −60dB/十倍频的斜率衰减,则需采用二阶、三阶或更高阶次的滤波器。对于高于二阶的滤波器,常可由一阶、二阶有源滤波器来构成。下面将主要研究常用的二阶有源滤波器组成原理及其频率特性。

4.2.3　二阶有源滤波器

1. 低通滤波器

二阶低通滤波器如图 4.2.3(a)所示,它是由两级 RC 滤波电路、同相放大器组成。同相放大器的输入阻抗高、输出阻抗低,有利于减小负载对滤波电路的影响和增强驱动负载能力。电路中第一级的电容 C_1 不接地而改接到输出端,其目的是使输出电压在高频段迅速下降,但在接近于通带截止频率的范围内又不致下降太多,从而有利于改善滤波特性。

根据理想集成运放的虚短、虚断特点,可导出传递函数的表达式如下

$$A(s)=\frac{U_o(s)}{U_i(s)}$$

$$= \frac{A_0[1/(R_1R_2C_1C_2)]}{s^2 + s[R_2C_2 + R_1C_2 + R_1C_1(1-A_0)]/(R_1R_2C_1C_2) + 1/(R_1R_2C_1C_2)}$$

$$= \frac{A_0}{R_1R_2C_1C_2s^2 + [R_2C_2 + R_1C_2 + R_1C_1(1-A_0)]s + 1} \tag{4.2.5}$$

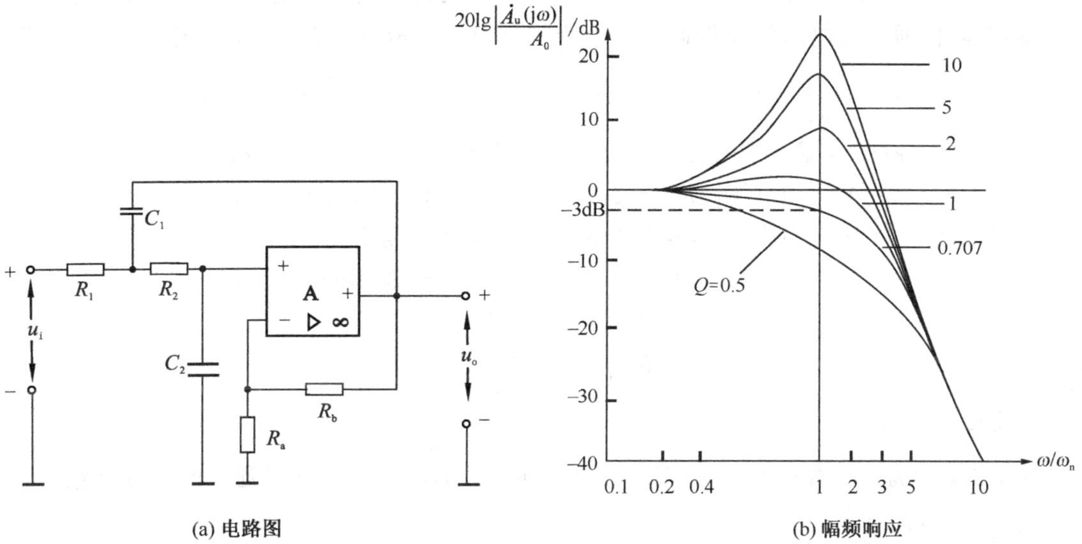

图 4.2.3　二阶低通滤波器

令

$$\left.\begin{aligned} A_0 &= 1 + \frac{R_b}{R_a} \\ \omega_n &= 1/\sqrt{R_1R_2C_1C_2} \\ Q &= \frac{\sqrt{R_1R_2C_1C_2}}{C_2(R_1+R_2)+R_1C_1(1-A_0)} \end{aligned}\right\} \tag{4.2.6}$$

则有

$$A(s) = \frac{A_0}{(s/\omega_n)^2 + (s/\omega_n)/Q + 1} = \frac{A_0\omega_n^2}{s^2 + (\omega_n/Q)s + \omega_n^2} \tag{4.2.7}$$

上式为二阶低通滤波器传递函数的典型表达式。其中 ω_n 为**特征角频率**，Q 为**等效品质因数**。

令式(4.2.7)中 $s = j\omega$，可得二阶有源低通滤波器的频率响应为

$$\dot{A}_u(j\omega) = \frac{A_0\omega_n^2}{\omega_n^2 - \omega^2 + j\omega_n\omega/Q} \tag{4.2.8}$$

归一化后的幅频响应的对数表示为

$$20\lg\left|\frac{\dot{A}_u(j\omega)}{A_0}\right| = -10\lg\left\{\left[1-\left(\frac{\omega}{\omega_n}\right)^2\right]^2 + \frac{\omega^2}{\omega_n^2Q^2}\right\} \tag{4.2.9}$$

由式(4.2.9)，可求出不同 Q 值下的幅频响应，如图 4.2.3(b)所示。由图可见，当 $Q = 0.707$ 时，幅频响应最平坦；且当 $\omega/\omega_n = 1$ 时，$20\lg|\dot{A}_u(j\omega)/A_0| = -3\text{dB}$，而 $\omega/\omega_n = 10$ 时，$20\lg|\dot{A}_u(j\omega)/A_0| = -40\text{dB}$。显然，它比一阶低通滤波器的滤波效果要好得多。

由式(4.2.6)可见，当 $A_0 = 1 + (1 + R_2/R_1) \cdot C_2/C_1$ 时，Q 将趋于无穷大，表示电路将产

生自激振荡。为了避免发生这种情况，选择元件参数时应满足 $(R_b/R_a) < (1+R_2/R_1) \cdot C_2/C_1$ 的条件，这样可保证 $Q>0$。

例 4.2.1　要求图 4.2.3(a)中二阶低通滤波器的通带截止频率 $f_n = \omega_n/2\pi = 100\text{kHz}$，等效品质因数 $Q=1$。设 $R_1=R_2=R$、$C_1=C_2=C$，试确定电路中电阻与电容元件的参数值。

解：二阶低通滤波电路的通带截止频率为 $f_n = 1/(2\pi RC)$，首先选定电容 $C=1000\text{pF}$，则

$$R = \frac{1}{2\pi f_n C} = \left(\frac{1}{2\pi \times 100 \times 10^3 \times 1000 \times 10^{-12}}\right) \approx 1.59(\text{k}\Omega)$$

选 $R=1.6\text{k}\Omega$。根据已知条件及式(4.2.6)，有 $Q=1/(3-A_0)$，故

$$A_0 = 1+R_b/R_a = 3-1/Q = 3-1 = 2，即 R_b = R_a$$

在图 4.2.3(a)中，为使集成运放两个输入端对地的电阻平衡，应使

$$R_a /\!/ R_b = 2R = 2\times 1.6 = 3.2\text{k}\Omega$$

则

$$R_a = R_b = 2\times 3.2 = 6.4\text{k}\Omega$$

选

$$R_a = R_b = 6.2\text{k}\Omega$$

2. 高通滤波器

图 4.2.4(a)为二阶高通滤波器电路。利用理想运放的特性，可导出高通滤波器的传递函数为

$$\begin{aligned} A(s) &= \frac{U_o(s)}{U_i(s)} \\ &= \frac{A_0 s^2}{s^2 + s[R_1C_1 + R_1C_2 + R_2C_2(1-A_0)]/(R_1R_2C_1C_2) + 1/(R_1R_2C_1C_2)} \end{aligned} \tag{4.2.10}$$

令

$$\left.\begin{aligned} A_0 &= 1+R_b/R_a \\ \omega_n &= \frac{1}{\sqrt{R_1R_2C_1C_2}} \\ Q &= \frac{\sqrt{R_1R_2C_1C_2}}{C_1R_1 + C_2R_1 + R_2C_2(1-A_0)} \end{aligned}\right\} \tag{4.2.11}$$

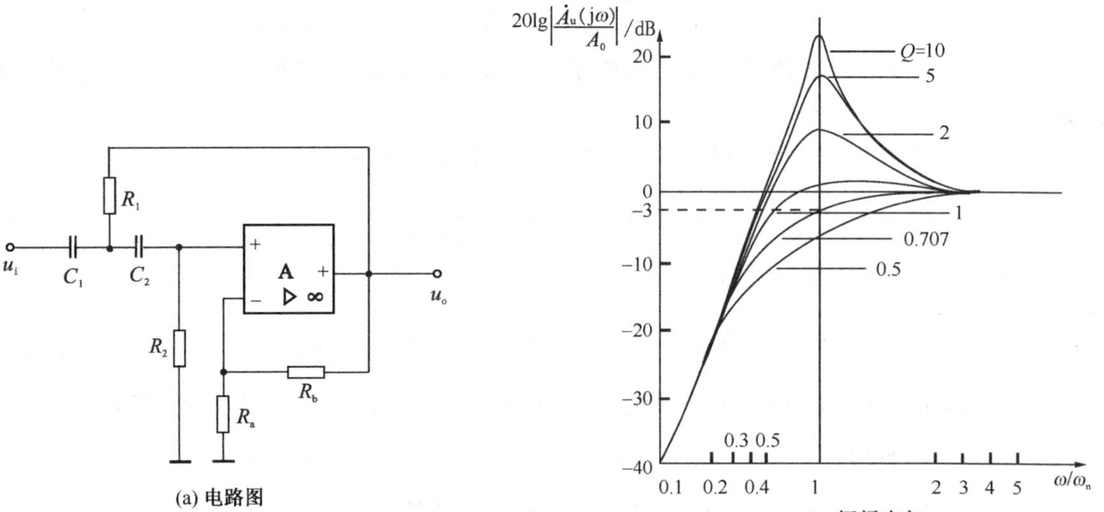

(a) 电路图　　　　(b) 幅频响应

图 4.2.4　二阶高通滤波器

则有

$$A(s)=\frac{A_0 s^2}{s^2+(\omega_n/Q)s+\omega_n^2} \tag{4.2.12}$$

式(4.2.12)为二阶高通滤波器传递函数的典型表达式，相应高通滤波器的频率响应为

$$\dot{A}_u(j\omega)=\frac{-A_0\omega^2}{\omega_n^2-\omega^2+j\frac{\omega_n\omega}{Q}} \tag{4.2.13}$$

归一化的对数幅频响应为

$$20\lg\left|\frac{\dot{A}_u(j\omega)}{A_0}\right|=-10\lg\left\{\left[\left(\frac{\omega_n}{\omega}\right)^2-1\right]^2+\left(\frac{\omega_n}{\omega Q}\right)^2\right\} \tag{4.2.14}$$

幅频响应特性如图 4.2.4(b)所示。由图可见，若 $Q=0.707$，则 3dB 截止频率 $\omega_c=\omega_n$。并且幅频响应特性以+40dB/十倍频的斜率上升，比一阶高通滤波器好得多。

3. 带通滤波器

图 4.2.5(a)为二阶带通滤波器电路，图中 R_1 与 C_2 组成低通网络，C_1 与 R_3 组成高通网络，由低通与高通网络共同组成了带通滤波器。可导出该带通滤波器的传递函数为

$$\begin{aligned}A(s)&=\frac{U_o(s)}{U_i(s)}\\&=\frac{(1+R_b/R_a)s(1/R_1C_2)}{s^2+s\left[\frac{1}{R_3C_1}+\frac{1}{R_3C_2}+\frac{1}{R_1C_2}+\frac{1}{R_2C_2}\left(-\frac{R_b}{R_a}\right)\right]+\frac{R_1+R_2}{R_1R_2R_3C_1C_2}}\end{aligned} \tag{4.2.15}$$

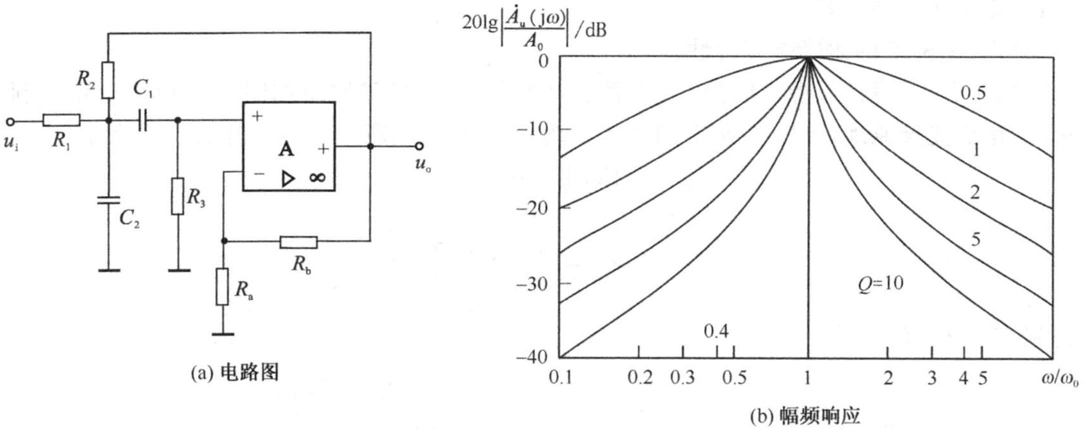

图 4.2.5　二阶带通滤波器

$$\left.\begin{aligned}A_0&=\frac{(1+R_b/R_a)}{R_1C_2\left[\frac{1}{R_3C_1}+\frac{1}{R_3C_2}+\frac{1}{R_1C_2}+\frac{1}{R_2C_2}\left(-\frac{R_b}{R_a}\right)\right]}\\ \omega_0^2&=\frac{R_1+R_2}{R_1R_2R_3C_1C_2}\\ Q&=\frac{\sqrt{R_1+R_2}\ \sqrt{R_1R_2R_3C_1C_2}}{R_1R_2(C_1+C_2)+C_1R_3[R_2+R_1(-R_b/R_a)]}\end{aligned}\right\} \tag{4.2.16}$$

则得
$$A(s)=\frac{A_0(s\omega_0)/Q}{s^2+s(\omega_0/Q)+\omega_0^2}=\frac{A_0 s/(Q\omega_0)}{(s/\omega_0)^2+s/(Q\omega_0)+1} \tag{4.2.17}$$

式(4.2.17)为二阶带通滤波器传递函数典型表达式，其中 ω_0 称为**中心角频率**。

令 $s=\mathrm{j}\omega$，代入式(4.2.17)，可得带通滤波器的频率响应特性为

$$\dot{A}_{\mathrm{u}}(\mathrm{j}\omega)=\frac{A_0\mathrm{j}\omega/(Q\omega_0)}{1-(\omega/\omega_0)^2+\mathrm{j}\omega/(Q\omega_0)} \tag{4.2.18}$$

归一化的对数幅频响应为

$$20\lg\left|\frac{\dot{A}_{\mathrm{u}}(\mathrm{j}\omega)}{A_0}\right|=-10\lg\left\{Q^2\left(\frac{\omega_0}{\omega}-\frac{\omega}{\omega_0}\right)^2+1\right\} \tag{4.2.19}$$

可画出幅频响应特性如图 4.2.5(b)所示。图中，当 $\omega=\omega_0$ 时，电压放大倍数最大。带通滤波器的通频带宽度为 $BW_{0.7}=\omega_0/2\pi Q=f_0/Q$，显然 Q 值越高，则通频带越窄。

综上分析可知：当有源带通滤波器的同相放大倍数 $A_{\mathrm{u}}=1+R_{\mathrm{b}}/R_{\mathrm{a}}$ 变化时，既影响通带增益 A_0，又影响 Q 值(进而影响通频带 $BW_{0.7}$)，而中心角频率 ω_0 与通带增益 A_0 无关。另外，电路的 Q 值不能太大，否则会产生自激振荡。

4. 带阻滤波器

与带通滤波器相反，带阻滤波器是用来抑制或衰减某一频段的信号，而让该频段以外的所有信号通过。例如，带阻滤波器常用于电子系统抗干扰。带阻滤波器可有不同的实现方案，下面分别讨论两种典型结构形式的带阻滤波器电路。

1) 双 T 带阻滤波器

(1) 双 T 网络的频率响应特性。

为简化分析，设信号源内阻为零、负载电阻为无限大，双 T 网络如图 4.2.6(a)所示。利用**星形-三角形变换**原理，可以将双 T 网络等效为图 4.2.6(b)所示的 Π 型电路。因此有

$$\left.\begin{aligned}Z_1&=\frac{2R(1+sRC)}{1+s^2R^2C^2}\\Z_2&=Z_3=\frac{1}{2}\left(R+\frac{1}{sC}\right)\end{aligned}\right\} \tag{4.2.20}$$

考虑到 $\dot{F}=\dot{U}_{\mathrm{f}}/\dot{U}_{\mathrm{i}}$，则

$$F(s)=\frac{U_{\mathrm{f}}(s)}{U_{\mathrm{i}}(s)}=\frac{Z_3}{Z_1+Z_3}=\frac{\frac{1}{2}\left(R+\frac{1}{sC}\right)}{\frac{2R(1+sRC)}{1+(sRC)^2}+\frac{1}{2}\left(R+\frac{1}{sC}\right)} \tag{4.2.21}$$

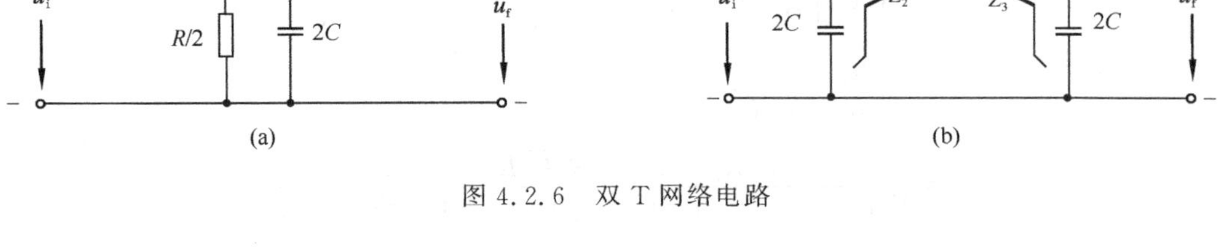

图 4.2.6 双 T 网络电路

令 $s = \mathrm{j}\omega$，可得

$$\dot{F}(\mathrm{j}\omega) = \frac{1-(\omega RC)^2}{1-(\omega RC)^2+4\mathrm{j}\omega RC} = \frac{1-(\omega/\omega_0)^2}{1-(\omega/\omega_0)^2+4\mathrm{j}\omega/\omega_0} \tag{4.2.22}$$

式中，$\omega_0 = 1/RC$。由式(4.2.21)可知，当 $\omega = \omega_0$ 时，$\dot{U}_\mathrm{f} = 0$，即信号频率等于它的特征角频率 ω_0 时，电压传输系数 $\dot{F}$ 为零，这正体现了双 T 网络的选频作用。

$\dot{F}(\mathrm{j}\omega)$ 的幅频响应、相频响应的表达式分别为

$$\left.\begin{aligned} |\dot{F}(\mathrm{j}\omega)| &= \frac{|1-(\omega/\omega_0)^2|}{\sqrt{[1-(\omega/\omega_0)^2]^2+[4(\omega/\omega_0)]^2}} \\ \varphi_\mathrm{f} &= -\arctan\frac{4(\omega/\omega_0)}{1-(\omega/\omega_0)^2} \quad \left(当\frac{\omega}{\omega_0}<1时\right) \\ \varphi_\mathrm{f} &= \pi-\arctan\frac{4(\omega/\omega_0)}{1-(\omega/\omega_0)^2} \quad \left(当\frac{\omega}{\omega_0}>1时\right) \end{aligned}\right\} \tag{4.2.23}$$

由式(4.2.23)，可画出双 T 网络的频率响应，如图 4.2.7 所示。由图可知，当 $\omega/\omega_0 = 1$ 时，幅频响应的幅值等于零，且相频特性呈现±90°突变的形式。

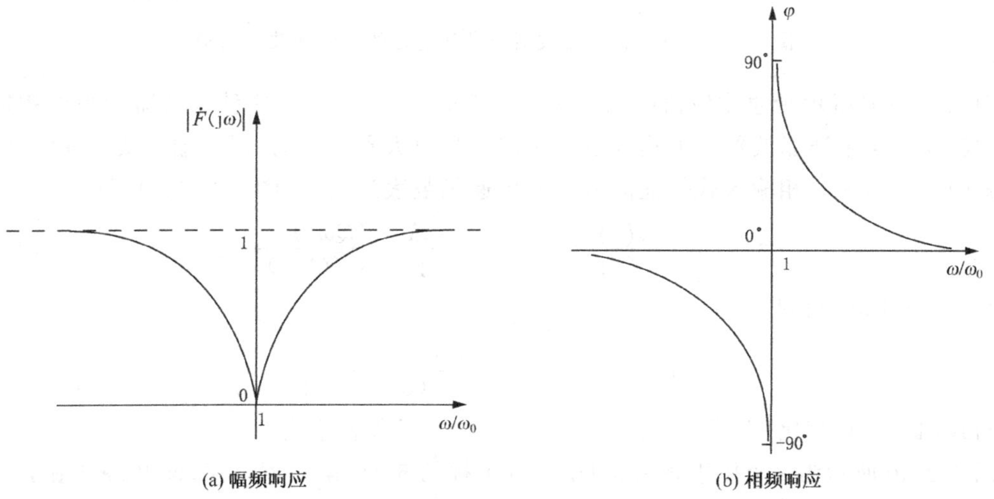

图 4.2.7　双 T 网络的频率特性

(2) 双 T 带阻滤波器。

电路如图 4.2.8 所示，由节点导纳方程不难导出电路的传递函数为

$$A(s) = \frac{U_\mathrm{o}(s)}{U_\mathrm{i}(s)} = A_\mathrm{u0}\frac{1+(s/\omega_0)^2}{1+2(2-A_\mathrm{uo})(s/\omega_0)+(s/\omega_0)^2} \tag{4.2.24}$$

令 $s = \mathrm{j}\omega$，可得

$$\begin{aligned} \dot{A}_\mathrm{u}(\mathrm{j}\omega) &= A_\mathrm{u0}\frac{1+(\mathrm{j}\omega/\omega_0)^2}{1+2(2-A_\mathrm{u0})(\mathrm{j}\omega/\omega_0)+(\mathrm{j}\omega/\omega_0)^2} \\ &= A_\mathrm{u0}\frac{1-(\omega/\omega_0)^2}{1-(\omega/\omega_0)^2+(\mathrm{j}\omega/\omega_0)/Q} \end{aligned} \tag{4.2.25}$$

式中，$\omega_0 = 1/RC$，$A_\mathrm{u0} = 1+R_\mathrm{b}/R_\mathrm{a}$，$Q = 1/[2(2-A_\mathrm{u0})]$。如果 $A_\mathrm{u0} = 1$，则 $Q = 0.5$。增加 A_u0，Q 将随之升高。当 A_u0 趋近 2 时，Q 趋向无穷大。由此，A_u0 越接近 2，$|\dot{A}_\mathrm{u}|$ 越大，可使带阻滤波器的选频特性越好，即阻断的频率范围越窄。

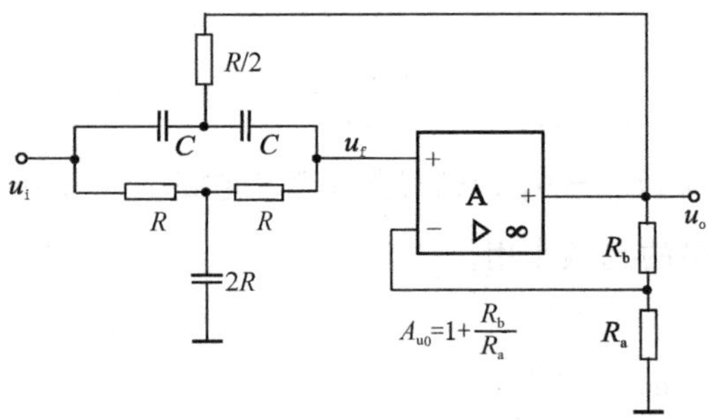

图 4.2.8　双 T 带阻滤波电路

$\dot{A}_u(j\omega)$ 的归一化对数幅频响应曲线与图 4.2.7(a)类似。这种电路的优点是所用元件少，但滤波性能受元件参数变化影响大。

2）用带通滤波器与求和电路组成带阻滤波器

利用带通滤波器与求和电路可以组成带阻滤波器，其组成框图如图 4.2.9 所示。其基本思路是把直通信号与带通滤波器的输出信号相抵消，从而得到传输特性公式(4.2.24)相似的等效带阻滤波器，这种带阻滤波器的频率选择性主要由其中带通滤波器的特性确定。

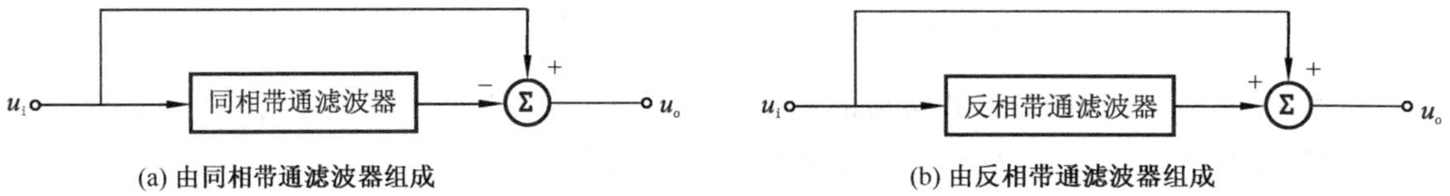

图 4.2.9　基于带通滤波器与求和电路的带阻滤波器结构

图 4.2.5(a)所示带通滤波器中的集成运放接成同相放大器，这种滤波器称为同相输入式带通滤波器。若带通滤波器中的集成运放接成反相放大器，则称为反相输入式带通滤波器。

式(4.2.17)为同相输入式带通滤波器的传递函数表达式，由图 4.2.9(a)可得

$$A(s)=\frac{U_o(s)}{U_i(s)}=1-\frac{A_0 s/(Q\omega_0)}{(s/\omega_0)^2+s/(Q\omega_0)+1} \tag{4.2.26}$$

当 $A_0=1$ 时，可得

$$A(s)=\frac{(s/\omega_0)^2+1}{(s/\omega_0)^2+s/(Q\omega_0)+1} \tag{4.2.27}$$

与式(4.2.24)相比，上式就是带阻滤波器的传递函数表达式。

图 4.2.10 所示为一个用于滤除 50Hz 工频干扰的 50Hz 陷波器电路，该电路与图 4.2.9(b)结构类似。其中由 A_1、R_1、R_2、R_3、C_1、C_2 组成反相输入式带通滤波器，A_2、R_4、R_5 与 R_F 组成反相输入加法电路。由图可知，$C_1=C_2=C=0.22\mu F$，则电路的传递函数表达式为

$$\begin{aligned}A_{uf}(s)&=-1+\frac{s/(CR_1)}{s^2+\dfrac{2}{CR_3}s+\dfrac{R_1+R_2}{C^2R_1R_2R_3}}\\&=-\frac{(s/\omega_0)^2+\left(\dfrac{2}{CR_3}-\dfrac{1}{CR_1}\right)s+1}{(s/\omega_0)^2+s/(Q\omega_0)+1}\\&=-\frac{(s/\omega_0)^2+1}{(s/\omega_0)^2+s/(Q\omega_0)+1}\end{aligned} \tag{4.2.28}$$

式中

$$\left.\begin{aligned}\omega_0&=\frac{1}{C}\sqrt{\frac{1}{R_3}\left(\frac{1}{R_1}+\frac{1}{R_2}\right)}\\Q&=0.5R_3C\omega_0\end{aligned}\right\} \tag{4.2.29}$$

由图 4.2.10 可有，当 $R_2 \approx 0.51\text{k}\Omega$ 时，$f_0 \approx 50\text{Hz}, Q = 13.8$。

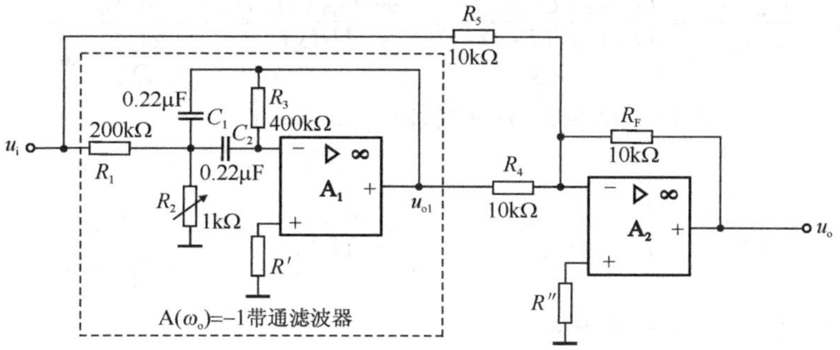

图 4.2.10　一种 50Hz 陷波电路

4.2.4　状态变量滤波器

由单个集成运放组成的二阶有源滤波器具有电路形式简单、成本低廉的特点，可满足一般滤波性能要求的应用场合。但这类滤波器性能参数之间互相关联，不便调整，对元件 R、C 参数及运放增益的变化敏感，且 Q 值不易提高（一般 $Q \leqslant 20$）。因此，在对滤波器性能要求较高的场合，常采用由多个集成运放组成的状态变量滤波器电路。状态变量滤波器可以用状态方程来描述，且由积分器和相加器组成，在实际工程中应用较广泛，并有多种型号的专用集成电路产品上市。状态变量滤波器的主要优点有：一是功能多样性，这类滤波器往往可同时实现高通、带通和低通的滤波特性；二是滤波器的性能参数（如 A_{uf}、ω_0、Q）互相独立，易于调整；三是对元件参数灵敏度低，易于实现高 Q 值（$Q \leqslant 200$）。

这里结合二阶高通滤波器传递函数的电路实现，介绍状态变量滤波器的电路构成和性能参数。由式(4.2.12)可知，二阶高通滤波器的传递函数为

$$A_u(s) = \frac{U_o(s)}{U_i(s)} = \frac{A_0 s^2}{s^2 + (\omega_n/Q)s + \omega_n^2} = \frac{A_0}{1 + (\omega_n/Q)\dfrac{1}{s} + \dfrac{\omega_n^2}{s^2}}$$

式中，A_0 为高频增益。将上式移项 $U_o(s) = A_u(s)U_i(s)$，可得

$$U_o(s) = A_0 U_i(s) + \frac{1}{Q}\left(-\frac{\omega_n}{s}U_o(s)\right) - \frac{\omega_n^2}{s^2}U_o(s) \tag{4.2.30}$$

式中，第一项表示输入信号 u_i 经 A_0 倍放大，第二项表示输出 u_o 经过一次反相积分（$-\omega_n/s$）后再乘以 $1/Q$，第三项表示 u_o 经过二次反相积分（ω_n^2/s^2）后再经过反相，而 u_o 就等于这三项的相加。实现式(4.2.30)的信号流图如图 4.2.11 所示。

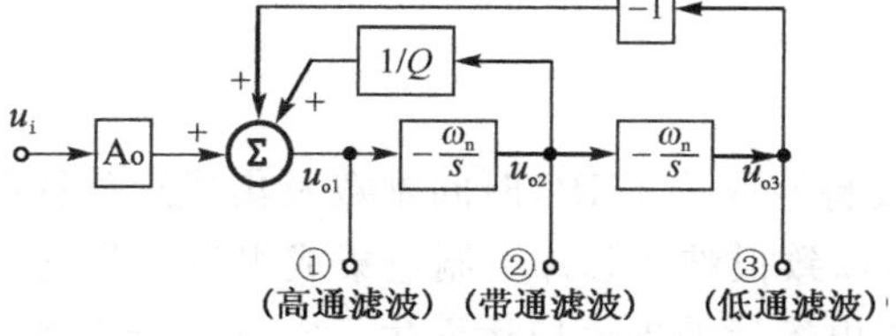

图 4.2.11　实现二阶高通滤波传递函数的信号流图表示法

由图 4.2.11 可得

$$\frac{U_{o2}(s)}{U_i(s)}=\frac{U_{o2}(s)}{U_{o1}(s)}\frac{U_{o1}(s)}{U_i(s)}=-\frac{\omega_n}{s}\frac{U_{o1}(s)}{U_i(s)}=\frac{-A_0\omega_n s}{s^2+\frac{\omega_n}{Q}s+\omega_n^2} \tag{4.2.31}$$

显然,式(4.2.31)是带通滤波器的传递函数(即 $\omega_n=\omega_0$)。

同样,可得

$$\frac{U_{o3}(s)}{U_i(s)}=\frac{U_{o3}(s)}{U_{o2}(s)}\frac{U_{o2}(s)}{U_i(s)}=-\frac{\omega_n}{s}\frac{U_{o2}(s)}{U_i(s)}=\frac{A_0\omega_n^2}{s^2+\frac{\omega_n}{Q}s+\omega_n^2} \tag{4.2.32}$$

式(4.2.32)是低通滤波器的传递函数。

因此,当分别以①、②、③为输出端时,在这些输出端与输入端之间实现的依次是高通、带通和低通传输特性,该状态变量滤波器实现了多种滤波功能。

图 4.2.12 所示为一种二阶状态变量滤波器电路,其中 A_3、A_4 组成反相积分器,由两级反相加法电路 A_1、A_2 实现求和功能。与图 4.2.11 中信号流图相对比,可得

$$\left.\begin{aligned}&R_5=R_6\\&A_0=\frac{R_2}{R_1}\frac{R_6}{R_4}\\&Q=\frac{R_3}{R_2}\frac{R_4}{R_6}\\&\omega_n=\omega_0=\frac{1}{R_F C_F}\end{aligned}\right\} \tag{4.2.33}$$

在图 4.2.12 所示电路参数下,可计算得:$A_0=10$、$Q=10$、$\omega_0=\omega_n=6250\text{rad/s}$。

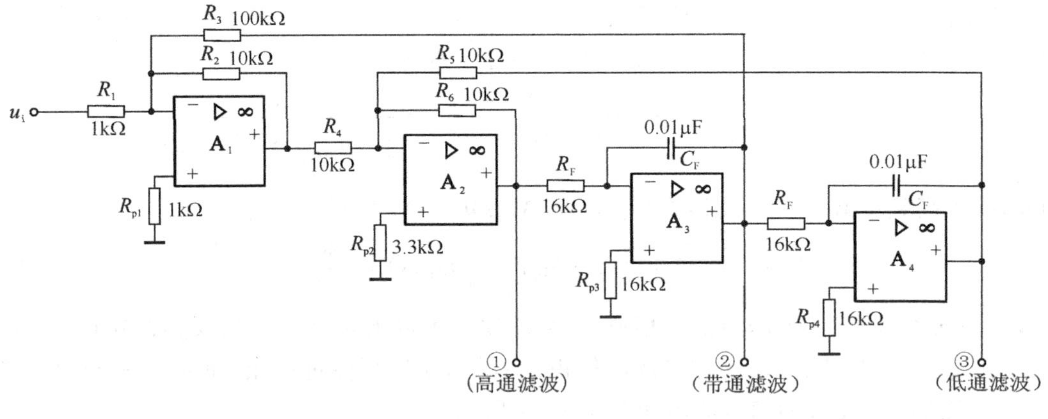

图 4.2.12　二阶状态变量滤波器电路

4.2.5　开关电容滤波器

RC 有源滤波器的滤波特性取决于 RC 时间常数及集成运放性能,因其要求有较大的电容和精确的 RC 时间常数值,以致很难在芯片上制造集成组件。为此,人们寻求一种能够实现滤波器全集成化的途径,开关电容滤波器就应运而生。它是基于电容器电荷存储和转移原理,由受时钟控制的 MOS 开关、MOS 电容和 MOS 集成运放等组成的电路。在开关电容滤波器中没有电阻,而用开关和电容代替电阻的功能。开关电容滤波器是一种时间离散、幅度连续的取

样数据处理系统，它不需要模拟数字转换电路，能对模拟量的离散值直接进行处理。因其具有易于集成、制造简单、性能好的优点，故在信号产生、放大、调制、模拟/数字转换(A/D)、数字/模拟转换(D/A)中得到了广泛应用。

1. 开关电容工作原理

开关电容滤波电路的基本原理是在电路两个节点之间接有带高速开关的电容，其效果相当于在这两个节点之间连接了一个电阻。电路如图 4.2.13 所示，在 1、2 节点之间接入开关电容 C、MOS 场效应开关管 T_1 和 T_2，而 MOS 场效应管开关 T_1 和 T_2 分别受两相不重叠的时钟 φ_1 和 φ_2 控制，如图 4.2.14 所示。

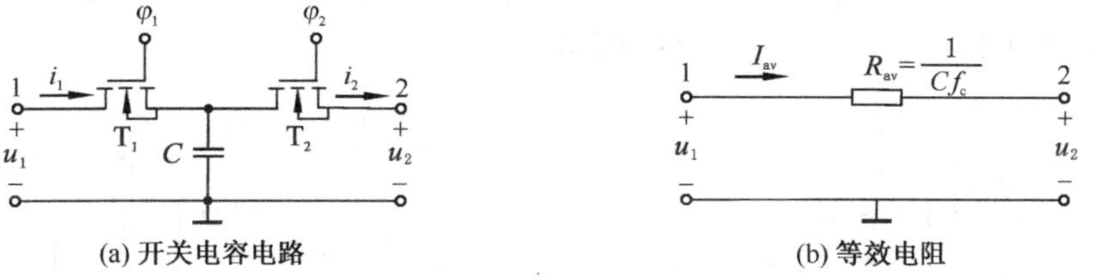

图 4.2.13　用开关和电容代替电阻

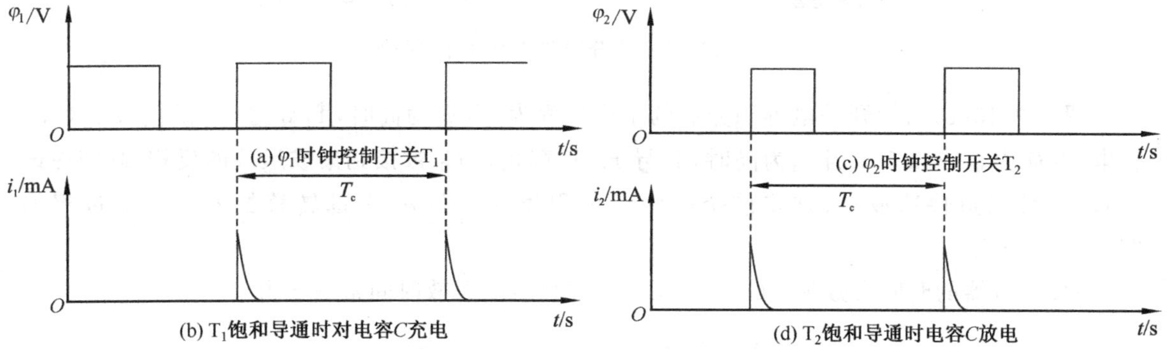

图 4.2.14　开关电容的充电、放电过程

当 φ_1 为高电平、φ_2 为低电平时，T_1 管导通、T_2 管截止，u_1 对电容 C 充电，充电电流如图 4.2.14(b)所示，其存储的电荷 Q_1 为

$$Q_1 = Cu_1$$

当 φ_1 为低电平、φ_2 为高电平时，T_1 管截止、T_2 管导通，电容 C 放电，放电电流如图 4.2.14(d)所示，那么 C 存储的电荷 Q_2 变为

$$Q_2 = Cu_2$$

在 φ_1、φ_2 时钟的一个周期 T_C 内，电容 C 存储的电荷由 Q_1 变为 Q_2，则流过电容 C 的等效平均电流为

$$I_{av} = \frac{Q_1 - Q_2}{T_C} = \frac{C(u_1 - u_2)}{T_C} = (u_1 - u_2)Cf_c \tag{4.2.34}$$

式中，$f_c = 1/T_c$ 为时钟频率。

显然，流过电容 C 的等效平均电流 I_{av} 也必须流过输入端 1，由式(4.2.34)，可得节点 1、2 之间的等效开关电阻为

$$R_{av} = \frac{u_1 - u_2}{I_{av}} = \frac{T_c}{C} = \frac{1}{Cf_c} \tag{4.2.35}$$

式(4.2.35)是由开关和电容组成的等效开关电阻的计算表达式，如图 4.2.13(b)所示。R_{av} 与电容值 C、时钟频率 f_c 成反比。若固定电容 C，则可通过调节 f_c 来改变 R_{av} 的大小，故 R_{av} 常称为**时钟可调节电阻**。必须指出，输入信号 u_1 的频率必须远远小于开关控制时钟频率 f_c。

2. 开关电容积分器

RC 有源滤波器可以用状态变量滤波电路实现，而状态变量滤波器又由积分器与求和电路组成，其中积分器是关键的单元电路。根据开关和电容代替电阻的原理，RC 积分器、开关电容积分器电路分别如图 4.2.15(a)、(b)所示。

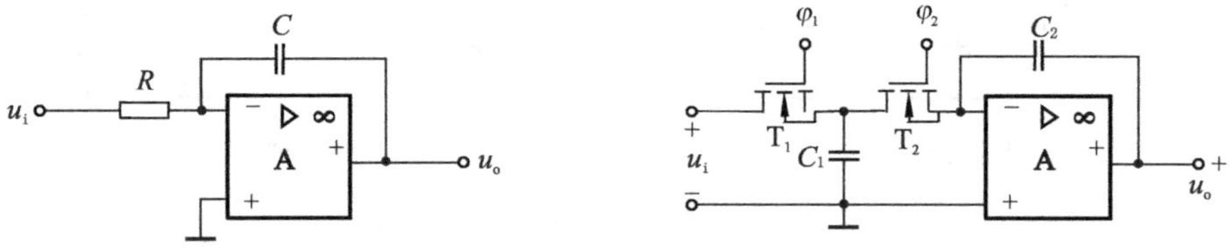

图 4.2.15　RC 积分器和开关电容积分器

图 4.2.15(b)所示开关电容积分器的工作过程为：当 φ_1 为高时，T_1 导通（T_2 截止），u_i 对 C_1 充电，电荷为 $q_1 = u_i C_1$；当 φ_2 为高时，T_2 导通（T_1 截止），C_1 被接到集成运放的反相端（即虚地点），C_1 被强迫快速放电，则将前个时间段内积累的电荷 q_1 全部转移给 C_2，工作过程如图 4.2.16所示。

RC 积分器的时间常数为 RC，而开关电容积分器的等效时间常数 τ 为

$$\tau = R_{av} C_2 = \frac{1}{C_1 f_c} C_2 = \frac{1}{f_c} \frac{C_2}{C_1} \tag{4.2.36}$$

由式(4.2.36)可知，开关电容积分器的时间常数取决于控制时钟频率 f_c 和电容比（C_2/C_1）。目前在 MOS 集成电路制造工艺中，电容比的精度已经很高（可达 0.01%～0.1%）。因此，只要通过调节时钟频率 f_c 就可精确地控制时间常数，以获得高精度的滤波器。

理想 RC 积分器和开关电容积分器的传递函数分别为

$$H_{RC}(j\omega) = -\frac{1}{j\omega(RC)} \tag{4.2.37}$$

$$H_{av}(j\omega) = -\frac{1}{j\omega \dfrac{C_2}{f_c C_1}} \tag{4.2.38}$$

由上式可知，开关电容积分器是一阶滤波器。

由一阶滤波器可以组成各种高阶滤波器，实际上还有其他具有更好性能的开关电容积分器电路。目前已有各种高阶开关电容滤波器单片集成电路产品，因其精度高、稳定性好、高集成与使用方便，在通信、语音信号处理、编码调制等领域得到了广泛应用。

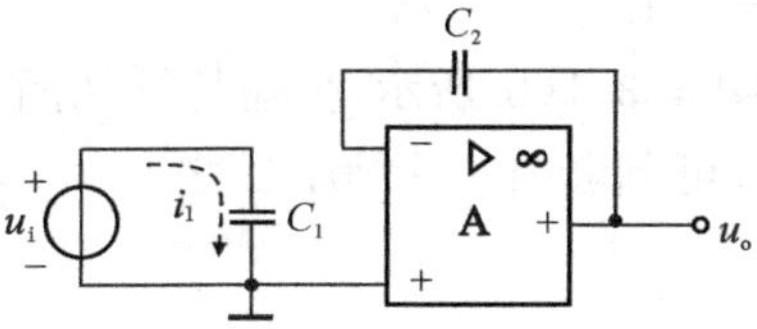

(a) φ_1为高时，T_1导通时

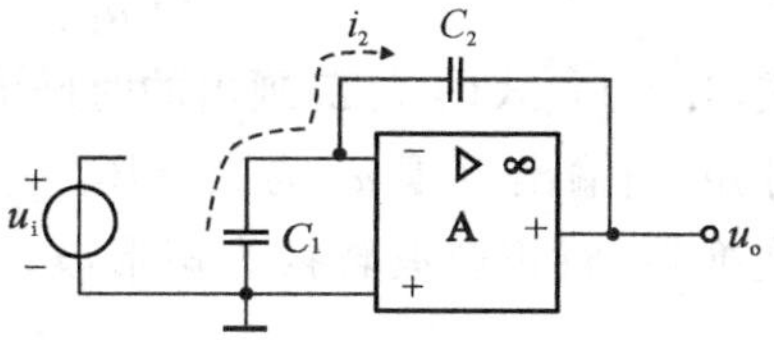

(b) φ_2为高时，T_2导通时

图 4.2.16　开关电容积分器工作情况

思　考　题

4.2.1　无源滤波器和有源滤波器的主要区别是什么？

4.2.2　对于第 2 章中的阻容耦合共发射极放大电路，如果把它看成一个滤波器，则它应属于何种类型的滤波器？其通带增益、截止频率如何计算？

4.2.3　如何用带通滤波器来组成带阻滤波器？

4.2.4　分析状态变量滤波器的特点。

4.2.5　为什么开关电容滤波器可以实现高精度的滤波特性？

4.3　电压比较器

电压比较器在电子测量、自动控制、非正弦波形产生等方面应用广泛。电压比较器的功能是判断输入电压信号与参考电平之间的相对大小，比较器的输出信号只有两种状态：高电平输出和低电平输出。例如，在由集成运放组成的电压比较器电路中，集成运放工作在非线性区，集成运放传输特性如图 3.6.3 所示，即当 $u_+ \geqslant u_-$ 时，$u_o = +U_{OH}$，运放输出最大正向饱和电平；当 $u_- \geqslant u_+$ 时，$u_o = -U_{OL}$，运放输出最大负向饱和电平。

在集成运放的两个输入端中，一个是模拟信号，另一个是基准参考电压，或者两个都是模拟信号。这样，由输出电压的高低可以判断模拟信号与参考电压的大小关系。

对电压比较器的要求主要有灵敏度高、响应时间短、鉴别电平准确、抗干扰能力强。根据电压比较器的传输特性来分类，常用的电压比较器有单门限比较器、迟滞比较器、窗口比较器等。

4.3.1　单门限比较器

所谓单门限比较器是指只有一个门限电平的比较器，当输入电压等于此门限电平时，输出端的状态立即发生跳变。单门限比较器可用于检测输入的模拟信号是否达到某一给定的电平。单门限比较器包括过零比较器与任意门限电平比较器。

1. 过零比较器

图 4.3.1(a)所示为过零比较电路，运放处于开环工作状态，同相端接地（$u_+ = 0$V 为基准参考电压），反相端加被比较信号 u_i。其工作原理为

$$\text{当 } u_i \leqslant 0 \text{ 时}, u_o = +U_{OH} \tag{4.3.1}$$

$$当\ u_i \geq 0\ 时, u_o = -U_{OL} \tag{4.3.2}$$

根据式(4.3.1)、式(4.3.2)画出的时间波形图如图4.3.1(b)所示,传输特性如图4.3.1(c)所示。由图可知,当输出电压u_o为高电压($+U_{OH}$)时,可判断有$u_i<0$;反之$u_i>0$。该电路可作为波形变换器,将正弦波转换为矩形波。

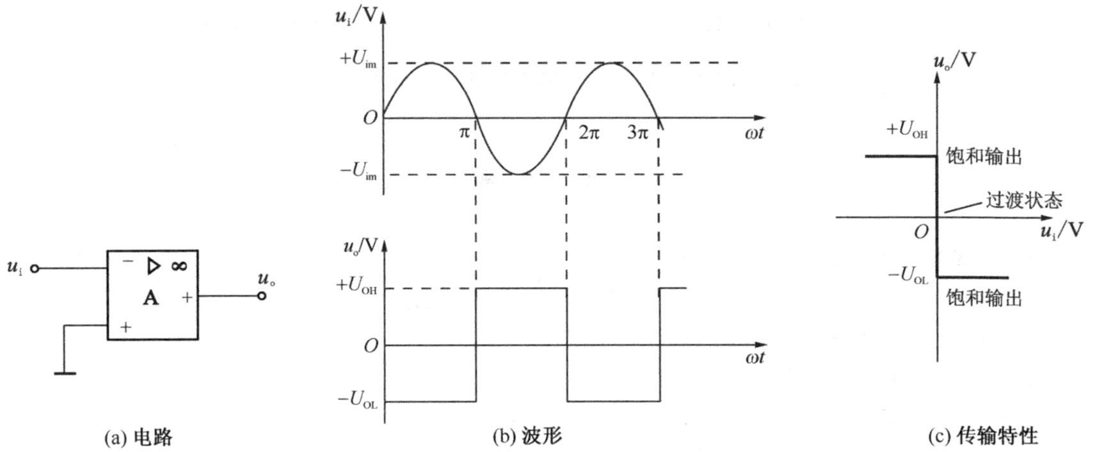

图4.3.1 过零比较电路

当比较器的输出电压由一种状态跳变为另一种状态时,相应的输入电压通常称为**阈值电压**或**门限电平**。这种比较器的门限电平等于零,故称为**过零比较器**。

只用一个集成运放(开环状态)组成的过零比较器电路简单,但其输出电压幅度较高($u_o=+U_{OH}$、$-U_{OL}$)。若希望比较器的输出幅度限制在特定的范围内,则需要增加限幅电路,图4.3.2所示为利用稳压管限幅的过零比较器。

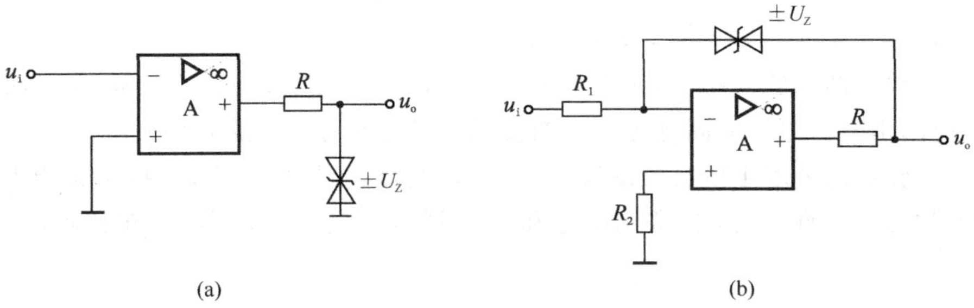

图4.3.2 利用稳压管限幅的过零比较电路

对于图4.3.2所示电路,设集成运放的输出高电压大于(U_Z+U_D)、输出低电压小于$-(U_Z+U_D)$。两个对接的稳压管,一个反向击穿、一个正向导通,则$u_o=\pm(U_Z+U_D)$。其传输特性曲线形状与图4.3.1(c)类似。

2. 任意门限电平比较器

任意门限电平比较器如图4.3.3(a)所示,该电路是在过零比较器的基础上,将参考电压U_{REF}通过电阻R_2接在集成运放反相输入端来构成的。由于输入电压u_i与参考电压U_{REF}接成求和电路的形式,因此这种比较器也称为**求和型单门限比较器**。

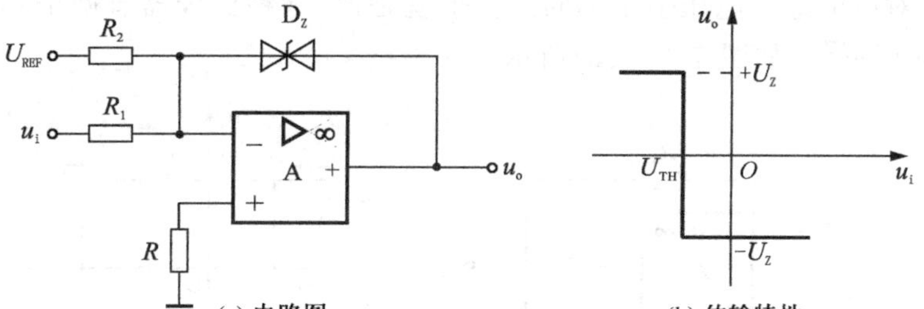

(a) 电路图　　(b) 传输特性

图 4.3.3　任意门限电平比较器

图中集成运放同相输入端通过电阻 R' 接地。当输入电压 u_i 变化时，使得运放反相输入端的电位 $u_- = 0$，则输出端 u_o 的状态将发生跳变。利用叠加原理可求得反相输入端的电位（D_Z 未导通时）为

$$u_- = \frac{R_2}{R_1 + R_2}u_i + \frac{R_1}{R_1 + R_2}U_{REF}$$

令 $u_- = 0$，由上式可求出门限电平 U_{TH} 为

$$U_{TH} = -\frac{R_1}{R_2}U_{REF} \tag{4.3.3}$$

任意门限电平比较器的传输特性如图 4.3.3(b)所示。

对比图 4.3.1(c)和图 4.3.3(b)中的传输特性可知，过零比较器为任意门限电平比较器的特例，它们都是属于单门限比较器。

单门限比较器还可以有其他电路形式。例如，将 u_i、U_{REF} 分别接到集成运放的两个输入端也可组成单门限比较器。

4.3.2　迟滞比较器

单门限比较器具有电路简单、灵敏度高等优点，但缺点是抗干扰能力差。如果输入电压受到某种干扰或噪声的影响，使其在门限电平上下波动时，则输出电压将在高、低两个电平之间反复地跳变(图 4.3.4)。假如在控制系统中发生这种情况，将对执行机构产生不利的影响，甚至引发事故。

为了避免出现这种问题，可以采用具有迟滞传输特性的比较器。这种迟滞比较器常称为**施密特触发器**，其电路如图 4.3.5(a)所示。

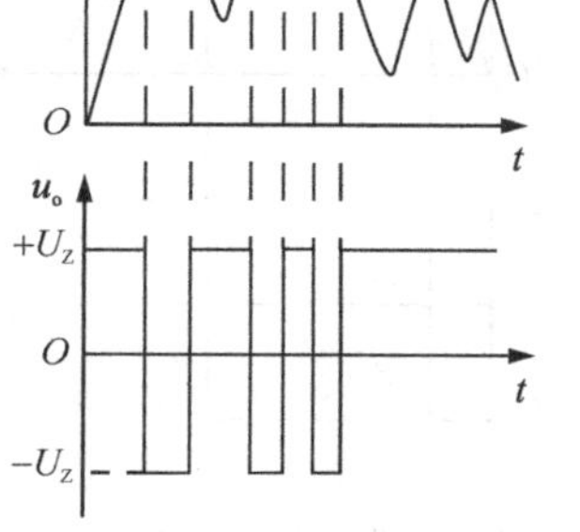

图 4.3.4　存在干扰时单门限比较器的 u_i、u_o 波形

输入电压 u_i 经电阻 R_1 加在集成运放的反相输入端，U_{REF} 经电阻 R_2 接在运放的同相输入端。输出电压 u_o 经电阻 R_F 引回到运放的同相输入端。电阻 R 和双向稳压管 D_Z 起着限幅作用，将输出电压 u_o 限制在 $-U_{omax} \sim +U_{omax}$ 范围内，而 $U_{omax} = (U_Z + U_D) \approx U_Z$（设 $U_Z \gg U_D$），即有 $u_o = \pm U_Z$。

在图 4.3.5(a)电路中，当运放反相输入端和同相输入端的电位相等，即 $u_- = u_+$ 时，运放的输出电压信号将发生跳变。其中 $u_- = u_i$，u_+ 由 U_{REF}、u_o 二者共同决定，而 u_o 有两种可能的状态：$+U_Z$ 或 $-U_Z$。因此，使 u_o 由 $+U_Z$ 跳变为 $-U_Z$，以及由 $-U_Z$

跳变为 $+U_Z$ 所对应的输入电压值是不同的。也就是说，这种比较器有两个不同的门限电压，故传输特性呈滞回形状，如图 4.3.5(b)所示。

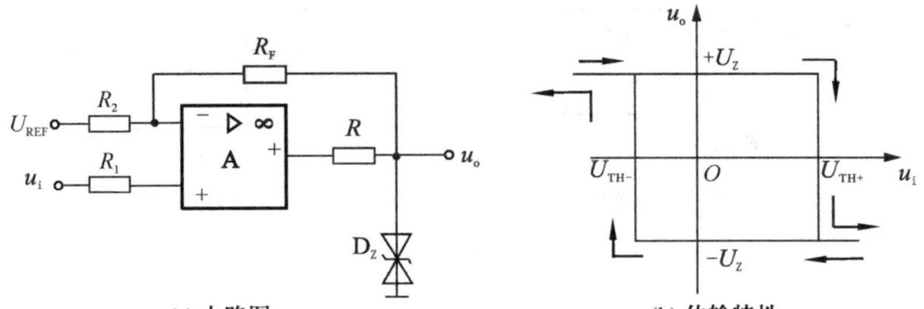

(a) 电路图　　(b) 传输特性

图 4.3.5　迟滞比较器

下面来分析迟滞比较器的两个门限电平值。因集成运放输入端电流 $i_+=0$，利用叠加原理，可求得集成运放同相输入端的电位为

$$u_+=\frac{R_F}{R_2+R_F}U_{REF}+\frac{R_2}{R_2+R_F}u_o$$

设原来电路输出为 $u_o=+U_Z$，当 u_i 逐渐增大时，u_o 从 $+U_Z$ 跳变为 $-U_Z$ 所需的门限电平用 U_{TH+} 表示，由上式可有

$$U_{TH+}=\frac{R_F}{R_2+R_F}U_{REF}+\frac{R_2}{R_2+R_F}U_Z \tag{4.3.4}$$

若原来电路输出为 $u_o=-U_Z$，当 u_i 逐渐减小时，使 u_o 从 $-U_Z$ 跳变为 $+U_Z$ 所需的门限电平用 U_{TH-} 表示，则有

$$U_{TH-}=\frac{R_F}{R_2+R_F}U_{REF}-\frac{R_2}{R_2+R_F}U_Z \tag{4.3.5}$$

通常将上述两个门限电平值之差（$U_{TH+}-U_{TH-}$）称为**门限宽度**或**回差**，用符号 ΔU_{TH} 表示，由式(4.3.4)及式(4.3.5)可求得

$$\Delta U_{TH}=U_{TH+}-U_{TH-}=\frac{2R_2}{R_2+R_F}U_Z \tag{4.3.6}$$

由式(4.3.6)可见，门限宽度 ΔU_{TH} 值取决于 U_Z、R_2 和 R_F 值，但与 U_{REF} 无关。改变 U_{REF} 的大小可以同时调节 U_{TH+}、U_{TH-} 的大小，但 ΔU_{TH} 不变。

图 4.3.5(a)所示电路是反相输入方式的迟滞比较器。如将输入电压 u_i 与参考电压 U_{REF} 的位置互换，即可得到同相输入迟滞比较器。

迟滞比较器可用于产生矩形波、锯齿波和三角波等各种非正弦波信号，也可用来组成各种波形变换电路。由于迟滞比较器的抗干扰能力强，适合用于工业现场测控系统中。当输入信号因受干扰或噪声的影响而上下波动时，可根据干扰或噪声电平来调整迟滞比较器的门限电平 U_{TH+}、U_{TH-} 值，就能避免输出电压 u_o 在高、低电平之间反复跳变，如图 4.3.6 所示。

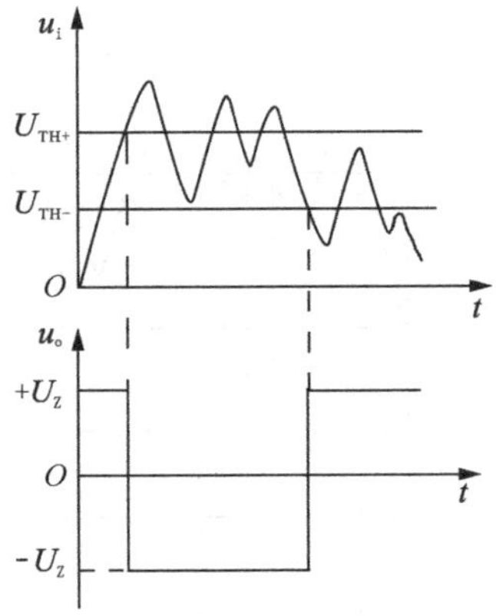

图 4.3.6　在有干扰情况下迟滞比较器的 u_i、u_o 波形

例 4.3.1　迟滞比较器电路如图 4.3.5(a)所示，A 为理想

集成运放，双向稳压管 D_Z 的稳定电压为 $U_Z = \pm 9V$，参考电压 $U_{REF} = 3V$，电路其他参数为 $R_2 = 15k\Omega, R_F = 30k\Omega, R_1 = 7.5k\Omega, R = 1k\Omega$。要求：

(1) 试估算两个门限电压 U_{TH+}、U_{TH-} 以及门限宽度 ΔU_{TH}；

(2) 画出电压传输特性曲线 $u_o \sim u_i$；

(3) 设 $u_i = 10\sin\omega t$ (V)，画出输出电压 u_o 的波形；

(4) 分别画出 $U_{REF} = 0V$、6V 时电压传输特性曲线。

解：(1) 由式(4.3.4)～式(4.3.6)可得

$$U_{TH+} = \frac{R_F}{R_2 + R_F}U_{REF} + \frac{R_2}{R_2 + R_F}U_Z = \frac{30}{15+30}\times 3 + \frac{15}{30+15}\times 9 = 5(V)$$

$$U_{TH-} = \frac{R_F}{R_2 + R_F}U_{REF} - \frac{R_2}{R_2 + R_F}U_Z = \frac{30}{30+15}\times 3 - \frac{15}{30+15}\times 9 = -1(V)$$

$$\Delta U_{TH} = U_{TH+} - U_{TH-} = 5 - (-1) = 6(V)$$

(2) 画电压传输特性曲线，如图 4.3.7(a)所示。

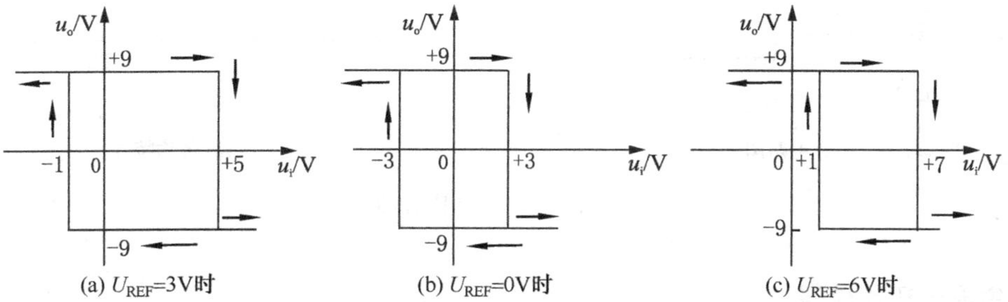

图 4.3.7　电压传输特性曲线 $u_i \sim u_o$

(3) 当 $u_i = 10\sin\omega t$(V) 时，输出电压 u_o 波形如图 4.3.8 所示。

(4) 当 $U_{REF} = 0V$ 时，可求得 $U_{TH+} = 3V, U_{TH-} = -3V$。此时，电压传输特性曲线如图 4.3.7(b)所示。

当 $U_{REF} = 6V$ 时，可求得 $U_{TH+} = 7V, U_{TH-} = 1V$。此时，电压传输特性曲线如图 4.3.7(c)所示。

由图 4.3.7(a)～(c)所示三条电压传输曲线可知，对应不同的 U_{REF} 值，迟滞比较器的回差电压 $\Delta U_{TH} = 6V$ 不变，说明 ΔU_{TH} 与 U_{REF} 无关。当 $U_{REF} = 0V$ 时，电压传输特性曲线中心对称；当 $U_{REF} > 0V$ 时，电压传输特性曲线向右移动；当 $U_{REF} < 0V$ 时，电压传输特性曲线向左移动。所移动的距离由 U_{REF}、R_2、R_F 确定。而回差电压 ΔU_{TH} 的大小可以通过调整 U_Z、R_2、R_F 来实现。

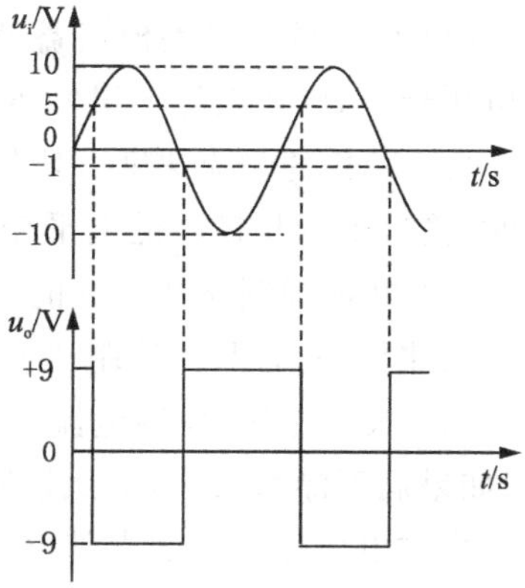

图 4.3.8　输出电压 u_o 波形图

4.3.3　窗口比较器

窗口比较器电路如图 4.3.9(a)所示，传输特性如图 4.3.9(b)所示。设 $R_1 = R_2$，则有

$$U_L = \frac{(V_{CC} - 2U_D)R_2}{R_1 + R_2} = \frac{1}{2}(V_{CC} - 2U_D) \tag{4.3.7}$$

$$U_H = U_L + 2U_D \tag{4.3.8}$$

当 $u_i > U_H$ 时，u_{o1} 为高电平，D_3 导通，u_o 为高电平。此时 u_{o2} 为低电平，D_4 不导通。

当 $u_i < U_L$ 时，u_{o2} 为高电平，D_4 导通，u_o 为高电平。此时 u_{o1} 为低电平，D_3 不导通。

当 $U_H > u_i > U_L$ 时，D_3、D_4 都不通，u_{o1}、u_{o2} 都为低电平，u_o 为低电平。这样，窗口比较器有两个**阈值**和两个状态，即①当 $u_i > U_H$ 或 $u_i < U_L$ 时，u_o 为高电平；②当 $U_H > u_i > U_L$ 时，u_o 为低电平；窗口电压 $\Delta U = U_H - U_L = 2U_D$。

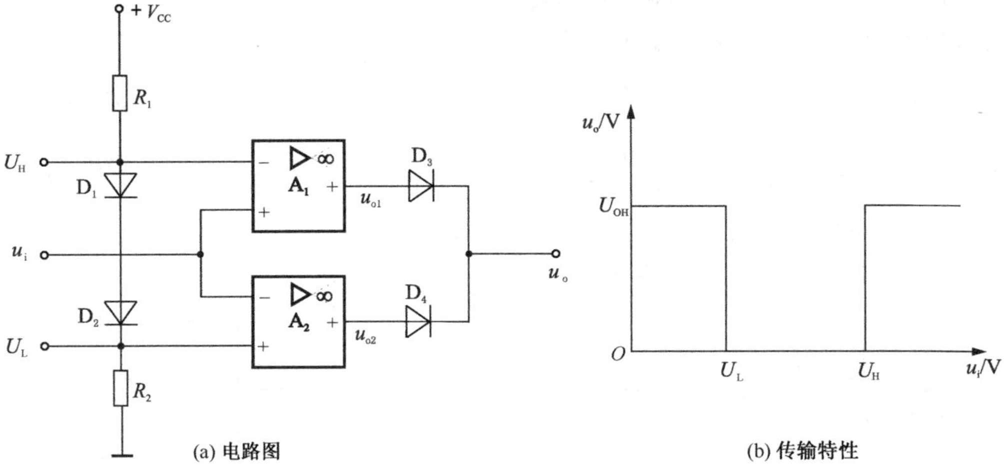

图 4.3.9　窗口比较器

4.3.4　集成电压比较器

以上介绍的各种类型电压比较器，既可用通用型集成运放实现，也可采用单片集成电压比较器。在使用或挑选单片集成电压比较器时，对其性能的要求主要有：

(1) 较高的开环差模增益 A_{ud}。A_{ud} 越高，使比较器输出状态发生跳变所需加在输入端的差模电压越小，则比较器的灵敏度就越高。

(2) 较快的响应速度。比较器的一项重要指标是响应时间，它是指当输入端施加阶跃电压时，输出电压从逻辑低电平变为逻辑高电平所需的时间。

(3) 共模抑制比和允许的共模输入电压要大。在许多情况下，施加在比较器两个输入端的电压比较高，若共模抑制比不够大，将会影响比较器的精度。

(4) 失调电压、失调电流及温漂要小。如果失调电压、失调电流较大，将影响比较器的精度；如果温度漂移较大，则比较器的稳定性较差。

集成电压比较器的内部电路及工作原理与集成运放的十分相近。但在具体电路中常采取各种技术措施，以提高比较精度和响应速度。下面以传输时延为 6.5ns 的高速集成电压比较器 LT685 为例来进行电路原理分析。

1) 电路组成

图 4.3.10 所示为集成电压比较器 LT685 的原理电路，它由三级差动放大器组成。

第一级：由 $T_1 \sim T_4$ 组成共射-共基组合型差放电路作为输入级，以 T_{11} 作为偏置电流源、电阻型负载，稳压管 D_1 和 D_2 起限幅和加速转换的作用。

第二级：由 $T_{15} \sim T_{18}$ 组成电阻负载共射-共基组合型差放，以 T_{28} 作为偏置电流源。

第三级：由 T_{21}、T_{22} 组成以 T_{25} 作为偏置电流源的差放。

各级放大电路之间都由差动跟随器（T_{13}、T_{14} 和 T_{19}、T_{20}）隔离，且通过稳压管（D_5、D_6 和 D_7、D_8）实现电平位移。T_{23}、T_{24} 为射极开路的输出级，使用时，引脚 7 和 8 外接负载到 −2V 的电源，以使输出与 ECL 电平（$U_{OH}=-0.81V$、$U_{OL}=-1.85V$）匹配。

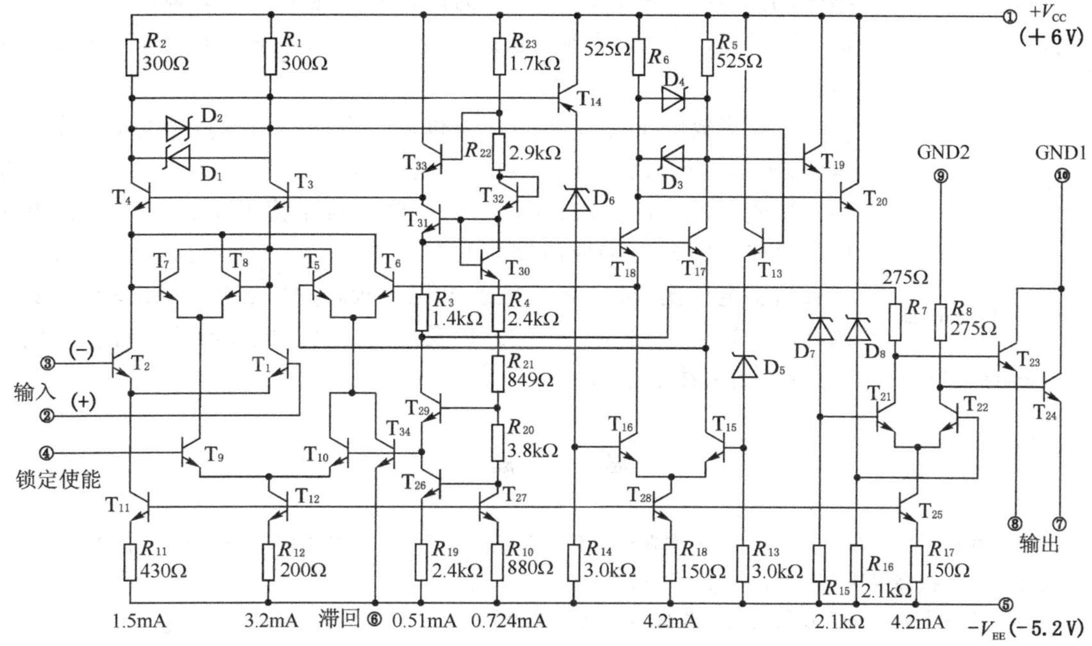

图 4.3.10　集成电压比较器 LT685 电路原理图

2）偏置电路

偏置电路由两部分组成，接正电源的电路由 $T_{30}\sim T_{33}$ 组成，分别为共基管 T_3、T_4 和 T_{17}、T_{18} 提供基极偏置电压；接负电源的电路由 $T_{27}\sim T_{29}$ 组成，为共基管 T_{10}、T_{34} 提供基极偏置电压（约 1.2V），并为电流源 T_{11}、T_{12}、T_{26}、T_{27} 提供参考电流（I_{C27}）。

3）正反馈电路

实现迟滞特性的正反馈回路通过差放 T_5、T_6 闭合。反馈电压取自第二级差放 T_{15}、T_{16} 的集电极，经 T_5、T_6 放大后加到第一级差放 T_3、T_4 输入端。例如，当 $u_+>u_-$ 时

$$u_{C4}>u_{C3}\rightarrow u_{E13}<u_{E14}\rightarrow u_{B15}<u_{B16}\rightarrow u_{C15}>u_{C16}\rightarrow i_{C5}>i_{C6}\rightarrow i_{C4}<i_{C3}$$

结果是要保持 $u_{C4}>u_{C3}$ 的状态。要改变这个状态，必须克服 i_{C5}、i_{C6} 的影响，使 $i_{C4}>i_{C3}$，为此 u_- 就必须超过 u_+ 一定的数值。当进入 $u_{C4}<u_{C3}$ 的状态后，电路中发生上述类似的过程，最后更保持 $u_{C4}<u_{C3}$ 的状态。使用时，在引脚 6 与负电源之间接一个电阻（100Ω～2kΩ），接通 T_{34}，为 T_5、T_6 提供偏置电流，使比较器内部具有 3～70mV 的迟滞宽度。同时，与 T_9、T_{10} 一道，在引脚 4 上的外加电平控制下，实现锁定功能。

4）锁定功能

现将 LT685 锁定功能的工作过程简述如下。

在正常比较状态时，引脚 4 外加高电平电压（−0.81V）或者接地，使 T_9 导通、T_{10} 截止，$I_{C9}=3.2mA$，T_7、T_8 导通。T_7、T_8 接成图 4.3.11 所示的正反馈电路。当 $u_{B7}>u_{B8}$ 时，$u_{C7}<$

u_{C8}，由于 $u_{B7}=u_{C8}$、$u_{B8}=u_{C7}$，因而进一步促使 $u_{B7}>u_{B8}$，如此循环，使得 i_{C7} 迅速增大、i_{C8} 迅速减小，直到 T_8 截止。可见，采用这个电路可对输入级起到加速转换的作用。例如，因输入电压变化导致 $i_{C2}>i_{C1}$，即 $u_{C2}<u_{C1}$，从而使 i_{C8} 迅速增大，结果是 i_{C4} 迅速增大、u_{C4} 迅速减小。

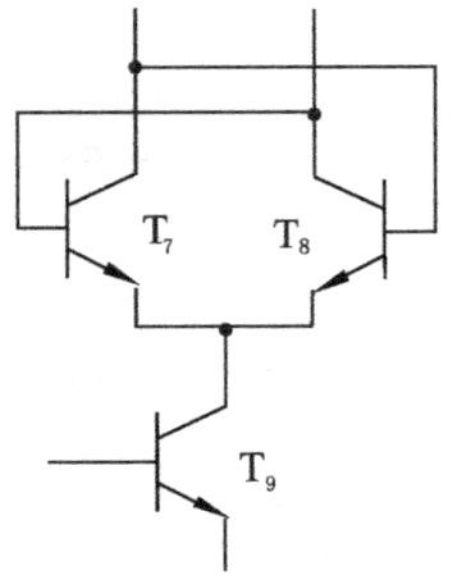

图 4.3.11　T_7 与 T_8 组成的正反馈电路

需要锁定时，引脚 4 外加低电平电压（－1.85V），导致 T_9 截止、T_{10} 导通，$I_{C10}=3.2\text{mA}$，使 T_5、T_6 的偏置电流在 I_{C34} 上又叠加了 3.2mA，正反馈增强，进一步保持原状态不变。这时改变输入电压，已无法使状态翻转。

单片集成电压比较器的种类很多。根据响应速度指标，可分为中速、高速（响应时间为 10～60ns）、超高速（响应时间＜10ns）电压比较器。高速电压比较器如 AD790（响应时间典型值为 40ns），超高速电压比较器如 AD1317（响应时间≤1.5ns）。根据比较器的其他性能指标，又有精密电压比较器、高灵敏度电压比较器、低功耗电压比较器、低失调电压比较器，如 LM139/339，以及高阻抗电压比较器等。各种集成电压比较器的型号与性能可参考相关技术手册。

思　考　题

4.3.1　在电压比较器中，集成运放工作在线性状态还是非线性状态？从电路结构上来看，有什么特点？

4.3.2　为了提高迟滞比较器的抗干扰能力，应采取什么措施？

4.3.3　比较集成电压比较器与通用集成运放的性能差异。

4.4　模拟乘法器

模拟乘法器是一种实现两个模拟信号乘法运算的电路，它可以方便地实现乘、除、乘方、开方等基本运算，常用于通信、仪表和控制等领域来完成鉴相、混频、倍频、调制与解调等功能。

4.4.1　模拟乘法器工作原理

1. 模拟乘法器的基本特性

模拟乘法器能实现两个模拟信号相乘的功能，通常有两个输入端和一个输出端，其电路符号如图 4.4.1 所示。

设模拟乘法器两个输入端电压分别为 u_x 和 u_y，则输出电压 u_o 与 u_x 和 u_y 的关系为

$$u_o = K_M u_x u_y \tag{4.4.1}$$

式中，K_M 为乘积系数，也称增益系数，其值一般为±0.1/V。

理想模拟乘法器任意时刻的输出电压 u_o 与当前两个输入电压 u_x 和 u_y 瞬时值的乘积成正比，且乘积系数 K_M 与 u_x 和 u_y 的波形、幅度、极性和频率无关。当 u_x 和 u_y 为 0 时，u_o 为 0，无失调电压、失调电流和噪声。通常都假定模拟乘法器为理想器件。

根据对 u_x、u_y 极性的要求，模拟乘法器可分为不同的类型：若 u_x、u_y 均限定为某一极性的电压，则这类乘法器称为单象限乘法器；若 u_x、u_y 中一个能适应正、负极性，而另一个只能适应单一极性，则称为二象限乘法器；若 u_x、u_y 均能适应正、负极性，则称为四象限乘法器。

下面介绍应用较广的变跨导式四象限模拟乘法器。

2. 变跨导式模拟乘法器的基本工作原理

变跨导式模拟乘法器是在带电流源差分放大电路基础上发展而来的，其原理电路如图 4.4.2 所示。

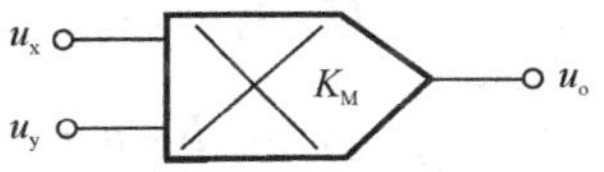

图 4.4.1　模拟乘法器的电路符号

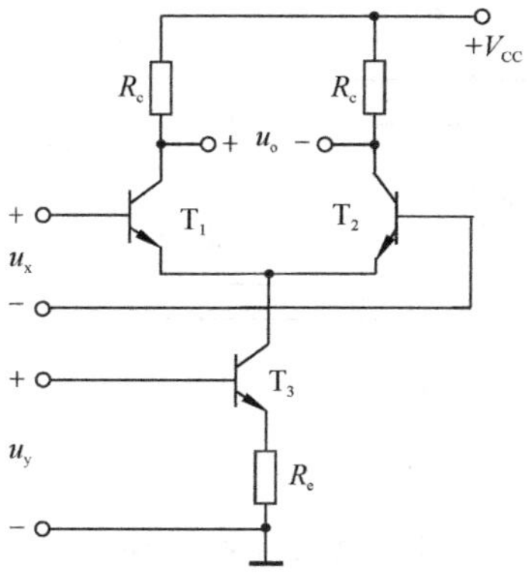

图 4.4.2　变跨导式模拟乘法器原理电路

在图 4.4.2 电路中，输出电压为

$$u_o = -\frac{\beta R_c}{r_{be}}u_x = -\frac{g_m r'_{be} R_c}{r_{be}}u_x \approx -g_m R_c u_x \tag{4.4.2}$$

又因为

$$g_m \approx \frac{1}{r_e} = \frac{I_{E1}}{U_T} \approx \frac{I_{C3}}{2U_T} \tag{4.4.3}$$

当 $u_y \gg u_{BE3}$ 时，有

$$I_{C3} = \frac{u_y - u_{BE3}}{R_e} \approx \frac{u_y}{R_e} \tag{4.4.4}$$

将式(4.4.3)和式(4.4.4)代入式(4.4.2)，可得

$$u_o = -\frac{R_c}{2R_e U_T}u_x u_y = K_M u_x u_y \tag{4.4.5}$$

由式(4.4.5)可见，u_o 与 u_x 和 u_y 的乘积成正比。而且，当改变 u_y 使 I_{C3} 变化时，同时会导致 T_1、T_2 的跨导 g_m 发生变化，故称为变跨导式模拟乘法器。

在图 4.4.2 所示电路中，u_x 可正可负，但 u_y 必须为正，故属于二象限乘法器。虽然这种乘法器的结构简单，但是精度较差，且 u_y 越小，误差也越大。为此，可采用图 4.4.3 所示的四象限变跨导式模拟乘法器。

3. 四象限变跨导式模拟乘法器

四象限变跨导式模拟乘法器如图 4.4.3 所示。其中，T_1、T_2 和 T_3、T_4 分别组成两个并联工作的差分对，差分对 T_5、T_6 形成压控电流源。根据图 4.4.3 电路，可有

$$u_o = [(i_{C3} + i_{C1}) - (i_{C4} + i_{C2})]R_c = [(i_{C1} - i_{C2}) - (i_{C4} - i_{C3})]R_c \tag{4.4.6}$$

由差动放大电路中差分对管中输出电流与差模输入电压的特性方程(见 3.2.3 差动放大电路的传输特性)，可得

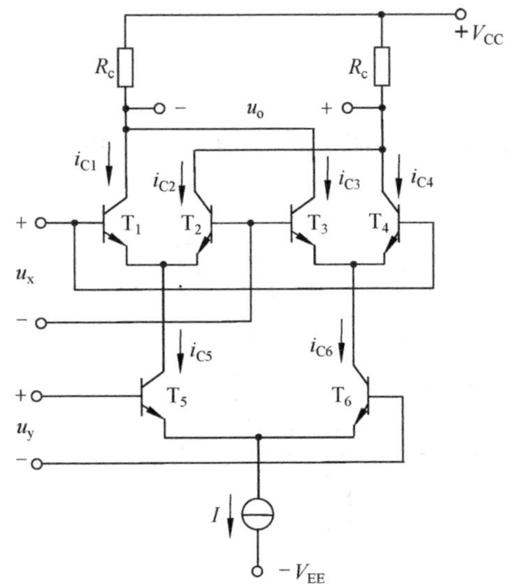

图 4.4.3　双平衡式四象限变跨导模拟乘法器原理电路

$$i_{C1}-i_{C2}=i_{C5}\,\mathrm{th}\left(\frac{u_x}{2U_T}\right) \tag{4.4.7a}$$

$$i_{C4}-i_{C3}=i_{C6}\,\mathrm{th}\left(\frac{u_x}{2U_T}\right) \tag{4.4.7b}$$

将式(4.4.7)代入式(4.4.6),可得

$$u_o=(i_{C5}-i_{C6})\,\mathrm{th}\left(\frac{u_x}{2U_T}\right)R_c \tag{4.4.8}$$

对 T_5、T_6 组成的差分对,同样有

$$i_{C5}-i_{C6}=I\,\mathrm{th}\left(\frac{u_y}{2U_T}\right) \tag{4.4.9}$$

将式(4.4.9)代入式(4.4.8),可得

$$u_o=R_cI\,\mathrm{th}\left(\frac{u_x}{2U_T}\right)\mathrm{th}\left(\frac{u_y}{2U_T}\right) \tag{4.4.10}$$

当 $u_x \ll 2U_T$,且 $u_y \ll 2U_T$ 时,则有

$$u_o=\frac{R_cI}{4U_T^2}u_xu_y=K_Mu_xu_y \tag{4.4.11}$$

式(4.4.11)中,u_x 和 u_y 均可正可负,故图 4.4.3 所示电路为四象限乘法器。在输入信号 u_x、u_y 较小时,可得到比较理想的相乘运算作用。而当输入信号较大时,会带来严重的非线性失真。因此,在实际集成模拟乘法器中均加入了各种补偿电路,以扩大输入信号的线性范围。

4. 集成模拟乘法器 MC1496

目前,集成变跨导式模拟乘法器种类很多,如 BG314、F1595/1596、MC1495/1496、AD634/734/834 等。相对于分立元件组成的模拟乘法器,集成乘法器性能更为优越,已广泛应用于无线通信、广播电视、仪器仪表等领域。下面以 MC1496 为例,介绍集成模拟乘法器。

1) 电路结构

MC1496 是双平衡式四象限模拟乘法器,其电路结构和外形引脚排列分别如图 4.4.4(a)、(b)所示。相对于图 4.4.3 所示电路,图 4.4.4(a)中 MC1496 采用差分对 T_7、T_8 及其偏置电路组成的电流源为 T_5、T_6 提供偏置。引脚 8 与 10、1 与 4 分别接输入电压 u_x、u_y;输出电压 u_o 从引脚 6 与 12 引出。通过在引脚 2 与 3 外接电阻 R_E 可对差分对 T_5、T_6 形成电流串联负反馈,以扩大输入电压 u_y 的线性动态范围。引脚 14 为负电源端(双电源供电)或接地端(单电源供电)。通过在引脚 5 外接电阻 R_5,可调节偏置电流 I_5 及镜像电流 I_o 的值。

2) 静态偏置电流的计算

MC1496 可采用双电源或单电源供电。采用单电源供电时,引脚 14 接地,引脚 5 通过外接电阻 R_5 接电源 V_{CC}(典型值为+12V)。由于 I_o 是 I_5 的镜像电流源,改变 R_5 可调节 I_o 的大小,即

$$I_o \approx I_5=\frac{V_{CC}-0.7\mathrm{V}}{R_5+500\Omega} \tag{4.4.12}$$

采用双电源供电时,引脚 14 接负电源 $-V_{EE}$(典型值为 -8V),引脚 5 通过电阻 R_5 接地。

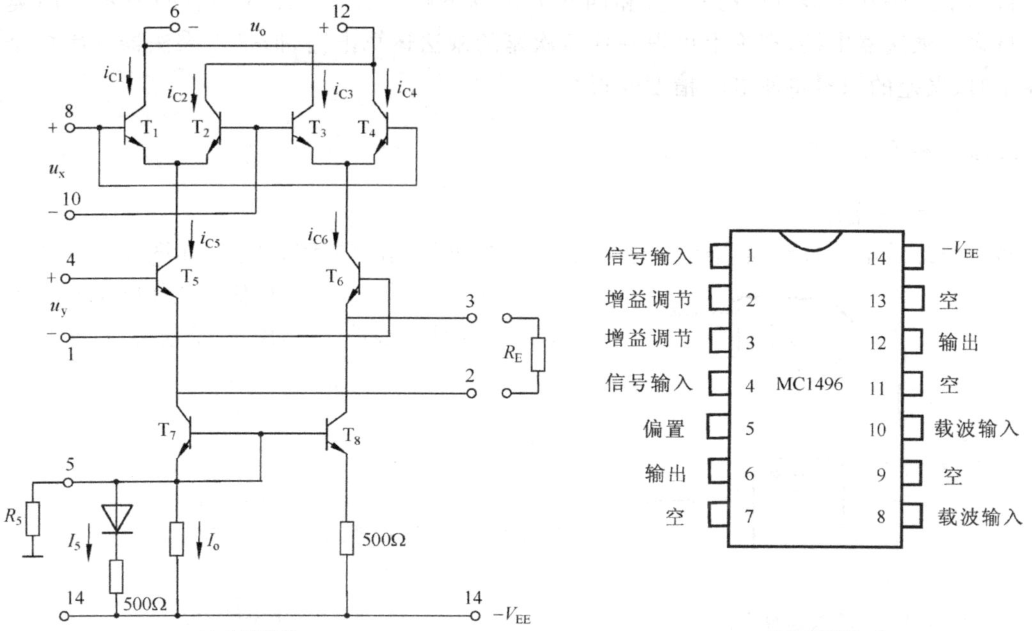

(a) 电路结构　　(b) 芯片引脚排列

图 4.4.4　MC1496 电路结构及芯片引脚排列

此时有

$$I_o \approx I_5 = \frac{|-V_{EE}|-0.7\text{V}}{R_5+500\Omega} \tag{4.4.13}$$

4.4.2　模拟乘法器应用

利用模拟乘法器可以实现乘、除、乘方、开方等运算，也能组成函数发生器、调制与解调功能电路。下面介绍模拟乘法器的应用电路。在本节中，假设乘积系数 K_M 均为正数。

1. 乘方运算电路

将输入信号同时加到乘法器的两个输入端，即可组成平方运算电路，如图 4.4.5(a)所示。

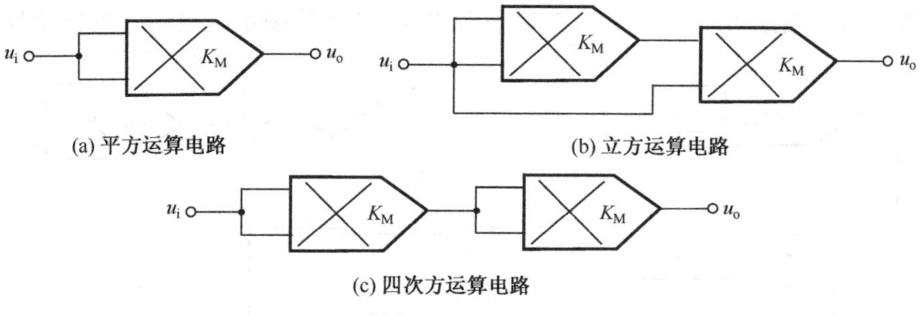

图 4.4.5　乘方运算电路

图 4.4.5(a)所示电路的输出电压为

$$u_o = K_M u_i^2$$

将两个乘法器串接，可得到立方和四次方运算电路，如图 4.4.5(b)、(c)所示。用类似的方法将多个乘法器串接，理论上可得到任意次幂的乘法运算电路，但是当乘法器的串接个数超过 3 个时，误差的积累将使电路精度变得很差。

2. 除法和开方运算

1）除法运算电路

将乘法运算电路接在集成运放的反馈通路中，可得到除法运算电路，如图 4.4.6 所示。

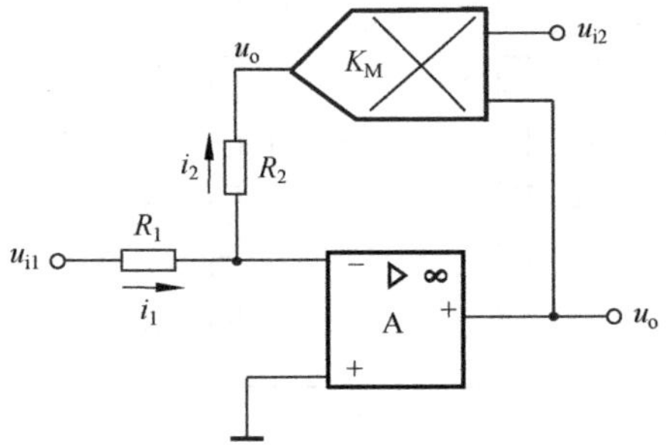

图 4.4.6　除法运算电路

图 4.4.6 中，当 $u_{i2}>0$ 时，整个大环反馈为负反馈，因此，运放 A 工作在线性区，由虚短、虚断特性，可得

$$\frac{u_{i1}}{R_1}=-\frac{u'_o}{R_2} \tag{4.4.14}$$

又因为

$$u'_o=K_M u_{i2} u_o \tag{4.4.15}$$

将式(4.4.15)代入式(4.4.14)，可得

$$u_o=-\frac{R_2}{K_M R_1}\frac{u_{i1}}{u_{i2}} \tag{4.4.16}$$

由式(4.4.16)可见，电路实现了两个输入 u_{i1} 与 u_{i2} 相除的功能。

2）开方运算电路

将图 4.4.6 中运放 A 反馈通路中的乘法器用平方运算电路取代，可得图 4.4.7(a)所示的平方根运算电路。对于该电路，可得

$$\frac{u_i}{R_1}=-\frac{u'_o}{R_2}=-\frac{K_M u_o^2}{R_2} \tag{4.4.17}$$

故

$$u_o=\sqrt{-\frac{R_2}{K_M R_1}u_i} \tag{4.4.18}$$

由式(4.4.18)可见，图 4.4.7(a)所示电路实现了求平方根的运算。但是，要求 u_i 必须为负，故该电路实际上是一种负电压平方根运算电路。若需要实现正电压平方根运算电路，可在模拟乘法器所在支路串联一个反相器。

立方根的运算电路可采用图 4.4.7(b)所示电路，其运算关系这里不再具体推导。

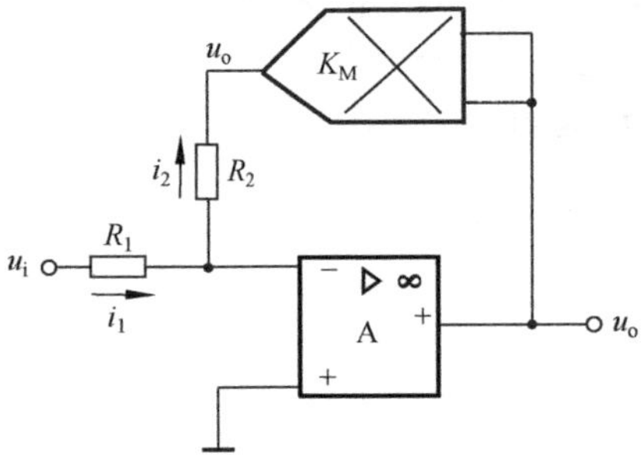

(a) 平方根运算电路

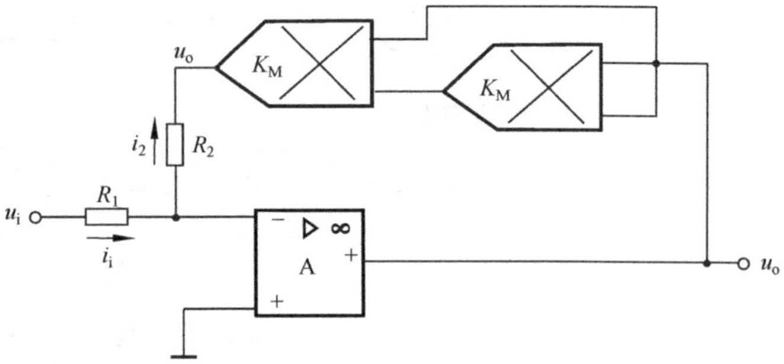

(b) 立方根运算电路

图 4.4.7　开方运算电路

3. 倍频与混频

1) 倍频电路

将图 4.4.5(a)所示平方运算电路的输出端串联一个隔直电容，可得到图 4.4.8(a)所示的倍频电路。

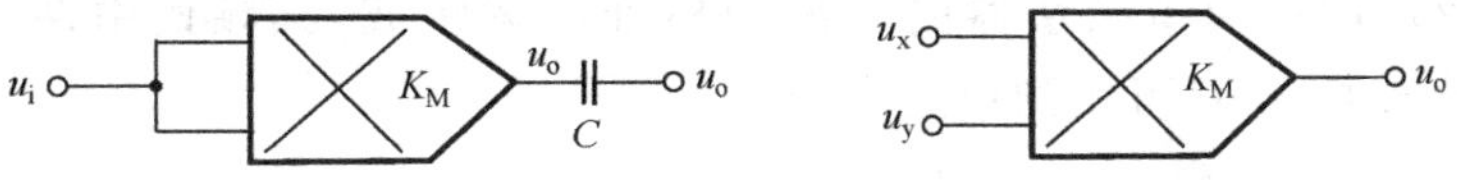

(a) 倍频电路　　(b) 混频原理电路

图 4.4.8　倍频与混频电路

在图 4.4.8(a)电路中，若输入信号为余弦信号，且 $u_i = U_{im}\cos\omega t$，则模拟乘法器的输出为

$$u'_o = K_M u_i^2 = K_M (U_{im}\cos\omega t)^2 = \frac{K_M}{2}U_{im}^2(1+\cos 2\omega t) \tag{4.4.19}$$

经电容 C 隔断直流后，则有

$$u_o = \frac{K_M}{2}U_{im}^2\cos 2\omega t \tag{4.4.20}$$

由式(4.4.20)可见，输出信号 u_o 的频率为输入信号 u_i 频率的 2 倍。

2) 混频电路

若模拟乘法器的输入 u_x 和 u_y 分别为不同频率的信号，如图 4.4.8(b)所示，且 $u_x = U_{xm}\cos\omega_x t$，$u_y = U_{ym}\cos\omega_y t$，则其输出为

$$\begin{aligned} u_o &= K_M u_x u_y = K_M U_{xm}\cos\omega_x t \cdot U_{ym}\cos\omega_y t = K_M U_{xm}U_{ym}\cos\omega_x t\cos\omega_y t \\ &= \frac{K_M U_{xm}U_{ym}}{2}[\cos(\omega_x+\omega_y)t+\cos(\omega_x-\omega_y)t] \end{aligned} \tag{4.4.21}$$

由式(4.4.21)可见，u_o 包含了 u_x 和 u_y 的和频与差频信号，即图 4.4.8(b)电路实现了混频作用。

4. 振幅调制与解调

调制和解调技术广泛应用于通信、广播、电视、遥测与遥控等领域。例如，在无线电调幅广播中，音频信号需“装载”于高频信号，通过无线方式来传输，此过程称为调制；而解调是调制的逆过程，滤除载波信号提取音频信号。调制方式分别有调幅度、调频率与调相位的方法。这里仅介绍调幅方法。

1) 振幅调制

幅度调制(简称调幅)是利用低频调制信号(包含欲传输信息)来调制高频载波信号的幅度，使得高频载波信号的幅度随着低频调制信号的规律而发生变化。图 4.4.9(a)所示为用模拟乘法器组成的振幅调制原理电路。

在图 4.4.9(a)所示电路中，模拟乘法器的两个输入端分别加入调制信号 $u_\Omega = U_{\Omega m}\cos\Omega t$ 和载波信号 $u_c = U_{cm}\cos\omega_c t$，其输出为

$$\begin{aligned} u'_o &= K_M u_\Omega u_c = K_M U_{\Omega m}\cos\Omega t \cdot U_{cm}\cos\omega_c t = K_M U_{\Omega m}U_{cm}\cos\omega_c t\cos\Omega t \\ &= \frac{K_M U_{\Omega m}U_{cm}}{2}[\cos(\omega_c+\Omega)t+\cos(\omega_c-\Omega)t] \end{aligned} \tag{4.4.22}$$

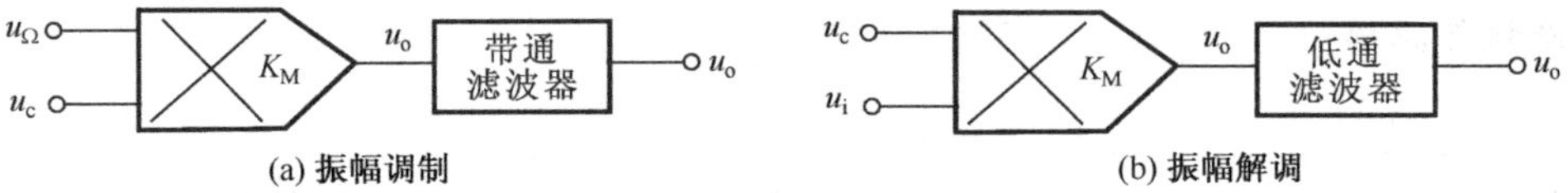

图 4.4.9　振幅调制器与解调器

由式(4.4.22)可见，模拟乘法器的输出为标准的调幅波，其频谱由两个边带 $\omega_c+\Omega$ 和 $\omega_c-\Omega$ 组成。经带通滤波后，可得到单边带输出 u_o 为

$$u_o=\frac{K_M U_{\Omega m} U_{cm}}{2}\cos(\omega_c-\Omega)t \tag{4.4.23}$$

由集成模拟乘法器 MC1496 组成的幅度调制器电路如图 4.4.10 所示。图中，载波信号 u_c 经高频耦合电容 C_2 从 u_x 端输入，C_3 为高频旁路电容，使 8 脚接地。调制信号 u_Ω 经低频耦合电容 C_1 从 u_y 端输入，C_4 为低频旁路电容，使 4 脚接地。调幅信号 u_o 从 12 脚单端输出。器件采用双电源供电方式，故 5 脚经偏置电阻 R_5 接地。脚 2 与 3 间接入负反馈电阻 R_E，以扩展调制信号 u_Ω 的线性动态范围，R_E 增大，线性范围增大，但乘法器的增益随之减少。电阻 R_6、R_7、R_8 为器件提供静态偏置电压，保证器件内部的各个晶体管工作在放大状态，R_1、R_2 与电位器 R_p 组成平衡调节电路，改变 R_p 可以使乘法器实现抑制载波的振幅调制或有载波的振幅调制。

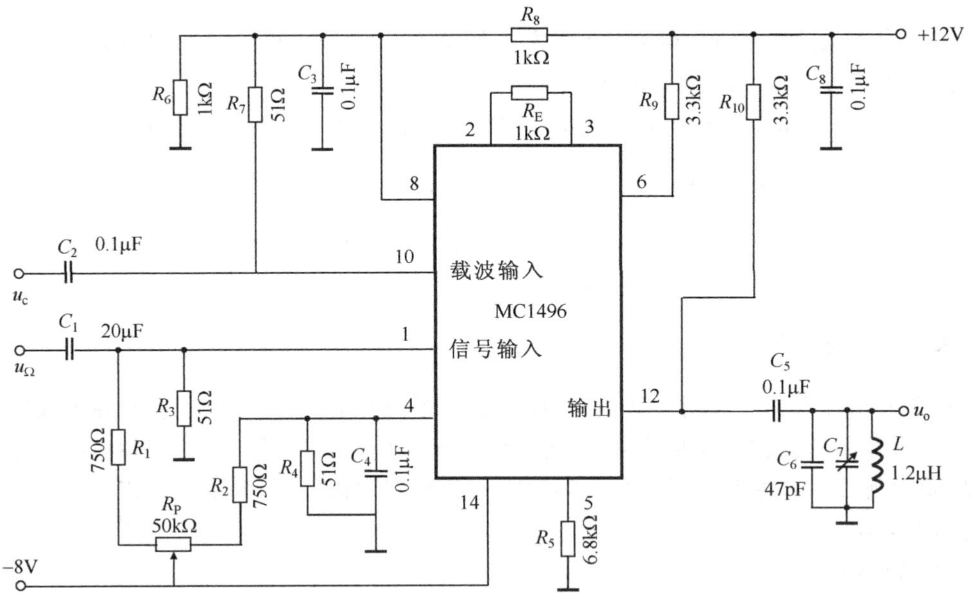

图 4.4.10　MC1496 组成的振幅调制器

2) 振幅解调

幅度解调也称检波，是指从调幅波提取调制信号的过程。解调是调制的逆过程，其原理电路如图 4.4.9(b)所示。图中，模拟乘法器的输入分别接入调幅波的下边带信号 $u_i=U_{im}\cos(\omega_c-\Omega)t$ 和载波信号 $u_c=U_{cm}\cos\omega_c t$，其输出为

$$u'_o=K_M u_i u_c=K_M U_{im}\cos(\omega_c-\Omega)t\cdot U_{cm}\cos\omega_c t=K_M U_{\Omega m}U_{cm}\cos\omega_c t\cos(\omega_c-\Omega)$$

$$= \frac{K_M U_{\Omega m} U_{cm}}{2}[\cos 2\omega_c t + \cos\Omega t] \tag{4.4.24}$$

通过低通滤波器滤除不必要的信号频率 $2\omega_c$ 后，可得原始调制信号为

$$u_o = \frac{K_M U_{\Omega m} U_{cm}}{2}\cos\Omega t \tag{4.4.25}$$

思　考　题

4.4.1　一、二、四象限模拟乘法器对输入信号的极性分别有什么要求？

4.4.2　什么是变跨导式模拟乘法器？试说明其基本工作原理。

4.4.3　试用模拟乘法器和集成运放来组成除法运算电路。

4.4.4　试推导出图 4.4.7(b)所示电路的运算表达式。

本 章 小 结

1. 模拟信号运算和处理是集成运算放大器的重要应用领域。由集成运放组成的基本运算电路的输入、输出信号都是模拟量，且要满足一定的数学运算规律。因此，运算电路中的集成运放都必须工作在线性区。为了保证集成运放工作在线性区，运算电路中都引入了深度负反馈。在分析各种基本运算电路的输入、输出关系时，总是从理想集成运放工作在线性区时虚断和虚短的两个特点出发。

(1) 比例运算电路是最基本的运算电路形式，可分为反相比例运算、同相比例运算、差动比例运算，其中反相比例运算电路具有虚地的独特优点，因性能好而应用广泛。在比例运算电路的基础上，可扩展、演变成其他形式的运算电路，例如求和电路、微分与积分电路、对数与指数电路等。积分与微分电路的工作原理是利用电容两端的电压与流过电容的电流之间存在着积分关系，而对数与指数运算电路是利用半导体二极管(或用三极管等效)的电流与电压之间存在指数关系。

(2) 实际集成运放的技术参数都不是理想的，从而集成运放运算电路会有一定的误差。随着集成电路技术的迅速发展，根据不同使用要求，可选用高精度、低漂移、高输入阻抗、高速等各种集成运放。

2. 滤波器是一种常用模拟信号处理电路，其作用是滤除不需要的频率信号分量、保留所需的频率信号分量。按滤除信号的频率范围可分为：低通、高通、带通和带阻 4 种主要类型滤波器。

(1) 无源滤波器由电阻和电容元件组成。有源滤波器由电阻 R、电容 C 元件和集成运算放大器组合构成，其中 RC 时间常数确定了滤波器的截止频率或中心频率。在有源滤波器中，集成运算放大器用于提高通带增益和带负载能力，集成运算放大器必须工作在线性状态。

(2) 为了改善滤波器特性，常用一阶、二阶滤波器电路级联来组成高阶滤波器。状态变量滤波器是一种多功能滤波器，而开关电容滤波器易于实现高精度的滤波特性。在实际工程应用中，应尽量选择单片集成型滤波器。

3. 电压比较器的输入信号是连续变化的模拟量，输出信号只有高电平、低电平两种状态。电压比较器中的集成运放一般工作在非线性区，且处于开环状态或者被引入正反馈。常用的电压比较器有单门限比较器、迟滞比较器和窗口比较器，其中迟滞比较器具有较强的抗干扰能力，在工程中得到广泛应用。

电压比较器既可用通用型集成运放来组成，也可选用专门的集成电压比较器。

4. 模拟乘法器能够实现两个模拟输入信号的相乘运算，利用模拟乘法器不仅可以方便地实现乘、除、乘方、开方等基本运算，而且可以完成鉴相、混频、倍频、调制与解调等功能。根据对 u_x、u_y 极性的要求，模拟乘法器可分为一、二、四象限乘法器。变跨导式集成模拟乘法器有多种型号，性能好，应用比较广泛。

习　　题

4.1　在题图 4.1 中，设各集成运算放大器为理想的，试写出各输出电压 u_o 的值。

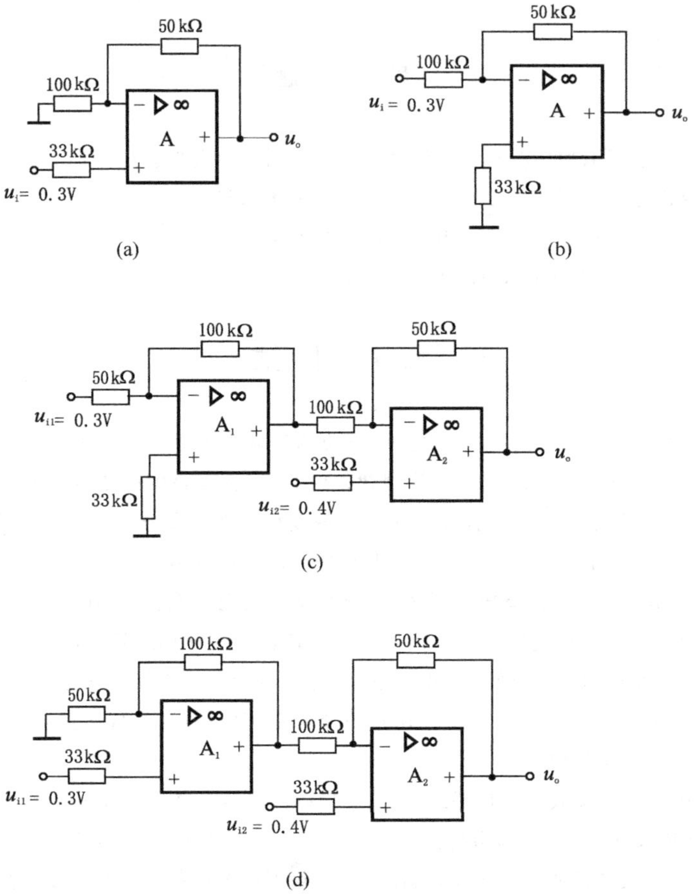

题图 4.1

4.2　由运算放大器组成的晶体管电流放大系数 β 的测试电路如题图 4.2 所示，设 A_1、A_2 为理想运算放大器，晶体三极管的 U_{BE} =0.7V。要求：

(1) 标出直流电压表的极性；

(2) 标出晶体管三个电极的电位值(对地)；

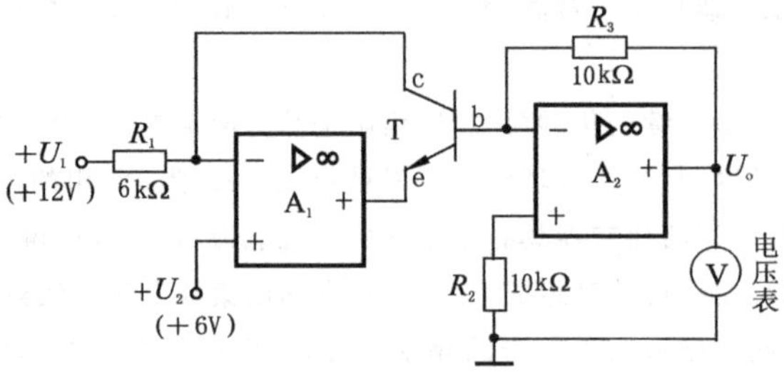

题图 4.2

(3) 写出 β 与电压表读数 U_O 的关系式；

(4) 若被测晶体管为 PNP 型，那么该测试电路应作哪些变动？

4.3　设题图 4.3 中的运算放大器 $A_1 \sim A_4$ 均为理想器件。信号 $U_S = 1V$，U_1、U_2、U_4 分别为 A_1、A_2、A_4 的同相输入端对地电压。试求：

(1) 当开关 S_1、S_2 和 S_4 皆闭合时，$U_1 =$______ V，$U_2 =$______ V，$U_4 =$______ V；

(2) 当开关 S_1 和 S_2 闭合，而 S_4 断开时，$U_1 =$______ V，$U_2 =$______ V，$U_4 =$______ V；

(3) 当开关 S_2 闭合，而 S_1 和 S_4 断开时，$U_1 =$______ V，$U_2 =$______ V，$U_4 =$______ V。

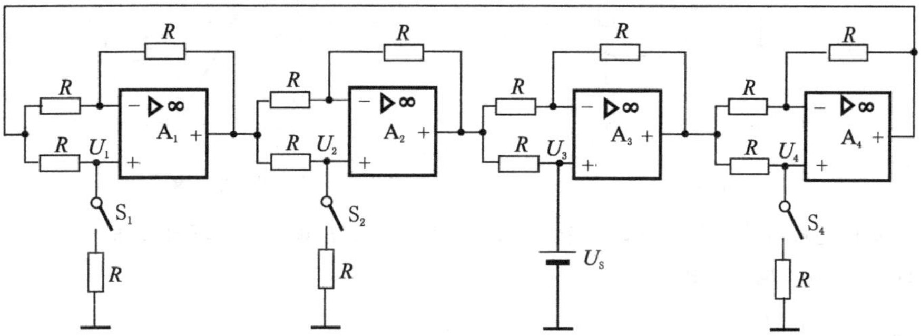

题图 4.3

4.4　在题图 4.4 所示的电路中，A 为理想运算放大器，$U_I = 1V$。试求：

(1) 当开关 S_1、S_2 都合上时，$U_o =$______；

(2) 当开关 S_1、S_2 都断开时，$U_o =$______；

(3) 当 S_1 合上、S_2 断开时，$U_o =$______。

4.5　试设计一个用集成运放组成的运算电路，要求实现运算：$u_o = u_{i1} - 2u_{i2} + 10u_{i3} - 0.1u_{i4}$。

4.6　电路如题图 4.6 所示。设 A 为理想运算放大器，有 $\frac{R_2}{R_1} = \frac{R_4}{R_3}$，试推导 i_L 与 $(u_{i2} - u_{i1})$ 的关系式，并说明该电路的功能。

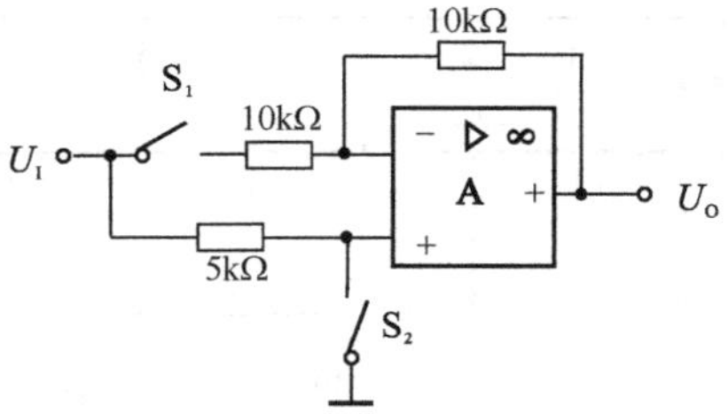

题图 4.4

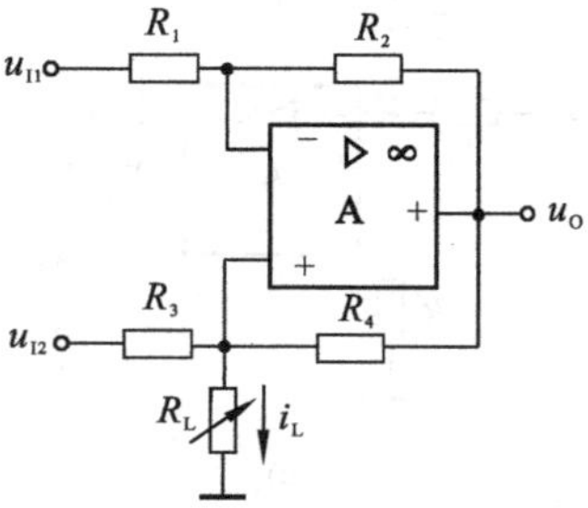

题图 4.6

4.7　电路如题图 4.7 所示。试求：

(1) 欲实现 $u_o = K \cdot (u_{i2} - u_{i1})$ 的运算关系（K 为常数），电阻 R_1、R_2、R_3、R_4 之间应有什么关系？设 A_1、A_2 均为理想运算放大器；

(2) 在实际电路中，输入电压 u_{i1}、u_{i2} 的大小应受什么限制？

4.8　题图 4.8 是某放大电路的电压传输特性。问这个电路的输出电压与输入电压之间是何种运算关系？该电路的电压放大倍数是多大？当输入正弦信号时，该放大电路的最大不失真输出电压有效值有多大？

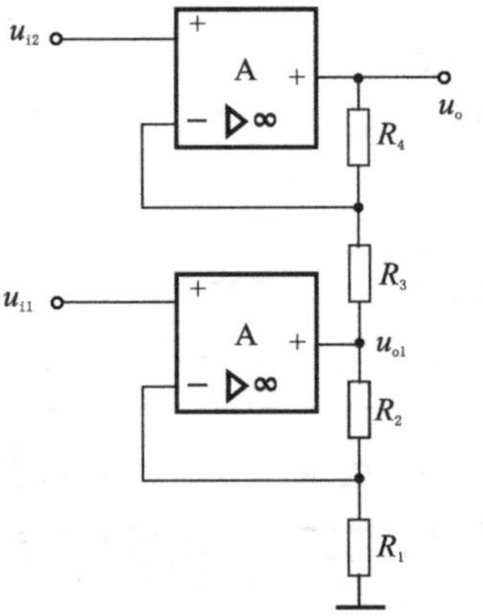

题图 4.7

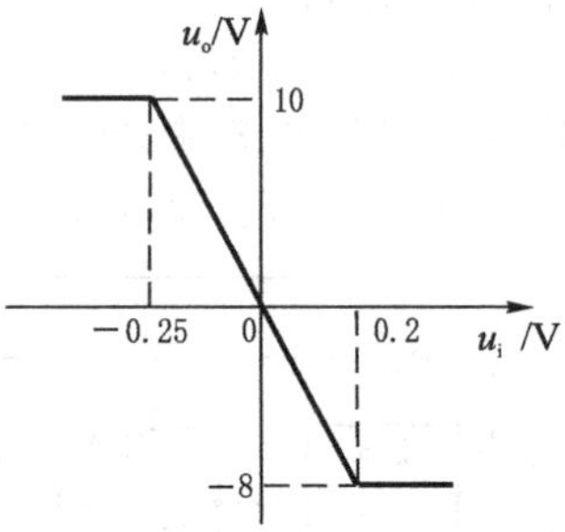

题图 4.8

4.9　试用集成运放及若干电阻设计一个电压放大电路,应画出电路图。设计要求:

(1) 输出电压与输入电压反相;

(2) 电压放大倍数 $\left|\dfrac{u_o}{u_i}\right| \geqslant 1000$;

(3) 输入电阻 $R_i \geqslant 10\text{k}\Omega$;

(4) 所用电阻的阻值不超过 1～100kΩ 的范围;

(5) 只允许用一个集成运放。

4.10　电路如题图 4.10(a)所示,A 为理想运算放大器。试求:

(1) 求 u_o 对 u_{i1}、u_{i2} 的运算关系式;

(2) 若 $R_1=1\text{k}\Omega$, $R_2=2\text{k}\Omega$, $C=1\mu\text{F}$, u_{i1} 和 u_{i2} 的波形如题图(b)所示, $t=0$ 时 $u_C=0$, 试画出 u_o 波形图,并标明电压数值。

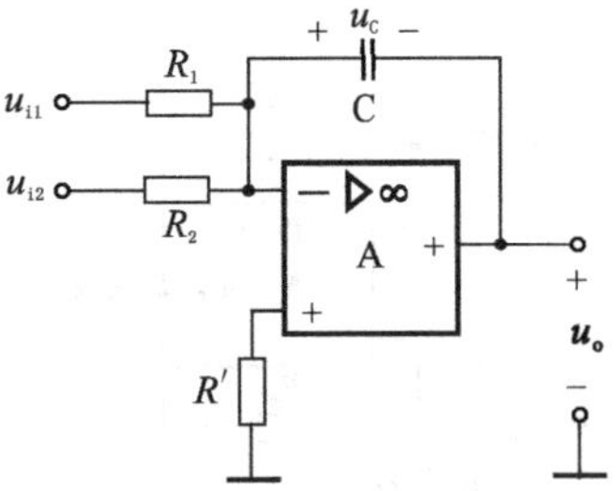

(a)

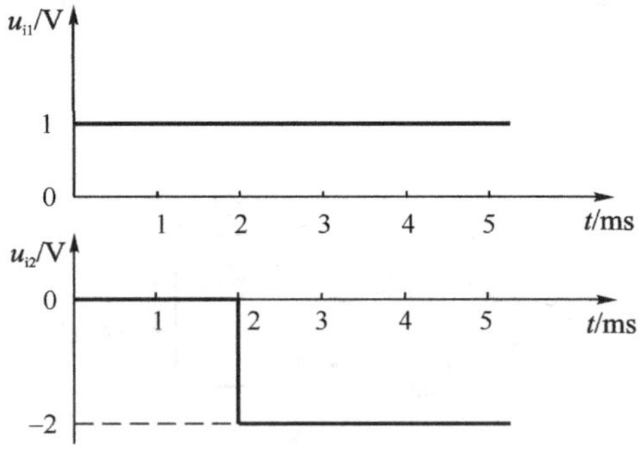

(b)

题图 4.10

4.11　一种负载接地的电压-电流变换电路如题图 4.11 所示。设 A_1、A_2 为理想运算放大器,且有 $1+\dfrac{R_3}{R_2}=\dfrac{R_5R_6}{R_2R_4}$。试求:

(1) 试证明输出电流 $I_o=\dfrac{R_5R_6}{R_1R_3R_4}U$;

(2) 若 R_L 开路,问集成运算放大器 A_1 将工作在什么状态?

4.12　由理想集成运放组成如题图 4.12(a)所示的电路。其中, $R_1=R_2=100\text{k}\Omega$, $C_1=10\mu\text{F}$, $C_2=5\mu\text{F}$。图 4.12(b)为输入信号 u_i 波形,分别画出 u_{o1}、u_o 相对于 u_i 的波形。

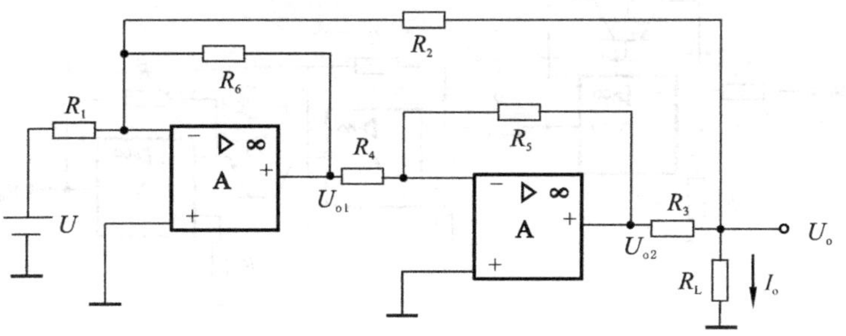

题图 4.11

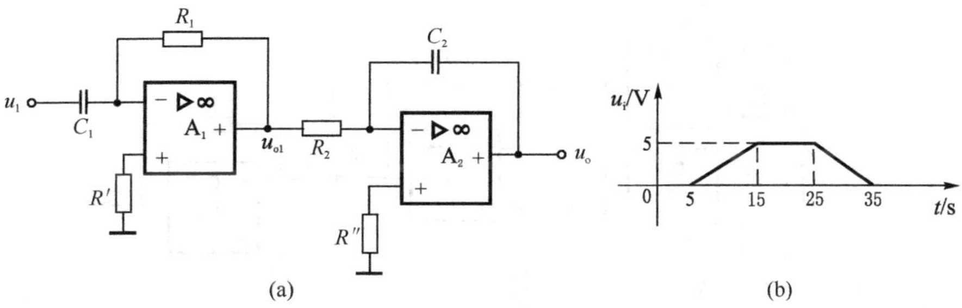

题图 4.12

4.13　由理想集成运放组成如题图 4.13 所示电路。试导出 $u_o = f(u_{i1}, u_{i2})$ 的表达式，说明输入信号应满足什么条件？

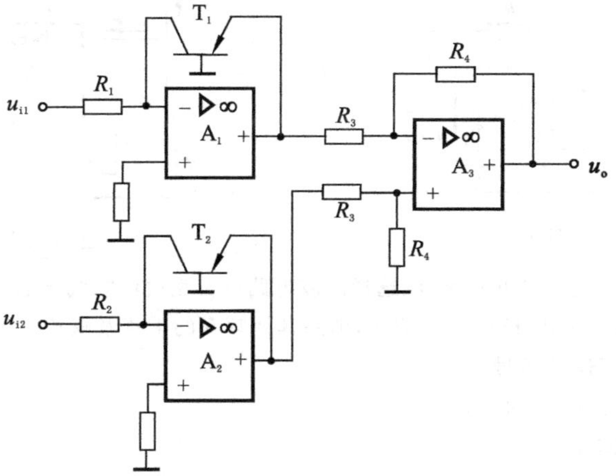

题图 4.13

4.14　设题图 4.14(a)、(b)电路中各三极管的参数相同，且各电路中输入信号都大于零。试求：

(1) 试说明电路中各集成运放组成了何种基本运算电路；

(2) 分别给出两个电路的输出电压与其输入电压之间关系的表达式。

4.15　反相比例运算电路如题图 4.15 所示。$R_1 = 11\text{k}\Omega$，$R_F = 110\text{k}\Omega$，$A_{ud} = 2000$，$R_{id} = 10\text{k}\Omega$。试求：

(1) 电路增益相对误差 δ 值；

(2) 电路增益 $A_{uf} = u_o/u_i = ?$

4.16　失调电流补偿电路如题图 4.16 所示。当 $I_{BN} = I_1 + I_F = 100\text{nA}$，$I_{BP} = 80\text{nA}$，使输出误差电压为零时，求平衡电阻 R_2 的值。

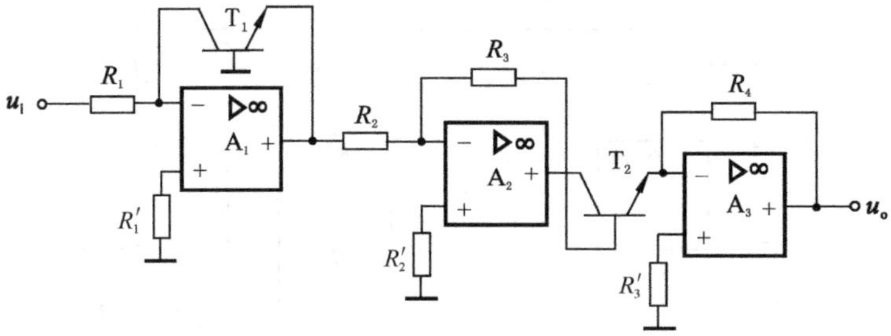

(a)

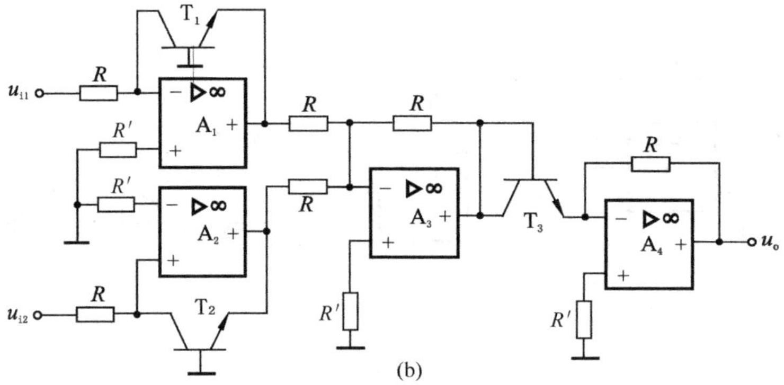

(b)

题图 4.14

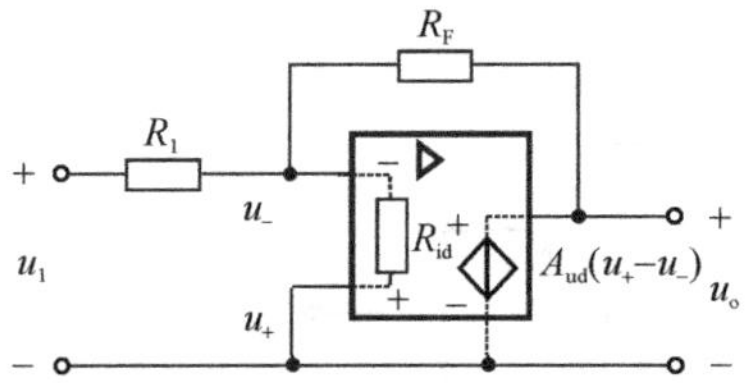

题图 4.15

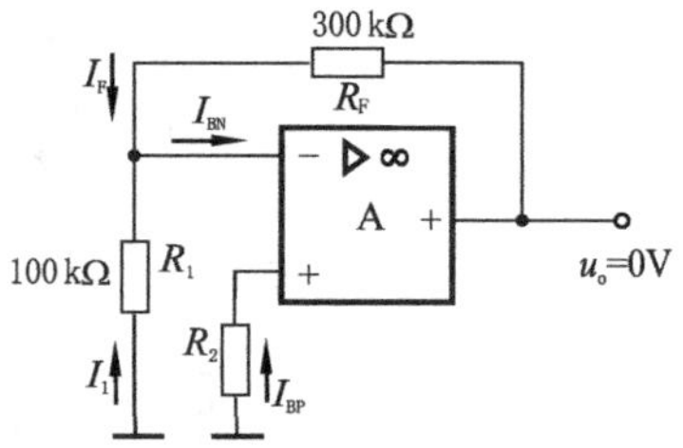

题图 4.16

4.17　假设实际工作中提出以下要求，试选择滤波电路的类型(低通、高通、带通、带阻)。

(1) 有效信号为 20Hz～200kHz 的音频信号，消除其他频率的干扰及噪声；

(2) 抑制频率低于 100Hz 的信号；

(3) 在有效信号中抑制 50Hz 的工频干扰；

(4) 抑制频率高于 20MHz 的噪声。

4.18　试判断题图 4.18 中的各种电路是什么类型的滤波器(低通、高通、带通还是带阻滤波器，有源还是无源，几阶滤波)。

4.19　设 A 为理想集成运放，试写出如题图 4.19 所示电路的传递函数，并指出这是一个什么类型的滤波电路。

4.20　二阶带阻滤波器电路如题图 4.20 所示。该电路是由运放 A_1 组成的二阶带通滤波电路和由运放 A_2 组成的加法运算电路合并而成。简述二阶带通滤波和加法器能构成二阶带阻滤波器的理由。

4.21　二阶状态变量滤波器电路如图 4.2.12 所示，要求设计滤波器的参数为 $A_0=5$、$Q=20$、$f_0=2\text{kHz}$，试确定该电路中合理的 $R_1\sim R_6$、R_F、C_F 值。

4.22　开关电容积分器电路如图 4.2.15(b)所示，设 $C_2/C_1=2$，要求该积分器的等效时间常数为 0.1ms，则时钟频率 f_c 应为多少？

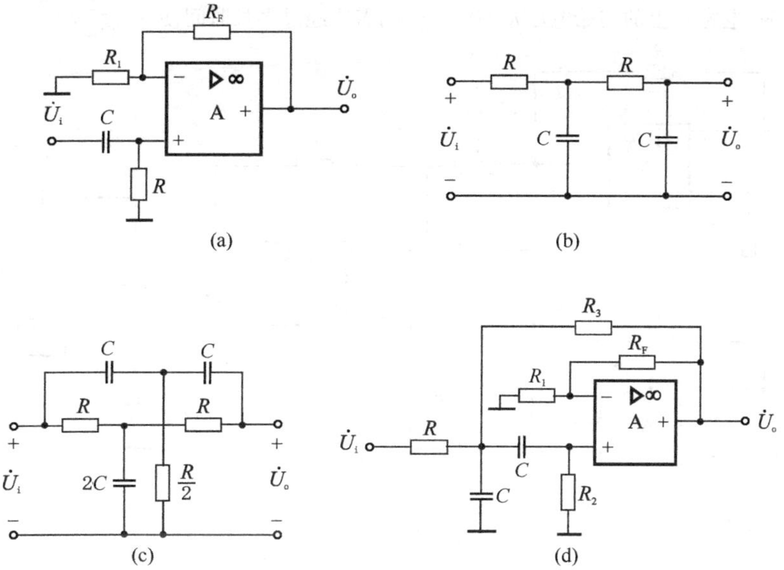

题图 4.18

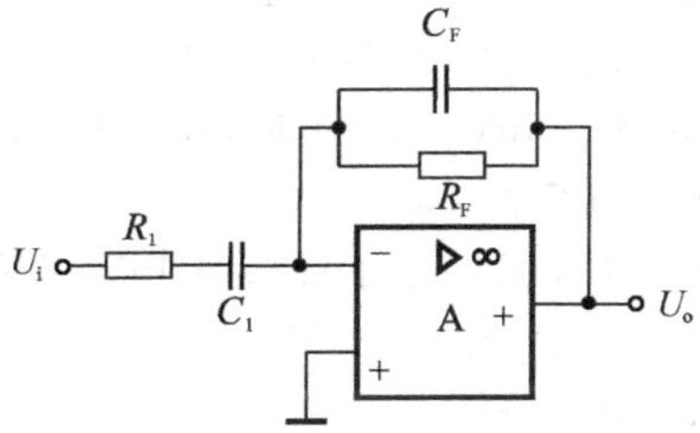

题图 4.19

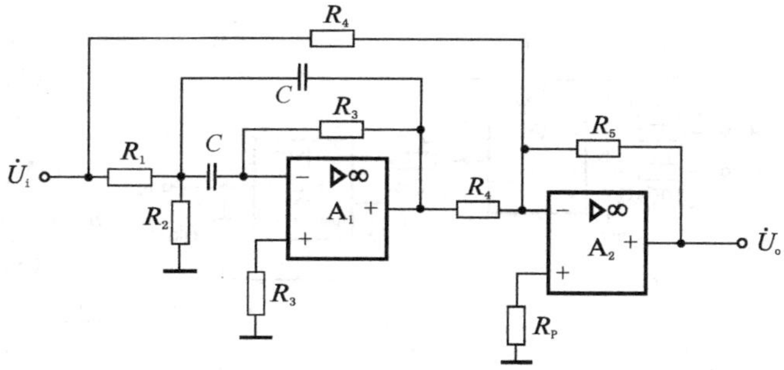

题图 4.20

4.23　将正弦信号 $u_i = U_m \sin\omega t$ 分别送到题图 4.23(a)、(b)和(c)三个电路的输入端，试分别画出它们的输出电压 u_o 的波形，并在波形图上标出各处电压值。已知 U_m =15V，且有

(1) 题图 4.19(a)中稳压管的稳压值 $U_z = \pm 7$V；

(2) 题图 4.19(b)中稳压管参数同上，且参考电压 U_{REF} = 6V，$R_1 = R_2$ = 10kΩ；

(3) 题图 4.19(c)中稳压管参数同上，且 U_{REF} = 6V，R_1 = 8.2kΩ，R_2 =50kΩ，R_F = 10kΩ。

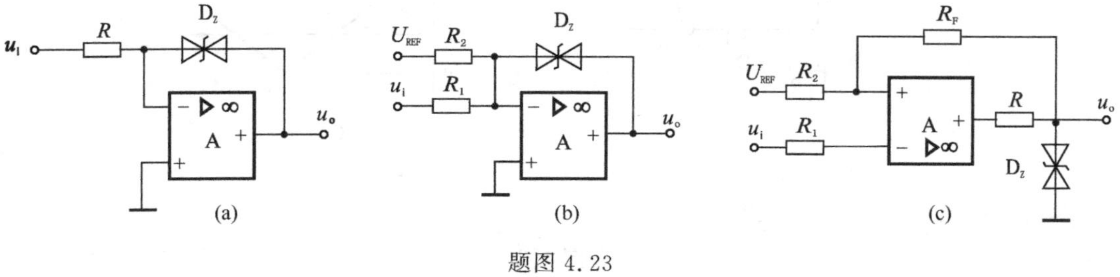

题图 4.23

4.24　运算电路如题图 4.24 所示，设 A_1、A_2、A_3 均为理想运放，$R_f = 10R_1$，R_3C = 1ms，u_{i1} = 0.1V 和 u_{i2} = 0.3V (在 t=0 时加入)。试求：

(1) 求 u_{o1}、u_{o2} 和 u_{o3}；

(2) 若 $t=0$ 时，电容 C 上的初始电压 $u_C(0)=0$，问需要经过多长时间使 $u_{o4}=5V$？

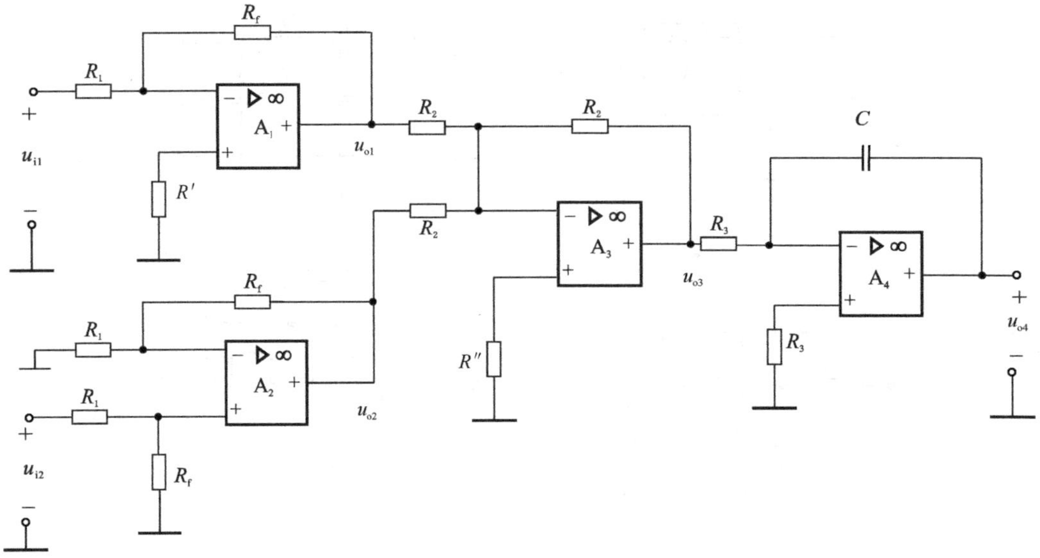

题图 4.24

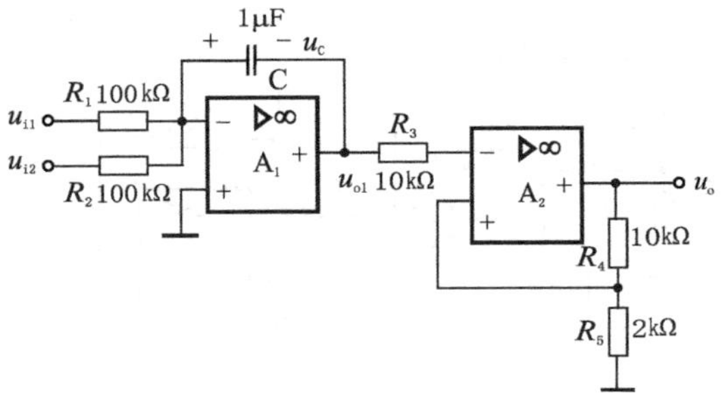

题图 4.25

4.25　电路如题图 4.25 所示。要求：

(1) 分析电路由哪些基本单元组成；

(2) 设 $u_{i1}=u_{i2}=0$ 时，电容上的电压 $u_c=0$、$u_o=12V$。求当 $u_{i1}=-10V$、$u_{i2}=0$ 时，经过多少时间 u_o 由 $+12V$ 变为 $-12V$？

(3) u_o 变成 $-12V$ 后，u_{i2} 由 0 改为 $+15V$，求再经过多少时间 u_o 由 $-12V$ 变为 $+12V$？

(4) 画出 u_{o1} 和 u_o 的波形。

4.26　已知反相迟滞比较器如题图 4.26 所示，设 A 为理想运算放大器，输出电压的两个极限值为 $\pm5V$，D 为理想二极管，输入电压 u_i 的波形如题图(b)所示。试画出相应的输出电压 u_o 波形。

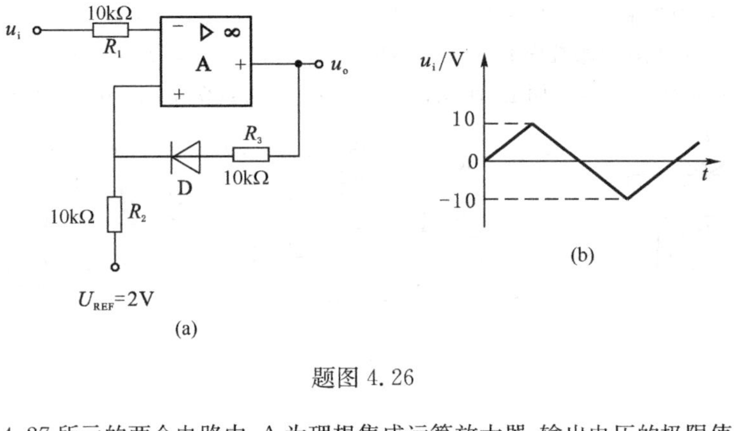

题图 4.26

4.27　在题图 4.27 所示的两个电路中，A 为理想集成运算放大器，输出电压的极限值为 $\pm U_{OM}$。要求：

(1) 指出这是两个什么类型的电路；

(2) 画出它们的电压传输特性曲线。

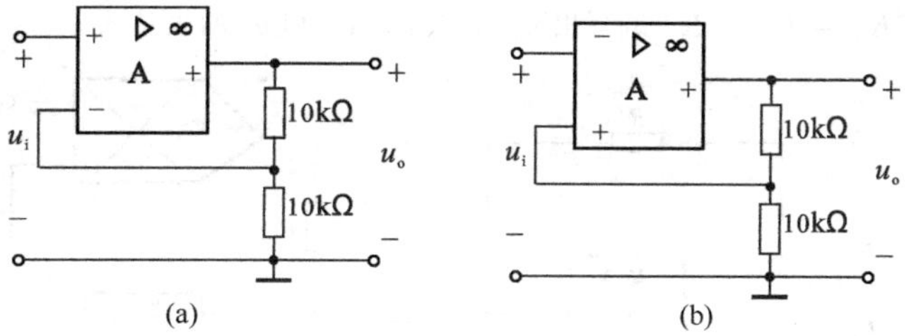

题图 4.27

4.28　试用集成运放来实现电压传输特性如题图 4.28(a)、(b)所示的迟滞电压比较电路，画出相应的电路图。

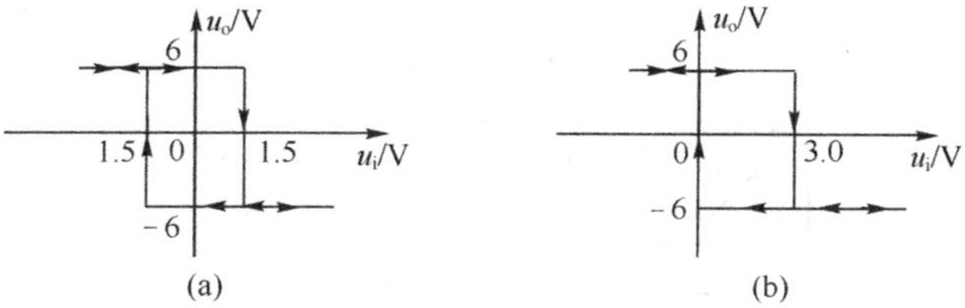

题图 4.28

4.29　电路如题图 4.29(a)所示。设 $A_1 \sim A_3$ 均为理想集成运算放大器，其电源电压为±15V。晶体管 T 的饱和管压降 $U_{CE(sat)}=0.3V$，穿透电流 $I_{CEO}=0$，电流放大系数 $\beta=100$。当 $t=0$ 时，电容器上初始电压为 0V。输入电压 u_i 的波形如题图 4.29(b)所示，试画出对应于 u_i 的 u_{o1} 和 u_{o2} 的波形。设 A_1、A_2 的最大输出电平为±14V，D_1、D_2 为理想二极管。

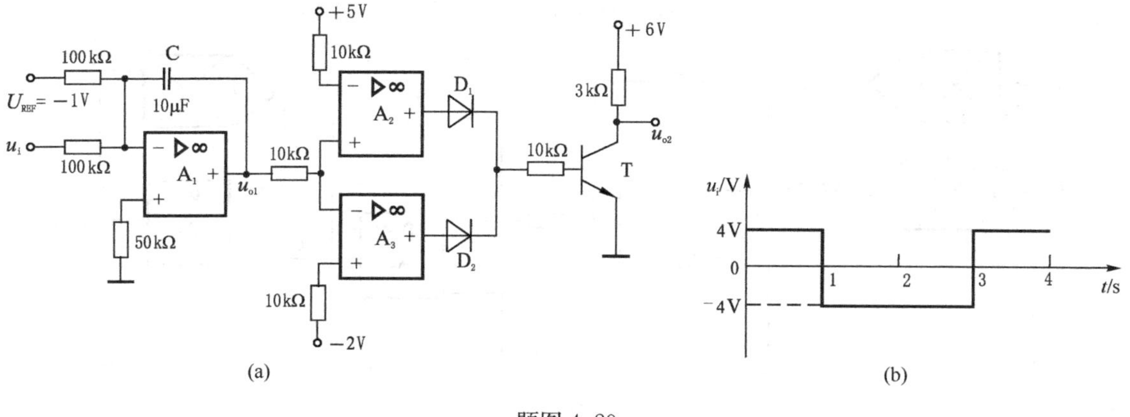

题图 4.29

4.30　在题图 4.30 所示电路中，$u_{i2}<0$，模拟乘法器的系数 $K_M=-0.1/V$。为使该电路能实现除法运算，试求：

(1) 在图中标出集成运放的同相和反相输入端；

(2) 试推导出 u_o 与 u_{i1}、u_{i2} 的关系式。

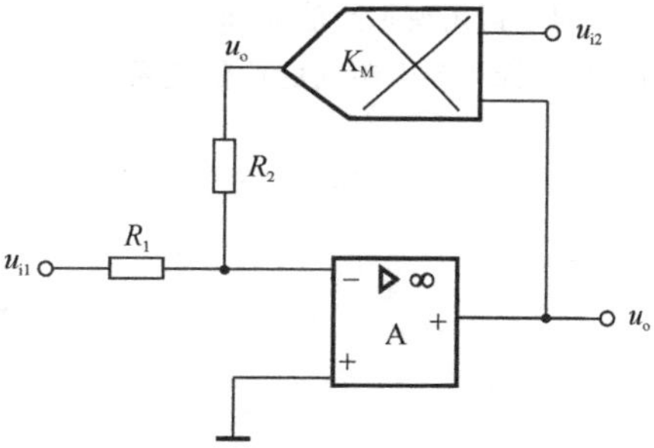

题图 4.30

4.31　在题图 4.31 所示电路中，设 A_1、A_2 为理想集成运放，模拟乘法器的系数 $K_M=0.1/V$，$u_{i2}>0$。试推导出 u_o 的表达式。

4.32　题图 4.32 所示为具有检测正交信号幅值功能的电路。设模拟乘法器和集成运放均为理想器件，且 $K_1=K_2=K$，$u_{i1}=U_{im}\sin\omega t$，$u_{i2}=U_{im}\cos\omega t$。试推导出 u_o 的表达式。

4.33　在题图 4.33 所示电路中，设所有集成运放和乘法器均为理想的，且 $K_1 = K_2 = K_3 = K$。试写出 u_{o1}、u_{o2}、u_{o3}、u_{o4} 和 u_o 的表达式。

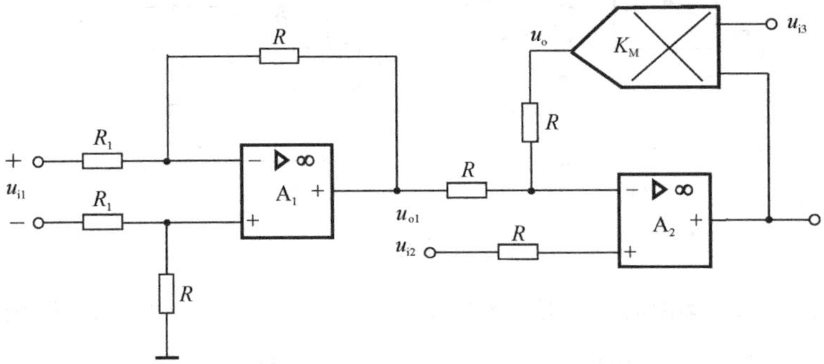

题图 4.31

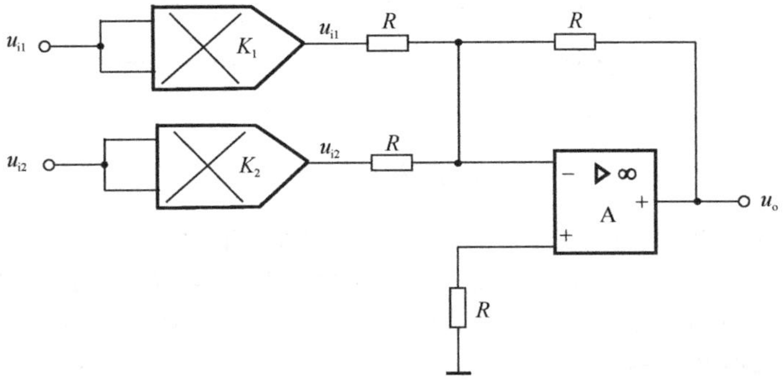

题图 4.32

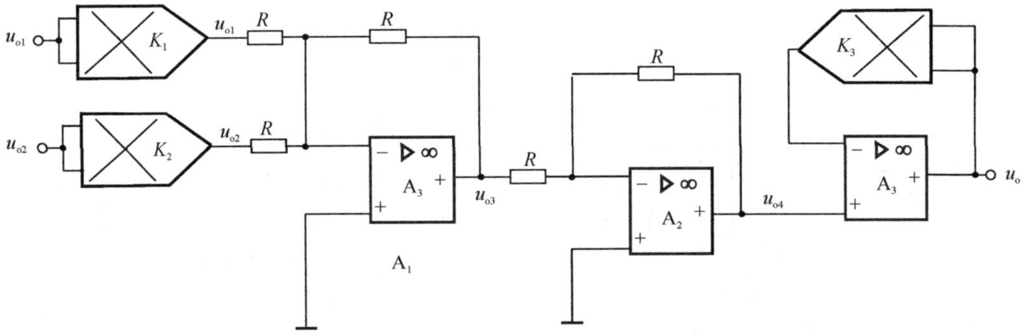

题图 4.33

4.34　试用模拟乘法器和集成运放来设计一个功能电路，实现 $u_o = 2.5u_{i1} \cdot 3u_{i2}^2$ 的运算功能。要求画出电路图，并标明各电阻间的比例关系。

第5章　反馈放大电路

【内容提要】

首先介绍反馈的基本概念、反馈分类与反馈类型及其判别方法，以及反馈放大电路的一般表达式。接着分析负反馈对放大电路性能的影响。然后讨论满足深度负反馈条件下放大电路闭环放大倍数估算方法。最后介绍反馈放大器自激振荡的产生原因、判断方法与电路稳定工作条件分析，以及常用的频率补偿方法。

5.1　反馈的基本概念与分类

5.1.1　反馈的基本概念

反馈是指将放大电路输出信号（指输出电压或电流）的一部分或全部，通过反馈网络（或反馈通路）回送到放大电路输入端（或输入回路）的一种工作方式，如图5.1.1所示。

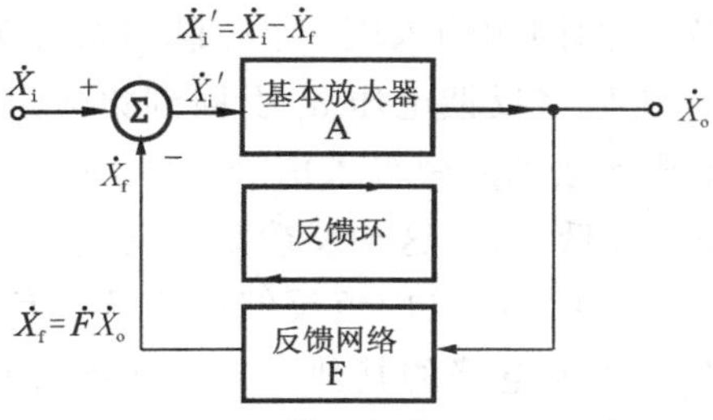

(a) 反馈环组成

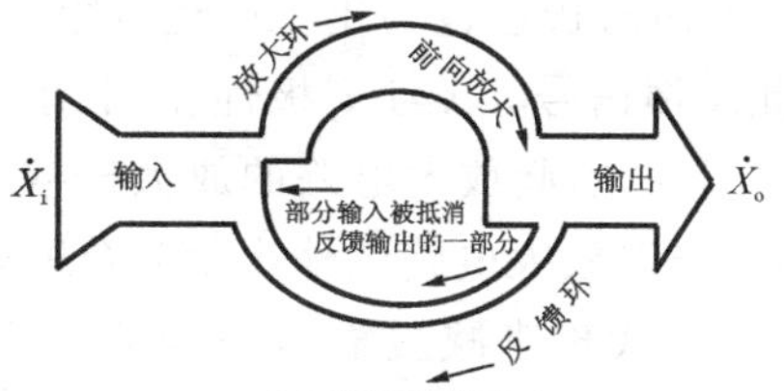

(b) 信号传输方向

图5.1.1　反馈示意图

信号正向传输方向是由前到后，途经基本放大器A，而反馈信号的传输方向是由后到前，途经反馈网络F。当信号正向传输通过基本放大电路而未引入反馈时，此时的放大倍数称为**开环放大倍数**；在引入反馈后，放大电路的放大倍数称为**闭环放大倍数**。

5.1.2　反馈的分类与判断

1. 反馈的分类

1）正反馈和负反馈

根据反馈极性的不同，可以分为**正反馈**和**负反馈**。在放大电路的原输入信号 x_i（如 u_i）不变时，如果引入反馈后，增强了原输入信号，使放大电路输出信号 x_o（如 u_o）增大了，从而使放大电路的放大倍数得到提高，这样的反馈称为正反馈；相反，如果引入反馈后，削弱了原输入信号，使放大电路的输出信号 x_o减小，相应使放大电路的放大倍数降低，则称为负反馈。

判断电路中引入的是正反馈还是负反馈，常采用**瞬时极性法**。具体方法是：先假定输入信号 x_i为某一瞬时极性（变化量为正值或负值），然后逐级分析电路中其他有关各点的瞬时信号极性，最后判断反馈到放大电路输入端的信号是增强还是削弱了原来输入信号 x_i。

例如在图 5.1.2(a)中，假设加上一个瞬时极性为正的输入电压 u_i（在电路中用符号⊕、⊖分别表示瞬时极性的正或负，也相应代表该点瞬时信号的变化是增大或减小）。因输入电压 u_i 加在集成运放 A 的反相输入端，故运放输出电压 u_o 的瞬时极性与 u_i 相反（即为负）。而反馈电压 u_f 由 u_o 经电阻 R_2、R_3 分压后得到，则反馈电压 u_f 的瞬时极性也与 u_i 相反（即是负）。加到运放 A 的差模输入电压 u_{id} 等于输入电压 u_i 与反馈电压 u_f 之差，即 $u_{id}=u_i-u_f$，可见反馈电压 u_f 增强了运放的差模输入电压 u_{id}，结果使得输出电压 u_o 增大，引起放大电路的放大倍数 $|u_o/u_i|$ 提高，所以这种反馈是正反馈。

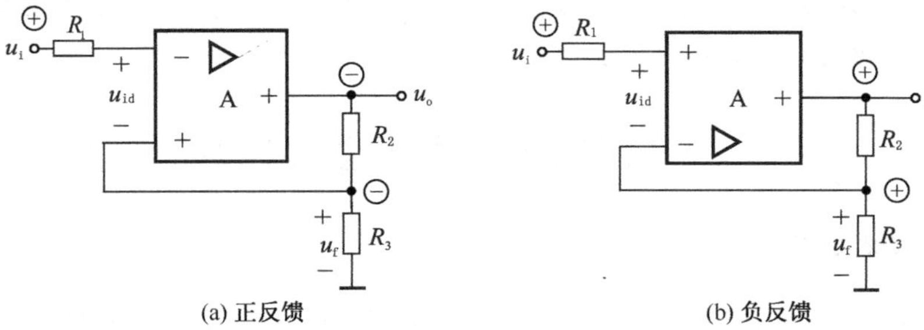

图 5.1.2　正反馈与负反馈

在图 5.1.2(b)中，输入电压 u_i 加在集成运放 A 的同相输入端，当 u_i 瞬时极性为正时，输出电压 u_o 的瞬时极性也为正。u_o 经电阻 R_2、R_3 分压后将反馈电压 u_f 引回到集成运放的反相输入端，此反馈信号 u_f（与 u_i 极性相同）削弱了集成运放的差模输入信号 $u_{id}=u_i-u_f$，使得输出电压 u_o 减少，引起放大电路的放大倍数 $|u_o/u_i|$ 降低，所以这种反馈是负反馈。

当要求稳定放大电路的输出信号（输入信号不变）时，应采用负反馈的方式。负反馈以牺牲放大倍数为代价来减缓输出信号的变化，并改善放大电路的其他性能。例如，因某种原因（如温度上升）使输出信号增大，引入负反馈后将使输入信号减小，从而阻止了输出信号的增大，反之亦然。引入正反馈可构成各种波形产生电路，一般不在放大器中采用，因为正反馈不仅不能减缓反而会加剧输出信号的变化。

2）直流反馈和交流反馈

根据电路中反馈信号本身的交、直流性质，可以分为**直流反馈**和**交流反馈**。如果引入的反馈信号只对直流量起作用，则称为直流反馈；若引入的反馈信号只对交流量起作用，则称为交流反馈。有时交、直流反馈同时存在。其中直流负反馈主要用来稳定放大电路的静态工作点，而交流负反馈用于改善放大电路的性能指标。交流负反馈是本章讨论的重点。

在图 5.1.3(a)中，设 T_2 发射极的旁路电容 C_E 足够大（可认为 C_E 对交流短路），则从 T_2 的发射极通过 R_F 引回到 T_1 基极的反馈信号 i_F 将只是直流成分（即 $i_F=I_F$），所以电路中引入的反馈是直流反馈。

在图 5.1.3(b)中，从输出端 u_o 通过 C_F、R_F 将反馈引回到 T_1 的发射极（反馈信号 u_f），由于电容 C_F 的隔直流作用，反馈信号中只有交流成分（与 u_o 成比例的 u_f），因而这个反馈是交流反馈。

3）电压反馈和电流反馈

根据反馈信号在放大电路输出端采样方式的不同，可以分为**电压反馈**和**电流反馈**。

如果反馈信号与输出电压成正比，则称为电压反馈。对于电压反馈，反馈网络与基本放大器输出端并联连接；如果反馈信号与输出电流成正比，则称为电流反馈。对于电流反馈，反馈网络串联在基本放大器输出回路中。

放大电路中引入的反馈是电压反馈还是电流反馈的判断，可采用**短路法**。该方法假设将输出端交流短路，即令输出电压等于零，判断是否仍有反馈信号存在。如果反馈信号不存在，则为电压反馈；如果反馈信号存在，则为电流反馈。

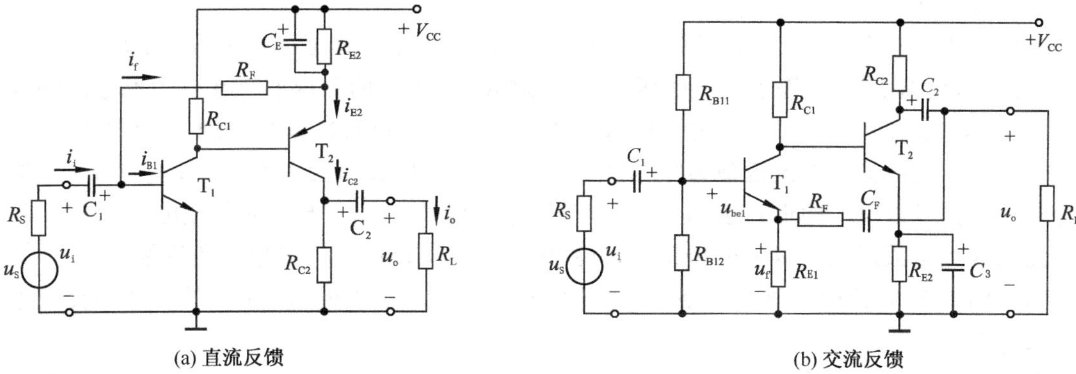

图 5.1.3　直流反馈与交流反馈

在图 5.1.3(a)中，如果不加旁路电容 C_E，则在交流通路中反馈信号 i_f 取自输出回路的电流(这里为交流 i_{c2}，而负载电流 i_o 与 i_{c2} 有关)，i_f 的值与输出回路的电流成正比，所以是电流反馈。放大电路中引入电流负反馈时，将使输出电流保持稳定(输入信号保持不变时)。

在图 5.1.3(b)中，反馈信号 u_f 取自输出负载 R_L 上的电压 u_o，其值与输出电压 u_o 成正比，属于电压反馈。在输入信号保持一定情况下，放大电路中引入电压负反馈时，将使输出电压 u_o 的变化范围减小。

4) 串联反馈和并联反馈

根据反馈网络与基本放大器输入端的连接方式不同，可以分为**串联反馈**和**并联反馈**。

如果反馈网络串联在基本放大器的输入回路中，称为串联反馈。对于串联反馈，输入信号支路与反馈支路不接在同一节点上，反馈信号与输入信号在输入回路中以电压形式求和(即反馈电压信号与基本放大器输入电压信号串联)。如果反馈网络直接并联在基本放大器的输入端，则称为并联反馈。对于并联反馈，输入信号支路与反馈信号支路接在基本放大器输入端的同一节点上，反馈信号与输入信号在输入回路中以电流形式求和(即反馈电流信号与输入电流信号并联)。

在图 5.1.3(a)中，若去掉旁路电容 C_E，则交流通路中三极管 T_1 的基极电流 i_{b1} 等于输入电流 i_i 与反馈电流 i_f 之差(即 $i_{b1}=i_i-i_f$)，这说明反馈信号与输入信号以电流形式求和，因而为并联反馈。

在图 5.1.3(b)中，交流通路中三极管 T_1 的基极-发射极之间的输入电压 u_{be1} 等于外加输入电压 u_i 与反馈电压 u_f 之差(即 $u_{be1}=u_i-u_f$)，这说明反馈信号与输入信号以电压形式求和，所以属于串联反馈。

以上为常见的反馈分类方法。在多级放大电路中，反馈还可以分为局部反馈和整个放大电路的整体反馈等。

2. 负反馈的组态判断

实际放大电路中的反馈形式是多种多样的。对于负反馈来说，根据反馈信号在放大电路输出端采样方式、在输入回路中求和形式的不同，共有四种类型或组态：**电压串联负反馈**、**电压并联负反馈**、**电流串联负反馈**和**电流并联负反馈**。下面根据具体电路分析这四种负反馈组态。

1)电压串联负反馈

在图 5.1.2(b)所示的放大电路中，从集成运放 A 的输出端通过电阻 R_3 与 R_2 引入了反馈。在图中，反馈电压 u_f 等于输出电压 u_o 在电阻 R_2 和 R_3 上的分压值。在放大电路的输入回路中，集成运放的净输入电压，即差模输入电压 u_{id} 等于其同相输入端与反相输入端的电压之差。设集成运放的输入电流近似为零，故电阻 R_1 上没有电压降，因而有 $u_{id} \approx u_i - u_f$，即输入信号与反馈信号以电压的形式求和。并且，反馈电压信号将削弱外加的输入电压信号，使得放大电路的放大倍数降低。以上分析说明，电路中引入的反馈属于电压串联负反馈。

对于图 5.1.3(b)所示放大电路，用类似方法可以分析出由 R_F、C_F 引入的反馈是交流电压串联负反馈。

为了便于分析引入反馈后的一般规律，常利用方框图来表示各种组态的负反馈。电压串联负反馈组态的等效方框图如图 5.1.4 所示。图中有两个虚线方框(分别为二端口网络)，上面的方框表示不加负反馈时的基本电压放大电路，下面的方框表示反馈网络(或反馈电路)。反馈电压 $\dot{U}_f$ 正比于基本放大电路的输出电压 $\dot{U}_o$，在输入回路中反馈电压与外加的输入电压相减后得到净输入电压 $\dot{U}_i'$。

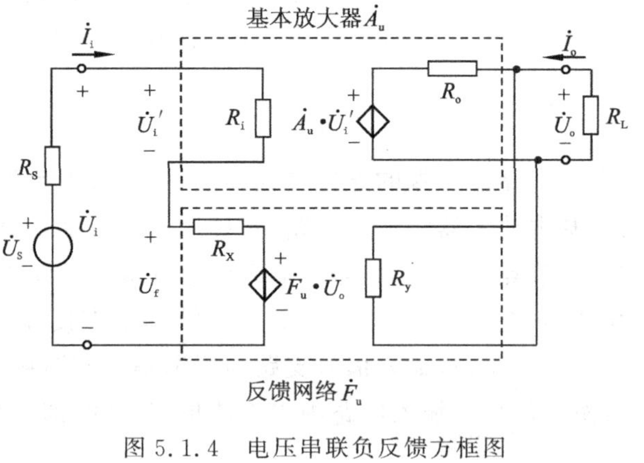

图 5.1.4　电压串联负反馈方框图

在基本放大电路的等效方框图中，其输入电阻为 R_i、输出电阻为 R_o，输入信号是 $\dot{U}_i'$、输出信号是 $\dot{U}_o$，相应的放大倍数用符号 $\dot{A}_u$ 表示(即电压放大倍数)，即 $\dot{A}_u = \dot{U}_o/\dot{U}_i'$。

在反馈网络的等效方框图中，R_x 表示从放大器输入端方向看到的反馈网络等效电阻(理想情况下等于零)，R_y 表示从放大器输出端方向看到的反馈网络等效电阻(理想情况下等于无穷大)。反馈网络的输入信号是 $\dot{U}_o$、它的输出信号是反馈电压 $\dot{U}_f$，反馈网络的反馈系数是 $\dot{U}_f$ 与 $\dot{U}_o$ 之比，即 $\dot{F}_u = \dot{U}_f/\dot{U}_o$。

对于图 5.1.2(b)电路，有 $u_f = \dfrac{R_3}{R_2 + R_3} u_o$，则反馈系数为

$$\dot{F}_{u}=\frac{\dot{U}_{f}}{\dot{U}_{o}}=\frac{u_{f}}{u_{o}}=\frac{R_{3}}{R_{2}+R_{3}}$$

2)电压并联负反馈

在图 5.1.5(a)所示的放大电路中,反馈电流 $\dot{I}_f$ 与放大电路的输出电压 $\dot{U}_o$ 成正比,属于电压反馈。在放大电路输入回路中,净输入电流 $\dot{I}'_i$ 等于外加输入电流 $\dot{I}_i$ 与反馈电流 $\dot{I}_f$ 之差,即 $\dot{I}'_i=\dot{I}_i-\dot{I}_f$,说明 $\dot{I}_i$、$\dot{I}_f$ 以电流形式求和。根据瞬时极性判断方法,设输入电压 $\dot{U}_i$ 的瞬时值为正,则输出电压 $\dot{U}_o$ 反相(其瞬时值为负),由 $\dot{U}_o$ 产生的反馈电流 $\dot{I}_f$ 将削弱输入电流 $\dot{I}_i$,使净输入电流 $\dot{I}'_i=\dot{I}_i-\dot{I}_f$ 减小。故此电路中的反馈是电压并联负反馈。

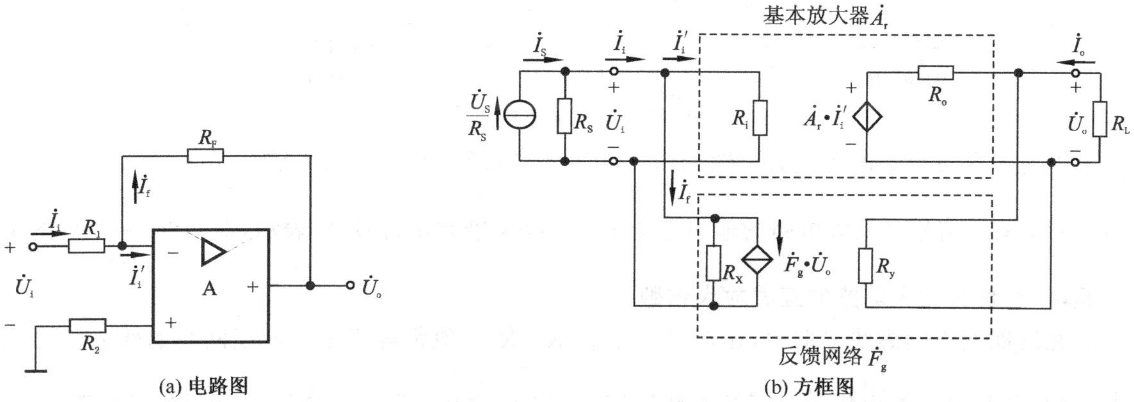

图 5.1.5　电压并联负反馈

电压并联负反馈的等效方框图如图 5.1.5(b)所示。基本放大电路的输入信号是 $\dot{I}'_i$,输出信号是 $\dot{U}_o$,它的放大倍数为 $\dot{A}_r=\dfrac{\dot{U}_o}{\dot{I}'_i}$。$\dot{A}_r$ 的量纲是电阻,称为放大电路的**互阻放大倍数**。

在反馈网络的虚线方框中(等效二端口网络),理想情况下,R_x、R_y的值都为无穷大。反馈网络的输入信号是 $\dot{U}_o$,输出信号是反馈电流 $\dot{I}_f$。反馈网络的反馈系数为 $\dot{I}_f$ 与 $\dot{U}_o$ 之比,即 $\dot{F}_g=\dfrac{\dot{I}_f}{\dot{U}_o}$,$\dot{F}_g$ 的量纲是电导。

在图 5.1.5(a)所示的放大电路中,当集成运放的开环差模放大倍数 $|A_{ud}|$ 足够大时,运放反相输入端的电压近似等于零,则反馈电流为 $\dot{I}_f\approx-\dfrac{\dot{U}_o}{R_F}$。因此,反馈系数为

$$\dot{F}_{g}=\frac{\dot{I}_{f}}{\dot{U}_{o}}\approx-\frac{1}{R_{F}}$$

3)电流串联负反馈

在图 5.1.6(a)所示的放大电路中,反馈电压为 $\dot{U}_f=\dot{I}_oR_F$,说明反馈电压 $\dot{U}_f$ 与输出电流 $\dot{I}_o$ 成正比。在放大电路的输入回路中,基本放大器(集成运放)的净输入信号为 $\dot{U}'_i=\dot{U}_i-\dot{U}_f$,说明外加输入信号 $\dot{U}_i$ 与反馈信号 $\dot{U}_f$ 以电压的形式求和。根据瞬时极性判断方法,可判断出

反馈信号 $\dot{U}_f$ 将削弱输入电压 $\dot{U}_i$ 的作用，使放大电路的放大倍数 $|\dot{U}_o/\dot{U}_i|$ 减小。因而，该反馈的组态是电流串联负反馈。

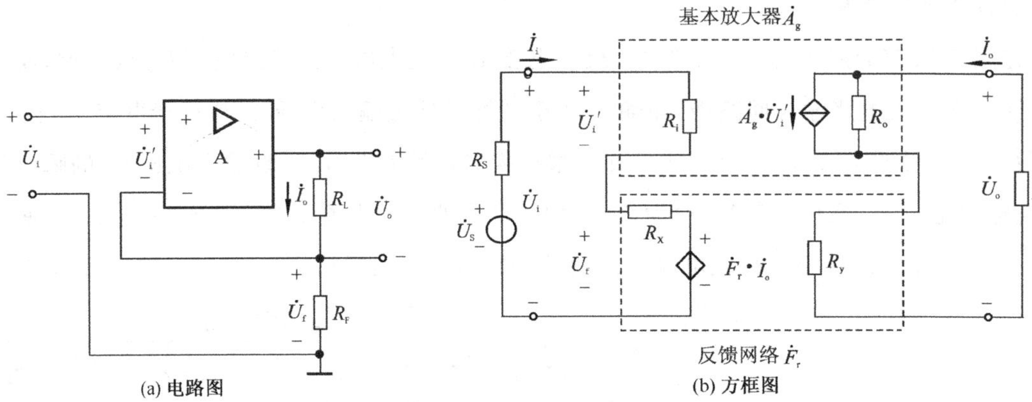

图 5.1.6 电流串联负反馈

电流串联负反馈的等效方框图如图 5.1.6(b)所示。基本放大电路的输入信号是净输入电压 $\dot{U}_i'$，输出信号是放大电路的输出电流 $\dot{I}_o$，其放大倍数用符号 $\dot{A}_g$ 表示，即 $\dot{A}_g=\dfrac{\dot{I}_o}{\dot{U}_i'}$。$\dot{A}_g$ 的量纲是电导，称为放大电路的**互导放大倍数**。

在反馈网络的虚线方框中，在理想情况下，R_x、R_y 的值都等于零。反馈网络的输入信号是 $\dot{I}_o$，输出信号是反馈电压 $\dot{U}_f$，反馈系数等于 $\dot{U}_f$ 与 $\dot{I}_o$ 之比，即 $\dot{F}_r=\dfrac{\dot{U}_f}{\dot{I}_o}$，$\dot{F}_r$ 的量纲是电阻。

在图 5.1.6(a)所示电路中，反馈电压 $\dot{U}_f=\dot{I}_oR_F$，可得反馈系数为

$$\dot{F}_r=\frac{\dot{U}_f}{\dot{I}_o}=R_F$$

4）电流并联负反馈

在图 5.1.7(a)所示放大电路中，反馈信号 $\dot{I}_f$ 与放大电路输出回路的电流 $\dot{I}_o$（流过负载 R_L）成正比。在放大电路输入回路中，反馈信号 $\dot{I}_f$ 与外加输入信号 $\dot{I}_i$ 以电流的形式求和，基本放大器的净输入电流为 $\dot{I}_i'=\dot{I}_i-\dot{I}_f$。

根据瞬时极性法，设输入电压 $\dot{U}_i$ 的瞬时值为正，则输出电压 $\dot{U}_o$ 的瞬时值为负，于是输出电流 $\dot{I}_o$ 与图示参考方向相反，使输出电流 $\dot{I}_o$ 在电阻 R_3 上的压降为负，则流过 R_F 的反馈电流 $\dot{I}_f$ 与图示参考方向一致将削弱输入电流 $\dot{I}_i$，使基本放大器的净输入电流 $\dot{I}_i'=\dot{I}_i-\dot{I}_f$ 减小。因此，电路中引入的反馈是电流并联负反馈。

对于图 5.1.3(a)所示电路，若电容 C_E 没有接入，同样的分析可知电阻 R_F 引入了电流并联负反馈。

图 5.1.7(b)所示为电流并联负反馈的等效方框图。基本放大电路的输入信号是净输入电流 $\dot{I}_i'$，输出信号是放大电路的输出电流 $\dot{I}_o$，基本放大电路的放大倍数用符号 $\dot{A}_i$ 表示，即 $\dot{A}_i=\dfrac{\dot{I}_o}{\dot{I}_i'}$，$\dot{A}_i$ 称为放大电路的**电流放大倍数**。

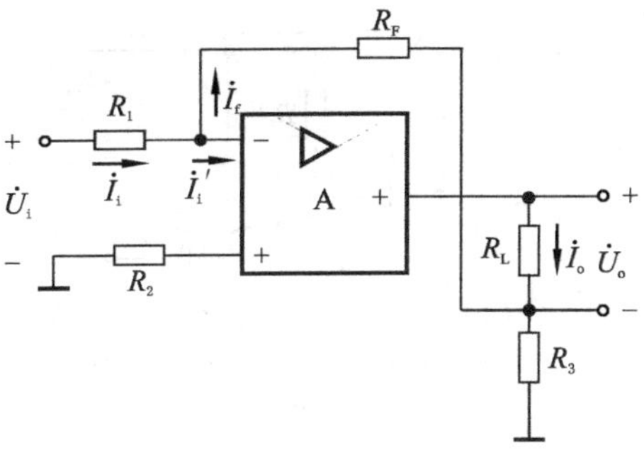

(a) 电路图

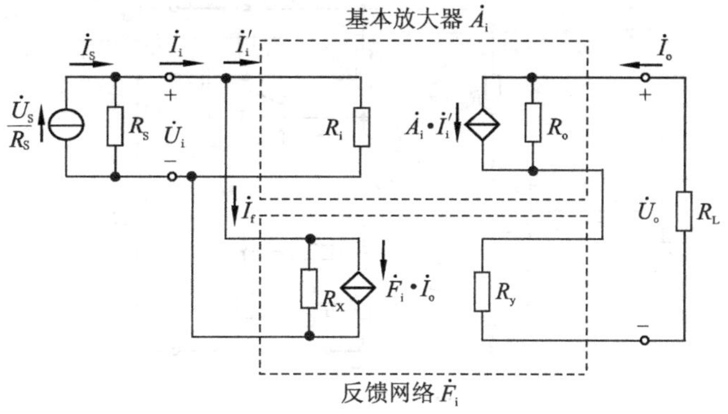

(b) 方框图

图 5.1.7　电流并联负反馈

在反馈网络的虚线方框中，理想情况下，R_x 值为无穷大、R_y 值等于零。输入信号是 $\dot{I}_o$，输出信号是反馈电流 $\dot{I}_f$，反馈系数等于 $\dot{I}_f$ 与 $\dot{I}_o$ 之比，即 $\dot{F}_i=\frac{\dot{I}_f}{\dot{I}_o}$。在图 5.1.7(a)所示电路中，若集成运放的 $|A_{ud}|$ 足够大，则运放反相输入端的电压近似为零，反馈电流为 $\dot{I}_f\approx-\frac{\dot{I}_oR_3}{R_3+R_F}$，可得

$$\dot{F}_i=\frac{\dot{I}_f}{\dot{I}_o}\approx-\frac{R_3}{R_3+R_F}$$

由以上讨论可知，对于不同组态的负反馈放大电路，基本放大电路的放大倍数和反馈网络的反馈系数的物理意义、量纲都各不相同，故统称为广义的放大倍数 $\dot{A}$ 和广义的反馈系数 $\dot{F}$。四种负反馈放大电路的放大倍数 $\dot{A}$ 和反馈系数 $\dot{F}$ 归纳于表 5.1.1 中。

表 5.1.1　四种类型负反馈的 $\dot{A}$、$\dot{F}$ 比较

	输出信号	反馈信号	放大倍数 $\dot{A}$	反馈系数 $\dot{F}$
电压串联式	$\dot{U}_o$	$\dot{U}_f$	$\dot{A}_u=\frac{\dot{U}_o}{\dot{U}_i'}$ 电压放大倍数	$\dot{F}_u=\frac{\dot{U}_f}{\dot{U}_o}$
电压并联式	$\dot{U}_o$	$\dot{I}_f$	$\dot{A}_r=\frac{\dot{U}_o}{\dot{I}_i'}$ (Ω)互阻放大倍数	$\dot{F}_g=\frac{\dot{I}_f}{\dot{U}_o}$ (S)
电流串联式	$\dot{I}_o$	$\dot{U}_f$	$\dot{A}_g=\frac{\dot{I}_o}{\dot{U}_i'}$ (S)互导放大倍数	$\dot{F}_r=\frac{\dot{U}_f}{\dot{I}_o}$ (Ω)
电流并联式	$\dot{I}_o$	$\dot{I}_f$	$\dot{A}_i=\frac{\dot{I}_o}{\dot{I}_i'}$ 电流放大倍数	$\dot{F}_i=\frac{\dot{I}_f}{\dot{I}_o}$

例 5.1.1　试判断图 5.1.8 中各电路中反馈的极性和组态。假设电路中的电容均足够大，对交流近似短路。

解：通常反馈组态的讨论是针对交流反馈而言的。

(1) 图 5.1.8(a)所示一个三级放大器，其中每一级都是共发射极放大器。首先判断级间反馈，反馈电阻 R_1 接在 T_1 的发射极和 T_3 的发射极之间。设输入电压 $\dot{U}_i$ 的瞬时值为正，则 T_1

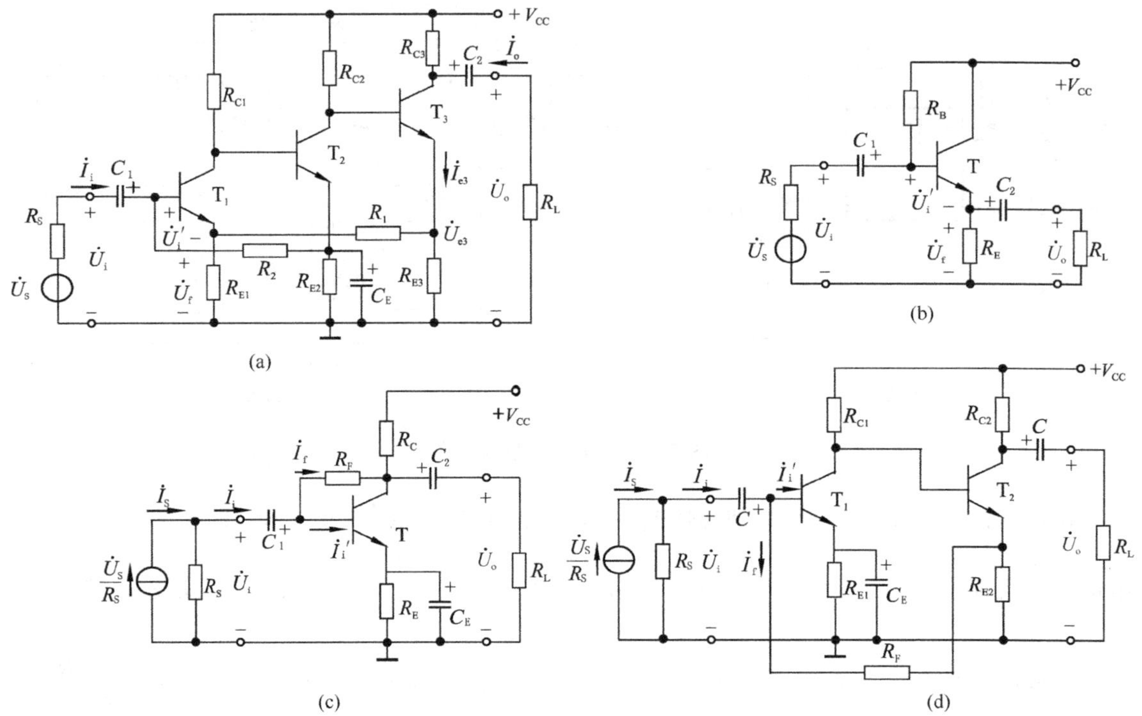

图 5.1.8　例 5.1.1 电路

的集电极电压 $\dot{U}_{C1}$ 为负，T_2 的集电极电压 $\dot{U}_{C2}$ 为正，T_3 的发射极电压 $\dot{U}_{E3}$ 也为正，则 R_{E1} 上的反馈电压 $\dot{U}_f$ 也为正。此时，反馈电压 $\dot{U}_f$ 与外加的输入电压 $\dot{U}_i$ 相位相同，使加在 T_1 发射结的净输入电压 $\dot{U}_i'=\dot{U}_i-\dot{U}_f$ 减小，因而 R_1 引入的是交、直流负反馈；假如将输出端短路 $\dot{U}_o=0$（即 $R_L=0$），经 R_1 引回的反馈信号仍然存在，说明反馈信号 $\dot{U}_f$ 取自输出回路的电流（T_3 的集电极电流），故为电流反馈；在放大电路的输入回路中，R_1 接在 T_1 的发射极，反馈信号与外加输入信号以电压的形式求和，故为串联反馈。因此，R_1 引入的是级间电流串联负反馈，能起到稳定输出电流的作用。

R_2 引入的是级间直流反馈(由 C_E 将交流分量旁路)。可以不判断其反馈组态，但应判别反馈极性。假如 T_1 的基极电压缓慢上升(相当于输入慢变化的正直流信号)，此时 C_E 的阻抗很大，近似为开路，T_2 的发射极电压将随之逐步降低(等效为负直流信号)，经 R_2 返回送到输入端，使得 T_1 的基极电流减小，故 R_2 引入了级间直流负反馈，主要稳定第一级和第二级放大电路的静态工作点。

(2) 图 5.1.8(b)是射极跟随器。设输入电压 $\dot{U}_i$ 的瞬时值为正，则输出电压 $\dot{U}_o$ 也为正，而三极管的发射结电压等于输入电压 $\dot{U}_i$ 与输出电压 $\dot{U}_o$ 之差，即 $\dot{U}_i'=\dot{U}_i-\dot{U}_o$。这里输出电压 $\dot{U}_o$ 就是反馈电压 $\dot{U}_f$，此反馈电压 $\dot{U}_f$ 削弱了输入电压 $\dot{U}_i$，所以是负反馈；由图可见，反馈电压 $\dot{U}_f$ 与放大电路的输出电压 $\dot{U}_o$ 成正比，故为电压反馈；在放大电路输入回路中，外加输入信号与反馈信号以电压的形式求和，故为串联反馈。因而 R_E 引入反馈的组态是电压串联负反馈。

(3) 图 5.1.8(c)是单级放大电路，在三极管的集电极和基极之间通过电阻 R_F 接入反馈支路。设输入电压 $\dot{U}_i$ 的瞬时值为正(相应输入电流 $\dot{I}_i$ 为正),三极管的集电极电位(即 $\dot{U}_o$)为负,则从基极通过 R_F 流向集电极的反馈电流 $\dot{I}_f$ 将使流向基极的净输入电流 $\dot{I}_i'$ 减小,因此 R_F 引入的是交、直流负反馈;该电路中的反馈信号 $\dot{I}_f$ 是从输出电压 $\dot{U}_o$ 采样,在输入回路中反馈信号与外加输入信号以电流形式求和,因而 R_F 引入的是电压并联负反馈。

由于电容 C_E 的交流旁路作用,电阻 R_E 的作用只是稳定静态工作点(直流负反馈)。

(4) 图 5.1.8(d)是两级放大电路,其中每一级都是共发射极放大器。从 T_2 的发射极到 T_1 的基极通过电阻 R_F 引回反馈信号。设输入电压 $\dot{U}_i$ 的瞬时值为正,则 T_1 的集电极电压 $\dot{U}_{C1}$ 为负,T_2 的发射极电压 $\dot{U}_{E2}$ 为负,则从 T_1 的基极通过 R_F 流向 T_2 发射极方向的反馈电流 $\dot{I}_f$ 将使流向 T_1 基极的净输入电流 $\dot{I}_i'$ 减小。因此,R_F 引入的是级间交、直流负反馈。此外,假如使输出端短路 $\dot{U}_o=0$,显然反馈信号依然存在,这说明反馈信号 $\dot{I}_f$ 与输出回路的电流(T_2 的集电极电流)成比例。在放大电路的输入回路中反馈信号 $\dot{I}_f$ 与外加输入信号以电流的形式求和。所以 R_F 引入的是电流并联负反馈。

由于电容 C_E 的交流旁路作用,电阻 R_{E1} 引入的为直流负反馈,对第一级放大器的静态工作点稳定有作用。

5.1.3　反馈放大电路的方框图表示及其一般表达式

1. 反馈放大电路的方框图表示

反馈放大电路由基本放大电路和反馈网络组成,如图 5.1.9 所示。假设基本放大电路只有单方向的信号正向传输通路(忽略反馈网络),反馈网络仅有单方向的信号反向传输通路(忽略放大电路的内部寄生反馈)。

在图 5.1.9 中,$\dot{X}_i$、$\dot{X}_o$、$\dot{X}_f$、$\dot{X}_i'$ 分别表示反馈放大电路的输入信号、输出信号、反馈信号和净输入信号(电压或电流),方框 $\dot{A}$ 表示基本放大电路($\dot{A}$ 为开环放大倍数),方框 $\dot{F}$ 表示反馈网络($\dot{F}$ 是反馈系数),$\dot{F}$ 定义为

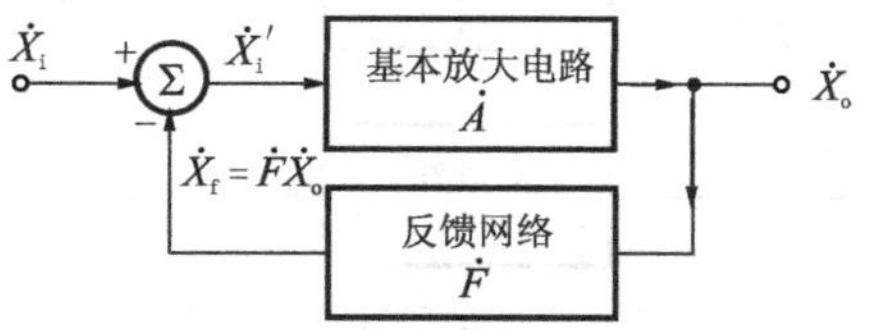

图 5.1.9　反馈放大电路方框示意图

$$\dot{F}=\frac{\dot{X}_f}{\dot{X}_o} \tag{5.1.1}$$

图 5.1.9 中圆圈内的 Σ 表示求和环节(反馈信号与输入信号进行求和)。

2. 反馈放大电路放大倍数的一般表达式

1) 一般表达式的推导

由图 5.1.9 所示的一般方框图可知,各信号量之间有如下的关系

$$\dot{X}_o=\dot{A}\dot{X}_i' \tag{5.1.2}$$

$$\dot{X}_i'=\dot{X}_i-\dot{X}_f \tag{5.1.3}$$

$$\dot{X}_f = \dot{F}\dot{X}_o \tag{5.1.4}$$

根据式(5.1.2)~式(5.1.4),可得反馈放大电路放大倍数(闭环放大倍数)的一般表达式为

$$\dot{A}_f = \frac{\dot{X}_o}{\dot{X}_i} = \frac{\dot{A}}{1+\dot{A}\dot{F}} \tag{5.1.5}$$

2) $\dot{A}_f$ 的一般表达式分析

(1) 反馈深度 $|1+\dot{A}\dot{F}|$。

由式(5.1.5)知,开环放大倍数 $\dot{A}$ 与闭环放大倍数 $\dot{A}_f$ 之比为 $(1+\dot{A}\dot{F})$,$(1+\dot{A}\dot{F})$ 称为**反馈深度**,它反映了反馈对放大电路的影响程度。以下分几种情况讨论:

① 若 $1+\dot{A}\dot{F}>1$,则 $|\dot{A}_f|<|\dot{A}|$,即引入反馈后,放大倍数减小了,这种反馈为**负反馈**。负反馈放大器的 $|1+\dot{A}\dot{F}|$ 越大,则放大倍数减小越多。

② 若 $|1+\dot{A}\dot{F}|<1$,则 $|\dot{A}_f|>|\dot{A}|$,即有反馈时,放大电路的放大倍数增加,这种反馈称为**正反馈**。正反馈虽然可以增加放大倍数,但使放大电路的性能不稳定。

③ 若 $1+\dot{A}\dot{F}=0$,则 $\dot{A}_f\to\infty$,说明放大电路在没有输入信号时,能有输出信号,此时放大电路处于**自激振荡**状态。

(2) 环路增益 $|\dot{A}\dot{F}|$。

将图 5.1.9 所示的反馈环在某一点处断开,例如在求和环节与基本放大电路输入端之间断开,即可得到图 5.1.10 所示的开环方框图。净输入信号 $\dot{X}_i'=X_i$经过基本放大电路和反馈网络闭环一周所具有的增益 $|\dot{A}\dot{F}|$,称为**环路增益**。反馈深度与环路增益都是描述反馈放大电路性能的重要指标。

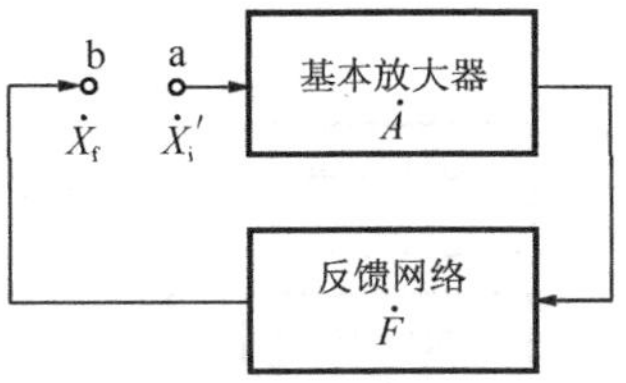

图 5.1.10　环路表示法

(3) 深度负反馈近似表达式。

当 $|\dot{A}\dot{F}|\gg 1$ 时,相应的负反馈称为深度负反馈,则

$$\dot{A}_f = \frac{\dot{A}}{1+\dot{A}\dot{F}} \approx \frac{1}{\dot{F}} \tag{5.1.6}$$

式(5.1.6)说明,闭环放大倍数几乎只取决于反馈系数,与开环放大倍数 $\dot{A}$ 无关。而反馈网络多由电阻、电容组成,其值几乎不受环境温度等因素的影响。

思　考　题

5.1.1　什么是负反馈?什么是直流反馈和交流反馈?如何判断反馈的极性和负反馈的组态?

5.1.2　举例分析四种负反馈组态中的输入信号、输出信号和反馈信号的类型,以及反馈信号的取样方式、反馈网络与基本放大器在放大电路输入回路中的连接方式。

5.1.3　如果信号源内阻 R_S 从 50Ω 变为 100kΩ,串联负反馈与并联负反馈的反馈效果分别如何变化?若负载 R_L 可调(如从 100Ω 逐渐增大到 2kΩ),要想维持负载电流基本不变化,则应引入何种负反馈?

5.1.4　对于深度负反馈放大电路,$\dot{A}_f\approx 1/\dot{F}$,试说明其物理意义。

5.2 负反馈对放大电路性能的影响

在放大电路中引入负反馈后，虽然放大倍数降低了，但是换取的是对电路性能的改善，改善的程度都与反馈深度 $|1+\dot{A}\dot{F}|$ 有关，下面分别进行讨论。

5.2.1 提高放大电路的稳定性

在前面分析四种类型负反馈电路时，得出的结论是在输入信号量不变时，引入电压负反馈能使输出电压稳定，引入电流负反馈能使输出电流稳定，从而使放大倍数稳定。当满足深度负反馈条件时，$\dot{A}_f \approx 1/\dot{F}$，即 $\dot{A}_f$ 与基本放大电路的内部参数几乎无关，只取决于 $\dot{F}$。$\dot{A}_f$ 的含义见表5.1.1，不同的反馈组态，对应不同的放大倍数 $\dot{A}_f$。

为了衡量放大电路放大倍数的稳定程度，常采用有、无反馈时放大倍数的相对变化量之比来评定。为便于分析，假设放大电路在中频段工作，则 $\dot{A}$、$\dot{F}$、$\dot{A}_f$ 都是实数，分别用 A、F、A_f 表示。由此，闭环放大倍数的一般表达式表示为

$$A_f = \frac{A}{1+AF} \tag{5.2.1}$$

对上式求微分，即

$$dA_f = \frac{(1+AF)dA - AF\,dA}{(1+AF)^2} = \frac{dA}{(1+AF)^2}$$

两边同除以 A_f，可得

$$\frac{dA_f}{A_f} = \frac{1}{1+AF}\frac{dA}{A} \tag{5.2.2}$$

式(5.2.2)表明，负反馈使闭环放大倍数的相对变化量减小为开环放大倍数相对变化量的 $1/(1+AF)$ 倍。例如，$dA/A=\pm 10\%$ 时，设 $(1+AF)=100$，则 $dA_f/A_f=\pm 0.1\%$，即 dA_f/A_f 减小为 dA/A 的 1/100。

综上所述，放大电路中引入负反馈后，使得由于各种原因（温度、负载、器件参数等变化）引起的放大倍数的变化程度减小了，放大电路的工作状态稳定了。

例5.2.1 已知一个多级放大器的开环电压放大倍数的相对变化量为 $dA_u/A_u=\pm 1\%$，引入负反馈后要求闭环电压放大倍数为 $A_{uf}=150$，且其相对变化量 $|dA_{uf}/A_{uf}|\leqslant 0.05\%$，试求开环电压放大倍数 A_u 和反馈系数 F_u 各为多少？

解：根据公式(5.2.2)可得

$$\frac{dA_{uf}}{A_{uf}} = \frac{1}{1+A_uF_u}\times 1\% = 0.05\%$$

故有

$$1+A_uF_u = 20$$

由公式(5.2.1)可得

$$A_{uf} = \frac{A_u}{1+A_uF_u} = \frac{A_u}{20} = 150$$

所以

$$A_u = 3000$$

又根据 $A_u F_u = 19$，得 $F_u = \frac{19}{3000} = 0.0063$

以上计算结果说明：在引入反馈深度为 20 的负反馈以后，闭环放大倍数减少到开环放大倍数的 1/20，但其稳定性提高了 19 倍。

5.2.2　减小非线性失真

由于放大电路中放大器件（三极管、场效应管）特性的非线性，当输入信号为正弦波时，放大电路输出信号的波形可能不再是正弦波，而产生非线性失真。输入信号的幅度越大，非线性失真就越严重。例如，由于三极管输入伏安特性曲线 $i_B = f(u_{BE})$ 的非线性，当输入交流信号 u_{be} 为正弦波时，i_b 波形出现了失真。

引入负反馈可以减小放大电路引起的非线性失真。例如，由图 5.2.1(a)可见，如果正弦波输入信号 x_i 经过放大后产生的输出信号 x_o 失真波形为正半周大、负半周小。经过负反馈后，如图 5.2.1(b)所示，在 F 为常数的条件下，反馈信号 x_f 也是正半周大、负半周小。它和原输入信号 x_i 相减后得到的净输入信号 $x_i' = x_i - x_f$ 的波形却变成正半周小、负半周大，这样就把输出信号的正半周压缩、负半周扩大，从而减小了放大电路的非线性失真，结果是改善了输出波形。

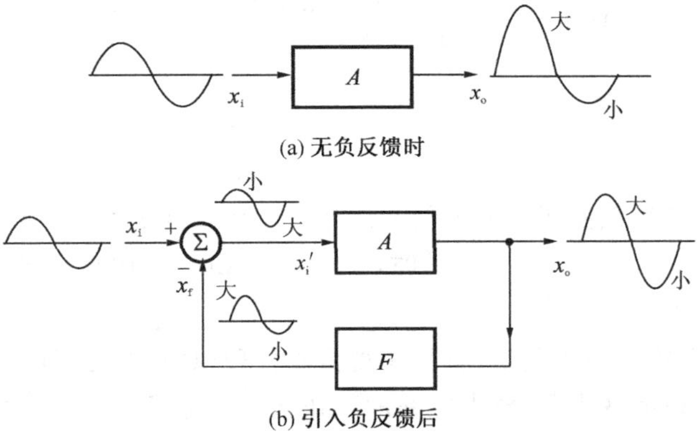

图 5.2.1　利用负反馈减小非线性失真

必须指出，负反馈只能减小放大电路本身引起的非线性失真。如果放大电路的输入信号波形本来就是失真的，这时，即使引入负反馈也无济于事。

5.2.3　扩展通频带

以单级放大电路为例进行讨论。单级放大电路的频带宽度近似由上限截止频率 f_H 决定。假定无反馈时基本放大电路在高频段的放大倍数为

$$\dot{A} = \frac{A_m}{1 + j\frac{f}{f_H}} \tag{5.2.3}$$

式中，A_m 为基本放大电路的中频放大倍数。设反馈网络由电阻构成，即有 $\dot{F} = F$，引入负反

馈后有

$$\dot{A}_f = \frac{\dot{A}}{1+\dot{A}\dot{F}} = \frac{\dot{A}}{1+\dot{A}F} \tag{5.2.4}$$

将式(5.2.3)代入式(5.2.4)中,可得

$$\dot{A}_f = \frac{\dfrac{A_m}{1+j\dfrac{f}{f_H}}}{1+F\dfrac{A_m}{1+j\dfrac{f}{f_H}}} = \frac{\dfrac{A_m}{1+A_mF}}{1+j\dfrac{f}{(1+A_mF)f_H}} = \frac{A_{mf}}{1+j\dfrac{f}{(1+A_mF)f_H}} \tag{5.2.5}$$

式中,$A_{mf}=A_m/(1+A_mF)$ 为闭环中频放大倍数。

将式(5.2.5)与式(5.2.3) 比较,可得

$$f_{Hf} = (1+A_mF)f_H \tag{5.2.6}$$

由上式可知,引入负反馈后,放大电路的上限截止频率提高了 A_mF 倍。

用同样方法可以推导,对于只有单个下限截止频率 f_L 的无反馈放大器,在引入负反馈后可得

$$f_{Lf} = \frac{f_L}{1+A_mF} \tag{5.2.7}$$

式(5.2.7)表明,引入负反馈后,放大电路的下限截止频率减小了 A_mF 倍。

对于阻容耦合的放大电路来说,通常有 $f_H \gg f_L$。而对于直接耦合放大电路,下限截止频率 $f_L=0$。所以,通频带可以近似地用上限频率表示,即认为无反馈时的通频带为

$$BW_{0.7} = f_H - f_L \approx f_H$$

引入负反馈后的通频带为

$$(BW_{0.7})_f = f_{Hf} - f_{Lf} \approx f_{Hf}$$

根据式(5.2.6),可得

$$(BW_{0.7})_f \approx (1+A_mF)BW_{0.7} \tag{5.2.8}$$

式(5.2.8)说明,引入负反馈后放大电路的通频带展宽为无反馈时的($1+A_mF$)倍,但中频放大倍数下降为无反馈时的 $1/(1+A_mF)$,故中频放大倍数与通频带的乘积基本不变(仅对单时间常数的放大器),即

$$A_{mf}(BW_{0.7})_f \approx A_m BW_{0.7} \tag{5.2.9}$$

由此可见,负反馈的反馈深度越深,通频带展得就越宽,但中频放大倍数下降得也越多。引入负反馈后通频带和中频放大倍数的变化情况如图 5.2.2 所示。

例 5.2.2　设某直接耦合放大器的开环放大倍数表达式为 $\dot{A}=\dfrac{250}{1+j\omega/(2\pi\times 100)}$,负反馈系数为 $F=0.8$。试问该负反馈放大器的中频放大倍数等于多少?此时负反馈放大电路的通频带等于多少?

解:由开环放大倍数 $\dot{A}$ 的表达式可得

$$A_m = 250,\ f_H = 100\text{Hz},\ f_L = 0$$

负反馈放大器的闭环中频放大倍数为

$$A_{mf} = \frac{A_m}{1+A_mF} = \frac{250}{1+250\times 0.8} = 1.2$$

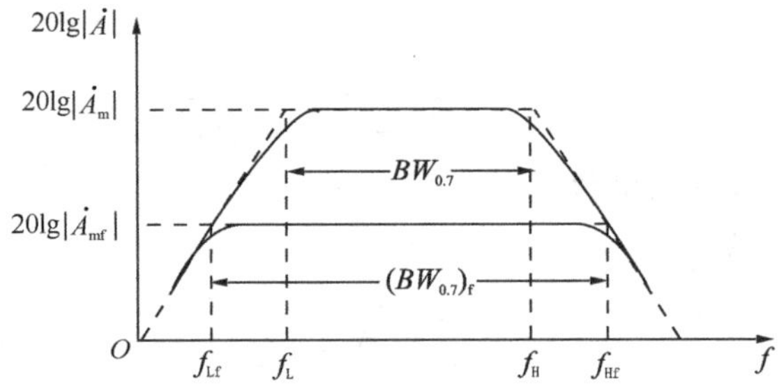

图 5.2.2　负反馈对放大电路的通频带和放大倍数的影响

由公式(5.2.6)，可得

$$f_{Hf} = (1 + A_m F) f_H = (1 + 250 \times 0.8) \times 100 = 20.1(\text{kHz})$$

由于 $f_L = 0$，因而有

$$(BW_{0.7})_f = f_{Hf} = 20.1\text{kHz}$$

5.2.4　抑制反馈环内噪声

放大器在放大输入信号的过程中，其内部器件还会产生各种噪声(如晶体管噪声、电阻热噪声等)。噪声对有用输入信号的干扰主要不决定于噪声的绝对值大小，而决定于放大器有用输出信号与噪声的相对比值，通常称为信噪比(用 S/N 表示)。信噪比越大，噪声对放大器的有害影响就越小。

利用负反馈抑制放大器内部噪声的机理与减小非线性失真是一样的。只要把放大器的内部噪声视为谐波信号，则引入负反馈后，输出噪声下降$(1+AF)$倍。但是，与此同时，输出信号也减小到原来的$1/(1+AF)$倍，信噪比并没有得到提高。因此，只有当输入信号本身不携带噪声，且其幅度可以增大，使输出信号维持不变时，负反馈可以使放大器的信噪比提高到$(1+AF)$倍。

也许有人会认为，不加负反馈，只要把放大器的输入信号幅度提高，就可以提高信噪比。问题在于，因放大器的线性工作范围有限，输入信号是不能任意加大的。而引入负反馈后，扩大了放大器的线性工作范围，给增大输入信号创造了条件，同时也要求信号源要有足够的潜力。

当放大器的内部受到干扰(如 50Hz 电源干扰)的影响时，同样地可以通过引入负反馈来加以抑制。当然，如果在输入信号中混杂有干扰，引入负反馈方法也将无法抑制。

5.2.5　对输入电阻和输出电阻的影响

在放大电路中引入不同组态的负反馈后，对输入电阻、输出电阻将产生不同的影响。根据工程中放大电路的特定要求，可利用各种形式的负反馈来改变放大电路的输入电阻和输出电阻的大小。

1. 负反馈对输入电阻的影响

反馈网络和基本放大器输入端的连接方式不同，将对输入电阻产生不同的影响。串联负反馈将增大输入电阻，而并联负反馈将减小输入电阻。

1)串联负反馈使输入电阻增大

图 5.2.3 所示为串联负反馈放大电路的简化方框示意图。图中,反馈网络串联在基本放大器的输入回路中,输入信号支路与反馈支路不接在同一节点上。此时,反馈信号与外加输入信号以电压形式求和(即 $\dot{U}_i' = \dot{U}_i - \dot{U}_f$),反馈电压 $\dot{U}_f$ 将削弱输入电压 $\dot{U}_i$ 的作用,使净输入电压 $\dot{U}_i'$ 减少。因而,在输入电压 $\dot{U}_i$ 相同时,输入电流 $\dot{I}_i$ 将比无负反馈时小,则放大电路的输入电阻增大。

在图 5.2.3 中,基本放大电路的输入电阻为

$$R_i = \frac{\dot{U}_i'}{\dot{I}_i} \tag{5.2.10}$$

引入串联负反馈后,有 $\dot{U}_f = \dot{A}\dot{F}\dot{U}_i'$,则输入电阻为

$$R_{if} = \frac{\dot{U}_i}{\dot{I}_i} = \frac{\dot{U}_i' + \dot{U}_f}{\dot{I}_i} = \frac{\dot{U}_i' + \dot{A}\dot{F}\dot{U}_i'}{\dot{I}_i} = (1+\dot{A}\dot{F})R_i \tag{5.2.11}$$

由式(5.2.11)可知,引入串联负反馈后,在输入电压 $\dot{U}_i$ 不变的情况下,输入电流 $\dot{I}_i$ 减小到无负反馈时的 $1/(1+\dot{A}\dot{F})$,所以放大电路的输入电阻 R_{if} 就增大为无负反馈时 R_i 的 $(1+\dot{A}\dot{F})$ 倍。对于电压串联负反馈、电流串联负反馈结论相同。

但是必须注意:对于如图 5.2.4 所示电路,由于共发射极放大器的偏置电阻 R_{B1}、R_{B2} 不包括在负反馈回路内,因此该电路的输入电阻为 $R_{if}' = R_{B1} /\!/ R_{B2} /\!/ R_{if}$,其中只有 R_{if} 增大到无反馈时的 $(1+\dot{A}\dot{F})$ 倍。

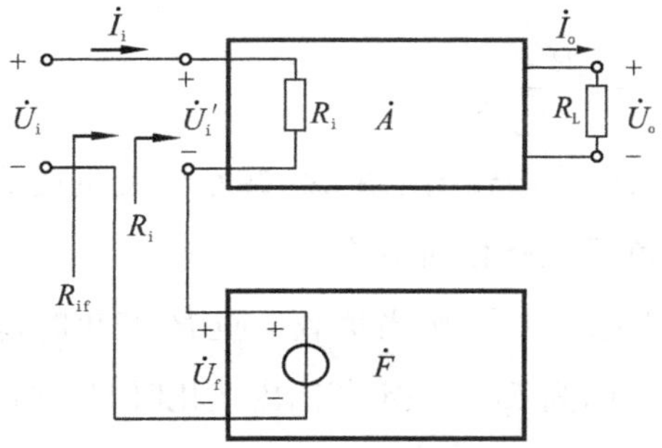

图 5.2.3　串联负反馈对输入电阻的影响

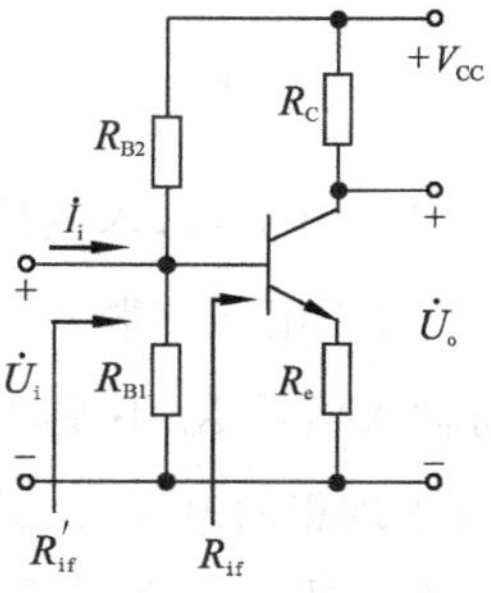

图 5.2.4　R_{if} 与 R_{if}' 的区别

2)并联负反馈使输入电阻减小

如图 5.2.5 所示,在并联负反馈放大电路的简化示意方框图中,反馈网络直接并联在基本放大器的输入端,输入信号支路与反馈信号支路接在基本放大器的同一节点上。此时,反馈信号与外加输入信号以电流形式求和,净输入电流为 $\dot{I}_i' = \dot{I}_i - \dot{I}_f$,即 $\dot{I}_i = \dot{I}_i' + \dot{I}_f$。这表明在同样的输入电压 $\dot{U}_i$ 下,输入电流 $\dot{I}_i$ 将比没有加负反馈时大,因而放大电路的输入电阻将减小。

在图 5.2.5 中,引入并联负反馈后,有 $\dot{I}_f = \dot{A}\dot{F}\dot{I}_i'$,则输入电阻为

$$R_{if} = \frac{\dot{U}_i}{\dot{I}_i} = \frac{\dot{U}_i}{\dot{I}_i' + \dot{I}_f} = \frac{\dot{U}_i}{\dot{I}_i' + \dot{A}\dot{F}\dot{I}_i'} = \frac{R_i}{1+\dot{A}\dot{F}} \tag{5.2.12}$$

由式(5.2.12)可知,在引入并联负反馈后,当保持输入电压 $\dot{U}_i$ 不变时,输入电流 $\dot{I}_i$ 增大到

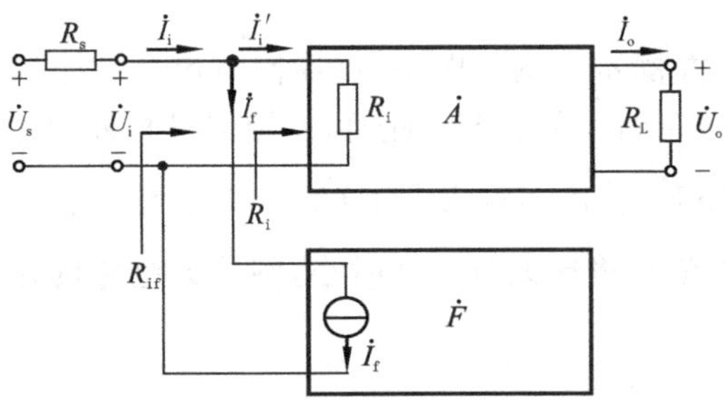

图 5.2.5　并联负反馈对输入电阻的影响

无负反馈时 I_i' 的 $(1+\dot{A}\dot{F})$ 倍，所以放大电路的输入电阻 R_{if} 减小到没有加负反馈时 R_i 的 $1/(1+\dot{A}\dot{F})$。对于电压并联负反馈、电流并联负反馈结论相同。

2. 负反馈对输出电阻的影响

反馈网络与基本放大器输出端的连接方式不同(即对应反馈信号在放大电路输出端的采样方式也不同)，将对放大电路输出电阻产生不同的影响。电压负反馈使输出电阻减小，而电流负反馈则增大输出电阻。

1) 电压负反馈使输出电阻减小

电压负反馈放大电路的简化方框示意图如图 5.2.6 所示。为了计算输出电阻，令输入信号 $\dot{X}_i=0$。从放大电路的输出端往里看，是 R_o 与一个等效电压源($\dot{A}_{oo}\dot{X}_i'$)相串联，其中 R_o 是没有加负反馈时放大电路的输出电阻(即基本放大器的输出电阻)。$\dot{A}_{oo}$ 是当负载电阻 R_L 开路时基本放大器的源增益，$\dot{X}_i'$ 为净输入信号。由于输入信号 $\dot{X}_i=0$，则 $\dot{X}_i'=\dot{X}_i-\dot{X}_f=-\dot{X}_f$，其中 $\dot{X}_f$ 为反馈信号。因为是电压负反馈(即反馈信号与放大电路的输出电压成比例)，则 $\dot{X}_f=\dot{F}\dot{U}_o$。由图 5.2.6 可有

$$\dot{U}_o=\dot{I}_oR_o+\dot{A}_{oo}\dot{X}_i'=\dot{I}_oR_o-\dot{A}_{oo}\dot{F}\dot{U}_o$$

可得，电压负反馈放大电路的输出电阻为

$$R_{of}=\frac{\dot{U}_o}{\dot{I}_o}=\frac{R_o}{1+\dot{A}_{oo}\dot{F}} \tag{5.2.13}$$

由式(5.2.13)可知，引入电压负反馈后，放大电路的输出电阻 R_{of} 减小到无负反馈时 R_o 的 $1/(1+\dot{A}_{oo}\dot{F})$。对于电压串联负反馈、电压并联负反馈有相同结论。

如果保持输入信号 $\dot{X}_i$ 不变，放大电路的输出电阻越小，则当负载电阻 R_L 变化时，输出电压 $\dot{U}_o$ 越稳定。对于理想的电压源，其输出电阻 $R_o=0$，则 R_L 在一定范围内变化时 $\dot{U}_o$ 将保持不变。

2)电流负反馈使输出电阻增大

图 5.2.7 是电流负反馈放大电路的简化方框示意图。为了计算输出电阻，同样令 $\dot{X}_i=0$。从放大电路输出端向里看，基本放大电路等效为 R_o 与一个等效电流源 $\dot{A}_{os}\dot{X}_i$ 并联。其中 R_o 是基本放大电路的输出电阻，$\dot{A}_{os}$ 是负载电阻 R_L 短路(即 $R_L=0$)时基本放大电路的源增益，$\dot{X}_i'$ 为净输入信号。因 $\dot{X}_i=0$，且为电流负反馈(即反馈信号与输出电流成比例)，故 $\dot{X}_i'=\dot{X}_i-\dot{X}_f=-\dot{X}_f=-\dot{F}\dot{I}_o$，则有

$$\dot{I}_o\approx\frac{\dot{U}_o}{\dot{R}_o}+\dot{A}_{os}\dot{X}_i'=\frac{\dot{U}_o}{\dot{R}_o}-\dot{A}_{os}\dot{F}\dot{I}_o$$

可得，电流负反馈放大电路的输出电阻为

$$R_{of}=\frac{\dot{U}_o}{\dot{I}_o}=(1+\dot{A}_{os}\dot{F})R_o \tag{5.2.14}$$

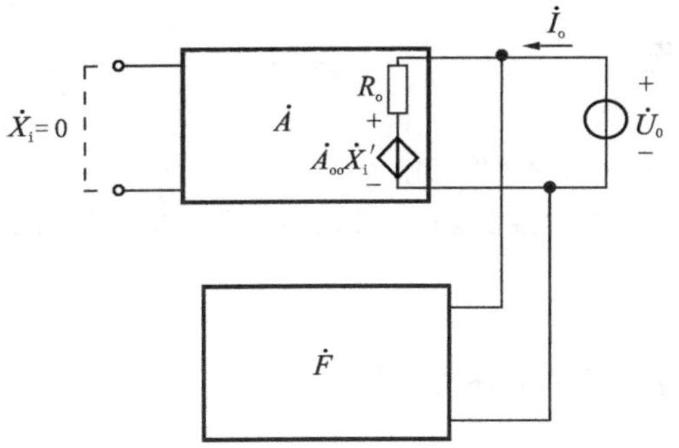

图 5.2.6　电压负反馈对输出电阻的影响

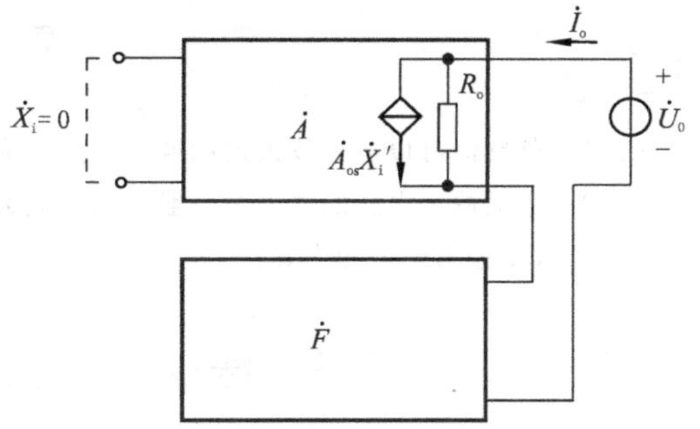

图 5.2.7　电流负反馈对输出电阻的影响

由式(5.2.14)可知，引入电流负反馈后，放大电路的输出电阻 R_{of} 增大到无负反馈时 R_o 的 $(1+\dot{A}_{os}\dot{F})$ 倍。对于电流串联负反馈、电流并联负反馈有相同的结论。

在保持输入信号不变时，放大电路的输出电阻 R_o 越大，则当 R_L 变化时输出电流 $\dot{I}_o$ 越稳定。对于理想电流源 $R_o=\infty$，无论 R_L 如何变化，$\dot{I}_o$ 始终保持不变。

必须注意：电流负反馈只能将反馈环路内的输出电阻增大到无反馈时的 $(1+\dot{A}_{os}\dot{F})$ 倍，如果存在直流负载电阻 R_C，如图 5.2.8 所示，因 R_C 不包括在电流负反馈环路内，故该放大电路的输出电阻为 $R'_{of}=R_C\,/\!/\,R_{of}$。

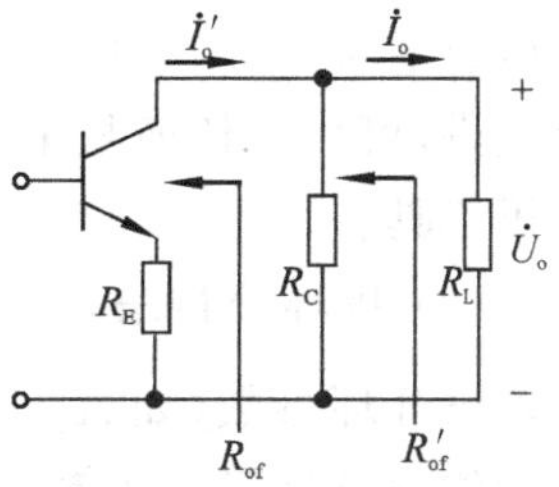

图 5.2.8　R_{of} 与 R'_{of} 的区别

通过以上分析，可得出如下结论：

(1) 反馈网络和基本放大器输入端的连接方式不同，对放大电路的输入电阻产生的影响也不同：串联负反馈使输入电阻增大，并联负反馈使输入电阻减小。不过，反馈网络与基本放大器输出端的连接方式并不影响输入电阻。

(2) 反馈网络与基本放大器输出端的连接方式不同，对放大电路的输出电阻产生的影响也不同：电压负反馈使输出电阻减小，电流负反馈使输出电阻增大。不过，反馈网络和基本放大器输入端的连接方式并不影响输出电阻。

(3) 负反馈对输入电阻、输出电阻影响的程度，均与反馈深度 $(1+\dot{A}\dot{F})$ 有关。或增大到原来的 $(1+\dot{A}\dot{F})$ 倍，或减小到原来的 $1/(1+\dot{A}\dot{F})$。不过，在求输出电阻时，$\dot{A}$ 是基本放大电路在输出端短路(电流负反馈)或开路(电压负反馈)时的源增益。

3. 正确引入负反馈的一般原则

引入负反馈能够改善放大电路的多方面性能，负反馈越深，改善的效果越显著，但是放大倍数下降的也越多。为此，正确引入负反馈时应遵循的一般原则为：

(1) 要稳定放大器静态工作点，应引入直流负反馈。

(2) 要改善放大器交流性能，应引入交流负反馈。

(3) 要想稳定输出电压(即减小输出电阻)，应引入电压负反馈；要想稳定输出电流(即增大输出电阻)，应引入电流负反馈。

(4) 要提高输入电阻，应引入串联负反馈；要减小输入电阻，应引入并联负反馈。

(5) 对于多级放大器，引入的负反馈尽量为级间整体反馈，即从输出端直接引回至输入回路。

思 考 题

5.2.1 负反馈可以改善放大器的哪些性能？为什么？所付出的代价是什么？

5.2.2 多级放大电路的输出级一般是功率放大器，而功率放大器容易产生非线性失真，试问采取什么办法可以有效减小输出信号的失真？

5.3 深度负反馈放大电路的分析计算

反馈放大电路的分析包括定性分析与定量计算两个方面。定性分析主要是读懂电路图，判断反馈的极性与类型等；定量计算就是计算反馈放大电路的主要性能指标（如闭环增益、输入电阻与输出电阻等）。

负反馈放大电路的分析计算方法很多，各有特点。常用方法有以下几种：

(1) **等效电路法。**该方法不考虑反馈的类型与极性，直接根据电路的交流等效电路，列出电压或电流方程，再用一般的电路计算方法求解出反馈放大电路的性能指标。这种方法从理论上讲，可用于任何复杂电路的精确计算。但是电路复杂时计算量很大，需借助于计算机辅助分析工具。

(2) **拆环分析法。**该法首先将负反馈放大电路分解成基本放大电路及反馈网络两部分，先求出开环参数（如 $\dot{A}$ ）与反馈系数 $\dot{F}$，再利用有关公式计算闭环指标。这种方法可显示出电路性能与反馈量的关系，物理概念清楚。其关键是如何将反馈放大电路正确地分解成基本放大电路与反馈网络两部分。实际的放大电路，其基本放大电路与反馈网络相连，反馈网络对基本放大电路的输入端和输出端都有影响（即反馈网络的负载效应）。拆环分析法常常忽略反馈网络的正向传输和基本放大电路的反向传输，它也是一种工程近似计算法。

(3) **深度负反馈条件下的近似计算。**对于各种实际的负反馈放大电路，通常都能满足深度负反馈的条件，故工程上一般采用深度负反馈的近似算法来估算放大电路的性能。

本节主要讨论深度负反馈条件下放大电路的近似计算。

5.3.1 深度负反馈的特点

如前所述深度负反馈的条件为 $|\dot{A}\dot{F}| \gg 1$，通常 $|\dot{A}\dot{F}| > 10$ 就认为满足这个条件。要满足 $|\dot{A}\dot{F}| \gg 1$，需开环增益 $\dot{A}$ 很大，利用集成运放（或多级放大电路）就很容易实现深度负反馈。在这种情况下 $|\dot{A}_f| \approx 1/|\dot{F}|$，若求出反馈系数，就可以计算闭环增益。

在图 5.1.9 反馈放大器方框图中，$\dot{X}_o$、$\dot{X}_f$、$\dot{X}_i$ 可由净输入量 $\dot{X}_i'$ 表示，即

$$\dot{X}_o = \dot{A}\dot{X}_i', \dot{X}_f = \dot{F}\dot{X}_o = \dot{A}\dot{F}\dot{X}_i'$$

$$\dot{X}_f = \dot{X}_i - \dot{X}_i', \text{所以}, \dot{X}_i' = \frac{\dot{X}_i}{1+\dot{A}\dot{F}}$$

当 $|1+\dot{A}\dot{F}| \gg 1$ 时，由上式可知：$\dot{X}_i' \approx 0$，即 $\dot{X}_i \approx \dot{X}_f$。

对于任何组态的负反馈放大电路，只要满足深度负反馈条件，都可以利用 $\dot{X}_f \approx \dot{X}_i$ 的特

点，直接估算闭环电压放大倍数。但是，必须注意对于不同的组态，$\dot{X}_f$、$\dot{X}_i$ 应取不同的电量。对于串联负反馈，反馈信号与输入信号以电压的形式求和，$\dot{X}_f$ 和 $\dot{X}_i$ 都是电压量；对于并联负反馈，反馈信号与输入信号以电流的形式求和，$\dot{X}_f$ 和 $\dot{X}_i$ 都是电流量。因此，$\dot{X}_i' \approx 0$ 可分别表示成以下两种形式。

串联负反馈　$$\dot{U}_f \approx \dot{U}_i \tag{5.3.1}$$

并联负反馈　$$\dot{I}_f \approx \dot{I}_i \tag{5.3.2}$$

可利用上述特点来分析估算具有深度负反馈的电路。

5.3.2　深度负反馈放大电路的计算

在估算闭环电压放大倍数时，必须首先判断负反馈的组态是串联负反馈还是并联负反馈，以便选择式(5.3.1)、式(5.3.2)中的一个，再根据放大电路的实际情况，列出 $\dot{U}_f$ 和 $\dot{U}_i$（或 $\dot{I}_f$ 和 $\dot{I}_i$）的表达式，然后再估算闭环电压放大倍数。

例 5.3.1　电路分别如图 5.1.2(b)、图 5.1.3(b)、图 5.1.5(a)、图 5.1.6(a)、图 5.1.7(a)、图 5.1.8(a)所示，假设各电路均满足深度负反馈条件。试估算各电路的闭环电压放大倍数 $\dot{A}_{uf} = \dfrac{\dot{U}_o}{\dot{U}_i}$。

解：为了估算放大电路的闭环电压放大倍数，应该首先判断各电路中负反馈的组态。

(1)在图 5.1.2 (b)中，反馈信号 $\dot{U}_f$ 与输出电压 $\dot{U}_o$ 成正比，且反馈信号与输入信号以电压形式求和，所以是电压串联负反馈。根据深度负反馈条件，有 $\dot{U}_{id} = \dot{U}_i' = 0, \dot{U}_i = \dot{U}_f$。因为 $\dot{U}_f = \dfrac{R_3}{R_2 + R_3}\dot{U}_o$，所以有

$$\dot{A}_{uf} = \frac{\dot{U}_o}{\dot{U}_i} \approx 1 + \frac{R_2}{R_3}$$

且放大电路的输入电阻 R_{if} 趋于无穷，而放大电路的输出电阻 R_{of} 趋于零。

(2)在图 5.1.3(b)中，反馈信号 $\dot{U}_f$ 与输出电压 $\dot{U}_o$ 成正比，且反馈网络与基本放大器输入端为串联连接方式(对应反馈信号与输入信号以电压形式求和)，所以是电压串联负反馈。根据深度负反馈条件，有 $\dot{U}_{be1} \approx 0, \dot{U}_i \approx \dot{U}_f$。因为 $\dot{U}_f = \dfrac{R_{E1}}{R_{E1} + R_F}\dot{U}_o$，所以

$$\dot{A}_{uf} = \frac{\dot{U}_o}{\dot{U}_i} \approx 1 + \frac{R_F}{R_{E1}}$$

由于偏置电阻 R_{B11}、R_{B12} 并不在输入端反馈环路中，则放大器的输入电阻为

$$R_{if}' = R_{B11} \mathbin{/\!/} R_{B12} \mathbin{/\!/} R_{if} \approx R_{B11} \mathbin{/\!/} R_{B12}$$

放大电路的输出电阻 R_{of} 趋于零。

(3)在图 5.1.5(a)中，反馈信号 $\dot{I}_f$ 取自输出电压 $\dot{U}_o$，与外加输入信号以电流形式求和，因此属于电压并联负反馈。在深度负反馈条件下，有 $\dot{I}_i' \approx 0, \dot{I}_f \approx \dot{I}_i$。由于 $\dot{I}_i' \approx 0$，则可认为运放同相输入端、反相输入端的电压近似等于零。由此，可分别求得 $\dot{I}_i$ 和 $\dot{I}_f$ 为

$$\dot{I}_i=\frac{\dot{U}_i}{R_1},\dot{I}_f=-\frac{\dot{U}_o}{R_F}$$

因 $\dot{I}_f\approx\dot{I}_i$，可得 $-\frac{\dot{U}_o}{R_F}\approx\frac{\dot{U}_i}{R_1}$，则闭环电压放大倍数为

$$\dot{A}_{uf}=\frac{\dot{U}_o}{\dot{U}_i}\approx-\frac{R_F}{R_1}$$

放大电路的输出电阻 R_{of} 趋于零，而放大电路的输入电阻为 $R_{if}=R_1$。

(4)在图 5.1.6(a)中，反馈信号与输出电流 $\dot{I}_o$ 成正比，与输入信号以电压形式求和，属于电流串联负反馈。根据深度负反馈条件，有 $\dot{U}_f\approx\dot{U}_i$。由图可得 $\dot{U}_f=\dot{I}_oR_F\approx\dot{U}_i$，$\dot{U}_o=\dot{I}_oR_L$，则

$$\dot{A}_{uf}=\frac{\dot{U}_o}{\dot{U}_i}\approx\frac{R_L}{R_F}$$

放大电路的输出电阻 R_{of} 趋于无穷大，而放大电路的输入电阻 R_{if} 也是无穷大。

(5)在图 5.1.7(a)中，反馈信号 $\dot{I}_f$ 与输出电流 $\dot{I}_o$ 成正比，并与输入信号以电流形式求和，故属于电流并联负反馈。根据深度负反馈条件，可得 $\dot{I}_i'\approx 0$、$\dot{I}_f\approx\dot{I}_i$。由于 $\dot{I}_i'\approx 0$，集成运放反相输入端、同相输入端的电压近似等于零，由图可得

$$\dot{I}_i=\frac{\dot{U}_i}{R_1},\dot{I}_f=-\frac{\dot{I}_oR_3}{R_3+R_F}=-\frac{\dot{U}_o}{R_L}\frac{R_3}{R_3+R_F}$$

因 $\dot{I}_f\approx\dot{I}_i$，故 $-\frac{\dot{U}_o}{R_L}\times\frac{R_3}{R_3+R_F}\approx\frac{\dot{U}_i}{R_1}$，则闭环电压放大倍数为

$$\dot{A}_{uf}=\frac{\dot{U}_o}{\dot{U}_i}\approx\frac{R_L(R_3+R_F)}{R_1R_3}$$

放大电路的输出电阻 R_{of} 趋于无穷大，而放大电路的输入电阻为 $R_{if}=R_1$。

(6)在图 5.1.8(a)中，反馈信号 $\dot{U}_f$ 与输出回路的电流 $\dot{I}_{e3}$ 成正比，而与输入信号以电压形式求和，故属于电流串联负反馈。根据深度负反馈条件，可得 $\dot{U}_i'\approx 0$、$\dot{U}_f\approx\dot{U}_i$。

因 R_{C3} 与 R_L 并联，有

$$\dot{I}_{e3}=\left(1+\frac{R_L}{R_{C3}}\right)\dot{I}_o$$

$$\dot{U}_o=-\dot{I}_oR_L$$

因 $\dot{U}_i'\approx 0$，则 $I_{e1}\approx 0$，(R_1+R_{E1})与 R_{E3} 并联，可得

$$\dot{U}_{e3}\approx\dot{I}_{e3}\times[R_{E3}\ /\!/\ (R_1+R_{E1})]$$

$$\dot{U}_f\approx\dot{U}_{e3}\times\frac{R_{E1}}{R_{E1}+R_1}=\dot{I}_{e3}\times\frac{R_{E3}R_{E1}}{R_{E3}+R_{E1}+R_1}$$

$$\dot{U}_i\approx\dot{U}_f=\dot{I}_{e3}\times\frac{R_{E3}R_{E1}}{R_{E3}+R_{E1}+R_1}=\dot{I}_o\times\frac{R_{E3}R_{E1}}{R_{E3}+R_{E1}+R_1}\times\left(1+\frac{R_L}{R_{C3}}\right)$$

可得

$$\dot{A}_{uf}=\frac{\dot{U}_o}{\dot{U}_i}\approx-\frac{R_{E3}+R_{E1}+R_1}{R_{E3}R_{E1}}\times\frac{R_LR_{C3}}{R_L+R_{C3}}$$

放大电路的输出电阻为

$$R'_{of}=R_{C3}\ //\ R_{of}\approx R_{C3}$$

放大电路的输入电阻为

$$R'_{if}=R_2\ //\ R_{if}\approx R_2$$

例 5.3.2　设图 5.3.1 中各放大电路的整体反馈均满足深度负反馈条件,试估算各电路的闭环电压放大倍数。

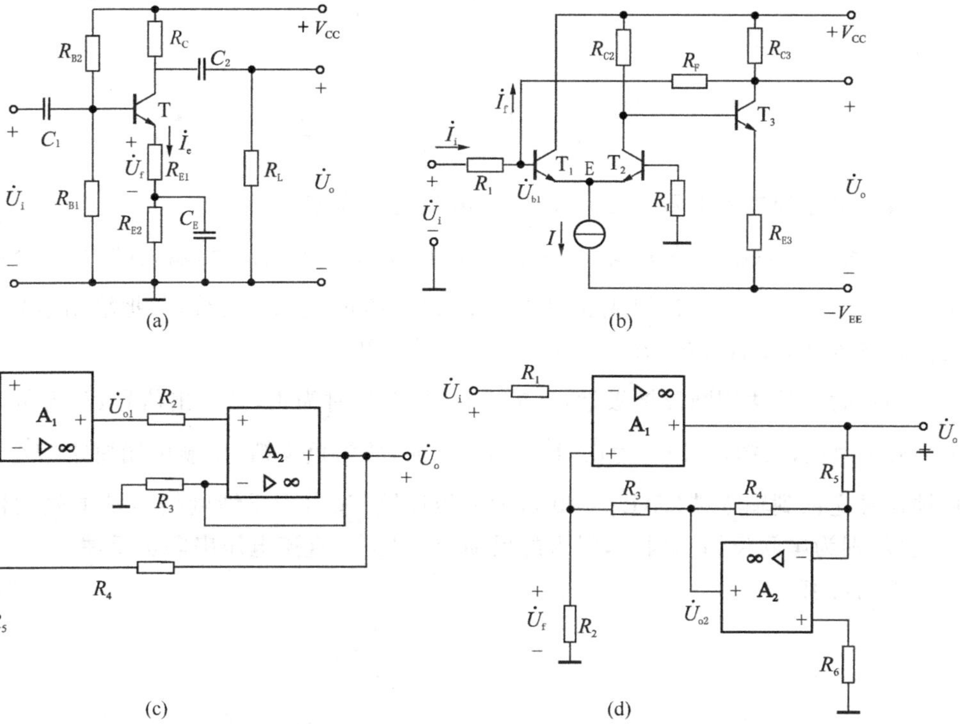

图 5.3.1　例 5.3.2 电路

解:(1)图 5.3.1(a)电路中由 R_{E1} 引入的负反馈组态为电流串联负反馈。在深度负反馈条件下,有 $\dot{U}_f\approx\dot{U}_i$。由图可有

$$\dot{U}_f=\dot{I}_eR_{E1}\approx\dot{I}_cR_{E1}\approx\dot{U}_i$$

且 $\dot{U}_o=-\dot{I}_cR'_L$,其中 $R'_L=R_C\ //\ R_L$。则可得

$$\dot{A}_{uf}=\frac{\dot{U}_o}{\dot{U}_i}\approx\frac{-\dot{I}_cR'_L}{\dot{I}_cR_{E1}}=-\frac{R'_L}{R_{E1}}$$

放大电路的输出电阻为

$$R'_{of}=R_C\ //\ R_{of}\approx R_C$$

放大电路的输入电阻为

$$R'_{if}=R_{B1}\ //\ R_{B2}\ //\ R_{if}\approx R_{B1}\ //\ R_{B2}$$

(2)图 5.3.1(b)电路中由 R_F 引入的负反馈组态为电压并联负反馈。在深度负反馈条件下,有 $\dot{I}_f\approx\dot{I}_i$,三极管 T_1 的对地交流电压 $\dot{U}_{b1}\approx0$,则由图可得 $\dot{I}_i\approx\dfrac{\dot{U}_i}{R_1}$、$\dot{I}_f\approx-\dfrac{\dot{U}_o}{R_F}$,则有

$$\dot{A}_{uf}=\frac{\dot{U}_o}{\dot{U}_i}\approx-\frac{R_F}{R_1}$$

放大电路的输出电阻 $R_{of}\approx 0$，放大电路的输入电阻为 $R_{if}=R_1$。

(3)图 5.3.1(c)电路中由 R_4 与 R_5 引入的负反馈是电压串联负反馈。因集成运放的输入电阻很高，其输入电流近似为零，R_1 上的电流可忽略不计。由图可有

$$\dot{U}_i\approx\dot{U}_f=\dot{U}_o\frac{R_5}{R_4+R_5}$$

可得

$$\dot{A}_{uf}=\frac{\dot{U}_o}{\dot{U}_i}=1+\frac{R_4}{R_5}$$

放大电路的输入电阻为无穷大，输出电阻近似为零。

(4)图 5.3.1(d)电路中，输入信号 $\dot{U}_i$ 从集成运放 A_1 的反相输入端输入，经放大后得到输出信号 $\dot{U}_o$。由 A_2、R_4、R_5 组成反相放大器，以及通过 R_2、R_3 的分压，把输出信号 $\dot{U}_o$ 送回到 A_1 的同相输入端，故 A_2、R_4、R_5、R_2、R_3 组成了反馈网络。

用瞬时极性法判断反馈极性：设输入信号 $\dot{U}_i$ 瞬时为正，则输出信号 $\dot{U}_o$ 为负，经 A_2 反相放大后 $\dot{U}_{o2}$ 为正，反馈信号 $\dot{U}_f$ 为正，$\dot{U}_f$ 与 $\dot{U}_i$ 抵消，故为负反馈；当输出端短路($\dot{U}_o=0$)时，没有反馈信号送回到输入端(即 $\dot{U}_f=0$)，为电压反馈；又由于反馈网络与基本放大器输入端是串联连接，则为串联反馈。因此，引入的反馈组态是交、直流电压串联负反馈。

由图可有

$$\dot{U}_{o2}=-\frac{R_4}{R_5}\dot{U}_o$$

$$\dot{U}_i\approx\dot{U}_f=\frac{R_2}{R_2+R_3}\dot{U}_{o2}=-\frac{R_4}{R_5}\frac{R_2}{R_2+R_3}\dot{U}_o$$

可得

$$\dot{A}_{uf}=\frac{\dot{U}_o}{\dot{U}_i}=-\frac{R_5(R_2+R_3)}{R_2R_4}$$

放大电路的输入电阻为无穷大，输出电阻近似为零。

例 5.3.3　图 5.3.2 所示为两级放大器，第一级是场效应管差分放大器，第二级为由运放组成的反相放大器。设 $R_1=1\text{k}\Omega$，$R_{F1}=R_{F2}=20\text{k}\Omega$。要求：

(1)为了进一步提高输出电压的稳定度，应如何引入反馈？

(2)求开环电压放大倍数 $\dot{A}_u=\dot{U}_o/\dot{U}_i$；

(3)计算闭环电压放大倍数 $\dot{A}_{uf}=\dot{U}_o/\dot{U}_i$；

(4)如果指定要求引入电压并联负反馈，电路又应如何连接？

解：(1)由于需要进一步提高输出电压的稳定度，则应引入电压负反馈。如图 5.3.2 中虚线所示，可有两种连接方式：一种将反馈引到 T_1 管栅极(开关 K 与 b 点连接)构成并联反馈，另一种是将反馈引到 T_2 管栅极(开关 K 与 a 点连接)构成串联反馈。用瞬时极性判别法进行分

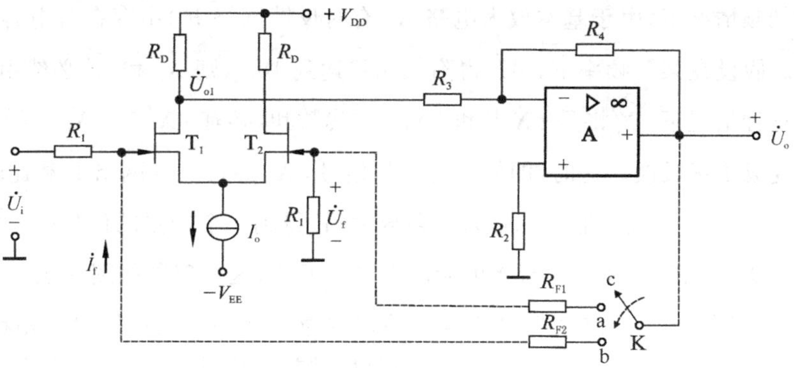

图 5.3.2　例 5.3.3 电路

析，可知，开关 K 与 b 点连接时构成了正反馈，而开关 K 连接 a 点时引入了负反馈。因此，开关 K 应与 a 点连接，引入电压串联负反馈。

(2)在没有负反馈时(开关 K 与 c 点连接)，有

$$\dot{A}_u=\frac{\dot{U}_o}{\dot{U}_i}=\frac{\dot{U}_{o1}}{\dot{U}_i}\frac{\dot{U}_o}{\dot{U}_{o1}}=\dot{A}_{u1}\dot{A}_{u2}$$

式中，$\dot{A}_{u1}=\dfrac{\dot{U}_{o1}}{\dot{U}_i}=-0.5g_m(R_D\mathbin{/\!/}R_3)$，$\dot{A}_{u2}=\dfrac{\dot{U}_o}{\dot{U}_{o1}}=-\dfrac{R_4}{R_3}$。

(3)开关 K 连接 a 点时，电压串联负反馈的闭环电压放大倍数为

$$\dot{A}_{uf}=\frac{\dot{U}_o}{\dot{U}_i}=1+\frac{R_{F1}}{R_1}=1+\frac{20\text{k}\Omega}{1\text{k}\Omega}=21$$

(4)由于必须引入电压并联负反馈，最简单的方法是将第一级场效应管放大器的输出由 T_1 管漏极改为 T_2 管的漏极，然后把开关 K 与 b 点连接即可。

由以上分析可知，在深度负反馈条件下，负反馈放大电路的闭环电压放大倍数的估算比较简单。

思　考　题

5.3.1　在负反馈放大电路中，虚短和虚断的物理意义是什么？

5.3.2　在什么情况下可以用于负反馈电路放大倍数的分析计算？

5.4　负反馈放大电路的稳定性分析

5.4.1　负反馈放大电路的自激振荡与稳定性工作条件分析

1. 产生自激振荡的原因与条件

在中频区，负反馈放大器中反馈信号 $\dot{X}_f$ 与净输入信号 $\dot{X}_i$ 相位相同，$\dot{X}_f$ 将抵消部分输入信号 $\dot{X}_i$，则必有 $|\dot{X}_i'|<|\dot{X}_i|$。这样，负反馈使放大器的输出信号 $\dot{X}_o$ 减小。

在高频和低频情况下，由于基本放大电路 $\dot{A}$（有时反馈网络 $\dot{F}$）中存在有电容元件，使得 $\dot{A}\dot{F}$ 产生附加相移。假设在某一频率下，$\dot{A}\dot{F}$ 得附加相移达到 180°，则 $\dot{X}_f$ 和 $\dot{X}_i'$ 必然由中频时的同相变为反相。在这种情况下，$\dot{X}_i'$ 将是 $|\dot{X}_i|$ 和 $|\dot{X}_f|$ 的代数和，必有 $|\dot{X}_i'|>|\dot{X}_i|$，导致 $|\dot{X}_o|$ 增大，原来的负反馈变成了正反馈。这时，即使没有外加信号，$\dot{X}_o$ 经过反馈网络 $\dot{F}$ 和比较电路后，得到 $\dot{X}_i'=0-\dot{X}_f=-\dot{F}\dot{X}_o$，送到放大器 $\dot{A}$ 的输入端再放大后，得到一个增强的信号（$-\dot{A}\dot{F}\dot{X}_o$），如果这个信号正好等于 $\dot{X}_o$，则负反馈放大器将可能产生自激振荡，这种现象如图 5.4.1 所示。

由此可知，负反馈放大电路产生自激振荡的根本原因之一是 $\dot{A}\dot{F}$ 的附加相移。

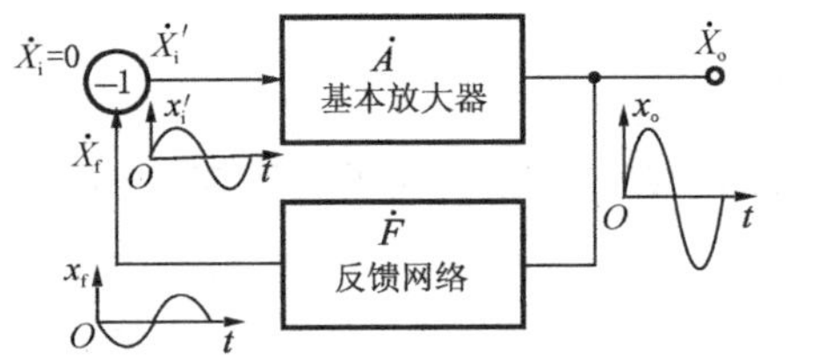

图 5.4.1　负反馈放大器的自激振荡现象

当负反馈放大电路发生自激振荡时，必然有

$$\dot{A}\dot{F}=-1 \tag{5.4.1}$$

式(5.4.1)可以分别用模和相角表示为

$$|\dot{A}\dot{F}|=1 \tag{5.4.2}$$

$$\varphi_{AF}=\varphi_A+\varphi_F=\pm(2n+1)\pi,(n=0,1,2,\cdots) \tag{5.4.3}$$

式(5.4.2)和式(5.4.3)分别表示负反馈放大电路产生自激振荡的**幅度条件**和**相位条件**。

2. 自激振荡的判断方法

在自激振荡的条件中，当相位条件满足时，若相应有 $|\dot{A}\dot{F}|\geqslant 1$，则负反馈放大器将产生自激振荡。当 $|\dot{A}\dot{F}|\geqslant 1$ 时，输入信号经过放大和反馈环节，其输出正弦波的幅度要逐步增大，直到由电路元件的非线性限定的某个幅值为止，从而维持等幅振荡。为了判断负反馈放大电路是否可能振荡，可利用其环路增益 $\dot{A}\dot{F}$ 的波特图，综合分析 $\dot{A}\dot{F}$ 的幅频响应特性和相频响应特性，判断是否同时满足自激振荡的幅度条件和相位条件。

下面以有三个极点频率的多级放大电路频率响应为例进行分析。设反馈网络为电阻网络，则 $\dot{F}$ 为与频率无关的实数，即 $|\dot{F}|$ 为常数、$\varphi_F=0$ 或 180°。假设基本放大电路放大倍数 $\dot{A}$ 的表达式为

$$\dot{A}=\frac{-10^5}{\left(1+\mathrm{j}\dfrac{f}{0.2}\right)\left(1+\mathrm{j}\dfrac{f}{1}\right)\left(1+\mathrm{j}\dfrac{f}{5}\right)}$$

式中，f 的单位是 MHz。根据上述表达式可画出相应的波特图，如图 5.4.2 所示。

从相频响应特性中可以看到当信号频率约为 2.5MHz 时，输入与输出的相移 φ 是 −360°，或者说附加相移 $\Delta\varphi$ 是 −180°（图 5.4.2）。而在与它对应的幅频响应特性中，放大倍数约为 68.5dB（即 2661 倍左右）。那么，若反馈系数 $|\dot{F}|\geqslant\dfrac{1}{2661}$，则能满足 $|\dot{A}\dot{F}|>1$。这样对于 2.5MHz 的信号就满足自激振荡的条件，将会产生自激振荡。例如，若某集成运放的频率响应如上所述，用该运放组成如图 5.1.2(b)所示的负反馈放大电路。当取 $R_3=1\text{k}\Omega$、$R_2=10\text{k}\Omega$ 时，有 $\dot{F}=R_3/(R_3+R_2)=1/11$，$|\dot{A}\dot{F}|=2661\times(1/11)\approx 242\gg 1$，则该负反馈放大电路就会产生自激振荡。

由以上分析可以看到，当负反馈放大器的 φ_{AF} 为 $\pm 180°$ 时，若所对应的 $20\lg|\dot{A}|+20\lg|\dot{F}|\geqslant 0\text{dB}$，则有可能会产生自激振荡；若 $20\lg|\dot{A}|+20\lg|\dot{F}|<0\text{dB}$，则不会产生自激振荡。对于具有图 5.4.2 所示频率响应特性的放大电路，在组成负反馈电路时，反馈系数 $|\dot{F}|$ 越大，产生自激振荡的可能性就越大。

3. 负反馈放大电路的稳定裕度

为了使设计的负反馈放大电路能稳定可靠地工作，不但要求它在预定的工作条件下不产生自激振荡，而且当环境温度、电路参数及电源电压等因素在一定的范围内发生变化时也能满足稳定条件，为此要求放大电路要有一定的**稳定裕度**。所谓稳定裕度，是指放大电路远离自激的程度。通常采用**增益裕度**(也称幅度裕度)或**相位裕度**指标作为衡量的标准。现在结合图 5.4.3 来加以说明。

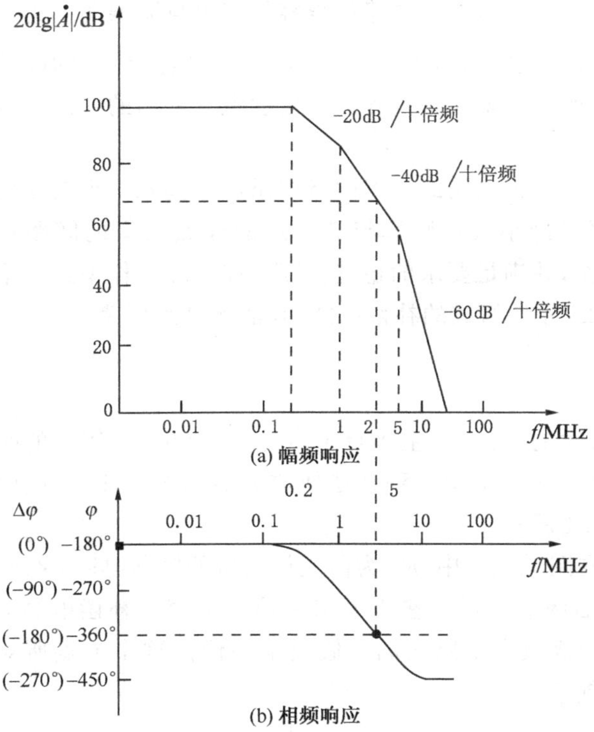

图 5.4.2 多级放大电路的频率响应特性

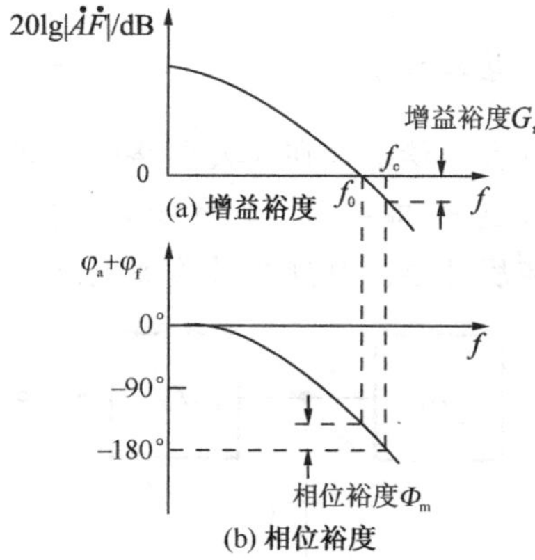

图 5.4.3 反馈放大电路 $\dot{A}\dot{F}$ 的波特图

1) 增益裕度 G_m

由图 5.4.3 可见，当 $f=f_c$ 时，$\varphi_{AF}=-180°$，此时 $20\lg|\dot{A}\dot{F}|<0$，因此负反馈放大电路是稳定的。通常将 $\varphi_{AF}=-180°$ 时的 $20\lg|\dot{A}\dot{F}|$ 小于 0dB(即 $|\dot{A}\dot{F}|=1$)的数值定义为幅度裕度 G_m，即

$$G_m = 0-20\lg|\dot{A}\dot{F}|_{f=f_c}(\text{dB}) = -20\lg|\dot{A}\dot{F}|_{f=f_c}(\text{dB}) \tag{5.4.4}$$

对于稳定的负反馈放大电路，其 G_m 应为正值。G_m 值越大，表示负反馈放大电路越稳定。一般的负反馈放大电路要求 $G_m\geqslant 10\text{dB}$。

2)相位裕度 Φ_m

也可以从另一个角度来描述负反馈放大电路的稳定裕度。由图 5.4.3 可见，当 $f = f_0$ 时，$20\lg|\dot{A}\dot{F}| = 0$，此时相应有 $|\varphi_{AF}| < 180°$，说明负反馈放大电路是稳定的。通常将 $|\dot{A}\dot{F}| = 1$ 时，$|\varphi_{AF}|$ 偏离180°的数值定义为相位裕度 Φ_m，即

$$\Phi_m = 180° - |\varphi_{AF}|_{f=f_0} \tag{5.4.5}$$

对于稳定的负反馈放大电路，$|\varphi_{AF}|_{f=f_0} < 180°$，因此 Φ_m 是正值。Φ_m 越大，表示负反馈放大电路越稳定。一般的负反馈放大电路要求 $\Phi_m \geqslant 45°$。

相位裕度 Φ_m 和增益裕度 G_m 都可用来表示放大电路远离自激的程度，两者是等价的。

5.4.2　常用的频率补偿方法

前面利用波特图分析了具有什么样频率特性的电路可能会产生自激振荡。从分析中可以看出，负反馈越强(即 $|\dot{F}|$ 值越大)，相应 $|\dot{A}\dot{F}|$ 越大，放大电路就越容易产生自激振荡。为了使放大器稳定就要尽量减小 $|\dot{F}|$ 值，但是这样做会使反馈深度不够，对放大电路性能的改善就不利。能否在加强负反馈深度时又能保证所需的增益裕度和相位裕度呢？常用的办法是**频率(或相位)补偿法**。

频率(或相位)补偿的根本思想就是在基本放大电路或反馈网络中添加一些元件来改变反馈放大电路的开环频率特性(主要是把高频时最小极点频率与其相近的极点频率的间距拉大)，破坏自激振荡条件，以保证闭环稳定工作，并满足要求的稳定裕度。在实际工作中经常采用的方法是在基本放大器中接入由电容或 RC 元件组成的补偿电路，来消除自激振荡。

1. 电容补偿

电容补偿法是在放大电路中时间常数最大的节点(即主极点节点)上并接电容，使它的时间常数更大(即主极点频率变低)的一种补偿方法。由于这种补偿使放大器的相位滞后，因此属于**滞后补偿**。其连线及等效电路如图 5.4.4 所示。

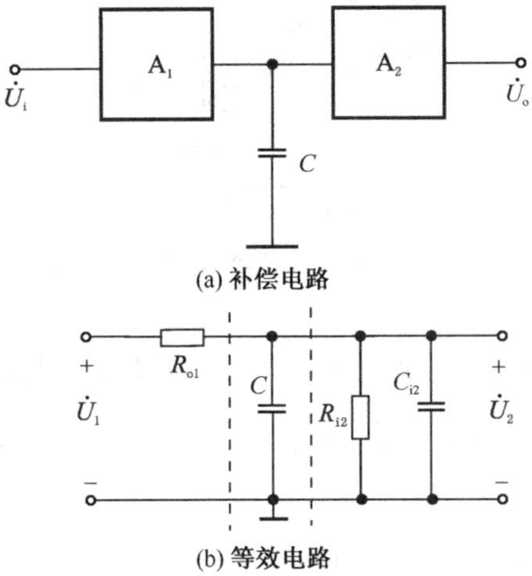

图 5.4.4　电容补偿电路

在图 5.4.4 中，R_{o1} 为前级放大器的输出电阻，R_{i2} 和 C_{i2} 为后级放大器的输入电阻和输入电容。补偿电容 C 接在两级放大电路之间。假设未补偿前这个节点所对应的频率为

$$f_1 = \frac{1}{2\pi(R_{o1} /\!/ R_{i2})C_{i2}} \tag{5.4.6}$$

式中，f_1 是起主要作用的转折点频率，则补偿后变成为

$$f_1' = \frac{1}{2\pi(R_{o1} /\!/ R_{i2})(C + C_{i2})} \tag{5.4.7}$$

选择合适的 C，使幅频特性中 -20dB/十倍频段加长，直至与原来的 f_2 (次小的转折点频率)相交于幅值为 0dB，如图 5.4.5 所示。这样做使 0dB 点以上只存在一个转折点。同时，对应 f_2 时的附加相移约为 $-90° + (-45°) = -135°$，尚有 45°的相位裕度。

以图 5.4.2 所示的频率特性为例。根据上述原则，$f_2=10^6\text{Hz}$，在图 5.4.5 中按 -20dB/十倍频的斜率上移并交于幅频特性的平坦部分 $f=10\text{Hz}$(即 f_1' 值)处，由式(5.4.7)即可定出 C。此时放大倍数为

$$\dot{A}=\frac{-10^5}{\left(1+\mathrm{j}\frac{f}{10}\right)\left(1+\mathrm{j}\frac{f}{10^6}\right)\left(1+\mathrm{j}\frac{f}{5\times10^6}\right)}$$

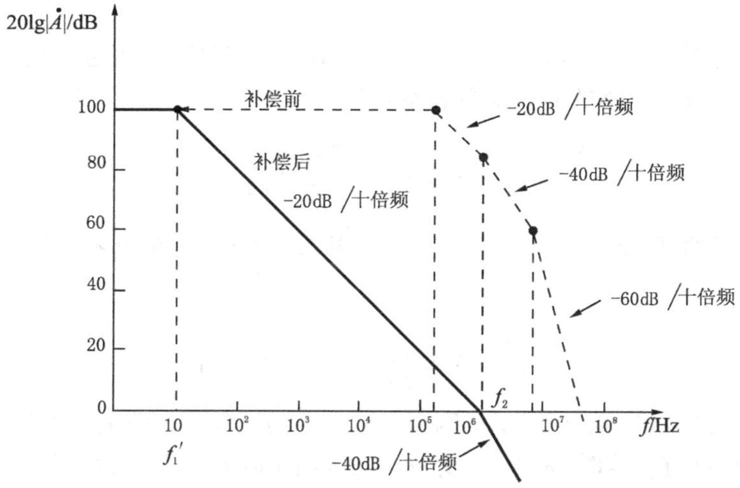

图 5.4.5　电容补偿前后的幅频响应特性

虽然频率响应中还有三个转折点，但 0dB 以上只有一个转折点。因此，即使在接成电压跟随器时电路也是稳定的。

这种电容补偿方法简易可行，然而却使得放大电路的频带变窄了。

2. *RC* 补偿

RC 补偿的基本思路是设法在 $\dot{A}$ 的表达式的分子中引入一个零点，与其分母中的一个极点相抵消，从而使频带尽量宽一些，这种方法常称为**零极点抵消补偿法**，如图 5.4.6(a)所示电路。它与图 5.4.4(a)相比，用 *RC* 代替 *C* 构成了补偿电路，等效电路如图 5.4.6(b)所示。

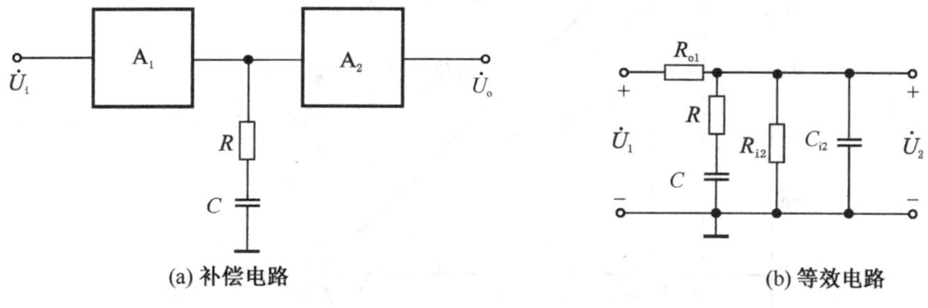

图 5.4.6　*RC* 补偿电路

注意到图中只有 R、C 两个元件值待定，因此只需要两个条件就能唯一地确定，即一个与零点对应的频率相联系，另一个与最小极点(常成为**主极点**) f_1' 相联系。选择 $C\gg C_{i2}$，$R\ll$

$(R_{o1} // R_{i2})$，则传递系数为

$$\dot{A}_{RC}=\frac{\dot{U}_2}{\dot{U}_1'}\approx\frac{R+\dfrac{1}{j\omega C}}{R'+R+\dfrac{1}{j\omega C}}=\frac{1+j\omega RC}{1+j\omega(R'+R)C}$$

式中，$f_2'\approx\dfrac{1}{2\pi RC}$，$f_1'\approx\dfrac{1}{2\pi(R+R_{o1}//R_{i2})C}\approx\dfrac{1}{2\pi(R_{o1}//R_{i2})C}$，$f_1''\approx\dfrac{1}{2\pi(R//R_{o1}//R_{i2})C_{i2}}\approx\dfrac{1}{2\pi RC_{i2}}$。

显然有：$f_1'<f_2'$，$f_1'\ll f_1$，$f_1''\gg f_1$，$f_1''\gg f_2'$，故在极点 f_1'、f_2' 附近，可忽略 f_1'' 的影响。

设未经补偿的放大电路的放大倍数表达式为

$$\dot{A}=\frac{A_m}{\left(1+j\dfrac{f}{f_1}\right)\left(1+j\dfrac{f}{f_2}\right)\left(1+j\dfrac{f}{f_3}\right)}$$

因加入补偿电路使主极点由 f_1 改为 f_1'。并引入一零点，其对应频率为 f_2'，则有

$$\dot{A}=\frac{A_m\left(1+j\dfrac{f}{f_2'}\right)}{\left(1+j\dfrac{f}{f_1'}\right)\left(1+j\dfrac{f}{f_2}\right)\left(1+j\dfrac{f}{f_3}\right)}$$

如果选择合适的 RC，使 $f_2'=f_2$，则可将式中含 f_2 的因式消去，代替 f_2 的是比它大的 f_3。因此，选择 f_1' 进行补偿时，是以 f_3 所对应的幅值下降到 0dB 为准。这样就使带宽有所改善(由于 $f_1'<f_2'$，这是可能实现的)。现在仍然以前面例子来说明：若 $f_2'=f_2=1\text{MHz}$，则图 5.4.7 中，由 $f_3=5\times10^6\text{Hz}$ 与 0dB 的交点按 -20dB/十倍频的斜率向上与 100dB 相交在 50Hz(即 f_1')。此时 $\dot{A}$ 的表达式为

$$\dot{A}=\frac{-10^5}{\left(1+j\dfrac{f}{50}\right)\left(1+j\dfrac{f}{5\times10^6}\right)}$$

可见比单纯用电容进行补偿的方式在频宽方面有所改善。

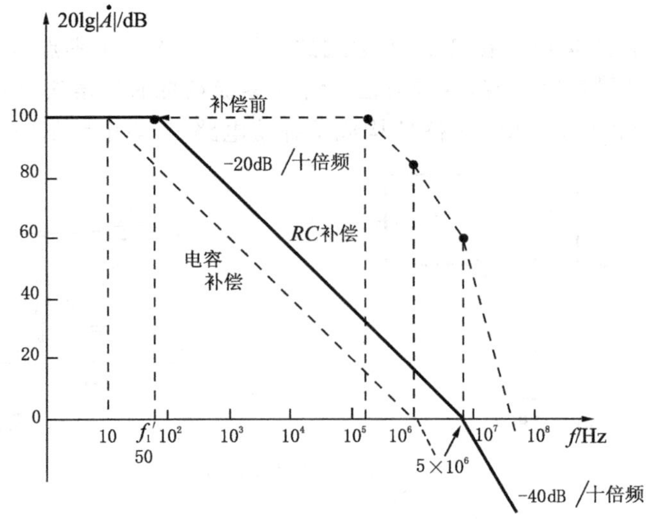

图 5.4.7　RC 补偿前后的幅频响应特性

在实际工作中，应先从集成运放的幅频响应特性中找出第二个转折点频率 f_2，然后选择 $RC=\frac{1}{2\pi f_2}$，并且在满足 $C\gg C_{i2}$、$R\ll(R_{o1}\,/\!/\,R_{i2})$ 的条件下，可分别定出 R、C 的值。

RC 补偿电路应加在时间常数最大（对应主极点频率）的放大级。通常可接在前级输出电阻与后级输入电阻都比较高的地方。

3. 密勒效应补偿

前面两种补偿电路所需的电容、电阻值一般都比较大，不便于系统集成。实际工作中常常利用密勒效应，将补偿电路跨接在放大电路中，如图 5.4.8 所示。这样折合到 A_2 输入端的等效阻抗就会减小约 A_2 倍，即实际所需的电容量可大大减小。例如，集成运放 F007 中的相位补偿就是采用这种方式，在中间级跨接一个 30pF 的电容。若 A_2 为 1000，则相当于在中间级的输入端对地之间并联了一个 30000pF 的电容，补偿效果很好。

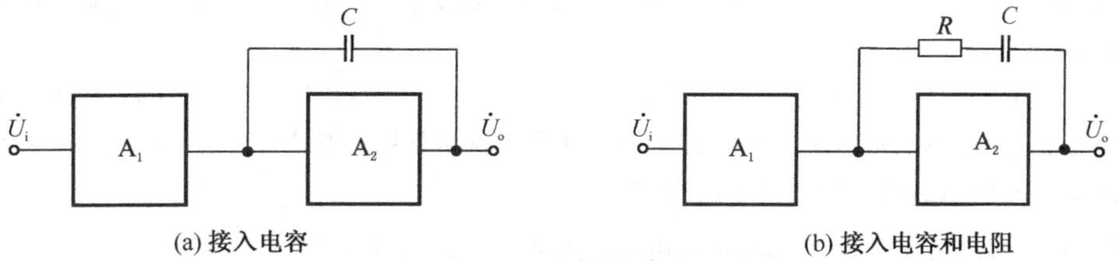

图 5.4.8 密勒电容补偿法

除了以上介绍的补偿方法外，还有很多其他的补偿办法，读者可参考有关文献。

思 考 题

5.4.1 什么叫自激振荡？负反馈放大电路在什么情况下会产生自激振荡？

5.4.2 什么是增益裕度和相位裕度？

5.4.3 什么是相位补偿？说明利用相位补偿来消除负反馈放大电路自激振荡的思想及其物理含义。

本 章 小 结

1. 反馈是将放大电路输出信号中的一部分或全部按一定的方式回送到输入回路并影响输入量的连接方式。若电路中除放大通路之外还存在有信号反向传输的通路，则称为反馈放大电路（闭环）。反之，则称为基本放大电路（开环）。

反馈极性判断采用瞬时极性法。若反馈引入后削弱了原输入信号，使得放大电路的输出信号减小，则为负反馈。反之，则为正反馈；若反馈只对交流信号起作用（即反馈量中仅包含交流成分），则为交流反馈。若反馈只对直流信号起作用（即反馈量中仅包含直流成分），则为直流反馈。

根据负反馈信号在放大电路输出端采样方式，以及在输入回路中求和形式的不同，共有四种类型或组态。

（1）电压串联负反馈：反馈信号与输出电压成比例，与原输入信号以电压形式求和。

（2）电压并联负反馈：反馈信号与输出电压成比例，与原输入信号以电流形式求和。

（3）电流串联负反馈：反馈信号与输出电流成比例，与原输入信号以电压形式求和。

（4）电流并联负反馈：反馈信号与输出电流成比例，与原输入信号以电流形式求和。

2. 反馈对放大电路的性能有影响。正反馈会使放大电路的放大倍数增大，容易引起放大电路自激振荡，常用于正弦波振荡器中，但在一般放大电路中很少应用；负反馈能够改善放大电路性能，在一般放大电路中常常引入负反馈。其中直流负反馈用于稳定放大电路的静态工作点，而交流负反馈则用于改善放大电路动态性能指标。虽然交流负反馈减小了放大倍数，但能提高放大倍数稳定性、减小非线性失真、扩展通频带、改变输入与输出电阻等。

不同组态的负反馈对放大电路的输入电阻和输出电阻将有不同的影响：电压负反馈能稳定输出电压，同时降低了输出电阻；电流负反馈能稳定输出电流，同时提高了输出电阻；串联负反馈可提高放大电路的输入电阻，而并联负反馈则降低输入电阻。

3. 应当根据实际工程需要，来引入合适的负反馈组态。

(1) 要稳定直流量(如静态工作点)，则应引入直流负反馈。

(2) 要改善放大电路交流性能(如稳定放大倍数、展宽通频带等)，则应引入交流负反馈。

(3) 在负载 R_L 变化时，若想使输出电压稳定，则应引入电压负反馈。若想使输出电流稳定，则应引入电流负反馈。

(4) 若需要提高放大电路的输入电阻 R_i，则应引入串联负反馈。若要减小放大电路的输入电阻 R_i，则应引入并联负反馈。

4. 负反馈放大电路的分析方法主要有：等效电路法、方框图法、深度负反馈条件下的近似计算法。实际负反馈放大电路中一般都满足深度负反馈条件，因此工程上常常采用近似计算法来分析负反馈放大器性能。

深度负反馈放大电路电压放大倍数的估算方法：

(1) 对于电压串联负反馈放大电路，可利用关系式 $A_{uf}\approx\dfrac{1}{F_u}$ 直接估算。

(2) 对于其他三种组态的负反馈放大电路，均可利用关系式 $\dot{X}_f\approx\dot{X}_i$ 来估算电压放大倍数。

5. 负反馈放大电路产生自激振荡的原因是：在高频和低频情况下，$\dot{A}\dot{F}$ 会产生附加相移。当附加相移为 180°时，负反馈就变成了正反馈，就可能产生自激振荡。因此，自激振荡的条件为 $\dot{A}\dot{F}=-1$；要判断负反馈放大电路是否可能振荡，一般是利用其环路增益 $\dot{A}\dot{F}$ 的波特图，综合分析 $\dot{A}\dot{F}$ 的幅频响应和相频响应特性，判断是否同时满足自激振荡的幅度条件和相位条件。为了使设计的负反馈放大电路能够稳定可靠工作，要求放大电路有一定的稳定裕度。通常采用增益裕度或相位裕度指标作为衡量的标准。

为保证负反馈放大电路有一定的稳定裕度，常采用的频率补偿方法有：电容补偿、RC 补偿和密勒效应补偿。

习　　题

5.1　判断题图 5.1(a)～(f)所示电路中哪些是负反馈？哪些是正反馈？哪些是交流反馈？

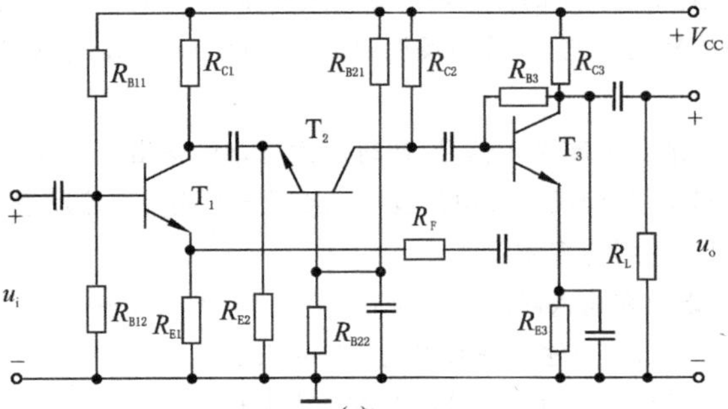

(a)

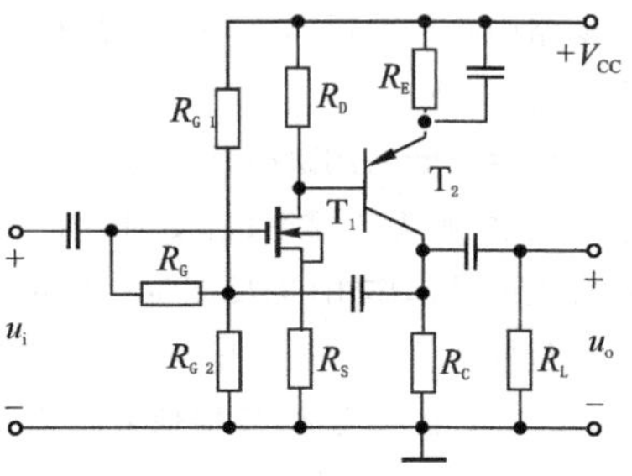

(b)

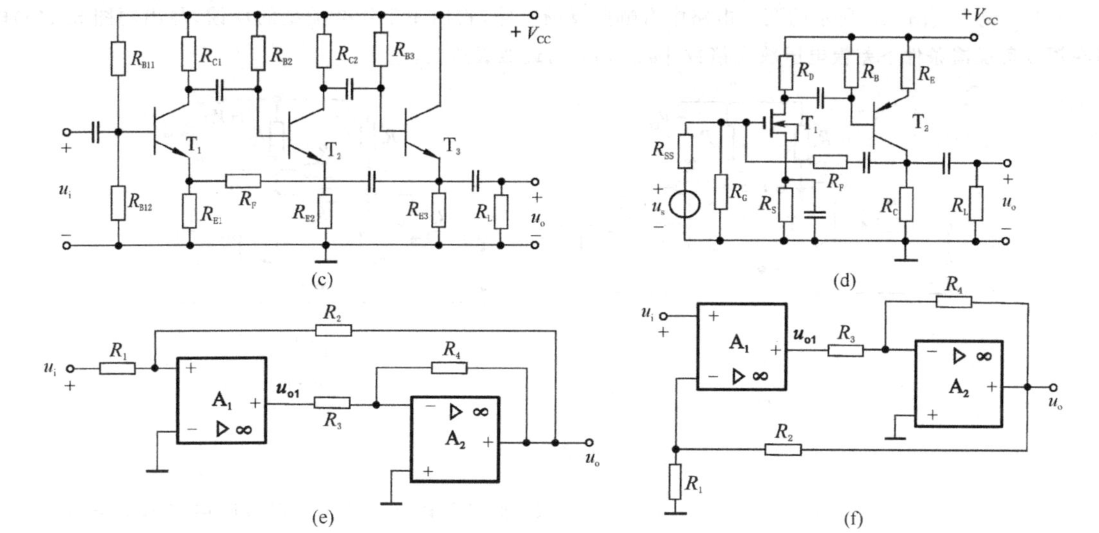

题图 5.1

5.2　试判断题图 5.2(a)～(d)各电路中反馈的极性和组态。

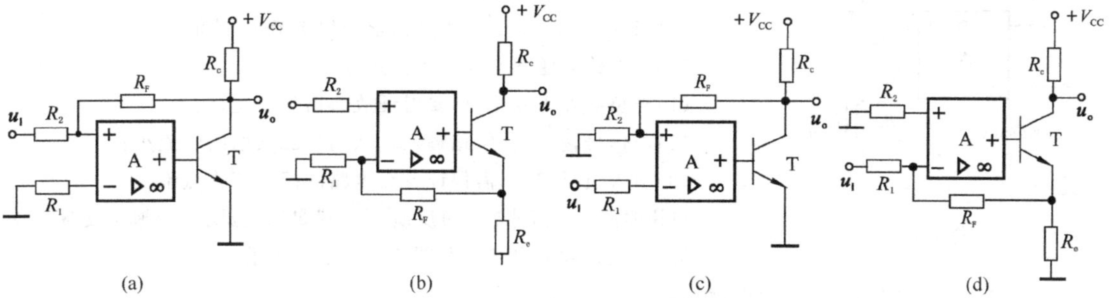

题图 5.2

5.3　判断题图 5.3(a)～(d)中各电路所引反馈的极性及交流反馈的组态。

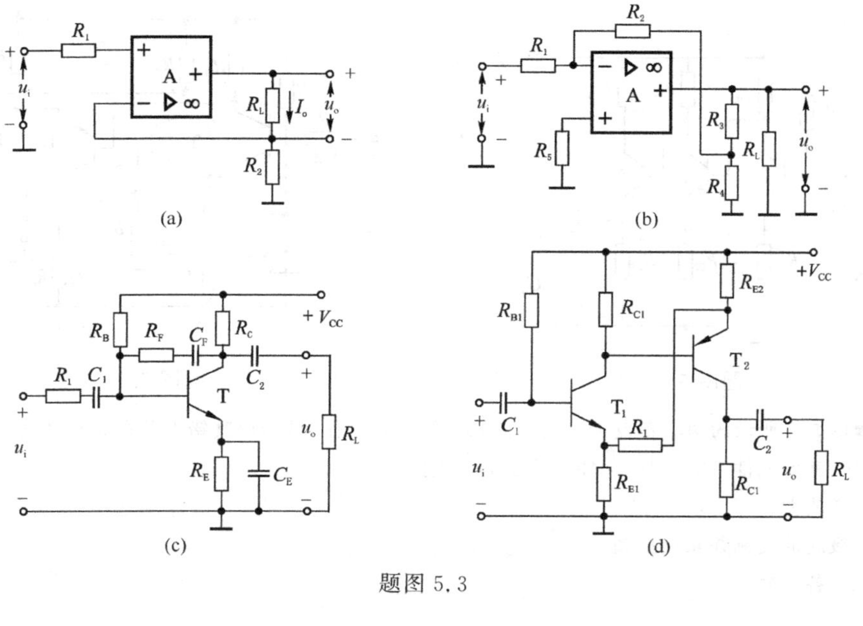

题图 5.3

5.4　说明题图 5.4 所示的两个电路中有哪些反馈支路，它们属于什么类型的反馈，写出题图 5.4(a)电路在深度负反馈条件下差模电压放大倍数 $|u_{od}/u_{id}|$ 的近似表达式。

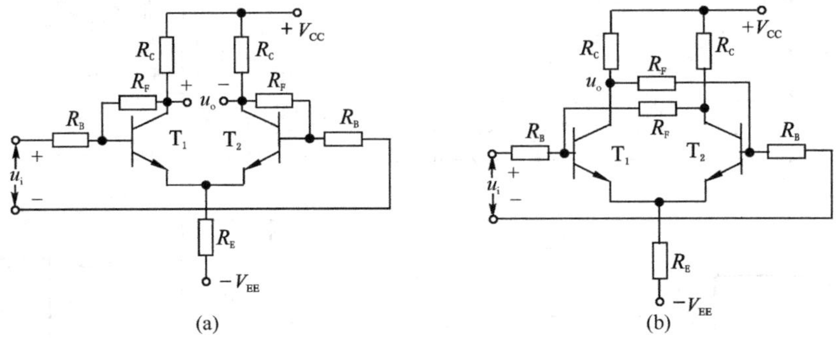

题图 5.4

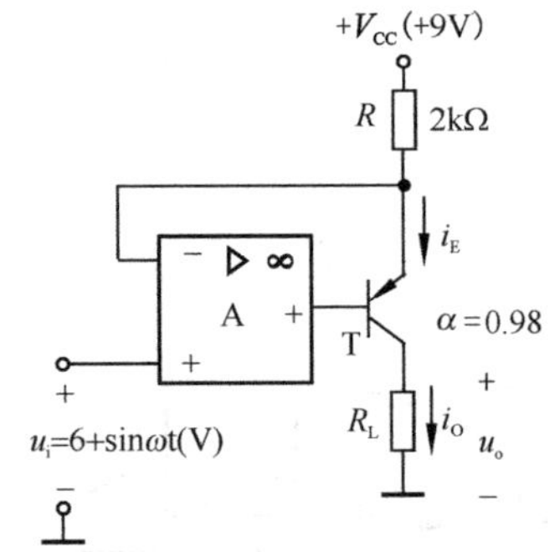

题图 5.5

5.5　反馈放大电路如题图 5.5 所示。设集成运放 A 具有理想的特性，晶体管 T 的电流放大系数 $\alpha = 0.98$。要求：

(1)判断电路中交流反馈的极性与组态；

(2)求出其反馈系数；

(3)当 $u_I = 6 + \sin\omega t$ (V)时，求输出电流 i_O 的值。

5.6　电路如题图 5.6 所示。要求：

(1)当负载发生变化时，要保证放大倍数稳定；

(2)当信号输入后，电路输入端从信号源索取的电流小；

(3)引入负反馈后，需保证各级电路的静态工作点不变。

试说明需引入何种类型负反馈，才能满足以上要求。并画出反馈支路。

5.7　反馈放大电路如题图 5.7 所示。试求：

(1)判断图中的级间反馈的极性或组态(负反馈应讨论组态)；

(2)若满足深负反馈条件，则 $A_{uf} = u_o/u_i$、R_{if}、R_{of} 各为多少？

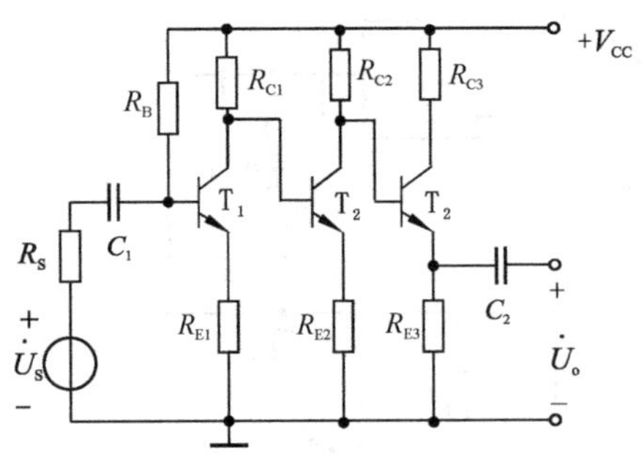

题图 5.6

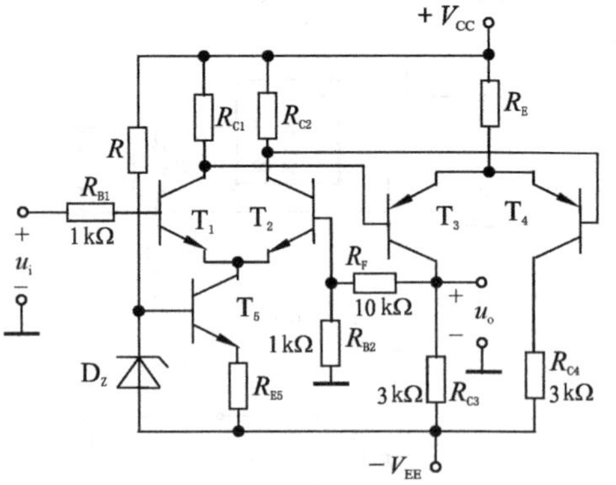

题图 5.7

5.8　题图 5.8 所示的两个负反馈放大电路都不能正常工作，试指出其错误并在原有基础上予以改正(晶体管不能更换，其他元件不能增加)。要求改正后的电路：

(1)能正常放大；

(2)存在级间的交流并联负反馈；

(3)能稳定各级静态工作点。

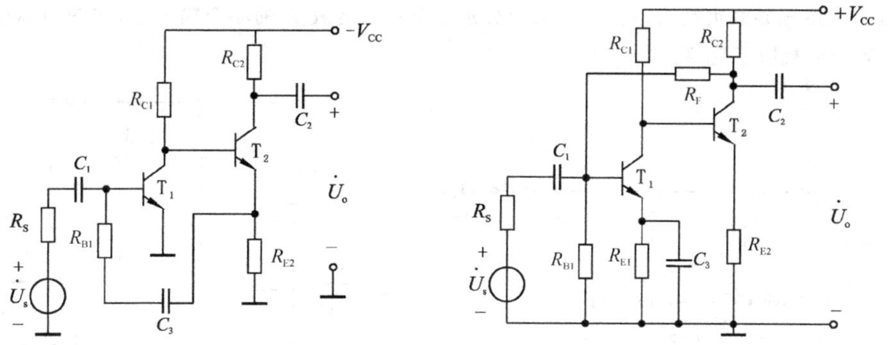

(a)　　　　　　　　(b)

题图 5.8

5.9　在题图 5.9 所示的放大电路中，两个晶体管的 β 均为 100，r_{be} 均为 4kΩ。试求：

(1)求 $\dfrac{\dot{U}_o}{\dot{U}_i}$、$R_i$ 和 R_o；

(2)为了在 R_{C2} 变化时仍能得到稳定的输出电流 $\dot{I}_o$（$\dot{I}_o$ 是 T_2 集电极到发射极的电流），应如何引入一个级间反馈电阻 R_f（在图中画出）？要求引入的反馈电阻不影响原静态工作点。

(3)若 $R_f = 10\text{k}\Omega$，则引入反馈后的电压放大倍数 $\dot{A}_{uf}$ 大约为多大？此时的输入电阻 R_{if} 和输出电阻 R_{of} 又大致是多少？

5.10　判断题图 5.10 所示电路中级间交流反馈的极性和组态。设电路中各晶体管的 β、r_{be} 均为已知，试写出该反馈网络的反馈系数的表达式。

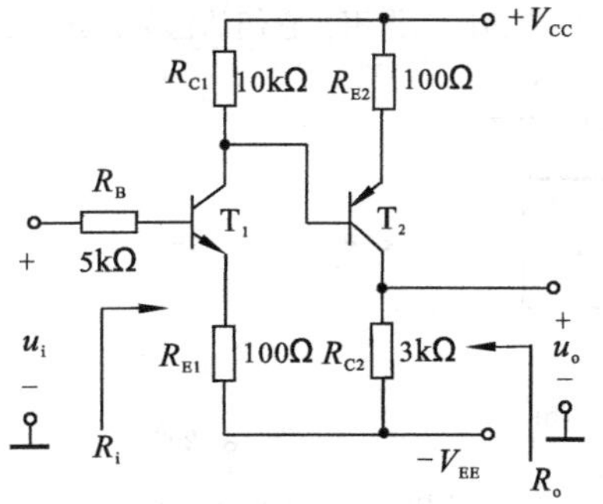

题图 5.9

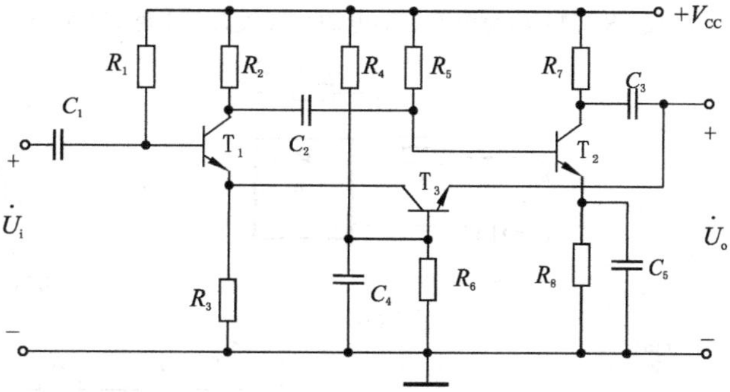

题图 5.10

5.11　电路如题图 5.11 所示。试求：

(1)计算在未接入 T_3 且 $u_i = 0$ 时，T_1 管的 U_{C1Q} 和 U_{EQ}。设 $\beta_1 = \beta_2 = 100$，$U_{BE1Q} = U_{BE2Q} = 0.7\text{V}$。

(2)计算当 $u_i = +5\text{mV}$ 时，u_{C1}、u_{C2} 各是多少？给定 $r_{be} = 10.8\text{k}\Omega$。

(3)如接入 T_3 并通过 c_3 经 R_F 反馈到 b_2，试说明 b_3 应与 c_1 还是 c_2 相连才能实现负反馈。

(4)在(3)情况下，若 $|\dot{A}\dot{F}| \gg 1$，试计算 R_F 应是多少才能使引入负反馈后的电压放大倍数 $\dot{A}_{uf} = 10$？

5.12　由差动放大器和集成运算放大器组成的反馈放大电路如题图 5.12 所示。试求：

(1)当 $u_i = 0$ 时，$U_{C1} = U_{C2} = $？设 $U_{BE} = 0.7\text{V}$。

(2)要使由 u_o 到 b_2 的反馈为电压串联负反馈，则 c_1 和 c_2 应分别接至集成运放 A 的哪个输入端（在图中用＋、－号标出）？

(3)引入电压串联负反馈后，闭环电压放大倍数 $A_{uf} = \dfrac{u_o}{u_i}$ 是多少？设 A 为理想集成运放。

(4)若要引入电压并联负反馈，则 c_1、c_2 又应分别接至集成运放 A 的哪个输入端(在图中标出)？R_F 应接到何处？若 R_F、R_B 数值不变，则 A_{uf} = ？

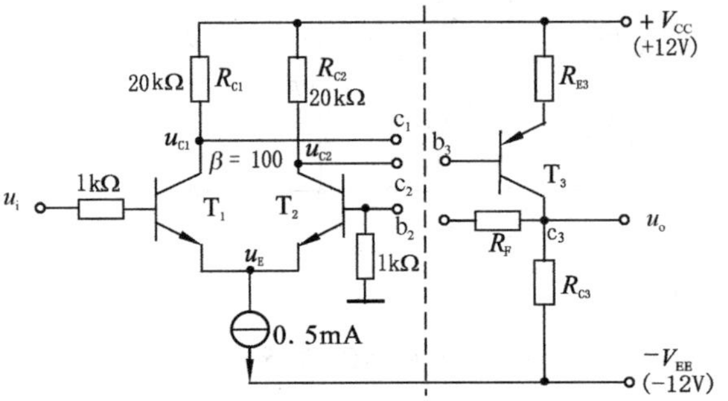

题图 5.11

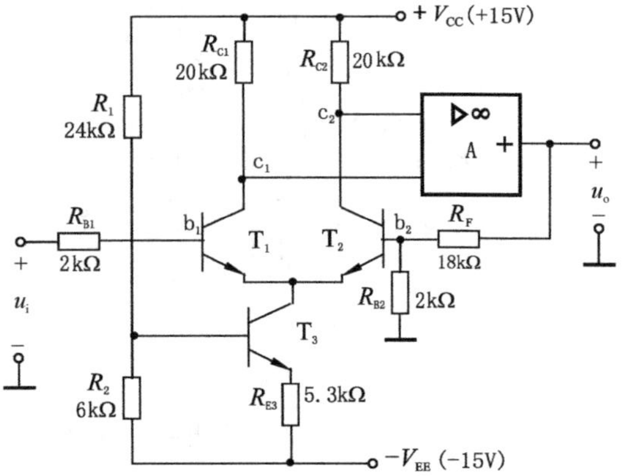

题图 5.12

5.13　一组反馈放大器的实用电路如题图 5.13(a)～(e)所示。试求：

(1)题图 5.13(a)为电压放大倍数连续可调的电路，其可调范围为多少？

(2)题图 5.13(b)中，当光电二极管无光照时，u_o = 0，当有光照时，u_o 如何变化？R_1、R_2 起什么作用？二者的值为什么取这么大又相等？

(3)题图 5.13(c)为微电流源电路，试说明 I_o 为什么恒定？如何选用 D_Z 和运放？

(4)题图 5.13(d)为电流监视电路，即通过测量电压 U_o 可间接地得知流过电阻 R_L 的电流。若 U_o 的监视标准为 1V/A，问 R_2 的值应为多少，其精度如何考虑？

(5)题图 5.13(e)为单电源供电的交流放大器电路，问 R_1、R_2 所组成的环节起什么作用？它们的值如何选择？

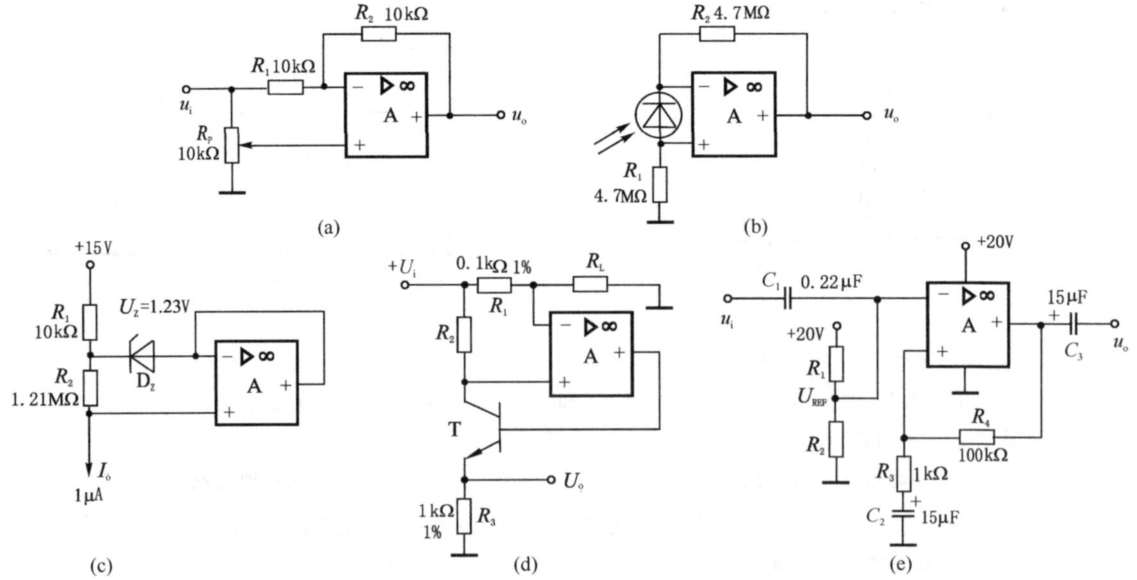

题图 5.13

5.14　人们常用增益变化灵敏度 $S = \dfrac{dA_f}{A_f} / \dfrac{dA}{A}$ 来评价增益的稳定性(A、A_f 分别表示其对应的复数符号的模 $|\dot{A}|$、$|\dot{A}_f|$)。现有两种负反馈组成方框，如题图 5.14 所示，如果这两种方框中的 A 都相同，闭环后的增益 A_f 也相同，试比较它们 S 的大小。若要获得比较高的增益稳定度，应选用它们中的哪一个组成方框？

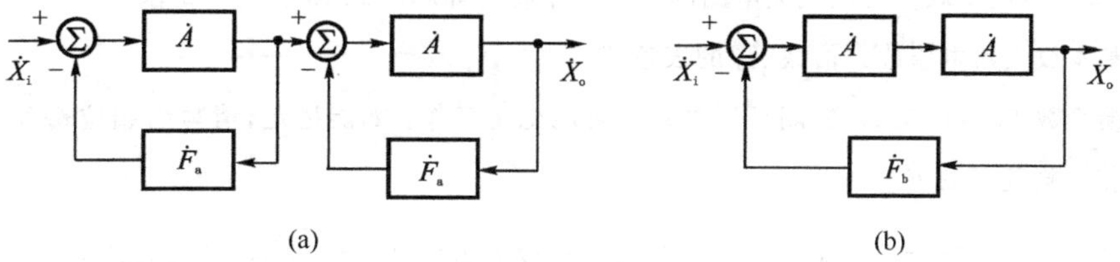

题图 5.14

5.15　在图 5.1.2(b)所示的电压串联负反馈放大电路中，假设集成运放的开环差模电压放大倍数 $\dot{A}_{ud}=10^5$，$R_3=2\text{k}\Omega$，$R_2=18\text{k}\Omega$。试求：

(1)试估算反馈系数 $\dot{F}$、反馈深度 $(1+\dot{A}_{ud}\dot{F})$；

(2)试估算放大电路的闭环电压放大倍数 $\dot{A}_{uf}$；

(3)若开环差模电压放大倍数 $\dot{A}_{ud}$ 的相对变化量为±10%，此时闭环电压放大倍数 A_{uf} 的相对变化量等于多少？

5.16　现有直流增益 $A_1=10^3$、上限频率 $f_{H1}=10\text{kHz}$ 的单级基本放大电路若干个，要求施加负反馈后组成单级负反馈放大电路，然后再用级连方式组成一个增益为10^3、上限频率 $f_H=0.5\text{MHz}$ 的多级放大器。问至少需要几级单级负反馈放大电路级连才能实现上述要求？每一级负反馈放大电路的闭环增益及反馈系数是多少？

5.17　某放大电路的频率特性如题图 5.17 所示。

(1)试求该电路的下限频率 $f_L=$？上限频率 $f_H=$？中频电压增益 $\dot{A}_{um}=$？

(2)若希望通过电压串联负反馈使通频带展宽为 1Hz～50MHz，问所需的反馈深度为多少？反馈系数 $\dot{F}_u=$？中频闭环电压增益 $\dot{A}_{umf}=$？

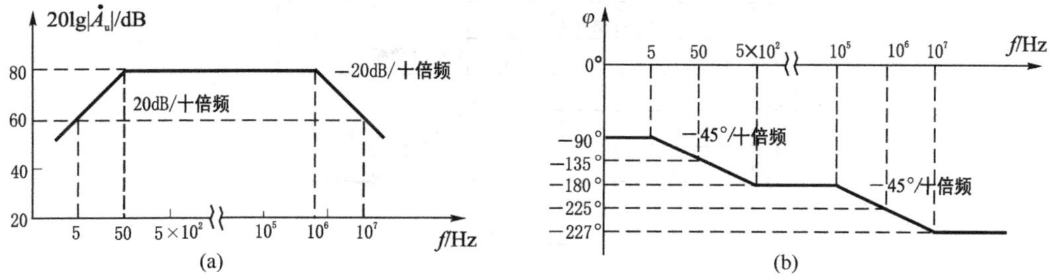

题图 5.17

5.18　用直流增益为10^3、极点频率分别为 $f_{p1}=10^6\text{Hz}$ 和 $f_{p2}=10^7\text{Hz}$ 的双极点集成运放来组成一个反相微分电路，如题图 5.18(a)所示电路。集成运放和反馈网络的幅频响应特性如题图 5.18(b)所示。试求闭环时该电路稳定工作的最小微分时间常数值，并计算此时电路的增益裕量和相位裕量值。

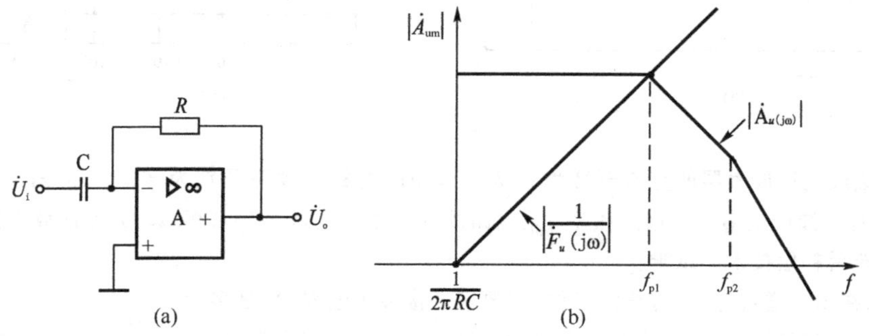

题图 5.18

5.19　已知某电压串联负反馈放大电路的开环频率特性如题图 5.19 所示。试求：

(1)写出基本放大器电压放大倍数 $\dot{A}_u$ 的表达式；

(2)若反馈系数 $\dot{F}_u=0.01$，判断闭环后电路是否能稳定工作？如能稳定，请写出相位裕度；如产生自激，则求出在 45°相位裕度下的 $\dot{F}_u$。

5.20　题图 5.20(a)所示放大电路在低频时的电压放大倍数 $\dot{A}_u=\dfrac{\dot{U}_o}{\dot{U}_i}=-10$。试求：

(1)假设集成运算放大器 A 具有理想的特性，求电阻 R_1 的值。

(2)假设集成运算放大器 A 的电压放大倍数具有如图 5.20(b)所示的频率特性，其他性能仍是理想的。现在希望通过 R_3、C 组成的校正环节使放大电路具有约 45°的相位裕度而稳定工作，问放大电路校正后的幅频特性是什么样子？电阻 R_3 值为多少？

(3)在由 R_3、C 组成的校正环节中，电容 C 的数值应为多大？

(4)在低频 $f=1$Hz 时，放大电路的输出电阻 R_o 大约是多大？

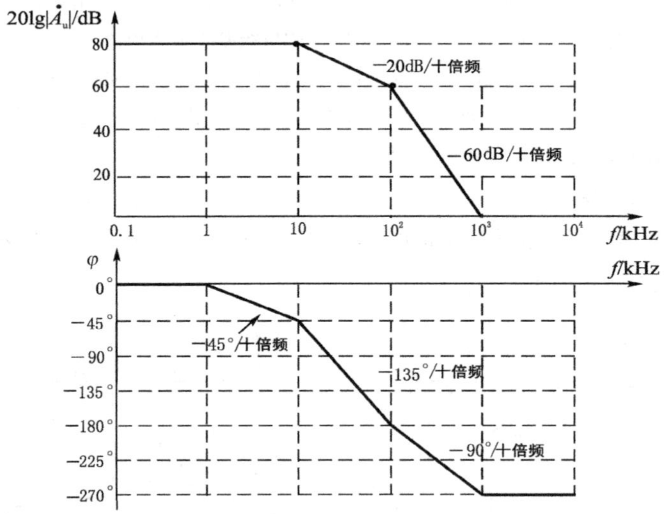

题图 5.19

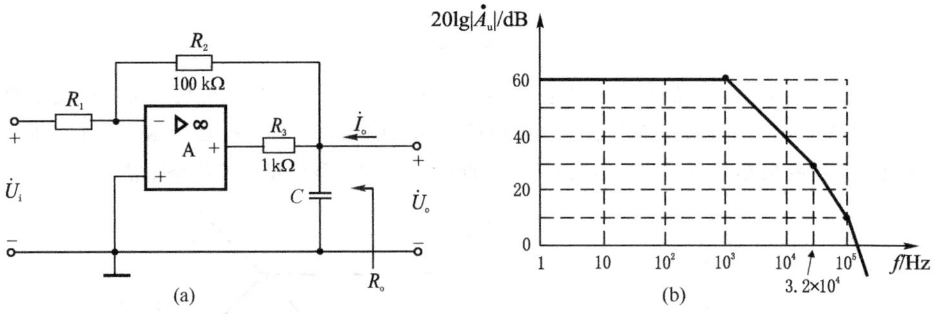

题图 5.20

5.21　某集成运算放大器的直流开环增益为10^4，相应的极点频率分别为 $f_{p1}=200$kHz，$f_{p2}=2$MHz，$f_{p3}=20$MHz，且已知产生第一个极点频率 f_{p1} 电路的等效输出电阻 $R_{o1}=20$kΩ。为保证放大器稳定工作，采用简单的电容滞后补偿技术。试求：

(1)若要求在闭环增益为 10 时稳定工作，则要求外接最小电容 C_φ 是多大？

(2)若要求在闭环增益为 1 时稳定工作，则补偿电容 C_φ 应取多大？

第 6 章　信号产生电路

【内容提要】

首先介绍正弦振荡电路的基本工作原理和各种类型的正弦振荡电路，包括 RC 振荡电路、LC 振荡电路和石英晶体振荡电路。接着介绍以集成运放为主要部件的矩形波、三角波、锯齿波发生器和压控振荡器。最后，以 5G8038 为例介绍集成多功能函数信号发生器的原理及使用方法。

在电子系统中，经常需要各种信号产生电路，如通信、广播、电视系统中的射频载波及高频加热设备和电子仪器中的正弦交变能源，均要求频率或幅值有一定准确度和稳定度的正弦波。在电子测量设备、数字系统及自动控制系统中，也往往需要方波、三角波、锯齿波等非正弦信号。

信号产生电路的作用就是在不需要输入信号控制的前提下，将直流能量转化成具有一定频率和幅值的波形信号。

6.1　正弦波振荡电路

6.1.1　正弦振荡电路的基本工作原理

由负反馈放大电路的频率响应和稳定性分析可知，环路增益在低频段或高频段会产生附加相移；若对某频率 f_0 环路增益产生的附加相移达到 $-180°$，则负反馈将变成正反馈；在此基础上若再满足一定的幅值条件，将会产生自激振荡。由此可知，正反馈是产生正弦振荡的必要条件。在负反馈放大电路中，自激振荡是有害的；然而正弦振荡电路中，恰恰可以利用正反馈来产生自激振荡。因此，一个正弦振荡器必须包含放大电路、正反馈网络；另外，还需要一个选频网络（相移网络）选中频率为 f_0 的信号。下面讨论正弦振荡电路的振荡条件。

1. 产生正弦振荡的条件

1）正弦振荡的方框图和平衡条件

从结构上看，正弦振荡器就是一个未加输入信号的正反馈放大电路，如图 6.1.1(a)所示；当输入信号 $\dot{X}_i = 0$ 时，净输入信号 $\dot{X}_i'$ 就等于反馈信号 $\dot{X}_f$，如图 6.1.1(b)所示。

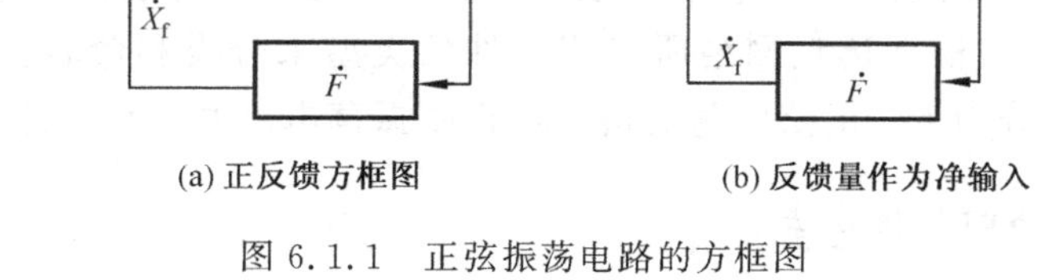

(a) 正反馈方框图　　(b) 反馈量作为净输入

图 6.1.1　正弦振荡电路的方框图

图 6.1.1(a)所示电路中，由于内部噪声和瞬态干扰等电扰动信号(如合闸通电)，将产生包含丰富频率、幅值很小的输出。假设对某种频率为 f_0 的输出 $\dot{X}_o$，经反馈网络 $\dot{F}$ 和基本放大器 $\dot{A}$ 一周后得到的输出为 $\dot{A}\dot{F}\dot{X}_o$，若 $\dot{A}\dot{F}\dot{X}_o=\dot{X}_o$，则该信号将持续稳定地存在下去。因此正弦振荡的振荡条件，即平衡条件为

$$\dot{A}\dot{F}\dot{X}_o=\dot{X}_o$$

即

$$\dot{A}\dot{F}=1 \tag{6.1.1}$$

式(6.1.1)也可以分解为模和相角的形式，其中幅值平衡条件为

$$|\dot{A}\dot{F}|=1 \tag{6.1.2a}$$

相位平衡条件为

$$\varphi_A+\varphi_F=2n\pi \quad (n\text{ 为整数}) \tag{6.1.2b}$$

在平衡条件中，相位平衡条件是必要条件，一个正弦振荡电路仅对特定频率(f_0)信号满足相位平衡条件，即电路振荡频率 f_0 由式(6.1.2b)的相位平衡条件确定；而幅值平衡条件是作为充分条件出现的，相对比较容易满足。

2)起振和稳幅

一般由电干扰产生的初始输出信号幅值均很小，而且包含丰富的频谱成分。为得到一定频率和幅值的稳定的正弦振荡，首先需由一个选频网络将特定频率 f_0 分量从干扰信号中挑选出来，使其满足相位平衡条件，其次需要环路增益的模大于 1，即要求

$$\dot{A}\dot{F}>1 \tag{6.1.3}$$

这样振荡才能从无到有、从小到大建立起来。式(6.1.3)称为起振条件，同样也可以分解为模和相角的形式，其中幅值起振条件为

$$|\dot{A}\dot{F}|>1 \tag{6.1.4a}$$

相位起振条件为

$$\varphi_A+\varphi_F=2n\pi \quad (n\text{ 为整数}) \tag{6.1.4b}$$

振荡建立后，信号就从小到大不断增大，当幅值达到要求时，还必须采取措施使其稳定下来，这些措施称为稳幅措施。稳幅可通过外接非线性元件实现，称为外稳幅；亦可利用放大电路本身的非线性实现，称为内稳幅。

2. 正弦振荡电路的组成和分类

由以上分析可知，一个正弦振荡电路必须具备三个基本环节：放大电路、正反馈网络和选频网络。另外，为使输出信号幅值稳定，还需要稳幅环节(非线性环节)。

在正弦振荡电路中，选频网络和反馈网络往往“合二为一”；且对由分立元件组成的放大电路，其稳幅环节也可采用晶体管本身的非线性实现，而不必一定外加稳幅电路。

正弦振荡电路一般根据选频网络所采用元件的类型来分类和命名。根据选频网络的不同，正弦振荡电路可分为 RC 正弦振荡电路、LC 正弦振荡电路和石英晶体振荡电路三种类型。

3. 正弦振荡电路的分析方法

判断正弦振荡电路能否正常工作的步骤如下。

(1)检查电路组成。检查电路是否包含放大电路、选频网络和反馈网络三个基本组成部分。

(2)判断放大电路能否正常工作。包括静态工作点是否合适、动态信号能否正常输入和输出等。

(3)判断电路是否满足相位平衡条件,并估算振荡频率。由于相位平衡条件的实质是正反馈,因此可用瞬时极性法判断电路是否满足相位平衡条件。且相位平衡条件仅对特定频率 f_0 信号满足,故只需判断电路对频率为 f_0 信号是否存在正反馈。若满足则可能起振,并可求出振荡频率 f_0。

(4)分析幅值起振条件。根据具体电路分别求出 $\dot{A}$ 和 $\dot{F}$,然后判断 $|\dot{A}\dot{F}|>1$ 是否成立。

(5)分析稳幅环节。

6.1.2　RC 正弦振荡电路

RC 正弦振荡电路包括 RC 串并联式、移相式和双 T 网络等类型,这里重点讨论应用最广的 RC 串并联式正弦振荡电路。

1. 电路原理图

RC 串并联式振荡电路原理如图 6.1.2 所示,一般由负反馈放大器和 RC 串并联选频网络组成,其中虚线框所示的 RC 串并联网络同时作为正反馈网络。图 6.1.2 中,由于 Z_1、Z_2、R_f 和 R_3 形成一个四臂电桥,故又称文氏电桥振荡器或桥式振荡器。

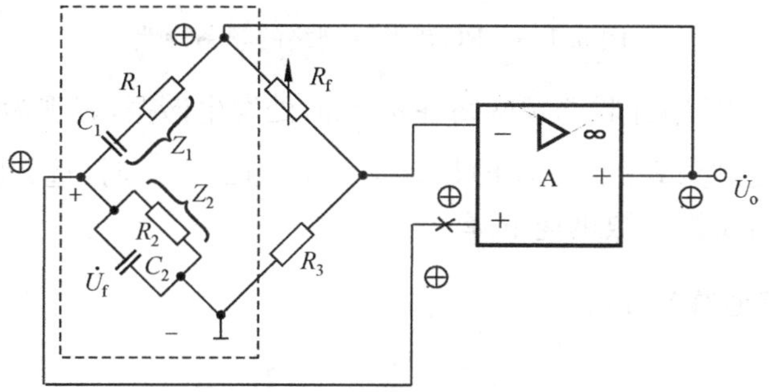

图 6.1.2　RC 串并联振荡电路

2. RC 串并联网络的选频特性

图 6.1.2 所示的 RC 串并联网络中,经常取 $R_1=R_2=R$,$C_1=C_2=C$,此时 $Z_1=R+\frac{1}{j\omega C}$,$Z_2=R\,/\!/\,\frac{1}{j\omega C}$,该网络引入的正反馈的反馈系数为

$$\dot{F}=\frac{\dot{U}_f}{\dot{U}_o}=\frac{Z_2}{Z_1+Z_2}=\frac{R\,/\!/\,\frac{1}{j\omega C}}{R+\frac{1}{j\omega C}+R\,/\!/\,\frac{1}{j\omega C}}=\frac{1}{3+j\left(\omega RC-\frac{1}{\omega RC}\right)} \tag{6.1.5}$$

在式(6.1.5)中,若令 $\omega_0=\frac{1}{RC}$,则有

$$\dot{F}=\frac{1}{3+\mathrm{j}\left(\frac{\omega}{\omega_0}-\frac{\omega_0}{\omega}\right)} \tag{6.1.6}$$

则其幅频特性为

$$F=\frac{1}{\sqrt{3^2+\left(\frac{\omega}{\omega_0}-\frac{\omega_0}{\omega}\right)^2}} \tag{6.1.7}$$

相频特性为

$$\varphi_F=-\arctan\frac{\frac{\omega}{\omega_0}-\frac{\omega_0}{\omega}}{3} \tag{6.1.8}$$

由式(6.1.7)和式(6. 1.8)可画出 RC 串并联网络的幅频响应和相频响应波特图，如图 6.1.3 所示。

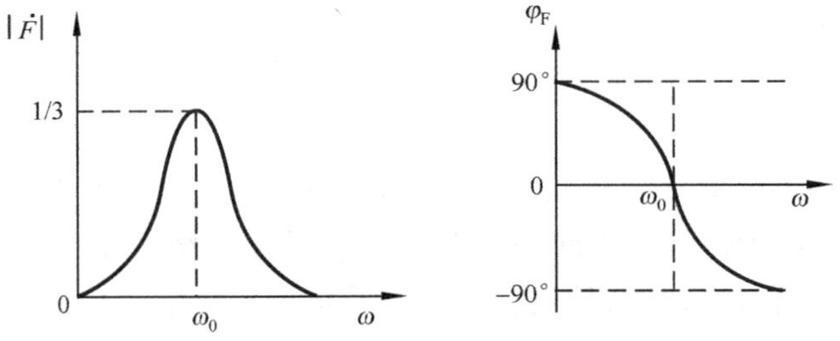

图 6.1.3　RC 串并联网络的频率特性

由图 6.1.3 可见，RC 串并联选频网络在 $\omega=\omega_0$ 处发生谐振，表现为纯阻性，$\varphi_F=0$，不移相，此时反馈系数最大，为 $|\dot{F}|=1/3$，即 $\dot{U}_f=\dot{U}_o/3$；当 $\omega<\omega_0$ 时，选频网络表现为感性，$\omega>\omega_0$ 时表现为容性，而且反馈系数迅速下降。

3. 文氏电桥振荡电路的分析

1)电路组成

图 6.1.2 所示的文氏电桥振荡电路由同相比例运算电路组成基本放大器，RC 串并联网络组成的选频网络兼作正反馈网络，包含了正弦振荡器的三个基本组成部分。

2)相位条件及振荡频率

用瞬时极性法，将图 6.1.2 中运放同相端断开，若加入瞬时极性为正的信号，则运放输出端也得到一个正极性的信号。对频率为 f_0 的信号，RC 串并联选频网络呈纯阻性，故经该网络反馈回运放同相端一个正极性的信号。可见对频率为 f_0 的信号，反馈为正反馈，满足相位平衡条件，且振荡信号角频率为 $\omega_0=1/RC$，故谐振频率为

$$f_0=\frac{\omega_0}{2\pi}=\frac{1}{2\pi RC} \tag{6.1.9}$$

若 R、C 确定，即可求得 f_0；改变 R 或 C 的值，可方便地调节频率。

3)幅值起振条件

图 6.1.2 所示电路相当于同相比例运算电路加上一个 RC 串并联选频网络组成的正反馈网络，正反馈网络的反馈电压作为同相比例运算电路的输入。基本放大器的放大倍数，即同相

比例运算电路的比例系数为

$$A = 1 + \frac{R_f}{R_3}$$

又由于谐振时正反馈网络的反馈系数为 $|\dot{F}| = 1/3$，故起振条件为

$$|\dot{A}\dot{F}| = \frac{1}{3}\left(1 + \frac{R_f}{R_3}\right) \geqslant 1$$

即

$$R_f \geqslant 2R_3$$

通常 R_f 取值要略大于 $2R_3$。

4)稳幅环节

图 6.1.2 所示的 RC 串并联正弦振荡电路中，若直接利用放大器的非线性限幅，输出波形将产生严重的非线性失真。为改善输出波形，可采用外稳幅。图 6.1.2 中，R_f 用温度系数为负的热敏电阻替代。这样，工作过程中若输出电压 $|\dot{U}_o|$ 增加，则反馈回路的电流 $|\dot{I}_f|$ 将随之增加，结果使热敏电阻的阻值 R_f 减小，负反馈增强，基本放大器的增益 A 减小，从而使 $|\dot{U}_o|$ 下降；反之，若 $|\dot{U}_o|$ 减小，则 $|\dot{I}_f|$ 将随之减小，使 R_f 增大，负反馈减弱，A 增大，从而使 $|\dot{U}_o|$ 上升。因而输出电压基本维持稳定。

此外，还可以采取在 R_f 支路中串联两个并联的二极管，或者利用场效应管工作在可变电阻区等措施进行稳幅，这里不再赘述。

例 6.1.1　文氏电桥振荡器如图 6.1.4(a)所示，设耦合电容和旁路电容均很大，可视为交流短路。试求：

(1)为使图示电路产生正弦振荡，图中①～⑨各端点应如何连接？

(2)电路的振荡频率是多少？

(3)要满足起振条件，R_f 应如何选取？

(4)若电路接线正确且静态工作点正常，但不能产生正弦振荡，可能是什么原因？调整电路中哪个参数最为合适？如何调整？

(5)若输出波形严重失真，可能是什么原因？调整电路中哪个参数最为合适？如何调整？

(6)为了稳幅，电路中哪个电阻可采用热敏电阻？其温度系数如何？

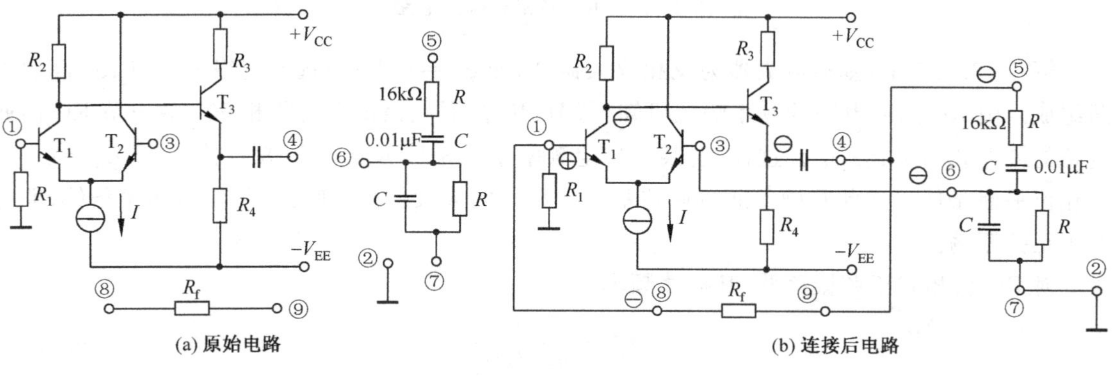

图 6.1.4　文氏电桥振荡器

解:(1)为使图示电路产生正弦振荡,应使频率为 f_0 的信号满足相位平衡条件。用瞬时极性法,假设在 T_1 的基极加入一正极性的信号,则电路中各节点的瞬时极性如图 6.1.4(b)所示。由于在 RC 串并联正弦振荡电路中,基本放大器一般为负反馈放大器,选频网络兼作正反馈网络,故应由 R_f 引入负反馈,RC 串并联选频网络引入正反馈。欲使 R_f 反馈支路引回负反馈,需将⑨端接④端,⑧端接①端。对选频网络支路,为保证该反馈为正反馈,应将⑤端接④端、⑦端接②端、⑥端接③端。连接后的电路如图 6.1.4(b)所示。

(2)电路的振荡频率为

$$f_0 = \frac{1}{2\pi RC} = \frac{1}{2\times 3.14\times 16\times 10^3\times 0.01\times 10^{-6}} \approx 1(\text{kHz})$$

(3)由 T_1、T_2、T_3 及 R_f 组成的基本放大器的放大倍数为

$$A = 1 + \frac{R_f}{R_1}$$

对于频率为 f_0 的信号,由选频网络引回的正反馈系数为 $F = 1/3$,为满足起振条件,要求基本放大器的放大倍数 $|A| > 3$,故应使 $R_f > 2R_1$。

(4)接线正确说明电路满足相位平衡条件,若静态工作点也正常但不能产生正弦振荡,则可能是由于幅度起振条件未满足。由于对频率为 f_0 的振荡信号,RC 串并联网络的正反馈系数是固定的,故应将 R_f 调大减少负反馈,以增大基本放大器的放大倍数。

(5)若输出波形严重失真,可能是基本放大器的放大倍数太大,导致起振时环路增益远大于 1,使得输出超过了最大不失真线性范围。故在不影响起振的前提下,应该减小 R_f 以减小基本放大器的放大倍数。

(6)为了稳幅,电路中 R_f 可选用温度系数为负的热敏电阻。

例 6.1.2 图 6.1.5 所示为 RC 移相式振荡电路,简述其工作原理。

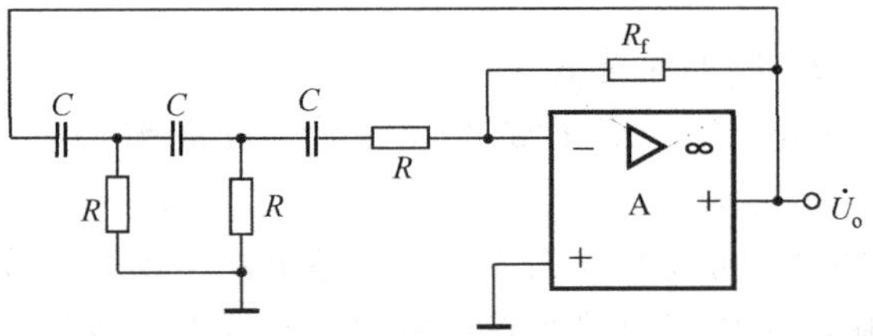

图 6.1.5 RC 移相式振荡电路

解:图 6.1.5 中,基本放大器为反相放大器 A,即 $\varphi_A = -180°$;选频网络由三节 RC 高通电路组成。由 RC 高通电路的频率响应可知,每节 RC 高通电路最多可移相 90°,故三节 RC 高通电路的最大相移可达270°。这样,对某一特定频率 f_0,相移可能达到180°,使 $\varphi_A + \varphi_F = 0°$,满足相位平衡条件。在此基础上通过调整基本放大器的放大倍数,使之满足幅值起振条件,即可产生正弦振荡。

对 RC 移相式正弦振荡器,其振荡频率为

$$f_0 \approx \frac{1}{2\pi\sqrt{6}RC} \tag{6.1.10}$$

RC 移相式振荡电路结构简单,但选频效果不好,输出波形较差,且频率调节不方便,一般用于对振荡频率要求不高的场合。

例 6.1.3 图 6.1.6 所示为双 T 正弦振荡电路，简述其工作原理。

解：该振荡电路中基本放大器为运放；R_1、R_2 构成正反馈网络；双 T 网络为选频网络，接在负反馈支路中；D_{Z1}、D_{Z2} 为稳幅环节。

由于双 T 网络具有带阻特性，在 $f_0 = 1/2\pi RC$ 处谐振，表现为纯阻性，且为负反馈，反馈系数最小；偏离 f_0，反馈系数迅速增大。因此该电路对频率为 f_0 的信号满足相位平衡条件(负反馈最弱)。若再调整 R_2 改变正反馈系数的大小，使之满足起振条件，即可振荡。D_{Z1}、D_{Z2} 组成稳幅环节。

双 T 振荡电路的选频特性较好，但是频率调节困难，故一般用于固定频率的场合。

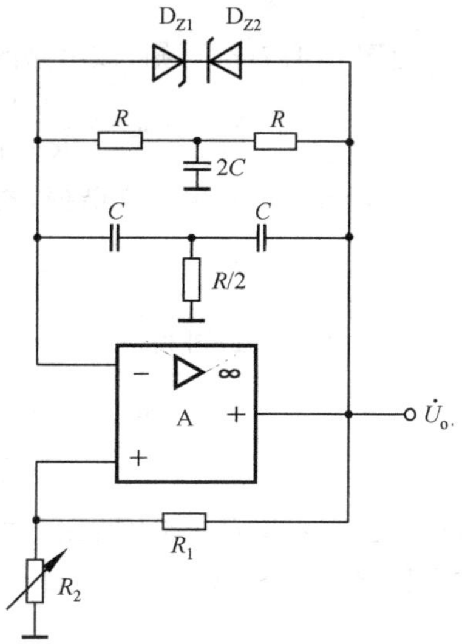

图 6.1.6 双 T 正弦振荡电路

RC 正弦振荡电路的振荡频率与 R、C 的乘积成反比，故若需获得较高的振荡频率，必须选择较小的 R、C。如对于文氏电桥振荡器，若 $R = 1\text{k}\Omega$，$C = 200\text{pF}$，则振荡频率为 $f_0 = 796\text{kHz}$。若希望获得更高的振荡频率，则应进一步减小 R、C 的值。然而，R 太小势必加重电路的负载，而 C 太小则易受晶体管极间电容和分布电容的影响而使振荡频率不稳定。因此，RC 正弦振荡电路的振荡频率一般不超过 1MHz。若需获得更高的振荡频率，可选用 LC 正弦振荡电路。

6.1.3 LC 正弦振荡电路

LC 正弦振荡电路一般使用 LC 并联谐振回路作为选频网络，可产生频率高达 100MHz 以上的正弦波。由于高频运放频带较窄，而高速运放的价格较贵，故 LC 正弦振荡电路一般使用分立元件构成基本放大电路。

1. LC 并联谐振回路的选频特性

LC 并联谐振回路是由 L、C 元件组成，一般作为放大电路输出端的负载，如图 6.1.7(a)所示。其中，R 表示电感回路损耗的等效电阻，阻值较小；$\dot{I}$ 是输入电流，$\dot{I}_L$ 和 $\dot{I}_C$ 是 R、L、C 回路的电流。

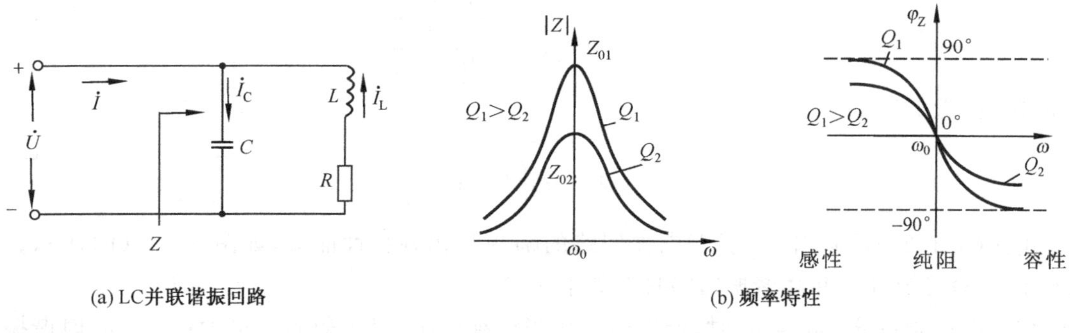

图 6.1.7 LC 并联谐振回路及其频率特性

1)谐振频率

由图 6.1.7(a)可知,该电路的复数导纳为

$$Y = \mathrm{j}\omega C + \frac{1}{R + \mathrm{j}\omega L} = \frac{R}{R^2 + (\omega L)^2} + \mathrm{j}\left(\omega C - \frac{\omega L}{R^2 + (\omega L)^2}\right) \tag{6.1.11}$$

设 $\omega=\omega_0$ 时发生并联谐振,式(6.1.11)的虚部为零,则有

$$\omega_0 C - \frac{\omega_0 L}{R^2 + (\omega_0 L)^2} = 0 \tag{6.1.12}$$

由式(6.1.12)可得

$$\omega_0 = \frac{1}{\sqrt{\left(\frac{R}{\omega_0 L}\right)^2 + 1}} \frac{1}{\sqrt{\mathrm{LC}}} = \frac{1}{\sqrt{\left(\frac{1}{Q}\right)^2 + 1}} \frac{1}{\sqrt{\mathrm{LC}}} \tag{6.1.13}$$

式中,$Q = \omega_0 L/R$,称为谐振回路的品质因素,是 LC 并联回路的重要指标。对于一般的 LC 并联回路,$Q \gg 1$(几十至几百),故式(6.1.13)可简化为

$$\omega_0 \approx \frac{1}{\sqrt{\mathrm{LC}}} \tag{6.1.14}$$

故谐振频率为

$$f_0 = \frac{\omega_0}{2\pi} \approx \frac{1}{2\pi\sqrt{\mathrm{LC}}} \tag{6.1.15}$$

2)谐振时的输入阻抗

由式(6.1.11)可得,LC 并联回路谐振时的阻抗为

$$Z_0 = \frac{1}{Y_0} = \frac{R}{R^2 + (\omega_0 L)^2} \tag{6.1.16}$$

又由式(6.1.12)可得

$$(\omega_0 L)^2 = \frac{L}{C} - R^2 \tag{6.1.17}$$

将式(6.1.17)代入式(6.1.16)可得

$$Z_0 = \frac{L}{RC} = \frac{Q}{\omega_0 C} = Q\omega_0 L = Q\sqrt{\frac{L}{C}} \tag{6.1.18}$$

由式(6.1.18)可知,Q 越大,Z_0 越大。

3)选频特性

由式(6.1.11)可知

$$Z = \frac{1}{Y} = \frac{1}{\mathrm{j}\omega C + \frac{1}{R + \mathrm{j}\omega L}} \tag{6.1.19}$$

在 ω_0 附近,近似有

$$Z \approx \frac{Z_0}{1 + \mathrm{j}Q\left(1 - \mathrm{j}\frac{\omega_0^2}{\omega^2}\right)} \tag{6.1.20}$$

由式(6.1.20)可画出 LC 并联谐振回路的幅频和相频特性曲线,如图 6.1.7(b)所示。由图 6.1.7(b)可知,LC 并联谐振回路具有如下选频特性:

(1) 若 Q 值一定,$\omega = \omega_0$ 时,谐振回路相当于纯电阻,且等效阻抗最大;$\omega < \omega_0$ 时谐振回路呈容性,$\omega > \omega_0$ 时谐振回路呈感性,且谐振回路等效阻抗均迅速减小。

(2) Q 值越大，幅频特性越尖锐，相频特性越陡，等效阻抗也越大，选频特性越好。

另外，谐振频率也与 Q 有关，$Q \gg 1$ 时，有 $f_0 \approx \dfrac{1}{2\pi\sqrt{LC}}$。

4) 输入电流与回路电流的关系

谐振时，LC 并联回路的输入电流为

$$\dot{I} = \frac{\dot{U}}{Z_0} \tag{6.1.21}$$

并联回路中流过电容 C 的电流为

$$\dot{I}_C = \frac{\dot{U}}{\mathrm{j}\omega C} = \mathrm{j}\,\frac{\dot{Q}}{Z_0}\dot{U} = \mathrm{j}Q\,\frac{\dot{U}}{Z_0} = \mathrm{j}Q\dot{I} \tag{6.1.22}$$

因此有

$$|\dot{I}_C| = Q\,|\dot{I}| \tag{6.1.23}$$

当 $Q \gg 1$ 时，有 $|\dot{I}_C| \approx |\dot{I}_L| \gg |\dot{I}|$。可见谐振时，LC 并联回路中电流比输入电流大得多，即输入电流对谐振回路的影响可以忽略不计。该结论对分析 LC 正弦振荡电路的相位关系十分有用。

2. LC 选频放大器

若以 LC 选频网络作为共射放大器集电极的负载，如图 6.1.8 所示，则电路的放大倍数为

$$\dot{A}_u = -\frac{\beta Z}{r_{be}} \tag{6.1.24}$$

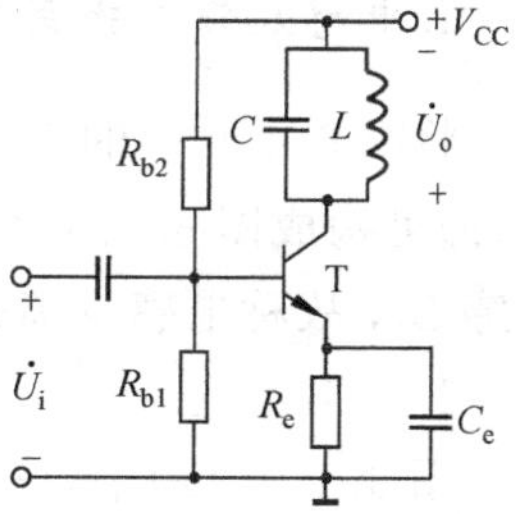

图 6.1.8　选频放大器

根据 LC 并联回路的选频特性可知，当 $f = f_0$ 时，$|\dot{A}_u|$ 最大，且无附加相移；当 f 偏离 f_0 时，$\dot{A}_u$ 不但数值减小，而且有附加相移。该放大电路具有选频特性，故称选频放大器。

在选频放大器中，若能引入正反馈取代输入信号，则可能产生正弦振荡。根据引入反馈方式的不同，LC 正弦振荡电路可分为变压器反馈式、电感反馈式和电容反馈式三种不同形式。

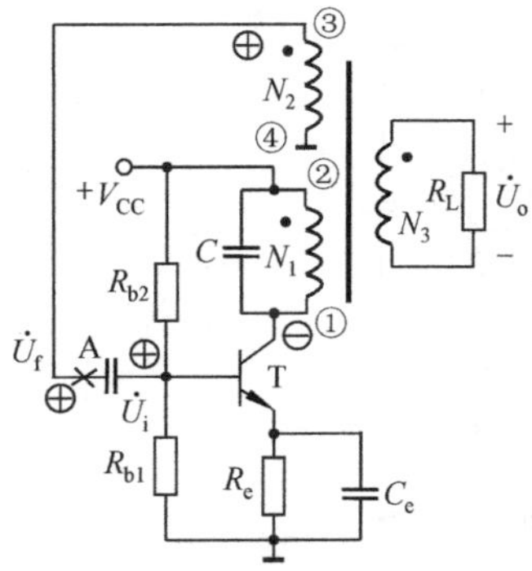

图 6.1.9　变压器反馈式振荡电路

3. 变压器反馈式正弦振荡电路

1) 电路组成

在图 6.1.8 所示选频放大器中，通过变压器引入正反馈到基极，取代原输入信号，即构成图 6.1.9 所示的变压器反馈式振荡电路。其中基本放大电路为共射放大电路，LC 并联谐振回路作为选频网络兼作集电极负载，正反馈从变压器副边绕组 N_2 引回。

2) 相位条件及振荡频率

用瞬时极性法分析电路对频率为 f_0 的信号是否满足相位平衡条件。假设在图 6.1.9 中的三极管的基极（反馈引入端）加入一个瞬时极性为正的信号，则集电极（即绕组 N_1 的①端）将得到一个负极性的信号，又因绕组 N_2 的③端与绕组 N_1 的①

端为异名端，故③端将得到一个瞬时极性为正的信号，因此反馈回基极的也是一个正极性的信号。反馈信号与输入信号加在同一输入端且同相，故对频率为 f_0 的信号存在正反馈，满足相位平衡条件，振荡频率为 $f_0 \approx \dfrac{1}{2\pi\sqrt{LC}}$。

3)起振和稳幅

图 6.1.9 所示电路只要三极管的 β 较大，增加变压器原副边耦合程度，或者改变原副边的变比，使反馈信号足够大，很容易满足幅值起振条件。

另外，由于 LC 并联谐振回路的选频特性较好，LC 正弦振荡电路一般采用内稳幅，无须外加稳幅电路。

4)电路特点

变压器反馈式振荡电路易于产生振荡，具有较广泛的应用。但由于变压器绕组存在匝间分布电容和管子极间电容的影响，故 f_0 不能太高，其 f_0 范围在几兆至十几兆赫兹。

在变压器反馈式振荡电路中，反馈电压与输出电压靠磁路耦合，耦合不够紧，且损耗较大。另外，变压器同名端的确定和线圈的绕制均较麻烦。为克服这些缺点，可采用自耦变压器构成电感反馈式振荡电路。

4. 电感反馈式振荡电路

将图 6.1.9 中的 N_1 和 N_2 合为一个线圈，并将 N_1 接电源端和 N_2 接地端相连作为中心抽头，即可构成图 6.1.10(a)所示的电感反馈式正弦振荡电路。图 6.1.10(a)中，反馈信号取自电感 L_2，故称电感反馈式振荡电路，或称哈特莱振荡器。

1)电路组成

图 6.1.10(a)中，三极管及其偏置电阻组成基本放大电路，电感 L_1、L_2 和电容 C 组成的 LC 并联谐振回路作为选频网络兼作集电极负载；电感 L_2 上的电压作为反馈信号对频率为 f_0 的信号构成正反馈，具备三个基本环节。

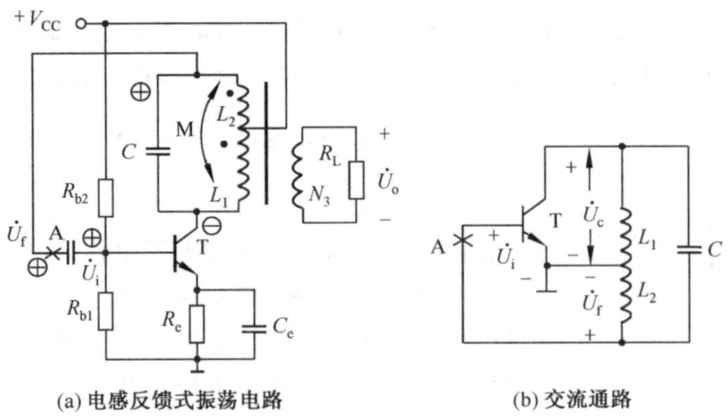

图 6.1.10 电感反馈式振荡电路及其交流通路

2)相位条件与振荡频率

在图 6.1.10(a)所示的电路中，断开反馈，加瞬时极性为正、频率为 f_0 的信号，则三极管 T 集电极将得到一个瞬时极性为负的信号；由于对频率为 f_0 的信号，LC 并联回路相当于纯电阻，故经 L_2 上端反馈回基极一个瞬时极性为正的反馈信号。由于反馈信号和输入信号加在同一端且同相，因此为正反馈，满足相位平衡条件。振荡频率为

$$f_0=\frac{1}{2\pi\sqrt{(L_1+L_2+2M)C}}=\frac{1}{2\pi\sqrt{LC}} \tag{6.1.25}$$

图 6.1.10(a)的交流通路如图 6.1.10(b)所示(略去了偏置电路)，图中变压器原边线圈的三个端子分别接在三极管的三个电极，故电感反馈式振荡电路也称电感三点式振荡电路。

3)起振条件

由于图 6.1.10(a)所示电路的电压放大倍数较大，只要改变电感线圈抽头的位置适当调整反馈信号的大小，即可满足幅值起振条件。通常情况下，L_2 线圈匝数占整个线圈匝数的 1/4～1/2。

4)电路特点

电感反馈式振荡电路具有以下特点：

(1) L_1 与 L_2 之间耦合紧，振幅大。

(2) C 采用可变电容，可以方便地调节振荡频率(频率范围为几百千赫至几十兆赫)。

(3) 由于反馈信号取自电感，对高频信号具有较大的阻抗，故谐振回路中高次谐波分量较大，输出波形不理想。因此电感反馈式振荡电路一般用于对输出波形要求不高的设备中，如高频加热器、接收机本机振荡器等。

5. 电容反馈式振荡电路

为了获得较好的输出波形，可将图 6.1.10(a)中的电感 L_1、L_2 换成对高次谐波阻抗较低的电容 C_1、C_2，同时将电容 C 换成电感 L，即可得到电容反馈式振荡电路，也称电容三点式振荡电路，或称考毕兹振荡电路，如图 6.1.11(a)所示，其交流通路(略去偏置电阻)如图 6.1.11(b)所示。为使放大电路具有合适的直流偏置，电路中增加了电阻 R_c。

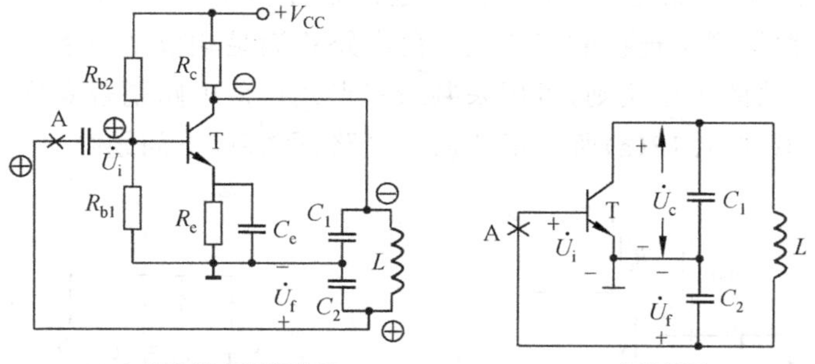

(a) 电容反馈式振荡电路　　(b) 交流通路

图 6.1.11　电容反馈式振荡电路及其交流通路

1)电路组成

图 6.1.11(a)中，三极管及偏置电阻组成基本放大电路。电容 C_1、C_2 和电感 L 组成的 LC 并联谐振回路作为选频网络，由 C_2 取出反馈信号对频率为 f_0 的信号构成正反馈。具备正弦振荡电路的三个基本环节。

2)相位平衡条件及振荡频率

将图 6.1.11(a)中反馈断开，加入瞬时极性为正的信号，则三极管集电极将得到瞬时极性

为负的信号。由于对频率为 f_0 的信号 LC 并联谐振回路相当于纯电阻，故经 C_2 反馈回三极管基极的信号的瞬时极性为正，与所加信号瞬时极性一致，故该反馈为正反馈，满足相位平衡条件。振荡频率为

$$f_0=\frac{1}{2\pi\sqrt{LC}}=\frac{1}{2\pi\sqrt{L\dfrac{C_1C_2}{C_1+C_2}}} \tag{6.1.26}$$

3）幅值起振条件

只要三极管 β 较大，调节 C_2/C_1 的比例，很容易满足幅值起振条件。

4）电路特点

（1）由于反馈信号取自电容，能较好滤除高次谐波，故输出波形较好。

（2）由于 C_1、C_2 可选得较小，故具有较高的振荡频率（可达 100MHz 以上）。

（3）由于调节 C_1、C_2 改变振荡频率同时会影响起振条件，而电感调节较为困难，故这种电路适合用于固定频率的场合。

（4）若需改变振荡频率，可在电感两端并联一个可调电容。但由于固定电容 C_1、C_2 的影响，频率调节范围较窄。这种电路通常用于调幅和调频接收机中，利用同轴电容器来调节频率。

6. 三点式振荡电路的组成法则

由图 6.1.10(b)和图 6.1.11(b)所示的电感三点式和电容三点式振荡电路的交流通路可见，其 LC 并联谐振回路均由三个电抗元件构成，三个电抗元件连接点分别引出三个端点，且并联谐振回路与三极管相连时均具有以下特点：

(1) 谐振回路的三个端点分别与三极管的三个电极相连；

(2) 与发射极（同相输入端）相连的是两个相同性质的电抗；

(3) 与基极（反相端）和集电极（输出端）相连的是性质相反的电抗。

可以证明，凡按照该规定连接的三点式振荡电路均满足相位平衡条件。因此，这三个特点也称为三点式振荡电路的组成法则，可用来判断三点式振荡电路是否满足相位平衡条件。

例 6.1.4　分析图 6.1.12(a)所示正弦振荡电路，回答以下问题：

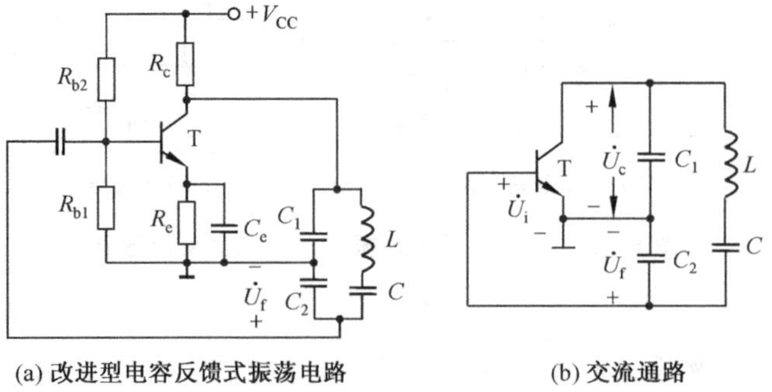

图 6.1.12　改进型电容反馈式振荡电路及其交流通路

（1）试用三点式振荡电路的组成法则判断该电路是否满足相位平衡条件；

（2）试写出振荡频率 f_0 的表达式；

(3)若 $C \ll C_1$ 且 $C \ll C_2$，试写出 f_0 的近似表达式；

(4)试分析该电路的优点。

解:(1)该电路的交流通路如图 6.1.12(b)所示(略去偏置电路)。由图中可以看出,与三极管发射极相连的均为电容,只要集电极和基极间 L 和 C 串联支路的电抗 X_{bc} 对 f_0 信号呈感性,即满足相位条件。

$$X_{bc} = j\omega L + \frac{1}{j\omega C} = j\left(\omega L - \frac{1}{\omega C}\right) = j\frac{1}{\omega}\left(\omega^2 L - \frac{1}{C}\right) \tag{6.1.27}$$

由于频率为 f_0 信号的角频率为 $\omega_0 = \dfrac{1}{\sqrt{L\dfrac{1}{\frac{1}{C_1}+\frac{1}{C_2}+\frac{1}{C}}}}$，代入式(6.1.27),得

$$X_{bc} = j\frac{1}{\omega_0}\left(\omega_0{}^2 L - \frac{1}{C}\right) = j\frac{1}{\omega_0}\left(\frac{L}{L\dfrac{1}{\frac{1}{C_1}+\frac{1}{C_2}+\frac{1}{C}}} - \frac{1}{C}\right)$$

$$= j\frac{1}{\omega_0}\left(\frac{1}{C_1}+\frac{1}{C_2}+\frac{1}{C}-\frac{1}{C}\right) = j\frac{1}{\omega_0}\left(\frac{1}{C_1}+\frac{1}{C_2}\right) \tag{6.1.28}$$

可见对频率为 f_0 的信号，X_{bc} 为感性,满足相位平衡条件。且该电路本质上也是一种电容反馈式振荡电路,也称改进型电容三点式振荡电路,或称克拉泼振荡电路。

(2)振荡频率为

$$f_0 = \frac{\omega_0}{2\pi} = \frac{1}{2\pi\sqrt{L\dfrac{1}{\frac{1}{C_1}+\frac{1}{C_2}+\frac{1}{C}}}} \tag{6.1.29}$$

(3)若 $C \ll C_1$,且 $C \ll C_2$,有 $\dfrac{1}{C_1}+\dfrac{1}{C_2}+\dfrac{1}{C} \approx \dfrac{1}{C}$，所以

$$f_0 = \frac{\omega_0}{2\pi} = \frac{1}{2\pi\sqrt{LC}} \tag{6.1.30}$$

可见谐振频率 f_0 由 L 和 C 确定,基本上与 C_1 和 C_2 无关。

(4)图 6.1.12(a)和图 6.1.11(a)所示电路均为电容三点式振荡电路,但是前者较后者具有更高频率稳定度和更高的振荡频率。原因在于图 6.1.11(a)中,电容 C_1、C_2 分别并联在三极管 b-e 和 c-e 之间,当 C_1、C_2 较小时,易受三极管极间电容 C_μ、C_π 影响而导致谐振频率不稳定。图 6.1.12(a)所示改进型电容三点式振荡电路中,振荡频率基本与 C_1、C_2 无关,故受极间电容影响较小;且 C 可以取得较小,以获得较高的振荡频率。当要求获得 100MHz 以上的振荡频率时,可采用图 6.1.13 所示共基正弦振荡电路。

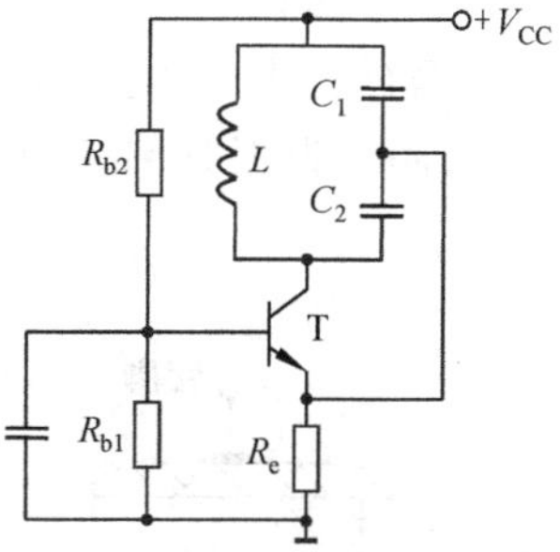

图 6.1.13　共基正弦振荡电路

6.1.4　石英晶体正弦振荡电路

1. LC 正弦振荡电路的频率稳定度

在一些特殊应用场合(如通信系统中的射频振荡器、数字系统中的时钟发生器),要求振荡电路具有较高的频率稳定度,即要求频率的相对变化量 $\Delta f/f_0$(其中 f_0 为振荡频率，Δf 为频率偏移)尽可能小。

LC振荡电路的频率稳定度主要取决于 Q 值的大小，Q 越大，频率稳定度越高。由 $Q=1/R\sqrt{L/C}$ 可知，为提高 Q 值，应尽可能减小 R、C 或增大 L。但等效损耗 R 不可能无限减小，而 L 太大将增大体积，C 太小则易受分布电容和杂散电容影响。故LC振荡电路的频率稳定度很难突破10^{-5}数量级。要获得 10^{-6} 以上的频率稳定度，应选用石英晶体作为选频网络组成石英晶体振荡电路。

2. 石英晶体谐振器及其特性

1）石英晶体谐振器的结构

石英晶体谐振器是利用石英晶体（SiO_2 的结晶体）的压电效应制成的谐振器件，其结构如图6.1.14(a)所示，是从石英晶体上按一定方位角切下薄片，并在两个对应表面上涂敷银电极、加引线并封装外壳形成的。其等效电路符号如图6.1.14(b)所示。

若在石英晶体的两个电极上外加电场，晶片会产生机械形变；反之，若在晶片两侧外加机械压力，晶片的相应方向上将产生电场，这种物理现象称为压电效应。当外加电场的频率与晶体的固有频率一致时，振幅达到最大，这种现象称为压电谐振。

石英晶体的压电谐振与LC并联谐振回路的谐振现象十分相似，故可用图6.1.15(a)所示的LC并联谐振回路等效。其中 C_0 为静态电容，其大小与晶片的几何尺寸、电极面积有关，一般约为几皮法至几十皮法；电感 L 用来等效机械振动的惯性，一般为几十毫亨至几百毫亨；电容 C 用来等效晶片的惯性，一般为0.02～0.1pF；电阻 R 用来等效晶片振动摩擦造成的损耗，约为100Ω。由于晶片 L 很大、C 很小、R 也小，故等效品质因素 Q 很大（10^6～10^8），因此用石英晶体作选频网络的振荡电路可获得较高的频率稳定度。

2）石英晶体的电抗—频率特性

根据石英晶体的等效电路，可画出其电抗-频率特性，如图6.1.15(b)所示。由图6.1.15(b)可见，它有两个谐振频率：串联谐振频率 f_s 和并联谐振频率 f_p。

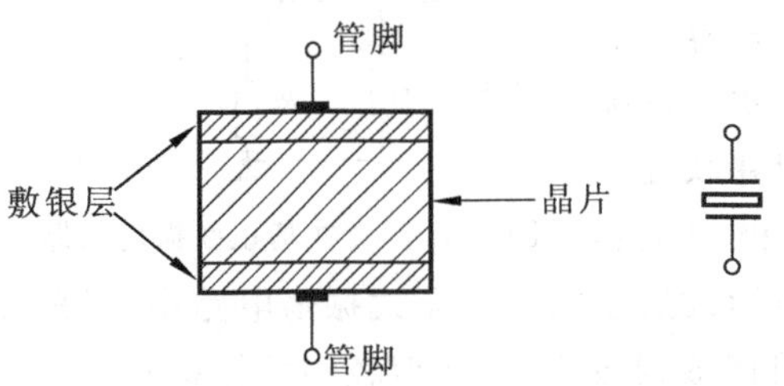

(a) 石英晶体　(b) 电路符号

图6.1.14　石英晶体及其电路符号

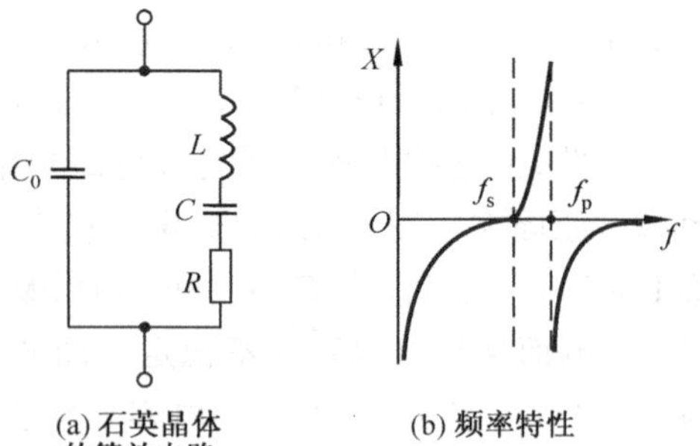

(a) 石英晶体的等效电路　(b) 频率特性

图6.1.15　石英晶体的等效电路及其频率特性

(1) 串联谐振频率 f_s。当 L、C、R 支路发生串联谐振时，其等效阻抗等于 R；同时由于 C_0 很小，有 $|X_{C_0}|=|\frac{1}{j\omega C_0}|\gg R$，因此整个谐振回路对串联谐振频率 f_s 呈纯阻性，且阻抗很小（约等于 R）。串联谐振频率为

$$f_s=\frac{1}{2\pi\sqrt{LC}}\tag{6.1.31}$$

(2) 并联谐振频率 f_p。当整个并联回路发生谐振时，称为并联谐振，其谐振频率为

$$f_p \approx \frac{1}{2\pi\sqrt{L\dfrac{CC_0}{C+C_0}}} \approx f_s\left(1+\frac{C}{C_0}\right) \tag{6.1.32}$$

由于 $C \ll C_0$，因此 f_p 和 f_s 非常接近。

由图 6.1.15(b)可见，当频率 $f=f_s$ 时，石英晶体呈纯阻性；频率 $f<f_s$ 或 $f>f_p$ 时，石英晶体均呈容性；仅在 $f_s<f<f_p$ 范围内，石英晶体呈感性。

3. 石英晶体正弦振荡电路

1) 串联型石英晶体振荡电路

利用石英晶体在 $f=f_s$ 时呈纯阻性的特性可以构成图 6.1.16(a)所示的串联型石英晶体振荡电路。图 6.1.16(a)中石英晶体接在反馈支路中，对频率为 f_s 的信号构成正反馈，满足相位平衡条件；进一步调节 R_5 的大小，可以满足幅值起振条件。

2) 并联型石英晶体振荡电路

利用石英晶体在 $f_s<f<f_p$ 极窄范围内呈感性的特点，用石英晶体取代电容三点式振荡电路选频网络中的电感 L，可得如图 6.1.16(b)所示的并联型石英晶体振荡电路。

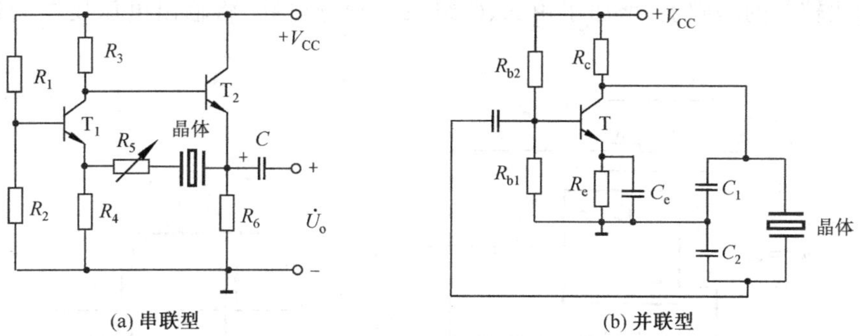

图 6.1.16　石英晶体振荡器

思 考 题

6.1.1　正弦振荡电路的振荡条件是什么？该条件与负反馈的自激振荡条件是否一致？为什么？

6.1.2　在正弦振荡条件中，幅值平衡条件和相位平衡条件哪个是必要条件，哪个是充分条件？

6.1.3　正弦振荡器的三个基本组成部分是什么？各部分分别起什么作用？

6.1.4　正弦振荡的起振条件是什么？与平衡条件相比有何不同？为什么？

6.1.5　正弦振荡电路的输出信号是如何从无到有、从小到大逐步建立并稳定下来的？

6.1.6　正弦振荡电路的选频网络一般有哪几种？各种选频网络的选频特性如何？

6.1.7　简述正弦振荡电路的一般分析步骤。

6.1.8　RC 正弦振荡器和 LC 正弦振荡器一般采用内稳幅还是外稳幅，为什么？

6.1.9　为什么 RC 正弦振荡器一般用来产生低频振荡信号？

6.1.10　为什么 LC 正弦振荡器一般采用分立元件而不是集成运放组成放大电路？

6.1.11　为什么电容反馈式振荡电路比电感反馈式振荡电路的输出波形好？

6.1.12　简述三点式振荡电路的组成法则。

6.1.13　为什么石英晶体具有较高的频率稳定度？

6.1.14　串联型和并联型石英晶体正弦振荡器中石英晶体分别起什么作用？

6.2　非正弦信号发生器

在模拟电路中，除正弦信号外，还广泛应用矩形波、三角波、锯齿波等非正弦信号，本节讨论这些信号的产生方法。

6.2.1　矩形波信号发生器

矩形波信号发生器是构成其他非正弦信号发生器的基础。由于矩形波信号中包含丰富的谐波，故矩形波发生器也称多谐振荡器。产生矩形波的电路形式很多，但一般由三部分组成：①具有开关特性的电路或器件（如迟滞比较器、集成门电路或者集成定时器），用来实现高电平和低电平两种状态；②实现时间延迟的延时环节（一般由 RC 积分电路组成），用来使高、低电平的状态维持一定的时间；③正反馈，用于产生振荡。

本节仅讨论由迟滞比较器组成的矩形波发生器，其基本电路如图 6.2.1(a)所示，是在反相输入迟滞比较器的基础上，增加了由 R、C 组成的积分电路，将输出电压反馈到运放的反相输入端。

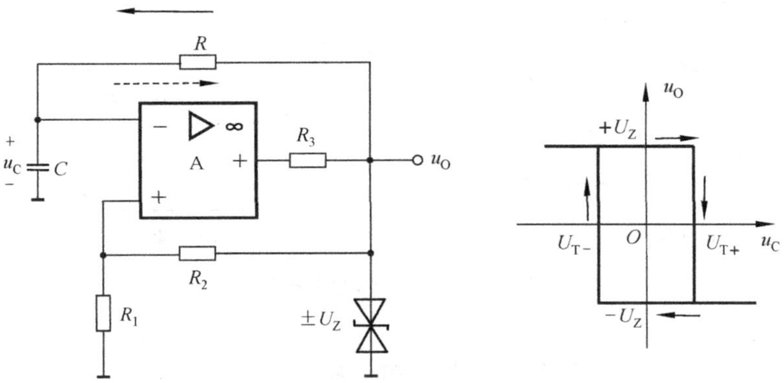

(a) 方波发生器　　(b) 迟滞比较器的电压传输特性

图 6.2.1　迟滞比较器组成的方波发生器

1. 工作原理

图 6.2.1(a)中，迟滞比较器的输出电压为 $\pm U_Z$，门限电平为

$$U_{T+} = -U_{T-} = \frac{R_1}{R_1 + R_2} U_Z \tag{6.2.1}$$

其电压传输特性如图 6.2.1(b)所示。

设 $t=0$ 时，$u_C=0$，$u_O=+U_Z$，则运放同相输入端电位为 $u_+=U_{T+}$，u_O 经 R 向 C 充电，正向充电，如图 6.2.1(a)中实线箭头所示，u_C 呈指数规律增加。当 $t=t_1$ 时，$u_C=U_{T+}$，u_O 由 $+U_Z$ 跳变为 $-U_Z$。

当 u_O 跳变为 $-U_Z$ 后，运放同相端电位 $u_+=-\frac{R_1}{R_1+R_2}U_Z$（即 U_{T-}）。因为 $u_C>u_O$，故 u_C 经 R 向 u_O 放电（反向充电），如图 6.2.1(a)中虚线箭头所示，u_C 呈指数规律减小。当 $t=t_2$ 时，$u_C=u_+=U_{T-}$，u_O 又由 $-U_Z$ 跳变为 $+U_Z$，接着 u_O 又经 R 向 C 正向充电。如此周而复始，即可在运放输出端得到幅值为 U_Z 的矩形波，如图 6.2.2 所示。

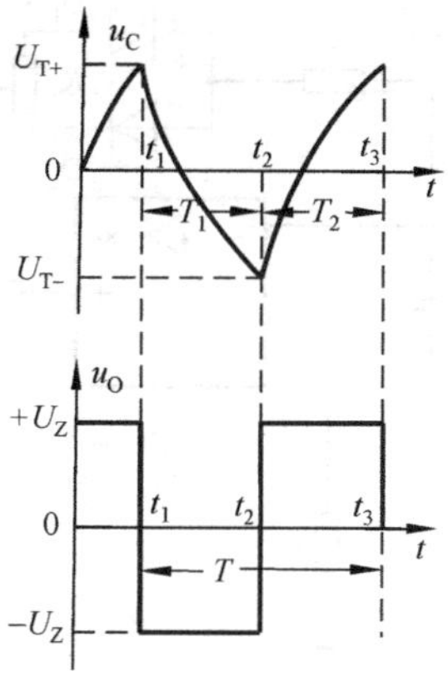

图 6.2.2　方波发生器工作波形

2. 波形周期与频率

图 6.2.2 所示的工作波形中，u_O 高、低电平持续的时间分别对应电容 C 的充、放电过程，故只需求出电容 C 充、放电时间 T_2 和 T_1，即可得到波形周期。

在充电期间（$t_2\sim t_3$），电容 C 上起始电压为 $u_C(0_+)=U_{T-}$，终止电压为 $u_C(\infty)=+U_Z$，由三要素法可知电容 C 充电到 $u_C(t)=U_{T+}$ 所需时间为

$$T_2=\tau_{充}\ln\left[\frac{u_C(\infty)-u_C(0_+)}{u_C(\infty)-u_C(t)}\right]=\tau_{充}\ln\left(\frac{U_Z-U_{T-}}{U_Z-U_{T+}}\right)=\tau_{充}\ln\left[\frac{U_Z+\frac{R_1}{R_1+R_2}U_Z}{U_Z-\frac{R_1}{R_1+R_2}U_Z}\right]$$

$$=\tau_{充}\ln\left(1+\frac{2R_1}{R_2}\right)=RC\ln\left(1+\frac{2R_1}{R_2}\right) \tag{6.2.2}$$

在放电期间（$t_1\sim t_2$），电容 C 上起始电压为 $u_C(0_+)=U_{T+}$，终止电压为 $u_C(\infty)=-U_Z$，由三要素法可知电容 C 放电到 $u_C(t)=U_{T-}$ 所需时间为

$$T_1=\tau_{放}\ln\left[\frac{u_C(\infty)-u_C(0_+)}{u_C(\infty)-u_C(t)}\right]=\tau_{放}\ln\left(\frac{-U_Z-U_{T+}}{-U_Z-U_{T-}}\right)=\tau_{放}\ln\left[\frac{-U_Z-\frac{R_1}{R_1+R_2}U_Z}{-U_Z+\frac{R_1}{R_1+R_2}U_Z}\right]$$

$$=\tau_{放}\ln\left(1+\frac{2R_1}{R_2}\right)=RC\ln\left(1+\frac{2R_1}{R_2}\right) \tag{6.2.3}$$

故波形周期为

$$T=T_1+T_2=(\tau_{放}+\tau_{充})\ln\left(1+\frac{2R_1}{R_2}\right)$$

$$=2RC\ln\left(1+\frac{2R_1}{R_2}\right) \tag{6.2.4}$$

波形频率为

$$f=\frac{1}{T}=\frac{1}{2RC\ln\left(1+\frac{2R_1}{R_2}\right)} \tag{6.2.5}$$

由式(6.2.2)和式(6.2.3)可见，由于电容充、放电时间相等，故 u_O 为高、低电平的时间相等，即输出波形的占空比为 50%，这种矩形波也称方波。只要改变图 6.2.1(a)方波发生器中 RC 积分电路的充、放电时间常数，即可得到不同频率矩形波。

例 6.2.1　分析图 6.2.3 所示矩形波发生器电路，回答下列问题：

(1)试分别写出电路输出波形幅值和频率的表达式；

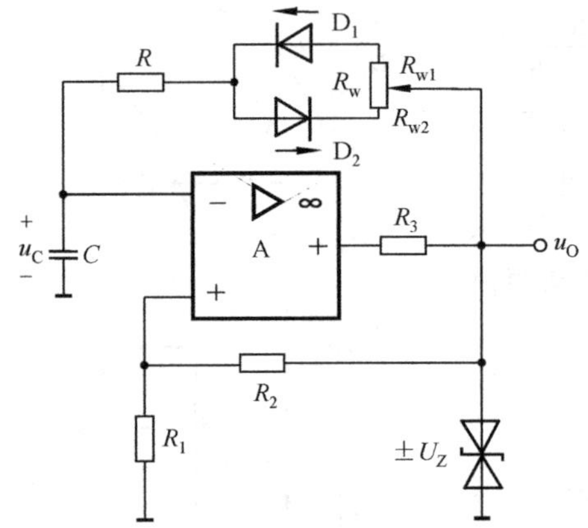

图 6.2.3　矩形波发生器

(2)说明调节 R_w 改变输出波形占空比时，输出波形频率是否改变；

(3)若 $R_1=R_2=25\text{k}\Omega, R_3=5\text{k}\Omega, R_w=100\text{k}\Omega, R=5\text{k}\Omega, C=0.1\mu\text{F}, \pm U_Z=\pm 8\text{V}$，试求输出波形幅值和频率约为多少；

(4)条件同(3)，求占空比的调节范围约为多少？

解:(1)输出电压幅值为 $\pm U_Z$。

在 $u_o=+U_Z$ 期间，二极管 D_1 导通，u_o 经 R_{w1}、D_1 和 R 向电容 C 充电(正向充电)，若忽略二极管导通电阻，充电时间常数为 $\tau_{充}\approx(R_{w1}+R)C$；在 $u_o=-U_Z$ 期间，二极管 D_2 导通，u_o 经 R_{w2}、D_2 和 R 向电容 C 反向充电(放电)，若忽略二极管导通电阻，放电时间常数为 $\tau_{放}\approx(R_{w2}+R)C$。利用三要素法可得 u_o 为高电平的时间 T_2(充电时间)和低电平的时间 T_1(放电时间)分别为

$$T_2=\tau_{充}\ln\left(1+\frac{2R_1}{R_2}\right)=(R_{w1}+R)C\ln\left(1+\frac{2R_1}{R_2}\right) \tag{6.2.6a}$$

$$T_1=\tau_{放}\ln\left(1+\frac{2R_1}{R_2}\right)=(R_{w2}+R)C\ln\left(1+\frac{2R_1}{R_2}\right) \tag{6.2.6b}$$

从而可得波形周期为

$$T=T_1+T_2=(\tau_{放}+\tau_{充})\ln\left(1+\frac{2R_1}{R_2}\right)=(R_{w1}+R+R_{w2}+R)C\ln\left(1+\frac{2R_1}{R_2}\right)$$

$$=(R_w+2R)C\ln\left(1+\frac{2R_1}{R_2}\right) \tag{6.2.7}$$

波形频率为

$$f=\frac{1}{T} \tag{6.2.8}$$

(2)波形占空比为

$$q=\frac{T_1}{T}=\frac{(R_{w1}+R)C\ln\left(1+\frac{2R_1}{R_2}\right)}{(R_w+2R)C\ln\left(1+\frac{2R_1}{R_2}\right)}=\frac{R_{w1}+R}{R_w+2R} \tag{6.2.9}$$

由式(6.2.9)和式(6.2.7)可见，当调节 R_w 使 R_{w1} 发生变化时，占空比 q 会发生变化，但周期不会改变，故频率也不会改变。

(3)当 $\pm U_Z=\pm 8\text{V}$ 时，波形幅值为 $u_o=\pm 8\text{V}$。

由式(6.2.7)可得振荡周期为

$$T=(R_w+2R)C\ln\left(1+\frac{2R_1}{R_2}\right)=(100+2\times 5)\times 10^3\times 0.1\times 10^{-6}\ln\left(1+\frac{2\times 25}{25}\right)$$

$$\approx 12.1\times 10^{-3}(\text{s})=12.1(\text{ms})$$

波形频率为

$$f=\frac{1}{T}=\frac{1}{12.1\times 10^{-3}}\approx 83(\text{Hz})$$

将 R_{W1} 的最小值 0 代入式(6.2.9)可得 q 的最小值为

$$q=\frac{R_{w1}+R}{R_w+2R}=\frac{R}{R_w+2R}=\frac{5}{100+2\times 5}\approx 0.045$$

将 R_{w1} 的最大值 R_w 代入式(6.2.9)可得 q 的最大值为

$$q=\frac{R_{w1}+R}{R_w+2R}=\frac{R_w+R}{R_w+2R}=\frac{100+5}{100+2\times 5}\approx 0.95$$

所以 q 的调节范围为 0.045～0.95。

6.2.2　三角波信号发生器

在图 6.2.1(a)所示的方波信号发生器中，运放输出为方波，电容 C 两端电压为近似三角波(按指数规律变化)；若将 RC 积分电路换成由运放组成的积分运算电路，即可得到按线性规律变化的三角波，如图 6.2.4(a)所示。图中，用积分运算电路取代 RC 积分电路作为延时环节，同时作为方波－三角波变换电路；迟滞比较器和积分电路的输出分别作为对方的输入；另外，为满足正反馈极性要求，积分电路的输出改接到迟滞比较器的同相端。

1. 工作原理

图 6.2.4(a)所示的三角波发生器由同相输入的迟滞比较器 A_1 (虚线左侧)和积分运算电路 A_2 组成。其中迟滞比较器 A_1 输出电压 $u_{o1}=\pm U_Z$，其输入是积分电路的输出 u_o。A_1 同相端电压为

$$u_{1+}=\frac{R_2}{R_2+R_1}u_o+\frac{R_1}{R_2+R_1}u_{o1} \tag{6.2.10}$$

A_1 反相端电压 $u_{1-}=0$，令 $u_{1+}=u_{1-}$，可得上、下门限电平分别为

$$U_{T+}=-\frac{R_1}{R_2}U_Z$$
$$U_{T-}=\frac{R_1}{R_2}U_Z \tag{6.2.11}$$

因此，迟滞比较器的电压传输特性如图 6.2.4(b)所示。

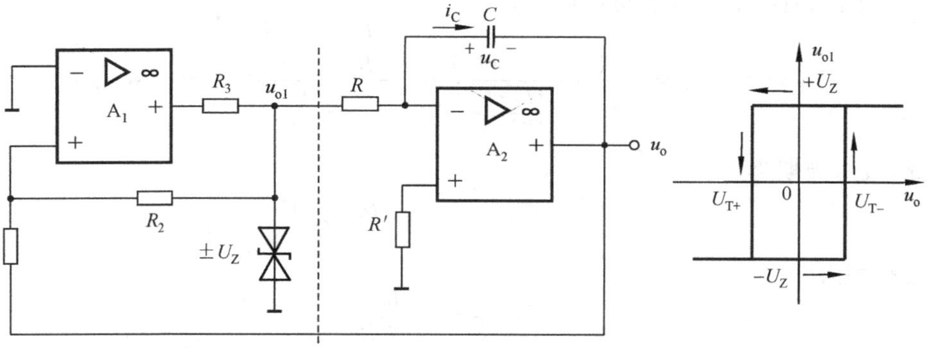

(a) 三角波发生器　　(b) 迟滞比较器的传输特性

图 6.2.4　三角波发生器

积分电路的输入电压是迟滞比较器的输出电压 u_{o1}，故输出电压的表达式为

$$u_o=-\frac{1}{RC}\int_{-\infty}^{t}u_{o1}\,dt=-\frac{u_{o1}}{RC}(t-t_0)+u_o(t_0) \tag{6.2.12}$$

设 $t=0$ 时，$u_o(0)=u_C(0)=0$，$u_{o1}=+U_Z$，则积分电路反向积分，u_o 随时间线性下降，且

$$u_o=-\frac{U_Z}{RC}t \tag{6.2.13}$$

当 u_o 下降到 $u_{o1}=U_{T+}=-R_1U_Z/R_2$ 时（$t=t_1$），u_{o1} 由 $+U_Z$ 跳变为 $-U_Z$，如图 6.2.5 所示。

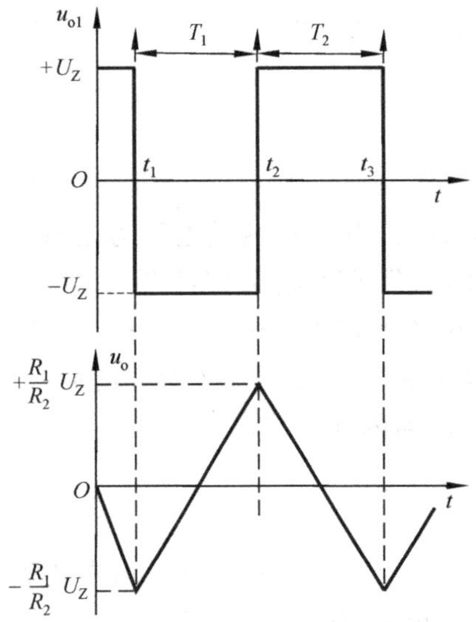

图 6.2.5　三角波发生器的工作波形

当 u_{o1} 跳变为 $-U_Z$ 后，积分电路正向积分，u_o 随时间线性上升，且

$$u_o=\frac{U_Z}{RC}(t-t_1)+u_o(t_1)=\frac{U_Z}{RC}(t-t_1)-\frac{R_1}{R_2}U_Z \tag{6.2.14}$$

当 u_o 上升到略大于 U_{T-}（$t=t_2$）时，u_{o1} 由 $-U_Z$ 跳变为 $+U_Z$，积分电路又开始反向积分，且

$$u_o=-\frac{U_Z}{RC}(t-t_2)+u_o(t_2)=-\frac{U_Z}{RC}(t-t_2)+\frac{R_1}{R_2}U_Z \tag{6.2.15}$$

如此周而复始，即可在 u_o 端得到幅值为 R_1U_Z/R_2 的三角波。

2. 周期和频率

由图 6.2.5 可见，三角波上升段时间（正向积分时间）为

$$T_1=t_2-t_1=\frac{u_o(t_2)-u_o(t_1)}{\frac{U_Z}{RC}}$$

$$=\frac{\frac{R_1}{R_2}U_Z-\left(-\frac{R_1}{R_2}U_Z\right)}{\frac{U_Z}{RC}}=2RC\frac{R_1}{R_2} \tag{6.2.16}$$

三角波下降段时间（反向积分时间）为

$$T_2=t_3-t_2=\frac{u_o(t_3)-u_o(t_2)}{-\frac{U_Z}{RC}}=\frac{-\frac{R_1}{R_2}U_Z-\frac{R_1}{R_2}U_Z}{-\frac{U_Z}{RC}}=2RC\frac{R_1}{R_2} \tag{6.2.17}$$

因此，波形周期为

$$T=T_1+T_2=4RC\frac{R_1}{R_2} \tag{6.2.18}$$

波形频率为

$$f=\frac{1}{T}=\frac{R_2}{4RCR_1} \tag{6.2.19}$$

因此，调节电路中 R_1、R_2 和 R 的阻值及电容 C 的容量，即可改变振荡频率；调节 R_1 和 R_2 的阻值，可以改变波形幅值。

6.2.3　锯齿波信号发生器

在图 6.2.4(a)所示的三角波信号发生器中，只要改变正、反向积分通路使正向积分时间常数远远大于反向积分时间常数，即可使 u_o 下降时间远远小于上升时间，得到近似的锯齿波，如图 6.2.6 所示。

图 6.2.6 中，正向积分的时间常数为 $\tau_{充} = RC$，反向积分的时间常数为 $\tau_{放} = (R_4 // R)C$。由于 $R_4 \ll R$，故有 $\tau_{充} \ll \tau_{放}$，因此 u_o 下降时间远远小于上升时间，如图 6.2.7 所示。

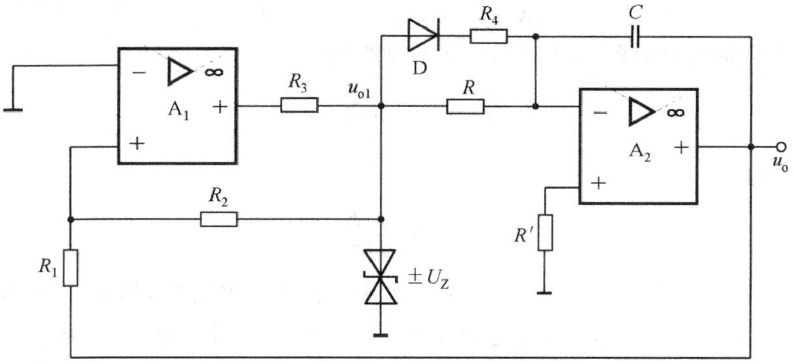

图 6.2.6　锯齿波发生器

6.2.4　压控振荡器

若将图 6.2.4(a)所示三角波发生器中积分电路的输入接在开关 S 的固定端，开关 S 的另两个端点分别与外接电压 $\pm U_i$ 相连，如图 6.2.8 所示；并使开关 S 在 $+U_i$ 和 $-U_i$ 之间的转换时间受控于迟滞比较器的输出电压（$u_o = +U_Z$ 时接 $+U_i$，$u_o = -U_Z$ 时接 $-U_i$）。则该电路输出波形与图 6.2.5 一样，即积分器输出三角波，迟滞比较器输出方波；但是此时的振荡频率受外接电压 $\pm U_i$ 控制，因此这种电路称为压控振荡器。

该电路正向积分时 u_o 的表达式为

$$u_o = \frac{U_i}{RC}(t - t_1) + u_o(t_1) \qquad (6.2.20)$$

正向积分时间为

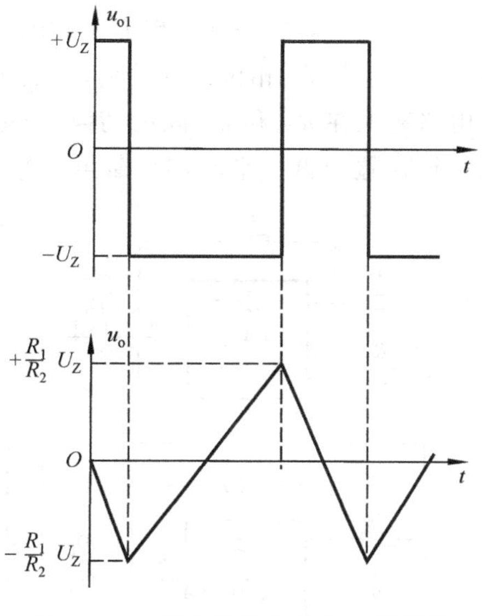

图 6.2.7　锯齿波发生器的工作波形

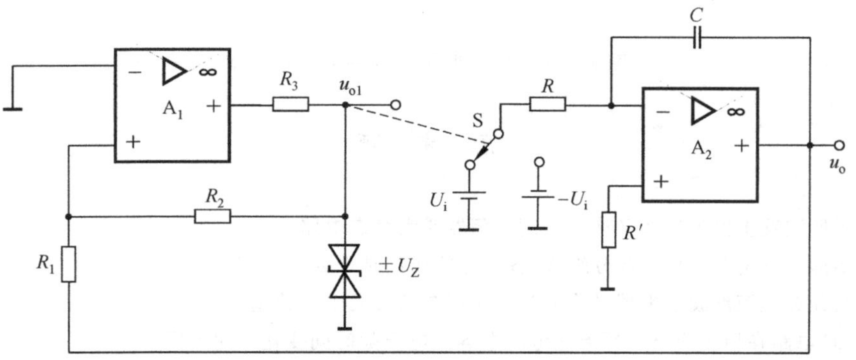

图 6.2.8　压控振荡器原理图

$$T_1 = t_2 - t_1 = \frac{u_o(t_2) - u_o(t_1)}{\frac{U_i}{RC}} = \frac{\frac{R_1}{R_2}U_Z - \left(-\frac{R_1}{R_2}U_Z\right)}{\frac{U_i}{RC}} = 2RC\frac{R_1U_Z}{R_2U_i} \tag{6.2.21}$$

由于正向积分和反向积分时间相等，因此振荡周期为

$$T = 2T_1 = 4RC\frac{R_1U_Z}{R_2U_i} \tag{6.2.22}$$

相应的振荡频率为

$$f = \frac{1}{T} = \frac{R_2U_i}{4RCR_1U_Z} \tag{6.2.23}$$

由式(6.2.23)可见，U_i 改变时，振荡频率 f 随 U_i 成正比增加，但是不影响三角波和方波的幅值。若 U_i 为直流电压，则电路振荡频率与 U_i 成正比；若 U_i 为缓变的锯齿波，则 f 也按同样的规律变化，从而可获得扫频波；若 U_i 为频率小于 f 的正弦信号，则压控振荡器变成调频振荡器，能输出抗干扰能力很强的调频波。

压控振荡器的一种实现方案如图 6.2.9 所示。其中反相器 A_3 和 A_4 将输入信号 u_i 转变成一对大小相等、相位相反的输出 u_{o3} 和 u_{o4}，取代图 6.2.8 中的 $\pm U_i$。二极管 D_1 和 D_2 实现积分电路输入在 u_{o3} 和 u_{o4} 间的切换：当运放 A_2 输出高电平时，D_1 截至，D_2 导通，将 $u_{o4} = u_i$ 接入；当 A_2 输出低电平时，D_2 截至，D_1 导通，将 $u_{o3} = -u_i$ 接入。

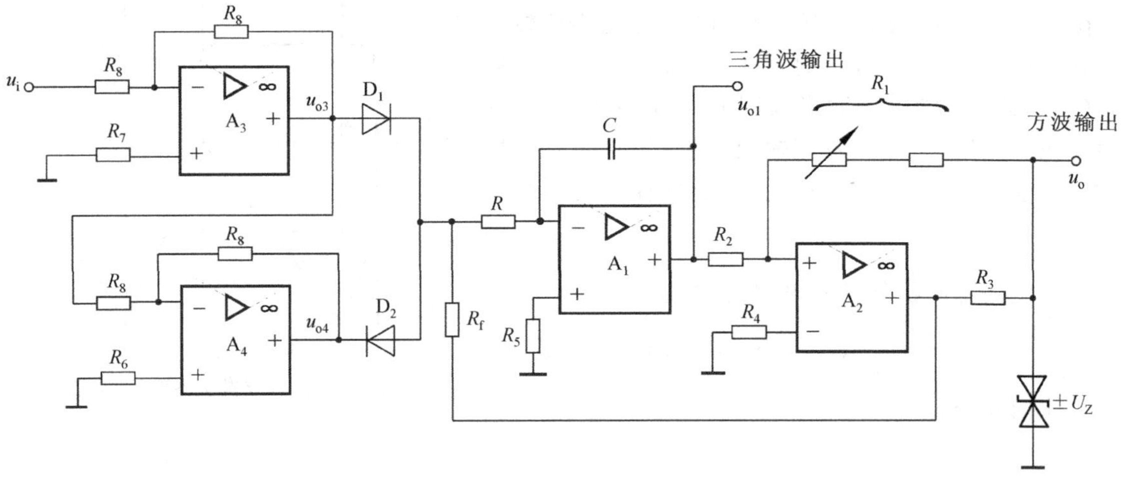

图 6.2.9 压控振荡器的一种实现方案

思 考 题

6.2.1 矩形波发生器为什么又称为多谐振荡器或无稳态电路？

6.2.2 矩形波发生器由哪三部分组成，各部分的作用是什么？

6.2.3 为什么说矩形波发生器是构成其他非正弦信号发生器的基础？

6.2.4 RC 电路在恒压充电和恒流充电时电容上电压随时间变化有何不同？

6.3　集成多功能函数信号发生器

在电子工程、通信工程、自动控制、遥测控制、测量仪器、仪表和计算机等技术领域，经常需要用到各种各样的信号波形发生器。随着大规模集成电路的迅速发展，多功能信号发生器已被制作成专用集成电路，如国产的 5G8038 单片函数波形发生器，可以产生精度较高的正弦波、方波、矩形波、锯齿波等多种信号。该产品与国外的 ICL8038 功能相同，其各种信号频率可通过调节外接电阻和电容的参数值进行调节，可方便地实现函数信号发生器。本节以 5G8038 为例，说明集成多功能函数信号发生器的工作原理及使用方法。

1. 5G8038 的工作原理

5G8038 的内部原理电路框图和芯片引脚排列分别如图 6.3.1 和图 6.3.2 所示，其中 13、14 脚为空脚，其他各引脚功能说明如表 6.3.1 所示。由图 6.3.1 可见，5G8038 主要包括两个电压比较器 A_1、A_2，两个缓冲器 A_3、A_4，两个恒流源 I_1、I_2，一个 RS 触发器 FF，一个正弦波变换器及一些辅助电路组成，电容 C 需要外接。其中比较器 A_1、A_2 的门限电平分别为 $2V_{CC}/3$ 和 $V_{CC}/3$，其输出分别接触发器 FF 的 R、S 输入端；电流源 I_1 和 I_2 用来为外接电容 C 充放电，其大小可通过外接电阻调节，且 I_2 必须大于 I_1；触发器的输出 Q 用来控制开关 S 的闭合。

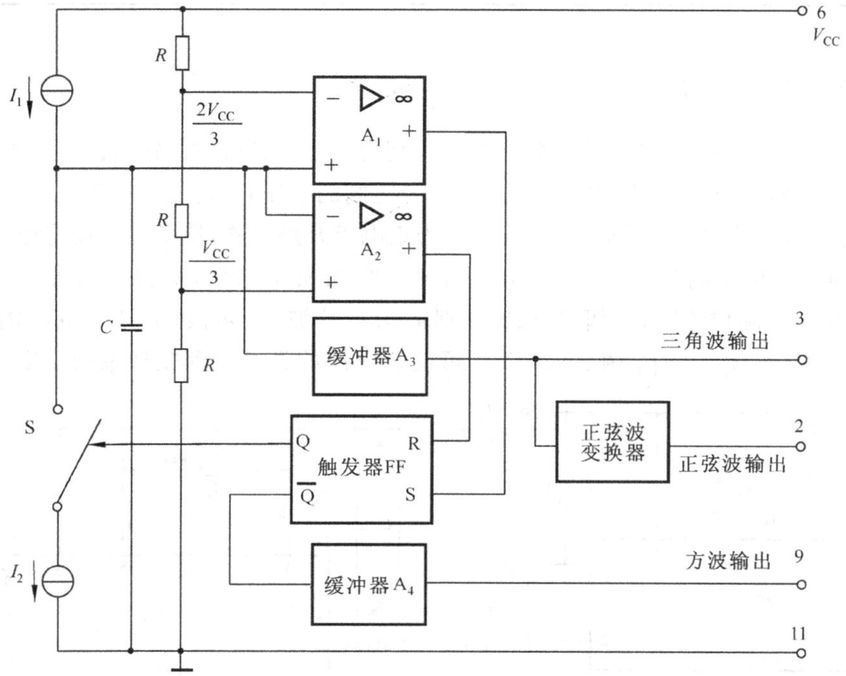

图 6.3.1　5G8038 原理框图

5G8038 的基本工作原理为：当触发器 FF 的 Q 端输出低电平时，开关 S 使电流源 I_2 断开，电流源 I_1 向外接电容 C 充电，u_C 随时间线性上升，当 $u_C \geqslant 2V_{CC}/3$ 时，比较器 A_1 输出跳变为高电平，使触发器输出 Q 端由低电平跳变为高电平。Q 为高后，开关 S 使电流源 I_2 接通；由

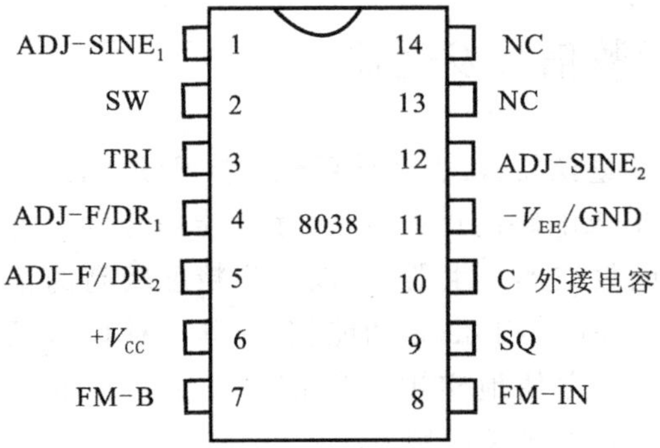

图 6.3.2　5G8038 芯片引脚排列

于 $I_2 > I_1$，因此电容 C 放电，u_C 随时间线性下降。当 $u_C \leqslant V_{CC}/3$ 时，比较器 A_2 输出跳变为高电平，Q 又由高电平变为低电平，I_2 再次断开，I_1 再次向 C 充电，u_C 又随时间线性上升。如此周而复始，产生振荡：Q 交替高低电平，u_C 交替上升和下降。若 $I_2 = 2I_1$，u_C 上升时间与下降时间相等，则产生三角波，经缓冲器 A_3 输出到管脚 3。而触发器输出的方波，经缓冲器 A_4 输出到管脚 9。三角波经正弦波变换器变成正弦波后由管脚 2 输出。当 $I_1 < I_2 < 2I_1$ 时，u_C 的上升时间与下降时间不相等，管脚 3 和 9 分别输出锯齿波和矩形波。因此，8038 能输出方波、三角波、正弦波和锯齿波等不同波形。

表 6.3.1　5G8038 芯片引脚功能说明

引脚	功能	引脚	功能	引脚	功能	引脚	功能
1	正弦波失真度调节	4	恒流源 I_1 调节	7	调频偏置电压	10	外接电容
2	正弦波输出	5	恒流源 I_2 调节	8	调频控制输入端	11	负电源或接地
3	三角波输出	6	正电源	9	方波输出	12	正弦波失真度调节

2. 5G8038 的典型应用

由图 6.3.3(a)可见，5G8038 的管脚 2、3、9 分别为正弦波、三角波(锯齿波)、方波(矩形波)的输出端。输出波形的频率与调频电压(管脚 6 和 8 之间的电压)成正比。管脚 7 为调频偏置电压输出，可作为管脚 8 的输入。同时，由于管脚 9 为集电极开路形式，使用时一般需经一个 10kΩ 左右的上拉电阻 R_L 接正电源，如图 6.3.3(a)所示。图 6.3.3(a)中，管脚 7 和管脚 8 短接，当电位器 R_{p1} 动端在中间位置时，管脚 2、3、9 分别输出正弦波、三角波、方波。电路的振荡频率 f 约为 $0.3/[C(R_1 + R_{p1}/2)]$。调节 R_{p1}、R_{p2} 可使正弦波的失真达到较理想的程度。

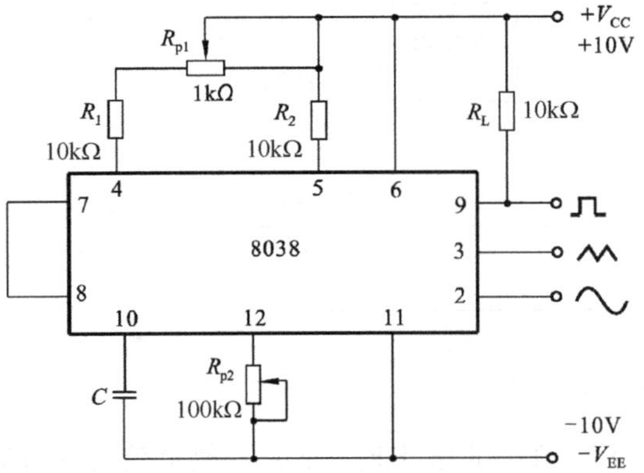

(a) 接成波形发生器

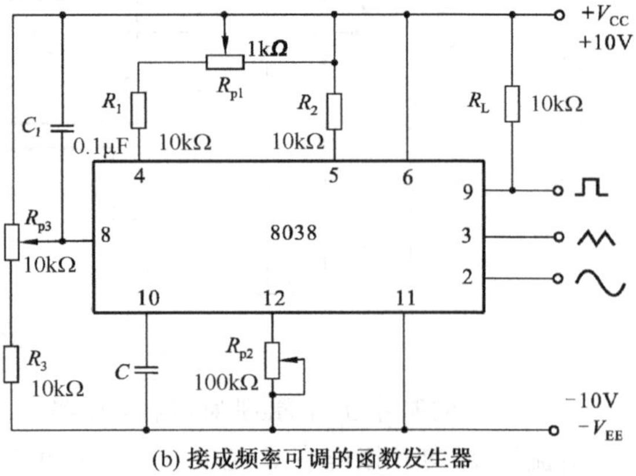

(b) 接成频率可调的函数发生器

图 6.3.3　5G8038 应用电路

图 6.3.3(a)中，若保持 R_{p1} 动端在中间位置，断开管脚 8 与 7 之间的连线，并在 $+V_{CC}$ 与 $-V_{EE}$ 之间接一电位器 R_{p3}，使其动端与 8 脚相连，如图 6.3.3(b)所示。调节 R_{p3} 可改变正电源 $+V_{CC}$ 与管脚 8 之间的控制电压(即调频电压)，从而使振荡频率随之变化，构成一个频率可调的函数发生器。若控制电压按一定规律变化，则可构成扫频式函数发生器。

本章小结

1. 正弦振荡器一般包括三个基本组成部分：基本放大电路、选频网络和正反馈网络。此外，为了稳定输出波形幅值，有时还需要有稳幅环节。

正弦振荡的幅值平衡条件为 $|\dot{A}\dot{F}|=1$，相位平衡条件为 $\varphi_A+\varphi_F=2n\pi$ (n 为整数)，而产生正弦振荡的幅值起振条件为 $|\dot{A}\dot{F}|>1$。

分析正弦振荡电路时，首先检查电路是否具备三个基本组成部分；接着用瞬时极性法判断电路是否满足相位平衡条件，即判断电路对谐振频率为 f_0 的信号是否存在正反馈，并估算振荡频率；然后判断电路是否满足幅值起振条件；最后分析电路的稳幅环节。

2. 根据选频网络的不同，正弦振荡电路可分为 RC 正弦振荡器、LC 正弦振荡器和石英晶体振荡器。

RC 正弦电路又分为 RC 串并联式、RC 移相式和双 T 网络式，其中 RC 串并联式应用最广。其振荡频率与 RC 的乘积成反比，一般用于产生几十赫兹至几百千赫兹的正弦信号。

LC 正弦振荡电路又分为变压器反馈式、电感反馈式和电容反馈式三种。其振荡频率较高，可达 100MHz 以上。且选频特性与电路 Q 值有关，Q 越高，选频特性越好。

石英晶体振荡器相当于 Q 值很高的 LC 正弦振荡器，具有很高的频率稳定度。石英晶体振荡电路有串联型和并联型两种形式。

3. 非正弦信号发生器主要有矩形波信号发生器、三角波信号发生器、锯齿波信号发生器和压控振荡器等，通常由比较器、正反馈网络和积分电路组成。分析非正弦信号发生器时，往往首先根据电路的开关特性和充、放电特性画出波形图，然后分析波形周期和频率。

习　题

6.1　试用相位平衡条件说明题图 6.1 所示电路是否可能振荡，并简述理由。

6.2　电路如题图 6.2 所示。要求：

(1)试用相位平衡条件分析电路是否有可能产生正弦振荡；

(2)估算该电路的振荡频率。

6.3　若题图 6.2 中电阻 R_f 由一个阻值为 2kΩ 的固定电阻 R_{f1} 和一个 10kΩ 的电位器 R_{f2} 串联而成，电阻 R_{S1} 的阻值为 1.5kΩ。试分析：

(1)若 R_{f2} 调到零时，用示波器观察输出电压波形，将看到什么现象？试说明产生这种现象的原因；

(2)若 R_{f2} 调到 10kΩ 时，电路又将出现什么现象？试说明产生这种现象的原因。

6.4　文氏电桥振荡器如题图 6.2 所示，已知 $R=10\text{k}\Omega$，$C=0.01\mu\text{F}$。试分析：

(1)电路的振荡频率 f_0 是多少？

(2) R_f 应如何选择才能使电路起振？

(3)若用一热敏电阻 R_t 取代 R_f 以稳定输出振幅，该热敏电阻应该具有正温度系数还是负温度系数？若 R_t 取代 R_{S1}，R_t 的温度系数又应如何选择？

(4)当 R_f 短路和开路时，分别将对电路产生什么影响？

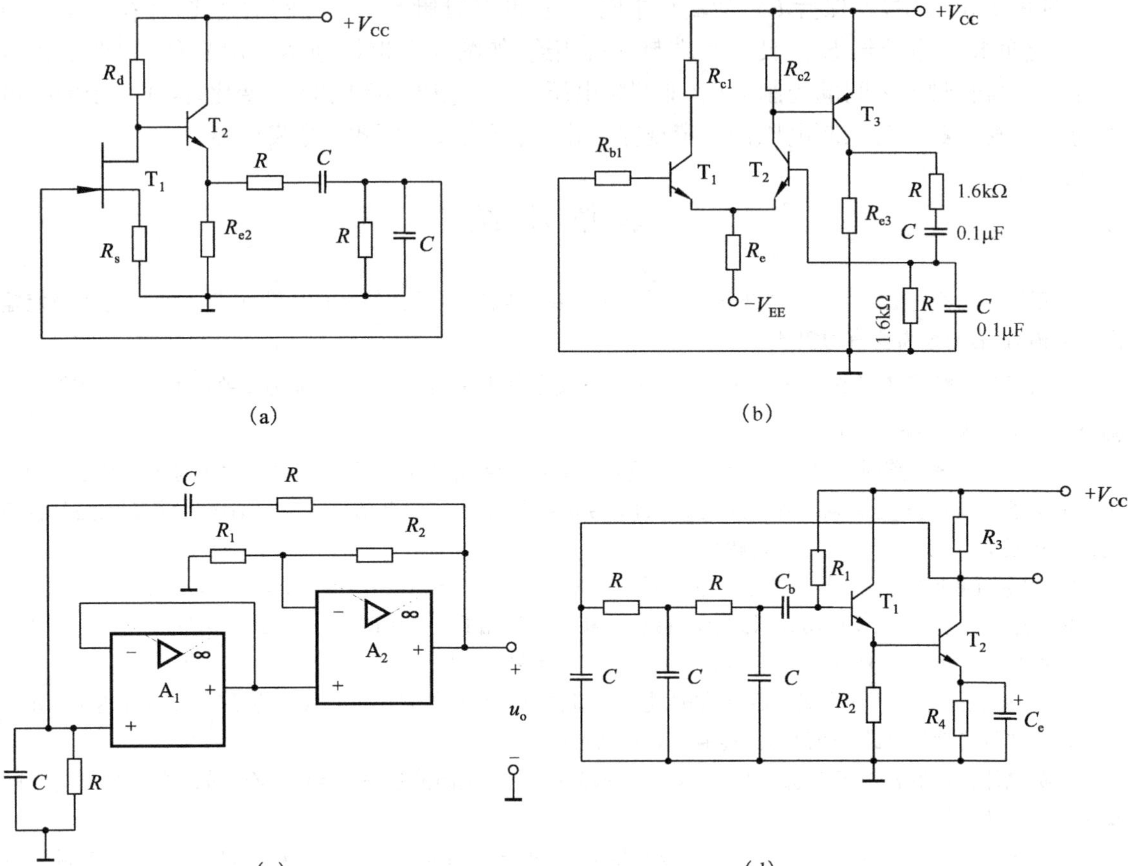

题图 6.1

6.5　电路如题图 6.5 所示。试求：

(1)为使电路起振，R_w' 的下限值；

(2)振荡频率的调节范围。

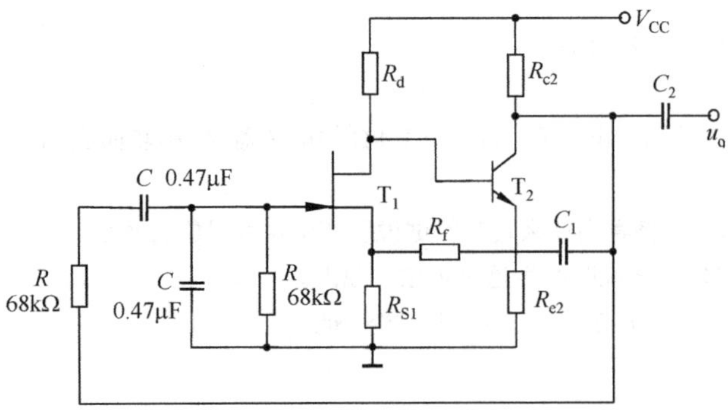

题图 6.2

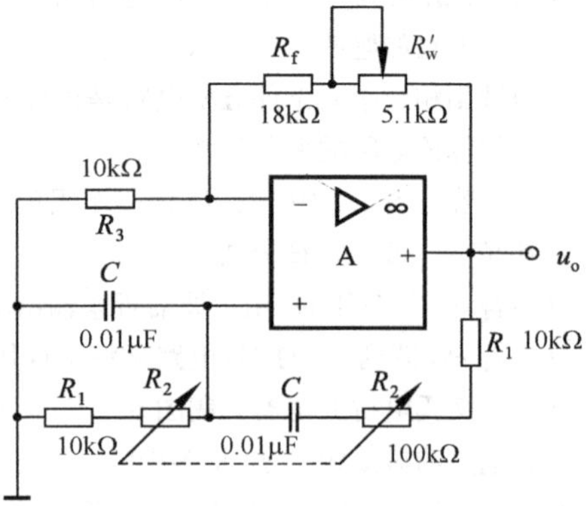

题图 6.5

6.6　题图 6.6 所示的正弦振荡电路中,集成运放具有理想特性。试分析:

(1)为满足振荡条件,集成运放 A 的两个输入端应如何连接?试在图中用＋、－号标出;

(2)为能起振,R_f 和 R_2 两个阻值之和应大于何值?

(3)试估算振荡频率 f_0;

(4)若 R_f 减到 0,试求稳定振荡时输出电压峰值 U_{om};

(5)若 R_f 不等于 0,试求稳定振荡时输出电压峰值 U_{om};

(6)若 R_f 开路,电路会出现什么现象?

(7)若 R_1 开路,电路会出现什么现象?

6.7　某同学连接了一个如题图 6.7 所示的文氏电桥振荡器,但电路不振荡。要求:

(1)请你帮他指出错误,并在图中加以改正;

(2)若要求振荡频率为 480kHz,试确定 R 的阻值。

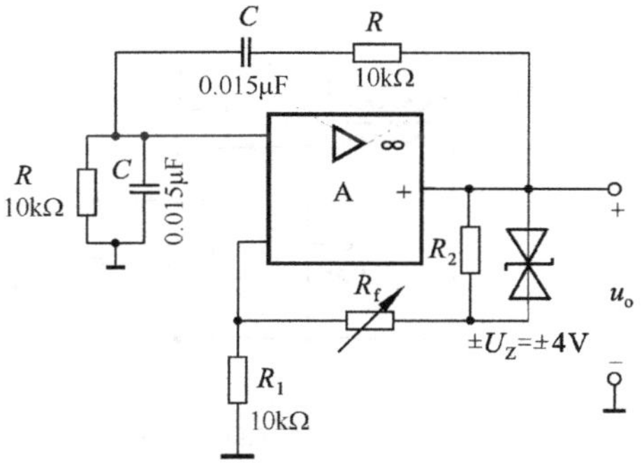

题图 6.6

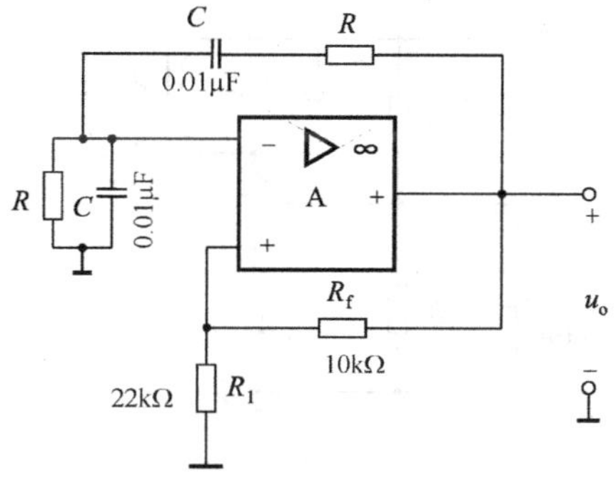

题图 6.7

6.8　试用相位平衡条件判断题图 6.8 所示各电路是否可能产生正弦振荡。

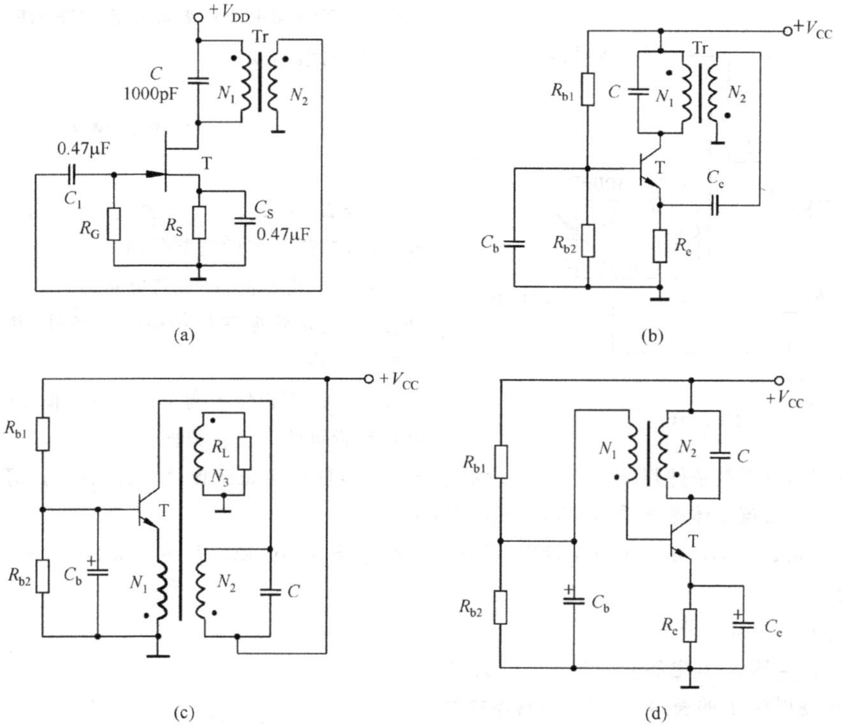

题图 6.8

6.9　试标出题图 6.9 所示各电路中变压器的同名端，使之满足正弦振荡的相位平衡条件。

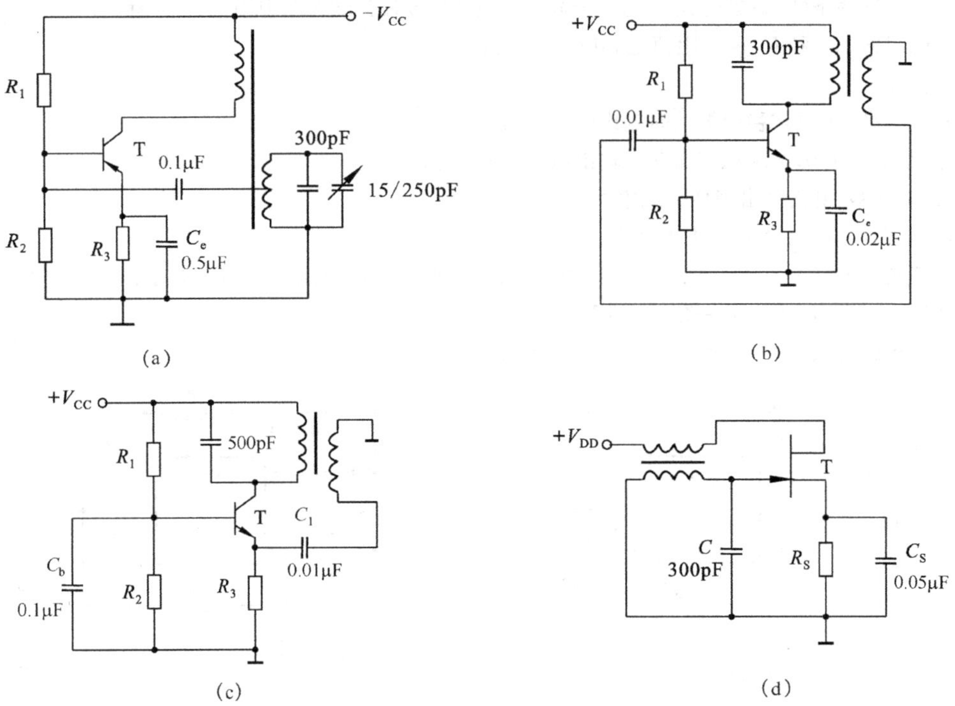

题图 6.9

6.10　题图 6.10 所示为某超外差接收机的本机振荡电路。要求：

(1)在图中标出变压器原副边线圈的同名端；

(2)说明增加或减小 L_{23}（即抽头 2 上下移动）对振荡电路有何影响；

(3)说明电容 C_1、C_2 的作用，若不接 C_1 电路能否维持振荡；

(4)若 $L_{13}=100\mu H$，计算当 $C_4=10pF$ 时，在 C_5 的变化范围内，振荡频率的调节范围。

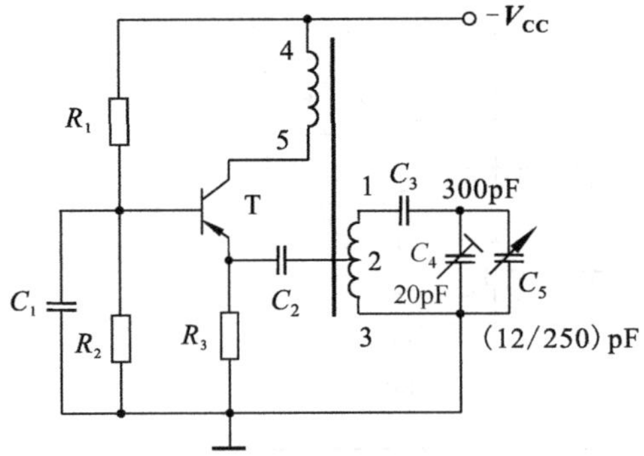

题图 6.10

6.11　试将题图 6.11 各电路中 j、k、m、n 各点正确连接，使之满足正弦振荡的相位平衡条件，并指出属于哪种正弦振荡电路。

6.12　试用相位平衡条件判断题图 6.12 所示正弦振荡电路是否可能产生正弦振荡。

6.13　试用相位平衡条件判断图题 6.13 所示电路是否可能产生正弦振荡。若能振荡，请指出它们属于串联型还是并联型石英晶体振荡器；若不能振荡，请加以改正。

6.14　在图 6.2.1(a)所示方波发生器中，设 $R_1=R_2=R=100k\Omega$，$R_3=10k\Omega$，$C=0.01\mu F$，$\pm U_Z=\pm 5V$。试分析：

(1)指出电路各组成部分的作用；

(2)画出输出电压 u_o 和电容 C 上电压 u_C 的波形；

(3)写出振荡周期 T 的表达式，并求出具体数值。

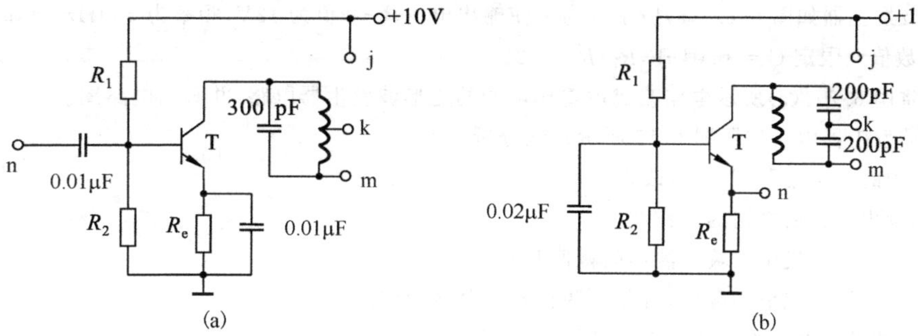

题图 6.11

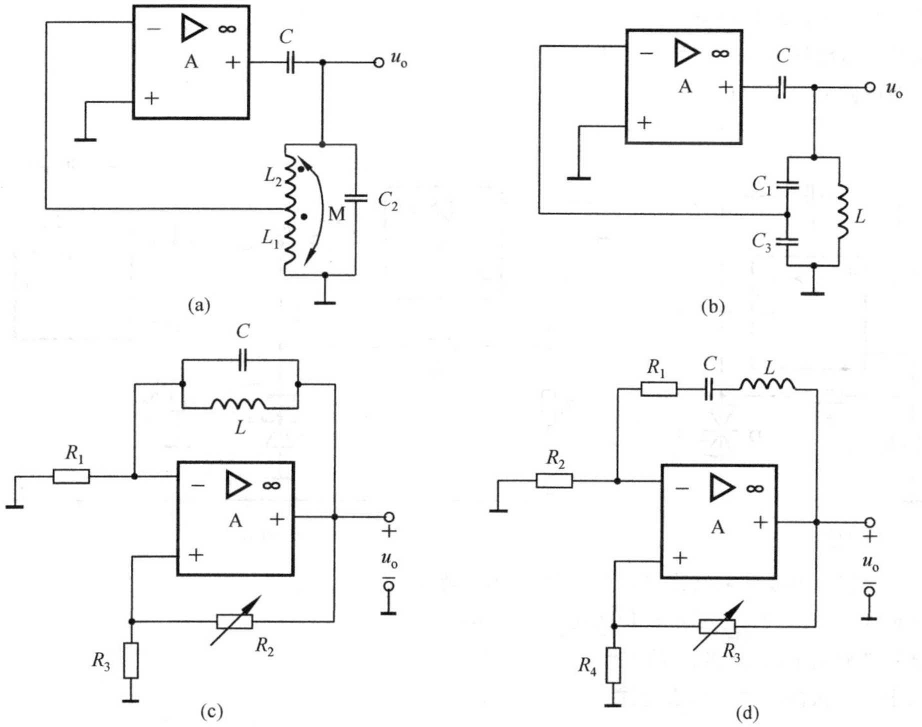

题图 6.12

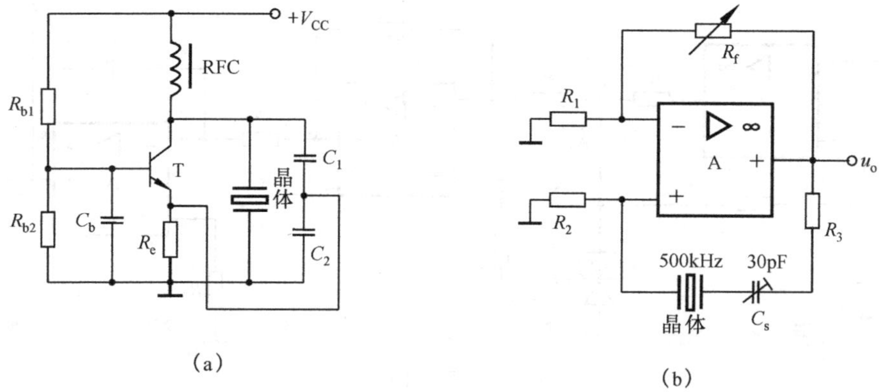

题图 6.13

6.15　方波发生器如图 6.2.1(a)所示。为了使输出电压峰-峰值为 12V,频率为 500Hz,应如何选择 U_Z、R、R_1 和 R_2 的数值?限定 $C=0.01\mu F$,$R_1/R_2=2$。

6.16　试将图 6.2.1(a)所示电路改成占空比可调的矩形波发生器电路,并画出电路图。

6.17　方波发生器电路如题图 6.17 所示。试分析:

(1)指出图中的 3 个错误,并加以改正;

(2)试定性画出改正后电路的工作波形;

(3)试求改正后方波发生器输出波形的幅值和频率;

(4)若希望改变波形幅值和频率,可分别调整哪些电路参数?

6.18　三角波发生器电路如题图 6.18 所示。要求:

(1)求 A_1 组成的迟滞比较器的上、下限门限电平;

(2)定性画出 u_{o1}、u_o 的波形;

(3)试写出电路振荡频率 f 的表达式;

(4)说明电路如何调频和调幅。

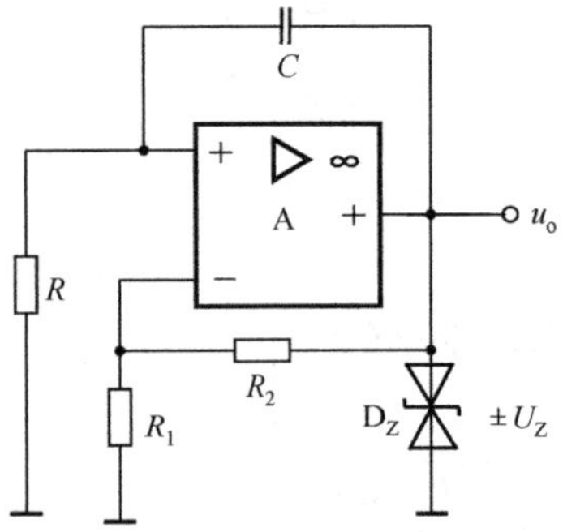

题图 6.17

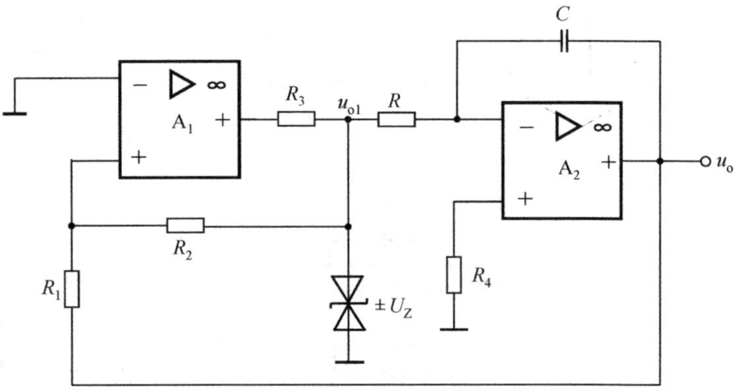

题图 6.18

6.19　三角波-方波发生电路如题图 6.19 所示。要求:

(1)试说明 A_1、A_2、A_3 分别组成什么功能的电路;

(2)试定性画出 u_{o1}、u_{o2} 和 u_o 的波形;

(3)试求电路振荡频率 f 的表达式。

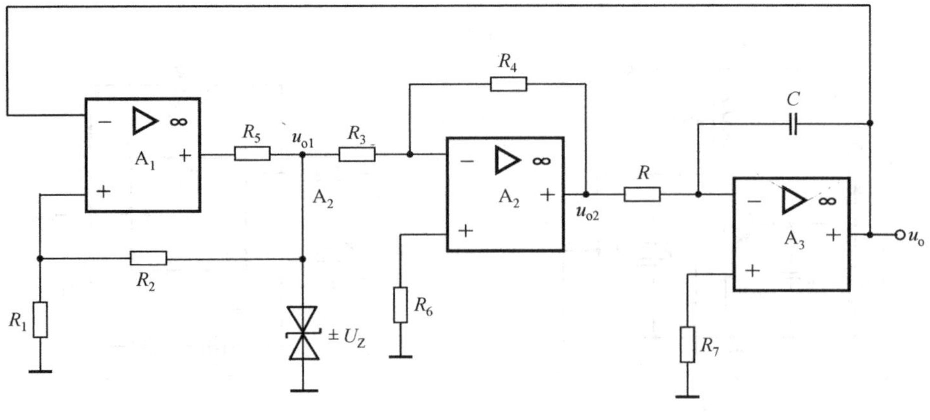

题图 6.19

6.20　波形产生电路如题图 6.20 所示。要求：

(1)试说明电路各组成部分及其作用；

(2)若二极管和运放均为理想的，且 R_1/R_2 等于 0.6，R_3/R_4 等于 5，试定性画出 u_{o1} 和 u_o 的波形；

(3)求电路振荡频率 f 的表达式；

(4)试说明电路如何实现调幅和调频。

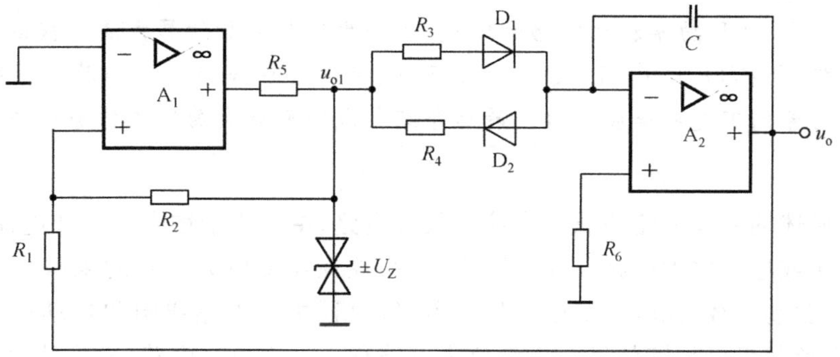

题图 6.20

第7章　功率放大电路

【内容提要】

首先阐述乙类OCL功率放大电路的组成、工作原理与参数估算方法。接着分析各种甲乙类功率放大电路，包括OCL、OTL、复合管准互补、变压器耦合推挽功率放大电路。然后介绍用于放大音频信号的丁类功率放大器。最后介绍集成功率放大器的工作原理与典型应用及常用的功率器件。

前面各章所述的放大电路均属于小信号放大电路，主要用于增强电压或电流的幅度，因而相应地称为电压或电流放大电路。在实际应用中，往往需要放大电路的末级(即输出级)输出一定的功率，以驱动负载(如收音机中的扬声器、继电器中的电感线圈和自动记录仪中的电动机等)。能够向负载提供足够信号功率的放大电路称为功率放大电路，简称功放。

7.1　功率放大电路的一般问题

7.1.1　功率放大电路的特点

从能量转换的观点来看，功率放大电路和电压放大电路没有本质区别，只不过它们所要完成的任务不同。电压放大电路的主要任务是不失真地提高信号的电压幅度，故讨论的主要指标是电压增益、输入和输出阻抗等。而功率放大电路主要要求保证信号失真在允许范围的前提下，输出足够大的功率，同时具有较高的效率。功放电路通常工作在大信号状态，所以与电压放大电路相比，有其自身的特点。

(1)要求输出尽可能大的功率。为获得大的功率输出，要求功放管的输出电压和电流均有足够大的幅度，故管子往往在接近极限运用状态下工作。

(2)效率要高。功放电路的输出功率由直流电源供给的直流能量转换而来。由于输出功率大，直流电源消耗功率也大，故能量转换效率非常重要。效率定义为负载得到的功率 P_o 与电源提供的直流功率 P_V 的比值，即

$$\eta=\frac{P_o}{P_V} \tag{7.1.1}$$

式中

$$P_V=P_o+P_T \tag{7.1.2}$$

式中，P_T 为耗散在功率管上的功率，称为管耗。

(3)非线性失真要小。由于功放管工作在大信号状态，所以不可避免地存在非线性失真。且对同一功放管，输出功率越大，非线性失真往往越严重，这就使得输出功率和非线性失真成为功放中的一对主要矛盾。需根据非线性失真的要求获得最大输出功率。

(4)要考虑功放管的散热和保护问题。功放管工作在大信号极限状态，其 u_{CE} 最大值接近于 $U_{(BR)CEO}$，i_C 最大值接近于 I_{CM}，管耗最大值接近于 P_{CM}。因此选择功放管时，需特别注意极限参数的选择，并考虑过电压和过电流保护措施。同时，为避免输出较大功率时集电结结温过高而损坏功放管，还应该考虑其散热问题。

(5)分析方法采用图解法。在大信号情况下,小信号模型已不适用,因此对功放电路,应采用图解法进行分析。

综上所述,对功率放大电路,应在保证功放管安全工作和失真允许的前提下,尽可能输出大的功率,同时减小管耗,以提高效率。

7.1.2　功率放大电路提高效率的主要途径

电源电压确定后,在满足失真度指标前提下输出尽可能大的功率和提高转换效率始终是功率放大电路要研究的主要问题。由式(7.1.1)和式(7.1.2)可知,要提高功放电路的效率,必须在获得相同输出功率 P_o 的同时降低管耗 P_T。那么,如何才能降低管耗呢?由于管耗是管子在一个周期内消耗的平均功率,显然,一个周期内管子导通的时间越短,相应的管耗就越小,效率也就越高。根据有信号输入时管子在一个周期内导通时间(或集电极电流波形)的不同,功率放大电路的输出级可以分为甲类(A 类)、乙类(B 类)、甲乙类(AB 类)、丙类(C 类)、丁类(D 类)。

在前几章讲述的电压放大电路中,当输入正弦波时,由于管子的静态电流大于信号电流的幅值,输入信号的整个周期内均有电流流过管子,如图 7.1.1(a)所示,即管子在一个周期内均导通,这种工作方式通常称为甲类放大。在甲类放大电路中,电源始终不断地输出功率。无信号输入时,这些功率全部消耗在管子(和电阻)上,并转换成热量的形式耗散出去。有信号输入时,其中一部分转化为有用的输出功率,且信号越大,输出功率越大。可以证明,甲类放大电路的效率最高只能达到 50%。

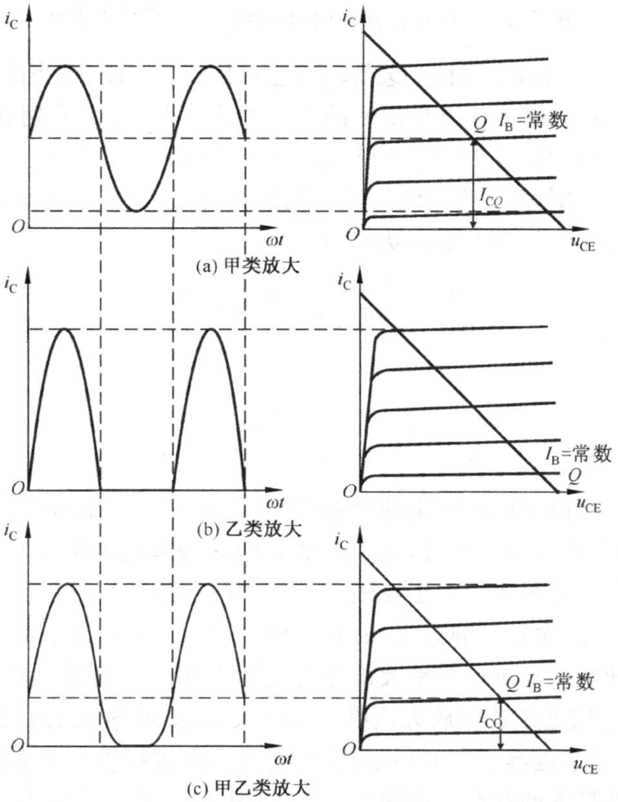

图 7.1.1　三种不同类型功率输出级工作点位置及集电极电流随时间变化波形

例 7.1.1　射极跟随器具有较小的输出阻抗，经常用于放大器的输出级。图 7.1.2(a)所示为变压器耦合的射极跟随器功率放大电路，试求其最大输出功率和效率。

解：图 7.1.2(a)所示电路的直流负载线和交流负载线如图 7.1.2(b)所示。由于变压器原边线圈的直流电阻很小，故直流负载线近似垂直于横轴且过(V_{CC}，0)点。若忽略晶体管基极回路的损耗，则电源提供的功率为

$$P_V = I_{CQ}V_{CC}$$

静态时，电源提供的功率全部消耗在管子上。

从变压器原边向副边方向看的交流等效电阻为

$$R'_L = \left(\frac{N_1}{N_2}\right)^2 R_L$$

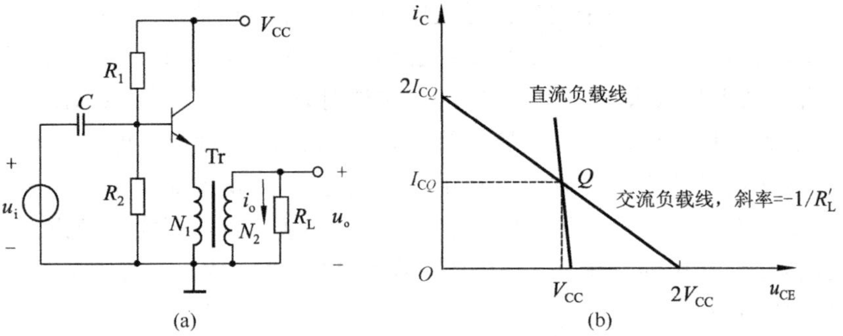

图 7.1.2　变压器耦合的射极跟随器功率放大电路

故交流负载线的斜率为 $-1/R'_L$，且过 Q 点。通过调整变压器原、副边的匝数比 N_1/N_2，使得 Q 平分交流负载线(此时交流负载线与横轴的交点约为($2V_{CC}$，0))，则在充分激励的情况下，可获得最大不失真输出电压，从而负载 R_L 上得到最大不失真输出功率。由于此时图 7.1.2(b)中交流负载 R'_L 中交流电流的最大幅值约为 I_{CQ}，交流电压的最大幅值约为 V_{CC}，因此在理想变压器的情况下，最大输出功率为

$$P_o = \frac{I_{CQ}}{\sqrt{2}}\frac{V_{CC}}{\sqrt{2}} = \frac{1}{2}I_{CQ}V_{CC}$$

因此，最大效率为

$$\eta = \frac{P_o}{P_V} = \frac{\frac{1}{2}I_{CQ}V_{CC}}{I_{CQ}V_{CC}} = 50\%$$

在甲类放大电路中，由于电源提供的功率不变，因此无信号输入时，功率全部消耗在管子(和电阻)上，效率为零；有信号输入时，其中一部分转化为有用的输出功率，且信号越大，输出功率越大，从而转换效率也越大。但是极限工作时，其最大效率也仅为 50%，其他功率全被管子损耗掉了。因此，管耗(尤其是静态管耗)是造成甲类放大效率低下状况的根本原因。

那么，怎样才能使电源提供的功率大部分转化为有用的信号输出功率呢？如果把静态工作点 Q 向下移动，使电路处于乙类放大或甲乙类放大状态，如图 7.1.1(b)、(c)所示，将使信号等于零时电源输出的功率也等于零或很小，信号增大时电源提供的功率随之增大，即可降低管耗，改变甲类放大效率低下的状况。在图 7.1.1(b)中，管子在一个周期内导通半个周期，称为乙类放大；在图 7.1.1(c)中，管子在一个周期内导通半个以上周期，称为甲乙类放大。

这里以 BJT 为例给出了功率放大电路输出级的分类，该分类方法对由 FET 实现的输出级同样适用，而且可以扩展到放大电路的分类。因此，前面几章讲述的共射、共基和共集放大电路及相应的 FET 放大电路均可归为甲类放大器。

甲乙类和乙类放大虽然效率较高，但输出波形失真严重，故实用的甲乙类或乙类功率放大电路必须在电路结构上采取措施，以妥善解决效率和失真的矛盾。

思　考　题

7.1.1　与小信号放大电路相比，功率放大电路有什么特点？

7.1.2　在甲类、乙类和甲乙类放大中，放大管的导通角分别为多少？哪一类放大的失真最小？哪一类放大的效率最高？

7.2　互补推挽功率放大电路

7.2.1　乙类互补对称功率放大电路

1. 电路组成

工作在乙类的放大电路虽然效率较高，但存在严重失真，输入信号只有半个周期有波形输出。如果用两个管子，使之均工作在乙类放大状态，但一个在正半周工作，另一个在负半周工作，同时使这两个输出波形都能在负载上输出，从而在负载上得到一个完整的波形，即可解决效率与失真的矛盾。

采用双极型三极管构成的乙类互补对称功率放大电路如图 7.2.1(a)所示，其中 NPN 管 T_1 和 PNP 管 T_2 的基极连接在一起，接输入信号 u_i；发射极连接在一起，接负载 R_L；且正负电源的大小相等。若忽略管子的门槛电压和导通压降，则两个管子均工作在乙类放大状态。当输入正弦波激励时，u_i 正半周 T_2 截止，T_1 承担放大任务，有电流流过负载 R_L，此时的等效电路如图 7.2.1(b)所示；u_i 负半周 T_1 截止，T_2 承担放大任务，仍有电流流过负载 R_L，此时的等效电路如图 7.2.1(c)所示。这样，图 7.2.1(a)所示电路在静态时 T_1、T_2 均不导通；而在有信号输入时，T_1、T_2 轮流导通，输出完整的正弦波。

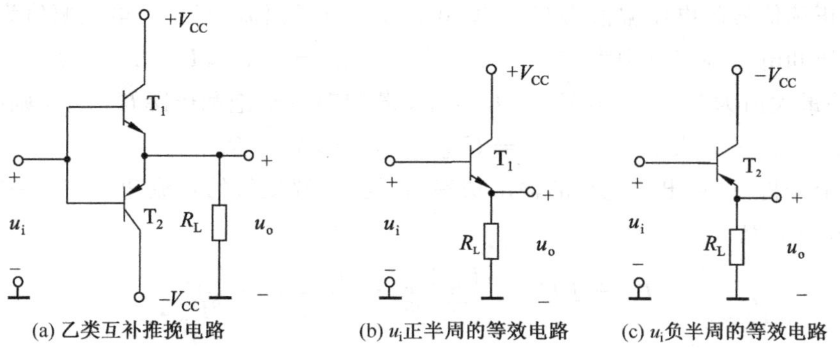

图 7.2.1　乙类互补推挽功率放大电路

由于图 7.2.1 中两个管子互补，轮流导通，u_i 正半周 NPN 管 T_1 推(push)电流进入负载，u_i 负半周 PNP 管 T_2 从负载拉(pull)出电流，故该电路称为互补推挽电路，或称互补对称电路。又因为该电路输出端无输出耦合电容，也称无输出电容(Output Capacitor Less，OCL)电路。

2. 参数估算

图 7.2.1(a)所示电路，若忽略管子的饱和压降 $U_{CE(sat)}$，则两管的静态工作点分别为 $Q_1(U_{CE1}=V_{CC}, I_{C1}=0)$和 $Q_2(U_{CE2}=-V_{CC}, I_{C2}=0)$。且 T_1 和 T_2 完全对称，轮流导通单个周期。为了便于分析，将 T_2 的特性曲线倒置在 T_1 的右下方，并令二者的 Q 点重合，即可得到 T_1 和 T_2 的组合特性曲线，如图 7.2.2 所示。由于 T_1、T_2 的交流负载线斜率均为 $-1/R_L$，且均过 Q 点，故二者重合为一条直线。

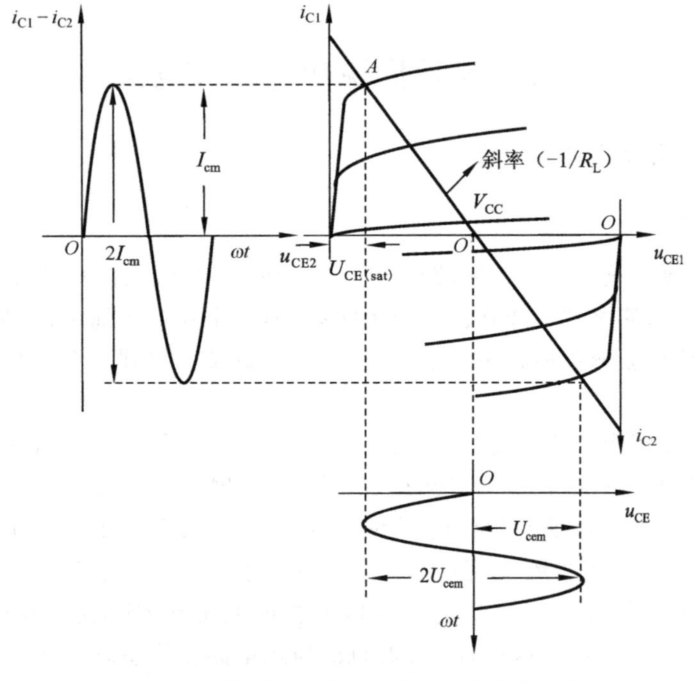

图 7.2.2 乙类互补对称功率放大电路图解法分析

设输入正弦信号的电压幅值为 U_{im}，输出信号的电压幅值为 U_{om}、电流幅值为 I_{om}，T_1、T_2 上的交流电压和电流幅值分别为 U_{cem} 和 I_{cm}，则有 $U_{om}=U_{cem}\approx U_{im}$，$I_{om}=I_{cm}$。且由图 7.2.2 可知，$U_{om}$ 的最大值为 $U_{om(max)}=V_{CC}-U_{CE(sat)}$，若忽略管子饱和压降 $U_{CE(sat)}$，则有 $U_{om(max)}\approx V_{CC}$，从而可得 I_{om} 的最大值为 $I_{om(max)}=U_{om(max)}/R_L\approx V_{CC}/R_L$。

根据以上分析，可求出该电路的输出功率、管耗、电源提供的直流功率和效率等主要参数。

(1)输出功率 P_o

$$P_o = I_oU_o = \frac{I_{om}}{\sqrt{2}}\frac{U_{om}}{\sqrt{2}} = \frac{I_{om}U_{om}}{2} = \frac{U_{om}^2}{2R_L} \tag{7.2.1}$$

将 U_{om} 的最大值代入，可得最大不失真输出功率为

$$P_{omax} = \frac{U_{om(max)}^2}{2R_L} = \frac{(V_{CC}-U_{CE(sat)})^2}{2R_L} \approx \frac{V_{CC}^2}{2R_L} \tag{7.2.2}$$

(2)直流电源提供的功率 P_V。由于电路对称,正负电源供给的直流功率相等,故电源提供的功率为单个电源提供功率的两倍,即

$$P_V = 2 \cdot \frac{1}{2\pi}\int_0^{2\pi} V_{CC} i_{C1} \mathrm{d}(\omega t) = \frac{1}{\pi}\int_0^{\pi} V_{CC} I_{cm} \sin\omega t \, \mathrm{d}(\omega t) = \frac{2I_{cm}V_{CC}}{\pi} = \frac{2U_{om}V_{CC}}{\pi R_L} \tag{7.2.3}$$

由式(7.2.3)可知,乙类功放电源供给的功率与信号的大小 U_{om} 成正比,静态时,其值为零;信号越大,其值越大。将 U_{om} 的最大值代入,可得电源供给功率的最大值为

$$P_{Vmax} = \frac{2U_{om(max)}V_{CC}}{\pi R_L} \approx \frac{2V_{CC}^2}{\pi R_L} \tag{7.2.4}$$

(3)效率 η。将式(7.2.1)和式(7.2.3)代入式(7.1.1)可得效率为

$$\eta = \frac{P_o}{P_V} = \frac{\dfrac{U_{om}^2}{2R_L}}{\dfrac{2U_{om}V_{CC}}{\pi R_L}} = \frac{\pi U_{om}}{4V_{CC}} \tag{7.2.5}$$

由式(7.2.5)可知,效率也与 U_{om} 成正比。将 U_{om} 的最大值代入,可得效率的最大值为

$$\eta_{max} = \frac{\pi U_{om(max)}}{4V_{CC}} \approx \frac{\pi V_{CC}}{4V_{CC}} = \frac{\pi}{4} \approx 78.5\% \tag{7.2.6}$$

式(7.2.6)是忽略管子的饱和压降 $U_{CE(sat)}$ 得到的,故实际效率要低于 78.5%。

(4)管耗 P_T。

在乙类互补对称功放中,由于直流电源提供的功率一部分转化为负载上的输出功率,其余部分全部消耗在管子上,因此 T_1、T_2 上的总管耗为

$$P_T = P_V - P_o = \frac{2U_{om}V_{CC}}{\pi R_L} - \frac{U_{om}^2}{2R_L} = \frac{2}{R_L}\left(\frac{U_{om}V_{CC}}{\pi} - \frac{U_{om}^2}{4}\right) \tag{7.2.7}$$

由式(7.2.7)可知,乙类功放的管耗 P_T 是输出信号幅值 U_{om} 的二次函数。若令 P_T 对 U_{om} 的导数等于零,即

$$\frac{\mathrm{d}P_T}{\mathrm{d}U_{om}} = \frac{2}{R_L}\left(\frac{V_{CC}}{\pi} - \frac{U_{om}}{2}\right) = 0 \tag{7.2.8}$$

可得,当 $U_{om} = 2V_{CC}/\pi \approx 0.64V_{CC}$ 时,P_T 最大,且 P_T 的最大值为

$$P_{Tmax} = \frac{2}{R_L}\left(\frac{2V_{CC}^2}{\pi^2} - \frac{V_{CC}^2}{\pi^2}\right) \approx 0.4 \times \frac{V_{CC}^2}{2R_L} \tag{7.2.9}$$

由此可见,最大管耗并不发生在最大输出功率时。又由于 T_1、T_2 的管耗相等,因此单管的管耗为

$$P_{T1} = P_{T2} = 0.5P_T \tag{7.2.10}$$

单管管耗的最大值为

$$P_{T1max} = P_{T2max} = 0.5P_{Tmax} \approx 0.2 \times \frac{V_{CC}^2}{2R_L} \tag{7.2.11}$$

3. 功放管参数的选择

1) P_{CM} 的选择

由式(7.2.11)可知,功放管的 P_{CM} 必须满足

$$P_{CM} > 0.2 \times \frac{V_{CC}^2}{2R_L} \tag{7.2.12}$$

2) I_{CM} 的选择

由 $I_{cm(max)}=I_{om(max)}\approx V_{CC}/R_L$，可得 I_{CM} 必须满足

$$I_{CM}>\frac{V_{CC}}{R_L} \tag{7.2.13}$$

3) $U_{(BR)CEO}$ 的选择

图 7.2.1(a)所示电路中，T_2 导通时 T_1 截止，T_1 所承受的最大反向压降为 $2V_{CC}-U_{CE(sat)}\approx 2V_{CC}$；同理可得 T_2 所承受的最大反向压降也为 $2V_{CC}$，故 $U_{(BR)CEO}$ 必须满足

$$U_{(BR)CEO}>2V_{CC} \tag{7.2.14}$$

实际选择管子时，应在式(7.2.12)～式(7.2.14)基础上留有一定的余量。

例 7.2.1　图 7.2.1(a)所示的 OCL 电路中，设电源电压 $V_{CC}=20V$，负载 $R_L=8\Omega$，输入 u_i 为正弦信号。

(1)若输入信号有效值 $U_i=10V$，求电路的输出功率、直流电源供给的功率和效率及单管管耗；

(2)若 $U_{CE(sat)}\approx 0$，在 u_i 的幅值足够大的情况下，求负载可能得到的最大功率和效率；

(3)求每个管子的 $|U_{(BR)CEO}|$、I_{CM} 和 P_{CM} 分别至少应为多少？

(4)若 $U_{CE(sat)}\approx 2V$，在 u_i 的幅值足够大的情况下，求负载可能得到的最大功率和效率。

解：(1)若 $U_i=10V$，则 $U_{im}=10\sqrt{2}\approx 14.1V<V_{CC}$，故 $U_{om}\approx U_{im}=10\sqrt{2}V$，$P_o$、$P_V$、$\eta$ 和 P_T 可分别用式(7.2.1)、式(7.2.3)、式(7.2.5)和式(7.2.10)计算，则有

$$P_o=\frac{U_{om}^2}{2R_L}=\frac{(10\sqrt{2})^2}{2\times 8}=12.5(W)$$

$$P_V=\frac{2U_{om}V_{CC}}{\pi R_L}=\frac{2\times 10\sqrt{2}\times 20}{3.14\times 8}\approx 22.5(W)$$

$$\eta=\frac{P_o}{P_V}=\frac{12.5}{22.5}\approx 55.6\%$$

$$P_{T1}=0.5(P_V-P_o)=0.5\times(22.5-12.5)=5(W)$$

(2)在充分激励情况下，且 $U_{CE(sat)}\approx 0$ 时，P_o 和 η 可分别由式(7.2.2)和式(7.2.6)计算，则有

$$P_{omax}=\frac{V_{CC}^2}{2R_L}=\frac{20^2}{2\times 8}=25(W)$$

$$\eta_{max}=\frac{\pi}{4}\approx 78.5\%$$

(3)由式(7.2.12)、式(7.2.13)和式(7.2.14)可得，功放管的极限参数分别为

$$P_{CM}>0.2P_{omax}=0.2\times 25=5(W)$$

$$I_{CM}>\frac{V_{CC}}{R_L}=\frac{20}{8}=2.5(A)$$

$$U_{(BR)CEO}>2V_{CC}=2\times 20=40(V)$$

(4)在充分激励情况下，且 $U_{CE(sat)}\approx 2V$ 时，有

$$U_{om(max)}=V_{CC}-U_{CE(sat)}=20-2=18(V)$$

将 $U_{om(max)}$ 代入式(7.2.1)、式(7.2.3)和式(7.2.5)，可得

$$P_{omax}=\frac{U_{om(max)}^2}{2R_L}=\frac{18^2}{2\times 8}=20.25(\mathrm{W})$$

$$P_{Vmax}=\frac{2U_{om(max)}V_{CC}}{\pi R_L}=\frac{2\times 18\times 20}{3.14\times 8}\approx 28.66(\mathrm{W})$$

$$\eta_{max}=\frac{P_{omax}}{P_{Vmax}}=\frac{20.25}{28.66}\approx 70.7\%$$

例 7.2.2　试设计一个能为 8Ω 的负载输出功率 20W 的乙类 OCL 功率放大电路。要求电源电压 V_{CC} 比最大输出电压峰值高 5V，以避免功放管饱和及相应的非线性失真，并允许加入短路保护电路。试确定电源电压，电源输出的最大峰值电流、电源提供的总功率及转换效率、单管管耗的最大值。

解：由 $P_{omax}=\dfrac{U_{om(max)}^2}{2R_L}$ 可得

$$U_{om(max)}=\sqrt{2\times P_{omax}\times R_L}=\sqrt{2\times 20\times 8}\approx 17.9(\mathrm{V})$$

因为要求电源电压 V_{CC} 比最大输出电压峰值高 5V，所以

$$V_{CC}=U_{om(max)}+5=17.9+5\approx 23(\mathrm{V})$$

每路电源提供的峰值电流为

$$I_{o(max)}=\frac{U_{om(max)}}{R_L}=\frac{17.9}{8}\approx 2.24(\mathrm{A})$$

每路电源提供的平均功率为

$$P_{V1}=\frac{U_{om(max)}V_{CC}}{\pi R_L}=\frac{17.9\times 23}{3.14\times 8}\approx 16.4(\mathrm{W})$$

电源提供的总功率为

$$P_V=2P_{V1}=2\times 16.4=32.8(\mathrm{W})$$

电源转换效率为

$$\eta=\frac{P_o}{P_V}=\frac{20}{32.8}\approx 61\%$$

单管的管耗为

$$P_{T1}=0.5(P_V-P_o)=0.5\times(32.8-20)=6.4(\mathrm{W})$$

乙类放大的最大效率为 78.5%，为进一步提高效率，可进一步减小功放管的导通角，以减少管耗。管子在一个周期内导通角小于半个周期的放大状态称为丙类放大。

4. 交越失真及消除方法

图 7.2.1(a)所示乙类互补推挽电路的传输特性如图 7.2.3(a)所示。由于没有直流偏置，当输入电压 u_i 小于 b-e 间门槛电压，如图 7.2.3(b)所示，T_1 和 T_2 均处于截止状态，i_{C1} 和 i_{C2} 基本为零，负载 R_L 上无电流通过，出现一段死区，如图 7.2.3(c)所示，这种现象称为交越失真。

那么，交越失真应如何减小和避免呢？一种措施是引入深度负反馈，另一种措施是使功放管工作于甲乙类放大。

通过负反馈可以减小非线性失真，因此一种有效减小交越失真的方法是在电路中，如图 7.2.4 所示，采用高增益运放构成深度负反馈。±0.6V 的死区可以被减小到 $\pm 0.6/A_0$ V。

其中 A_0 为运放 A 的增益。然而，运放的转换速率将限制功放管的开关速度，尤其是在高频应用中。因此减小和避免交越失真的最好办法是采用 7.2.2 节将讨论的甲乙类互补对称功率放大电路。

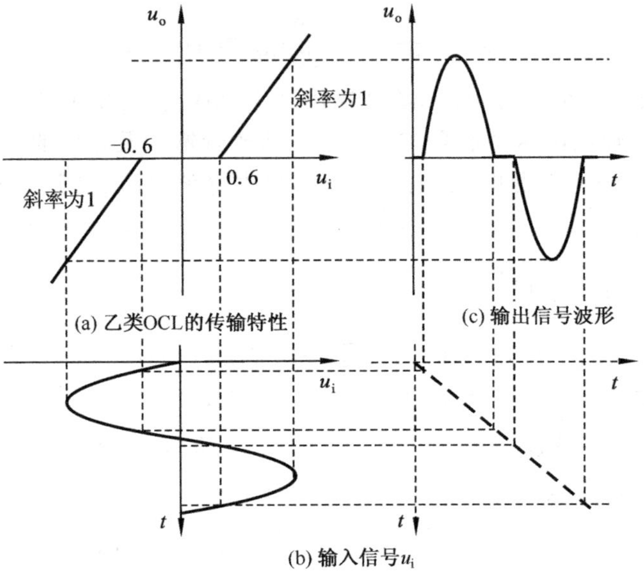

图 7.2.3　乙类互补推挽功率放大电路的传输特性与交越失真

7.2.2　甲乙类互补对称功率放大电路

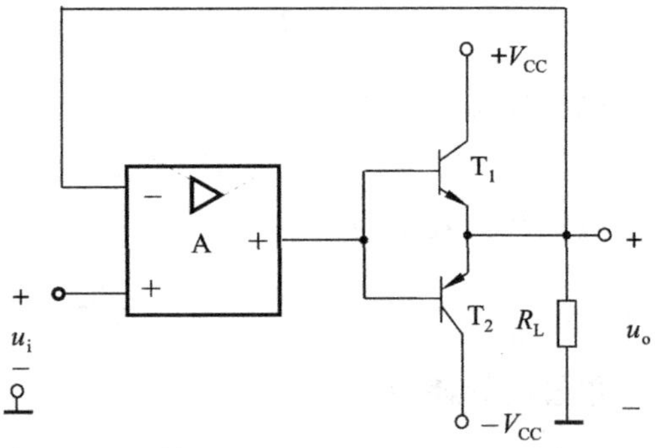

图 7.2.4　使用运放和负反馈减小交越失真

为避免和减小交越失真，必须为 T_1 和 T_2 加上合适的静态偏置，使它们处于临界导通或者微导通状态，这样当输入信号作用时，即可保证至少有一只管子导通，如图 7.2.5(a)所示。

图 7.2.5(a)所示电路中，静态时，从正电源经 R_1、D_1、D_2、R_2 到负电源形成直流通路，D_1、D_2 上产生的压降为 T_1、T_2 提供了一个合适的偏压，使得 T_1 和 T_2 均处于微导通状态。但由于电路对称，故 $i_{C1}=i_{C2}$，$i_L=0$，$u_o=0$。当输入信号按正弦规律变化时，由于 D_1、D_2 的交流电阻很小，可以近似认为 T_1 和 T_2 的基极动态电位相等，且均约等于 u_i。此时，由于电路工作在甲乙类，即使 u_i 很小，基本上可以线性地进行放大。

在输入信号正半周，有 $u_{BE1}\uparrow\rightarrow i_{B1}\uparrow\rightarrow i_{C1}\uparrow$，且 $u_{EB2}\downarrow\rightarrow i_{B2}\downarrow\rightarrow i_{C2}\downarrow$，故 $i_L\uparrow=i_{C1}\uparrow-i_{C2}\downarrow$，形成信号的正半周；当 u_i 上升到一定值后，T_2 截止。在信号负半周，$u_{EB2}\uparrow\rightarrow i_{B2}\uparrow\rightarrow i_{C2}\uparrow$，同时 $u_{BE1}\downarrow\rightarrow i_{B1}\downarrow\rightarrow i_{C1}\downarrow$，所以 $i_L\uparrow=i_{C2}\uparrow-i_{C1}\downarrow$，形成信号的负半周；当 $|u_i|$ 上升到一定值后，T_1 截止。由此可见，T_1 和 T_2 在信号的一个周期内导通的时间比半个周期稍微多一些，即工作在甲乙类放大状态。但是由于非常接近于乙类，故其参数可近似按乙类估算。

在实际应用中，图 7.2.5(a)所示电路往往还要加前置放大级，如图 7.2.5(b)所示，T_3 构成的

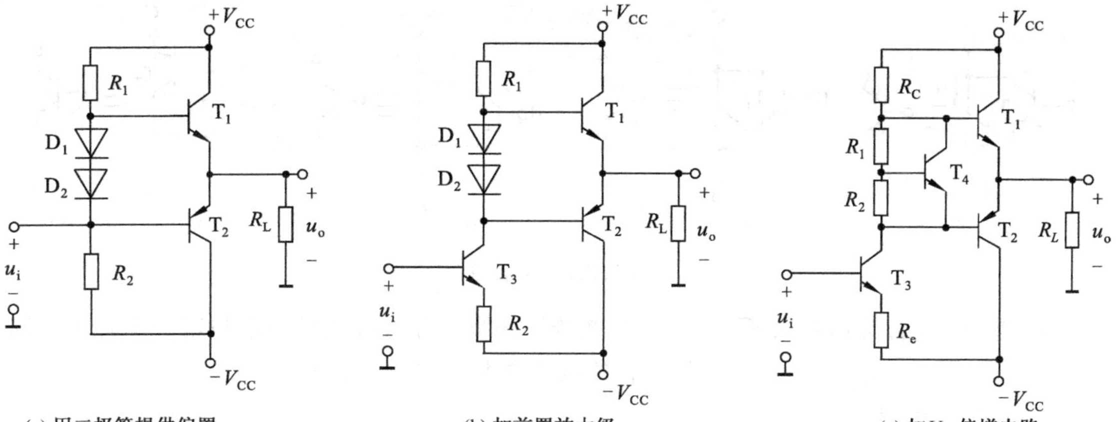

图 7.2.5　甲乙类互补推挽功率放大电路

共发射极电路起前置放大作用。另外，在图 7.2.5(b)所示电路中，T_1、T_2 的静态偏置由 D_1、D_2 的导通压降提供。在集成电路中，经常使用 U_{BE} 倍增电路来取代 D_1、D_2，如图 7.2.5(c)所示。其基本原理为：当 T_4 工作在放大区时，其发射结电压 U_{BE4} 近似为一定值，若使其基极电流远远小于 R_1、R_2 上电流，则有 $U_{CE4}=(R_1+R_2)U_{BE4}/R_2$，调整 R_1、R_2 的值即可方便地调整 T_1、T_2 的静态偏置，而且该电路还具有温度补偿的作用。

7.2.3　准互补对称功率放大电路

互补推挽功率放大电路输出级的两个管子具有不同的导电型，为保证输出波形对称，要求两个管子的特性尽可能对称。但是，由于工艺上的原因，导电型不同的大功率管难以做到特性对称；另外，功率管的输出电流较大时电流放大系数一般较小，对前置放大级的电流驱动能力要求较高，因此在大功率输出电路中，经常采用复合管组成准互补对称功率放大电路。

1. 复合管

复合管的概念是由达林顿首先提出的，也称达林顿管。复合管是指由两个或两个以上相同或不同类型的管子按照一定的方式连接形成的等效三极管，如图 7.2.6 所示，其中图 7.2.6(a)、(b)由相同类型的管子组成，图 7.2.6(c)、(d)由不同类型的管子组成，但是由图中的电流关系可知，它们等效的管子的类型和电极性质均与第一个管子相同。下面以图 7.2.6(a)为例，讨论复合管的电流放大系数 β 与 T_1、T_2 的电流放大系数 β_1、β_2 的关系。图 7.2.6(a)中，复合管的集电极电流

$$i_C=i_{C1}+i_{C2}=\beta_1 i_{B1}+\beta_2 i_{B2}=\beta_1 i_{B1}+\beta_2 i_{E1}=\beta_1 i_{B1}+\beta_2[(1+\beta_1)i_{B1}] \tag{7.2.15}$$

又因为复合管的基极电流 $i_B=i_{B1}$，所以其电流放大系数为

$$\beta=\frac{i_C}{i_B}=\frac{\beta_1 i_{B1}+\beta_2[(1+\beta_1)i_{B1}]}{i_{B1}}=\beta_1+(1+\beta_1)\beta_2 \tag{7.2.16}$$

当 β_1、$\beta_2\gg 1$ 时，有

$$\beta\approx\beta_1\beta_2 \tag{7.2.17}$$

同理可得图 7.2.6(b)～(d)所示复合管均有 $\beta\approx\beta_1\beta_2$。

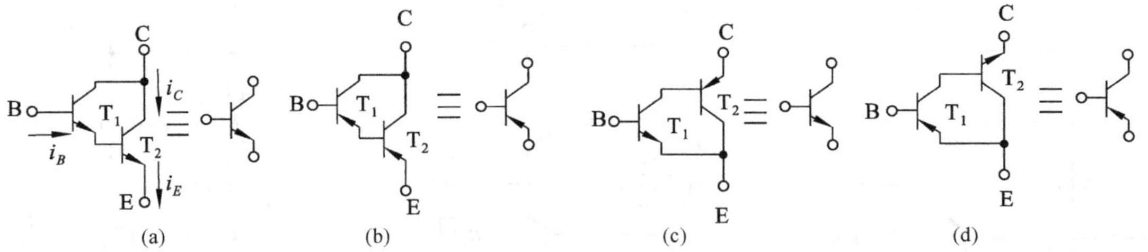

图 7.2.6 复合管

综上所述,复合管具有如下特点:① 等效管子的类型和电极性质分别与第一个管子相同;② 复合管的电流放大系数 $\beta \approx \beta_1\beta_2$。

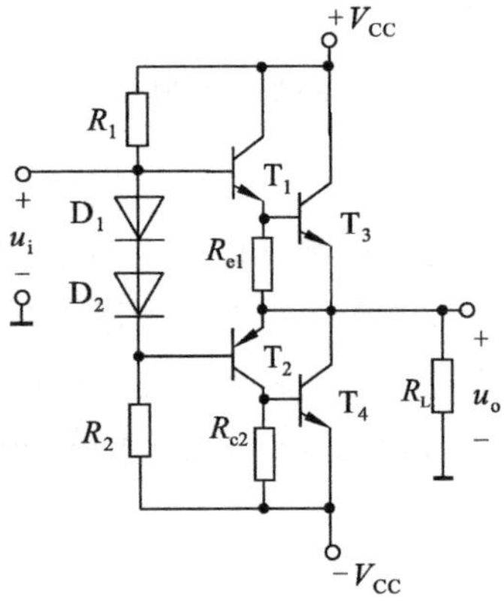

图 7.2.7 由复合管组成的准互补推挽功率放大电路

2. 由复合管构成的准互补对称功率放大电路

将图 7.2.5(a)所示 OCL 电路中 NPN 型管 T_1 和 PNP 型管 T_2 分别用图 7.2.6(a)、(d)所示的复合管取代,即可得到如图 7.2.7 所示的准互补对称电路。图中 T_1、T_2 互补,T_3、T_4 类型相同,用于实现对称。电阻 R_{e1} 和 R_{c2} 用来为 T_1、T_2 的穿透电流 I_{CEO} 提供泄放回路,以免其进一步被输出级放大,影响输出电流的稳定性。

7.2.4 单电源互补对称功率放大电路

OCL 互补对称电路双电源供电,在某些只能由单电源供电的场合,可采用图 7.2.8(a)所示的无输出变压器(Output Transformer Less,OTL)电路。该电路与图 7.2.5(a)所示 OCL 电路的不同在于,取消了负电源 $-V_{CC}$,同时在输出管的发射极与负载 R_L 之间串联了一个隔直电容 C。

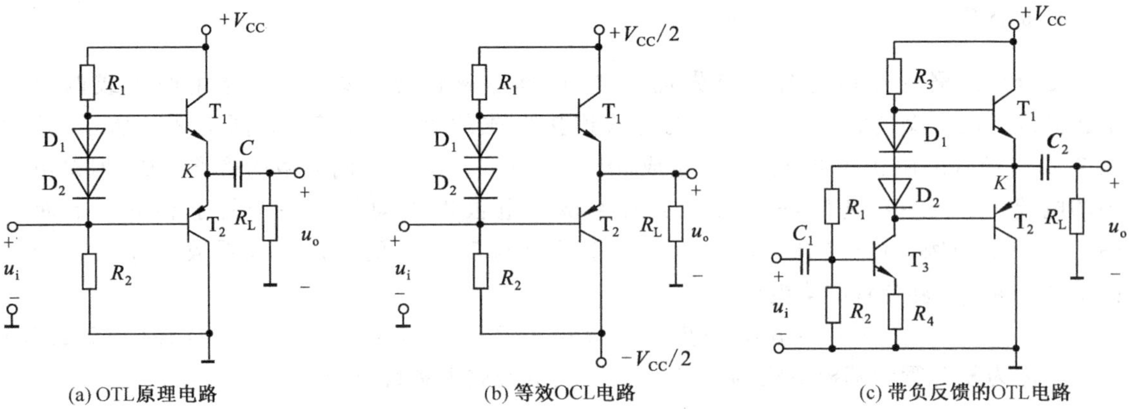

图 7.2.8 单电源供电的 OTL 功率放大电路

在图 7.2.8(a)所示的 OTL 电路中,静态时 T_1、T_2 导通,V_{CC} 经 $T_1 \rightarrow C \rightarrow R_L$ 对电容 C 充电,由于 T_1、T_2 对称,故电容 C 上有 $V_{CC}/2$ 的压降。

动态时,T_1 导通的半个周期电容 C 充电,T_2 导通的半个周期电容 C 放电。若 $R_LC \gg$

T(T 为信号周期),则可近似认为 C 对信号短路。因此 T_1 工作的半个周期相当于有 $V_{CC}-V_{CC}/2=V_{CC}/2$ 的电源供电,T_2 导通的半个周期相当于 $-V_{CC}/2$ 的电源供电,故图 7.2.8(a)所示的 OTL 电路,可等效为如图 7.2.8(b)所示的由 $\pm V_{CC}/2$ 电源供电的 OCL 电路,其参数也可按照图 7.2.8(b)所示 OCL 电路估算。

由于 OTL 电路中,输出电容 C 上 $V_{CC}/2$ 的直流压降在信号负半周起着 OCL 电路中负电源的作用,因此要求该压降保持稳定,即要求图 7.2.8(a)电路中 K 点的静态电位保持稳定。因此,为了稳定静态工作点和改善交流性能,OTL 电路中经常需引入负反馈。具有前置放大级和负反馈的 OTL 电路如图 7.2.8(c)所示,电路中 T_3 构成了前置放大级,通过电阻 R_1 和 R_2 引入了电压并联交直流负反馈。

7.2.5　变压器耦合推挽功率放大电路

在 OCL 和 OTL 电路中,要求负载电阻大小必须限制在一定范围内。当负载过大或过小时,为实现阻抗匹配,可采用图 7.2.9 所示的变压器耦合推挽功率放大电路。

图 7.2.9 中,静态时通过调整基极偏置电路使 T_1 和 T_2 处于微导通状态,且 I_{C1} 和 I_{C2} 的大小相等,方向相反,变压器 Tr_2 的铁心内无直流磁通,$i_L=0$,无功率输出。当输入正弦信号电压 u_i 时,通过输入变压器 Tr_1 使 T_1 和 T_2 基极得到一个大小相等而极性相反的信号电压 u_{i1} 和 u_{i2}。u_i 正半周,T_2 由微导通转入导通状态,T_1 将逐渐截止,变压器 Tr_2 的原边电流为 i_{C2},如图 7.2.9 中实线所示;u_i 负半周,T_1 导通,T_2 截止,Tr_2原边电流为 i_{C1},如图 7.2.9 中虚线所示。故在一个周期内,T_1、T_2 轮流导通。i_{C1}、i_{C2} 交替通过 Tr_2原边的上、下两个绕组,大小相等,方向相反,因此在 Tr_2 的副边得到一个接近正弦波的负载电流 i_L。

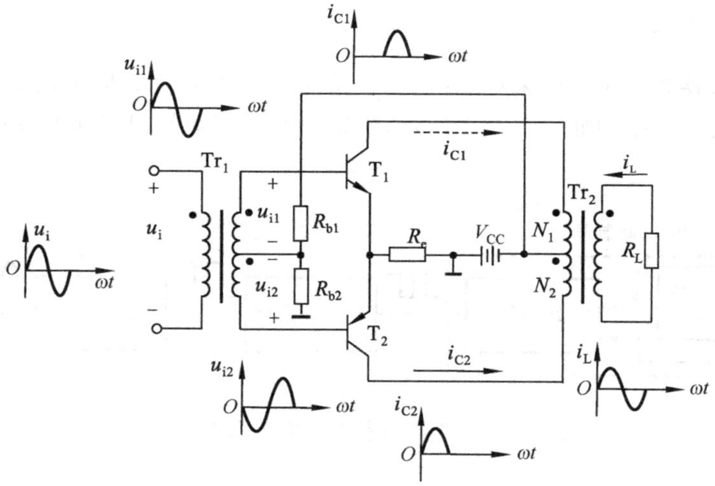

图 7.2.9　变压器投合推挽功率放大电路

图 7.2.9 中,T_1、T_2 工作在甲乙类放大,其参数可参照 OCL 电路估算,只不过计算转换效率时,需要将变压器的效率考虑进去。

变压器耦合推挽功率放大电路虽然解决了负载与放大电路输出级的阻抗匹配问题,但具有体积大、笨重、频带窄、不便于集成等缺点,限制了其使用范围。

思 考 题

7.2.1 在甲类放大和乙类放大中，功放管消耗的功率在什么情况下达到最大？

7.2.2 在乙类 OCL 功放电路中，输出功率 P_o、电源提供的功率 P_V、效率 η 和管耗 P_T 分别如何计算？它们取得最大值的条件一样吗？

7.2.3 乙类 OCL 中，晶体管的极限参数如何选择？

7.2.4 乙类功率放大电路为什么会产生交越失真？如何消除交越失真？

7.2.5 OTL 功率放大电路的输出端为什么要加一个大电容？其参数如何估算？

7.2.6 复合管的组成原则是什么？其等效管型、电极位置分别如何确定？其电流放大系数及功耗与组成它的各管子的相应参数有何关系？

7.3 丁类功率放大器

提高效率的另一种途径是使功放管工作在丁类放大状态。丁类功放是放大元件处于开关工作状态的一种放大模式。无信号输入时放大器处于截止状态，不耗电；有信号输入时晶体管进入饱和状态，相当于一个接通的开关，把电源与负载直接接通。

丁类放大器效率高，发热少，能减少不必要的功率损耗，特别适合用于电池供电的便携式电子设备及大功率电子设备中，提供几瓦甚至上百瓦的音频(20Hz～20kHz)功率，因此，丁类功率放大器也称音频放大器，或称数字音频放大器。

1. 丁类放大器组成

丁类功率放大器相当于一套采样系统，可在给定周期内向负载提供定量功率。用于音频放大的丁类功放的基本结构如图 7.3.1 所示，包括 PWM 调制器、开关(丁类)输出级和低通滤波器三个部分。

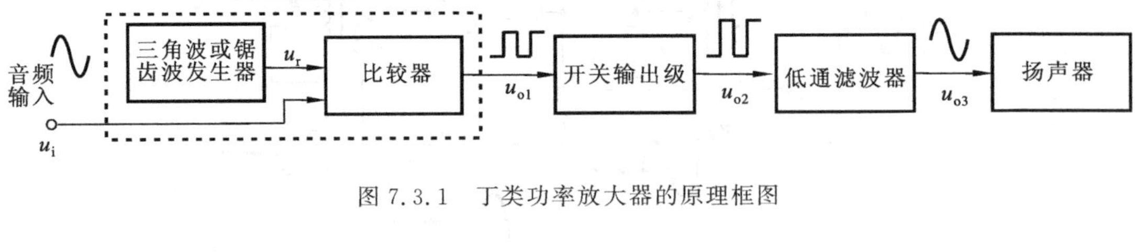

图 7.3.1 丁类功率放大器的原理框图

图 7.3.1 中，调制器的作用是使用脉宽调制(Pulse Width Modulation，PWM)技术将输入音频信号的幅度调制成矩形脉冲的宽度，从而将模拟音频信号变成一系列宽度受到调制的等幅脉冲信号。脉宽调制可使用三角波或锯齿波对音频信号采样，而且采样信号的频率远远高于音频信号的频率。开关输出级是一个脉冲控制的大电流开关放大器，把调制器输出的 PWM 信号变成高电压、大电流的大功率 PWM 信号。低通滤波器的作用是将大功率 PWM 波形中的音频信号还原出来。

2. 丁类放大器工作原理

丁类音频功率放大器的原理工作波形如图 7.3.2 所示。在丁类功放中，PWM 波调制器的作用非常重要，其比较器将音频输入信号 u_i 与三角波发生器产生的三角波信号 u_r 进行比较，如图 7.3.2(a)所示。在每个三角波的采样周期内，当三角波 u_r 幅度小于输入电压 u_i 幅度时，比较器的输出 u_{o1} 为低，当三角波 u_r 幅度大于输入电压 u_i 幅度时，比较器的输出 u_{o1} 翻转为高电平，如图 7.3.2(b)所示。因而每个三角波的采样周期内比较器的输出 u_{o1} 为高电平的时间等于三角波 u_r 幅度大于输入电压 u_i 幅度的时间，从而将输入音频信号的幅度调制成矩形脉冲的宽度，即将模拟音频信号变成一系列宽度受到调制的等幅脉冲信号。这样，只需对转换后的脉冲信号进行放大即可实现原始信号的放大。

调制器输出的 PWM 波 u_{o1} 被丁类开关功率输出级进一步放大，变成高电压、大电流的大功率 PWM 信号 u_{o2}，如图 7.3.2(c)所示。由于晶体管在完全导通时电流很大但压降很小(取决于管子饱和时电阻)，而在截止时承受的压降很大但电流很小(仅为漏电流)，因而无论导通还是截止，管耗均很小。因此，丁类放大器的效率很高，理想情况下可达 100%。而且由于原始音频信号的信息不是包含在脉冲信号的幅度中，而是包含在脉冲信号的宽度中，因此放大过程中脉冲信号幅度上的失真并不会使原始音频信号产生失真。

由于采样信号的频率远远高于原始音频信号的频率，故经低通滤波器将开关功率输出级的输出 u_{o2} 中的高频分量滤除即可获得放大之后的音频信号 u_{o3}，如图 7.3.2(d)所示。低通滤波一般采用 LC 滤波器实现。目前许多新型的丁类音频放大器由于采用低噪声脉宽调制技术，可以省去 LC 滤波器，使用电感器甚至扬声器作为储能元件恢复音频信号。

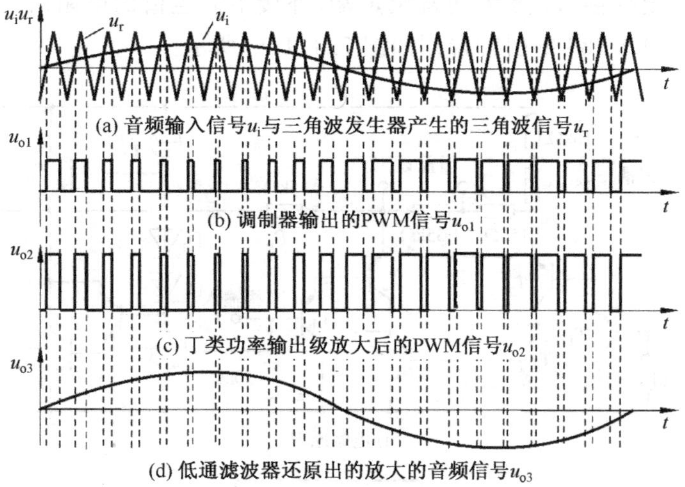

图 7.3.2　丁类音频功率放大器的工作原理波形

思　考　题

7.3.1　与甲乙类功率放大器相比，丁类功率放大器有什么特点？

7.3.2　丁类放大器一般包括哪几个组成部分，各部分的作用是什么？

7.4　集成功率放大器

集成功率放大器具有失真度小、效率高、功能齐全、有保护功能、外接元件少、易于安装使用等特点，其输出功率为几百毫瓦到上百瓦不等。集成功率放大器在音响设备、电视设备及自动控制设备中得到了广泛的应用。

7.4.1　通用型集成功率放大器 LM386

集成功率放大器一般由高增益的小信号放大器加上甲乙类输出级组成。一些集成功放片内有深度负反馈，具有固定的闭环电压增益。另一些集成功放没有反馈，可以输出较大功率。下面以通用型集成功率放大器 LM386 为例，分析其电路结构、参数与应用。

1. 电路组成

LM386 为 OTL 集成功率放大器，其电路原理如图 7.4.1(a)所示。同集成运放类似，其电路也包括输入级、中间级和输出级三大部分。其中输入级是由复合管 T_1、T_2 和 T_3、T_4 组成的差动放大电路；T_5、T_6 构成镜像电流源作为差放的有源负载，可使差放单端输出的增益近似等于双端输出的增益；T_7 组成的共射放大电路作为中间驱动级；T_8、T_9 组成的复合管与 T_{10} 共同组成单电源互补对称功率输出级，D_1、D_2 用来为输出级提供静态偏置，消除交越失真。电阻 R_f 引入了交直流电压负反馈，可稳定静态工作点并改善交流性能。

LM386 有 8 个引脚，其中 4、6 分别为地和电源，2、3 分别为反相和同相输入端，5 为输出端(使用时隔直电容要外接)，1、8 为增益设定端，外接不同阻值的电阻时，可使电压放大倍数在 20～200 间调节。LM386 的引脚排列如图 7.4.1(b)所示。

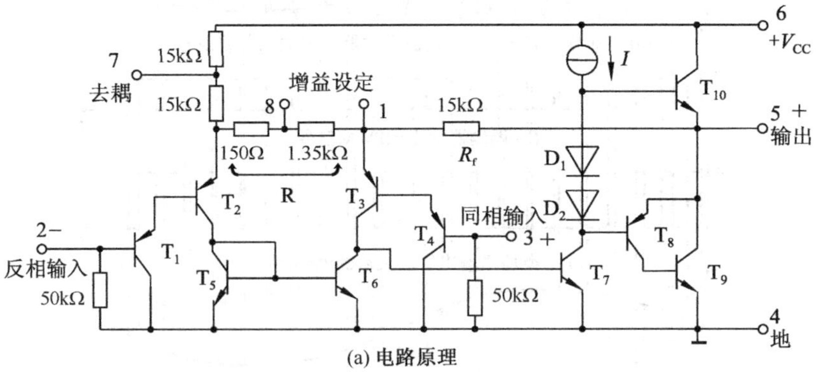

(a) 电路原理

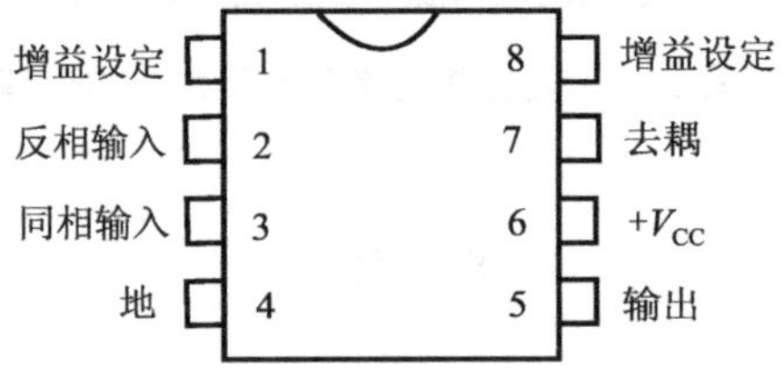

(b) 引脚排列

图 7.4.1　LM386 电路原理与引脚排列

2. 主要性能指标

集成功率放大器的主要技术指标包括最大输出功率、电压增益、输入阻抗、电源电压范围、电源静态电流、频带宽度、总谐波失真等。

LM386-1 和 LM386-3 的电源电压范围为 4～12V，LM386-4 的电源电压范围为 5～18V，因此对于同一负载，当供电电源不同时，其最大不失真输出功率也不同。当然，当供电电源固定时，最大输出功率也与负载大小有关。例如，当电源电压为 9V，负载电阻为 8Ω 时，最大输出功率为 1.3W；当电源电压为 16V，负载电阻为 16Ω 时，最大输出功率为 1.6W；另外，还可以根据电源静态电流和负载电流最大值求出电源提供的总功率，并进一步求出转换效率。

3. 应用

LM386 的一般用法如图 7.4.2(a)所示。图中，输出端经隔直电容 C_1 接扬声器负载；R_1、C_2 组成容性负载，用于对感性扬声器负载进行相位补偿；R_2 用来调整电路增益，C_3 的作用是隔断直流；C_4 为耦合电容，防止电路发生自激振荡；C_5 为去耦电容，滤掉电源的高频交流成分。

静态时输出电容 C_1 上电压为 $V_{CC}/2$，LM386 的最大不失真输出电压幅值 $U_{om(max)} \approx V_{CC}/2$。设负载电阻为 R_L，则最大输出功率表达式为

$$P_{omax} = \frac{U_{om(max)}^2}{2R_L} \approx \frac{(V_{CC}/2)^2}{2R_L} \qquad (7.4.1)$$

当 R_2 为零时可得图 7.4.2(b)所示的电压增益最大用法，此时电压放大倍数为 200；当 R_2、C_3 支路开路时，可得如图 7.4.2(c)所示的外接元件最少用法，此时电压放大倍数为 20。

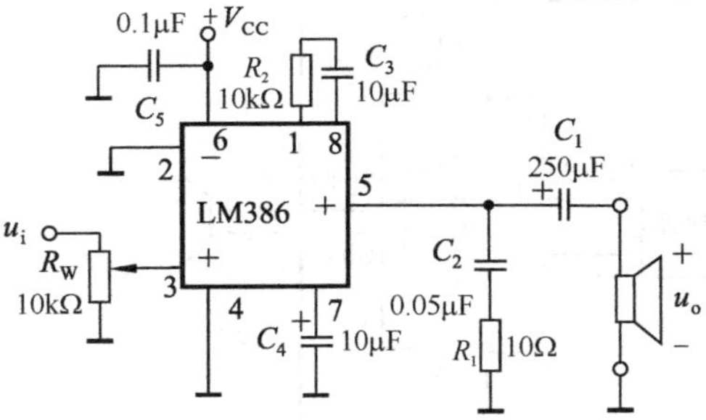

(a) 一般用法

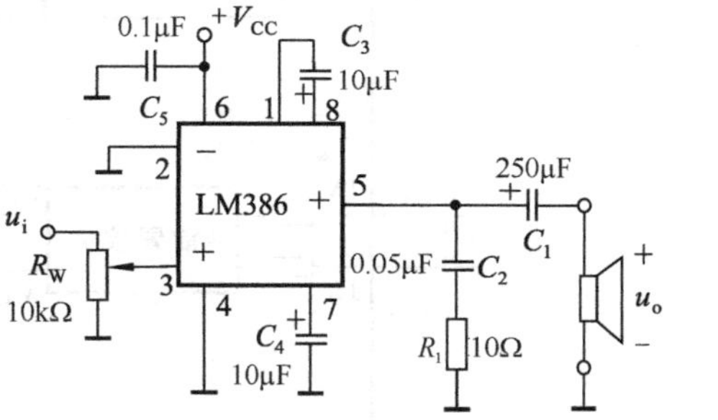

(b) 增益最大用法

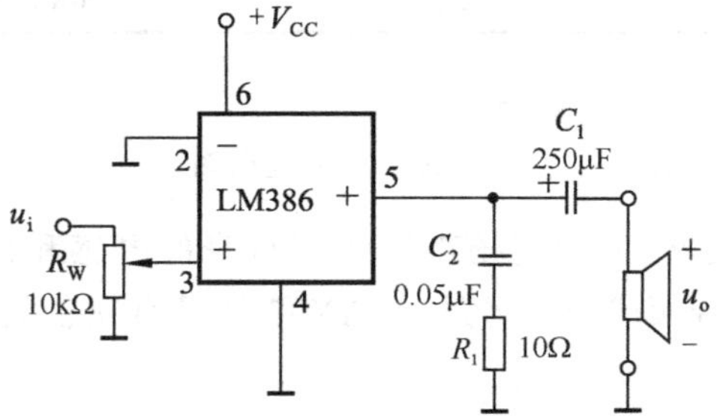

(c) 外接元件最少用法

图 7.4.2　LM386 应用电路

7.4.2 集成音频放大器 MAX9712

MAX9712 是 MAXIM 公司生产的低电磁干扰(Electro Magnetic Interference,EMI)、免滤波、高效率丁类音频放大器,它能以高于 85%的效率向 8Ω 的负载提供 500mW 的功率,具有 72dB 电源抑制比(PSRR),0.01%的总谐波失真(THD+N),以及超过 90dB 的信噪比(SNR),另外还具有短路与热过载保护。适用于 MPEG 音频播放器(Moving Picture Experts Group Audio Layer 3,MP3)、个人数字助理(Personal Digital Assistant,PDA)等便携式音频应用场合。

1. 电路组成

MAX9712 采用全差分结构、全桥输出,其原理框图如图 7.4.3 所示。

MAX9712 输入采用差分结构,不仅可与大多数编解码器兼容,同时对共模干扰具有较强的抑制能力。图 7.4.3 中,互补的差分输入 IN－和 IN＋经前置级放大后得到的音频信号 VIN－和 VIN＋输入到丁类调制器,经调制后获得互补的 PWM 输出 VOUT－和 VOUT＋,进一步经过全桥开关输出级放大后得到大功率互补脉冲输出 OUT－和 OUT＋,以驱动扬声器负载。

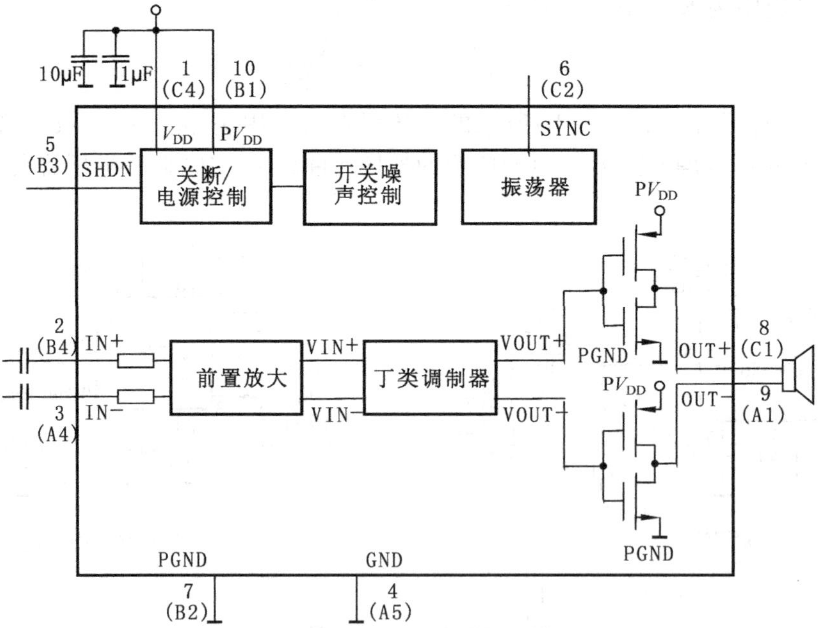

图 7.4.3　MAX9712 原理框图

MAX9712 不需要输出滤波器,可利用扬声器线圈自身的电感和扬声器与人耳的天然滤波作用从 PWM 波输出中恢复音频成分。另外,MAX9712 具有完备的开关噪声抑制,可以在启动与关断时消除瞬态噪声。

2. 应用

MAX9712 的引脚排列如图 7.4.4(a)所示,其中 1、4 分别为模拟电源和模拟地,2、3 分别为同相和反相音频输入端，8、9 分别为放大器正、负输出端，10、7 分别为 H 桥电源和功率地，5 为低电平有效的关断输入（标准工作模式下接 V_{DD}），6 为频率选择及外部同步时钟输入。

MAX9712 具有固定频率（FFM）模式与扩频（SSM）模式两种调制方案，SSM 模式可降低调制频率产生的 EMI 辐射。另外，MAX9712 可通过 SYNC 脚输入外部时钟，使其开关频率与系统同步。使用 SYNC 还可将多个 MAX9712 级联，使其开关频率同步。

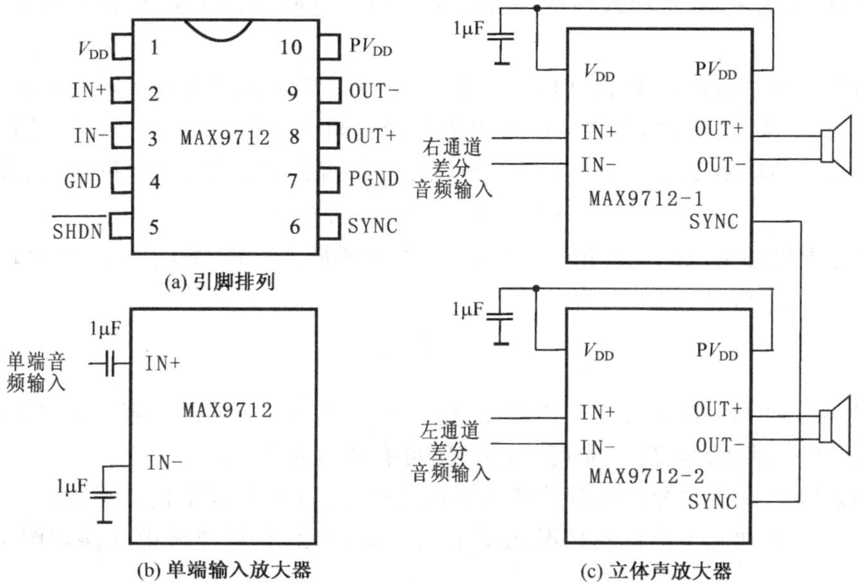

图 7.4.4　MAX9712 的引脚排列及应用电路

MAX9712 不需要输出滤波器，但是，为获得最佳效果，可用一个大于 10μH 的电感与扬声器串联。另外，在需要抑制辐射或放大器与扬声器引线较长时，也可外接 LC 滤波器。

MAX9712 的本身为差分输入放大器，可获得较强的共模干扰抑制能力；通过电容将任一输入端耦合至 GND（4 脚），并驱动另一输入端，也可将其配置为单端输入放大器，如图 7.4.4(b)所示。

MAX9712 为单声道放大器，使用两个 MAX9712 可组成立体声放大器，如图 7.4.4(c)所示，图中器件 MAX9712-1 是主放大器，未经滤波的输出驱动从器件 MAX9712-2 的 SYNC 输入，使两个器件的开关频率同步；MAX9712-2 仅跟踪 SYNC 的信号频率。两片 MAX9712 同步可以确保在音频频谱范围内不出现差拍频率，且无论主器件工作在 FFM 模式还是 SSM 模式下，这种配置均可工作。

7.5　功率器件

7.5.1　功率 BJT

由于功率 BJT 经常工作在高电压、大电流下，故选择功放管时要注意其极限参数。同时，在工作过程中，还必须给予必要的保护。

1. 功率 BJT 的散热问题

大部分功率放大电路中，功放管均要消耗一部分功率，结果将使管子发热，结温上升；当结温上升到一定程度（硅管约为 200℃，锗管约为 100℃）之后，将会使管子永久损坏。由于输出功率受管子 P_{CM} 的限制，而 P_{CM} 与管子的散热情况关系密切，因此功放管一般需要安装散热片，必要时还可采用风冷、水冷或油冷等方法来散热。下面讨论 P_{CM} 与管子散热条件和环境温度的关系。

当晶体管集电结消耗功率 P_C 时，结温上升，热量从管芯向外传递。与电流在物体中传输时会受到阻力（电阻）类似，热在传导过程中也会受到阻力，该阻力称为热阻，用 R_T 表示。设管芯温度为 T_j，环境温度为 T_a，则管芯与环境温度的温差 ΔT 等于 P_C 和 R_T 的乘积，即

$$\Delta T = T_j - T_a = P_C R_T \tag{7.5.1}$$

当集电结温度达到最大允许值 T_{jM} 时，P_C 也达到最大允许值 P_{CM}，因此由式(7.5.1)可知，P_{CM} 与 T_{jM}、T_a 和 R_T 的关系为

$$P_{CM} = \frac{T_{jM} - T_a}{R_T} \tag{7.5.2}$$

由式(7.5.2)可知，P_{CM} 与 T_{jM} 和 T_a 的差成正比，与 R_T 成反比。若 T_{jM} 固定，当 R_T 一定时，T_a 越高，P_{CM} 越小；当 T_a 一定时，减小 R_T 可有效增大 P_{CM}。

为减小热阻 R_T，大部分功率管均装有散热装置，典型功率 BJT 的外形如图 7.5.1 所示。

功率 BJT 在散热片上的散热情况如图 7.5.2(a)所示，其散热等效热路如图 7.5.2(b)所示。图中：

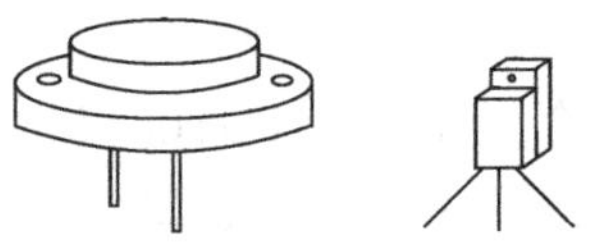

图 7.5.1　功率 BJT 的外形

R_{Tj} ——内热阻，表示管芯到管壳的热阻，一般可由手册查到；
R_{Tfo} ——管壳到空间的热阻；
R_{Tc} ——管壳到散热片的热阻；
R_{Tf} ——散热片到空间的热阻。

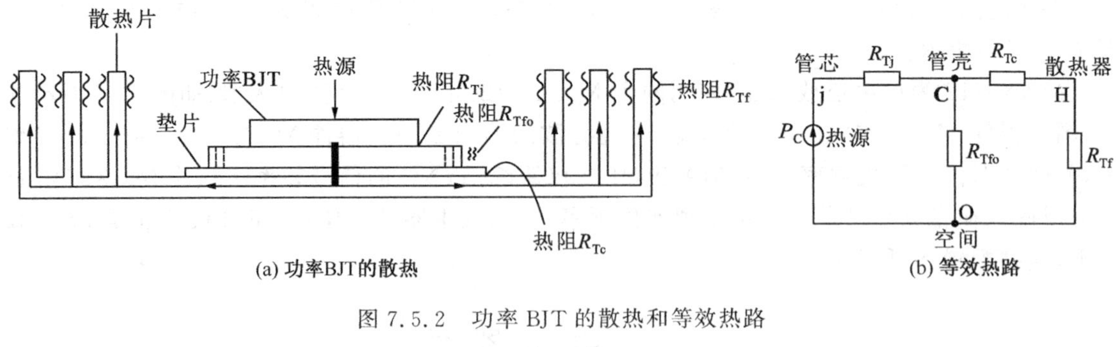

图 7.5.2　功率 BJT 的散热和等效热路

由图 7.5.2 可见，不加散热片时，总热阻为

$$R_{To} = R_{Tj} + R_{Tfo} \tag{7.5.3}$$

由于 R_{Tfo} 很大，因此 R_{To} 也很大。加散热片后，总热阻为

$$R_T = R_{Tj} + R_{Tfo} \,/\!/\, (R_{Tc} + R_{Tf}) \tag{7.5.4}$$

由于 $R_{Tc} + R_{Tf} \ll R_{Tfo}$，所以有

$$R_T \approx R_{Tj} + R_{Tc} + R_{Tf} \ll R_{To} \tag{7.5.5}$$

2. 功率 BJT 的二次击穿

功率 BJT 在工作过程中功耗不能超过 P_{CM}。但在实际工作中，经常发现 BJT 的功耗并未超过 P_{CM}，管身也并不烫，但功率 BJT 却突然失效，或者性能显著下降。这种损坏很多是由二次击穿造成的。

二次击穿是相对于一次击穿而言的，可用图 7.5.3(a)BJT 的输出特性曲线来说明。在图 7.5.3(a)中，当 u_{CE} 较小时，i_C 基本不变；当 u_{CE} 增大到一定值时，i_C 会急剧上升，如图中 BC 段所示，这就是一次击穿，是正常的雪崩击穿；此时只要限制 i_C 使其功率不超过 P_{CM}，功率 BJT 并不损坏，若将 u_{CE} 减小，管子仍可正常工作。但是，一次击穿之后，若 i_C 继续增大到某一数值，BJT 的工作状态将以毫秒级甚至微秒级的速度移向低电压、高电流区，如图 7.5.3(a)BC 段所示，此时，称 BJT 发生了二次击穿。二次击穿发生后，管子将永久性损坏，因此二次击穿是不可逆的。由于对不同的 i_B，二次击穿点不同，因此通常将这些点连起来，称为二次击穿临界曲线，如图 7.5.3(b)所示。

二次击穿发生的机理目前尚不十分明确，一般认为与流过 PN 结面的电流不均匀、造成结面局部过热（称为热斑）有关。

3. 功率 BJT 的安全使用和保护

考虑到二次击穿，功率 BJT 的实际安全工作区将会减小，如图 7.5.3(c)所示。图中，功率 BJT 的安全工作区不仅受 I_{CM}、P_{CM} 和 $U_{(BR)CEO}$ 的限制，而且还受二次击穿临界曲线的限制。

在使用功率 BJT 时，一定要使其工作在安全工作区，并采取必要的保护措施，如在感性负载两端并联容性负载，或在 C、E 间并联稳压二极管等。

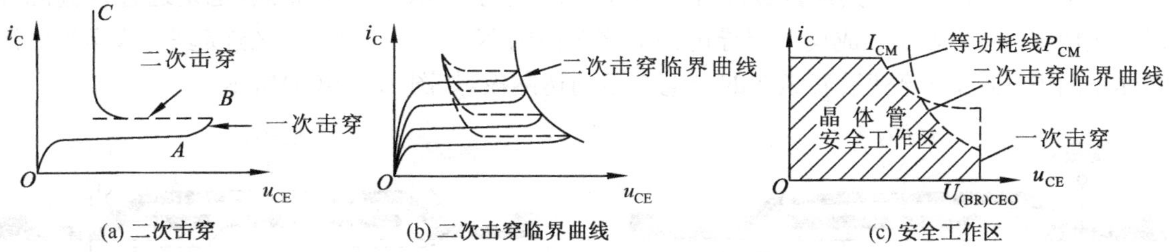

图 7.5.3　功率 BJT 的二次击穿

7.5.2　功率 MOSFET

常用功率器件除功率 BJT 外，在大功率放大器和电力电子装置中经常使用功率 MOSFET。早期的功率 MOSFET 主要是 VMOSFET，它也分为 N 沟道和 P 沟道两种类型，N 沟道 VMOSFET 的结构剖面图如图 7.5.4(a)所示。在 N 沟道 VMOSFET 中，以高掺杂 N^+ 区作为漏区，覆盖以金属层作为漏极；N^+ 区上生长一层外延 N^- 区，N^- 区上先扩散高掺杂 P^+ 区作为衬底，然后在 P^+ 衬底内扩散高掺杂 N^+ 区，并覆盖金属层作为源极；最后用光刻方法沿垂直方向刻出一个 V 型槽，在 V 型槽上生长 SiO_2 层并覆盖一层金属作为栅极。

当栅源加正电压时，靠近 V 型槽的 P^+ 型硅表面形成反型层导电沟道，如图 7.5.4(b)所示。这样当漏源间加正向电压时，电流就沿着纵向的导电沟道到达漏极。

与小功率 MOSFET 相比，VMOSFET 漏区面积大，便于散热和安装散热片；且由于 P^+ 区可以做得较薄，因而允许的 I_D 较大；另外，由于 N^- 区掺杂浓度较低，使得栅、漏间能承受较高的反向电压；也不存在二次击穿问题。

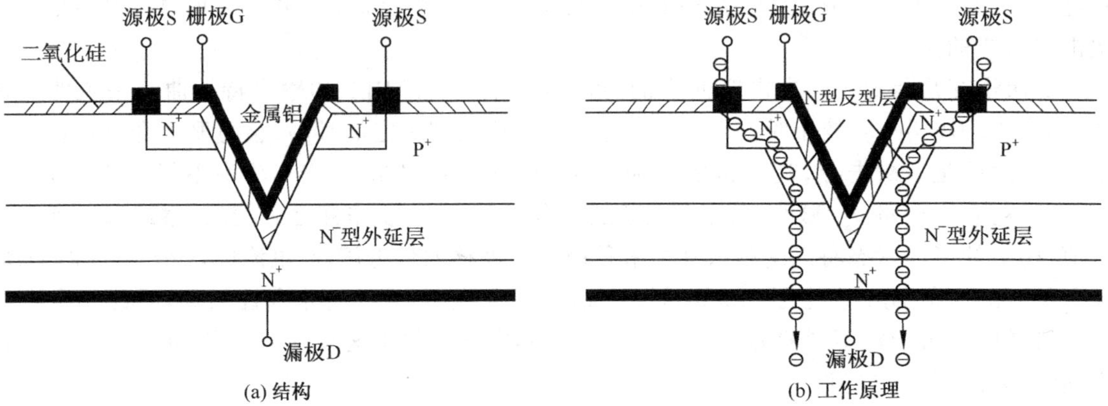

(a) 结构　　(b) 工作原理

图 7.5.4　VMOSFET 结构及工作原理

功率 VMOSFET 虽然具有较高的工作速度，但是能承受的电压和允许通过的电流尚不够大，在高频与大电流电子电力装置中，经常使用双扩散型 VMOS 管（Vertical Double-Diffused MOSFET，VDMOSFET 或 DMOSFET）。VDMOSFET 也包括 N 沟道和 P 沟道两种类型，且由许多称为元胞的单元并联而成。N 沟道 VDMOSFET 一个元胞的结构如图 7.5.5(a)所示，其结构与图 7.5.4(a)中 N 沟道 VMOSFET 类似，只不过 P^+ 型衬底及其中的 N^+ 区均未覆盖整个元胞，而是对称地分布在元胞两侧，中间由外延 N^- 区域隔开；栅极也不需要刻 V 型槽，而是直接由 SiO_2 绝缘层与其他区域隔开。其工作原理与 VMOSFET 类似，也是通过在栅源加正电压使 P^+ 衬底表面形成反型层导电沟道将源极的 N^- 区与外延 N^- 区连起来；这样当漏源间加正向电压时，电流就沿着纵向的导电沟道到达漏极，如图 7.5.5(b)所示。

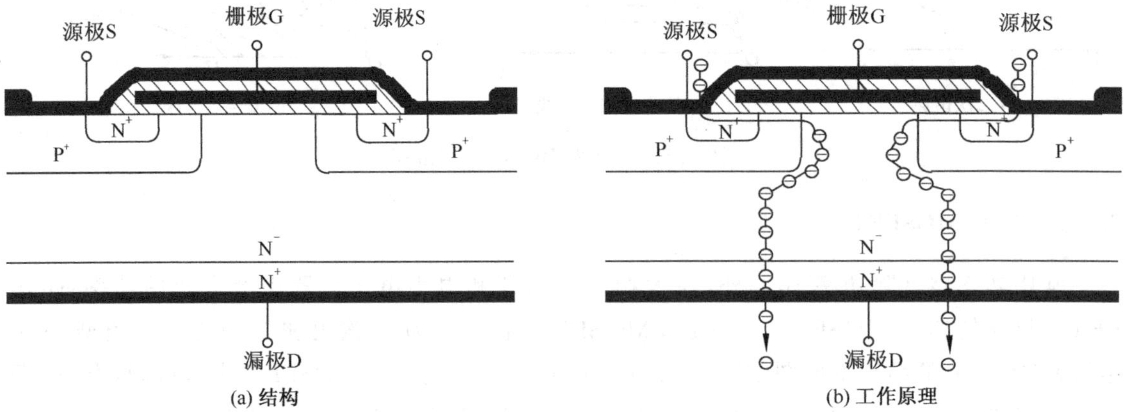

(a) 结构　　(b) 工作原理

图 7.5.5　VDMOSFET 的结构及工作原理

7.5.3　IGBT 功率模块

1. IGBT 元胞结构

VDMOS 器件在功率处理能力上已经得到了惊人的提高（能承受的电流高达数百安培，电压高达几百伏甚至上千伏),但由于其导通电阻比 BJT 大,且随漏源电压升高而急剧增大,因而限制了其在高压领域中的应用;且在功率相同的情况下,MOS 器件比 BJT 占有更大的芯片面积。20 世纪 80 年代初,绝缘栅双极型晶体管(Insulated Gate Bipolar Transistor,IGBT)的发明,克服了 VDMOSFET 高压时导通电阻大的缺点,并兼容了 MOS 器件和双极型器件的优点,在电力电子器件领域得到了广泛应用。

N 沟道 IGBT 一个元胞的典型结构如图 7.5.6(a)所示,其结构与 VDMOS 类似,区别在于 IGBT 用 P^+ 衬底替代了 VDMOS 的 N^+ 衬底,从而引入了 PN 结注入机制。在正向工作条件下,注入少子时,厚外延的 N^- 区产生电导调制效应,降低了外延层的电阻率,从而减少了器件的导通电阻。

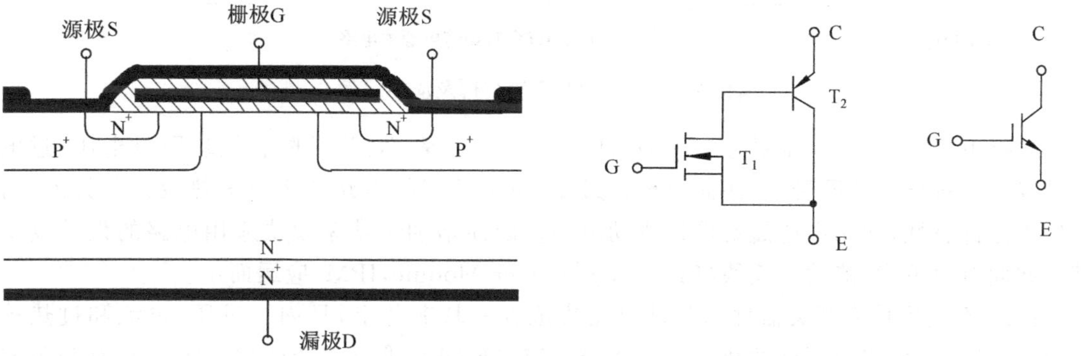

(a) 元胞结构　　(b) 等效电路　　(c) 电路符号

图 7.5.6　N 沟道 IGBT 的元胞结构及电路符号

N 沟道 IGBT 可看作由 N 沟道增强型功率 MOS 管 T_1 和 PNP 型晶体管 T_2 连接而成的达林顿管,如图 7.5.6(b)所示。当 G、E 间外加正向电压使 T_1 导通时,T_2 的 B、C 间相当于连接了低电阻,从而使 T_2 导通;当 G、E 间外加电压为零时,T_1 处于夹断区,T_2 的 $I_B \approx 0$,处于截至状态。

2. 功率模块

20 世纪 80 年代末,IGBT 单片水平已达到 20～50A/80～1000V;到 90 年代初期,由于结构的改进,参数的调整以及工艺水平的提高,IGBT 模块已经达到 80～300A/500～1200V 的水平。

由于受扩散和光刻技术的限制,常规 VDMOS 和 IGBT 的最小单胞是 32μm。为了有效减少元胞尺寸和增加沟道密度,1985 年 Ueda 等提出了采用垂直沟槽栅极(trench gate)的 VDMOS 与 IGBT,通过自调节工艺,使元胞尺寸减到 6μm。该工艺允许很高的沟道密度,而且消除了寄生 JFET 效应,其正向压降明显减小,可获得 2700A/cm^2 的电流密度。

功率 IGBT 模块中经常采用续流二极管(Free Wheeling Diode,FWD)与 IGBT 配对使用以有效实现热分散,如图 7.5.7(a)所示。如富士电机 4 种形式的 IGBT 模块——1 in 1、2 in 1、6 in 1 和 PIM(7 in 1)中,分别包含 1、2、6 和 7 个 IGBT/FWD 对。其中 1 in 1(如 1MBI600-120)作为电流额定量大的产品,经常并联使用以获取更大的工作电流;2 in 1(如 2MBI450UE-120)一般以 3 台为一组使用,构成 PWM 变频器;6 in 1(如 6MBI U-120)一般以一台为一组构成 PWM 变频器，如图 7.5.1(b)所示；而 PIM 则是在 7 in 1 的基础上内置转换器的产品。

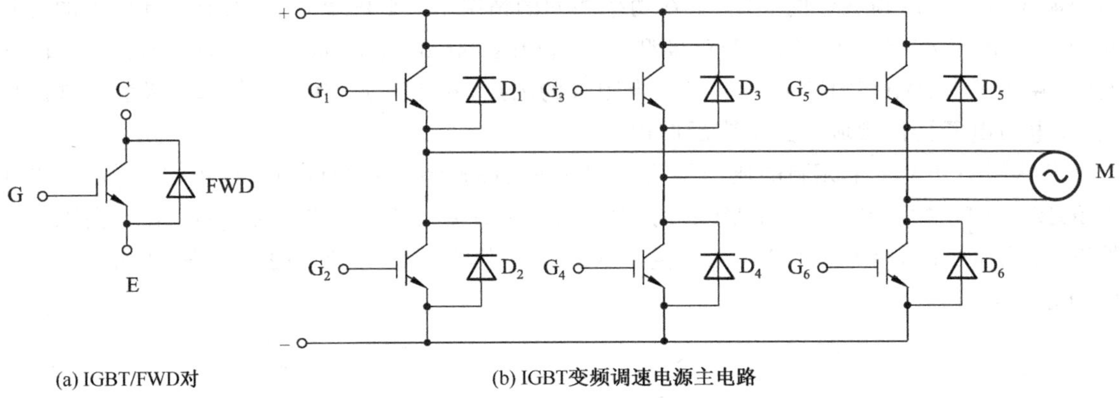

图 7.5.7　IGBT 模块结构及应用示例

选择 IGBT 模块时，需要考虑额定电压、额定电流等。且为了防止模块因过电压、过电流及结温过高等异常情况受损，还需要设计过压、过流等保护电路和进行散热设计。另外，为充分发挥器件特性，使用中还需要设计驱动电路。因而增加了功率模块应用电路的设计复杂程度。在此背景下，智能功率模块(Intelligent Power Module，IPM)应运而生。

IPM 不仅将功率开关器件和驱动电路集成在一块芯片上，且内置过压、过流和过热等故障控制电路，并可将检测到的故障信号送至 CPU 或 DSP 进行中断处理。IPM 具有开关速度快、功耗低、快速过流保护、过热保护、桥臂对管互锁、抗干扰能力强、驱动电源欠压保护等优点，缩短了开发时间，简化了开发步骤，广泛应用于无噪声逆变器、低噪声不间断电源(Uninterruptible Power Supply，UPS)系统和伺服控制器等设备。

思　考　题

7.5.1　功率器件为什么要使用散热片？什么是功率 BJT 的二次击穿？

7.5.2　常用的 MOSFET 功率器件有哪些？它们各有什么特点？

本 章 小 结

1. 在电源电压确定的情况下，功率放大电路的组成原则是在失真允许的范围内尽可能地提高输出功率和转换效率。由于功放管工作在大信号极限状态，通常采用图解法分析。

低频功放管常见的工作状态有甲类(A 类)、乙类(B 类)、甲乙类(AB 类)。其中乙类的转换效率比甲类高。为进一步提高效率，还可使功放管工作于丙类或丁类放大状态。

2. 功率放大电路常见的电路形式有 OCL、OTL 和变压器耦合推挽功率放大器。

在乙类 OCL 中，若已知输入电压幅值为 U_{im}，$U_{om}\approx U_{im}$，则电路的输出功率 P_o、电源提供的功率 P_V、效率 η 和管耗 P_T 分别为：$P_o=\frac{U_{om}^2}{2R_L}$、$P_V=\frac{2U_{om}V_{CC}}{\pi R_L}$、$\eta=\frac{P_o}{P_V}$、$P_T=P_V-P_o$。若 U_{im} 足够大(需保证输出信号基本不失真)，当忽略管子的饱和压降时，则电路的最大不失真输出功率和转换效率分别为：$P_{omax}\approx\frac{V_{CC}^2}{2R_L}$、$\eta_{max}\approx 78.5\%$。功放管的极限参数应满足：$P_{CM}>0.2P_{omax}$、$I_{CM}>\frac{V_{CC}}{R_L}$、$U_{(BR)CEO}>2V_{CC}$。

由于功率 BJT 的输入特性存在死区电压，工作在乙类的 OCL 电路存在交越失真。克服的方法是使管子工作在甲乙类(尽量接近乙类)，但参数估算仍按乙类的有关公式。

在单电源供电的 OTL 电路中，参数估算仍然可用乙类 OCL 的公式，但要用 $V_{CC}/2$ 代替原公式中的 V_{CC}。

3. 丁类功放是放大元件处于开关工作状态的一种放大模式。丁类放大器效率高，发热少，能减少不必要的功率损耗，特别适合用于电池供电的便携式电子设备及大功率电子设备中，用于放大音频信号。

4. 集成功率放大器具有失真度小、效率高、功能齐全、有保护功能、外接元件少、易于安装使用等特点，在音响设备、电视设备及自动控制设备中得到了广泛的应用。

5. 在集成功放日益发展的同时，大功率器件也发展迅速。功率 BJT、MOSFET 和 IGBT 等均是常用的大功率器件，它们具有不同的特点和应用场合，使用时也要注意散热和保护的问题。

习　　题

7.1　在题图 7.1 所示的电路中，晶体管的 $\beta = 80$，$U_{BE} = 0.7V$，$U_{CE(sat)} = 0.5V$，$I_{CEO} \approx 0$，电容 C 对交流信号可视为短路。要求：

(1)若输入信号 u_i 为正弦信号，试计算电路可能达到的最大不失真输出功率 $P_{o(max)}$。

(2)此时 R_b 应调节到什么数值？

(3)此时电路的效率是多少？

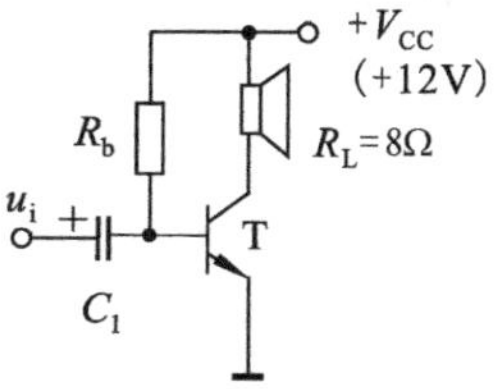

题图 7.1

7.2　在图 7.2.1(a)所示的 OCL 电路中，电源电压 $V_{CC} = 20V$，负载电阻 $R_L = 8\Omega$，u_i 为正弦信号。试计算：

(1)若输入信号的峰值 $U_{im} = 10V$，求电路的输出功率、管耗、直流电源提供的功率和效率；

(2)若管子的饱和压降 $U_{CE(sat)} = 3V$，在 u_i 幅值足够大的情况下，求电路的输出功率、管耗、直流电源提供的功率和效率；

(3)要使功放管安全工作，其极限参数应该满足什么条件？

7.3　在图 7.2.1(a)所示的 OCL 电路中，若 $R_L = 8\Omega$，u_i 为正弦信号，功放管的饱和压降 $U_{CE(sat)} \approx 0$。试求：

(1)若要求最大输出功率 $P_{omax} = 9W$，试计算正负电源 V_{CC} 的最小值；

(2)根据所求 V_{CC} 的最小值，计算相应 I_{CM}、$U_{(BR)CEO}$ 和每个管子 P_{CM} 的最小值；

(3)求输出功率最大时，电源提供的功率及效率；

(4)求输出功率最大时输入电压的有效值。

7.4　在图 7.2.1(a)所示的 OCL 电路中，若 $V_{CC} = 10V$，$R_L = 10\Omega$，功放管的饱和压降 $U_{CE(sat)} \approx 0$。试求：

(1)最大输出功率；

(2)输出功率最大时，电源提供的功率及效率。

7.5　在本章图 7.2.1(a)所示的 OCL 电路中，$V_{CC} = 6V$，$R_L = 4\Omega$，若输出 u_o 为峰值为 4.5V 的正弦信号。试计算：

(1)输出功率；

(2)每路电源提供的平均功率及效率；

(3)若 $\beta = 50$，计算输入信号提供的峰值电流；

(4)求每个管子 P_{CM} 的最小值。

7.6　在题图 7.6 所示的 OCL 电路中，输入 u_i 为正弦信号，电源电压 $V_{CC} = 20V$，负载电阻 $R_L = 8\Omega$。假定 T_1 管的电压放大倍数 $\Delta u_{C1}/\Delta u_{B1} = -10$，射极输出器的电压放大倍数为 1，$T_2$、$T_3$ 的饱和压降可以忽略。试计算当输入信号有效值 $U_i = 1V$ 时，电路的输出功率、电源提供的功率、效率和管耗。

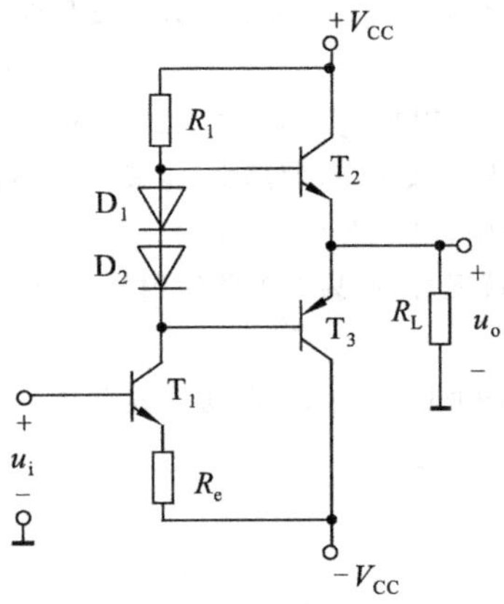

题图 7.6

7.7　OCL 电路如题图 7.7(a)所示，其中 T_1、T_2 的特性完全对称。试分析：

(1)静态时，输出电压 U_o 应为多少？调整哪一参数可以满足这一要求？

(2)动态时，若输出电压波形如题图 7.7(b)所示，请问出现了什么失真？应调整哪个电阻？如何调整？

(3)设 $V_{CC}=10V$，$R_w=R_2=2k\Omega$，晶体管 $U_{BE}=0.7V$，$\beta=50$，$P_{CM}=200mW$，静态时 $U_o=0$，若 R_1、D_1、D_2 三个元件中有一个出现开路，将会产生什么后果？

7.8　OTL 电路如题图 7.8 所示，设 T_1、T_2 的特性完全对称，u_i 为正弦信号，$V_{CC}=20V$，$R_L=16\Omega$，u_i 为正弦信号。试分析：

(1)静态时，电容 C_2 两端的电压为多少？调整哪一参数可以满足这一要求？

(2)动态时，若输出波形出现交越失真，应调整那个电阻，如何调整？

(3)若流过负载的电流为 $i_o=0.45\cos\omega t$(A)，试求负载上得到的输出功率 P_o、电源提供的功率 P_V 及单管管耗 P_{T1}。

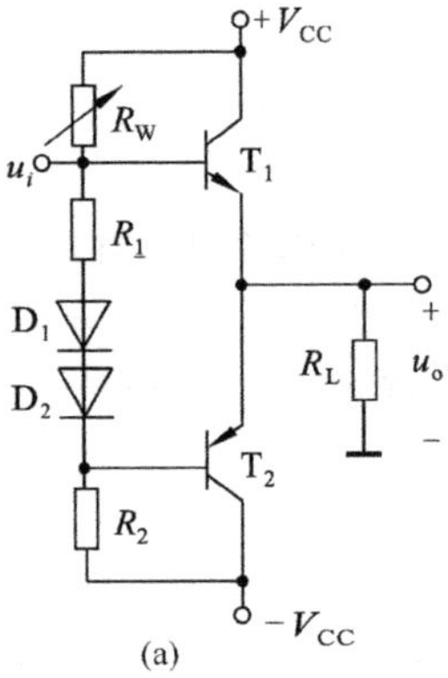

(a)

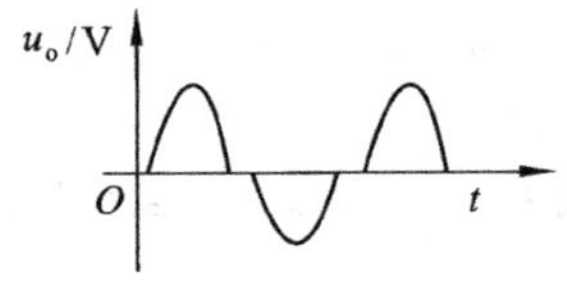

(b)

题图 7.7

7.9　OTL 电路如题图 7.9 所示，若晶体管的饱和压降可以忽略，且电路的最大不失真输出功率为 6.25W。试分析：

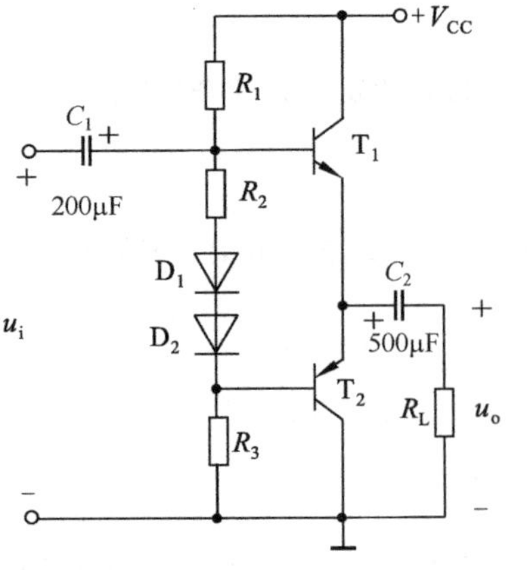

题图 7.8

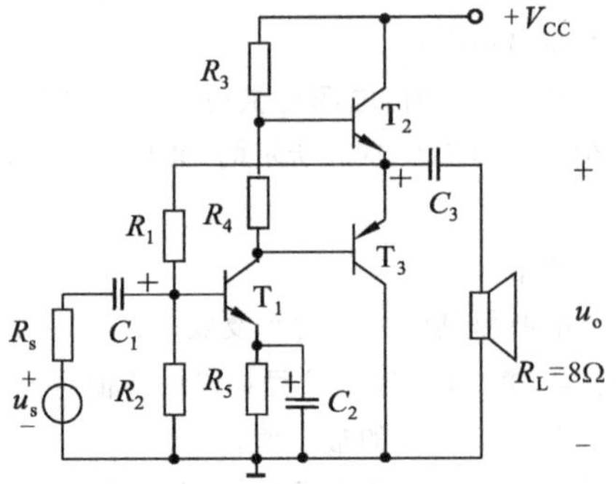

题图 7.9

(1)电源电压 V_{CC} 至少应取多大?

(2) T_2、T_3 管的 P_{CM} 至少应选多大?

(3)若输出波形出现交越失真,应调节哪个电阻?

(4)若输出波形一边出现削峰失真,应调节哪个电阻?

题 7.10　OTL 准互补推挽电路如题图 7.10 所示。要求:

(1)请在图中标出三极管 $T_1 \sim T_4$ 的类型,并说明电路为什么称为准互补推挽 OTL 电路;

(2)静态时输出电容 C 两侧的电压应为多大? 若不合适,一般应调节哪个元件来实现?

(3)电阻 R_2 的作用是什么?

(4)电阻 R_4、R_5 的作用是什么?

(5)电阻 R_6、R_7 有什么作用?

(6)已知 T_3 和 T_4 的饱和压降为 $U_{CE(sat)} = 3V$,$R_6 = R_7 = 0.5\Omega$,$R_L = 8\Omega$。若电源电压 $V_{CC} = 20V$,求负载 R_L 上得到的最大不失真输出功率。

7.11　OTL 电路如题图 7.11 所示,设 $T_1 \sim T_5$ 的 $|U_{BE}| = 0.7V$。试分析:

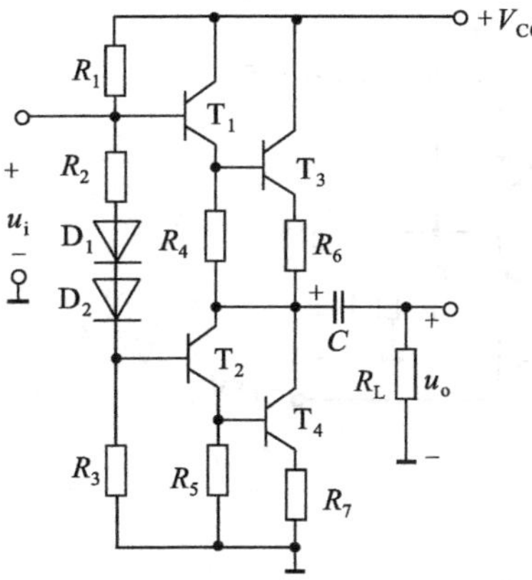

题图 7.10

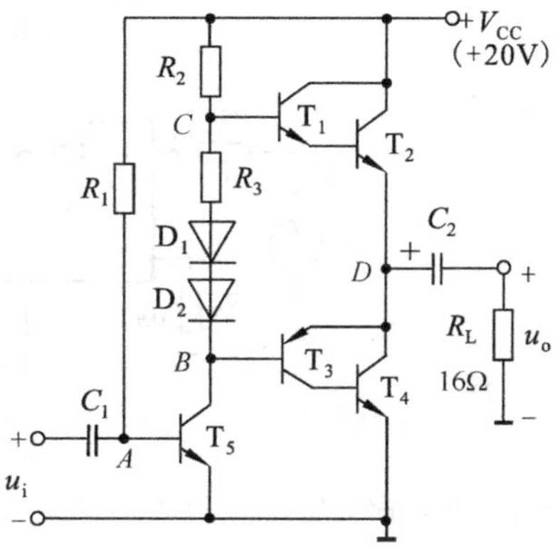

题图 7.11

(1) A、B、C、D 点的静态电位各为多少?

(2)若 T_2 和 T_4 的饱和压降为 $U_{CE(sat)} = 3V$,输入电压足够大,求电路的最大不失真输出功率和效率。

(3)管子 T_2 和 T_4 的极限参数应该如何选择?

(4)若 T_2 和 T_4 的饱和压降为 $U_{CE(sat)} = 3V$,为得到 2W 的最大不失真输出功率,电源电压至少应为多大?

7.12　功率放大电路如题图 7.12 所示,已知 T_6、T_7 的饱和压降为 1.5V,电阻 R_{13}、R_{14} 在输出电流最大时的压降为 0.5V。若要求电路的最大不失真输出功率为 1W,试回答下列问题:

(1)求负载电阻 R_L 的大小;

(2)指出电路中的级间反馈通路,并判断该反馈为哪种组态;

(3)试估算电路在深度负反馈时的闭环电压放大倍数;

(4)求正弦输入信号的电压幅值 U_{im}。

7.13　在题图 7.13 所示的功率放大电路中,集成运放 A 的最大输出幅值为 ±10V,最大负载电流为 ±10mA,晶体管 T_1、T_2 的 $|U_{BE}| = 0.7V$。试分析:

(1)为了得到尽可能大的输出功率,T_1、T_2 管的 β 至少为多大?

(2)若 T_1、T_2 的饱和压降可以忽略,该电路的最大不失真输出功率为多少?

(3)此时,输出级的效率为多少? 单管的管耗为多少?

(4)请指出电路中级间反馈通路,判断反馈组态,并计算深度负反馈下的闭环电压放大倍数;

(5)求负载上得到最大不失真输出功率时,所需输入正弦信号电压的有效值。

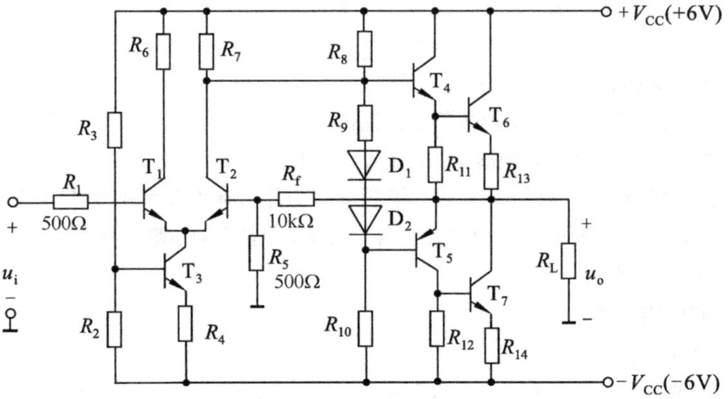

题图 7.12

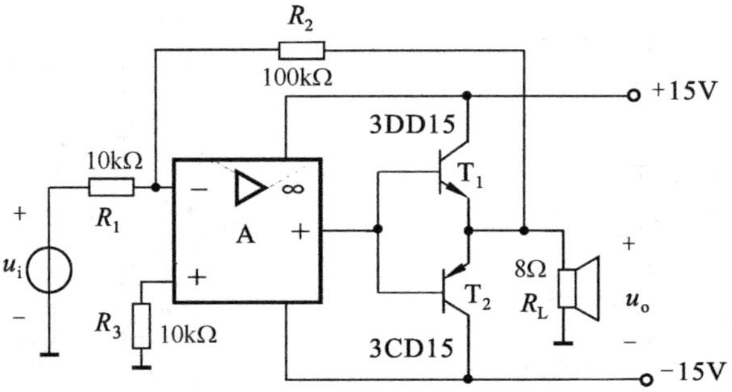

题图 7.13

7.14　功率放大电路如题图 7.14 所示。要求：

(1)试说明 T_4、R_5 和 R_6 组成什么电路，在电路中起什么作用；

(2)若要使电路的输出电压保持稳定，应引入什么组态的反馈？请在图中画出反馈支路；

(3)若电路在输入信号幅值 $U_{im}=140\text{mV}$ 时，负载上得到最大不失真输出功率，则反馈元件如何取值？设 T_2、T_3 的饱和压降为 1V。

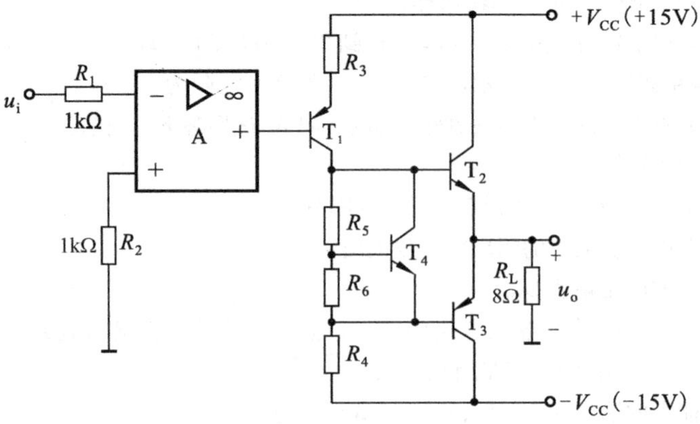

题图 7.14

第 8 章　直流稳压电源

【内容提要】

首先介绍直流电源的组成、桥式整流电路的工作原理及参数计算。接着分析常用的小功率滤波电路工作原理，包括电容滤波电路、电感滤波电路、复合型滤波电路。然后阐述串联型线性直流稳压电路的组成与工作原理，以及典型三端线性集成稳压器及其应用电路。最后，介绍开关稳压电路的特点、开关型直流稳压电路工作原理和典型开关型集成稳压器。

各种电子电路及系统均需直流电源供电，除蓄电池外大多数直流电源都是利用电网的交流电源经过变换而获得的。对于直流电源，其特点是需要给出对应额定输出功率的额定的输出直流电压和电流，并提供与应用要求相适应的稳定度、精度和效率。

直流电源的组成如图 8.1 所示。

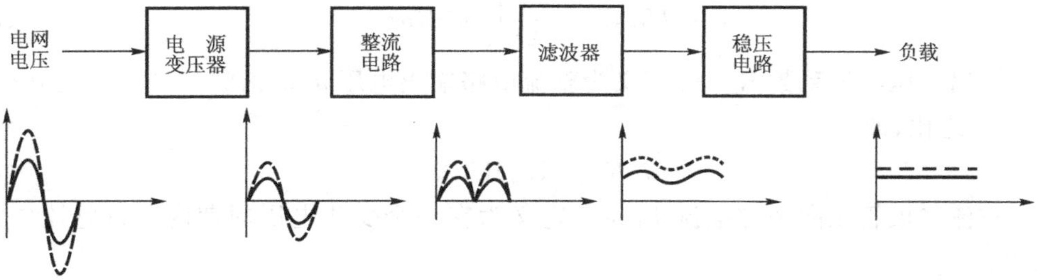

图 8.1　直流电源的组成

1. 电源变压器

电网提供的交流电一般为频率 50Hz、有效值 220V(或 380V)，而各种电子设备所需直流电压的大小常不相同。因此，一般需要将电网电压先经过电源变压器，然后将变换以后的副边电压再去整流、滤波和稳压，最后得到所需要的直流电压值。

2. 整流电路

整流电路的作用是将正负交替变化的正弦交流电压整流成为单方向的脉动电压。但是，这种单向脉动电压往往包含着很大的脉动成分，距离理想的直流电压还差得很远。

3. 滤波电路

滤波电路一般由电容、电感等储能元件组成，其作用是尽可能地将单向脉动电压的脉动成分滤除，使得输出电压成为比较平滑的直流电压。但是当电网电压或负载电流发生变化时，滤波电路的输出直流电压值也会随之而变化，在需要高质量直流电源供电的电子设备中，这种情况不符合要求。

4. 稳压电路

稳压电路的作用是将整流滤波电路输出的不稳定直流电压(如电网电压波动、负载变化引起)变换成符合要求的稳定直流电压。

8.1 整流与滤波电路

8.1.1 整流电路

二极管具有单向导电性,可以利用二极管的这一特性组成整流电路,将交流电压变换为单向脉动电压。在中小功率直流电源(如输出功率 5W、100W)中,有单相半波、单相全波、单相桥式和倍压整流电路之分,常用的主要为单相桥式整流电路。

整流电路的主要技术指标为:

(1) 输出直流电压平均值 $U_{O(AV)}$。$U_{O(AV)}$ 定义为整流电路输出电压 u_o 在一个周期内的平均值,即

$$U_{O(AV)} = \frac{1}{2\pi}\int_0^{2\pi} u_o \mathrm{d}(\omega t) \tag{8.1.1}$$

(2) 输出电压纹波系数 K_r。K_r 定义为整流电路输出电压 u_o 的谐波分量总有效值 U_{or} 与平均值 $U_{O(AV)}$ 之比,即

$$K_r = U_{or}/U_{O(AV)} \tag{8.1.2}$$

(3) 整流二极管正向平均电流 $I_{D(AV)}$。定义为在一个变化电压周期内通过整流二极管的平均电流。

(4) 最大反向峰值电压 U_{RM}。U_{RM} 指整流二极管截止时所承受的最大反向电压。

下面以目前工程应用广泛的桥式整流电路为例来分析整流电路的性能,为简化分析过程,把整流二极管视为理想的开关元件。

1. 桥式整流电路工作原理

图 8.1.1 所示为单相桥式整流电路。电路中采用了四个二极管,接成电桥形式,故称为**桥式整流电路**。

由图 8.1.1 可见,在 u_2 的正半周内,二极管 D_1、D_3 导电,D_2、D_4 截止;u_2 负半周时,D_2、D_4 导电,D_1、D_3 截止。正、负半周均有电流流过负载电阻 R_L,而且无论在正半周还是负半周,流过 R_L 的电流方向是一致的,因而使输出电压的直流成分得到提高,脉冲成分被降低。桥式整流电路的波形如图 8.1.2 所示。

2. 桥式整流电路参数计算

用傅立叶级数对图 8.1.2 中 u_o 的波形进行分解,可得

$$u_o = \sqrt{2}U_2\left(\frac{2}{\pi} + \frac{4}{3\pi}\cos 2\omega t - \frac{4}{15\pi}\cos 4\omega t + \frac{4}{35\pi}\cos 6\omega t \cdots\right) \tag{8.1.3}$$

式中,U_2 为变压器次级电压 u_2 的有效值,ω 为电源电压角频率(由电网供电时 $\omega = 2\pi \times 50\text{rad/s}$)。可得整流电路输出电压平均值为

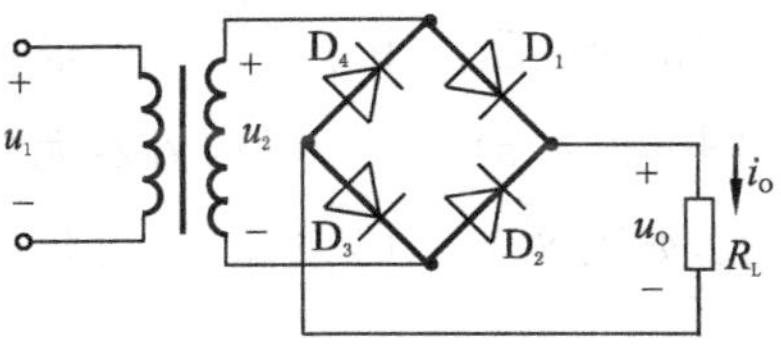

图 8.1.1　单相桥式整流电路

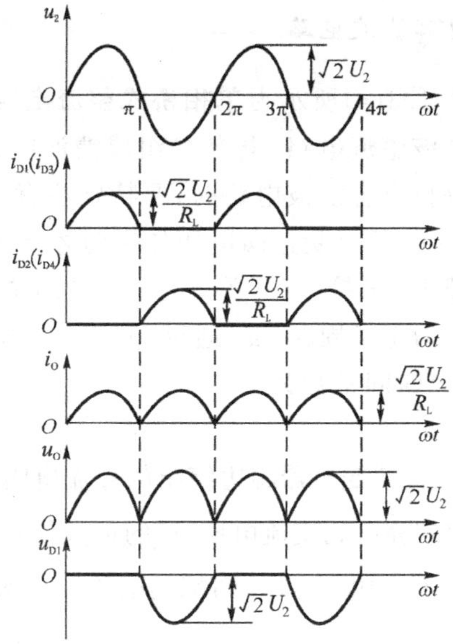

图 8.1.2　桥式整流电路的工作波形

$$U_{O(AV)}=\frac{2\sqrt{2}U_2}{\pi}\approx 0.9U_2 \tag{8.1.4}$$

由式(8.1.3)看出，最低次谐波分量的幅值 U_{o2m} 为 $4\sqrt{2}U_2/3\pi$、角频率为电源频率的两倍(即 2ω)。其他谐波分量的角频率为 4ω、6ω … 偶次谐波分量。这些谐波分量总称为**纹波**。谐波电压的总有效值 U_{or} 为

$$U_{or}=\sqrt{U_2^2-U_{O(AV)}^2}=\sqrt{U_{o2}^2+U_{o4}^2+\cdots} \tag{8.1.5}$$

整流电路输出电压的纹波系数 K_r 为

$$K_r=\frac{U_{or}}{U_{O(AV)}}\approx 0.48 \tag{8.1.6}$$

整流电路输出的平均电流 $I_{O(AV)}$ 为

$$I_{O(AV)}=\frac{U_{O(AV)}}{R_L}=0.9\frac{U_2}{R_L} \tag{8.1.7}$$

因二极管 D_1、D_3 和 D_2、D_4 是两两轮流导通的，故流过每个二极管的平均电流为

$$I_{D(AV)}=0.5I_{O(AV)} \tag{8.1.8}$$

整流二极管在截止时管子两端承受的最大反向电压 U_{RM} 就是 u_2 的最大值，即

$$U_{RM}=\sqrt{2}U_2 \tag{8.1.9}$$

桥式整流电路的优点是输出电压高、纹波电压小、管子承受的最大反向电压较低，同时电源变压器的利用率较高。但是电路中需用四个整流二极管。桥式整流电路目前已做成模块(常称为**整流桥**)，其输出电流、耐反压等指标有系列标称值可选用。

8.1.2　滤波电路

根据滤波元件类型及电路组成，滤波电路常分为电容滤波电路、电感滤波电路、复合型滤波电路。可以根据具体应用设计要求来选择合适的滤波电路。

1. 电容滤波电路

图 8.1.3(a)所示为**单相桥式整流电容滤波电路**，图中 T_r 为电源变压器，二极管 $D_1 \sim D_4$ 组成桥式全波整流电路，电容 C 组成滤波电路。

在分析电容滤波电路时，要特别注意电容器 C 两端电压 u_C 对整流元件导电的影响，整流元件 $D_1 \sim D_4$ 只有受正向电压作用时才导通，否则便截止。

负载 R_L 未接入(开关 S 断开)时的情况：设电容器 C 两端初始电压为零，接入交流电源后，当 u_2 为正半周时，u_2 通过 D_1、D_3 向电容器 C 充电；u_2 为负半周时，经 D_2、D_4 向电容器 C 充电，充电时间常数为

$$\tau = R_{int}C \tag{8.1.10}$$

式中，R_{int} 包括变压器副边绕组的直流电阻和二极管 D 的正向电阻。由于 R_{int} 一般很小，所以电容器很快就充电到交流电压 u_2 的最大值 $\sqrt{2}U_2$，极性如图 8.1.4(a)所示。因电容器无放电回路，故输出电压(即电容器 C 两端的电压 u_C)保持在 $\sqrt{2}U_2$ 上，如图 8.1.4(b)中 $\omega t < 0$ 部分所示。

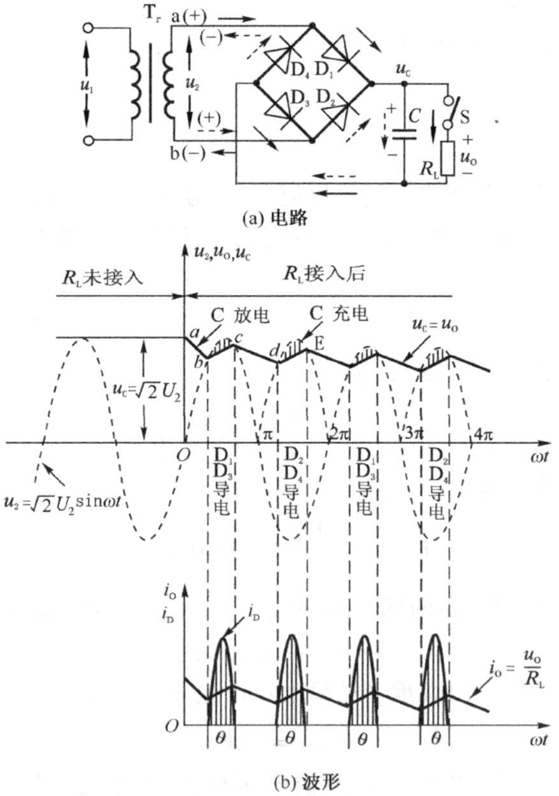

图 8.1.3 容性负载桥式整流电路与波形

接入负载 R_L (开关 S 合上)的情况：设变压器副边电压 u_2 从 0 开始上升(即正半周开始)时接入负载 R_L，由于电容器在负载未接入前已经充了电，故刚接入负载时 $u_2 < u_C$，二极管受反向电压作用截止，电容器 C 经 R_L 放电，放电的时间常数为

$$\tau_d = R_L C \tag{8.1.11}$$

因 τ_d 一般较大，故电容两端的电压 u_C 按指数规律慢慢下降。其输出电压 $u_o = u_C$，如图 8.1.4(b)的ab段所示。与此同时，交流电压 u_2 按正弦规律上升。当 $u_2 > u_C$ 时，二极管 D_1、D_3 受正向电压作用而导通，此时 u_2 经二极管 D_1、D_3 向负载 R_L 提供电流，并向电容器 C 充电[接入负载时的充电时间常数 $\tau_c = (R_L // R_{int})C \approx R_{int}C$ 很小]，u_C 将如图 8.1.4(b)的 bc 段，图中 bc 段上的阴影部分为电路中的电流在整流器内阻 R_{int} 上产生的电压降。u_C 随着交流电压 u_2 升高到略低于最大值 $\sqrt{2}U_2$。然后，u_2 又按正弦规律下降。当 $u_2 < u_C$ 时，二极管受反向电压作用而截止，电容器 C 又经 R_L 放电，u_C 波形如图 8.1.4(b)中的 cd 段。电容器 C 如此周而复始地进行充放电，负载 R_L 上便得到如图 8.1.4(b)所示的一个近似锯齿状波动的电压 $u_O = u_C$，电容 C 使负载电压的波动大为减小。

通过以上分析，可得容性负载整流电路的特点有：

(1) 二极管的导通角 $\theta < \pi$，流过二极管的瞬时电流很大，如图 8.1.4(b)所示。电流的有效值和平均值的关系与波形有关，在平均值相同的情况下，波形越尖，有效值越大。在纯电阻负载时(指没有电容 C)，变压器副边电流的有效值 $I_2 = 1.11I_O$；而有电容滤波时

$$I_2 \approx (1.5 \sim 2)I_O \tag{8.1.12}$$

(2) 负载平均电压 U_O (或 $U_{O(AV)}$)升高，纹波(交流成分)减小，且 R_LC 越大，电容 C 放电速率越慢，则负载电压中的纹波成分越小，负载平均电压越高。

为了得到平滑的负载电压，一般选取

$$\tau_d = R_LC \geqslant (3 \sim 5)\frac{T}{2} \tag{8.1.13}$$

式中，T 为电源交流电压的周期，即 $T = 1/50\text{s} = 20\text{ms}$。

(3) 负载直流电压 U_O 随负载平均电流 I_O 增加而减小。U_O 随 I_O 的变化关系称为**输出特性或外特性**。图 8.1.5 为纯电阻负载和容性负载桥式整流电路的输出特性。

C 值一定，当 $R_L = \infty$ (即空载)时，负载直流电压 $U_O = \sqrt{2}U_2 \approx 1.4U_2$。

当 $C = 0$ (即无电容)时，负载直流电压为

$$U_O = 0.9U_2 \tag{8.1.14}$$

在整流电路的内阻不太大(几欧)和放电时间常数满足式(8.1.13)的关系时，容性负载整流电路的输出直流电压约为

$$U_O = (1.1 \sim 1.2)U_2 \tag{8.1.15}$$

容性负载整流电路的优点是电路简单、负载直流电压 U_O 较高、纹波较小等。它的缺点是输出特性较差，故适用于负载电压较高、负载变动不大的场合。

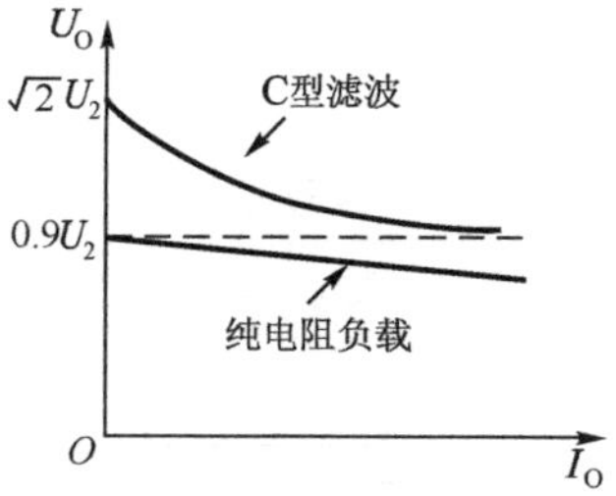

图 8.1.5　容性负载桥式整流电路的输出特性

2. 电感滤波电路

电感具有阻止电流变化的特点，如在负载回路中串联一个电感，将使流过负载上电流的波形较为平滑；或者，从另一个方面来分析，因为电感对直流分量的电阻很小(理想时等于零)，而对交流分量感抗很大，因此能够得到较好的滤波效果而直流电压损失很小。

在图 8.1.6 所示的电感滤波电路中，L 串联在 R_L 回路中。根据电感的特点，当输出电流发生变化时，L 中将感应出一个反电势，其方向将阻止电流发生变化。在半波整流电路中，这

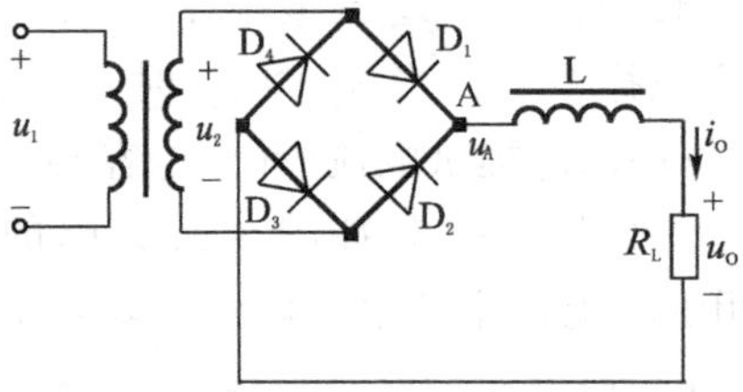

图 8.1.6　电感滤波电路

个反电势将使整流管的导电角大于 180°。但是，在桥式整流电路中，虽然 L 上的反电势有延长整流管导电角的趋势，但是 D_1、D_3 和 D_2、D_4 不能同时导电。例如，当 u_2 的极性由正变负，如图 8.1.6 所示，L 上的反电势有助于 D_1、D_3 继续导电，但由于此时 D_2、D_4 导电，变压器副边电压 u_2 全部加到 D_1、D_3 两端，其极性将使 D_1、D_3 反向偏置，因而 D_1、D_3 截止。在桥式整流电路中，虽然采用电感滤波，但整流二极管仍然每管导电 180°，图中 A 点的电压波形就是桥式整流的输出波形，与纯电阻负载时相同。

由于电感的直流电阻很小、交流阻抗很大，因此直流分量经过电感后基本上没有损失，但是对于交流分量，在 $j\omega L$ 和 R_L 上分压以后，大部分交流分量降落在电感 L 上，因而降低了输出电压中的脉动成分。L 越大、R_L 越小，则滤波效果越好，所以电感滤波电路适用于负载电流比较大的场合。采用电感滤波以后，有延长整流管导电角的趋势，因此电流波形比较平滑，避免了过大的冲击电流。

3. 复合滤波电路

为了进一步改善滤波效果，降低负载电压 u_o 中的纹波，可以采用复合滤波电路，如图 8.1.7 所示。图 8.1.7(a)为 RC-Π 型滤波电路，其性能和应用场合与电容滤波电路相似。图 8.1.7(b)、(c)分别为 LC 滤波电路和 LC-Π 型滤波电路，它们的性能和应用场合与电感滤波电路相似。若需要得到更好的滤波效果，可再将这些滤波电路串接使用。

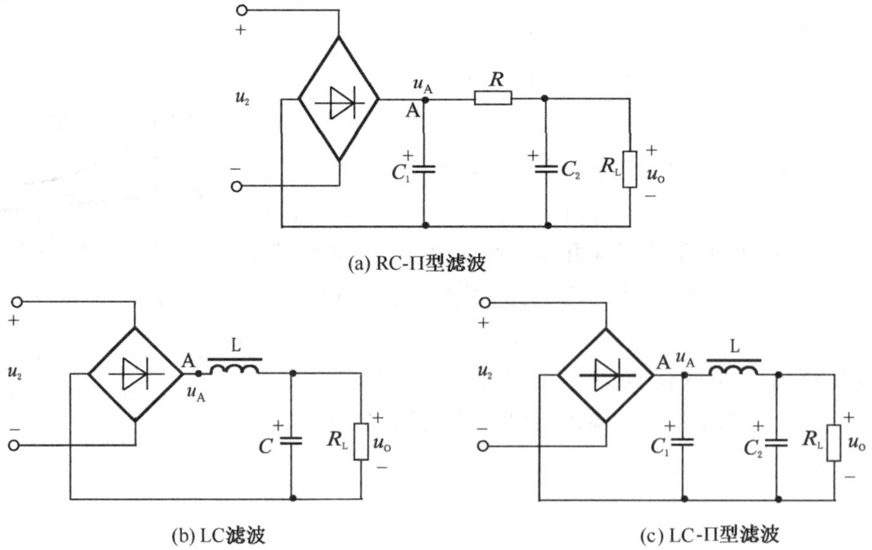

图 8.1.7　常用的复合滤波电路

思　考　题

8.1.1　在桥式整流电路中，若有一只整流二极管开路或短路，试分析整流电路的工作情况。另外，若整流二极管不是理想开关(即二极管反向电阻不是很大、正向电阻又较大)，此时整流效果如何？

8.1.2　滤波电路的作用是什么？对于桥式整流电容滤波电路，若负载电流增大，则输出电压如何变化？分析电容滤波电路和电感滤波电路对桥式整流电路的影响情况，比较两种滤波电路的特点与应用场合。

8.2　线性直流稳压电路

经过整流、滤波后的直流电压，还是容易受到电网电压波动和负载电流变化的影响，因此必须进一步通过稳压电路来获得稳定的直流电压。

常用的稳压电路有稳压管直流稳压电路、串联型线性直流稳压电路和开关型直流稳压电路。这里主要分析串联型线性直流稳压电路。

直流稳压电路的技术指标分为两种：一种是特性指标，包括允许的输入电压、输出电压、输出电流及输出电压调节范围等；另一种是质量指标，用来衡量输出直流电压的稳定程度，包括稳压系数、输出电阻、温度系数及纹波电压等。以下介绍常用的直流稳压电路六个基本技术指标。

(1) 输出电压 U_O 或输出电压可调范围 $U_{O1} \sim U_{O2}$。指稳压电路在正常运行下的额定输出电压 U_O，如为可调式稳压电路，则为可调输出额定电压的范围 $U_{O1} \sim U_{O2}$。

(2) 最大输出电流 I_{OM}。I_{OM} 是指稳压电路在规定最小负载情况下的最大输出电流值。

(3) 稳压系数 S_r。S_r 定义为：当环境温度 T(℃)与负载 R_L 不变时，在规定输入电压变化范围内，且满载条件下，输出电压 U_O 的相对变化量与输入电压 U_I 的相对变化量之比，即

$$S_r = \left.\frac{\Delta U_O/U_O}{\Delta U_I/U_I}\right|_{\substack{\Delta T=0\\ \Delta R_L=0}} = \left.\frac{\Delta U_O}{\Delta U_I}\frac{U_I}{U_O}\right|_{\substack{\Delta T=0\\ \Delta R_L=0}} \tag{8.2.1}$$

S_r 的大小反映了一个稳压电路克服输入电压变化影响的能力。显然 S_r 越小，即在同样输入电压条件下，输出电压变化越小，也就是说其稳定性越好。

在工程中，稳压系数 S_r 又称为电压调整率，用 S_u 表示，因此有 $S_r = S_u$。

(4) 纹波抑制比 S_{rip}。S_{rip} 定义为输入纹波电压（峰-峰值 U_{IMM}）与输出纹波电压（峰-峰值 U_{OMM}）之比（取对数），即

$$S_{rip} = 20\lg\left.\frac{U_{IMM}}{U_{OMM}}\right|_{\substack{\Delta T=0\\ \Delta R_L=0}} \tag{8.2.2}$$

显然，S_{rip} 越大，表明稳压电路对纹波的抑制能力越强，即输出纹波越小，稳定性也越好。

(5) 输出电阻 R_o。在规定输入电压及环境温度不变时，R_o 为输出电压的变化量与输出电流变化量之比，即

$$R_o = \left.\frac{\Delta U_O}{\Delta I_O}\right|_{\substack{\Delta T=0\\ \Delta U_I=0}} \tag{8.2.3}$$

R_o 反映了负载变动时，输出电压 U_O 维持稳定的能力。显然 R_o 越小，则当 I_O 变化时，输出电压变化也越小，即越稳定。

稳压电路的输出电阻 R_o，在工程中还常用负载调整率 S_R 或电流调整率 S_i 来表示。S_i 则用输出电流 I_O 由零变到最大额定值时，输出电压的相对变化量来表征，称为**电流调整率**，即

$$S_i = \left.\frac{\Delta U_O}{U_O}\right|_{\substack{\Delta T=0\\ \Delta U_I=0}} \times 100\% \tag{8.2.4}$$

通常，$S_I \leqslant 1\%$，而 R_o 常为 1Ω 以下。

(6) 效率 η。对于串联型线性稳压电路，由于输出电流 I_O 全部通过调整管，则调整管必然

会产生功耗。而且，调整管的压差(即管压降 U_{CE})越大，管耗也就越大。因此，稳压电路存在一个效率指标。在工程中，在规定输入电压、输出电压、满载的情况下，用输出功率与输入功率的比值来表示效率，即

$$\eta=\frac{P_o}{P_i}=\frac{U_O I_O}{U_I I_I}\times 100\%\approx\frac{U_O}{U_I}\times 100\% \tag{8.2.5}$$

对于串联型稳压电路，输入电流 I_i 为调整管的 I_C(或 I_E)，输出电流 I_O 为调整管的 I_C(或 I_E)，所以有 $I_O\approx I_I$。

通常效率 $\eta>40\%$，经过改进措施或恒压差设计的稳压电路可达 50%以上。

8.2.1 串联型线性直流稳压电路

1. 电路组成和工作原理

串联型线性直流稳压电路原理方框图如图 8.2.1 所示，电路组成包括采样电路、调整管 T、基准电压 U_{REF} 与误差放大电路。

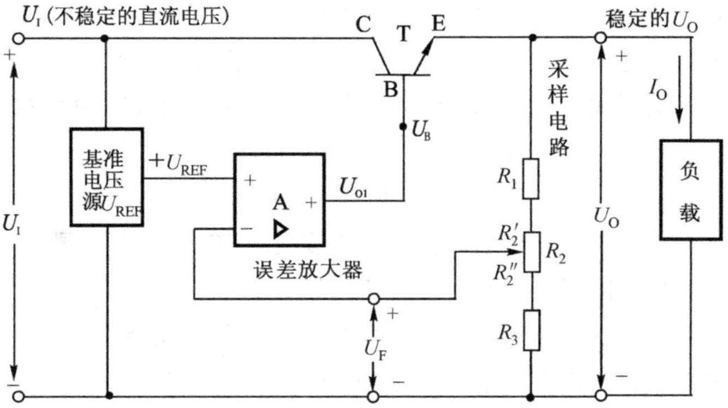

图 8.2.1 串联型线性直流稳压电路组成

1)采样电路

由电阻 R_1、R_2 和 R_3 组成。取出 U_O 的一部分 U_F 送到误差放大电路的反相输入端。

2)基准电压和误差放大电路

基准电压 U_{REF} 接到误差放大电路的同相输入端。采样电压 U_F 与基准电压 U_{REF} 进行比较后，再由放大电路将二者的差值进行放大。

误差放大电路 A 的作用是将基准电压与采样电压之差 ($U_{REF}-U_F$) 进行放大，然后再送到调整管的基极。如果误差放大电路的放大倍数比较大，则只要输出电压 U_O 产生一点微小的变化，即能引起调整管的基极电压 U_B 发生较大的变化，提高了稳压效果。因此，A 的放大倍数越大，则输出电压 U_O 的稳定性越高。

3)调整管

调整管 T 接在输入直流电压 U_I 和输出端负载电阻 R_L 之间。在基极电压 U_B作用下，调整管的集-射电压 U_{CE} 将发生相应的变化，最终调整输出电压 $U_O=U_I-U_{CE}$ 使之基本保持稳定。因调整管 T 与负载 R_L串联，且调整管工作在放大状态，故称为串联型线性直流稳压电路。

现在分析串联型线性直流稳压电路的稳压原理。在图 8.2.1 中，假设由于 U_I 增大（或假定 I_O 减小）而导致输出电压 U_O 增大，则通过采样后反馈到误差放大电路反相输入端的电压 U_F 也按比例增大，但其同相输入端的电压 U_{REF} 保持不变，故放大电路 A 的差模输入电压 $U_I = U_{REF} - U_F$ 将减小，于是放大电路 A 的输出电压 U_{O1} 减小，使调整管的基极电压 $U_B = U_{O1}$ 减小，从而引起调整管的 $U_{BE} = U_B - U_O$ 减小、I_C 减小、U_{CE} 增大，结果阻止输出电压 $U_O = U_I - U_{CE}$ 增大。

以上稳压过程可简明表示为

$$U_I \uparrow \text{ 或 } I_O \downarrow \rightarrow U_O \uparrow \rightarrow U_F \uparrow \rightarrow U_{Id} \downarrow \rightarrow U_B \downarrow \rightarrow I_C \downarrow \rightarrow U_{CE} \uparrow \rightarrow U_O \downarrow$$

由此可以看出，串联型线性直流稳压电路稳压的过程，实质上是通过电压负反馈使输出电压 U_O 保持基本稳定的过程，故这种稳压电路也称为**串联反馈式直流稳压电路**。

2. 输出电压的调节范围

串联型线性直流稳压电路的一个优点是允许输出电压在一定范围内进行调节。这种调节可以通过改变采样电阻中电位器 R_2 的滑动端位置来实现。

在图 8.2.1 中，$u_+ = U_{REF}$、$u_- = U_F$，故当 $U_F = U_{REF}$ 时，稳压电路达到稳定状态，假设输出电压为 U_O，则有

$$U_F = \frac{R_2'' + R_3}{R_1 + R_2 + R_3} U_O = U_{REF}$$

因而，可得

$$U_O = \frac{R_1 + R_2 + R_3}{R_2'' + R_3} U_{REF} \tag{8.2.6}$$

当 R_2 的滑动端调至最上端时，$R_2' = 0$，$R_2'' = R_2$，U_O 达到最小值，可得

$$U_{Omin} = \frac{R_1 + R_2 + R_3}{R_2 + R_3} U_{REF} \tag{8.2.7}$$

当 R_2 的滑动端调至最下端时，$R_2' = R_2$，$R_2'' = 0$，U_O 达到最大值，可得

$$U_{Omax} = \frac{R_1 + R_2 + R_3}{R_3} U_{REF} \tag{8.2.8}$$

3. 调整管的选择

调整管是串联反馈式直流稳压电路的重要组成部分，工作在放大区担负着调整输出电压的重任。它不仅需要根据外界条件的变化，随时调整本身的管压降，以保持输出电压稳定，而且还要提供负载所要求的全部电流，因此管子的功耗比较大，通常采用大功率的三极管。为了保证调整管的安全，一般都需加保护电路。电路设计中选择调整管型号时，需对主要参数进行估算。

1）集电极最大允许电流 I_{CM}

流过调整管集电极的电流，除负载电流 I_O 以外，还有流入采样电阻的电流。假设流过采样电阻的电流为 I_R，则调整管集电极的最大允许电流为

$$I_{CM} \geqslant I_{Omax} + I_R \tag{8.2.9}$$

式中，I_{Omax} 是负载电流的最大值。

2)集电极和发射极之间的反向击穿电压 $U_{(BR)CEO}$

稳压电路正常工作时,调整管上的电压降约为几伏。若负载短路,则整流滤波电路的输出电压即稳压电路的输入电压 U_I 将全部加在调整管两端。电容滤波电路输出电压的最大值可能接近于变压器副边电压的峰值(即 $U_I \approx \sqrt{2}U_2$),再考虑电网可能有±10%的波动,应选择三极管 $U_{(BR)CEO}$ 参数为

$$U_{(BR)CEO} \geqslant U'_{Imax} = 1.1 \times \sqrt{2}U_2 \tag{8.2.10}$$

式中,U'_{Imax} 是空载时整流滤波电路的最大输出电压。

3)集电极最大允许耗散功率 P_{CM}

调整管两端的电压 $U_{CE}=U_I-U_O$,则调整管的功耗为 $P_C=U_{CE}I_C=(U_I-U_O)I_C$。当电网电压达到最大值、输出电压达到最小值、负载电流也达到最大值时,调整管的功耗将最大。所以,应根据下式来选择调整管的参数 P_{CM}。

$$P_{CM} \geqslant (U_{Imax}-U_{Omin})I_{Cmax} \approx (1.1 \times 1.2U_2-U_{Omin})I_{Cmax} \tag{8.2.11}$$

式中,U_{Imax} 是满载时整流滤波电路最大输出电压,在电容滤波时其输出电压近似为 $1.2U_2$。

调整管选定以后,为了保证调整管工作在放大区,管子两端的电压降不宜太小,通常使 $U_{CE}=3\sim 8\text{V}$。由于 $U_{CE}=U_I-U_O$,则稳压电路的输入直流电压为

$$U_I = U_{Omax} + (3 \sim 8)\ \text{V} \tag{8.2.12}$$

如果是容性负载全波桥式整流电路,其输出电压 U_I 与变压器副边电压 U_2 之间关系近似为 $U_I \approx 1.2U_2$。考虑到电网电压可能有10%的波动,故要求变压器副边电压为

$$U_2 \approx 1.1 \times \frac{U_I}{1.2} \tag{8.2.13}$$

例 8.2.1　电路如图 8.2.2 所示,要求输出电压 $U_O=10\sim 15\text{V}$,负载电流 $I_O=0\sim 100\text{mA}$。已选定基准电压的稳压管为 2CWl,其稳定电压 $U_Z=7\text{V}$,最小电流 $I_{Zmin}=5\text{mA}$,最大电流 $I_{Zmax}=33\text{mA}$。初步确定调整管选用 3DD2C,其主要参数为:$I_{CM}=0.5\ \text{A}$,$U_{(BR)CEO}=45\text{V}$、$P_{CM}=3\text{W}$。要求:

(1) 假设采样电路总的阻值选定为 2kΩ 左右,则 R_1、R_2 和 R_3 三个电阻分别为多大?

(2) 估算电源变压器副边电压的有效值 U_2。

(3) 估算基准稳压管的限流电阻 R 的阻值。

(4) 验算稳压电路中的调整管是否安全。

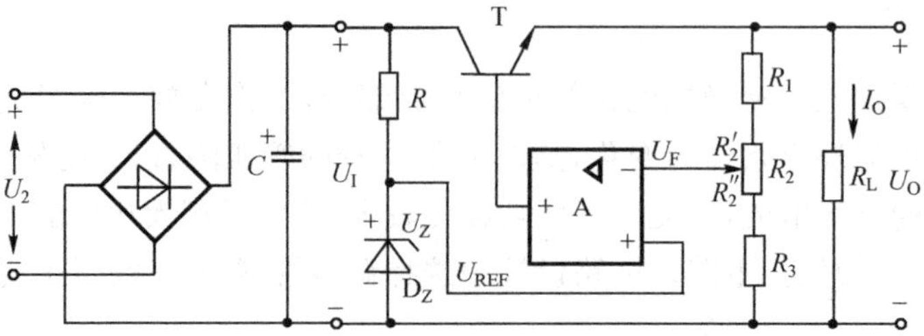

图 8.2.2　例 8.2.1 图

解:(1)由式(8.2.8)可知

$$U_{Omax} \approx \frac{R_1 + R_2 + R_3}{R_3} U_Z$$

$$R_3 \approx \frac{R_1 + R_2 + R_3}{U_{Omax}} U_Z = \frac{2}{15} \times 7 = 0.93(\mathrm{k\Omega})$$

取 $R_3 = 910\Omega$，由式(8.2.7)可知

$$U_{Omin} \approx \frac{R_1 + R_2 + R_3}{R_2 + R_3} U_Z$$

故有

$$R_2 + R_3 \approx \frac{R_1 + R_2 + R_3}{U_{Omin}} U_Z = \frac{2}{10} \times 7 = 1.4(\mathrm{k\Omega})$$

则得

$$R_2 = 1.4 - 0.91 = 0.49(\mathrm{k\Omega})$$

取 $R_2 = 510\Omega$（电位器），则得

$$R_1 = 2 - 0.91 - 0.51 = 0.58(\mathrm{k\Omega})$$

取 $R_1 = 560\Omega$。

在确定了采样电阻 R_1、R_2 和 R_3 阻值以后，再来验算输出电压的变化范围是否符合要求，可有

$$U_{Omax} \approx \frac{0.56 + 0.51 + 0.91}{0.91} \times 7 = 15.23(\mathrm{V})$$

$$U_{Omin} \approx \frac{0.56 + 0.51 + 0.91}{0.51 + 0.91} \times 7 = 9.76(\mathrm{V})$$

输出电压的实际变化范围为 $U_O = 9.76 \sim 15.23\mathrm{V}$，符合给定的设计要求。

(2)稳压电路的直流输入电压应为

$$U_I = U_{Omax} + (3 \sim 8)\mathrm{V} = 15\mathrm{V} + (3 \sim 8)\mathrm{V} = 18 \sim 23\mathrm{V}$$

取 $U_I = 23\mathrm{V}$，则变压器副边电压的有效值为

$$U_2 = 1.1 \times \frac{U_I}{1.2} = 1.1 \times \frac{23}{1.2} = 21(\mathrm{V})$$

(3)基准电压支路中电阻 R 的作用是保证稳压管 D_Z 工作在稳压区，为此通常取稳压管中的电流略大于其最小参考电流值 I_{Zmin}。在图 8.2.2 中，可认为

$$I_{Zmin} = \frac{U_I - U_Z}{R}$$

故基准稳压管 D_Z 的限流电阻应为(应考虑电源电压波动±10%)

$$R \leqslant \frac{U_{Imin} - U_Z}{I_{Zmin}} = \frac{0.9 \times 23 - 7}{5} = 2.74(\mathrm{k\Omega})$$

另外，稳压管正常工作时电流值不能超过 I_{Zmax}，即有

$$R > \frac{U_{Imax} - U_Z}{I_{Zmax}} = \frac{1.1 \times 23 - 7}{33} = 0.55(\mathrm{k\Omega})$$

选取 $R = 2\mathrm{k\Omega}$。

(4)根据稳压电路的各项参数，可知调整管的主要技术指标应为

$$I_{CM} \geqslant I_{Imax} + I_R = 100 + \frac{15.23}{0.56 + 0.51 + 0.91} = 108(\mathrm{mA})$$

$$U_{(BR)CEO} \geqslant 1.1 \times \sqrt{2} U_2 = 1.1 \times \sqrt{2} \times 21 = 32.3(\mathrm{V})$$

$$P_{CM} \geqslant (1.1 \times 1.2 U_2 - U_{Omin}) \times I_{Cmax} = (1.32 \times 21 - 9.76) \times 0.108 = 1.94(\mathrm{W})$$

已知低频大功率三极管 3DD2C 的 $I_{CM}=0.5A$、$U_{(BR)CEO}=45V$、$P_{CM}=3W$，可见调整管的参数符合安全使用的要求，而且还留有一定的余地。

4. 高精度基准电源

基准电源是直流稳压电路中的电压基准，十分重要。除直流稳压电路外，还广泛用于标准电池、仪器表头的刻度标准和精密电流源等。要求基准电源几乎没有纹波，且当电源电压波动或负载电流变化时，基准电源保持不变。特别是基准电源的温度系数要很小。这里仅介绍两种基准电源电路。

1）简单温度补偿基准电源

图 8.2.3 所示电路为具有温度补偿的简单基准电源，下面分析其工作原理。

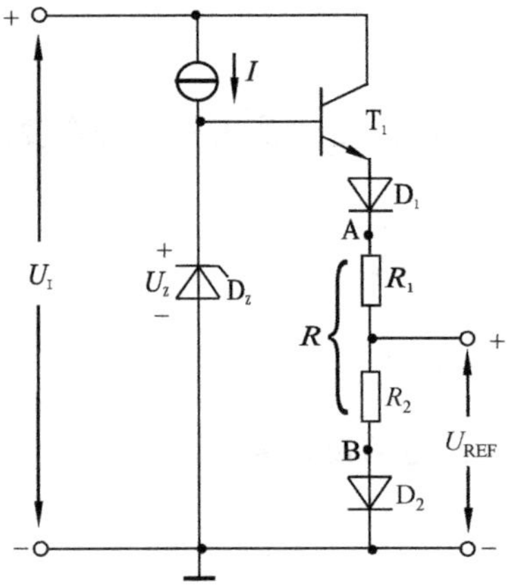

图 8.2.3　具有温度补偿的简单基准电源

利用稳压管的 U_Z 的正温度系数与三极管的 U_{BE} 和二极管正向压降的负温度系数特点来达到温度补偿作用。在图 8.2.3 中，D_Z 为普通稳压管，U_Z 的温度系数为正（+2mV/℃）。T_1 管的 U_{BE1} 和 D_1 正向压降随温度变化，使 U_A 的温度系数为 +6mV/℃。同理，D_2 正向压降随温度变化使三极管 T 的发射极电压 U_E 的温度系数为 −2mV/℃，这样在 A、B 之间串联电阻中的某一点电压的温度系数应为零。找出零温漂点，作基准电压 U_{REF}，因不受温度影响，故相当稳定。由图 8.2.3 可得

$$U_{REF}=U_{D2}+\left(\frac{U_Z-U_{BE}-U_{D1}-U_{D2}}{R_1+R_2}\right)R_2 \tag{8.2.14}$$

当 $U_{BE}=U_{D1}=U_{D2}$ 时，上式简化为

$$U_{REF}=\frac{R_2U_Z+(R_1-2R_2)U_{BE}}{R_1+R_2} \tag{8.2.15}$$

设置电阻比值满足

$$\frac{R_1-2R_2}{R_2}=-\frac{\partial U_Z}{\partial T}\Big/\frac{\partial U_{BE}}{\partial T} \tag{8.2.16}$$

则 U_{REF} 的温度系数可补偿到 ±50～±100ppm/℃。

2）精密基准电压源

目前市场上有各种集成基准电压源，其中 LM199、LM299 和 LM399 的电压温度系数很低，属于高稳定性的精密基准电压源。它们均为四端器件，可取代普通的齐纳稳压管，用于模拟/数字转换器、精密直流稳压电源、精密电流源和电压比较器中。

LM199、LM299 和 LM399 的结构相似，差别主要在于适用温度范围不同。常用的 LM399 内部电路有两部分：基准电压源和恒温电路，图 8.2.4(a)、(b)为其结构框图及电路符号。图中 1、2 脚分别为基准电压源的正、负极，3、4 脚之间接 9～40V 的直流电压，而图中 H 表示恒温器。LM399 电压温度系数的典型值为 0.3×10^{-6} V/℃，最大值为 1×10^{-6} V/℃，只相当于普通基准电压源的 1/10，其动态阻抗为 0.5Ω，能在 0.5～10mA 的工作电流范围内保持基准电压和温度系数不变。噪声电压的有效值为 7μV，25℃的功耗为 300mW。

LM399 的基准电压由隐埋齐纳管提供，这种新型稳压管是采用次表面隐埋技术制成的，具有长期稳定性好、噪声电压低等特性。恒温器电路能把芯片温度自动调节在 90℃，只要环境温度不超过 90℃，就能消除温度变化对基准电压的影响。故 LM399 的电压温度系数可降至 1×10^{-6}V/℃以下，这是其他基准电压源所难以达到的指标。

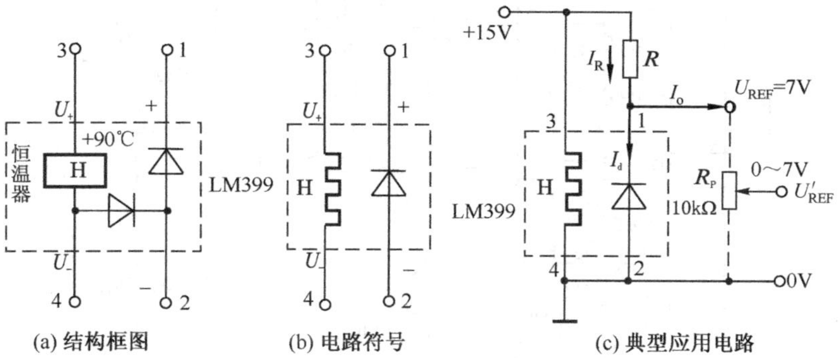

图 8.2.4　LM399 的结构与应用电路

LM399 的基准电压实际上是由次表面稳压管的稳定电压 U_Z (6.3V)与硅晶体管的发射结压降 U_{BE} (0.65V)叠加而成。输出的基准电压为

$$U_{REF} = U_Z + U_{BE} = 6.3 + 0.65 \approx 7(\text{V}) \tag{8.2.17}$$

图 8.2.4(c)所示为 LM399 的典型应用电路，R 为限流电阻。通常负载电流 $I_O \ll I_d$ (可忽略不计)，故 $I_d \approx I_R$，限流电阻 R 值由下式确定，即

$$R = \frac{U_I - U_{REF}}{I_R} \tag{8.2.18}$$

式中，取值 $U_I = 9 \sim 40$V，$U_{REF} = 7$V，$I_R = 0.5 \sim 10$mA。例如，当 $U_I = 20$V、选择 I_R 为 2mA 时，由式(8.2.18)计算可得：$R = 7.5\text{k}\Omega$。

若需要获得在 0～7V 以内的非标称基准电压，可在图 8.2.4(c)的输出端并联一只 10kΩ 的多圈电位器 R_P (图中虚线所示)。适当调节滑动触头的位置，即可获得 0～7V 范围内的任意电压值。

8.2.2　线性集成稳压器

集成直流稳压器早期开始出现的是多端集成稳压器(如 μA723 等)，而后出现了三端集成稳压器。目前工程中应用以三端集成稳压器为主，三端集成稳压器常分为固定(电压)输出式和可调(电压)输出式两大类，其中每类又有正电压输出和负电压输出之分。此外，近年来问世的高效率低压差集成稳压器，也分为固定输出式(如 LM2940C、LM2990)和可调输出式(如 LM2931、LM2991)两大类，低压差集成稳压器也可作为高效 DC/DC 电源转换器使用。以下主要分析典型三端集成稳压器工作原理。

1. 三端集成稳压器的工作原理

1) 三端固定输出式集成稳压器

这里以常用的正输出电压 CW78L00 型器件为例，来分析三端固定输出式集成稳压器的工作原理。电路如图 8.2.5 所示，它由启动电路、基准电压电路、采样及误差放大电路、调整与保护电路等部分组成。

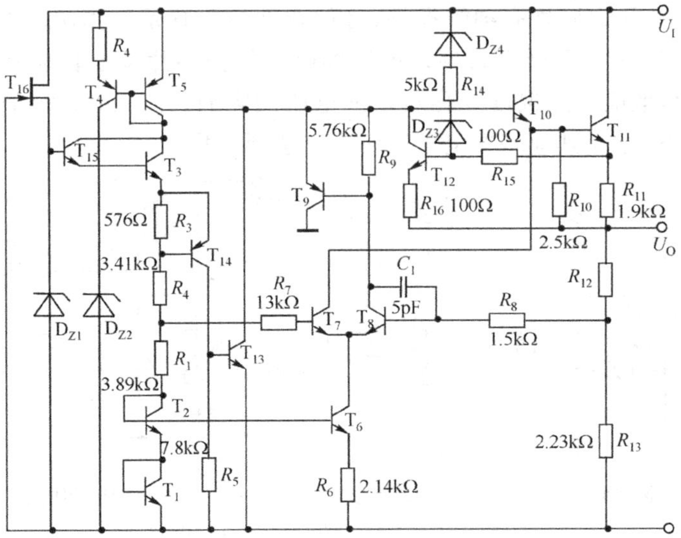

图 8.2.5　78L00 型三端集成稳压器原理电路

（1）基准电压。

在图 8.2.5 电路中，有温度补偿特性的基准电压源由 R_4、T_4、T_5、T_3、D_{Z2}、R_3、R_2、R_1、T_2、T_1 诸元件构成。先暂时假设 T_4 已经导通，并向 D_{Z2} 提供一定的电流使之击穿，以得到一个稳定的电压 U_{Z2}，U_{Z2} 经 T_3、R_3、R_2 在 R_1、T_2、T_1 上产生基准电压 U_{REF}。

此外，T_4、T_5、R_4 构成微电流源，为 T_4 提供稳定的集电极电流，从而使输入电压 U_I 的变化对 U_{Z2}、U_{REF} 的影响减到了最低程度。

（2）启动电路。

上述的基准电压电路，虽可以使 T_4 产生一个稳定的集电极电流，但这个电路在接通电源时并不能自行启动。这是因为 T_4 的导通是以 T_3 导通为条件，而 T_3 的导通又以 T_4 导通为条件，即两管的导通互相依赖。因此，在刚接通电源时，T_3 和 T_4 都无法自行导通工作。

由 T_{16}、D_{Z1} 和 T_{15} 组成的**启动电路**，可以使 T_3 和 T_4 能**自行启动**。在接通电源时，首先 T_{16} 导通，再推动 T_{15} 导通，T_{15} 又推动 T_3 导通，从而使 T_4 导通，则基准电压电路就可启动工作。

由于两个稳压管 D_{Z1} 和 D_{Z2} 的击穿电压 U_{Z1} 与 U_{Z2} 相同，所以一旦启动后，T_{15} 便截止，将基准电压电路与启动电路切断联系。

（3）采样及误差放大电路。

R_{12} 和 R_{13} 为采样电阻，T_6、T_7 和 T_8 组成了差动放大电路（作为**误差放大器**），T_4、T_5 组成的电流源作为差动放大器的有源负载，电流源 T_6 为差动放大器提供偏置电流。T_9 和 R_9 组成**缓冲电路**，当 I_{C8} 增大到其在 R_9 的电压降 $U_{R9} > 0.6V$ 时，T_9 导通起分流作用。这样就减小了 I_{C8} 的变化范围，从而保证了差动放大器能正常工作。

（4）调整与保护电路。

T_{10} 和 T_{11} 组成复合调整管。T_{12}、R_{11} 和 R_{15} 组成**限流保护电路**。当出现过流时，电阻 R_{11} 上的电压升高，使得 T_{12} 导通，以对 T_{10} 的基极进行分流，阻止了 T_{10} 基极的额外驱动，从而达到限制输出电流的目的。

当出现过电压时，由于输入与输出电压之间的差值大于稳压管 D_{Z3}、D_{Z4} 的击穿电压，穿过

D_{Z3}、D_{Z4}、R_{14}且比例于差值电压的电流驱动 T_{12}，使 T_{12}管在比限流电流值更小的时候就导通。这种情况下等效于稳压器的限流值减小，从而保证调整管运行在安全工作区。

调整管的功率损耗以热能形式传递到芯片上，为了防止芯片因过热而损坏，除了设计便于散热的器件外形结构之外，器件内部芯片上也设计有**过热保护电路**，它由 R_3、T_{14}、T_{13} 组成。电阻 R_3 两端电压设置在约 0.4V，常温下 T_{14}与 T_{13}都处于截止状态。由于 T_{14}管发射结的导通电压具有负温度系数(−2mV/℃)，当温度升高时所需的导通电压值将减小，在降到 0.4V 后，T_{14}就导通，以驱动 T_{13}导通，从而将调整管的基极电流分流。

对于负输出电压的 79L00 型集成稳压器，其电路组成与工作原理类似于 78L00 型集成稳压器。

2)三端可调输出式集成稳压器

三端可调输出式集成稳压器 LM317(正电压输出)和 LM337(负输出电压)是一种悬浮式串联调整型稳压器，它的三个接线端分别称为输入端、输出端和调整端。

这里以 LM317 为例，其电路结构和外接元件如图 8.2.6 所示。LM317 的内部电路(如放大器、偏置电路等)的公共端被改接到输出端，即它们都在输入和输出电压的差值电压下工作，LM317 器件本身无接地端，所消耗的电流都从输出端流出，内部的基准电压 U_{REF}（约 1.2V）接在误差放大器的同相端和调整端之间。若将 LM317 的调整端接地就是一个输出电压恒定的三端输出固定式稳压器。

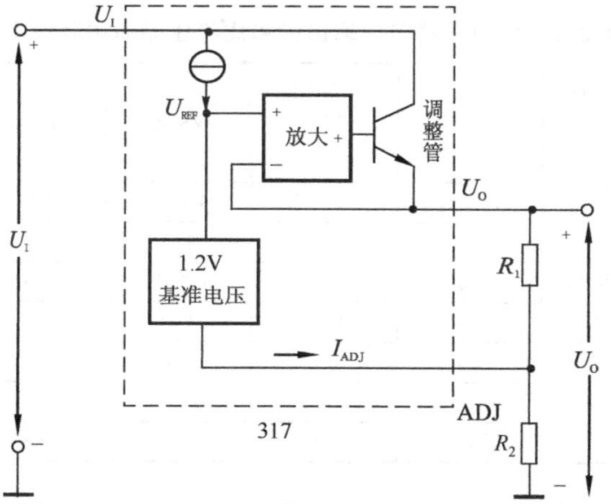

图 8.2.6　LM317 三端可调式集成稳压器结构

在图 8.2.6 中，在接上外部的调压电阻 R_1 与 R_2 后，则输出电压为

$$U_o = U_{REF} + \left(\frac{U_{REF}}{R_1} + I_{ADJ}\right)R_2 \tag{8.2.19}$$

式中，I_{ADJ} 为基准电压电路等的工作电流。在使用 LM317 时需要注意：$U_I - U_O$ 应满足 $I_O(U_I - U_O) \leqslant P_{max}$。

LM337 是与 LM317 相对应的负电压输出的三端可调输出式集成稳压器，它的电路组成及工作原理类似于 LM317。

2. 三端集成稳压器的技术指标

三端集成稳压器具有体积小、性能好、成本低、可靠性高、使用简便等优点，被广泛应用于仪器仪表与电子设备中。

1)三端固定输出式集成稳压器的技术指标

美国仙童公司于20世纪70年代首先推出了μA7800系列、μA7900系列三端固定输出式集成稳压器。这种集成稳压器只有输入端、输出端和公共端三个引出端,并具有较完善的过流、过压和过热保护功能。三端固定输出式集成稳压器分正压输出(7800系列)、负压输出(7900系列)两大类。

7800大类的最大输出电流有8种规格:0.1A(78L00系列)、0.25A(78DL00系列)、0.3A(78N00系列)、0.5A(78M00系列)、1.5A(7800系列)、3A(78T00系列)、5A(78H00系列)、10A(78P00系列),每个子系列又分别有多种输出电压规格(对应在+5～+24V之间的不同输出电压值)。

7900大类的最大输出电流有4种规格:0.1A(79L00系列)、0.3A(79N00系列)、0.5A(79M00系列)、1.5A(7900系列),每个子系列也分别有8种输出电压规格(对应在−5～−24V之间的不同输出电压值)。

三端固定输出式集成稳压器使用方便,不需要进行任何调整,外围电路简单、工作安全可靠,适于制作通用型标称值电压的直流稳压电源。其缺点是输出电压不能调整,无法直接获得非标称直流电压(如7.5V、13V等),且输出电压的稳定度还不够高。

典型三端固定输出集成稳压器的主要技术指标如表8.2.1所示。

表8.2.1　典型三端固定输出式集成稳压器的主要技术指标

器件型号 / 指标名称与符号单位	7805	7812	7824	7905	7912	7924
输出电压 U_O/V	5±5%	12±5%	24±5%	−5±5%	−12±5%	−24±5%
最大输出电流 I_{Omax}/A	1.5	1.5	1.5	1.5	1.5	1.5
电压调整率 S_u/(%/V)(取最大值)	0.0455	0.0455	0.0455	0.0455	0.0455	0.0455
电流调整率 S_I/%(取最大值)	1.6	1.17	1.0	1.6	1.17	1.0
纹波抑制比 S_{rip}/dB(取典型值)	68	61	56	54	54	54
最小输入电压 U_{Imin}/V	7.5	14.5	26.5	−7	−14	−26
最大输入电压 U_{Imax}/V	35	35	40	−35	−35	−40

注:① 国外生产厂家:LM(美国国家半导体公司NSC)、μA(美国仙童公司)、TA(日本东芝)、μPC(日电NEC)、HA(日立)、MC(美国MOTOROLA公司)、L(意法半导体有限公司SGS-THOMSON)。

② 冠以CW的为国标产品。在国产型号中,正输出电压有CW78L00、CW78M00、CW7800、CW78T00、CW78H00系列,负输出电压有CW79L00、CW79M00、CW7900系列。CW7800系列中没有7V、8V、10V这3种规格。

③ 不同厂家生产的三端集成稳压器的输出电压和最大输出电流应符合标准规定(即应属于某个规格型号或子系列),但其他技术指标和具体电路可能有些差别。

2)三端可调输出式集成稳压器的技术指标

可调输出式集成稳压器是20世纪80年代初发展起来的新产品,它既保留了三端固定输出式集成稳压器结构简单的优点,又克服了其电压不可调整的缺点,并且在电压稳定度上也比固定输出式集成稳压器大为提高(如电压调整率可达到0.02%),输出电压可在一定范围内调整。这类产品被誉为第二代三端集成稳压器,最适合于制作实验室电源及多种供电方式的直流电源。三端可调输出式集成稳压器有正、负电压输出两大类。

典型的正电压输出的可调输出式集成稳压器如LM117/LM217/LM317系列,其输出电压一般在 1.25～37V 范围内连续可调，对应最大输出电流的不同有 3 种规格型号，分别为 0.1A(LM117L)、0.5A(LM117M)、1.5A(LM117 和 LM117HV)，而 LM117HV/217HV/317HV 的输出电压在 1.25～57V 范围内连续可调。其他常用的正电压输出的可调输出式集成稳压器有 LM150/250/350 的输出电压为 1.2～33V、最大输出电流为 3A，LM138/238/338 的输出电压为 1.2～33V、最大输出电流为 5A，LM196/296/396 的输出电压为 1.25～15V、最大输出电流为 10A，典型的负电压输出的可调输出式集成稳压器如 LM137/237/337 系列，其输出电压在 −1.2～−37V 范围内连续可调，对应其最大输出电流的不同也有 3 种规格型号：0.1A(LM137L)、0.5A(LM137M)、1.5A(LM137)。

三端可调输出式集成稳压器还可作为悬浮式集成稳压器使用，能获得 100～200V 的高压输出。需要指出，如果把调整元件用固定电阻代替，则三端可调输出式稳压器就等效成为三端固定输出式稳压器，但此时其性能指标仍远优于一般的三端固定输出式集成稳压器。

典型的可调输出式集成稳压器的主要技术指标如表 8.2.2 所示。

表 8.2.2　典型三端可调输出式集成稳压器的主要技术指标

指标名称与符号单位 \ 测试条件与器件型号	测试条件	117/217	317	137/237	337
电压调整率 S_u/(%/V)（取典型值）	$3V \leqslant \|U_I - U_O\| \leqslant 40V$	0.02	0.02	0.02	0.02
电流调整率 S_I/%（取典型值）	$10mA \leqslant I_O \leqslant I_{Omax}$	0.3	0.3	0.3	0.3
调整端电流 I_A/μA（取最大值）		100	100	100	100
最小负载电流 I_{Omin}/mA（典型值）	$\|U_I - U_O\| = 40V$	3.5	3.5	3.5	3.5
纹波抑制比 S_{rip}/dB（取典型值）		80	80	70	76
输出电压 U_O/V		1.25～37	1.25～37	−1.2～−37	−1.2～−37
最大输出电流 I_{Omax}/A（取典型值）	$\|U_I - U_O\| \leqslant 15V$ $\|U_I - U_O\| \leqslant 40V$	≥1.5 0.4	≥1.5 0.4	≥1.5 0.4	≥1.5 0.4

以上介绍的固定输出式、可调输出式三端集成稳压器均属于**串联调整式**，即内部调整管与负载串联，且调整管工作在线性区域，故亦称为**线性集成稳压器**。这种线性集成稳压器的优点是稳压性能好、输出纹波电压小、成本低，其主要缺点是内部调整管的压降大、功耗高、稳压电源的转换效率较低(一般只有 50%左右)。为了进一步提高直流电源的转换效率，可选择的途径有：一采用低压差(线性)集成稳压器，二采用开关型直流稳压电路。

3. 三端集成稳压器应用电路

1)三端固定输出式集成稳压器应用举例

(1) 基本应用电路。三端固定输出式集成稳压器的基本应用电路如图 8.2.7 所示，经过整流滤波后所得到的直流输入电压 U_I 接在集成稳压器的输入端和公共端之间，在输出端即可得到稳定的输出电压 U_O。电路中常在输入端接入电容 C_I(一般取 0.33μF)，目的是为了抵消输入引线感抗，消除自激。同时，在输出端也接上电容 C_O(一般取 0.1μF)，其作用是为了消除集成稳压器的输出噪声,特别是高频噪声。两个电容 C_I、C_O 应直接接在集成稳压器的引脚处,而且应采用片状无感电容。

若输出电压比较高,则应在输入端与输出端之间跨接保护二极管 D(如图中的虚线所示)。其作用是在输入端 U_I 短路时,使负载电容可通过二极管 D 放电,以便保护集成稳压器内部的调整管。输入直流电压 U_I 应至少比 U_O 高 2V。

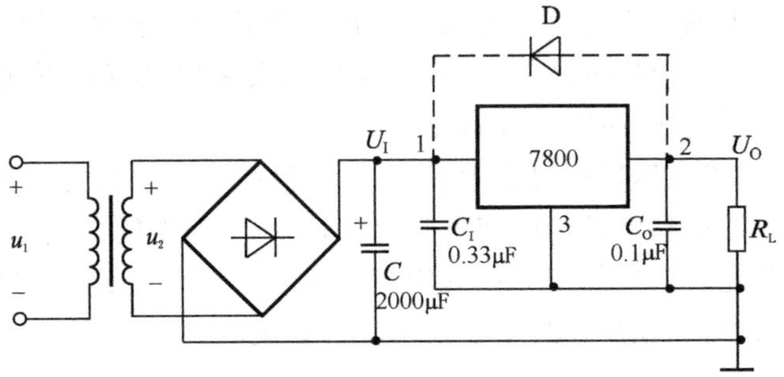

图 8.2.7　三端固定输出式集成稳压器基本应用电路

(2) 同时输出正、负电压的稳压电路。

采用一块 78XX 和一块 79XX 三端集成稳压器可方便地组成同时输出正、负电压的直流稳压电源,电路如图 8.2.8 所示。

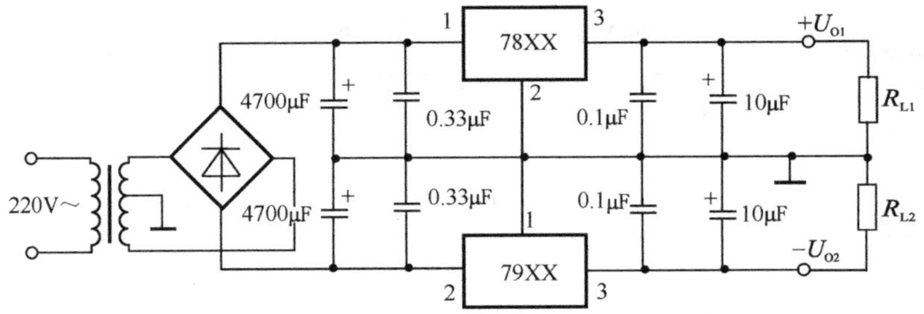

图 8.2.8　同时输出正、负电压的稳压电路

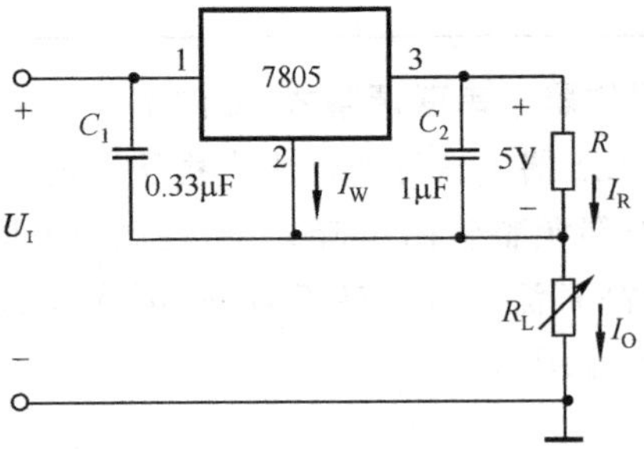

图 8.2.9　电流源电路

(3) 电流源电路。

用稳压电路组成电流源电路,如图 8.2.9 所示。因电阻器 R 两端的电压为已知而且稳定,所以 $I_R = \dfrac{5V}{R}$ 也稳定。这个电路的输出直流电流为 $I_O = I_R + I_w$,I_w 是稳压电路的静态电流(典型值约为 4.3mA)。当 $I_R \gg I_w$ 时,电路的恒流特性比较好。当 R_L 变化时,稳压器通过改变 1、3 两端的电位差来维持恒流。

2) 三端可调输出式集成稳压器应用举例

三端可调输出式集成稳压器是依靠外接电阻来给定输出电压的,因此电阻精度应适当高些,以保证输出电压的精确和稳定。电阻连接应紧靠集成稳压器,以防止在输出较大电流时由于连线电阻的存在而产生一定的误差。下面介绍基于 CW317 和 CW337 的可调输出式集成稳压器典型应用电路。

(1) 输出可调电压。

图 8.2.10(a)、(b)分别是输出正、负可调电压的直流稳压电路，其中 CW317 和 CW337 的内部工作电流都要从输出端流出，该电流构成稳压器的最小负载电流(一般情况下，该电流小于 5mA)。考虑到输出端与调整端之间电压 U_{REF} 为 1.2V，为保证空载情况下输出电压也能恒定，R_1 的取值不宜高于 240Ω，否则由于稳压器内部工作电流不能从输出端流出，会使稳压器不能正常工作。

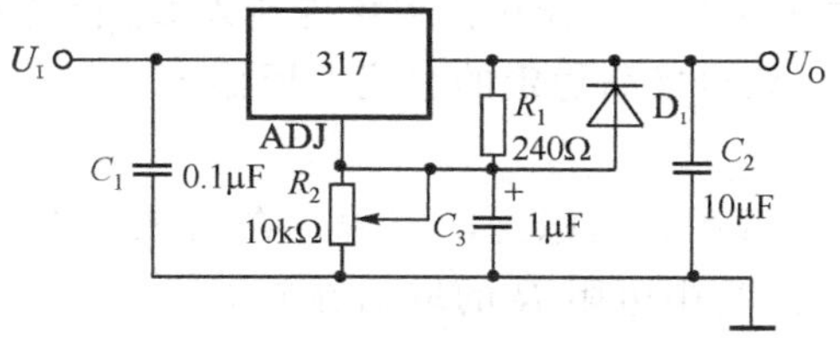

(a) 正输出可调稳压电路

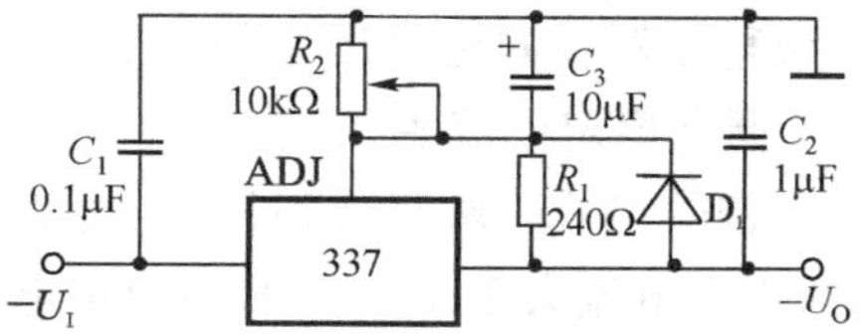

(b) 负输出可调稳压电路

图 8.2.10　可调输出式稳压电路

以图 8.2.10(a)为例，输出电压为

$$U_O = U_{REF} + (I_{ADJ} + U_{REF}/R_1)R_2$$
$$= 1.2(1 + R_2/R_1) + I_{ADJ}R_2 \approx 1.2(1 + R_2/R_1) \qquad (8.2.20)$$

上式中，因 I_{ADJ} 很小，故 $I_{ADJ}R_2$ 可忽略不计。调节 R_2 可以获得从 1.2～37V 的输出电压。

电容 C_1、C_2 用于防止自激、滤除高频噪声。电容 C_3 用来减小输出电压的纹波。D_1 用来保护二极管，防止发生输出端短路时电容 C_3 储存的电荷通过稳压器的调整端泄放而损坏稳压器。当输出电压 U_O 较低(一般小于 7V)或 C_2 电容值较小(一般小于 1μF)时，则可以不接 D_1。

图 8.2.10(b)所示为 CW337 组成的负输出电压可调式稳压电源(调整范围为－1.2～－37V)，其工作原理与图 8.2.10(a)相同。

(2) 高输出电压稳压电路。

一般类型的集成稳压器因受耐压限制，只适用于输出电压在 30V 以下的场合。而对 CW317(CW337)而言，因其采用悬浮式稳压原理，可以实现高输出电压的稳压。图 8.2.11 所示为输出达 100V 的高输出电压稳压电路。

图中 CW317 并未承受高电压，高电压降主要在 R_2 上。为防止电路启动时集成稳压器可能承受过高电压，接入了稳压管 D_Z，D_Z 的稳压值必须小于 CW317 能承受的电压值。

(3) 高稳定稳压电源。

当要求直流稳压电源的稳定性很高时，单块集成稳压器往往难以胜任。如果用两块 CW317 接成图 8.2.12 所示的具有跟踪预调整功能的直流稳压电路将可获得特别稳定的输出电压。

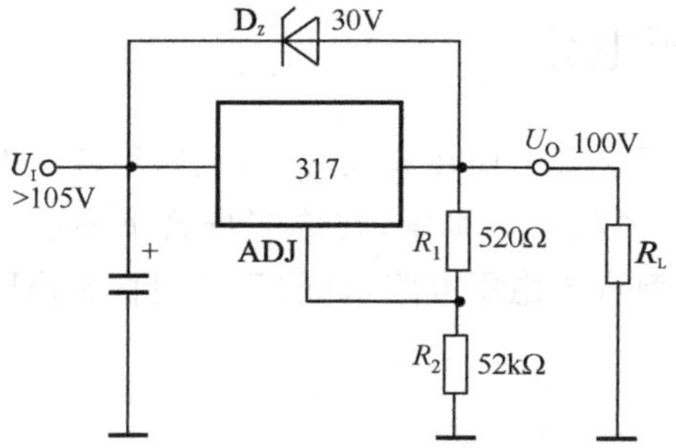

图 8.2.11　高输出电压稳压电路

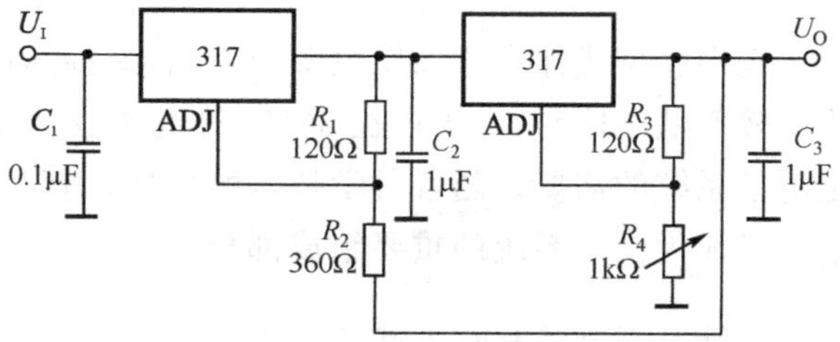

图 8.2.12　具有跟踪预测调整功能的高稳定稳压电源电路

电路工作原理是利用第一级 CW317 的调整端使得第一级输出电压能跟踪第二级输出电压的变化,即进行了**预调整**。因第一级稳压器的调整端通过 R_2 接到第二级稳压器的输出端上,这就限定了第二级稳压器的输入与输出电压之间的差值,在图示电路参数下,该电压差为

$$\begin{aligned}U_d &= U_{REF} + (U_{REF}/R_1 + I_{ADJ})R_2 \\ &= 1.2V + (1.2V/0.12k\Omega + 0.05mA) \times 0.36k\Omega = 4.3V\end{aligned}$$

当调节 R_4 改变输出电压 U_O 时,第一级稳压器的跟踪作用使得该电压差 U_d 保持不变,从而使第二级稳压器在固定电压差条件下工作,以获得极高稳定的直流电压输出。

(4) 可调高稳定电流源。

利用可调输出式三端集成稳压器,可以组成可调式高稳定电流源。在图 8.2.13(a)电路中,可得到输出电流大于 10mA 的高稳定电流源,其中电阻 R 的取值在 0.8～12Ω 之间;如果再使用另一个 CW317 来分流,如图 8.2.13(b)所示电路,则可实现 0～1.5A 输出电流可调。接负载时,负载 R_L 上的最大压降为 36V。

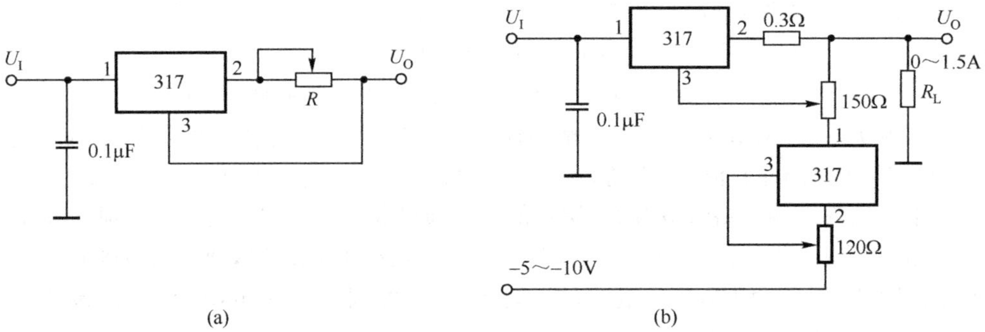

图 8.2.13　可调高稳定电流源电路

思　考　题

8.2.1　直流稳压电路的作用是什么?其主要技术指标有哪些?

8.2.2　串联型线性直流稳压电路由哪几个部分组成,每个部分的作用是什么?分别讨论当输入直流电压增大、负载电流增大时,直流稳压电路的稳压过程。

8.2.3　串联型线性直流稳压电路也称为串联反馈式直流稳压电路,试找出稳定输出电压的负反馈电路。说明负反馈是如何减小输出电压波动的?并分析负反馈深度对输出电压的稳定性有何影响?

8.2.4　CW78L00 型三端集成稳压器电路中,试分析过流、过热保护电路的工作原理。

8.3　开关直流稳压电路

在串联型线性直流稳压电源中,因直流稳压电路中调整管工作在放大区,造成这种稳压电路的效率低。同时,由于存在 50Hz 的电源变压器,因此体积大而笨重,在许多场合下不能满足电子系统的需要。随着科学技术的发展,出现了开关型直流稳压电路,目前开关型直流稳压电源已成为电子系统的重要组成部分。

1. 开关型直流稳压电路的特点

(1) 效率高。串联型线性直流稳压电路的调整管串接在输入和输出端之间,输出电压的

稳定是依靠调节调整管的管压降 U_{CE} 来实现的，调整管工作在线性放大区。在负载电流较大时，调整管的集电极损耗（$P_T = U_{CE}I_O$）相当大，造成电源效率 $\left(\eta = \frac{P_O}{P_I} \approx \frac{U_O I_O}{U_I I_I}\right)$ 较低，一般为 40%～60%，有时还要配备庞大的散热装置。而开关型直流稳压电路的开关管工作在开关状态（截止、饱和导通），截止期间无电流，不消耗功率，饱和导通时，功耗为饱和压降乘以电流，电源功耗很小，效率明显高于串联型线性直流稳压电路，通常可达 90%左右。

(2) 体积小、重量轻。与同样输出功率的线性直流稳压电路相比，开关型直流稳压电路的体积较小。有时可将电网电压直接整流，省去笨重的电源变压器（50Hz 工频变压器），进一步使体积缩小，重量减轻。另外工作频率高，对滤波元件参数的要求可降低。

(3) 稳压范围宽。由于开关型直流稳压电路的输出电压是由脉冲波形的占空比来调节的，受输入电压幅度变化的影响较小，所以它的稳压范围很宽，并容许电网电压有较大的变化。

(4) 纹波和噪声较大。开关型直流稳压电路的调整元件工作于开关状态，其输出电压的纹波系数较大，会产生尖峰干扰和谐波干扰。随着开关型直流稳压电路中脉冲工作频率越来越高，开关型直流稳压电源的高频干扰也越严重。

(5) 电路结构复杂。与串联型线性直流稳压电路相比，开关型直流稳压电路的结构比较复杂，对元器件的要求也比较高。但现在已有许多用于开关型直流稳压电源的开关控制集成电路（如 TL494、CS3524），特别是开关型集成稳压器的出现，使开关型直流稳压电路的外围电路大为简化。

由于优点突出，开关型直流稳压电源已成为输出功率较大的电子设备中直流电源的主流，在计算机、通信设备、自动化仪器等领域中得到了广泛应用。

2. 开关型直流稳压电路的分类

开关型直流稳压电路的种类很多，分类方法也有多种。

(1) 按开关管与负载之间的连接方式可分为串联型、并联型和脉冲变压器（高频）耦合型。

(2) 按启动功率管的方式可分为自激型和它激型。**它激型**由附加振荡器产生的开关脉冲来控制开关晶体管。**自激型**由开关管和脉冲变压器构成正反馈电路，形成自激振荡来控制开关晶体管。控制开关晶体管的驱动信号又分电压型、电流型两类。

(3) 按所用开关器件可分为晶体功率管开关型、MOSFET 功率管开关型、可控硅开关型。

(4) 按稳压控制方式可分为脉冲宽度调制（PWM——周期恒定、改变占空比）、脉冲频率调制（PFM——导通脉宽恒定、改变工作频率）和混合型调制。PWM、PFM 方式统称时间比率控制方式，也称**占空比控制**。

无论怎样划分，磁性储能电路、开关电路和控制方式是决定开关型直流稳压电路特性的基本因素。

8.3.1　串联型开关直流稳压电路

1. 串联开关型直流稳压电路工作原理

串联开关型直流稳压电路的原理图如图 8.3.1 所示，与串联型线性直流稳压电路相比，在电路中增加了 LC 滤波电路，以及由输出固定频率的三角波电压信号发生器 u_T、电压比较器 C 组成的控制电路。图中直流稳压电路的输入电压 U_I 是整流滤波电路的输出电压，u_B 是比较器 C 的输出电压，通过 u_B 控制调整管 T 以开关方式工作，从而将 U_I 变成断续的矩形波电压 u_E。

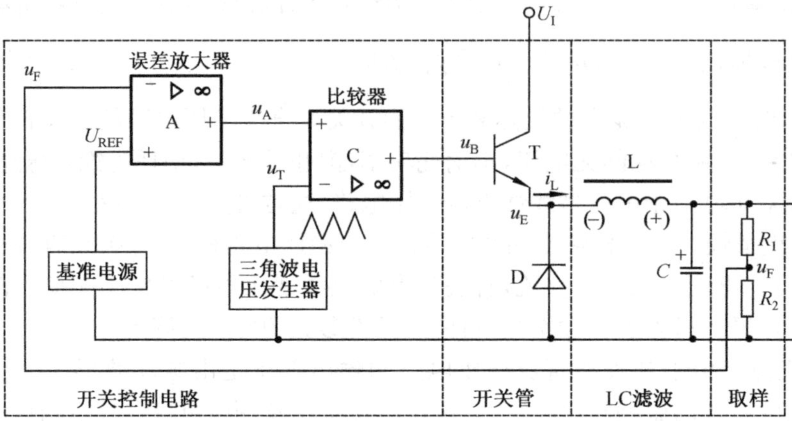

图 8.3.1　串联开关型直流稳压电路原理图

当 $u_A > u_T$ 时，u_B 为高电平，三极管 T 饱和导通，输入电压 U_I 经 T 加到二极管 D 的两端，电压 u_E 等于 U_I，忽略 T 的饱和压降 $U_{CE(sat)}$，此时二极管 D 因承受反向电压而截止。在负载 R_L 中有电流 i_o 通过，电感 L 储存能量，同时向电容器 C 充电。输出电压 u_O 略有增加。

当 $u_A < u_T$ 时，u_B 为低电平，三极管 T 由导通变为截止，滤波电感 L 产生自感电势，极性如图 8.3.1 中(+)、(−)所示，使二极管 D 导通，则电感中存储的能量通过 D 向负载 R_L 释放，使负载 R_L 中继续有电流 i_O 通过，故常把 D 称为**续流二极管**。此时电压 u_E 等于 $-U_D$（二极管的正向导通电压降）。

由此可见，虽然调整管 T 处于开关工作状态，但由于二极管 D 的续流作用和 L、C 的滤波作用，输出电压 u_O 是比较平稳的。图 8.3.2 中画出了电压 u_T、u_A、u_B、u_E（即 u_D、u_O 和电流 i_L 的波形）图中 t_{on} 是开关管 T 的导通时间，t_{off} 是开关管 T 的截止时间，$T_p = t_{on} + t_{off}$ 是开关转换周期。在忽略滤波电感 L 的直流压降的情况下，输出电压 u_O 的平均值为

$$U_O = \frac{t_{on}}{T_p}(U_I - U_{CE(sat)}) + (-U_D)\frac{t_{off}}{T_p} \approx \frac{t_{on}}{T_p}U_I = qU_I \qquad (8.3.1)$$

式中，$q = \frac{t_{on}}{T_p}$ 称为脉冲波形的占空比。

由式(8.3.1)可知，在 U_I 一定时，通过调节占空比 q 就能调节输出电压 U_O 的大小。因而，这种稳压电路称为脉宽调制(PWM—Pulse Width Modulation)型开关直流稳压电路。

在闭环情况下，电路能自动地调整输出电压 U_O。设电路在某一正常工作状态时，输出电压 U_O 为某一预定数值 U_{set}，则反馈电压 $u_F = F_u U_{set} = U_{REF}$，误差放大器 A 的输出电压 u_A 为零，比较器 C 输出的脉冲电压 u_B 的占空比 $q=50\%$。当输入电压 U_I 增加时，使得输出电压 U_O 也增加，则 $u_F > U_{REF}$，误差放大器 A 的输出电压 u_A 为负，u_A 与三角波电压信号 u_T 相比较，可得到 u_B 的波形(其占空比 $q<50\%$)，从而使输出电压 U_O 下降到预定的稳压值 U_{set}，此时 u_A、u_T、u_B、u_E 的波形如图 8.3.3 所示；同理，当 U_I 下降时，U_O 也随着下降，则 $u_F < U_{REF}$，u_A 为正值，u_B 的占空比 $q>50\%$，使输出电压 U_O 上升到预定值 U_{set}。由此可见，当输入电压 U_I 或负载 R_L 变化而使 U_O 改变时，控制电路可自动调整脉冲波形 u_B 的占空比 q 以维持输出电压 U_O 基本不变。

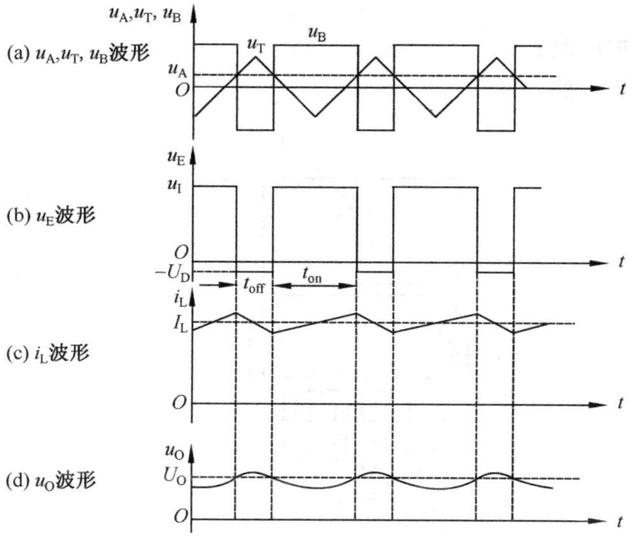

图 8.3.2　串联开关型直流稳压电路的波形图

2. 开关型集成稳压器

单片开关型集成稳压器被誉为新型高效节能直流稳压电源，它把串联开关型直流稳压电路所需要的基准电压源、三角波(或锯齿波)信号发生器、脉宽调制电路(PWM)、功率输出级(即开关功率管)和各种保护电路全部集成在芯片中，实现了单片集成化，使用非常简便，这种高度集成的开关稳压器，尤其适合在仪器仪表中推广应用。

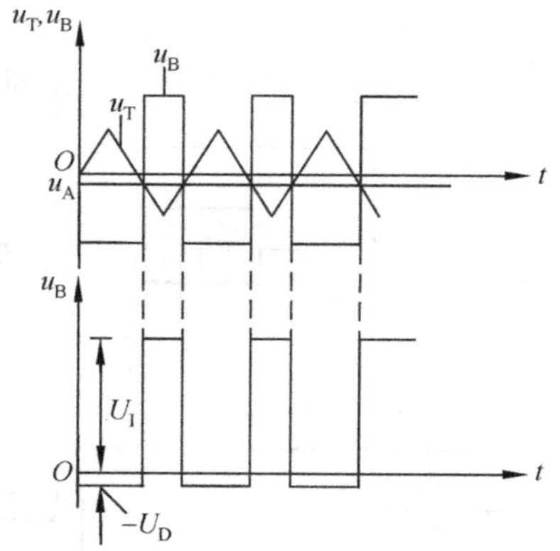

图 8.3.3　U_I 增加时 U_T、U_A、U_B、U_E 的波形

单片开关型集成稳压器的典型产品有 L4960、L4970 等，它们是意-法半导体有限公司在 20 世纪 80 年代中期到 90 年代开发出的产品。以下以 L4960 开关型集成稳压器为例进行介绍。

1)L4960 的结构与原理

L4960 属于单片开关型集成稳压器，它的管脚排列如图 8.3.4(a)所示。图中的长引线表示后排管脚，短引线代表前排管脚(从器件的正面观察)，前后两排管脚是互相错开排列的。图中第 2 脚为反馈信号输入端，通过电阻分压器(取样电阻 R_3、R_4)，可将输出电压 U_O的一部分反馈到误差放大器的反相输入端。第 3 脚是补偿端，该端与误差放大器的输出端相连接，其作用是利用外部的阻容元件(R_1、C_3)对误差放大器进行频率补偿。第 5 脚外接定时电阻与定时电容(R_2C_2)，以决定开关控制信号工作频率。第 6 脚为软启动端，需外接软启动电容(C_4)，对芯片起到保护作用。第 4 脚为地(GND)。

L4960 的原理框图如图 8.3.4(b)所示，主要由六个部分组成：

(1) 5.1V 基准电压源和误差放大器；

(2) 锯齿波信号发生器；

(3) PWM 比较器和功率输出器；

(4) 软启动电路；

(5) 输出限流保护电路；

(6) 芯片过热保护电路。

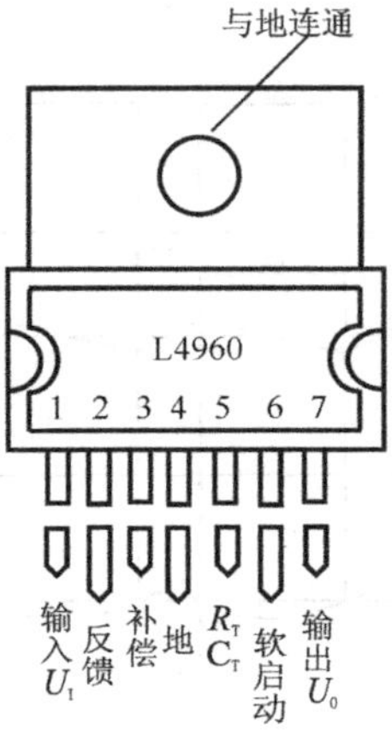

(a) 管脚排列

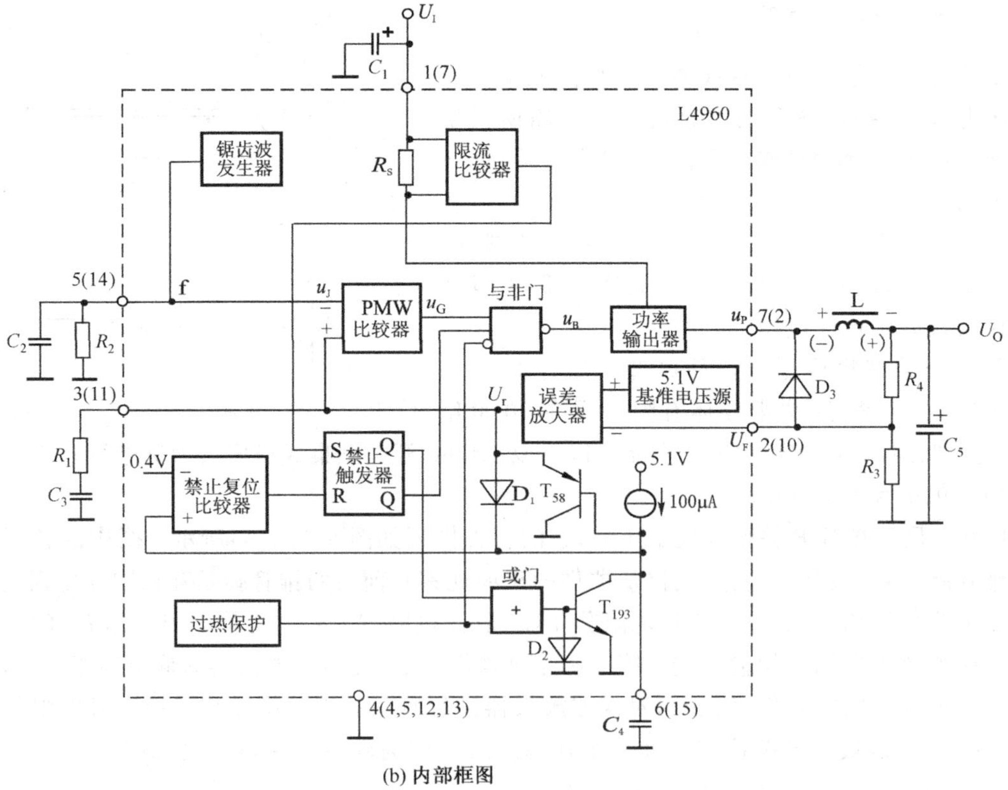

(b) 内部框图

图 8.3.4 L4960 的原理框图

L4960 的基本工作过程是：输出电压 U_O 经 R_3、R_4 取样后得反馈信号 U_F，U_F 送至误差放大器的反相输入端，与加在同相输入端的 5.1V 基准电压进行比较，得到误差电压 U_r，再用 U_r 的幅度去控制 PWM 比较器（与锯齿波信号 u_J 比较）输出信号 u_G 的脉冲宽度，通过脉冲宽度调

制信号 u_B 控制功率输出器(功率放大与开关管)工作在开关状态,且功率输出器与负载为串联连接,从而使 U_O 保持不变。

设控制开关功率管的 PWM 脉冲信号周期为 T,高电平持续时间为 T_{on} (对应功率开关管导通),则占空比为 ($q = \frac{T_{on}}{T} \times 100\%$)。再令电源效率为 η,则开关功率管输出信号 u_P 的脉冲幅度 $U_P = \eta U_I$,U_I 是直流输入电压,可得到

$$U_O = \eta q U_I \tag{8.3.2}$$

式(8.3.2)表明,当 η、U_I 一定时,只要改变占空比 q,就能调节输出电压值 U_O。

L4960 集成稳压器的自动稳压过程工作波形如图 8.3.5 所示。图中,u_J 表示锯齿波发生器的输出波形,U_r 是误差电压,u_G 为 PWM 比较器的输出波形,u_P为功率输出级的波形。不难看出,当由于某种原因引起 U_O 下降时,使得 $U_r\uparrow \rightarrow q\uparrow \rightarrow U_O\uparrow$;反之,若 U_O 升高,则 $U_r\downarrow \rightarrow q\downarrow \rightarrow U_O\downarrow$ 。这就是 L4960 的自动稳压原理。

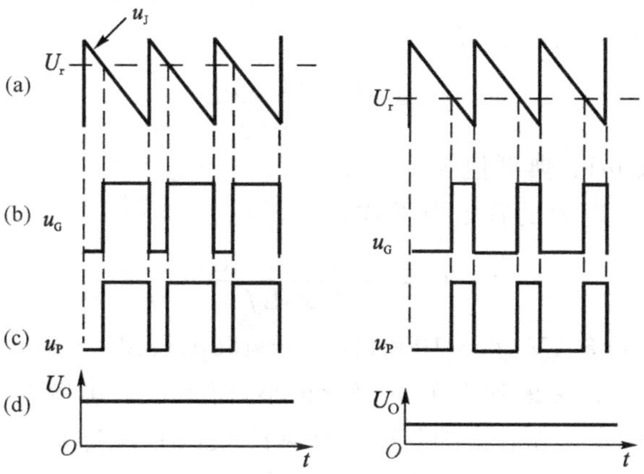

图 8.3.5　L4960 自动稳压过程的波形图

2)L4960 应用电路示例

L4960 的典型应用电路如图 8.3.6 所示。220V 交流电压经过 100VA 的工频变压器降压后,再经过桥式整流和电容滤波,得到直流电压 U_I,U_I 作为 L4960 的输入电压。当输出电压 U_O 直接与第 2 脚连接而形成闭环时,输出稳压值为 U_O =5.1V(可近似视为 5V)。当输出电压 U_O 经过电阻分压器(R_3、R_4)分压后再接第 2 脚而形成闭环时,U_O 值就取决于分压比。分压器中取样反馈电阻 R_3、R_4 的值可取 2～50kΩ。根据关系式 $R_3/R_4 = U_{REF}/(U_O - U_{REF})$,可得

$$U_O = \frac{R_3 + R_4}{R_3} U_{REF} = \left(1 + \frac{R_4}{R_3}\right) \times 5.1\text{V} \tag{8.3.3}$$

由式(8.3.3)可知:当 $R_4 = 0$ 时,$U_O = 5.1$V ;当 $R_4/R_3 = 6.8$ 时,$U_O = 40$V。现选取可调电阻 $R_4 = 33$kΩ 、固定电阻 $R_3 = 4.7$kΩ,即可有 $R_4/R_3 = 7.0$,则调整 R_4 就可使 U_O 在 5.1 ～40V 范围内连续变化。

图 8.3.6 所示电路在交流电源电压为 220V$\pm$15%(即 187 ～ 253V)、$U_O = 5.1$V、$I_O =$ 1A 时,输出 U_O 中纹波电压的峰值 $\Delta U_O \approx 15$mV。当输入电压不变、$U_O = 5.1$V、$I_O = 1 \sim 2$A 时,$\Delta U_O \approx 10$mV。

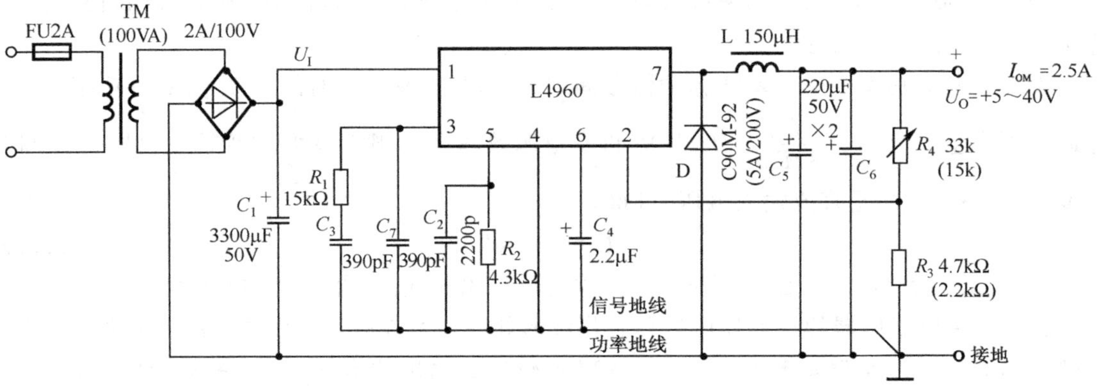

图 8.3.6　L4960 应用电路示例

C_7 是高频补偿电容,固定输出 5.1V 时可以不接 C_7。储能电感 L 的电感量取决于所设计的 U_I、U_O、f 及负载中纹波电流值 ΔI_O,可有

$$L=\frac{(U_I-U_O)U_O}{U_I\Delta I_O f} \tag{8.3.4}$$

L 的范围大致是 50～300μH,典型值为 150μH。

L4960 输出端的滤波电容的容量由下式确定,即

$$C=\frac{(U_I-U_O)U_O}{8\Delta U L f^2} \tag{8.3.5}$$

例如,取 $U_I=16\text{V}$、$U_O=5.1\text{V}$、$f=100\text{kHz}$、$L=150\mu\text{H}$、$\Delta U=10\text{mV}$ 代入式(8.3.5),得到 $C=463\mu\text{F}$(实取 440μF)。考虑到 L 的电感量很小,而 440μF 电解电容器的等效电感 L_0 与 L 直接串联,将会影响 L 的正常工作,实际上选用两只 220μF 标称容量的电解电容器 C_5、C_6 并联成滤波电容 C,从而使其等效电感显著减小。

续流二极管 D 可选用 C90M-92 型 5A/200V 的超快恢复二极管,还可采用肖特基二极管。

L4960 集中体现了开关型集成稳压电源的最简外部结构与最佳性能指标,其输出电压 U_O 的调整范围很宽。例如,实测 $U_I=30.0\text{V}$ 时,空载调整范围是 $U_O=5.14\sim29.6\text{V}$,而接 15.2Ω 负载时调整范围为 5.14～28.1V。当 $U_O=28.1\text{V}$ 时,$I_O=1.85\text{A}$、$P_O=52\text{W}$、电源效率 $\eta=93.7\%$。

8.3.2　变换型开关直流稳压电路

串联型开关直流稳压电路是一种降压式稳压电路,其输出电压 U_O 总是小于输入电压 U_I。在某些应用情况下,往往需要升压式稳压电路,则应采用升压式变换型开关直流稳压电路。变换型开关直流稳压电路通常称为 DC-DC 直流电源变换器,是指将一种直流电压转换为各种不同直流电压的电子装置。变换型开关直流稳压电路既能把不稳定的直流高压变换成稳定的直流低压,也可以把不稳定的直流低压变换成稳定的直流高压或者倒换直流电压极性,而这是线性直流稳压电源无法实现的。

1. 变换型开关直流稳压电源组成

变换型开关直流稳压电源组成如图 8.3.7 所示。图中,整流滤波电路将 50Hz 工频交流

电压变换为直流电压，DC-AC 变换电路将输入的直流电压变换为高频脉冲电压，高频整流滤波输出电路将高频脉冲电压变换为直流输出电压。控制电路一般已实现单片集成化，其由脉冲发生器和保护控制电路两部分组成，脉冲发生器的作用是产生受输出电压控制的脉宽(或频率)可调信号，保护电路的作用是当直流稳压输出端发生短路或过载时立即终止输出脉宽(或频率)可调信号，使 DC-AC 变换电路输出电压为 0V。

开关型 DC-DC 变换电路(即变换型开关直流稳压电路)由 DC-AC 变换电路、高频整流滤波电路和控制电路组成，是直流变换型开关稳压电源的核心部分。

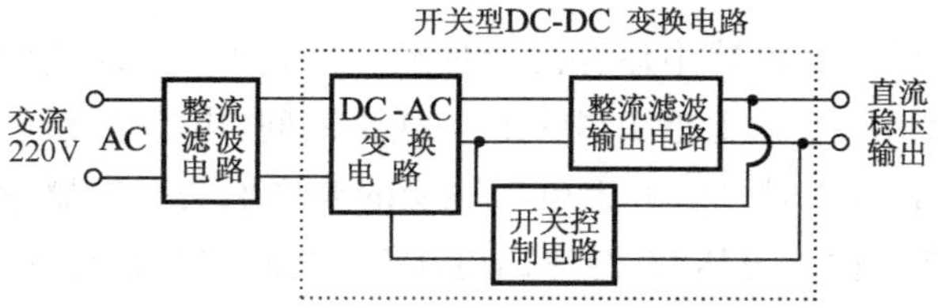

图 8.3.7　变换型开关直流稳压电源组成框图

2. 开关型 DC-DC 变换电路的拓扑结构

在开关型 DC-DC 变换电路中，当开关功率管导通时没有能量输出，而开关功率管截止时(开关电路截止时)输出能量的开关型直流变换电路称为**反激开关变换电路**。反激开关变换电路有非隔离式和隔离式两种类型之分。

常用的非隔离式反激开关变换电路又分为两种：一种是升压变换电路，即输出电压 U_O 高于输入电压 U_I；另一种是反相降压变换电路，其输出电压 U_O 低于输入电压 U_I，但极性相反。这两种开关变换电路的拓扑结构如图 8.3.8 中的(a)、(b)所示。

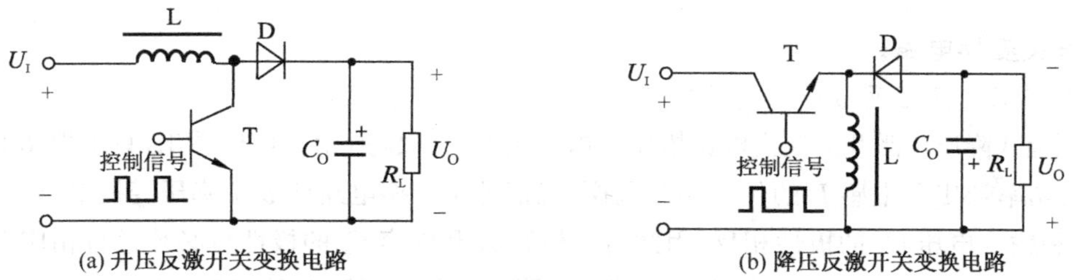

图 8.3.8　反激开关变换电路拓扑结构

1)非隔离式升压反激开关变换电路

升压变换电路拓扑结构如图 8.3.8(a)所示，电路由开关功率管 T、二极管 D、储能电感 L 和输出滤波电容 C 组成。由于输出电压 U_O 等于输入电压 U_I 和电感 L 上的感应电压之和，所以非隔离式反激开关变换器的输出电压 U_O 高于输入电压 U_I。且开关功率管 T 与负载 R_L 相并联，故该电路属于升压式的并联型开关直流稳压电路。

开关功率管 T 导通(对应控制信号高电平 T_{on})、截止(对应控制信号低电平 T_{off})时的等效电路分别如图 8.3.9(a)、(b)所示。

在 T_{on} 期间 T 导通，如图 8.3.9(a)所示，此时能量从输入直流电源 U_I 流入并储存于电感 L 中。由于二极管 D 反向偏置而截止，因而负载电流由电容 C_O 提供；T_{off} 期间 T 截止，如图 8.3.9(b)所示，电感 L 中电流不能突变，它所产生的反电势阻止电流减小，感应电势的极性

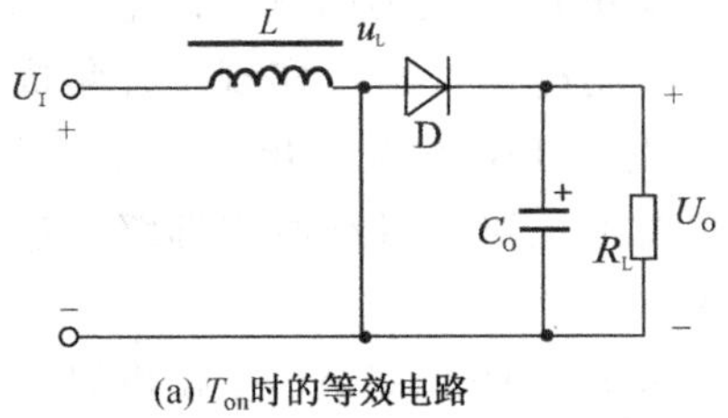

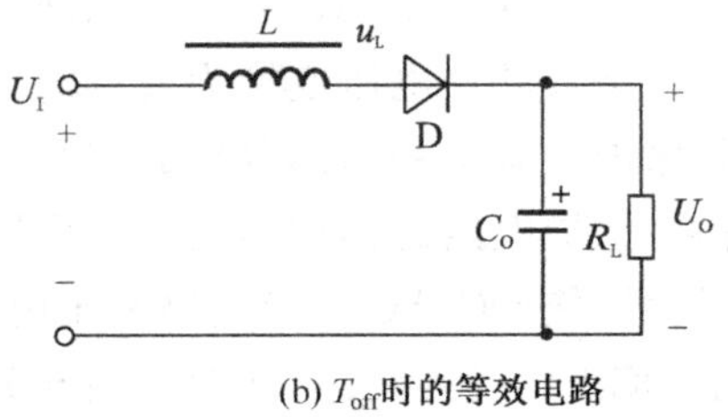

图 8.3.9　反激开关变换电路的等效电路

为右正左负。二极管 D 导通，电感中储存的能量经二极管 D 流入电容 C_O 和负载 R_L。

在 T 导通期间，能量储存在电感 L 中；在 T 截止期间，电感 L 释放能量，补充 T_{on} 期间电容 C_O 所损失的能量。T 截止时电感 L 上电压跳变的幅度取决于电感量和控制信号的占空比。

反激开关变换电路的输入电压 U_I 与输出电压 U_O 之间的关系可通过电感电流的计算来导出。当 T 导通、二极管 D 截止时，电感 L 中的电流增量为

$$\Delta i_L^+ = \frac{U_I}{L} T_{On} \tag{8.3.6}$$

当 T 截止、二极管 D 导通期间，电感的电流减小量为

$$\Delta i_L^- = \frac{U_O - U_I}{L} T_{off} \tag{8.3.7}$$

在电路进入稳定工作状态时，有 $\Delta i_L^+ = \Delta i_L^-$，可得

$$U_O = \frac{U_I(T_{on} + T_{off})}{T_{off}} = \frac{U_I}{1-q} \tag{8.3.8}$$

式中，$q = \dfrac{T_{on}}{T_{off} + T_{on}}$ 称为占空比。由于 $(1-q) < 1$，可知 U_O 高于 U_I，因此这种电路称为**升压反激开关变换电路**。

2）非隔离式降压反激开关变换电路

非隔离式降压反激开关变换电路拓扑结构如图 8.3.8(b)所示。可以看出，只要把图 8.3.8(a)中的开关功率管 T 和电感 L 的位置相互调换，就把升压变换电路变成了降压变换电路，只是输出电压 U_O和输入电压 U_I 的极性相反，因此对二极管 D 和电容 C_O的极性也必须进行相应调整。因开关功率管 T 与负载 R_L 相串联，则该电路属于降压式的串联型开关直流稳压电路。

在图 8.3.8(b)中，当开关功率管 T 导通时，二极管 D 反向截止，输出电压 U_O 即为电容 C_O电压。此时电感电压上正下负，输入直流电压 U_I 对电感 L 充电，电感相当于输入直流电源的直接负载；当功率开关管截止断开时，由于电磁感应，此时电感电压下正上负，电感 L、二极管 D 和负载 R_L（包括电容 C_O）组成串联放电电路，电感 L 中充电时储存的**磁场能**向负载 R_L 释放。

降压反激开关变换电路输入直流电压 U_I 和输出电压 U_O 之间的关系也可以通过电感电流的计算来导出。当 T 导通、二极管 D 截止时，电感 L 中的电流增量为

$$\Delta i_L^+ = \frac{U_I}{L} T_{on} \tag{8.3.9}$$

当 T 截止、二极管 D 导通期间，电感的电流减小量为

$$\Delta i_L^- = \frac{U_O}{L} T_{off} \tag{8.3.10}$$

在电路进入稳定工作状态时，有 $\Delta i_L^+ = \Delta i_L^-$，则输入电压与输出电压之间的关系为

$$U_O = \frac{qU_I}{1-q} \tag{8.3.11}$$

当 $q < 0.5$ 时，相应有 $q/(1-q) < 1$，所以 U_O 低于 U_I，同时输出电压 U_O 与输入电压 U_I 的极性也相反，因此这种电路称为**反相降压开关变换电路**。

降压反激开关变换电路从输入直流电源获得的电流有快速上升和下降的电流脉冲。降压反激开关变换电路与升压反激开关变换电路相比，具有较大的射频干扰和内部交叉干扰。但输出电路的安全性得到提高，即使开关管损坏，由于二极管的反向作用，不会因开关功率管损坏而破坏负载电路。

在反激开关变换电路中，用开关脉冲变压器代替电感，可构成**隔离式反激开关变换电路**。

目前，已有单片集成式开关型 DC-DC 变换电路。典型单片集成式开关型 DC-DC 变换器有 MAX756、MAX639、ICL7662 等，如表 8.3.1 所示。

表 8.3.1　典型单片集成式开关型 DC-DC 变换器的基本性能

产品类型	型　号	输入电压 U_I/V	输出电压 U_O/V	最大输出电流 I_{OM}/mA
升压式 DC-DC 直流变换器	MAX619	2～3.6	5	50
	MAX756	1.1～5.5	3.3 或 5	200
	MAX770	2～16.5	5 或可调	1000
	MAX773	2～16.5	5、12、15 或可调	1000
降压式 DC-DC 直流变换器	MAX639	5.5～11.5	5	100
	MAX758A	4～16	1.25～U_i	750
极性反转式 DC-DC 直流变换器	ICL7660	1.5～10.5	$-U_i$	20
	ICL7662	4.5～20	$-U_i$	20
	TC7662B	1.5～15	$-U_i$	20
	MAX765	3～16	−12 或可调	250

3. 开关型 DC-DC 变换电路的控制方式

在开关型 DC-DC 变换电路中，需要有控制电路来控制开关功率管工作，即控制电路根据输入直流电压和负载电流的变化来控制开关功率管导通时间。

开关型 DC-DC 变换器的控制方法有电压控制型、电流控制型和门控振荡器三种模式，其中电流模式控制电路是一种新型的开关控制方式。在电流模式控制电路中有两路反馈信号，其中一路是输出直流电压的反馈信号，另一路是电感或开关脉冲变压器中线圈电流的反馈信号。如图 8.3.10 所示，输出电压采样信号、开关功率管电流采样信号（与负载电流有关）同时传给误差放大器，这种开关控制模式通过对输出电压 U_O 和负载电流的双重控制达到稳定输出电压的目的。当负载要求输出较大功率时（即较大的负载电流），则控制电路能控制电感或开关脉冲变压器输出较大的电流。另外，当输入直流电压或负载突然发生变化时，由于电流和电压的双重反馈，控制电路可以立即做出反应，使输出电压 U_O 稳定维持在设计数值。因此，电流模式控制电路具有更好的控制特性和更平稳的电压输出，同时也具有良好的过载控制能力，以保证不会因过载而造成开关直流稳压电源的损坏。

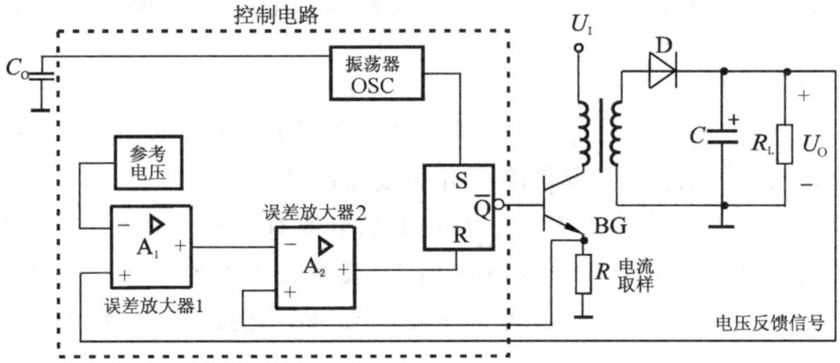

图 8.3.10　电流模式控制的变换型开关直流稳压电路原理图

常用的基于电流模式工作的开关直流电源集成控制器件有 MC34023、UC3842、UC3845 等。

思　考　题

8.3.1　分析串联型开关直流稳压电路的组成与工作原理，它与线性直流稳压电路的主要区别在哪里？

8.3.2　对于串联型开关直流稳压电路，分别讨论输入直流电压、负载电流、基准电压、取样电阻比例值的改变对输出电压的影响。

8.3.3　分析直流变换型稳压电路的组成、工作原理、特点与应用场合。

本 章 小 结

1. 电子设备中的直流电源，通常是由电网提供的 220V/50Hz 交流电经过整流、滤波和稳压过程后得到的。对于直流电源的主要要求是：输出电压的幅值稳定、平滑，变换效率高。

(1) 利用二极管的单向导电性可以组成整流电路，实现将交流电转换为单向脉动的直流电。其中单相桥式全波整流电路的优点为输出直流电压较高、输出波形的脉动成分相对较低、整流管承受的反向峰值电压不高，且电源变压器的利用率较高，因而应用较广。

(2) 滤波电路主要用于抑制直流电压中的交流分量(即纹波)，一般由电容、电感等储能元件组成。通常整流电路后接滤波电路，电容滤波电路对整流二极管的导通时间有影响。电容滤波适用于小负载电流，而电感滤波适用于大负载电流。

2. 当电网电压、负载和温度的变化引起输出直流电压波动时，直流稳压电路能够保证输出直流电压稳定。常用的直流稳压电路包括：

(1) 硅稳压管稳压电路。这种稳压电路最简单，仅适用于输出电压固定、稳定性要求不高，且负载电流较小的场合。

(2) 串联型线性直流稳压电路。这种直流稳压电路主要包括调整管、采样电阻、放大电路和基准电压四个组成部分，稳压原理是基于电压负反馈来控制调整管的管压降以实现输出电压的自动调节。在稳压电路正常工作范围内，调整管必须工作在放大区，否则无法实现稳压调节过程。

线性直流稳压电路输出电压的稳定性好，且可以在一定范围内进行调节。但是，由于调整管工作在放大区，导致稳压电路的效率不高，故这种稳压电路一般用于中小功率直流稳压电源中。

集成稳压器具有体积小、可靠性高、温度特性好、使用方便等优点，在工程中得到了广泛应用，特别是三端集成稳压器，因只有三个引出端，使用更加简单。

3. 在开关型直流稳压电路中，调整管工作在开关状态，通过控制调整管导通与截止时间的比例来实现输出电压的自动调节。开关型直流稳压电路有多种结构与类型,它的控制方式也有多种。开关型直流稳压电路具有转换效率高、体积小及对电网电压要求不高等突出优点,缺点是开关管的控制电路比较复杂,输出电压中纹波和噪声成分较大。开关型直流稳压电路通常用在中大功率稳压电源(如功率 500W)、便携式电子设备等应用场合。

习　题

8.1　整流电路如题图 8.1 所示,图中已标出变压器副边绕组电压有效值。试求:

(1)试估算负载 R_{L1}、R_{L2} 上直流电压平均值 $U_{O1(AV)}$、$U_{O2(AV)}$;

(2)若 $R_{L1}=R_{L2}=100\Omega$,试确定二极管 $D_1\sim D_3$ 正向平均电流 I_F 和反向耐压值 U_R。

8.2　整流电路如题图 8.2 所示,若 $U_{21}=U_{22}=20V$。试求:

(1)标出 u_{O1} 和 u_{O2} 对地的极性,u_{O1} 和 u_{O2} 中的平均值各为多大?

(2) u_{O1} 和 u_{O2} 的波形是全波整流还是半波整流?

(3)若 $U_{21}=18V$,$U_{22}=22V$,画出 u_{O1} 和 u_{O2} 的波形,并计算出 u_{O1} 和 u_{O2} 的平均值。

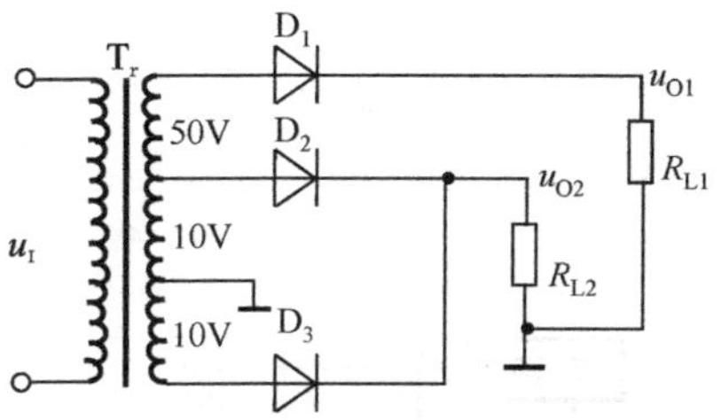

题图 8.1

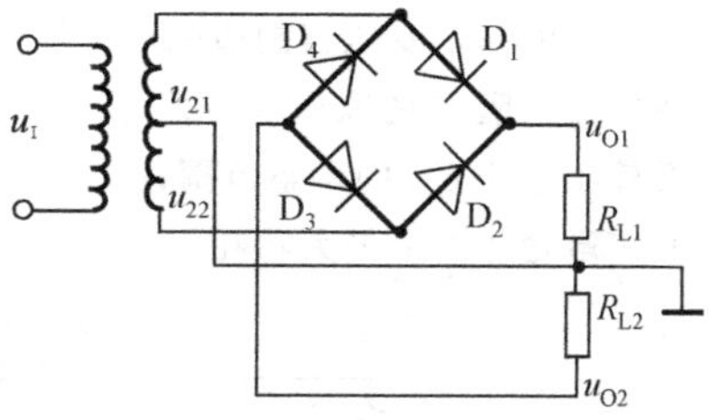

题图 8.2

8.3　题图 8.3 所示为集成运放组成的精密整流电路。试分析电路的工作原理,并求出输出电压与输入电压的关系。

8.4　桥式整流 LC—Π 型滤波电路如题图 8.4 所示,电源频率为 50Hz,电源变压器次级电压 u_2 的有效值为 20V,$L=0.05H$,$C_1=2000\mu F$,$C_2=1000\mu F$,$R_L=30\Omega$。求该滤波电路的输出电压平均值 U_O。

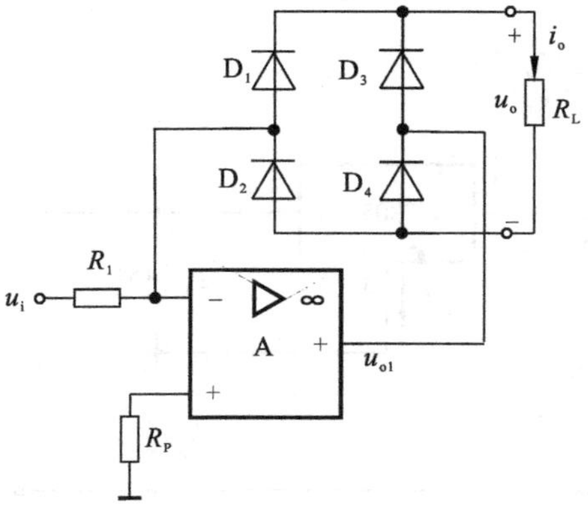

题图 8.3

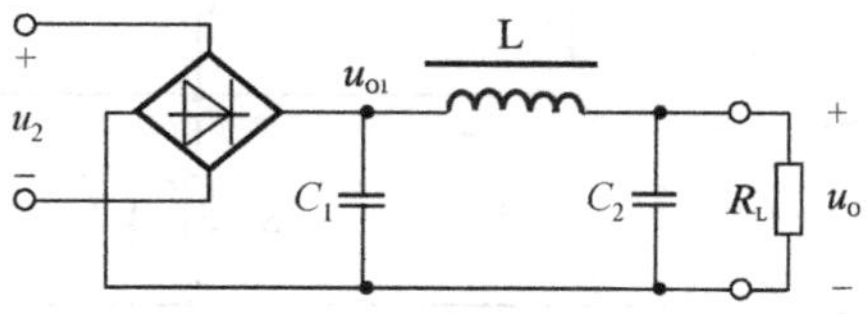

题图 8.4

8.5　具有整流滤波和放大环节的稳压电路如题图 8.5 所示。试求:

(1)分析电路中各个元件的作用,从反馈放大电路的角度来看哪个是输入量? T_1、T_2 各起什么作用?反馈是如何形成的?

(2)若 $U_P=24V$,稳压管稳压值 $U_Z=5.3V$,晶体管 $U_{BE}\approx0.7V$,$U_{CES}\approx2V$,$R_1=R_2=R_w=300\Omega$,试计算 U_O 的可调范围;

(3)试计算变压器次级绕组的电压有效值大约是多少？

(4)若 R_1 改为 600Ω,你认为调节 R_w 时能输出的 U_O 最大值是多少？

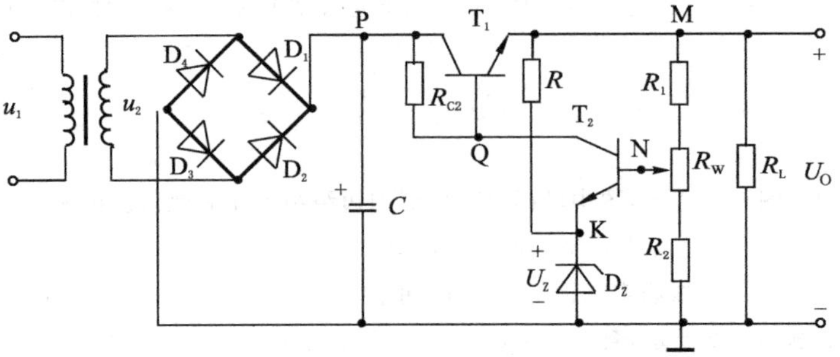

题图 8.5

8.6　三端稳压器 CW7815 组成如题图 8.6 所示电路,已知 W7815 的 $I_{Omax}=1.5A$, $U_O=15V$, $U_{Imax}\leqslant 40V$, $U_Z=+5V$, $I_{Zmax}=60mA$, $I_{Zmin}=10mA$。试求:

(1)要使 $U_I=30V$,求变压器副边电压有效值 $U_2=$?

(2)试计算限流电阻 R 的取值范围;

(3)试计算输出电压 U_O 的调整范围;

(4)试计算三端稳压器上最大功耗 P_{CM}。

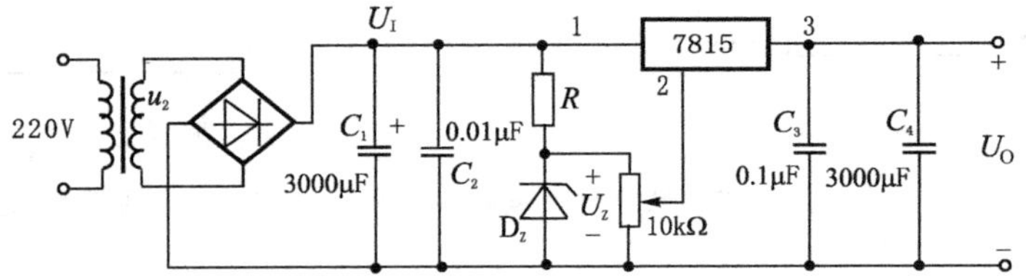

题图 8.6

8.7　如题图 8.7 所示为两个用三端集成稳压器组成的电路,设电流 $I_w=5mA$。试求:

(1)写出图(a)中 I_O 的表达式,并算出其具体数值;

(2)写出图(b)中 U_O 的表达式,并算出当 $R_2=5\Omega$ 时的 U_O 值;

(3)指出这两个电路分别具有什么功能。

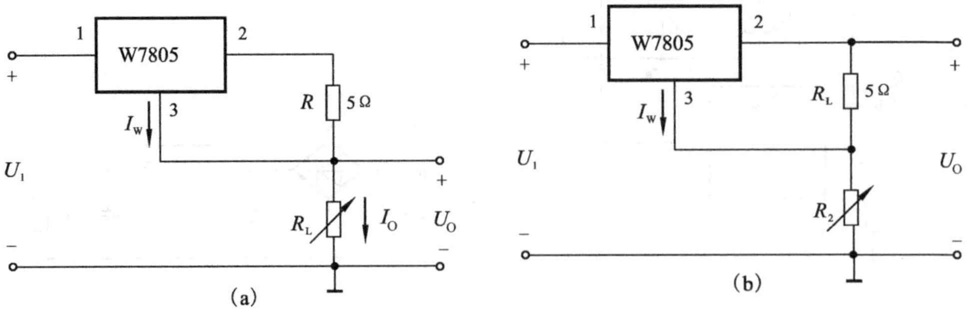

题图 8.7

8.8　用集成运算放大器组成的串联型稳压电路如题图 8.8 所示,设 A 为理想运算放大器,试求:

(1)流过稳压管的电流 I_Z;

(2)输出电压 U_O;

(3)当 $R_3=0\sim 3k\Omega$(可调电阻)时,估算最小输出电压 U_{Omin} 和最大输出电压 U_{Omax}。

8.9　直流稳压电路如题图 8.9 所示。已知三端集成稳压器 7805 的静态电流 $I_3=8\text{mA}$，晶体管 T 的 $\beta=50$，输入电压 $U_I=16\text{V}$，求输出电压 U_O 是多少伏？

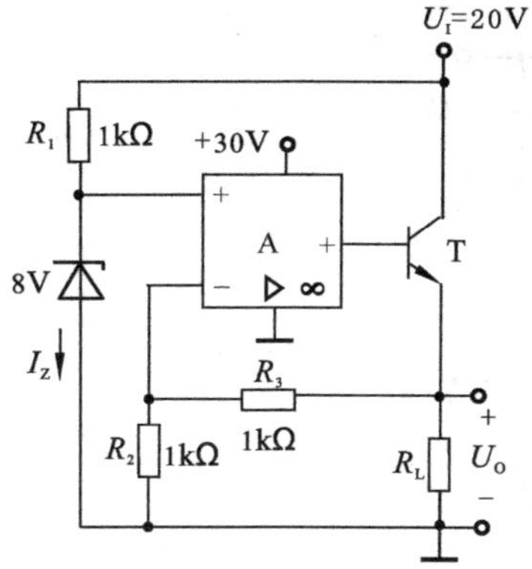

题图 8.8

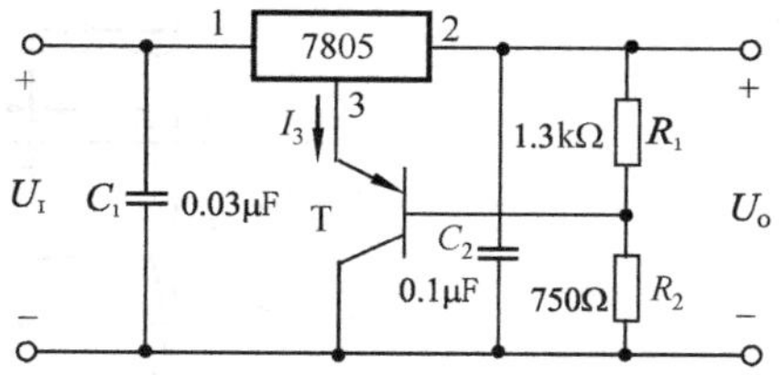

题图 8.9

8.10　指出题图 8.10 所示电路哪些能正常工作，哪些有错误。请在原图的基础上改正过来。

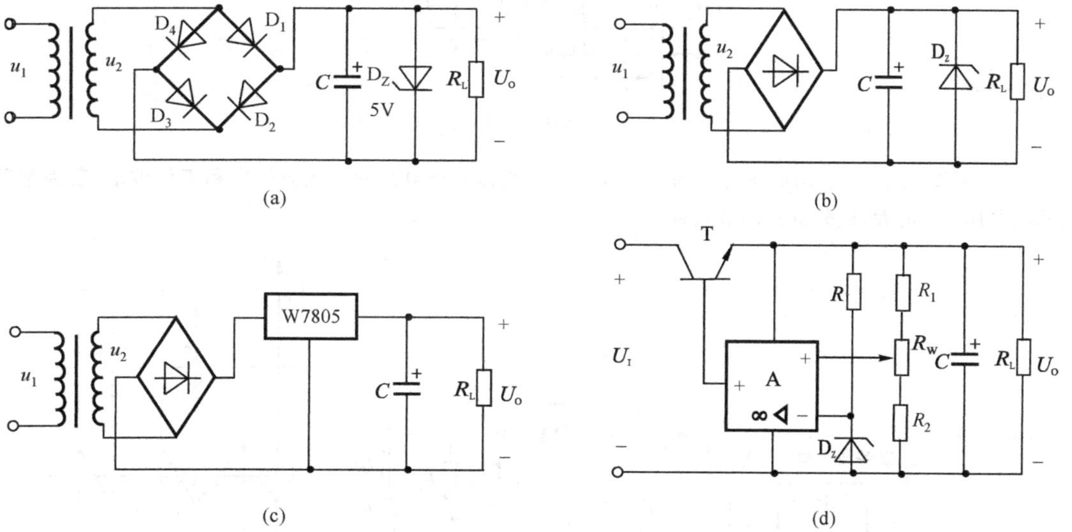

题图 8.10

8.11　试说明开关型稳压电路的特点，在下列各种情况下，试问应分别采用何种稳压电路（线性稳压电路还是开关型稳压电路）？

(1)希望稳压电路的效率比较高；

(2)希望输出电压的纹波和噪声尽量小；

(3)希望稳压电路的重量轻、体积小；

(4)希望稳压电路的结构尽量简单，使用的元件个数少，调试方便。

8.12　开关型直流稳压电路的简化电路如题图 8.12(a)所示。调整管 T_a 的基极电压 u_B 为矩形波，其占空比为 $q=0.4$，周期 $T=60\mu s$，T_a 的饱和压降 $U_{CES}=1\text{V}$，穿透电流 $I_{CEO}=1\text{mA}$，波形的上升时间 t_r 与下降时间 t_f 相等，$t_r=t_f=2\mu s$。续流二极管正向压降 $U_D=0.5\text{V}$，输出电压 $U_O=12\text{V}$，输出电流 $I_O=1\text{A}$。开关型稳压电路的输入电压 $U_I=20\text{V}$。试求：

(1)开关管 T_a 的平均功耗；

(2)若开关频率（基极脉冲频率）提高一倍（q 不变），开关管的平均功耗为多少？

(3)如果续流二极管存储时间 t_s 很短，反向电流很小，且假定滤波元件 L 的电感、C 的电容足够大，试计算该开关电源的效率 η。

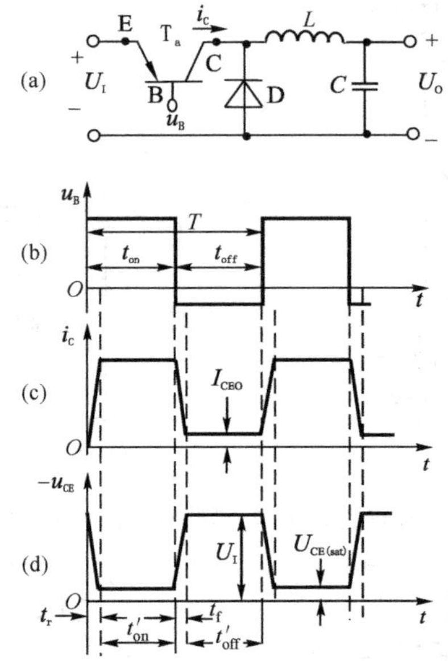

题图 8.12

8.13　题图 8.13(a)、(b)所示分别为自激式开关型直流稳压电路的组成方框图和工作波形，若因某种原因，输出电压 U_O 增大，试分析其调节过程。

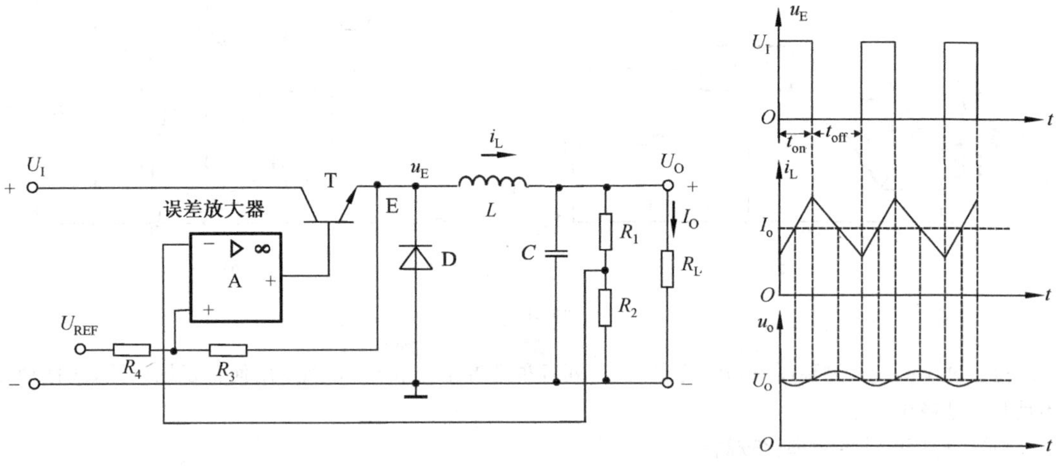

(a)　　　　　　(b)

题图 8.13

参考文献

蔡锦福. 2007. 运算放大器原理与应用. 北京:科学出版社

陈大钦. 1990. 模拟电子技术基础问答·例题·试题. 武汉:华中理工大学出版社

陈大钦. 2000. 模拟电子技术基础. 武汉:华中理工大学出版社

陈洪明. 2004.《电子技术基础》模拟部分(第四版)习题全解(修订版). 北京:中国建材工业出版社

Gray P R., Hurst P J, Lewis S H, et al. 2005. 模拟集成电路的分析与设计. 张晓林,等译. 北京:高等教育出版社

华成英,童诗白. 2006. 模拟电子技术基础. 4 版. 北京:高等教育出版社

华成英. 2006. 模拟电子技术基础基本教程. 北京:高等教育出版社

江晓安,董秀峰. 2002. 模拟电子技术. 2 版. 西安:西安电子科技大学出版社

康华光 . 2004. 电子技术基础模拟部分. 4 版. 北京:高等教育出版社

康华光. 2006. 电子技术基础模拟部分. 5 版. 北京:高等教育出版社

林春景. 2009. 模拟电子线路. 北京:机械工业出版社

马场清太郎. 2007. 运算放大器应用电路设计. 何希才译. 北京:科学出版社

全国电子技术基础课程教学指导小组,童诗白,何金茂. 1992. 电子技术基础试题汇编:模拟部分. 北京:高等教育出版社

沙占友. 1999. 新型特种集成电源及应用. 北京:人民邮电出版社

孙肖子. 2009. 模拟电子电路及技术基础(第二版)教、学指导书. 西安:西安电子科技大学出版社

孙肖子,张企民. 2001. 模拟电子技术基础. 西安:西安电子科技大学出版社

王成华,王友仁,胡志忠. 2005. 现代电子技术基础(模拟部分). 北京:北京航空航天大学出版社

王卫东. 2003. 模拟电子电路基础. 西安:西安电子科技大学出版社

王友仁,王成华,胡志忠,等. 2001. 电子线路基础教程——重点分析·例题解析·习题. 北京:科学出版社

王远. 2007. 模拟电子技术基础. 3 版. 北京:机械工业出版社

吴运昌. 2006. 模拟电子线路基础. 广州:华南理工大学出版社

谢沅清,解月珍. 1999. 电子电路基础. 北京:人民邮电出版社

熊伟,侯传教,梁青,等. 2005. Multisim 7 电路设计及仿真应用. 北京:清华大学出版社

杨素行. 2006a. 模拟电子技术基础简明教程. 3 版. 北京:高等教育出版社

杨素行. 2006b. 模拟电子技术基础简明教程(第三版)教学指导书. 北京:高等教育出版社

杨荫彪. 1991. 特种半导体器件及应用. 北京:电子工业出版社

郁汉琪,施伟. 1995. 模拟电子电路实验及应用. 南京:东南大学出版社

Muhammad H R. 2002. Microelectronic Circuits: Analysis and Design(英文影印版). 北京:科学出版社

Neamen D A. 2000. Electronic Circuit Analysis and Design. 2nd ed. (英文影印版),北京:清华大学出版社

Richard R S, Mohammed S G. 2004. Introduction to Electronic Circuit Design(英文影印版). 北京:电子工业出版社